서구종말론

지은이 | 야콥 타우베스 1923년 오스트리아 빈에서 태어났다. 정통 랍비 교육을 받았으나, 곧이어 바젤과 취리히 대학에서 철학과 역사를 공부했다. 1947년 취리히 대학에서 『서구종말론의 체계와 역사에 관한 연구』로 박사학위를 받았으며, 1949년부터 뉴욕 유대신학교에서 종교철학 강사로 일했다. 이때 레오 스트라우스에게서 개인적으로 사사했고, 한나 아렌트 및 파울 틸리히와 친분을 쌓기도 했다. 게르숌 숄렘의 초청으로 1951년부터 예루살렘 히브리대학에서 종교사회학 강사로 활동했으며, 1956년에는 컬럼비아 대학의 종교사 및 종교철학 정교수가 되었다. 1966년부터 베를린 자유대학 철학부 교수로 재직하며 해석학 연구소와 유대학 연구소를 이끌었고, 여러 학자들과 함께 '시학과 해석학' 프로젝트 동인으로 활동했다. 1987년 3월 베를린에서 숨을 거두었다. 저서로 『바울의 정치신학』, 『칼 슈미트에게: 적대적 친분』, 『제의에서 문화로』 등이 있다.

옮긴이 | 문순표 철학서번역가 겸 철학연구자. 독일 포츠담 대학교 철학과에서 '정념/병리'를 근대 철학의 범주로 정립하는 논문(「순수정념/병리비판을 위하여」)으로 석사학위를 받았고, 지금은 독일과 유럽 근현대지성사에서 유대계 지식인이 맡은 자리와 역할, 특히 18, 19세기에 독일과 유럽 계몽주의에 개입했던 유대 계몽주의에 대한 관심을 가지고 연구논문을 준비하고 있다. 사이먼 크리츨리의 『믿음 없는 믿음의 정치』를 옮겼고, 페터 슬로터다이크의 『너는 너의 삶을 바꿔야 한다』의 번역을 마무리하고 있다.

ABENDLÄNDISCHE ESCHATOLOGIE by Jacob Taubes
Copyright ⓒ 2007 Matthes & Seitz Berlin
Korean translation copyright ⓒ 2019 Greenbee Publishing Company.
All rights reserved.
The Korean language editon published by arrangement with Matthes & Seitz Berlin
through MOMO Agency, Seoul.

크리티컬 컬렉션 014
서구종말론

초판 1쇄 발행 _ 2019년 8월 12일

지은이 · 야콥 타우베스 | 옮긴이 · 문순표

펴낸이 · 유재건
펴낸곳 · (주)그린비출판사 | 등록번호 · 105-87-33826호 | 주소 · 서울시 마포구 와우산로 180, 4층
전화 · 702-2717 | 팩스 · 703-0272 | 이메일 · editor@greenbee.co.kr

ISBN 978-89-7682-551-3 93100
이 도서의 국립중앙도서관 출판시도서목록(CIP)은 서지정보유통지원시스템 홈페이지(http://seoji.nl.go.kr)와 국가자료공동목록시스템(http://www.nl.go.kr/kolisnet)에서 이용하실 수 있습니다.(CIP제어번호: CIP2019021969)

철학이 있는 삶 **그린비출판사** www.greenbee.co.kr

그린비 크리티컬 컬렉션 14

서구 종말론

Abendländische
Eschatologie

야콥 타우베스 지음
문순표 옮김

그린비

나의 부모님에게

차례

일러두기

1 이 번역의 대본은 마르틴 트레믈의 후기가 첨부된 독어본(Jacob Taubes, *Abendländische Eschatologie*, Berlin: Matthes & Seitz, 2007)이고 필요한 경우에 영역본(*Occidental Eschatology*, trans. & intro. by David Ratmoko, Stanford: Standford UP, 2009)과 불역본의 옮긴이 서문(*Eschatologie Occidentale*, traduit par Raphaël Lellouche et Michel Pennetier, précédé par Raphaël Lellouche, Paris: Éditions de l'éclat, 2009, I~XLVI)을 참고했다. 번역에 참고했던 기타 국역본 문헌들은 참고문헌에 따로 정리했다.

2 본문과 각주의 대괄호([ ])는 옮긴이의 삽입구다.

3 주석은 모두 각주이며 옮긴이의 주는 지은이의 주와 구분하여 각 주석의 맨 뒤에 '— 옮긴이'로 표시했다.

4 두 가지 이상의 의미로 해석될 수 있는 단어에는 빗금(/)으로 표시했고 두 가지 이상의 번역어가 통용되는 경우에는 ( )로 표시했다.

5 본문에 나오는 성경 구절은 신구교 어느 쪽에 치우치지 않는 균형잡힌 번역지침을 따르고 비그리스도교인의 수월한 접근을 고려한 공동번역성서를 주로 참고하여 옮기고 예외적인 경우 본문의 맥락에 더 가까운 새번역 개정판을 참고하여 각주에 반영했지만, 각 성서명은 대중적으로 더 친숙한 개신교의 표기법을 따랐다.(예: 로마인들에게 보낸 편지 → 로마서) 그리고 필요한 경우에는 원문의 독일어 번역(루터본 등)에 더 충실하게 옮겼다. 내용상의 보충이 필요할 때마다 각주에 한국어본의 번역문을 더했다.

6 본문의 인용문은 국역본이 있는 경우 국역본의 번역을 최대한 존중하여 타우베스의 인용 맥락에 어울리도록 번역하고 필요한 경우에는 전문에 대한 국역본의 번역을 따로 병기했다.

7 본문의 인용문이나 참조한 문헌의 출처는 처음 등장하는 곳의 각주에 자세한 서지사항을 표기하고, 이후 등장하는 곳에는 저자명과 문헌의 제목, 쪽수만을 표기했다. 국역본이 있는 경우 국역본의 서지사항도 표기했으며, 국역본이 없는 경우 독자들의 편의를 위해 제목을 번역하여 추가했다. 인용 및 참조한 문헌의 자세한 서지사항은 권말의 '참고문헌'에 한 번 더 정리했다.

8 독일어본의 미주에는 표기되어 있으나 참고문헌에 나와 있지 않은 문헌은 영역본을 참조하여 매 각주에 *로 구분하고 참고문헌에 따로 정리했다.

9 단행본과 정기간행물, 복음서와 성서의 편명, 예언서 등은 겹낫표(『 』)를, 단편과 논문 등은 낫표(「 」)를 써서 표기했다.

10 외국 인명이나 지명은 2002년에 국립국어원에서 펴낸 '외래어 표기법'을 따라 표기했다.

1권 _ 종말론의 본질에 관하여

요소들

역사의 본질에 대해 묻고 있다. 역사의 본질에 대한 물음은 전투들, 승리들, 패배들, 조약들과 같은 역사의 개별 사건들, 정치의 사건들, 경제의 분규들, 예술과 종교의 조형물들^{Gestaltungen} 그리고 학문적 인식의 성과들에 대해선 아랑곳하지 않는다. 그 본질에 관한 물음은 이 모든 것들을 외면하고 단지 하나만을 내다본다. 대체 역사란 어떻게 가능한가, 역사를 가능성으로 지탱하는 충분한 근거란 어떤 것인가?[1]

---

1) 이 책의 첫 단락은 뒤의 각주 10에도 인용되고 있는 하이데거의 논문 「진리의 본질에 관하여」의 첫 단락을 차용하여 술어는 그대로 두고 주어를 '진리'에서 '역사'로 바꿔 패러디 내지는 변주하고 있다. 국역본의 해당 내용을 옮기면 다음과 같다. "진리의 본질이 화두다. 진리의 본질에 관한 물음은, 진리가 그때마다 실천적 생활경험의 진리든, 경제적 타산의 진리든, 또는 때로는 기술적 궁리의 진리든, 정치적 처세의 진리든, 또는 특히 과학적 연구의 진리든, 예술적 조형의 진리든, 아니면 더욱이, 사유하는 성찰의 진리든, 제식적 신앙의 진리든, 상관하지 않는다. [오히려] 이 모든 것으로부터 눈을 돌린 채, 본질물음은 각각의 진리를 도대체 진리로서 특징짓는 그 하나의 것을 주목한다"(마르틴 하이데거, 「진리의 본질에 관하여」, 『이정표 2』, 이선일 옮김, 한길사, 2005, 93쪽). — 옮긴이

역사의 의미가 혼동스러운 가운데서 개별 사건들에서는 그 척도가 발견될 수 없고, 오히려 일어난 모든 일을 도외시하고 물어야 한다. 무엇이 일어난 일을 역사로 만드는가? 역사 그 자체는 무엇인가? 역사의 본질에 관한 물음에서 그 척도와 기준은 에스카톤(종말)Eschaton의 관점에서 물을 때에만 얻을 수 있다. 에스카톤(종말)에서 역사가 그 한계를 뛰어넘고 그 자체가 가시화되기 때문이다.

역사의 길은 시간 속에 뻗어 있다. 시간은 내부의 삶이다. 외부로 나아가려면 내부의 빛에는 곧 시간이 필요하다. 시간은 내부와 외부로 분열된 세계의 질서다. 시간은 내부와 외부의 간극을 재는 척도다.

시간의 본질은 그 단방향성Einsinnigkeit에 결정되어 있다.[2] 기하학적으로 보면 시간의 직선은 단방향으로einsinnig 뻗어 있다. 이 시간의 직선들의 방향은 뒤집을 수 없다unumkehrbar. 이 단방향성을 시간은 삶과 함께한다. 시간의 의미Sinn는 삶의 의미가 그렇듯 단방향성과 비가역성Unumkehrbarkeit에 기초하고 있다. 단방향성의 목적Sinn은 그 방향에 있다. 이 방향은 항상 끝Ende을 향해 있고, 그렇지 않으면 방향을 잃어버리게 될 것이다. 그러나 끝은 본질적으로 에스카톤(종말)이다. 그리하여 시간의 질서와 세계의 종말론적 질서 사이의 연관이 드러난다. 시간의 단방향성은 의지에 정립되어 있다. 의지로서의 '나'Ich는 '나'의 시간이다. 이 의지에 방향이 주어지고 그 방향으로 시간의 의미를 규정한다. 시간은 의지와 방향이 같기 때문에 시간의 첫번째 차원은 곧 미래다.

---

2) Otto Weininger, *Über die letzten Dinge*, Wien: Braumüller Verlag, 1920, p. 101 [『최후의 것들에 대하여』].

의지되지 않은 것은 의지에 의해 절단되어 사라져 간다. 그와 같이 시간 역시 지나간 것을 과거로 만들어 절단한다. 시간의 두번째 차원은 과거다. 시간의 질서는 과거와 미래를 구분하고 양쪽 사이에서 결단하는 것에 세워져 있다. 이 구분과 결단은 다만 **행위**Tat로만 실행될 수 있다. 행위는 과거와 미래 사이의 간섭 매개Medium der Interferenz인 현재에서 일어난다.

언명: 역사는 시간 속에 뻗어 있고, 단지 시간과 역사 사이에 존재하는 연관의 한 측면만을 밝혀 낼 뿐이다. 시간과 역사는 서로 전제하는데, 시간 역시 역사 속에서 비로소 존재하게 되기 때문이다. 서로 전제하는 관계는 다만 동일한 근원에 근거해서만 가능하다. 시간과 역사의 근-원Ur-sprung은 영원이다. 역사가 영원에서 영원에 이르는 저 사이인 것과 마찬가지로, 잘못된 추측이 아니라면, 시간은 역사의 저 사이에 대응하는 영원의 한 단계라고 말할 수 있다. 시간은 근원이 영원을 상실하고 세계 질서가 죽음의 나락으로 떨어질 때 발생한다. 죽음의 얼굴은 세계의 징표Zeichen다. 영원이 삶의 군주이듯 시간은 죽음의 군주다. 죽음과 삶이 역사 속에서 서로 얽히고 갈라진다. 영원이 시간을 정복하려면 역사의 일시적인/시간적인zeitlich 장소에 들어서야 한다. 역사는 시간의 실체인 죽음과 영원의 실체인 삶이 교차하는 장소다.

묵시Apokalypse[3)]는 문자 그대로 [숨겨진 것을] 드러냄Enthüllung을 의미

---

3) 묵시와 계시(Offenbarung)는 동일하게 그리스어 '아포칼립시스'(apocalypsis)에서 파생한다. 그럼에도 계시는 '신의 자기 현현'(Revelation)의 의미에 더 가깝고, 묵시는 신의 계시에 대한 기록을 해석하고 민중에게 희망의 메시지를 전달하고 설교하는 문학적 성격이 더 강하다. ―옮긴이

한다. 모든 묵시록들은^{Apokalypse} 영원의 승리에 관하여 말한다. 이 말은 영원의 눈짓/신호^{Winke}를 붙들려는 것이다. 이미 첫번째 징표들로 완성된 것이 보이게 되고 이 직관된 것에 대해 과감하게 말하여 아직 이루지 못한 것의 눈짓(신호)을 앞서 보내는 것이다. 영원은 역사의 무대에서 승리하게 된다. 마침내 죽음의 군주인 시간이 역사에 굴복하게 될 때 **마지막 시간**^{Endzeit}이 등장한다. 마지막 시간은 시간의 끝이다. 이 시간의 끝은 완전히 끝냄[완성]인데, 시간의 질서가 지양되어 있기 때문이다. 역사의 도정에서 보자면 끝은 시간상의 끝이다. **완전히-끝냄[완성]**^{Voll-endung}의 충만에서 보자면 이 시간상의 끝은 영원이다. 영원의 질서에서는 시간으로서의 존재가 지양되어 있다. 영원은 완성이고 시간의 끝없는 무한함을 끝마친다. 이 끝없는 무한함은 아무래도 상관없고 ^{gleichgültig} 결단을 촉구하지 않는 일어난 일을 표시한다. 역사는 진리를 결단함으로써 이 아무래도 상관없는 일어난 일과 결별한다.

이 역사와 진리의 연관은 **자유**^{Freiheit}의 본질에서 유래한 동일한 근원에 정립되어 있다. 이미 호세아⁴⁾가 역사를 자유의 비극으로 묘사하고 있다.

이스라엘 민족이 젊었기 때문에, 나는 그를 사랑했고, 내 아들아, 하고 이집트에서 불러냈다. 그러나 이제 그를 부른다면 등을 돌릴 것이다…… 내 백성은 내게로 향하기엔 피로하다. 그리고 그들에게 설교

---

4) 호세아(Hosea) : 이스라엘의 선지자로 그의 예언서인 『호세아서』는 구약성서 12예언서 중 최초의 것이다. —옮긴이

한다면, 아무도 일어나지 않을 것이다. 에브라임아, 내가 너를 무엇으로 만들어야 하는가? 이스라엘아, 내가 너를 보호해야만 하는가? 너를 천박하지 않게 아드마[5]처럼 만들고 제보임[6]처럼 너에게 해를 입혀야 하는가? 그러나 내 마음은 다른 생각을 하고 내 자비는 매우 열렬하기에 격렬한 분노에 따라 행하지도 않을 것이고 에브라임을 완전히 망하도록 하지는 않을 것이다. 난 신이지 인간이 아니고, 네 가운데의 성령이기 때문이다.[7]

역사는 인간에게 있는 신과 세계 사이의 비극을 함유하고 있다. 동양과 서양의 노정이 교차하고 있는 니콜라이 베르댜예프[8]는 단지 다음 까닭에서 역사가 일어난다고 주장한다. "신이 자유를 의지하기 때문이고, 세계의 원源신비Urmysterium와 세계의 원드라마Urdrama 역시 자유의 신비와 드라마이기 때문이다…… 저 원시초의uranfänglich…… 어느 것

---

5) 루터본 성경에는 아드마(Adama)라고 나오며 소돔과 고모라와 함께 파괴된 도시 가운데 하나로 최초의 인류인 아담에서 유래한 것이라고 본다.—옮긴이
6) 소돔과 고모라와 함께 파괴된 도시.—옮긴이
7) Hosea, 11:1~2, 7~9[『호세아』, 11장 1~2절, 7~9절. "내 아들 이스라엘이 어렸을 때, 너무 사랑스러워, 나는 이집트에서 불러내었다. 그러나 부르면 부를수록 이스라엘은 나에게서 멀어져만 갔다. 바알 우상들에게 제물을 바치고 향을 피워 올렸다…… 내 백성이 끝내 나를 저버리고 바알을 불러 예배하지만 바알은 저희를 높여 주지 않으리라. 에브라임아, 내가 어찌 너를 버리겠느냐. 이스라엘아, 내가 어찌 너를 남에게 내어주겠느냐. 내가 어찌 너를 아드마처럼 만들며 내가 어찌 너를 스보임처럼 만들겠느냐. 나는 마음을 고쳐 먹었다. 네가 너무 불쌍해서 간장이 녹는구나. 아무리 노여운들 내가 다시 분을 터뜨리겠느냐. 에브라임을 다시 멸하겠느냐. 나는 사람이 아니고 신이다. 나는 거룩한 신으로 너희 가운데 있지만, 너희를 멸하러 온 것은 아니다"].
8) 니콜라이 베르댜예프(Nicolai Berdjajew 1874~1948): 러시아의 신비주의 철학자로, 초기에는 신칸트학파의 영향을 받은 맑스주의 철학자였다가 20세기 초에 보수적 반맑스주의로 돌아선다. 인간의 해방은 노동자 계급의 혁명이 아니라 인격의 내적이고 정신적인 해방을 통해 가능하다고 주장한 러시아의 대표적인 그리스도교 실존주의 사상가다.—옮긴이

으로도 소급될 수 없는 자유가 세계사의 수수께끼 역시 풀어낸다. 저 자유에서 인간 앞에 신이 계시할 뿐 아니라 이에 응답하여 신 앞에 인간이 나타난다. 자유는 참으로 운동, 과정, 내적 갈등, 내적으로 체험된 모순이 발생하는 원천이기 때문이다. 그래서 자유와…… 역사…… 사이의 연관은 끊어질 수 없는 것이다."[9]

역사의 본질은 자유다. 이로써 역사는 자의Willkür에 세워지지 않게 된다. 어떤 임의Belieben도 자유를 가지지 못하고 오히려 자유가 근거가 되어 자신에 기초하고 있는 모든 것을 소유하기 때문이다. 비로소 자유가 자연의 원환에서 인류를 꺼내들어 역사의 왕국으로 옮긴다. 자유 속에 존재하는 인간만이 역사적이다. 자연과 그 안에 깊이 파묻혀 있는 인류는 어떤 역사도 가지지 못한다. 그러나 자유는 이離–반反Ab-Fall 으로만 드러날 수 있다. 자유가 신과 자연의 순환로에서 움직이는 동안은 신과 자연의 필연성에 종속되기 때문이다. 죄를 지을 수 없음non posse peccare은 선함에 대한 강제와 구별되지 않는다. 신이 하는 말에 인간이 본질적으로 '아니오'라고 응답하는 것이 비로소 인간의 자유를 증언한다. 그래서 부정할 수 있는 자유가 역사의 근거다.

역사의 본질과 마찬가지로 진리의 본질은 자유에 정립되어 있다.[10] 자유는 비밀의 폭로Enthüllung를 성취하는 일이다. 하지만 진리가 자유의 본질에 기초해 있기 때문에 은폐Verhüllung와 은닉Verbergung 역시

9) Nikolai Berdjajew, *Der Sinn der Geschichte*, Darmstadt: Otto Reichl Verlag, 1925, pp.91~92[『역사의 의미』].

10) Martin Heidegger, *Vom Wesen der Wahrheit*, Frankfurt am Mein: Klostermann, 1943, p.13[하이데거, 「진리의 본질에 관하여」, 『이정표 2』, 105쪽. 해당 부분의 번역은 다음과 같다, "진리의 본질을 자유에 정립하는 것은 진리를 인간의 임의에 맡겨 버리는 꼴이 아닌가?"]

가능하다. 세계는 비밀을 망각하면서 일찍이 있어 온 가장 최신의 계획들에 따라 설립된다. 세계의 피조물들이 비밀로 향하는 길을 막아놓았기에 완성된 거리들의 미로에는 출-구Aus-weg가 없다. 세계의 미로는 방황Irre의 장소들이다. 비로소 방황하게 된 게 아니라, 이미 여태껏 헤매고 있기 때문에 언제나 방황 속에 있을 뿐이다.[11] 방황은 언저리에 고립된 구역이 아니라 세계의 내적 체제에 속해 있다. 그러나 세계 곳곳을 지배하는 방황이 잘못된 것Irre으로 경험된다면 미혹되지beirren 않을 길이 그와 같이 발견될 것이다.[12] 방황을 잘못된 것으로 안다는 것은 방황에서 벗어나 진리 계시의 길로 향하는 길이다.

영원을 동일한 근원으로 가진다고 정해져 있는 시간과 역사가 서로 전제하는 관계의 봉인을 이제 완전히 해제할 수 있다. 이 관계는 자유의 본질에 뿌리내리고 있다. 그래서 영원은 자유의 요소라는 결론이 도출된다. 자유-로움Frei-sein이란 가장 먼저 '자신에 대해'für sich 자유로움을 뜻한다. 자신에 대해 자유롭지 않은 모든 것은 자유에 의해 정립된다. 그러나 자유-로움은 '어떤 것으로부터의'von etwas 자유로움이기도 하다. 자유로운 모든 것은 그렇게 필연성에 기초해 있다. 따라서 자유는 마침내 불가분하게 정립하고begründend 정립되는begründet 것이다.[13] 문제는 시간을 구성요소로 한 유한한 자유가 어떻게 영원을 구

---

11) *Ibid.*, p.23[앞의 책, 116쪽. 번역 수정]

12) *Ibid.*[앞의 책, 117쪽. 번역 수정]

13) Hans Urs von Balthasar, *Apokalypse der deutschen Seele: Studien zu einer Lehre von letzten Haltungen, Band I. Der deutsche Idealismus*, Salzburg, 1937, pp.175~176[한스 우어스 폰 발타자르, 『독일 영혼의 묵시록: 최후의 태도들에 관한 교설 연구, 1권 독일관념론』, 한스 우어스 폰 발타자르(1905~1988): 스위스의 로마 가톨릭 사제이자 신학자로 로마 가톨릭교

성요소로 한 절대적 자유와 관계하느냐다. 이 관계는 초재-유신론적 thetisch-transzendent, 내재-범신론적 pantheistisch-immanent 그리고 유물-무신론적 atheistisch-materialistisch 으로 규정될 수 있다.

초재-유신론적 형이상학은 자유를 유한한 것으로 제한하는 상호 전제 너머에 영원의 절대적 자유를 옮겨 놓는다. 고대 후기와 독일 관념론(이상주의)의 내재-범신론적 관점은 상호 전제를 절대적인 것으로 세운다.[14] 유물-무신론적 이데올로기는 이 관념론(이상주의)이 자유로운 이성과 필연적인 현실성을 범신론에 따라 하나로 만드는 것을 분쇄한다. 헤겔좌파는 현실성을 논리 밑에 있는 것으로 이해하고 이 현실성의 필연성을 유한한 양쪽 자유[자신에 대한 자유와 어떤 것으로부터의 자유]의 상호 전제 밑으로 옮겨 놓는다. 이 필연적인 현실성이 비로소 자유로운 이성과 일치할 수 있게 된다고 한다.

고대 후기와 독일 관념론(이상주의)은 신과 세계를 미적-종교적으로 서로 용해시키고 플로티누스[15]와 마찬가지로 피히테와 헤겔이 특징지은 '가능(태)' möglich과 '현실(태)' wirklich 사이의 저 주목할 만한 치환가능성에 이르게 된다.[16] 가능태는 '개념에서' im Begriff이기는 해도 이

회의 현대적 개혁을 논의한 '제2차 바티칸 공의회'(1962~1965)를 함께 준비했으며 '그리스도론 중심의 신학'은 칼 바르트에게서, 삼위일체론과 관련해서는 여성 신비주의자 스페이어(Adrienne von Speyer)에게서 지대한 영향을 받았다. 1945년 그녀와 함께 '요한 공동체'를 설립했고 1973년 가톨릭 잡지 『콤무니오』(Communio)를 창간했다. 대학 내에서 활동한 적은 없는데도 20세기의 중요한 가톨릭 신학 저자들 중 한 명으로 평가받는다].

14) Balthasar, *Apokalypse der deutschen Seele: Studien zu einer Lehre von letzten Haltungen, Band I. Der deutsche Idealismus*, pp.175~176.

15) 플로티누스(Plotin 204~270): 고대 후기의 철학자로 신플라톤주의의 창시자다. '일자'에서 신적인 정신이 '유출'되고 거기서 현상세계와 영혼이 '유출'된다고 주장하는 '유출설'로 신학뿐 아니라 르네상스기 근대철학에도 지대한 영향을 끼쳤다. — 옮긴이

미 현실성이 되[15]었다. 초재-유신론적 철학과 유물-무신론적 철학은 여전히 드러냄을 실행하고 있으므로 묵[黙]-시[示]적이다. 신과 세계의 허리인 에스카톤(종말)이 초재-유신론적으로는 위에서 드러나고 유물-무신론적으로는 아래에서 그 허리가 드러난다. 두 곳에서 **도약**^{Sprung}은 위에서는 부조리로 내려가는 것으로, 아래에서는 필연성의 왕국에서 자유의 왕국으로 올라가는 것으로 이뤄진다. 그와 같이 맑스와 키르케고르의 상황들이 각기 대응한다. 인과적 필연성에 대한 지식과 자유에 대한 신앙이 합치되지 못한 채 서로 맞서 있지만, 그럼에도 모든 시간에서 해방되는 어느 순간 필연성과 자유는 '틀림없이' 합일된다. 어느 곳에서^{irgendwo} 자유는 폐쇄된 세계의 원환을 **틀림없이**^{muß} 부술 것이다. 이 틀림없음은 다만 양쪽 변양형태^{Modifikation}에서 언제나 서로 다른 의미를 띤다. 키르케고르가 어떤 사물도 불가능하지 않은 어느 신에게 기대고 있다면, 맑스는 부서지기 쉬운 피조물인 인간 자체에서 절대적인 것을 창출하고자 한다.[17]

계시는 역사의 주어이고, 역사는 계시의 술어다.[18] 계시는 신과 세계 사이에 있는 빈 터^{Lichtung}를 밝히는 화염이다. 이 화염이 천상의 한가운데에까지 타오르고 있지만, 세계에는 암흑과 어둠이 존재한다. 계시

---

16) August Faust, *Der Möglichkeitsgedanke: Systemgeschichtliche Untersuchungen*, vol. 1, Heidelberg: C. Winter, 1931, p.342[『가능성의 사상: 체계사적 탐구』].

17) Balthasar, *Apokalypse der deutschen Seele. Band 3 Vergöttlichung des Todes*, p.406[『독일 영혼의 묵시록, 3권 죽음의 신격화』].

18) Karl Barth, *Kirchliche Dogmatik*, vol.1/2, München: Zollikon, 1932, p.64[인용된 원문에는 "계시가 역사의 술어가 아니라 역사가 계시의 술어다"라고 적혀 있다. 『교회 교의학 1/2』, 신준호 옮김, 대한기독교서회, 2010, 87쪽].

의 화염에서 신의 목소리는 들을 수 있어도 아무런 형상도 볼 수 없다. 계시는 신의 목소리와 다를 바 없다. 그러나 신의 목소리는 불꽃을 튀긴다. 인간은 신을 향해 돌진해서는 그를 볼 수 없다. 그렇지 않으면 타버릴 것이다. 단지 신의 뒤에서만 인간은 그를 볼 수 있다. 그러나 얼굴을 맞대고 볼 수는 없다. 신의 얼굴을 본 어떤 인간도 살아날 수 없기 때문이다.

천국의 창조의 빛으로 신의 얼굴을 마주할 수 있다. "자연과 역사로 분리되었던 것이 영원하고 근원적인 합일로, 흡사 하나의 불길처럼 타오르는 곳"[19]이며, 창조와 구원Erlösung 사이 죄의 아이온Aeon[20]에서 영원히 달아날 수밖에 없는 곳이다. 자연과 역사의 분리는 죄의 상황을 표시하는데, 신과 세계의 하나됨이 갈기갈기 찢겨 있고 죽음의 얼굴이 세계를 짓누르고 있기 때문이다. 아담 카드몬Adam kadmon[21]의 얼굴이 망가져 있다. 그리고 아담은 그가 발가벗고 있다는 것을 알고 신의 얼굴 앞에서 완전히 발각되었으므로 두려움에 떨고 있다. 천국의 원초 상태에서의 격정이 식어 버렸던 때에, 곧 죄를 지은 뒤 비로소 아담은 신의 목소리를 **듣게 된다**hört.[22] 신은 세계의 문 앞에 서서 그 안으로 질문하

---

19) Friedrich Wilhelm von Joseph Schelling, *Philosophie der Offenbarung*, Sämtliche Werke III, ed. K. F. A. Schelling, Stuttgart und Augsburg: Cotta, 1858, p.628[『계시의 철학』].

20) '영원한 시기나 영원체'를 뜻하는 말로 영지주의(그노시스주의)에서는 존재의 세 단계, 즉 ①추상적 하나인 시원에서 ②정신이나 아이온(영원체)으로 분해되는 유출이나 계시를 거쳐 ③영의 정화를 통해 다시 시원으로 회귀하는 운동 중 두번째 단계에 해당한다. 물질에 잠겨 있는 아이온을 해방시키는 역할을 지혜의 여신 소피아가 수행한다. —옮긴이

21) 유대교의 경전 카발라에 따르면 신의 무한한 빛이 수축되어 탄생한 최초의 지상의 인간을 가리킨다. —옮긴이

22) *Genesis*, 3:8[『창세기』, 3장 8절, "날이 저물어 선들바람이 불 때 야훼 하느님께서 동산을 거니시는 소리를 듣고 아담과 그의 아내는 야훼 하느님 눈에 띄지 않게 동산 나무 사이에 숨었다"].

며 말한다. 천상의 목소리가 세계 안으로 외친다.[23] 신의 말은 밤의 아이온의 잠에서 깨우는 외침이다. 천상의 목소리가 역사의 이전인 아담의 근원을 상기시키고 역사의 이후인 구원을 약속하기 때문이다. 죄의 상황에서, 창조와 구원 사이에서 아담은 신의 외침을 단지 "듣고" "믿을"[24] 수 있을 뿐이다. 계시는, 아담이 이제 거울을 통해 희미한 말 하나를 보고 있으므로 단지 조금씩만 알게 될 때 죄의 아이온에 비치는 밝은 빛이다.[25] 구원의 빛으로 아담은 그 자신을 알아보게 되었던 것과 똑같이 얼굴을 맞대고 알게 된다.[26]

시간으로 난 인간의 길은 인간의 출현의 역사다.[27] 죄의 아이온에서 존재는 죽음으로 방향을 잡은 채 시간이 되어 시작된다. 시간은 자신 안에 치명적인 원리를 가지고 있다. 과거, 현재, 미래로 시간은 쪼개져 있다.[28] 유령처럼 각 부분은 서로 마주하여 우뚝 솟다가 서로 흡수한다. 현재는 과거의 더-이상 오지 않음[Nicht-Mehr]과 미래의 아직-오지 않음[Noch-Nicht][29] 사이의 비현실적인 경계가 된다. 시간은 삶의 장소가 아

---

23) Hans Jonas, *Gnosis und spätantiker Geist*, vol. 1, Göttingen: Vandenhoeck u. Ruprecht, 1934, p.126[『영지(그노시스)와 고대 후기의 정신』].

24) *Ibid.*, p.120, p.137.

25) 『고린도전서』 13장 12절["우리가 지금은 거울에 비추어보듯이 희미하게 보지만 그때에 가서는 얼굴을 맞대고 볼 것입니다. 지금은 내가 불완전하게 알 뿐이지만, 그때에 가서는 하느님께서 나를 아시듯이 나도 완전하게 알게 될 것입니다"].

26) 『고린도전서』, 같은 곳.

27) Erwin Reisner, *Die Geschichte als Sündenfall und Weg zum Gericht: Grundlegung einer christlichen Metaphysik der Geschichte*, Mannheim: Verlag von R. Oldenbourg, 1929, p.66[『인류의 타락의 역사와 심판의 길: 그리스도교 역사형이상학의 기초정립』].

28) Berdjajew, *Der Sinn der Geschichte*, p.107.

29) 다음 글에서 저자가 직접 차용한 표현이다. 마르틴 하이데거, 「횔덜린과 시의 본질」, 『횔덜린 시의 해명』, 신상희 옮김, 아카넷, 2009, 96쪽. "오히려 횔덜린은 시의 본질을 새롭게 수립함으로써 비로소 새로운 시대를 규정하고 있다. 그것은 달아나 버린 신들과 도래하는 신

니며, 죽음의 독기를 그 안에 가지고 있으면서 불시에 삶을 과거의 저
승으로 내려가게 한다. 과거 자체가 사라지는 종말인 시간의 끝에서야
비로소 영원은 시간의 치명적인 원리를 정복한다. 일시적인 현재에 영
원한 순간을 결합하는 일은 마법의 작품이고, 그 마지막 지류가 예술
이다. 천국은 죄의 아이온에서 마법을 써서 나타나게 되고, 문 앞을 지
키고 있는 거룹들[30]은 무시당하게 된다. 이 쇼Schau에서 현실성은 간과
되고, 그 현실성의 무게 역시 거기서 못보고 지나친다. 내면성의 영향
권을 깨뜨릴지 모르는 아무런 행위도 요청되지 않았기 때문에, 이 쇼
에서는 모든 것이 내적으로 완화될 수 있다.

　'세계'에 대한 비판에서 다시금 초재-유신론적 철학의 키르케고
르와 유물-무신론적 철학의 맑스가 교차한다. 헤겔이 주조한 것과 같
은 현실성Wirklichkeit 개념에서 그들의 비판은 시작되고 세계는 시민 부
르주아bürgerlich[31] 사회와 조우한다. 키르케고르는 이성을 통해 현실성
을 파악하라는 관념(이상주의)철학의 요구에 반복해서 이의를 제기한
다. "철학자들이 현실성에 대해 말하는 것을 들을 때, 이는 마치 어느
고물장수의 진열창으로 표시판에 쓰인 문장, '여기서 다림질이 가능합

들의 시대이다. 그것은 궁핍한 시대(die dürftige Zeit)이다. 왜냐하면 그 시대는 달아나 버
린 신들은 더 이상 없고 도래할 신들은 아직 없다는(im Nichtmehr der entflohenen Götter und im
Nochtnicht des Kommenden) 의미에서 이중적 결여와 없음 속에 있기 때문이다." ―옮긴이
30) 히브리어로 '케루빔'(Cherumbim)은 '지식으로 충만함', '지혜를 쏟아 부어내림'을 뜻하는 말
로 구약에서는 에덴동산을 지키는 문지기 임무를 맡았고("이렇게 아담을 쫓아내신 다음 하느
님은 동쪽에 거룹[그룹―새번역 개정판]들을 세우시고 돌아가는 불칼을 장치하여 생명나무
에 이르는 길목을 지키게 하셨다", 『창세기』 3장 24절) 5세기 경 위 디오니시오스의 『천상의
위계』(김재현 옮김, KIATS, 2011)에서는 아홉천사 가운데 두번째 위계를 차지하는 '지품천사'
로 분류된다. ―옮긴이
31) 이 용어의 번역원칙과 관련해서는 4권 각주 357을 참조하라. ―옮긴이

니다'를 읽을 때와 똑같이 오해를 사기 쉽다. 다림질을 맡기려고 빨랫 감을 가지고 들르려 하면 그는 우롱당한 게 될 것이다. 그 표시판은 판 매용으로만 거기 걸어 둔 것이다."[32] 키르케고르는 헤겔에 맞서 언제 나 하나의 주제만을 변주한다. 현실성이란 체계 안에서는 파악될 수 없으며, 체계 내부에 현실성을 다루는 단락이 있다면 그것은 불합리하 다. 정확히 같은 지점에서 맑스는 헤겔에 대한 비판을 시작한다. 이 비 판의 화살들은 헤겔이 주장한 이성과 현실성, 본질과 실존의 통일성을 겨누고 있다. 헤겔은 이념과 현실성을 화해시키지만, 단지 개념에서 만 그렇다. 이리하여 실존은 이념으로 신비화되며, 그리고 헤겔의 '관 념론적(이상주의적)'idealistisch 서술들은 '가장 극단적인 유물론'krassester Materialismus[33]으로 바뀌게 된다. "의지로서의 철학이 현상하는 세계에 대 해 도전적인 태도를 취함으로써 체계는 어떤 추상적인 총체성으로 평 가 절하되고 말았다…… 내적인 자족성이 부서졌다. 내면의 빛이었던 것이 [무엇이든] 집어삼키는 불길이 되어 외부로 향할 것이다."[34]

만일 맑스가 신 없이ohne, 키르케고르가 신 앞에서vor 철학한다면 그

---

32) Sören Kierkegaard, *Entweder/Oder. Ein Lebensfragment. Erster Teil*, Gesammelte Werke 1, trans. & afterword Christoph Schrempf, Jena: Eugen Diederichs, 1922, p.29[『이것이냐 저것이냐: 삶의 단편 1부』][『이것이냐 저것이냐 1』, 임춘갑 옮김, 치우, 2012, 54~55쪽. 번역 다소 수정].

33) Karl Marx, *Der historische Materialismus, Früher Schriften I*, ed. Siegfried Landshut: Afred Kroner, Leipzig, 1932, p.79[『역사적 유물론: 초기저서들 1』] [칼 맑스, 『헤겔 법철학 비 판』, 강유원 옮김, 이론과 실천, 2011, 224쪽].

34) Karl Marx, "Differenz der demokritischen und epikureischen Naturphilosophie nebst einem Anhange", *Ibid.*, p.17[「부록이 달린 데모크리토스와 에피쿠로스 자연철학의 차이」][칼 맑스, 『데모크리토스와 에피쿠로스 자연철학의 차이』, 고병권 옮김, 그린비, 2001, 62~63쪽. 번역 다소 수정].

들에게는 신과 세계의 분열이라는 공통 전제가 있다. 헤겔이 여전히 변-신론辯神論, Theo-dicee[35]으로 이해한 세계-역사를 맑스와 키르케고르는 '세계'의 역사로서 파악한다. 세계사는 카이로스[kairos][36] 앞에서 역사 이전[Vorgeschichte]으로 영락한다. 종말과 태고가 카이로스에서 교차한다. 그리스도교 세계의 역사가 종언되었기 때문에 키르케고르는 그리스도교적 아이온의 태고에 연결될 수 있다고 믿는다. 그리스도 이후에[post Christum], 그리스도교 시대가 끝난 뒤에 비로소 그리스도의 추-종[Nach-folge]이 다시 가능하다. 맑스에게는 '자유의 왕국'에서 '원시공산주의 공동체'가 실현된다. 그러나 자유의 왕국은 필연성의 왕국에서 '자연적으로' 생겨나지 않는다. 키르케고르와 맑스에게는 **도약**의 기적이 긴요하다. 키르케고르에게 도약이란 그리스도와 함께 내적으로 "동시대에" 존재하려고 "마치 존재한 적 없었다는 듯이 1,800년을 소거할"[37] 세계사의 무덤들 위로 뛰어 되돌아가는 것을 의미한다. 맑스에게 도약이란 필연성의 왕국에서 자유의 왕국으로 뛰어넘는 것이다.

---

35) 라이프니츠가 처음 사용한 말로, 그리스어 신(theos)과 정의(dike)의 합성어다. 글자 그대로 세계의 섭리로서 신에 대한 변호이자 옹호를 뜻한다. 신학적 회의주의로부터 세계의 관리자인 신의 영원하고 완벽한 섭리를 옹호하려는 입장이다. 4권에서 레싱과 관련해 이 논의는 다시 등장한다.─옮긴이

36) 카이로스는 때가 꽉 찬 구원의 순간으로 자신의 존재의미를 느끼는 절대적인 시간이다(예컨대, 예수 그리스도가 재림하는 시간). 이와 반대로 크로노스(chronos)는 그냥 흘러가는 연대기적 시간이다. 더 자세한 설명은 다음 책을 참고하라. 폴 틸리히, 『그리스도교 사상사: 원시교단부터 종교개혁 직후까지』, 송기득 옮김, 대한기독교서회, 2005, 35~36쪽.─옮긴이

37) Karl Löwith, *Von Hegel bis Nietzsche*, Zürich: Europa Verlag, 1941, p.493[『헤겔에서 니체까지』][칼 뢰비트, 『헤겔에서 니체로』, 강학철 옮김, 민음사, 2006, 451쪽. 번역 수정. 한국어본의 번역대본은 1950년 2판에 이어지는 학습판(*Von Hegel zu Nietzsche*, Hamburg: Felix Meiner Verlag, 1995)으로 이 책에 인용된 초판의 제목과는 다소 차이가 있어 다르게 옮겼다].

자유와 혁명

자유에 관한 물음은 묵시주의의 원주제이고 그 모티프들은 전부 세계 감옥의 이음부가 부서지게 되는 전환을 가리킨다. 그러나 이 전환이 맨 먼저, 혹은 오직 주어진 사회적 질서에만 관련되는 것은 아닌데, 묵시주의가 무엇보다도 먼저 사회의 사회적 구조를 변화시키는 데에 관심을 두지 않고 오히려 세계에서 다른 곳으로 그 시선을 돌리기 때문이다. 혁명이 오직 존립하는 사회적 질서를 더 나은 질서로 바꾸는 것이라고 한다면, 묵시주의와 혁명 사이의 연관은 명백하지 않다. 그러나 혁명이 사회적 질서의 토대들을 부정하는 만큼이나 품으면서, 곧 토대들에 새로 세워진 어떤 새로운 총체성을 세계의 총체성에 대립시키는 것이라고 한다면, 묵시주의는 현저하게 혁명적이다.

묵시주의는 세계를 충분히 부정한다. 세계 전체를 묵시주의는 부정적으로 껴안는다. 법칙과 운명은 우주Kosmos의 토대다. 그러나 우주는 고대부터 언제나 조화로운 이음을 의미한다.[38) 그런데 우주에는 질서와 법칙이 지배하기 때문에, 거기에는 운명이 최상의 권력이기 때문에, **그래서** 묵시주의는 괴물 같은 전복Umkehrung으로 끝나고, 우주는 나쁜 것으로 가득하다. 세계는 신적인 것에, 곧 자-립의 신에 대해 거리를 두고 있는 하나의 총체성이다. 그래서 세계는 그 나름의 영/정신 Geist을, 자신의 신을 갖고 있다. 세계가 그 잠재력을 자신 안에 갖고 있지 않고 대극을 통해 규정되는 것과 같이 신 역시 세계가 보는 관점에

---

38) Jonas, *Gnosis und spätantiker Geist*, vol. 1, pp. 146~147.

서 긴장 관계에 놓이게 된다. 이 긴장 관계는 상호적이고 양극을 규정한다. 세계는 신에 반하고 신은 세계에 반한다.[39] 신은 세계 속에서 낯설고 미지다. 신이 세계에 나타나서 그는 세계에 **새롭다**[neu]. '새로운 신'이란 세계에 낯선 미지의 신이다. 세계 속에 신은 존재하지-않는다. 이 '새로운 신'은 바실리데스[40]에 따르면 "존재하지-않는 신"[das nicht-seiende Gott]이다. 이 때문에 신이 공허한 추상으로 휘발되지는 않는다. 이 "존재하지-않는 신"이 괴물같이 강력하기 때문이다. "존재하지-않는 신"은 세계를 껴안고서 무-화시키는 부정의 신이다.[41] 존재하지-않는 신은 존재자의 모든 타당성과 궁극성에 이의를 제기함으로써 세계의 본질을 의문시한다. 그렇기 때문에 영적 지식(그노시스)[42]이 선포한 멀리 있는 미지의 신, 곧 존재하지-않는 신에 관한 복음은 니힐리즘-혁명의 열망 전반에 불을 붙이는 표어가 될 수 있다.[43] 세계에 반하고 세계 속에 '존재하지-않는' 신은 세계에 대해 인간의 니힐리즘적인 태도를 재가한다. '존재하지-않는' 신, 말하자면 '아직은 존재하지-않는' 신은 어떤 전환에 대한 거대한 약속이다. '존재하지-않는' 신은 세계

---

39) Jonas, *Gnosis und spätantiker Geist*, vol.1, p.149.

40) 바실리데스(Basilides 330?~379) : 그리스의 그리스도교 종교가이자 교회박사로, 카파도키아의 3대 교부로 불린다. 교회 통합에 주력하고 아리우스 논쟁의 종결을 위해 진력했다. 동방 교회의 수도원 규칙을 제정하여 '수도생활의 아버지'로도 불렸다. ─옮긴이

41) *Ibid.*, p.150.

42) 앞으로는 영지와 영지주의로 통일하여 옮긴다. ─옮긴이

43) Rudolf Otto, *Reich Gottes und Menschensohn*, Müchen : C. H. Beck, 1935, p.5[『신의 나라와 사람의 아들』][루돌프 오토(1869~1937) : 독일의 비교종교학자 겸 복음신학자로, 세계종교의 핵심에 있는 보편적인 종교 감정을 가리키는 누미노스[numinous] 개념으로 잘 알려져 있다. 미르치아 엘리아데의 종교현상학과 칼 구스타프 융의 심층심리학에 지대한 영향을 끼쳤다. 국내에는 1차 세계대전 직후 베스트셀러였던 『성스러움의 의미』(*Das Heilige*, 길희성 옮김, 분도출판사, 1999)가 소개되어 있다].

를 무로 만들고^{nichten} 나서 힘을 다해 나타난다.

묵시주의는 혁명적인데, 이것이 불특정 미래가 아니라 아주 가까이서 전환을 바라보기 때문이다. 그러므로 묵시적 예언은 미래적이면서도 전적으로 현재적이다. 혁명의 텔로스(목적인)^{telos}는 그 밖의 모든 형식들을 부수고 세워진 경계들을 뛰어넘는 카오스의 폭력들을 결합시킨다. 혁명이 굳어진 형식들, 세계의 실정적인 것들^{Positivitäten}을 흔들어 놓는다 하더라도 그것 역시 자신의 형식들을 가지고 '형식 속에'^{in} ^{Form} 존재한다. 묵시주의의 원리는 자신 안에 형태를-파괴하는 힘과 조형하는 힘을 하나로 만들어 품고 있다. 상황과 책무에 따라 양쪽 구성요소 가운데 하나가 두드러지지만, 어느 쪽도 없어선 안 된다. 악령에 신들린 듯 파괴하는 요소가 없다면 굳어진 질서, 곧 각각의 세계의 실정적인 것은 극복할 수 없게 된다. 그러나 파괴적인 요소에 '새로운 계약'$^{neuer Bund44)}$이 두루 비치지 않는다면 혁명은 불가피하게 텅 빈 무 안으로 가라앉게 된다.

그러나 혁명의 텔로스가 가라앉아 그 결과 혁명이 더 이상 수단이 아니라 유일한 창조의 원리가 된다면, 파괴의 쾌락이 창조의 쾌락으로 바뀌게 된다. 혁명이 자신을 넘어서서 아무데도 가리키지 않는다면, 그것은 텅 빈 무로 이어지는 형식적-역동적 운동으로 끝나고 만다. '니힐리즘 혁명'이란 어떤 텔로스를 향해서도 나아가지 않고 '운동' 자체에서 자신의 목적지를 발견하고 그럼으로써 사탄에 가까워진다.$^{45)}$

---

44) *Jeremia*, 3:31[『예레미야』, 31장 31절, "앞으로 내가 이스라엘과 유다의 가문과 새 계약을 맺을 날이 온다. 나 야훼가 분명히 일러둔다"].

45) Paul Tilich, *Das Dämonische: Ein Beitrag zur Sinndeutung der Geschichte*, Tübingen:

그러나 진정한 혁명이 갖는 비극적 본질이 밝혀지기도 한다. 진정한 혁명이 절대적인 텔로스를 추구함으로써 틀림없이 모든 형태 너머로 움직이고 말 것이다. 그럼에도 유-토피아(장소-없음)$^{U\text{-}topie}$는 오직 현실의 특정 토피아(장소)^{Topie}에만 존재할 수 있다. 혁명의 원리는 한 형태에서 다른 형태로 부단히 움직인다. 실현은 저마다 텔로스의 절대적인 요구를 훼손한다. 그래서 이 요구의 절대성에서 볼 때 '영구'^{permanent} 혁명의 상황에 다다르게 된다. 혁명원리의 동요가 그 원리를 나르는 이들에게 전염된다. 이 원리는 예언자들과 묵시가들을 한 곳에서 다른 곳으로 이동시킨다. 예수가 했던 그 수많은 이동은 해석자들을 너무나도 애먹인다.[46] 근대 혁명가들의 영구이동을 다만 경찰의 추방 명령들로 소급하는 것 역시 심층적인 파악은 아닐 것이다. 합리적인 전경^{前景}과 순간적인 합목적성 뒤에는 하나의 운명이 숨겨져 있다.

가이스트(영/정신)와 역사

이스라엘의 역사적 세계가 고대 근동과 고대의 신화적 삶의 원환을 배경으로 그 윤곽이 드러난다면 이는 결정적인 전환이다. 탄생과 죽음의 순환 법칙이 신화 전반을 관통하여 울려댄다. 삶은 탄생과 죽음 사이

Mohr Siebeck, 1926, p.8[『악령적인 것: 역사의 의미해석에 대한 기여』].

46) Albert Schweitzer, *Geschichte der Leben-Jesu-Forschung*, Tübingen: Mohr Siebeck, 1926, p.153[알베르트 슈바이처, 『예수의 생애 연구사』, 허혁 옮김, 대한기독교출판사, 1995, 162쪽][알베르트 슈바이처(1875~1965): 독일계 프랑스 의사 겸 사상가이자 신학자이고 음악가]. *Ibid.*, pp.397~398[같은 책, 380~381쪽]를 참조하라.

에서 이어지고, 탄생 속에 이미 죽음이 함께 정해져 있다. "그러나 그
들의 탄생이 어디에서 오든 그곳은 필연적으로 그들의 죽음이 향해 가
는 곳이기도 하다."[47] 삶의 원환에는 오직 근원에서 와서 근원으로 돌
아가는 것만이 전개된다. 신화는 근원에 대한 '서사'Erzählung다. 신화는
어디에서Woher에 대한 물음에 답한다.[48] 동일한 것의 영원회귀에서 '어
디로'와 '어디에서'는 하나가 된다. 어디에서와 어디로가 하나가 되는
근원이 신화적 세계의 중심이다. 이 근원의 포괄적인 힘이 자연인데,
자연이 피어남과 시듦의 순환에서 일어난 모든 일의 길을 내기 때문이
다. 자연의 신들은 바알들[49]이고, 바알-신들 중에서 가장 신성한 신은
디오니소스다.

이 근원의 식물적인 토대에 동물의 생명이 기대고 있다. 동물의 생
명 역시 탄생과 죽음의 원환에서 마감된다. 인간 역시 정치적 동물zoon
politikon이며, 그의 사회조직은 피와 땅에 세워진다. 그러나 피와 땅은 자
연의 요소들이다. 자연의 순환은 근원으로부터 자신의 강력함을 경험
한다. 이 원환은 협소하거나 광범위하게 팽팽해질 수는 있어도, 순환

---

47) Anaximandros, "Simplicius zu Aristoteles Physik 24", section 13~14, Herm Alexander
Diels, *Fragmente der Vorsokratiker*, vol. 3, Berlin, 1912, 12 A9「심플리키오스의 아리스토
텔레스의 「자연학」 주석 24」, 탈레스 외, 『소크라테스 이전 철학자들의 단편 선집』, 김재홍 외 옮김,
아카넷, 2005, 135~136쪽)["…… 아낙시만드로스는 무한정한 것(apeiron)을 있는 것들의 근원
이자 원소(stoicheion)라고 말하면서 이것[무한정한 것]을 근원에 대한 이름으로 처음 도입
했다…… 그는 이렇게 말한다. '그리고 그것들로부터 있는 것들의 생성이 있게 되고, [다시] 이것
들에로 [있는 것들의] 소멸도 필연(chreōn)에 따라 있게 된다'……"].
48) Paul Tillich, *Die sozialistische Entscheidung*, Potsdam: Medusa, 1933, pp. 28~29[『사회주
의적 결단』].
49) 바알(Baal-e) : 셈어로 '주'(主) 또는 '소유자'의 뜻으로, 구약성서에서는 토지 소유자로서 신
들을 총칭하는 이름으로 사용되었다가, 기원전 8세기부터 야훼 신앙을 혼란시키는 '우상 숭
배'의 주범으로 배격되었다. ─ 옮긴이

으로 남아 있다. 그러나 이렇게 하여 신화적 세계의 시간은 공간의 지배를 받게 된다. 그런데 시간을 순환이나 원환들의 원환으로 바라보게 되면 그 본질이 분명치 않다. 앞으로 나아가고, 뒤집을 수 없이 새로운 것을 추구하며, 어느 쪽으로Wozu라고 묻는 게 시간의 본질이기 때문이다.[50] 어느 쪽이냐고 묻자 자연의 원환이 근본적으로 깨지고 영원히 회귀하는 것의 구조Gefüge가 부서지게 된다.

'어느 쪽으로'는 근원의 한계 안으로 가둬지지 않던 영/정신의 물음이다. 동일한 것의 영원회귀에는 위아래가 서로 가까워지고 자연의 원환을 둥글게 만드는 에로스Eros가 지배하고 있다. 비가역적인 단방향의 시간에는 앞으로 나아가는 가이스트Geist가 지배하고 있다. 그렇게 영/정신은 시간에 가차 없이 편입되어 있다.

영-시간(요아킴[51]과 영성주의자[52])과 시간-정신(헤겔과 헤겔좌파)이 역사라는 존재에 세워져 있다는 게 밝혀진다. 그리하여 역사는 영/정신의 요소라는 결론이 도출된다. 역사가 영/정신의 요소인 것과 마찬가지로 영/정신 역시 역사의 요소다. 역사는 영/정신에서 비로소 존재하게 된다. 영/정신과 역사는 서로 전제하고 있다. 이 상호 전제의 관계는 시간 속의 영원이 영/정신에 두루 비치기 때문에 가능할 뿐이다.

---

50) Tilich, *Die sozialistische Entscheidung*, p.32.
51) 피오레의 요아킴(Joachim de Floris, 1145~1202) : 이탈리아 남(南)칼라브리아의 피오레/플로리스(Floris)의 수도원장. 신비주의자로서, 역사를 신의 세 가지 위격(位格)과 관련시켜, 아버지의 시대, 아들의 시대에 이어 13세기에는 성령의 시대(영원한 복음의 시대)가 도래한다고 주장했다.—옮긴이
52) 영성주의자(Spiritualen) : 중세 프란체스코 수도회의 다양한 집단을 총칭하는 개념으로 1317년 교황 요하네스(요한) 22세에 의하여 이단으로 공언되었다.—옮긴이

인간은 필연적으로 순환하는 자연과 근원의 내던져져 있음$^{Geworfen-}$ ^{heit}을 함께한다. 그러나 인간은 근원의 내던져져 있음에 영/정신의 기획—투사$^{Ent-wurf}$를 대치시킨다. 영/정신의 기획 투사는 인간의 자유다. 영/정신은 본질적으로 **자유**의 요소다. 영/정신의 기획 투사는 자연의 한계를 뛰어넘는 역사다. 근원의 힘과 영토에 뿌리내림이 이스라엘에서 산산조각난다. 그래서 이스라엘은 몰락하지 않고서 어느 '영토 없는 민중'$^{Volk ohne Raum53)}$이 될 수 있다. 이스라엘 민중이 영토에 뿌리내림에서 찢겨져 나온 '시간의 민중'$^{Volk der Zeit}$임을 스스로 알고 있기 때문이다.[54] 이때 시간이 그 본질에 이르게 되고 공간 위로 솟구친다. 시간의 방향이 잡히고, 있었던 것이 아닌 있게 될 그 무엇과, 가닿으면 다시는 잃어버리지 않을 것을 향해 나아간다. 시간으로서 세계는 어느 '새로운 천상과 새로운 지상'을 향해 나아간다. **새로운** 것은 근원의 원환 너머 밖으로 나간다. 새로운 것은 역사의 장에 존재한다. 역사 쪽에서 보면 근원은 **시작**^{Anfang}이 되며 이곳에 중간과 끝이 나란히 배열되어 있다.[55] 역사 자체는 창조와 구원 사이의 중간이다.

역사로서의 세계는 자신의 중점을 자연의 영원한 현재에 두지 않고, 최초의 창조 때부터 품어져서 최후의 구원을 향해 그 방향이 잡혀 있다. 개별적으로 일어난 일은 창조에서 구원으로의 진행을 따른다. 개별적으로 일어난 일은 자기 자신 안에 그 의미를 가지지 않으며, 창조

---

53) 한스 그림(Hans Grimm, 1875~1957 : 독일의 작가)이 1926년 이민을 주제로 삼아 쓴 소설의 제목이기도 하다. —옮긴이
54) Tilich, *Die sozialistische Entscheidung*, p.36.
55) *Ibid.*

의 질서를 드러내 보이게 하고 구원의 질서를 가리킨다. 한 사건은 항상 에스카톤(종말)과 관련되어 있다. 종말은 이중의 의미로 **어느 날**^{Einst} 이다. 창조의 한때^{Einst}인 가치론$^{56)}$과 구원의 언젠가^{Einst}인 목적론이다.

어떤 일어난 일은 자신의 에스카톤(종말)에 대해 오로지 가치론적이거나 목적론적인 게 아니라, 양쪽의 풀 수 없는 통일에 존재한다. 종말론적인 타원의 초점들에 해당하는 가치론과 목적론의 이 변증법적 관계에 항상 양극의 자립이 위협해 온다. 한쪽에서는 창조의 가치론적인 극이 객관적인 가치의 영구성으로 그 긴장이 풀릴 수 있다.$^{57)}$ 가치론과 가치의 동일시는 음모의 표어로 단지 신학적으로만 '모든 시대가 똑같이 신에게 가까이 있다'고 얼버무려 표현되며, '일어난 모든 일은 똑같이 타당하기에$^{gleich gültig}$ 아무래도 상관없다^{gleichgültig}'는 언명으로 매번 추락하고 마는 역사주의를 나타낸다. 아무래도 상관없이 신에 가깝다는 것은 역사의 본질이 구원의 길임을 간과한다. 반대로 진보의 이데올로기는 그것이 영원함 대신에 무한함에 놓여 있는 어떤 이상을 위해 역사의 매순간을 평가 절하할 때 목적론의 극을 고립시킨다.$^{58)}$ 진보 이데올로기는 역사의 본질이 창조에서 비롯되는 길임을 간과한다. 오직 가치론과 목적론의 변증법에서만 묵시적 존재론이 가능하다. 어떤 일어난 일은 항상 창조의 한때가 두루 비치게 한다(가치론적 관계).

---

56) 가치론(Axiologie): '가치 있는'의 뜻을 가진 그리스어 'axios'와 '학문'이라는 뜻의 'logos'가 결합된 말로 넓은 의미로 '선함'과 '가치'를 탐구하는 철학 분야. 고대 그리스의 진선미의 문제나 중세철학의 초월명사의 문제가 고전적인 예다.—옮긴이

57) Balthasar, *Apokalypse der deutschen Seele*, vol. 1, p. 13.

58) Tilich, *Das Dämonische: Ein Beitrag zur Sinndeutung der Geschichte*, p. 22.

창조의 한때가 일어난 일에 두루 비치기 때문에 구원의 언젠가 역시 가리킨다(목적론적 관계). 그렇게 역사란 창조와 구원 사이의 중심이다. 역사는 그 본질이 오직 종말론이라고 드러낼 뿐이다. 역사는 창조의 한때에서 시작하여, 구원의 언젠가에서 끝나고 만다. 창조와 구원 사이가 역사의 길이다. 창조에서 구원으로 나아가는 진행^{procedere}이 구속^{救贖, Heil59)}이다. 그리하여 역사는 필연적으로 구속사^{Heilsgeschichte}다.

역사의 토대는 기억이다. 기억이 없다면 현재, 과거, 미래는 종국에 분리되고 말 것이기 때문이다. 역사적 지식은 기억해-냄이다. 외부의 객관적 사건은 기억을 통하여 내면화된다. 인간이 자신 안에서 시대의 깊이를 기억해 내는 것이다. 축음기마냥 인간은 세계사의 모든 높이와 깊이를, 강음^{forte}과 약음^{piano}을 각각 포착하고 있다. 역사가 객관적이고 대우주적으로 일어날 뿐 아니라, 소우주적으로 인간에게 일어나기 때문이다. 역사 속에서 객체와 주체의 동일성이 생긴다.⁶⁰⁾ 모든 반란들, 전쟁들, 승리들, 패배들, 그리고 모든 폭풍들, 화재들, 지진들은 깨뜨려 열린 인간의 무대에 불과하며, 인간의 발생을 관현악으로 작곡한다. 기억은 인간을 역사 안으로 가라앉게 만드는 그의 기관이다. 이 기억에 역사라는 전장에서 벌이는 시간과 영원 사이의 대결과 영원의 최후 승리가 반영된다. 그렇기 때문에 기억은 하나의 종말론적인 위엄

---

59) 영역본에서는 Erlösung을 redemption으로 Heil을 salvation으로 구별하여 번역하고 있다. 여기서는 이와 반대로 Erlösung을 '구원'으로 Heil을 '구속'으로 각각 번역한다. 18세기 몇 신학자들에 의해 만들어진 '구속사'가 암시하듯이 구속은 창조되어 죄사함을 받게 되고 구원에 이르는 비세속적이고 비역사적인 과정과 세속적이고 역사적인 과정 전체를 가리키기 때문이다. — 옮긴이

60) Berdjajew, *Der Sinn der Geschichte*, p.46.

^{Größe}이자 종말론의 드라마에서 하나의 잠재력인 것이다.

야훼⁶¹⁾ 즉위식의 구^舊축제가 메아리치고 있는 이스라엘의 신년 축제에서 신은 세계의 왕으로 경축된다. 신의 즉위식 드라마는 대관식―기념^{Erinnerung}―구원의 3막으로 이뤄진다. 신의 즉위식 드라마의 제2막이 '기념'^{Gedächtnis}인데, 이에 따라 축제날은 기념의 날이라는 명칭을 얻게 된다. 왕으로 선포된 신은 인간과 맺은 그의 계약을 잊지 않고 그들을 구원한다. 신은 절대적인 기억이기에, 그에게 망각이란 존재하지 않는다. 기억은 긍정적 원리이며, 이 원리의 맞은편에 망각이 부정적 원리로 자리한다. 이스라엘에서 망각은 여성적인 극에 대응되는 반면, 기억은 남성적인 극에 배정된다. 시카론^{Sikaron}, 곧 기억은 사카르^{sakar}=남성적임과 동류이고, 나카브^{nakab}, 곧 '구멍뚫다'와 '체로 거르다'는 엔케바^{nkeba}=여성적임과 동류다.

기억은 죽음에 몰락해 있는 자연의 한계들을 부순다. '기억하려고' 인간은 필멸성을 뛰어넘어 짓는다. 불멸성의 충동은 기억과 밀접하게 연관된다. 불멸성의 충동은 죽음에 대한 공포를 낳는다. 기억은 한 사건을 시간의 흐름에서 탈취한다. 한 사건이 놓여 있고 시간의 흐름과 함께 사라지지 않기 때문에, 그것은 그렇게 시간의 장에서 탈취되어 있다. 기억을 통하여 우리는 시간의 어떤 **완료**^{Ablauf}가 있다는 점을

---

61) 야훼(Jwh) 혹은 여호와(YHWH) : 입에 올리지 못하는 신의 이름을 나타내는 4개의 히브리어 자음으로 신의 인격적인 이름을 가리키며 『창세기』 2장 4절에 처음 나타난다. 이 신의 이름은 한글번역에서 '여호와', 공동번역에서 '야훼', 영어번역에서 'Jehovah'로 음역하고 있지만 그 정확한 발음을 알 수는 없다(칼 에를리히, 『유대교 : 유랑 민족의 지팡이』, 최창모 옮김, 유토피아, 2008, 140쪽). ―옮긴이

알아차리게 되며, 이는 기억 속에 시간이 극복되어 있기 때문에 가능할 뿐이다. 기억은 시간의 **바깥에**außerhalb 있기 때문에, 시간을 그 무상함에서 인식할 수 있다. 영원이 없다면 결코 시간을 직관하지 못할 것이다.

종말론에서 기억은 영원의 이름으로 시간과 투쟁을 벌이는 저 원리를 구현한다. 망각이란 이스라엘에서 배교Abfall와 죽음을 뜻한다. 『신명기』의 설교는 망각의 주제 주변을 맴돈다. "[그리 되더라도] 너희는 이집트 땅 종살이하던 집에서 너희를 이끌어 내신 너희 하느님 야훼를 잊지 않도록 하라."[62] '기억하고 잊지 마라'라는 『신명기』의 모세 설교와 모든 선지자들의 설교의 중심 모티프다.

역사는 신과 세계가 교차하는 지평이다. 역사는 신의 길이며, 신의 활동Wirken은 역사 속에서 현시한다. 그러나 역사는 세계-역사이기도 하다. 그래서 인간은 신과 세계의 중심이 된 역사의 담지자다. 세계의 현시와 신의 현시를 엄격하게 분류하면 그것은 극에서 극으로 이어지는 불꽃과 같은 도약, 곧 인간을 드러내는 일이라는 역사에 지나지 않는다.[63] 역사는 신 안에서 하나됨을 목적으로 한다. 세계가 신을 제약해야 비로소 자유의 원리를 공표할 수 있다. 자유를 드러내려고 세계가 창조된 것이다. 신의 일체가 세계로 변화하여 **자유** 안에서 신이 만유 안의 만물alles in allen이 될 것이다. 신이 세계의 모든 지배와 모든 권위와 폭력을 지양하므로 인간은 신에게 세계를 위임해야 한다. 그러나

---

62) *Deuteronomium*, 6:12[『신명기』, 6장 12절].
63) Balthasar, *Apokalypse der deutschen Seele*, vol. 1, p. 5.

만물이 인간에게 종속된다면, 그에게 만물을 종속시켰던 신에게 인간 역시 종속되어 신이 만유 안의 만물이 될 것이다.[64] 신이 구원에 이르러 비로소 [무분별한] 인간의 노력이 예로부터 곳곳에서 찾고 [곳곳에서] 주장했지만 아직 없었으므로 어디에서도 가까스로 발견될 수 없었기 때문에 어디에서도 입증할 수 없었던 **일체**All이자 **일자**Eins가 되는 까닭에서다.[65]

변증법은 창조에서 구원으로 이어진 역사의 길을 안내하는 표지다. 변증법의 내적 가능성은 자유의 존재에서 생겨난다. 자유는 그것이 부정의 자유가 될 때만 존재한다. 역사는 그 안에서 "부정적인 것의 괴물 같은 힘"이 드러나기 때문에 변증법적이다.[66] 부정적인 것의 힘은 반정립을 받아들이도록 강요하고 신의 왕국이 왜 정립의 단계에서는 실현되지 않았는지 설명한다. 신의 일체의 정립인 물신평행론deus sive natura과 신이 만유 안의 만물이 되게 하는 종합 사이의 차이가 자유의 원리다. 정립과 종합의 사이인 반정립은 자유의 원리가 역사임을 밝혀낸다. 신과 세계가 아직 구분되어 있지 않으므로 정립은 일체다. 반정립은 신과 세계의 분리이며 종합은 인간을 통한 신과 세계의 하나 됨으로, 이리하여 신은 **자유** 안에서 만유의 만물이 된다.

---

64) *1. Korinther*, 15:28[『고린도전서』, 15장 28절, "이리하여 모든 것이 그분에게 굴복당할 때에는 아드님 자신도 당신에게 모든 것을 주신 하느님께 굴복하실 것입니다. 그때에는 하느님께서 만물을 지배하시게 될 것입니다"].

65) Franz Rosenzweig, *Stern der Erlösung*, vol. 2, Berlin: Schocken, 1930, p. 194[『구원의 별』. 저자가 원문을 인용하며 생략한 부분을 대괄호 안에 번역해 넣었다].

66) Georg Wilhelm Friedrich Hegel, *Phänomenologie des Geistes*, Werke II, 2. Auflage, Berlin: Duncker und Humblot, 1832, p. 13[게오르크 빌헬름 프리드리히 헤겔, 『정신현상학』, 임석진 옮김, 한길사, 2005, 71쪽. 번역 다소 수정].

혁명의 장소로서 이스라엘

혁명적 종말론의 역사적인 장소는 이스라엘이다. 이스라엘은 '회개' Umkehr를 추구하고 도모한다. 내면의 회개가 역으로 외부에 영향을 끼친다. 이스라엘의 본질적인 삶의 태도는 혁명의 파토스를 통해 규정된다.[67] 이스라엘의 희망은 신의 유일지배에서 정점에 달한다. 연초에 신의 대관식을 시작할 때와 매 예배를 마무리할 때 유대 공동체는 기도한다. "우리는 전지전능한 하느님의 지배로 세계를 바꾸길 희망합니다."[68] 신의 목소리가 신의 왕국을 위해 세계에 광야를 마련하는 일을 행하라는 외침으로 울려 퍼진다.[69] "우리는 행하고 듣고자 합니다"로 이 시나이 산의 부족들은 신과 맺은 계약을 확증한다.[70]

고대 그리스가 '세계의 눈'Auge der Welt으로 지칭된다면, 이스라엘에 관해서는 '세계의 귀'Gehör der Welt라고 말할 수 있을 것이다.[71] 계시 속에

67) Max Weber, *Gesammelte Aufsätze zur Religionssoziologie: Das antike Judentum und Pharisäer*, vol.3, Tübingen: Mohr Siebeck, 1921, p.6[『종교사회학 논문집: 고대 유대교와 바리새인들』][막스 베버, 『야훼의 예언자들』, 진영석 옮김, 백산출판사, 2004, 12쪽. 번역 수정. 해당 인용문의 본래 내용은 다음과 같다. "고대 유대인의 생활태도 전체는 **앞으로의 정치적·사회적 혁명이 신에 의해 이끌어진다는** 이 표상을 통해 규정되었다"].

68) Leo Baeck, *Aus drei Jahrtausenden: Wissenschaftliche Untersuchungen und Abhandlungen zur Geschichte des jüdischen Glaubens*, Gesammelte Aufsätze, Berlin: Schocken, 1938, p.362[『삼 천 년 동안: 유대신앙의 역사에 대한 학문적 탐구들과 논문들』].

69) *Jesaja*, 40:3[『이사야』, 40장 3절, "한 소리 있어 외친다. '야훼께서 오신다. 사막의 길을 내어라. 우리의 하느님께서 오신다. 벌판에 큰 길을 훤히 닦아라'"].

70) *Exodus*, 24:7[『출애굽기』, 24장 7절, "그리고 나서 계약서를 집어들고 백성에게 읽어 들려 주었다. 그러자 그들은 '야훼께서 말씀하신 대로 다 따르겠습니다' 하고 다짐하였다"].

71) *Hans Kohn, *Nationalismus: Über die Bedeutung des Nationalismus im Judentum und in der Gegenwart*, Vienna: R. Löwit Verlag, 1922, p.12[『국민주의: 유대교와 현재의 국민주의의 의미에 대하여』].

서 이스라엘은 신의 목소리를 듣는다. '들어라 이스라엘이여'라고 모세는 이 부족들에게 호소한다. 케리아트 쉬마[keriath schma], 곧 '들으라는 외침' 속에서 유대인은 매일 '천국의 멍에'[Joch des Königtums des Himmels]를 짊어진다.[72] 이스라엘의 현실은 신에 대한 복-종[말을 잘-듣는][Gehor-sam]과 불-복종[말을 잘 듣지-않는][Ungehor-sam] 그 사이에서 흔들린다.

이스라엘은 세계사의 불안정한 요소이자, 처음 참으로 역사를 만들어 낸 효소다. 이스라엘은 맨 먼저 바빌로니아와 이집트의 안정된 지반에서 벗어난다. 나일강과 메소포타미아[zwischen den Strömen][73] 문화들은 마치 한 번에 발생했던 것처럼 보인다. 메소포타미아[Zwischenstromland]는 항상 다시 복원되지만 실제로는 바뀌지 않고 있는 돌로 된 벽과 닮아 있다. 이집트는 돌로 된 상형문자로 굳어져 있는 것처럼 보인다. 이곳에 사건들이 없었을 거라는 의미는 아니다. 잔혹한 일이 일어나 이 땅에 범람했으나, 이 운명적인 일들이 초래한 심적이고 정신적인 진폭은 극도로 미미하다. 동일한 것의 영원회귀 속에서 삶이 이뤄지는 것이다. 그리스도교적-종말론적 실체가 완전히 소진되어 있던 유럽 역사의 **종말**에 동일한 것의 영원회귀의 상징이 다시 등장한다. 이스라엘은 동일한 것의 영원회귀라는 삶의 원환을 부수고 비로소 그렇게 역사가 된 세계를 열어젖힌다. 이스라엘에서 역사란 만물이 빙 둘러 움직이는 중심이 된다. 이스라엘이 이집트와 바빌로니아와 가나안 주변에서 이어받은 축제들은 역사적인 토대를 구축함으로써 완전히 새로

---

72) *Talmud der babylonische*, trans. Lazarus Goldschmidt, Berlin: Verlag Biblion, 1929, Berachoth 13a[『바빌론(바빌로니아) 탈무드』].
73) '사이'(메소[meso])와 '강'(포탐[potam])의 합성어를 독일어로 번역한 어휘다. ―옮긴이

운 의미를 얻게 된다.[74] 영원히 회귀하는 자연의 원환을 묘사하는 동방의 신화Mythik가 이스라엘의 (역)사적인[75] 운명 안에 기입된다. 이 신화들Mythen의 개별 모티프는 인류의 특정 역사를 개괄하는 데 사용된다. 점성 신화의 영역에서 유래하는 우주의 세계년에 따른 세계의 시대는 한 차례의einmalig 역사의 아이온들로 변경된다.[76] 묵시주의의 아이온들은 완전히 끝을 향해 그 방향이 잡혀 있는 역사 드라마의 단계들이다. 태고와 종말의 일치 역시 영원한 순환에 관한 동방의 신화에서 유래한다. 묵시주의의 갈망들과 희망들에서 많은 신화적 모티프들이 울려 퍼진다. 그러나 이 신화적 모티프들은 역사의 목적지향의 길을 장식하는 것에 지나지 않고, 세계사 드라마의 기능적인 부분들에 불과하다. 묵시주의는 자신의 관념에 육체를 부여하려고 동방의 신화세계 전체를 사용한다. 쪼개진 모티프의 파편들, 독립된 이야기들, 신화의 개별 토막들을 묵시주의는 신, 인간, 세계라는 일체를 포괄하는 세계운명의 한 비극으로 압축한다.

이교Heidentum는 민족성Völkertum인데, 이교로 번역되는 이 히브리어와 그리스어 단어는 그 이상을 표현하지 않는다. 민족의 발생, 언어의 혼란, 신들의 탄생이 서로 대응한다.[77] 『창세기』는 민족들의 발생을 언

---

74) Salo Wittmayer Baron, *A social and religious history of the Jews*, New York: Columbia UP, 1937, vol.1/p.5[『유대인의 사회사와 종교사』].

75) 본문의 '(역)사/(역)사적인'(Historie/historisch)과 '역사/역사적인'(Geschichte/geschichtlich)의 구분에 대해서는 2권 각주 57을 참고하라. —옮긴이

76) Arthur Weiser, *Glaube und Geschichte im alten Testament*, Stuttgart: W. Kohlhammer, 1931, p.223[『구약의 신앙과 역사』].

77) Friedrich Wilhelm von Joseph Schelling, *Einleitung in die Philosophie der Mythologie*, Sämtliche Werke XI, p.109[『신화철학 입문』][셸링, 「다섯번째 강의」, 『신화철학 1』, 김윤상 외

어들의 발생에 결부시킨다. 언어의 혼란이 원인으로, 민족들의 발생이 결과로 규정된다. 인류는 분리를 예감한다. "하나의 도시와 하나의 탑을 세워서 그 꼭대기가 천상까지 닿고, 우리의 이름을 떨치게 하자! 그렇지 않으면 우리는 사방의 땅으로 뿔뿔이 흩어지고 말 것이다."[78] 그런데 '이름을 떨친다는 것'은 '하나의 민족이 된다는 것'과 다르지 않은 의미다.[79] 그럼에도 운명을 막을 수는 없다. 인류의 언어는 혼란에 빠지고, 민족들은 사방의 땅으로 뿔뿔이 흩어지게 된다. "**외부의 상처가 아닌 내면의 동요로 입은 상처, 더 이상 인류 전체가 아니라 그 일부에 불과하다는 것에 대한 느낌, 그리고 더 이상 순전한**schlechthin 일자에 속하는 게 아니라 특정한 신이나 특정한 신들에게 사로잡혔다는 느낌. 이 느낌이 민족이 저마다 자신과 홀로 있으며, 이질적인 모든 민족들에서 분리되어 있음을 보고 그에게 정해진 장소와 그에게 적절한 장소를 발견하기까지 그를 땅에서 땅으로, 해안에서 해안으로 몰고 간 그것이다."[80]

신의 계시는 더 이상 인류 일반에게 일어날 수 없는데, 인류가 그 자체로 갈기갈기 찢겨져 뿔뿔이 흩어져 있기 때문이다. 어떤 민족Volk에게도 일어나지 않는다. 민족이라고 하는 모든 것이 이미 신들에게

옮김, 나남출판, 2009, 158쪽].

78) *Genesis*, 11:4~5[『창세기』, 11장 4~5절, "또 사람들은 의논하였다. '어서 도시를 세우고 그 꼭대기가 하늘에 닿게 탑을 쌓아 우리 이름을 날려 사방으로 흩어지지 않도록 하자.' 야훼께서 땅에 내려오시어 사람들이 이렇게 세운 도시와 탑을 보시고"].

79) *Genesis*, 12:2[『창세기』, 12장 2절, "나는 너를 큰 민족이 되게 하리라. 너에게 복을 주어 네 이름을 크게 떨치게 하리라. 네 이름은 남에게 복을 끼쳐 주는 이름이 될 것이다"].

80) Schelling, *Einleitung in die Philosophie der Mythologie*, p.111[「다섯번째 강의」, 『신화철학 1』, 165쪽. 번역 다소 수정].

빠져 있기 때문이다. 단지 민족들의 길을 걷지 않고 태고의 신에게 지금도 매여 있음을 아는 어떤 혈족Geschlecht에게만 일어날 뿐이다.[81] 신의 계시는 아브라함의 혈족을 고향-땅, 출생-지와 생-가에서 벗어나게 만들고 "내가 너에게 보여 줄"[82] 어떤 땅을 약속한다. 아브라함은 지상의 이방인이고, 그가 마주치는 나라들과 민족들에게 낯설다. 아브라함의 혈족은 스스로를 민족들에 속한다고 여기지 않고 비-민족이라고 생각한다. 그리고 바로 이것이 히브리인Hebräer의 명칭이 뜻하는 바이기도 하다. "따라서 이브리인[83] 아브라함은 가나안의 (씨)족장 역시 언제나 이방인을 뜻하는 것처럼 횡단자들, 어떤 확고한 거주지에 묶여 있지 않고 유목생활을 하는 사람들에 속하는 아브라함을 의미한다. 어디에도 체재하지 않는 자는 곳곳에서 단지 이방인, 방랑자에 불과하기 때문이다."[84] 세계에 대한 이 대립, 이것이 단지 텅 빈 무에 기초해선 안 된다면, 세계에 낯선 신을 통해 그렇게 지탱될 수밖에 없다.[85]

하느님의 계시가 광야에서 일어난다. 광야에서 이스라엘은 신의 민중Volk이 된다. 이곳에서 이스라엘의 운명이 형성되며, 이 광야의 혈

---

81) *Ibid.*, p.155[「일곱번째 강의」, 『신화철학 1』, 216~217쪽].

82) *Genesis*, 12:1[『창세기』, 12장 1절, "야훼께서 아브라함에게 말씀하셨다. '네 고향과 친척과 아비의 집을 떠나 내가 장차 보여 줄 땅으로 가거라'"].

83) 이브리(Ibri): 히브리어로 '건너온 사람들'을 뜻하는데 여기서 유래하여 나중에 유대인은 스스로를 히브리인으로 불렀다. ─옮긴이

84) Schelling, *Einleitung in die Philosophie der Mythologie*, pp.157~158[「일곱번째 강의」, 『신화철학 1』, 219쪽. 번역 다소 수정].

85) Georg Friedrich Wilhelm Hegel, *Theologische Jugendschriften*, ed. Herman Nohl, Tübingen: J. C. B. Mohr, 1907, p.247[게오르크 빌헬름 프리드리히 헤겔, 『청년 헤겔의 신학론집』, 정대성 옮김, 그린비, 2018, 465쪽. 해당 인용/요약 부분의 내용은 다음과 같다. "단적으로 대립되어 있는 전체 세계는, 그것이 단순히 무가 아니어야 하는 경우, 이 세계와는 근본적으로 다른 신에 의해 지속되었다"].

족이 신의 왕국을 향한 역사 속에 이스라엘이 걸어갈 길을 개척할 것이다.[86] 가나안은 이스라엘에게 늘 어떤 찬미된 땅, 곧 하나의 약속이다. 지속적으로 가나안의 부족들은 다른 민족들에게 둘러싸여 있고 뒤섞인다. 예지자의 설교가 유목생활의 이상을 생동하도록 유지한다. 항상 이스라엘은 자신이 땅의 '주인'Herr이 아님을 기억할 것이다. 예지자의 말은 부단히 이스라엘을 유수로 위협한다.

유수는 민족들의 광야이며, 이 안에서 이스라엘은 날이 저물 때까지 떠돈다. 유수는 실제로 광야를 반복한다. 부족들이 땅에 정주하기전에, 한때 공동체의 토대였던 혈족들의 연합들이 다시 등장하기 때문이다. 그리고 광야의 혈족이 찬미된 땅을 고려해야만 이해되었던 것처럼 그렇게 유수 생활은 구원에 대한 희망에서만 가능하다.[87] 유수 속에서 이스라엘은 지상에서 뜯겨져 나가고 자연적인 성장을 전부 뒤집어서 뿌리들을 위를 향해 이식한다. 이스라엘의 신 역시 유수 속에서 대지에서 뜯겨져 나가며, 가나안-팔레스타인의 민족 종교와 수많은 대지신들, 조상숭배, 신성창부神聖娼婦에 그를 묶던 끈들이 전부 잘려 나간다. 유수 속에서 광야의 비가시적 신은 세계의 역사를 이끄는 세계의 신이된다. 세계-신 역시 이스라엘의 신으로 남아 있다는 점이 유대 묵시주의에 종말론적 동인을 제공한다.

---

86) Weber, *Gesammelte Aufsätze zur Religionssoziologie: Das antike Judentum und Pharisäer*, p.299[『야훼의 예언자들』, 366쪽. 번역 수정. 해당 인용/요약 부분의 내용은 다음과 같다. "호화스럽고 이 때문에 거만하여 야훼에게 불복종하고 있는 현재와 비교해 보면 광야시대는 예언자들에게 있어서도 본래 경건한 시대로 남았었다. 종말에 이스라엘은 황폐화를 지나 다시 초원이 될 것이고, 구속의 왕과 남은 자들은 초원의 양식인 젖과 꿀을 먹을 것이다"].

87) Baron, *A social and religious history of the Jews*, vol.1/pp.85~86.

예언, 묵시주의, 율법의 노선들이 유수의 예언자 에제키엘[88] 안으로 모여든다. 『에제키엘서』는 탈무드 전통이 모세와 견줄 만한 것으로 평가하는 에스라[89]를 계승하고 있다. "모세가 에스라를 앞서지 않았다면 에스라를 통해 토라[90]가 주어졌을 것이기에 그는 존경할 만했다."[91] 근대의 문학비평[92]은 대체로 에스라 역시 토라의 저자임을 증명하려 한다.[93] 모세와 똑같이 에스라는 이스라엘의 틀을 만든다. 토라는 유대 공동체의 토대가 될 것이다. 그때부터 유대인들은 모하메드가 처음 표현한 대로 책의 민족Volk, 곧 로고스-말(씀)에 뿌리를 두고 있는 민족이다. 필론[94]은 모세의 율법을 찬양한다. 이것이 모든 자연적 척도에서 갈기갈기 찢겨나간 광야의 율법이기 때문이다. 광야에서 계시됐던 이 율법의 척도는 신의 의지이지, 인간적인 측량의 치수Elle[95]가 아니다.

요세푸스[96]는 국가와 사회에 관한 이스라엘의 율법을 기술하면

---

88) 에제키엘(Ezechiel) : 에스겔이라고도 하며 히브리의 예언자이자 예루살렘의 파괴와 이스라엘 땅의 복원 등을 이야기한 기원전 6세기의 『에제키엘서』의 저자다. ─옮긴이

89) 에스라(Esra) : 에즈라라고도 하며 구약에 등장하는 성직자로 그의 이름은 '야훼는 조력이다'를 뜻하며 바빌론 유수(바벨론 포로)에서 돌아와 예루살렘에서 모세의 율법을 다시 소개했다. ─옮긴이

90) 유대교에서 모세 5경을 부르는 명칭. ─옮긴이

91) *Talmud der babylonische*, Sanhedrin 21b.

92) 문학비평(Literaturkritik/literarische Kritik) : 독일어권의 문학비평은 17세기 말과 18세기 초에 문헌의 가치평가와 분류 등을 주로 하는 '문헌학적'(philologisch) 텍스트 비평의 형태로 시작되었다는 점을 고려할 때 본문에서는 성서에 대한 문헌비평을 가리킨다는 것을 알 수 있다. 이때 '문학'은 좁은 의미의 문학이 아니라 사상이나 감정을 언어로 표현한 예술 전반과 그 인쇄물을 뜻한다. ─옮긴이

93) Julius Wellhausen, *Prolegomena zur Geschichte Israles*, Berlin : G. Reime, 1895, p.392[『이스라엘 역사의 서설』].

94) 필론(Philon, 기원전 15?~기원후 45?) : 알렉산드리아의 유대인 철학자. ─옮긴이

95) 엘레(Elle) : 독일의 옛 치수 단위로 55~85cm의 크기. ─옮긴이

96) Flavius Josephus, *Contra Apionem*, Flavii Josephi opera, vol.5, ed. Bededikt Niese,

서 이스라엘의 정치 이념을 적절하게 포괄하는 새로운 단어 신정神政, Theokratie을 만들어 낸다. 신은 이스라엘의 삶 전체에 대한 지배를 요구하고 제식과 풍습의 규칙을 정하는 것과 마찬가지로 국가와 사회를 규정하는 하나의 율법으로 그의 의지를 표명한다.[97] 이 신정 이념을 가지고 이스라엘은 모든 인간의 폭력에 맞선 저 반역의 흐름이 어울리는 아랍의 땅에 서게 된다. 모든 인간적인 질서에 대한 반역은 특히 광야의 귀족인 베두인[98]의 특징이다. 베두인은 이스라엘의 신정 공동체에 가까운 '지배 없는 공동체'Gemeinwesen der Obrigkeit[99]로 조직되어 있다. 베두인의 족장은 결코 왕으로 지칭되지 않으며, 기껏해야 사이드 알 아랍Sayid al Arab, 곧 아랍인들의 대변자가 될 수 있다. 초기 이슬람교의 견해에 따르면 인간에 대한 지배는 당연히 신에게만 속하는 일이다.[100] 인간의 물크mulk, 곧 왕권은 신에 대항하는 것이 될지 모른다. 아바스 왕조[101] 시대에도 여전히 칼리파[102]의 법률가들은 왕의 영토Fürstentum가 세

Berlin: Weidmann, 1887, ch.2 para.16[저자의 인용에 착오가 있다 16번째 단락이 아니라 17번째 단락에 '신정'에 대한 언급이 나온다. 플라비우스 요세푸스, 『요세푸스 4: 요세푸스 자서전과 아피온 반박문』, 김지찬 옮김, 생명의말씀사, 2007, 164쪽. 요세푸스 (37?~100?): 유대 역사가로 66년부터 73년까지 유대 민족주의자들이 로마에 대해 일으킨 반란에 가담하여 갈릴리 지휘관으로 싸웠다. 『유대전쟁사 1~2』(박찬웅 외 옮김, 나남출판, 2008), 『유대고사』 등에서 유대교와 유대인의 우월성에 대해 기술하였다].

97) Martin Buber, *Das Königtum Gottes*, Berlin: Schocken, 1932, p.106[『신의 왕권』].

98) 베두인(Beduientum): 현재의 쿠웨이트 지역에 거주하던 사막의 유목민. ─옮긴이

99) Juliaus Wellhausen, *Ein Gemeinwesen ohne Obrigkeit*, Berlin: Georg-Augusts-Universität, 1900, pp.2~3[『지배 없는 공동체』].

100) *Ibid.*, p.14.

101) 아바스 왕조(Abbasiden): 이슬람 제국의 2개 칼리프 조 가운데 두번째 왕조(750~1258)다. 아랍 민족보다 이슬람 공동체를 처음부터 강조해서, '모든 신도는 신 앞에 평등하다'는 주장 아래 민족 차별을 없앴다. 1258년 몽골족의 침입으로 멸망했다. ─옮긴이

102) 칼리파(Khalifa): 아라비아어로는 '할리파'라고도 하며 '계승자', '대리자'를 의미하는데, 통

습된다는 사실을 민중의식에 뿌리박혀 있는 감정과 화해시키려고 법적 허구들에 호소해야 했다.

이집트에서 나와 유랑하는 반⁺노마드의 이스라엘 지파들이 자신들의 인간 지도자를 왕으로 추대하지 않는다는 점은 그들의 베두인 성향으로 설명된다. 신정은 이스라엘의 아나키(무정부)적인 (영)혼의 토대 위에 세워져 있다.[103] 신정에는 지상의 모든 인간적인 속박에서 자유로워져서 신과 계약을 맺고자 하는 인간의 충동이 표현되어 있다. 신의 지배와 지상의 지배가 서로 싸울 때 종말론의 첫 전율이 느껴진다.[104] 신정 이념은 행위의 격정으로 고양된다. 그래서 내재성의 측면에서 보면 신정은 어떤 공동체의 유토피아다. 이스라엘의 초월-정치 이념이 매우 강압적으로 세계의 삶으로 전환되기 때문에, 이스라엘은 혁명 운동에 주도적으로 참여해 왔다. 이스라엘이 혁명의 파토스의 종교적 전제들을 보유하고 있다는 까닭에서다. 유대인들이 유럽의 정신적 삶에서 고립되었던 게토 시기[105]에 구약은 그들이 해방될 때까지 모든 종교적-혁명적인 사조들의 토대였다. 중세 후기의 혁명적 종파에게 신약보다는 구약이 더 친밀했다. 타보리트파[106]에서 청교도들에 이르

상 초기 이슬람 국가의 최고 지도자를 가리킨다.—옮긴이

103) Buber, *Das Königtum Gottes*, p.142.

104) *Ibid.*, p.143.

105) 역사적으로는 그리스도인과 유대인의 교류를 금지했던 제3차 라테라노공의회(1179)를 시작으로 모로코에서 이슬람교도들이 유대인을 강제로 이주시키면서 게토 형성이 이뤄진 1280년과 흑사병으로 유대인에 대한 차별정책이 더 극심해진 14세기를 지나 프랑스 혁명을 계기로 유대 해방이 이뤄졌던 18세기 말까지를 가리킨다.—옮긴이

106) 타보리트파(Taboriten): 지금의 프라하인 보헤미아 지방에서 일어난 종교개혁파인 후스파를 급진적으로 계승한 종파. 3권 각주 169 참조.—옮긴이

기까지 구약에 대한 선호가 입증될 수 있다.[107] 해방된 뒤부터[108] 일부 유대인들은 모제스 헤스[109], 페르디난트 라살레[110], 로자 룩셈부르크, 막스 아들러[111], 오토 바우어[112], 에두아르트 베른슈타인[113]과 레온 트로츠키의 이름들만으로 이미 입증되는 혁명 운동에 결정적이었다.

역사로서의 세계 속에서 인간은 신과 세계 사이의 중간에 자리한다. 세계와 더불어 그는 늘 온전히 신 쪽을 향하고 있고, 신과 함께 늘 온전히 세계 쪽을 향하고 있다. 인간의 본질은 그 안에서 일어나는 이 이중의 범람을 통해 규정된다. 인간은 양쪽 사이의 중간에 있으면서 신과 함께 완전히 신성하고, 세계와 더불어 완전히 세속적이다. 인간

---

107) *Karl Kautsky, *Vorläufer des neueren Sozialismus*, Stuttgart: Dietz, 1898, vol.2/p.52[칼 카우츠키, 「제2권 제1부: 독일의 종교개혁과 토마스 뮌쩌」, 『새로운 사회주의의 선구자들』, 이승무 옮김, 동연(와이미디어), 2018, 524쪽].

108) 프랑스 혁명으로 촉발된 유대인 해방을 뜻한다. ─옮긴이

109) 모제스 헤스(Moses Heß, 1812~1875): 맑스가 후임 편집주간으로 일했던 『라인신문』의 창간멤버이자 초기 편집주간으로 일했고, 그의 첫 책 『인류의 거룩한 역사』(1837)와 『유럽삼두제』(1841)로 독일 사회주의의 선구자가 된다(「헤스」, 『맑스사전』, 마토바 아키히로 외 엮음, 이신철 옮김, 도서출판b, 2011, 518~519쪽). ─옮긴이

110) 페르디난트 고트리프 라살레(Ferdinand Gottlieb Lassalle, 1825~1864): 19세기 독일에서 맑스, 엥겔스와 어깨를 나란히 하던 사회주의자이자 노동자운동의 지도자로 후에 1863년 5월에 결성된 전독일노동자협회의 초대회장이 되어 '라살레주의'라는 이름으로 정치사회적 강령을 부여한다(『맑스사전』, 113~114쪽). ─옮긴이

111) 막스 아들러(Max Adler, 1873~1937): 오스트리아의 대표적인 맑스주의 철학자로 철학적으로는 신칸트주의를 표방하고, 정치적으로는 사회민주당 좌파의 지도자로 수정주의와 개량주의에 반대했다. 가라타니 고진의 『트랜스크리틱』(이신철 옮김, 도서출판b, 2013)의 유럽적 계보의 한가운데에 그가 자리한다. 『칸트와 마르크스주의』(*Kant und Marxismus*, 1925)가 대표적 저서다. ─옮긴이

112) 오토 바우어(Otto Bauer, 1881~1938): 오스트리아의 정치가로, 외무장관 때 독일-오스트리아 합병을 주장했다. 사회민주당의 린츠강령(1926)을 기초하는 등 오스트리아 맑스주의의 지도적 이론가로 활동했다. ─옮긴이

113) 에두아르트 베른슈타인(Eduard Bernstein, 1850~1932): 독일 사회민주당의 유명한 수정주의자로, 그가 수정주의 논쟁을 일으킨 『사회주의의 전제와 사민당의 과제』(강신준 옮김, 한길사, 1999)가 국내에 소개되어 있다. ─옮긴이

은 '자연적 유대'^{natürliche Bande}를 통해 세계에 연결되고, 신과는 **계약**^{Bund}을 맺는다. 자연적 유대와 신성한 계약 사이의 중간 속에 인간이 배치되어 있는 것이다.

시나이 산의 계약은 왕과 맺은 계약[114]이다. 이스라엘은 야훼를 게노센샤프트[115]의 수호신으로서만이 아니라 왕으로도 선택했다. 왕으로서의 신은 동-행하는 신이자 길 위의 안내자로, 동방에서 왕권에 대한 표상이 이것에 연관되어 있다. 바알(신)이 어느 땅의 소유주이자 임자라면 야훼는 부족들과 함께 광야를 떠돈다. '만군의 주'^{Herr der Heerscharen}는 지상과 천상의 군대들을 이끌고[116] 어떤 땅에도 구속되어 있지 않다.[117] 예언은 야훼 본인이 왕이 되어 이스라엘 군대들을 앞에서 이끌었고 이스라엘이 말과 기마병을 신뢰하지 않았던 광야 시절을 상기시킨다. 이스라엘이 지배 없는 공동체였던 광야 시절이 예언의 기준이다. 지상의 왕권과 논쟁을 벌일 때 이미 '만군의(제바오트) 왕 야훼'^{König Jwh Zebaoth}, '만군의 주'라는 예언적 도식은 본래 야훼가 유일하게 이스라엘의 정통성 있는 왕이라는 기대를 그 안에 포함하고 있다.[118] 이스라엘 왕으로 야훼는 이상화되지 않고 세속의 왕에까지 확장된다. 신 없는 세계의 현실과 세계 속의 신의 왕권에 대한 표상 사이

---

114) Buber, *Das Königtum Gottes,* pp.111~112.
115) '공동사회'(Gemeinschaft)와 '이익사회'(Gesellschaft)를 종합한 개념으로 구성원의 협동을 기초로 하여 인위적으로 형성된 사회형태다. 보통 '협동조합'으로 번역된다. ─옮긴이
116) Johannes Hehn, *Die biblische und babylonische Gottesidee*, Berlin: J. C. Hinrichs'sche Buchhandlung, 1913, p.256[『성경과 바빌론의 신의 이념』].
117) Weber, *Gesammelte Aufsätze zur Religionssoziologie: Das antike Judentum und Pharisäer*, p.121[『야훼의 예언자들』, 160쪽].
118) *Ibid.*, p.299[p.121의 오기][앞의 책, 159~160쪽].

의 모순이 종말론을 낳는다.[119]

계약의 체제가 막스 베버[120]가 서약공동체Eidgenossenschft로 묘사했던 이스라엘 공동체를 규정한다. 반노마드 부족들의 연합들은 쉽게 산산 조각이 나고 계약 체결이 유일하게 정치사회 조직을 지탱할 수 있는 토대가 된다.[121] 계약 공동체의 형태로 사제식 입법과 탈무드식 입법 에 어울리는 저 자유의 에토스가 실현된다. 함무라비 법전[122]은 도주 를 시도한 노예의 귀를 베어 내도록 규정하고 있다. 율법서의 노예입 법은 6년이 지나도 자신의 주인에게서 떠나려 하지 않는 한 이스라엘 출신 노예를 규정하고 있다. "나는 내 주인, 내 아내와 아이를 사랑하 여 자유의 몸이 되고 싶지 않으므로" 그의 주인은 이 노예를 "문과 기 둥"에 묶어 놓고 "송곳으로 귀를 뚫어야 한다. 그러면 그는 영원히 그 의 종이 된다."[123] 탈무드[124]는 이 율법을 논한다.

"귀는 어떻게 해서 다른 모든 신체 부위들과 다릅니까? 하느님이 말 했다. 귀는 내가 '그러므로 내게 이스라엘의 아이들은 종들이 되어야

---

119) Buber, *Das Königtum Gottes*, p.81, p.92를 참조하라.

120) Weber, *Gesammelte Aufsätze zur Religionssoziologie: Das antike Judentum und Pharisäer*, pp.3~4[『야훼의 예언자들』, 17쪽].

121) Buber, *Das Königtum Gottes*, p.87.

122) David Heinrich von Müller, *Über die Gesetze Hammurabis*, Wien: Alfred Hölder, 1903, p.71[『함무라비 법률에 대하여』].

123) *Exodous*, 21 : 4~6[『출애굽기』, 21장 4~6절. "주인이 장가를 들여 그 아내가 아들이나 딸을 낳았 을 경우에는 그 아내와 자식들은 주인의 것이므로 저 혼자 나가야 한다. 그러나 만일 그 종이, 자 기는 주인과 자기 처자식을 사랑하므로 자유로운 몸이 되어 혼자 나가고 싶지 않다고 분명히 말 하면 주인은 그를 하느님 앞으로 데리고 가서 그의 귓바퀴를 문짝이나 문설주에 대고 송곳으로 뚫어라. 그러면 그는 죽을 때까지 그의 종이 된다"].

124) *Talmud der babylonische*, Kidduschin 22b.

한다'[125] 그러나 노예들 중의 노예들은 아니다, 라고 말할 때 시나이 산에서 내 목소리를 들었다. 그래서 어느 주인에게 가서 스스로 복종했던 자의 귀는 뚫려야 하는 것이다…… 문과 기둥은 어떻게 해서 집의 다른 모든 부분들과 다릅니까? 하느님이 말했다. 문과 기둥은 내가 상인방(윗중방)과 양쪽 기둥을 뛰어넘어 '그러므로 내게 이스라엘의 아이들은 종들이 되어야 한다'[126] 그러나 노예들 중의 노예들은 아니다, 라고 어떻게 말했는지를 증언하는 이집트의 증인들이었다. 나는 그들을 노예상태에서 자유로 인도했다. 그러나 이 자유의 몸이 된 노예는 어느 주인에게 가서 스스로 복종했다. 그래서 그는 노예들 앞에서 구멍이 뚫려야 하는 것이다."

재앙이 신뢰를 흔들어 놓고자 위협한다 하더라도 모든 재앙은 신의 의지를 원인으로 일어나므로 신과 이스라엘 사이의 계약은 유지된다. 야훼는 이스라엘의 적들마저 도구로 활용하여 이스라엘의 굴종이나 혹은 붕괴조차 결코 야훼의 패배와 같지 않게 한다. 이 결론이 매우 간단해 보여도 결코 평범하지 않고 반대로 전복적이고 새롭다.[127] 이에 대해 '이방의 신들이 더 강하다'거나 '야훼는 자신의 민중을 더 이상 도울 수 없다'와 같은 반응이 일반적으로 수긍할 수 있는 것일지 모른다.

---

125) *Leviticus*, 25 : 55[『레위기』, 25장 55절, "이스라엘 백성은 나의 종, 내가 이집트 땅에서 이끌어 낸 나의 종이다. 나 야훼가 너의 하느님이다"].

126) *Ibid.*,

127) Weber, *Gesammelte Aufsätze zur Religionssoziologie: Das antike Judentum und Pharisäer*, p.325[『야훼의 예언자들』, 396~397쪽].

예언은 이 쉽게 와 닿는 견해를 유기하고 야훼 본인이 의도적으로 그의 민중에 재앙을 가져왔다고 주장한다. 예언의 재앙에 대한 변신론은 계약과 파기에 관한 표상을 전제하고 있다. 이 파기에 관한 표상은 고대 근동의 세계에서는 재개되지 않는다.[128] 계약-파기-재앙은 예언적 설교의 삼단논법이다. 그렇다고 재앙이 결코 종말을 뜻하지는 않으며, 아무리 구속이 멀어져서 남은 자들에게만 도래한다 하더라도 예언은 구속에 대한 예지를 결코 포기하지 않는다.[129] 시나이 산에 대한 기억이 메아리치고 있을지 모르는 야훼의 날 주변을 맴도는 이스라엘의 민중적 종말론은 무엇보다도 구원에 대한 고대^{苦待}다. 재앙의 어두운 측면이 없지는 않지만, 이것은 민족들에게 전가되어 있다. 처음으로 예언이 이스라엘=구속, 민족들=재앙이라는 근원적인 등치를 깨부수고, 재앙과 구원을 나란히 이어지도록 만들어서 종말론을 역사에 대한 하나의 개괄로 변형시킨다.[130] 예언적 종말론은 임박을 확정함으로써 일상의 삶을 휘젓지 않는 민중적 종말론의 모호한 불확정성과 구분

---

128) Weber, *Gesammelte Aufsätze zur Religionssoziologie: Das antike Judentum und Pharisäer*, p.127[『야훼의 예언자들』, 167~168쪽. 번역 수정. 인용/요약 부분의 내용은 다음과 같다. "민족의 확약은 신에 대한 그 특별하고 지속적인 의무들에 대한 근거를 마련했고, 그에 대한 답례로 제공된 신의 약속은 이 신을 세계사에서, 아니 그 밖의 어느 곳에서도 알려지지 않았던 신이라는 탁월한 의미로, 즉 언약의 신으로 만들었다…… 야훼로부터의 이반은 특별히 중한 죄악이 되는 것이다'라는 사상은 이 견해에서 생겨난 것이 확실하다. 이 사상은 여러 주변 세계에서는 결코 발견되지 않았는데……"].

129) *Ibid.*, p.338[앞의 책, 414~415쪽. 번역 수정. 인용/요약 부분의 내용은 다음과 같다. "똑같이 거의 모든 예언자들에게서 저 도식을 완전히 위반하는 신명기적 대안 유형, 즉 '민중의 태도에 따른 구속 아니면 재앙'이 발견된다…… 어떠한 예언자라도 단지 재앙의 신탁만을 알려주는 것이 아니라는 말이 일반적으로 옳다. 더구나 어떤 경우에 구속에 대한 예언은 야훼의 분노가 가라앉고 난 뒤의 급전환이자 경건히 '남은 이들'에 대한 보상으로서 재앙의 위협과 결합되어 있다"].

130) Buber, *Das Königtum Gottes*, pp.111~112.

된다.[131] 예지된 재앙이 임박해 있고, 세계가 종말에 임박해 있다고 믿으면서 예언은 현세의 삶과 그 진행Treiben을 무가치하게 만든다.[132]

"그들이 경고를 받아 모든 연합을 그만두게 될 때, 매번 현세의 덧없고 교만한 본질에 적대할 때, 예레미아[133]가 독신으로 남을 때, 이는 그들에게 예수의 경고('카이사르의 것은 카이사르에게 돌리고 [하느님의 것은 하느님에게 돌리라'[134])나 혹은 바울의 경고('여러분은 각각 부르심을 받았을 때의 상태를 그대로 유지하고, 현재 상태 그대로 독신이나 기혼을 유지하며, 아내가 있는 사람은 아내가 없는 것처럼 살라'[135])와 같은 이유를 띤다. 종말이 곧장 임박해 있으므로 현재의 이 모든 것들은 정말 완벽하게 중요하지 않다."[136]

종말에 대한 고대는 예언의 내적 형식을 주조하고 그 선포에 힘을 부여한다. 설령 구속이 지체된다 하더라도 가까운 종말을 알리는 모든

---

131) Weber, *Gesammelte Aufsätze zur Religionssoziologie: Das antike Judentum und Pharisäer*, p.339[『야훼의 예언자들』, 415쪽. 번역 수정. 인용/요약 부분의 내용은 다음과 같다. "…… '그 날', '야훼의 날' …… 은 민중적인 희망에 따르면 적에게는 공포와 재앙, 무엇보다도 전쟁을 통한 재앙의 날이지만, 이스라엘에게는 빛의 날로 생각되었다. 이스라엘 제 자신의 민중에게, 어떤 경우든 그 안의 죄인들에게는 재앙의 날이기도 했다"].

132) *Ibid.*, p.342[앞의 책, 418~419쪽].

133) 예레미아(Jeremia) : 예레미야라고도 하며 기원전 625년 경 유다 왕국 말기에 활동한 대예언자로 바빌론 유수를 예언하였다. ─ 옮긴이

134) *Lukas*, 20 : 25[『누가복음』, 20장 25절]. ─ 옮긴이

135) *1 Korinther*, 7 : 24, 27, 29[『고린도전서』, 7장 24절, 27절, 29절]. ─ 옮긴이

136) Weber, *Gesammelte Aufsätze zur Religionssoziologie: Das antike Judentum und Pharisäer*, p.342[『야훼의 예언자들』, 419쪽].

이는 다니엘[137]에서 예수까지, 그리고 바르 코크바[138]에서 사바타이 츠비[139]까지 걸쳐 있는 똑같이 격정적인 신앙을 발견한다. 앞을 향한 긴장상태에 묵시주의의 세계가 존재하는 것이다. 이스라엘을 낳았던 이가장 격정적인 사람들이 확고한 기다림 속에서 살고 있다.[140]

묵시주의의 세계권

이스라엘의 예언에 묵시주의의 정신이 새로운 원리로 등록된다. 이 새로운 기준Kanon은 묵시적 비전들과 영지주의 체계들에서 표명된다.[141] 묵시적 세계감정이 엄청난 힘으로 아람어[142] 방언들의 드넓은 땅에까지 동시에 분출된다.[143] 묵시적 원리는 고유한 표현을 찾으려고 고군분투하지만, 그 운명은 그것이 서방으로 갈라지다가 헬레니즘의 역장

---

137) 다니엘(Daniel) : 구약시대의 예언자 중 한 명으로 어린 시절 바빌론의 네부카드네자르 왕의 포로로 잡혀갔고, 그가 세계왕국의 종말과 영원한 신의 왕국을 예지한 『다니엘서』는 대표적인 묵시록에 속한다. ─옮긴이

138) 바르 코크바(Bar Kochba) : 시몬 바르 코크바로도 불리며 아람어로 '별의 아들'을 뜻한다. 132년부터 135년까지 일어난 하드리안 왕조의 로마제국에 대항하는 바르-코크바-반란을 이끌었고 유대를 로마로부터 구원할 메시아로 간주되었다. ─옮긴이

139) 사바타이 츠비(Sabbatai Zwi, 1626-1676) : 17세기 중엽의 터키에서 메시아운동을 전개한 유대교도로 사바타이파의 시조다. ─옮긴이

140) Weber, *Gesammelte Aufsätze zur Religionssoziologie: Das antike Judentum und Pharisäer*, p.342[『야훼의 예언자들』, 419쪽].

141) Otto, *Reich Gottes und Menschensohn*, p.5.

142) 아프로아시아 어족인 셈어파의 북서셈어군에 속하는 언어로 같은 어군에 속하는 가나안어와 기원전 2세기 초반 분리되었다가 유대인, 그리스도인, 만다야교도(이라크 남부의 영지주의 그리스도인) 등이 사용하는 대략 17종의 신아람어로 발전했다. 주로 이라크, 이란, 이스라엘, 북시리아의 쿠르드족 자치구인 로야바, 터키 등지까지 그 사용지역이 확장되었다. ─옮긴이

143) Otto, *Reich Gottes und Menschensohn*, p.4.

에 빠지고 만 정황을 통해 결정되어 있다.[144] 그 때문에 이 새로운 체험에는 그 상징들의 독자적인 구성이 넓은 범위까지 금지되어 있다. 묵시주의와 영지주의의 정신은 오랫동안 형성된 헬레니즘의 개념군에서 유래하는 요소들을 이미 우연히 찾아서 그 상징적 표현법을 세울 수밖에 없다.[145] 아람어 세계 너머까지 쌓여 있는 헬레니즘식 겉치장이 묵시적 로고스의 전개를 훼손하기 때문에 이 로고스는 또한 오랫동안 자각될 수 없게 된다. 지금도 이 간섭으로 인해 묵시주의-영지주의 정신을 명료하게 인식하는 데 애를 먹으며, 대개의 연구자들은 그리스어 알파벳이 암시하는 내용에 사로잡힌다.

헤르메티카[146]와 신플라톤주의 철학의 그리스-이교도 그룹 말고도 비공관 복음서[마태, 마가, 누가를 제외한 복음서], 신학 복음서, 이교도를 부정하는 교부들, 다양한 성서외전 묵시록들의 그리스-그리스도교 집단 너머 동방에까지 묵시주의와 영지주의의 영역이 확장된다. 깊이 자극 받은 동방에서 시대가 바뀌는 수세기 동안 만다야교[147]와 마

---

144) Richard Reitzenstein, *Das iranische Erlösungsmysterium*, Bonn: Marcus & Weber, 1921, p.937[『이란의 구원신비』].

145) Jonas, *Gnosis und spätantiker Geist*, vol. 1, p.74.

146) 헤르메티카(Hermetica) : 주로 기원전 3세기~기원후 3세기에 이집트에서 쓰인 철학적·종교적 그리스어 문서로 한 사람의 저자가 아니라 허구의 신인 헤르메스 트리스메기스투스(Hermes Trismegistus)의 가르침으로 편집되어 있다. 특히 17개의 논문으로 이뤄진 『헤르메스주의(비전) 전집』(*Corpus Hermeticum*)[국역본은 『헤르메티카』, 정은주 옮김, 좋은글방, 2018]을 가리킨다. 그 가르침의 주제는 플라톤과 피타고라스의 사상으로 영지를 통해 신과 인간 사이의 합일이 가능하다고 주장한다. ─옮긴이

147) 만다야교(Mandaeism) : 강력한 이원론적 세계관을 가진 영지주의의 하나로 아람어로 '만다'(manda)는 그리스어의 '영지'와 똑같이 '지식'이라는 뜻이다. 3세기 경 메소포타미아 지역에서 발원하였고 셈족으로 구성된 만다교도들은 아람어 방언인 만다야어를 사용했다. ─옮긴이

니교[148] 문학이 발생한다. 이 문학은 아람어 방언권에 속한다. 그럼에도 마니교의 단편들은 마니교의 포교를 수행하는 과정에서 중국까지 이르는 중앙아시아의 길을 발견했다. 이 동방의 문학은 무척 중요한데, 그것이 '가정'假晶, Pseudomorphose[149]에 종속되지 않았던 묵시주의-영지주의 단층을 입증하기 때문이다. 이 '가정'을 지적함으로 해서 동시에 오스발트 슈펭글러[150]의 「아랍 문화의 문제들」Probleme der arabischen Kultur[151]을 떠올릴 수 있다. 대개 『서구의 **몰락**』Untergang des Abendlandes에서 그의 명제와 관련되어 있는 '슈펭글러 논쟁'Streit um Spengler[152]은 묵시주의-영지주의 세계와 연관한 그의 깊이 있는 통찰에 그늘을 드리웠다. 한스 요나스[153] 같은 매우 중요한 연구자는 묵시주의-영지주의 세계에 대한 슈

---

148) 마니교(Manichaeism) : 3세기 페르시아에서 예언자 마니가 창시한 영지주의의 하나로 광명/선과 암흑/악의 이원론을 바탕으로 하고 있고 694년에 중국에 전파되어 732년 중국에서 종교의 자유까지 허락받았다. ─옮긴이

149) 어떤 광물의 성분이 화산과 같은 외부적 요인으로 변질되어 외형과 실질이 다른 결정형을 띠고 모순되어 있는 상태를 가리키는 것으로 외형은 황철광의 결정형이지만 실질은 갈철광일 때 이것을 '갈철광의 황철광 가정'이라고 한다. 슈펭글러는 이 광물학의 개념을 역사적 형태론에 적용하여('역사적 가정') "외국의 낡은 문화가 그 지방에 아주 강하게 덮여 있어서 이 지방에서 태어난 젊은 문화가 충분히 크지 못하고, 그리고 자기의 참된 표현 형태를 형성할 수 없음은 물론, 자기의식을 완전히 발전시킬 수 없는 경우를 말한다"(오스발트 슈펭글러, 『서구의 몰락 3』, 박광순 옮김, 범우사, 1995, 5쪽). 이 논의의 맥락에서는 '묵시주의-영지주의 단층'이 전파되는 과정에서 헬레니즘이라는 결정형('겉치장')으로 덮여서 결국 헬레니즘을 '가정'으로 가지느냐의 문제를 다룬다. ─옮긴이

150) 오스발트 슈펭글러(Oswald Spengler, 1886~1936) : 독일 보수혁명을 대표하는 정신적 지주로, 주저로 『서구의 몰락 1~3』과 『인간과 기술』(양우석 옮김, 서광사, 1999)이 있다. ─옮긴이

151) Oswald Spengler, *Untergang des Abendlandes*, München : C. H. Beck, 1923, vol.2/pp.225~399 [「3장 : 아랍 문화의 문제들」, 『서구의 몰락 3』, 5~215쪽].

152) 독일 철학자 만프레트 슈뢰터(Manfred Schroeter 1880~1973)가 이 논쟁을 『슈펭글러 논쟁 : 그 비판자들의 비판』(*Der Streit um Spengler. Kritik seiner Kritiker*, München : C. H. Beck, 1922)에서 정리했다. ─옮긴이

153) 한스 요나스(Hans Jonas, 1903~1993) : 독일 출신의 미국 철학자로 영지주의 연구와 독일의

펭글러의 시도가 "그것에 관해 대체로 저술된 것 중 가장 뛰어나고 가장 인상적이다"[154]라고 올바르게 주장했다. 분과학문의 연구는 동방-헬레니즘의 혼합주의에서 단지 고대 전통들의 지류, 내용 없는 혼합과 전체적으로는 **종결**Ausklang만을 봤다면, 슈펭글러는 이 모든 것에서 짜임새 있는 새로운 체험의 **탄생**Geburt을 발견했고 이 체험이 전적으로 보편적임을 인식했다. 올바르게도 슈펭글러는 '구원된 구원자'erlöster Erlöser에 관한 종말론의 신화에서 묵시주의-영지주의 원리의 중심을 포착했다. '가정' 개념으로 슈펭글러는 이 새로운 (영)혼의 상태가 헬레니즘이라는 보편적 환경과 맺는 관계를 적절하게 규정했다. 슈펭글러가 분과학문에 유발한 자극들이 흔적도 없이 지나가 버렸다는 점이 계속 놀라게 하기보다는 이 분과학문성의 한계를 날카롭게 밝혀낸다. 한스 요나스가 "영지를 정신사적으로 이해하는 데 가장 많이 신세를 지고 있는"[155] 슈펭글러가 일으킨 자극들에 학문으로 통하는 입구를 마련했던 것은 요나스의 기여로 남아 있다. 슈펭글러는 가정을 아직은 불행으로 이해했다. 다만 이 사실에 서구의 역사는 그 연속성을 힘입고 있는데, 아주 진지하게 받아들여질 수 있는 슈펭글러의 반론들에도 불구하고, 그리고 덜 진지하게 받아들여질 수 있는 슈펭글러의 아류들과 그를 맹목적으로 되풀이 하는 자들Nachbeter에 반대하여 이 연속성을 꽉 쥐고 놓

환경운동 및 미국의 생명윤리의 발전에 지대한 영향을 끼쳤다. 국내에는 '책임의 원칙/윤리'를 주창하는 독일의 생태철학자(대표적으로 『기술 의학 윤리 ― 책임 원칙의 실천』, 이유택 옮김, 솔, 2005)로만 소개되었지만, 하이데거 밑에서 쓴 영지주의에 관한 박사논문은 이후 전개되는 그의 우주론과 존재론의 모태가 된다. ― 옮긴이

154) Jonas, *Gnosis und spätantiker Geist*, vol. 1, p. 73.

155) *Ibid.*, p. 74.

지 않는다.

묵시주의의 둘레에는 당연하게도 여러 국민들^{Nationen156)}이 위치한다. 그러나 그리스인들과 로마인들에게 고대 세계의 특징들이 가장 순수하게 구현되기 때문에 그들이 고대 문화에 등장했던 것처럼 아람어권에서도 아람 세계의 (영)혼상태가 가장 심화되어 나타나는 몇몇 국민들만이 있을 뿐이다. 이 '주도민족들'^{Spitzenvölker}에게 어떤 삶의 원환에 대한 체제가 가장 분명하게 표명되는데, 이들에게 이 세계권의 요

---

156) 이 책에서 '민족'(Volk)과 구별되어 사용되는 개념인 '국민'(Nation)은 근대의 '국민국가'(Nationalstaat)와 그 구성원인 '국민'(Nation)이 형성되기 이전의 의미로 제한되어 사용된다(물론 4권에 등장하는 애덤 스미스의 '국민경제학'은 근대국가의 국민 개념에 기초하고 있다). 본래 라틴어 'natio'는 동일한 혈통을 지닌 공동체를 가리키는 개념이었다가 로마제국 시대에는 로마국적 또는 로마시민권 없이 자신들만의 법적 토대를 지니고 있는 이주민 공동체를 뜻했다. 그리고 그리스도교의 맥락에서는 유대 그리스도인들과 더불어 복음서를 수용하여 자신들만의 교회 공동체를 형성한 '비유대적 이교도 민족들'을 의미하기도 했다. 특히 타우베스는 이어지는 세번째 단락에서 유대 '국민'을 여타 민족들과 달리 약속된 가나안 땅을 찾아 광야에서 헤매는 '국토가 없는 국민'으로 정의내리고 있는데, 이는 베버가 「권력위세와 국민감정」(막스 베버, 『경제와 사회 I ─ 공동체들 I』, 박성환 옮김, 나남출판, 2009, 353~393쪽)에서 논하고 있는 '국민'의 이념에 일차적으로 함축되어 있는 '사명'(Mission)의 신화와 일맥상통한다. "…… '국민'의 이념이 그 담지자들에게는 '위세'에 대한 관심과 매우 친밀한 관계에 있다는 것이다. '국민'의 이념은 그 가장 초기의 가장 힘 있는 표현에서 그 어떤 은폐된 형식으로나마 신의 뜻에 의한 '사명'의 신화를 내포하고 있었고, 사명의 대리인들은 그들의 열정이 향하는 사람들에게 이러한 사명을 받아들일 것을 요구했다. 그리고 이러한 사명은 바로 특수한 '국민'으로 구별된 집단의 개별적 특성을 보호 육성함으로써, 그리고 오로지 그렇게 함으로써만 이행이 가능할 것이라는 생각이 국민의 이념에 내포되어 있다. 따라서 이러한 사명은 논리대로라면 ─ 이러한 사명이 그 내용의 가치를 통해 자체의 정당함을 증명하고자 하는 한에서는 ─ 특유의 '문화' 사명으로만 생각될 수 있다. 그래서 '국민'의 함축적 의미는 그 특성을 보호 육성함으로써만 보존하고 발전시킬 수 있는 '문화재화'의 우월성에서, 또는 아무튼 그 대체불가능성에서 확립되곤 한다"(베버, 앞의 책, 390~391쪽). 더불어 '인종'(Ethnie), '국민'(Nation), '민족'(Volk)의 번역어에 대해서는 같은 책의 옮긴이의 주를 참고하라(308~309쪽, 역주 3, "오늘날 독일의 전문용어에서는…… 더욱 정확하게 국가적 의미에서의 'Volk'는 'Nation'으로 표현하고, 문화적인 의미에서는 'Volk'는 'Ethnie'로 나타내며, 공동체적 의미에서의 'Volk'는 'Stamm'으로 지칭해서 그 특징적 성격을 드러내고 있다"). ─ 옮긴이

소들이 눈에 띄게 한데 모여 있기 때문이다. 이곳에서 유대인과 페르시아인에게 고전-고대 세계의 그리스인, 로마인과 동일한 역할이 부여된다는 것을 이해하게 된다면, 아람-묵시의 세계를 이해하는 데 얻는 게 많다. 이 비교는 지금도 계속 진행되고 심화될 수 있다. 아람-묵시의 공간에서 유대인은 '그리스인'이고, 페르시아인은 '로마인'이라고 말이다. 유대인과 페르시아인에게 세계를 선악의 원리가 마주치는 역사로 해석하는 묵시주의의 정신이 나타난다. 이 국민들에게는 묵시주의의 정신이 아시아 문화들의 식물적 토대에서 떨어져 나간다. 자연적인 것에 속박되어 있던 정신이 해방을 추구하고 스스로를 역사로 이해하는 것이다. 아무리 유대인과 페르시아인이 동일한 형이상학적 토대에 기댄다 하더라도, 그들은 본질적으로 세속적인 현실에 대해 관계를 맺을 때에는 다르다.

유대인이 이 세계 서쪽 언저리에서 파괴 속에서 정치적으로는 미미한 현존을 연명한다면, 페르시아인은 아람권역의 주인이다. 이러한 상황에서 비롯된 귀결은 묵시적 세계감정이 놓인 자리와 무관하게 있지 않다. 그러니까 페르시아인이 묵시주의의 외부 발판을 확정하고 있는 것이다. 사람의 아들, 사탄과 천사들, 신의 책들과 신의 가신, 개개인에 대한 사후 심판과 세계심판의 상징들이 페르시아 판본의 묵시적 상징의 표현법이다.[157] 그러나 페르시아인이 아시리아와 바빌론의 뒤를 이음으로써 묵시주의의 반세계적 원리는 뒤로 물러서게 된다. 이와 달

---

157) Eduard Meyer, *Ursprung und Anfänge des Christentums*, Stuttgart/Berlin: J. G. Cottasche Buchhandlung Nachfolger, 1921, vol.2/p.95 et. al.[『그리스도교의 근원과 시초』].

리 유대인의 곤경Not과 추방은 그들 안에 묵시주의의 싹을 틔우게 한다.

이 유대인의 상황은 묵시주의의 (영)혼상태에 적합한 기후다. 찢겨 나갈 때까지 팽팽하게 당겨진 시대에 묵시록과 메시아에 대한 고대가 탄생할 것이다. 안티오코스 에피파네스 4세[158]의 압제가 다니엘 묵시록을 낳는다. 로마 지배의 멍에 밑에서 『바룩서』[159]와 네번째 에스라의 묵시록이 발생한다. 요한의 묵시록은 순교자들을 위해 한 순교자에 의해 쓰였다. 그리스도 교회는 본디오 빌라도 밑에서 고난을 당하신[160] 예수와 예수의 도래(오심) 사이의 연관을 지켜왔다. 예수, 므나헴[161], 바르 코크바에서 몰코[162], 사바타이 츠비와 프랑크[163]까지 이스라엘에서 일어난 메시아의 범람은 이 '황폐화에 대한 공포'Greueln der Verwüstung와 내적으로 연관되어 있다.

아람어 권역에 민족Volk과 땅 사이의 유대가 풀려 있는 **국민**Nation이라는 새로운 관념이 등장한다. 바로 이 새로운 국민 개념이 지금도 현

---

158) 안티오코스 에피파네스 4세(Antiochus Epiphanes, 기원전 215?~기원전 163) : 시리아의 왕(기원전 175~기원전 163 재위)으로 유대교를 박해하여 마카베오가를 중심으로 하는 독립전쟁을 일으켜 유대에 하스모니아 왕조를 탄생시켰다.―옮긴이

159) 바룩서(Das Buch Baruch) : 이스라엘의 예언자 에레미야의 제자인 바룩을 포함한 여러 제자가 쓴 것으로 유대교에서는 『바룩 묵시록』의 하나로 보통 구약성서의 외경으로 간주되지만 가톨릭에서는 제2의 정경으로 분류한다.―옮긴이

160) 수브 폰티오 필라토(sub Pontio Pilato) : 직역하면 '본디오 빌라도 밑에서'의 의미로 본디오 빌라도에 의한 예수의 십자가 사건을 가리킨다.―옮긴이

161) 므나헴(Menahem) : 메나헴이라고도 불리며 열심당의 창시자인 유대의 후계자 시카리(자객)의 지도자로 갈릴리의 유다의 손자이기도 하다.―옮긴이

162) 살로몬 몰코(Salomon Molcho, 1500~1532) : 카발라주의 설교자이자 종파지도자.―옮긴이

163) 야코브 프랑크(Jacob Franck, 1726~1791) : 폴란드어로는 '야쿠프 프랑크'. 본명은 '얀키에프 레스보비치'로 처음에는 브랜디 제조상이었다가 1755년 오스만 제국을 여행한 뒤 폴란드에서 메시아로 자처하였다(에른스트 블로흐, 『저항과 반역의 기독교』, 박설호 옮김, 열린책들, 2009, 393쪽 옮긴이 주 59 참조).―옮긴이

대 연구자들을 애먹게 하고 유대 민족을 '예외'Ausnahme로 제시하는 데 기여한다. 그러나 실은 이 아람어에 일반적인 국민 관념이 유대 민족의 토대가 된다는 점이 훨씬 자세하게 입증될 것이다. 사마리아[164]가 멸망하기 훨씬 전부터 이스라엘인[165]은 자신들의 땅의 경계 바깥에 정착했다. 여러 전쟁을 치르며 이스라엘인은 포로가 되어 멀리 끌려갔으며, 반란하다 진압당한 집단 역시 자주 유수의 길에 발걸음을 내딛게된다.[166] 엘레판티네 섬[167]의 파피루스 자료에 따르면 기원전 7세기 이집트에 이스라엘인의 정착이 있었다.[168] 열 지파들은 북왕국 이스라엘이 멸망하면서 추방되었다. 그러나 남게 된 유다인들[169]은 저 열 지파들을 잊을 수 없었고, 바빌론 유수에서 쪼개진 일부 이스라엘인이 새로 추방된 유다인과 합쳤다.[170]

---

164) 사마리아(Samaria) : 기원전 890년경부터 북이스라엘 왕국의 수도였으며, 기원전 722년 북이스라엘이 아시리아 제국에 의해 멸망한다. 바빌로니아에 포로로 끌려갔다가 귀환한 유대인과 멸망 후에 이주해 온 이민족들, 즉 사마리아인 사이의 반목과 갈등이 일어난 곳이기도 하다. — 옮긴이

165) 이스라엘인(Israeliten) : 이스라엘의 열두 지파의 구성원들과 그 후예인 유대인들을 가리키는 말로, 유럽의 계몽주의 시기와 19세기에는 '반유대주의'의 일환으로 이 표현보다는 '유대인'(Juden)을 더 선호했다. 시오니즘은 이 표현을 배척했으나 프랑스에서는 지금도 사용되고 있다. — 옮긴이

166) Baron, *A social and religious history of the Jews*, vol.1/p.76.

167) 엘레판티네(Elephantine) : 이집트 아스완 주에 있는 나일강의 섬. — 옮긴이

168) Meyer, *Ursprung und Anfänge des Christentums*, vol.1/p.23.

169) 한국 기독교 전통에서 유대인은 신약성서 시대의 이스라엘 민족 전체를 가리키고, 유다인 내지 유다 사람은 구약성서 시대, 즉 고대 통일 이스라엘 왕국 시대에 이스라엘 열두 지파 가운데 하나인 '유다' 지파의 사람들 또는 솔로몬 사후 통일 왕국이 북왕국 이스라엘과 남왕국 '유다'로 쪼개지고 난 뒤의 남왕국의 백성들을 가리킨다. 이 역사적 뉘앙스를 살리기 위해 유다인으로 옮긴다. 다음을 참조하라. 폴 존슨, 「옮긴이의 말」, 『유대인의 역사』, 포이에마, 2014, 986~987쪽. — 옮긴이

170) Baron, *A social and religious history of the Jews*, vol.1/p.76.

광야를 유랑하던 시기처럼 이 유수 때의 이스라엘은 발생 상태^{statu}

nascendi에 있다. 유수란 민족들의 광야로, 이곳에는 땅에 뿌리내림과 국가적인 결속 따위가 없다. 하지만 그렇기에 예언이 비로소 펼쳐질 수 있게 된다. 고국에서 예언에 장애가 되던 제도와 권력^{Gewalten}이 유수 때에는 없기 때문이다. 유수 때의 예언은 이 민족의 파괴적인 어조를 새롭게 다시 반죽한다. 유수 시절의 예언자 에제키엘은 국가와 지상에 뿌리내림이 없었다는 것을 확신하고, 그래서 그는 고대 지상의 왕국에서 민족의 나무를 완전히 뜯어내어 모든 자연적인 성장에 기괴할 정도로 어긋나게 뒤집어서 위를 향해 다시 이식한다. 에제키엘에게 이스라엘의 역사가 정점에 이른다. 에제키엘은 성직자인 만큼 예언자이고, 성서학자인 만큼 묵시가였다. 그 안에서는 보수하는 사제의 정신과 앞으로 돌진하는 예언자의 정신이 결합한다. 에제키엘은 자신의 율법과 제의로 에스라 공동체의 척도가 되는 제도와 질서를 정확히 확정한다. 예언을 말하는 격정적인 말의 자리에 철두철미하게 계획된 현자의 체계가 들어서며, 에제키엘은 풍부한 비전과 이미지로 묵시적 상징의 표현법과 일체 모티프^{Motivik}의 토대를 마련한 바로 그 사람이다.

그러나 유수의 유대 국민을 예외적인 경우로 낙인찍는 것은 그릇된 일이다. 물론 유수의 유대인이 국토가 없는 국민이기는 해도, 순전히 같은 종류의 국민들 사이에서 그렇다는 게 결정적인 점이다. 유수가 유대인의 운명일 뿐 아니라 전체 아람 세계의 운명이기도 하기 때문이다. 아시리아의 통치는 패전한 민족들과 부족들을 근절하려고 처음으로 추방이라는 수단을 체계적으로 사용했다. 만약 고대의 민족성이 오늘날보다 더 강력하게 국토와 결부되어 있었고, 그리하여 종교적 뿌리내림 역시 지상에 함몰되어 있었다는 점을 염두에 둔다면, 민족성이 그 토착적인 기반에서 뿌리뽑힌다는 것[근절]이 민족성의 독자성에 깊이 관여할 수밖에 없었음을 알게 된다. 아람 국민들은 지상에 뿌리박을 수 없었고, 영/정신에 닻을 내리길 시도해야 했다. 유대인의 시나고그는 아람권역에서 민족들의 고향에 해당하는 국민-교회들 가운데 하나에 지나지 않는다. 이 아람 세계의 교회-국민들은 신앙으로 통일되어 있다.[171] 신은 더 이상 어느 땅의 바알 신으로 숭배되지 않으며, 신자들이 '시나고그'Synagoge, 곧 회합을 위해 만나는 곳곳이 고향이다. 특정 고향에 대한 귀속을 아람권에서는 신앙 고백이 결정한다. 유수 시기 동안 소규모 부족연합들 출신의 유대인과 페르시아인이 엄청나게 급증했으며, 그것도 회심과 개종을 통해서였다. 포교는 국토가 없는 국민에게는 유일한 정복의 형식이다.[172] 유대인 가운데서 묵시적 (영)혼상태를 지닌 무리가 포교를 담당한다. 사제와 성서학자가 토라 주변에 새로운 울타리를 세운 반면 유대교의 묵시주의 씨앗은 시리아-아람의 동방 전반에 확산되어 아람 국민들의 주변을 어떤 발열 유기체로 변화시켰다. 묵시주의는 민중적이며 여러 특징들에서 아람 동방 전반의 마음의 공유재가 되었다.[173] 묵시 문학은 가없이 모든 이들의 마음을 일깨우려고 쓰였다. 개별 교회-국민들의 정경이 국민적이라면, 묵시록들은 문자 그대로의 의미에서 국제적이다. 그 안에는 사

---

171) Spengler, *Untergang des Abendlandes*, vol.2/p.242[『서구의 몰락 3』, 24쪽. 해당 원문은 본문 내용과는 다르다. 서지사항의 오기로 보인다].

172) Meyer, *Ursprung und Anfänge des Christentums*, vol.2/p.72.

173) Otto, *Reich Gottes und Menschensohn*, p.5.

람들의 마음을 속속들이 움직였던 것을 전부 담고 있었다.

묵시주의의 원형어들(Urworte)

만약 같은 식으로 묵시주의-영지주의의 일체 모티프의 요소들을 형성하는 언어적인 원형요소들에 주의를 기울이게 된다면 대량의 혼란스럽고 암울한 비전과 사변에서 이 요소들을 끄집어 낼 수 있게 된다. 묵시적 (영)혼상태의 원형어들이 묵시록들의 암울한 비전과 영지주의의 터무니없는 사변보다 훨씬 더 명료하게 그 중심 의미를 밝혀내기 때문이다. 언어라는 순수 거울은 정교하게 만들어 낸 산물들보다 위장을 덜한 채 어떤 (영)혼상태가 언어를 사용하여 이 원형어들에서 의도치 않게 자신의 상징들을 창출해 내는 방식을 설명한다.[174] 한 세계권의 원형어들은 나중에 생기고 완성될 모든 체계들에 대한 선취를 품고 있다. 묵시주의와 영지주의의 로고스는 가장 직접적으로 동방의 만다야교 문학에서 표명되는데, 이 문학이 헬레니즘의 역장에서 가장 멀리 떨어져 있기 때문이다.

거의 모든 만다야교 경전들의 일반적인 서문은 "숭고한 빛의 세계들에서 탄생하여 모든 저작들 위를 비추는 최초의 위대한 이방의 삶의 이름으로"[175]라고 쓰여 있다. 이 서문은 묵시주의-영지주의의 삶에 대한 감정을 이해하기 위한 실마리를 이미 품고 있다. 묵시주의의 둘레

---

174) Jonas, *Gnosis und spätantiker Geist*, vol.1, p.92.
175) Mark Lidzbarski, *Das Johannesbuch der Mandäder*, Gießen: Töpelmann, 1925, p.1[『만다야교도의 요한서』].

에 처음으로 자기소외의 주제가 울려 댄다. 이방성은 묵시주의의 최초의 거대한 원형어이고 인간 담화 일반의 역사에서 전적으로 새로운 것이다.[176] 원형어 이방성과 자기소외의 주제가 묵시주의-영지주의 문학 전체를 관통하고 있다. 만다야교의 '이방인'에 마르키온[177]의 '이방신', 영지주의의 '미지의 신', 묵시록들의 '은폐된 것'과 마지막으로 신플라톤주의 철학의 판톤 에페카이나panton epekaina, 곧 '만물의 피안' 역시 대응한다. 묵시주의-영지주의 본질에 대한 단서로 다음 도식이 주어질 수 있다. '만다야교도, 마르키온과 플로티누스의 신은 하나다.' 그 공통의 기반은 신과 세계의 소외이고 이로 인한 인간의 자기소외다.

이방-임[178]이란, 다른 곳 태생이어서 여기가 고향 같지 않다는 것이다. 이 여기는 낯설고 고향이 아닌[섬뜩한]Un-heimlich 곳이다. 이 여기에서 머무르는 삶은 그렇게 이방에 있으면서 이방인의 운명으로 괴로워한다. 이 여기를 훤히 알지 못하는 '이방의 삶'은 이방에서 길을 잃고 거기서 방황한다. 그럼에도 '이방의 삶'이 여기를 대단히 훤히 알기만 하고 나서 제 자신의 이방성을 다시 망각하는 데 이를 수도 있다. 이방의 삶이 이방에 빠짐으로써 거기서 길을 잃게 된다는 말이다. 그렇게 되면 본래 이방의 삶에도 낯선 이 여기의 '이방의 삶'이 고향과 같아지고 제 자신의 근원에서 소외된다. 괴로움의 이방성 쪽으로 죄의 소외

---

176) Jonas, *Gnosis und spätantiker Geist*, vol. 1, p. 96.

177) 마르키온(Marcion) : 마르치온이라고도 불리며 기원후 2세기 중엽의 그리스도교의 이단 지도자이자 최초의 교회 개혁가로, 이원적 신관과 그리스도 가현(假現)설을 주창했으며 후에 마르키온주의로 계승된다. ─옮긴이

178) Jonas, *Gnosis und spätantiker Geist*, vol. 1, p. 96.

가 오며, 양쪽 측면 모두 '길을 잃다'의 이중적 의미에서 단일한 것으로 결정되어 있다. 삶의 **자기소외**Selbstentfremdung가 여기를 둘러싼 이방에서 길을-잃음으로써 근원에서 소외될 때 그 정점에 다다랐던 것이다. 여기에서 본래 '삶'이 낯선 것임을 다시 상기하면서, 곧 낯섦을 낯섦으로 인식하면서 그 길이 도로 시작된다. 눈을 뜬 향수는 귀향이 시작되었음을 보여 준다. 이방에서 길을 잃었던 것임을 '이방의 삶'이 지각함으로써 삶이 현혹되지 않게 할 수 있다. 이방의 삶은 세계가 곤경을 향해 쉬지 않고 이리저리 방향을 바꾸는 것임을, 세계가 곤경 쪽으로 방향을 바꾸는 것이자 필연성에 의해 지배받게 되는 것임을 인식한다. 그래서 이방의 삶은 자신과 세계의 여기 사이의 간극을 보고, 근원이 되는 고향에서 자신이 우월했던 것 역시 인식한다. 이방성에 접근할 수 없음은 위엄을 뜻할 수 있다. 그 밖의 모든 익숙한 것에서 멀어지는 순전한 이방의 것은 피안의 것이거나 피안 자체다.[179]

"빛의 세계들에서 최초의 위대한 삶"으로 온전히 타당하게 구현되는 삶은, 삶이 세계의 이방으로 내던져져 그 자체로 소외된다. 구속의 모티프를 통해 규정되어 극적으로 연속되는 귀향은 빛을 쫓아낸 빛과 세계에서 삶을 쫓아낸 삶과, 여기 이방에서 이방의 삶의 형이상학적 역사다. 역사는 세계 안으로, 세계의 끝까지 관통하여 그리고 세계에서 빠져나오는 빛의 **길**Weg[180]이다. 이방성이라는 원형어에는 역사의 드라마에서 시간상으로 연속되는 묵시주의와 영지주의를 밝히는 모

---

179) Jonas, *Gnosis und spätantiker Geist*, vol. 1, p. 96.
180) *Ibid.*.

든 의미요소가 숨겨 있다. 자기소외라는 언명은 역사를 길로 이해될 수 있게 만드는 근거다. 원형어 이방성과 그 안에 함유된 자기소외의 주제에서 묵시주의의 어휘들과 모티프가 빠짐없이 계속 이어진다.

삶은 세계에서 낯설고, 삶의 고향은 세계 너머에 있다. 이 너머는 모든 세계의 피안jenseits에 있다. 묵시주의와 함께 여기의 세계와 동일하지 않은 신의 세계에 대해 이원적 감정을 느끼기 시작한다. 갈수록 더 엄격하게 신의 세계는 여기의 세계와 갈리며, 갈수록 더 신의 세계는 현세에 대립하여 등장한다. 신의 세계가 세계의 바깥에 절대적인 피안으로 규정되어 있음으로 해서 세계는 하나의 닫힌 체계로, 그러니까 그 안에서 종결되거나 잃어버렸음에도 유한하다고 판명되어 있는 일체를 현기증을 일으킬 정도로 포괄하고 있는 체계로 한정된다. 세계는 피안의 관점에서 보면 배타성을 상실한 어떤 권력체계다. 세계가 모든 것을 온전히 포괄하고, 일체를 자신 안에 종결하고 있는 동안은 순전히 세계die Welt만 있을 뿐이다. 숫자나 대명사로 세계를 더욱 자세히 규정하는 것은 무의미할 것이다. 그러나 세계가 더 이상 일체를 창조할 수 없게 되고, 세계가 어떤 타자를 통해서 한정된다면 현세라는 제한적인 기호가 생겨난다. '현現'세는 자신 안에 우주의 존재를 붙잡고 있지만, 자신의 고향을 '내*'세에 두고 있는 '완전한 타자'가 이 세계를 마주하고 있다. '현'세와 '내'세라는 원형어는 묵시주의의 또 다른 상징이며 자기소외의 주제와 긴밀하게 연관된다.[181] '현'세와 '내'세의 구분에 이미 어떤 가치평가가 함께 얹혀 있다. 가장 일찍부터 있었

---

181) *Ibid.*, p.98.

던 묵시주의의 언명들에서도 세계가 여전히 신의 전지전능의 원환에 존재한다면,[182] 신과 세계의 소외는 세계가 "선한 것의 충만"인 신과 대립하는 "악한 것의 충만"과 같아질 때까지 그렇게 진전된다.[183] **코스모스**kosmos=**스코토스**skotos, 곧 세계와 어둠의 등치에서 영지주의의 삶에 대한 감정이 표명된다.

　이 논의 전개를 따르며 묵시주의-영지주의 문학에서는 세계를 복수로도 말할 수 있다. '세계들'이 표현하는 것은 '넓고 가없는'[184] 세계를 통과하는 길이다. 이 복수의 언명에서 미로란 한눈에 들어올 수 없을 만큼 얽히고설킨 세계의 잡다함을 뜻한다. '세계들'에서 길을 잃고, 이 세계에서 벗어나도록 이끄는 문을 찾지만 계속 되풀이하여 세계들, 그럼에도 불구하고 늘 '세계'인 다른 세계들에 다다른다. 삶이 사로잡혀 있는 악령의[185] 권력체계들을 배가하고 강화하는 이러한 의미의 복수 세계는 묵시록들과 영지주의 사변들의 또 다른 모티프다.[186]

　공간 이미지 세계에 시간 개념 아이온이 대응한다. 시간과 공간은 삶이 그 목적지에 다다르려면 극복해야 하는 빛까지의 거리를 표현한

---

182) Otto, *Reich Gottes und Menschensohn*, p.99.

183) Walter Scott ed. & trans., *Hermetica. The ancient Greek and Latin writings which contain religious or philosophical teachings ascribed to Hermes Trismegistus*, Oxford: Clarendon Press, 1936, vol.6/p.4[『헤르메티카』, 63쪽. 인용된 대목의 문장 전체는 국역본에 다음처럼 옮겨져 있다. "소우주는 악으로 충만하고 신은 충만한 선이시니 곧 신의 선이라."].

184) Mark Lidzbarski, *Ginza. der Schatz oder das große Buch der Mandäer*, Göttingen: Vandenhoeck & Ruprecht, 1925, p.433[『긴자: 만다야교도의 보물 혹은 위대한 책』].

185) 데몬(Dämon-isch): 소크라테스와 플라톤의 (내면의) '다이몬(정령)'daimon에서 유래한 말로 선악이원론을 취하는 그리스도교 신학에서는 악령을 총칭하는 의미로 쓰인다. ─옮긴이

186) Jonas, *Gnosis und spätantiker Geist*, vol.1, p.98.

다. "오, 아이야. 알겠느냐? 우리가 얼마나 많은 육체들, 얼마나 많은 악령의 무리들, 이어진 채 운행하고 있는 얼마나 많은 천체들을 서둘러 지나가야만 단 하나의 유일신에게 다다르게 되는지를."[187] 구원자는 그가 예루살렘의 입구에 다다를 때까지 '세계들과 세대들'을 지나 떠돌아야 한다.[188] '세계들과 세대들'이라는 표현은 만다야교 문학에서 자주 마주친다.

천상과 지상 사이의 공간은 이란문화의 영향을 받아서인지 악령의 권력들로 채워지게 된다. 이렇게 해서 세계는 신과 악마 사이의 전쟁터가 된다. 영지주의 문학에서처럼 바울에게도 악령의 권력들은 '현세의 지배자'이고 사탄은 '현세의 군주'다. 세계 공간에서 개별 우두머리만 악령적인 게 아니라, 오히려 세계가 그 실체에 있어 악령적이다. 삶이 머무르고 있는 세계 공간은 그 자체로 하나의 악령의 권력이다. 묵시주의의 시간들은 악령화된 시대다.

빛과 어둠은 '현'세와 '내'세를 구축하는 실체들이다. 내세는 "어둠 없는 광휘와 빛의 세계, 반항 없는 부드러움의 세계, 혼란과 소동 없는 정직함의 세계, 소멸과 죽음이 없는 영원한 삶의 세계, 악함이 없는 선의 세계…… 그것은 악한 혼합물이 없는 순수 세계다." 이 세계의 맞은편에 어둠의 세계가 있다. 이 세계는 완전히 "악함으로 가득하다…… 허위와 기만으로 가득하며…… 확고함 없는 혼란과 소동의 세

---

187) *Hermetica*, vol. 4/p. 8. [『헤르메티카』, 50쪽. 국역본의 해당 문장의 번역은 다음과 같다. "아들아, 우리가 거쳐야 하는 몸이 얼마나 많은지 아느뇨? 정령의 무리와 유일자를 향해 달려 나가는 우주의 통로, 별들의 궤도가 얼마나 많은지 아느뇨?"].
188) Lidzbarski, *Das Johannesbuch der Mandäder*, p. 243.

계이자, 영원의 삶이 없는 죽음의 세계다…… 이곳에서 선한 것들은 사라지고 계획들은 성취되지 않는다. 이 세계는 빛과 어둠의 혼합이다."[189] 그럼에도 어둠이 능가한다. 현세의 본래 실체는 어둠이고, 빛은 단지 이질적인 포함물에 불과하기 때문이다. "현세의 광휘에는 혼합물이 있지만, 내세의 광휘는 혼탁함 없는 신성함이다."[190] 어둠의 왕은 영지주의 문학에서 이미 세계에 있기 전부터 존재한 현재의 아이온들과 '현세의 왕'으로 표현된다. 비록 '현'세가 맨 처음 빛과 어둠이라는 양 실체의 혼합을 원인으로 일어나더라도 그렇다.[191] 어둠의 실체야말로 현세의 원리다. 세계=어둠이라는 언명은 영지주의의 상징적인 근본등치다. 마르키온은 가장 급진적으로 [현재와 내세의] 묵시주의-영지주의 양분을 실행한다.[192] 마르키온에게 창조의 신은 현세의 존재와 분리될 수 없다. 마르키온에게는 세계가 있기 전에 존재한 창조주 신에 관하여 다른 언급은 없는 것처럼 보인다. 원래 현세의 영/정신이던 창조신의 맞은편에 구원의 신에 해당하는 내세의 신이 있다.[193]

현세의 **혼합**Mischung이 구원의 드라마를 가능하게 한다. 자기소외와 동일한 타락을 통하여 이 혼합이 발생하기 때문이다. 한편으로는 (영)혼이 자발적으로 어둠 쪽을 향함으로써 타락을 범하며, 그때 (영)혼은

189) Lidzbarski, *Ginza. der Schatz oder das große Buch der Mandäer*, pp.10~11.
190) *Ibid.*, p.13.
191) Lidzbarski, *Das Johannesbuch der Mandäder*, p.35.
192) Adolf von Harnack, *Marcion. das Evangelium vom fremden Gott*, Leipzig: J. G. Hinris'sche Buchhandlung, 1921, p.136[『마르키온: 이방신의 복음』][아돌프 폰 하르나크 (1851~1930): 교리사를 주로 탐구한 독일 프로테스탄트 신학자이자 교회사가로 빌헬름 딜타이 등과 함께 여성운동에 참여했으며 빌헬름 2세의 1차 세계대전 관련 정책을 지지하기도 했다].
193) *Ibid.*, p.139.

이 어둠 속으로 휩쓸려 간다.[194] 그러나 무엇보다도 타락은 운명으로 나타난다. "너희들은 왜 나를 내가 있던 곳에서 멀리 감금시키고 냄새 나는 육체 속으로 내던졌는가?"[195] 이 내던져져 있음[피투성이]은 묵시주의와 영지주의의 가장 강렬한 상징들 중 하나이고 인간이 자신의 선택이 박탈된 상황에 세워져 있음을 뜻한다.[196] 어떤 법칙을 통하여 현세가 생겨난 게 아니라, 오히려 법칙이 어떤 불운 같은 생명과 만나며, 그때 이 생명이 창조주를 향해 개탄한다. "누가 나를 미혹해서 바보로 만들고 (영)혼을 육체 속으로 내던졌는가?"[197] 세계에 내던져진 채 최초의 인간은 다만 악의 현세에 '남겨지게' 될까 두려워한다.[198] 이 방의 여기에서 멀리 떨어진 고향이 자신을 잊고 말 거라는 충격과 불안이 그에게 엄습한다. "그래서 나는 도와달라고 울부짖지만 나의 목소리는 어둠 속을 뚫고 나아가지 못합니다. 그래서 나는 내가 믿었던 빛에게 나를 도우러 오라고 높은 곳을 쳐다봅니다. 지금 나는 카오스의 어둠 속에서 압박을 당하고 있습니다…… 내가 이 어둠의 물질 안으로 가라앉게 되지 않도록 나를 거기서 구해 주십시오…… 나의 힘은 카오스의 중심부와 어둠의 중심부 밖을 내다보면서 나의 쌍둥이[199]가 와서 나를 위해 싸워 주기를 기다리지만 그는 오지 않았습니다…… 그리고 내가 빛을 찾을 때, 그들은 내게 어둠을 주었고, 내가 내 힘을 구

---

194) Jonas, *Gnosis und spätantiker Geist*, vol.1, p.105.
195) Lidzbarski, *Ginza. der Schatz oder das große Buch der Mandäer*, p.338.
196) Jonas, *Gnosis und spätantiker Geist*, vol.1, pp.106~107.
197) Lidzbarski, *Ginza. der Schatz oder das große Buch der Mandäer*, p.393.
198) *Ibid.*, p.261.
199) 창조신과 구원신을 가리킨다. ─옮긴이

했을 때, 그들은 내게 물질을 주었습니다."[200]

세계의 권력들이 인간을 계략에 빠뜨린다.[201] "그들은 나를 교묘하게 속여서 술을 준비하고 그들의 음식을 맛보도록 한다. 내가 한때는 왕의 아들이었음을 잊고 그들의 왕을 섬겼다. 나의 부모가 나를 보내며 찾으라고 했던 진주도 잊고 말았다. 그들이 준 음식의 무게로 인해 나는 깊은 잠에 빠졌다."[202] 세계의 권력들은 있는 수단을 다 동원하여 이방인에 맞서 싸운다. "무지의 포도주"[203]로 그를 취하게 만들어서 말이다. 현세의 정령들과 행성들은 "아담을 가두고 싸서 티빌[204]에 잡아두려" 한다. "그가 먹고 마실 때 우리가 세계를 가둘 것이다. 우리는 세계에서 서로 포옹하고 거기에 하나의 공동체를 건설하고자 한다. 그가 우리에게서 벗어나지 못하도록 호적과 피리로 그를 가둬 둘 것이다."[205] 세계의 권력들은 "축제를 열 것이다. 자! 우리는 주연을 베풀고 사랑의 신비를 촉진하고 전세계를 유혹할 것이다. 우리는 생명의 외침을 정복하고 영원이 다해도 중재되지 않는 논쟁은 집 안으로 내던질 것이다. 우리는 이방인(구원자)을 죽일 것이다. 아담을 우리와 한

---

200) *Pistis Sophia*, Book 1/ch.32[『피스티스 소피아(소피아의 신앙)』], cited in Jonas, *Gnosis und spätantiker Geist*, vol.1, p.112.

201) Lidzbarski, *Ginza. der Schatz oder das große Buch der Mandäer*, pp.393~394.

202) "Seelenhymnus", *Thomasakten*[『진주의 찬가』, 『도마행전』], cited in Jonas, *Gnosis und spätantiker Geist*, vol.1, p.114.

203) *Hermetica*, vol.7/p.1[『헤르메티카』, 66쪽. 타우베스가 인용하는 월터 스콧의 번역본에는 'wine of ignorance'로 나와 있는 것에 반해 국역본은 해당 대목을 "무지라는 독주"로, 캠브리지대학 출판부 판본은 "무지의 교리"(doctrine of ignorance)로 각각 다르게 옮겼다].

204) 티빌(Tibil): 만다야교에서는 어둠과 악의 세계이자 거짓과 죽음의 세계로 이해된다. ─옮긴이

205) Lidzbarski, *Ginza. der Schatz oder das große Buch der Mandäer*, p.113.

68 서구종말론

패로 만들고 이제 누가 그에게 해방자가 될지 지켜볼 것이다."[206] 호적과 피리는 세계의 소음이다. "울부짖는 어둠"[207] 속으로 인간은 내던져졌으며 이렇게 해서 그는 그가 왔던 곳을 잊게 된다. 그럼에도 세계의 소음이 만취 상태의 인간을 깨운다. "그 소리가 아담의 귀에 떨어졌을 때, 그는 잠에서 깨어나 빛이 있는 곳을 향해 자신의 얼굴을 들어올린다."[208] 세계의 소음이 인간을 당황하게 하고 그를 깜짝 놀라게 한다. 인간을 위협해야 하는 굉음이 그를 깜짝 놀라게 한다. 소음과 굉음 속에서 인간은 깨어나고 세계 권력들의 의지를 거스르며 "생명의 외침"을 듣는다.

구원자가 "밖에서 외친다."[209] 세계의 여기에 정착하지 못한 피안의 것은 세계에서 외침Ruf으로 들릴 수 있게 된다. 이 외침은 세계의 소음에서 완전히 다른 무엇으로 들릴 수 있게 된다. "그는 천상의 목소리로 세계의 소란 안에 외쳐댄다."[210] 이 외침은 묵시주의-영지주의 권역의 근본이 되는 상징이다. 만다야교와 마니교는 유대교와 마찬가지로 외침의 종교라고 표현될 수 있다. 신약성서에서 들음과 믿음은 만다야교 문학에서 그렇듯이 긴밀하게 연관되어 있다. 외침에는 들음이 상응한다. 마니교 포교자의 칭호는 외침을 외치는 자다. 그리고 이슬람교 역시 포교 선포는 외침이며 포교자는 외치는 자라고 한다.[211] 그

---

206) *Ibid.*, pp.120~121.

207) Lidzbarski, *Das Johannesbuch der Mandäer*, p.62.

208) Lidzbarski, *Ginza. der Schatz oder das große Buch der Mandäer*, p.126.

209) *Ibid.*, p.387.

210) Lidzbarski, *Das Johannesbuch der Mandäer*, p.58.

211) Jonas, *Gnosis und spätantiker Geist*, vol.1, p.120.

렇게 만다야교, 마니교, 유대교, 그리스도교와 이슬람교는 밀접한 관계를 맺고 있다. 이 종교들에는 묵시적 토대가 공통된다. 묵시적 토대의 구성 요소들은 외침과 들음의 상징들이다.

이 외침으로 비-세계의 것이 현실화된다. 완전한 타자가 세계의 여기에서 들릴 수 있게 되지만, 물론 완전한 타자로 그렇다. 이 외침은 "이방인"[212]에게 터져 나온다. 세계의 여기에서 낯설다고 느끼고 '현'세의 권력들을 경멸하는 모든 이가 그의 외침을 환호하며 맞아들인다. "아담은 이방인에게 사랑을 품는다. 그의 말은 낯설고, 세계에 소외되어 있다."[213] 세계 권력들이 동요한다. "이방인이 내 집에서 무슨 일을 했는가, 그가 집안에서 결당結黨했을 수 있다."[214] 그리고 그들은 침입자로부터 스스로를 방어하고 도래하는 자를 방해하려 한다. "우리는 이방인을 죽이고 말 것이다…… 그가 이 세계에 한몫하지Anteil haben 못하도록 그가 세운 당을 혼란에 빠뜨릴 것이다. 이 집은 전부 오히려 우리 것이다."[215] 이방인은 세계의 판자와 같은 세계라는 집을 전부 틀림없이 부수고 만다. "세계 속을 뚫고 들어왔던, 하늘을 가르고 세계 속에 현현했던 저 이방인의 이름으로."[216] 이방인은 그전에는 난공불락이었던 세계의 둘레에 (영)혼이 상승하기 위한 길을 닦으려고 갈라진 틈 하나를 틀림없이 만들어 내고 만다.[217]

---

212) Lidzbarski, *Ginza. der Schatz oder das große Buch der Mandäer*, p.258.
213) *Ibid.*, p.244.
214) *Ibid.*, p.122.
215) *Ibid.*
216) *Ibid.*, p.197.
217) Jonas, *Gnosis und spätantiker Geist*, vol.1, p.124.

그런데 세계에 도래하는 '이방인'은 그가 귀착하게 될 자와 최후에는 동일하다. 만다야교 문학에서 구원자만 이방인으로 표현되는 게 아니라 구원될 수 있는 자도 그렇게 표현된다. 세계에 구속拘束된 자에게도 이방인의 칭호가 부여된다.[218] 아담과 구원자가 똑같이 이방인이다. 영락한 이방인은 마지막에는 자기 자신을, 이전에 세계의 여기에서 이방인들 사이에 내버려진 자신의 (영)혼을 구원한다.[219] 그렇기 때문에 이방인은 이방의 감옥에서 그의 자기라는 불꽃을 풀어 주려고 다시 한 번 세계의 이방으로 향해 가야 한다. 이방인은 아담이자 구원자, 곧 구원된 구원자와 같다.

묵시주의의 역사관

묵시주의에 따르면 '세대들과 세계들'을 지나는 길은 역사의 일어난 일에서 그 모습을 드러낸다. 세계사의 경과에 관한 포괄적인 통찰은 특히 유대 묵시주의의 본질에 속한다. 그리스도교 묵시록들과 영지주의 체계들에서는 구원자의 형상과 그의 재림이 중심으로 이동하기 때문에 역사의 진행에 대한 관심은 뒤로 물러난다.[220] 묵시주의와 영지주의에 대한 연구가 아직은 상당 부분 자산목록을 작성하는Inventarisierung 단계 너머까지 성장하지 못했으며, 이 때문에 묵시적 신화들과 영지주

---

218) Lidzbarski, *Das Johannesbuch der Mandäer*, p.67.
219) Lidzbarski, *Ginza. der Schatz oder das große Buch der Mandäer*, p.273.
220) Adolf Hilgenfeld, *Die jüdische Apokalyptik in ihrer geschichtlichen Entwicklung*, Jena: Friedrich Mauke, 1857, p.12[『유대 묵시주의의 역사적 발전』].

의 체계들은 지독하게 혼란스럽다는 인상을 풍긴다. 풍부한 자산은 대개 육감 없이도 본질적인 내용과 동일시된다. 자기소외의 주제가 이미 묵시적 역사관의 요소들을 전부 포함하고 있다. 인류의 타락과 구원의 길이라는 역사가 묵시-영지주의 문학에서는 지나치게 많은 모티프로 채워져 있어서, 보통 원주제는 더 이상 들을 수 없다. 그런데도 묵시주의와 영지주의의 전체 자산은 오직 이방으로의 타락과 구원의 길이라는 자기소외의 주제에 대한 논구만을 편곡할 따름이다.

묵시주의에서 역사는 연대기로 보고되지 않으며, 과거와 현재에서 배워 미래를 알려고 시도된다. 그러나 미래는 폭넓게 서술될 뿐 아니라 '언제 끝이 도래하는가?'와 같은 물음이 결정적이기도 하다. 묵시주의의 원형이 되는 물음은 언제냐다.[221] 언제에 관한 물음은 구원에 대한 불타는 기대에서 나온 것이며, 이에 대한 자명한 답은 '곧'이다. 이 '곧'은 묵시적 믿음의 본성에 속한다.[222] 그러나 구속救贖이 곧 온다는 보편적 언명으로는 구속의 때와 시간을 알고 싶어 하는 이들에게는 충분하지 않다. 그래서 계산을 근거로 수치상의 특정 대답을 제시하거나 혹은 임박한 종말을 알려주는 전조들에 이름을 붙이려고 시도된다. 언제냐고 끝없이 물을 때 함께 불평을 중얼댄다. 현세의 밤이 얼마나 더 오래 지속될까요? 종말을 지켜볼 뿐 아니라, 종말이 오고 있다는 것도 안다. 이것이 묵시록의 모든 저자들이 종말의 체험에 대해 확신하고 있는 특징을 가리킨다. 묵시주의의 저서들은 일반적인 견해에 따라

---

221) Paul Volz, *Die Eschatologie der jüdischen Gemeinde im neutestamentlichen Zeitalter*, Tübingen: Mohr Siebeck, 1934, p.6[『신약시대의 유대 공동체의 종말론』].
222) *Ibid.*, p.135.

나이순으로 써보면 아담, 에녹[223], 아브라함, 모세, 다니엘, 에스라의 것들이다. 이 저서들이 지금까지는 비밀스럽게 간직되고 봉인되어 있지만, 마지막 시간이 도래하는 그때 예언들은 공개되고 저서들의 봉인은 풀릴 것이다. 그러나 만사의 척도가 신적인 오이코노미아(살림/경륜經綸)Ökonomie[224]에 있다는 단지 그러한 이유 때문에 묵시주의에서는 언제에 대해 물을 수 있을 따름이다. 신은 세계를 저울에 달고 그 시간들을 척도에 따라 재고 그때를 수치상으로 계산했다. 세계의 운명은 천상의 책들에 기록되어 있으며 태고부터 천상의 흑판에 기입되어 있다.[225]

정확한 수치로 종말을 셈하는 것을 묵시주의의 과학이라고 표현할 수 있다. 묵시주의의 과학은 믿음과 희망을 절대적으로 보장하려 한다. 종말의 '언제'를 수치상으로 셈하는 묵시주의의 과학은 "내적 필연성에서 모든 것이 충족되고 말리라"[226]라는 믿음에 기초하고 있다.

---

223) 에녹(Henoch/ Enoch): 『에녹서』의 저자로 그리스도교에서는 문헌상 최초의 승천자다. 카인의 아들 에녹과는 다른 인물이다.─옮긴이

224) 그리스어로는 '집을 뜻하는' 오이코스(oikos)와 '관리'를 뜻하는 노미아(nomia)의 결합어인 오이코노미아(oikonomia)로 한마디로 '집안 살림'을 뜻한다. 아감벤은 아리스토텔레스가 구분한 두 영역인 정치(polis)와 살림(oikonomia)의 차이를 가지고 와 지금까지 정치신학 논의에서 다뤄지지 않은 '경제신학', 즉 근대 자본주의 경제에까지 지속되고 있는 '(하느님)나라의 영광'의 맥락에서 '경제와 통치의 계보학'을 추적한다. 다만 1960년대까지 칼 뢰비트를 주축으로 오이코노미아를 '구속사'(Heilsgeschichte)와 연계시켜 파악한 전통과 구분하여 바울의 용법은 신의 구원계획의 실현이 아니라 '신비의 실행 내지 실현'(『에베소서』 3장 9절, "또 만물의 창조주이신 하느님께서 과거에 감추고 계시던 심오한 계획을 어떻게 '실현'하시는지를 모든 사람에게 분명히 알려주게 하셨습니다")에 더 방점이 찍혀 있다. 타우베스의 '구원의 오이코노미아(살림/경륜)'는 아감벤보다는 뢰비트의 해석에 더 가까워 보인다. 아감벤의 다음 책을 참고하라. Giorgio Agamben, *The Kingdom and the Glory: For a Theological Genealogy of Economy and Government*, trans. Lorenzo Chiesa(with Matteo Mandarini), Standford: Standford UP, 2011(조르조 아감벤, 『왕국과 영광: 오이코노미아와 통치의 신학적 계보학을 향하여』, 박진우 외 옮김, 새물결, 2016).─옮긴이

225) Volz, *Die Eschatologie der jüdischen Gemeinde im neutestamentlichen Zeitalter*, p.11.

예언자의 책무는 이 필연성을 밝히는 것이다. 역사의 종말을 기술하고 계산할 수 있기 위해 세계사의 개요 하나가 기안될 것이다. "자신의 세계에서 전지전능한 자가 너에게 이미 지나갔고 그의 창조의 시작부터 끝에 이르기까지 지금도 오고 있는 그때를 알려줬다."[227]

신성한 시계의 글자판에 세계의 사건들이 기입되어 있으며, 세계사의 경과를 추적하고 아이온의 시간을 정하는 일이 문제다. 묵시주의에 근거하여 보편사가 가능해진다.[228] 역사의 종말론적 연대기는 후기 카발라의 숫자 신비주의에 이를 때까지 진전되며 세계사가 시대별로 정리될 수 있도록 만든다. 다니엘의 묵시록에는 페르시아의 종말론[229]을 전범으로 삼아 현세의 아이온이 연주年週설에 따라 정리되어 있다. 그밖에도 다니엘 묵시록은 묵시 문학 전체를 꿰고 있는 역사를 세계 4왕국으로 분할하는 것을 훤히 알고 있다. 다니엘에게 4왕국은 바빌론 유수부터 이 아이온의 끝까지 이르는 시기에만 걸쳐 있는데, 이렇게 하여 유대 묵시주의가 보기에 본질적인 역사가 정해진다. 『에녹서』[230]에는 비슷한 시기가 칠십 명의 양치기들에게 배당되어 있는데, 이 양치기들은 세계 민족들의 수를 나타내는 칠십 민족의 악령적인 군주들을 가리킨다. [에녹의] 십주묵시록[231]에서 역사는 열 시기로 분할되며,

---

226) *Johannes Geffcken, ed. *Die Oracula Sibyllina*, Leipzig: J. C. Hinrichs'sche Buchhandlung, 1902, p.571[『시빌라의 신탁서』].

227) Paul Rießler ed., *Apokalypse des Baruch(syrisch)*, Altjüdisches Schrifttum außerhalb der Bibel, Augsburg: Benno Filser Verlag, 1928, p.92, 56:2[『바룩서』(시리아어)].

228) Volz, *Die Eschatologie der jüdischen Gemeinde im neutestamentlichen Zeitalter*, p.141.

229) Herm Lommel, *Die Religion Zarathustras nach dem Awesta dargestellt*, Tübingen: Druck von H. Laupp jr., 1930, p.130[『아베스타에 따라 기술된 조로아스터교』].

230) *Henoch*, 89:59[『에녹서』].

아브라함 묵시록[232]에서 이 아이온의 시간은 "12년"으로 계산된다.

종말론적 연대기의 전제는 만사가 일어나는 시간이 순전히 차례차례 있지 않고 어떤 끝을 향해 있다는 점이다. "이 목적지는 신이 그것을 창조했다는 점에서 일체에서든 개별적인 것들에서든 똑같으며, 최후의 구원과 일어난 모든 일은 **구속사**Heilsgeschichte다."[233] 역사는 순환으로 이뤄지는 게 아니라 "거기에는 하나의 곡선이 뻗어 있다. 어떤 시작에서 솟아올라 그 곡선이 정지 상태에 들어서고 더 이상 어떤 일도 생기지 않는 어떤 끝 쪽으로 가라앉을 때까지 시간 위에 활처럼 굽어 있다. 그러나 일이 일어나지 않으면 역사란 더 이상 존재하지 않고 진행 없이 시간도 존재하지 않는다."[234] 페르시아 종말론에서 매 천년을 가리키는 수인 숫자 12는 12궁도와 연관되어 있다. 그렇게 시간 전체가 하나의 거대한 우주년Weltjahr[235]으로 파악되어 있다.[236] 이 시대별 분할은 묵시주의에서는 늘 종말을 향해 그 방향이 정해져 있다. 묵시주의의 종말론적 연대기에서 전제되는 것은 이 아이온이 종말을 향해 서둘러 간다는 점이다. "힘을 써서 세계를 종말 쪽으로 몰아세운다."[237]

---

231) *Ibid.*, 93.

232) *Abraham*, 79[『아브라함서』].

233) Lommel, *Die Religion Zarathustras nach dem Awesta dargestellt*, p. 130.

234) *Ibid.*, p. 133.

235) 점성학에서는 대년(Großes Jahr) 또는 플라톤 년(Platonisches Jahr)이라고 부르며 천문학에서 이야기하는 지구의 자전축이 회전주기를 마치는 약 25,800년 동안의 시간에 대응되는데, 이 주기마다 일어난 세계의 재난과 그 뒤에 이어지는 새로운 창조적 시작에 대한 사변들과 연관되어 있다. ─ 옮긴이

236) Lommel, *Die Religion Zarathustras nach dem Awesta dargestellt*, p. 147.

237) *IV. Esra*, 4:26[『에스라 4서』][묵시록으로 알려진 불가타의 『에스라 4서』는 외경으로 간주되어 성경의 『에스라서』에는 포함되어 있지 않다].

그리고 끝내 "시간들은 이전의 시간들보다 더 빠르게 서둘러 지나가고, 사계절은 과거 때보다 더 빨리 흘러가며, 매년은 올해보다 더 신속하게 사라진다."[238] 그렇게 묵시주의에서 시간의 위기성das Krisenhafte에 관한 지식이 밝혀진다. 시간은 창조의 영원에서 도약하여 끝내 구원의 영원이라는 대양까지 변화무쌍한 낙차로 범람하는 강처럼 나타난다.

묵시주의의 과학은 역사 속에서 일어난 일에 대해 어떤 수동적 입장을 낳는다. 능동적 행동은 전부 뒤로 물러난다. 세계사의 운명은 미리 정해져 있기에, 그 운명에 거스르는 일은 무의미하다. 묵시주의의 문체는 주로 수동형을 사용한다. 묵시록들에는 아무도 "행동하지" 않고, 오히려 만사가 "일어난다". 이는 신이 울부짖음을 듣는 게 아니라, 오히려 울부짖음이 신 앞으로 온다는 뜻이다. 메시아가 민족들에 대해 판결을 내리는 게 아니라, 민족들에 대한 심판이 도래한다는 뜻이다. 여전히 칼 맑스에게서도 마주치게 되는 묵시주의의 수동적 문체는 인간에 대한 신뢰의 부족으로 설명된다. 만약 구원이 인간의 의지와 임의에 세워져 있다면, 오랜 고통의 시간, 반복된 좌절, 악의 압살의 권력, 악령적 세계왕국의 엄청난 거상巨像으로 인해 묵시주의는 이 구원에 대해 절망하게 될 것이다. 이렇게 볼 때만 대개 이해되지 않던 '결정론'Determinismus이 맑스주의 묵시주의의 의미구조 속에 배열될 수 있다. 맑스 역시 역사 속에서 개인이 영향을 끼칠 수 없는 더 상위의 힘들이 작용하는 것을 보고 그 힘들을 '생산력'Produktivkräfte이라는 그가 살던 시대의 신화론적 외양을 입혔다. 신의 나라는 인간적이고 죄에 구속

---

238) *IV. Esra*, 4 : 26.

된 자의적인 의지의 문턱을 반드시 통과하지 않더라도 실현되어야 한다. 악은 인간적인 충동만이 아니다. 인간적인 충동과 같은 악은 단 하나의 방식에 불과하며, 그것도 악의 가장 피상적인 방식이다. 악은 오히려 세계의 본질이자 우주의 잠재성이다. 따라서 끝내 세계의 본질이 사라지게 되면, 인간적인 충동과 같은 악 역시 그렇게 사라진다.

묵시주의와 영지주의의 구조는 "간단하게 이원론적이거나 일원론적이라고 표현될 수는 없는데, 이 사고형상의 구조가 근대 철학의 용어법을 따르지 않기 때문이다. 이 구조는 이원론적인 동시에 일원론적이라고 말할 수밖에 없다. 영지주의 사유의 근원인 동시에 최종 목적지는 세계를 서로 투쟁하고 화합되지 않는 두 힘들로 쪼개는 게 아니라, 특유한 사유기술과 고유한 발전 개념을 수단으로 대립들을 극복하고 대립을 일치시키는 일$^{coincidentia\ oppositorum}$이다. 이를 통하여 영지주의 세계관은 플라톤주의자들의 이원론과 갈리며, 마찬가지로 동방의 이원론적인 종교 체계들 전부, 특히 시초부터 존재해 온 대립들을 갖고 있는 파르시교[239]와 갈린다. 원환의 형태로 그 근본사고를 이끌어 간다는 것이 영지주의 체계들의 거의 완전한 특징이다. 비가시적인 것이 어떻게 가시적인 것이 되고 다시 가시적인 것이 비가시적인 것이 되는지, 선한 신에게서 어떻게 악한 창조자가 만든 악한 세계가 생기고 이 세계가 어떻게 선한 신에게 되돌아가는지, 빛에서 어떻게 어둠이 만들어지고 이 어둠이 어떻게 다시 빛이 되는지, 영^{Geist}이 어떻게

---

239) 파르시교(Parsismus): 페르시아 철학이 이슬람으로 흡수되는 것을 거부하고 조로아스터교를 받아들여 이슬람교도의 박해를 받아 인도로 이주하여 만든 철학으로 조로아스터교의 인도적 잔재로 볼 수 있다. ―옮긴이

혼^{Seele}과 육^{Körper240)}이 되고 육이 어떻게 다시 혼과 영이 되는지, 그리고 영원한 것이 어떻게 일시적인 것이 되고 다시 일시적인 것이 어떻게 영원한 것이 되는지, 일자가 어떻게 다자가 되고 다자가 어떻게 일자가 되는지를 보여 주는 게 문제다. 그러면서 한 대립에서 다른 대립으로 옮겨 가는 것이 더욱더 정교하게 그 모습을 갖추게 된다. 선한 신과 악한 세계 사이에 그 수가 더욱더 풍부한 발전의 중간 단계들과 그것들에 대응하는 중간존재가 삽입되는 것이다. 그렇게 아이온들의 계열이 발생한다. 이것들 가운데 최초의 아이온은 신에게 직접 생기며, 마지막 아이온은 물질 속에 침잠하여, 물질에 혼을 불어넣고, 꼴을 만들며, 형태를 이루지만, 동시에 그 물질로 고통을 겪는다. 구원이 추락한 아이온(세계혼, 소피아²⁴¹⁾)을 물질에서 해방시켜 신에게 되돌아가도록 만들 때까지 말이다. 이리하여 이 발전의 고리가 닫힌다/완료된다."²⁴²⁾

묵시주의와 영지주의의 사유구조에 대한 이 서술은 그 안에서 길을 잘못 들 따름이며 그럼으로써 결정적으로 이 사고형상의 구조가 근대 철학의 용어법을 따르지 않는다는 점을 묵시주의가 받아들인다는 그와 같은 이해를 차단하고 만다. 저 새로운 사유형식이 묵시주의와 영지주의로 시작하여 지하에서 아리스토텔레스와 스콜라학파의 논리로 싸여 현재까지도 보존되어 왔다가 헤겔과 맑스에 의해 수용되어

---

240) 영지주의의 '영혼육 삼원설'을 가리킨다. ―옮긴이

241) 소피아(Sophia): 영지주의에서 아이온을 물질에서 해방시킬 수 있는 '지혜의 여신'을 가리킨다. ―옮긴이

242) Hans Leisegang, "Gnosis", *Religion in Geschichte und Gegenwart*, 2. überarbeitete Ausgabe, ed. Hermann Gunkel et al., Tübingen: Mohr Siebeck, 1928, vol. 2/p. 1273[「영지」, 『역사와 현재 속의 종교』].

그 완성된 형태를 이루기 때문이다. **변증법**Dialektik은 그야말로 "이원론적인 동시에 일원론적"이다. 묵시주의와 영지주의의 "특유한 사유기술"과 "고유한 발전 개념"은 그야말로 역사의 진행 속에서 정립과 반정립의 대립을 종합으로 화해시키는 변증법적 방법이다. 다만 이곳에서 라이제강[243]의 두번째 오류가 등장한다. 이 오류는 그전에는 매우 가치 있던 사유형식들에 관한 그의 탐구들 속에서 방해하는 것으로 인지된다. 변증법의 논리는 묵시주의와 영지주의에서든, 헤겔에게서든 '원환형태'가 아니라 오히려 나선형이다.[244] 변증법에 특유한 '되굽힘' Zurückbiegung[245]은 원환형태로 정립을 향해 되돌아가는 게 아니라 나선형으로 종합을 향해 확장된다.

변증법적 논리는 본질상 역사적이며 서구에서 모든 합리주의적 세계해석의 전범이자 근거인 아리스토텔레스의 논리에 대립된다. 스콜라주의, 이성(합리)주의, 논리주의가 항상 아리스토텔레스로 소급하는 것이 의미 없지는 않다. 변증법적 논리는 역사의 논리이며 종말론적 세계해석의 바탕이 된다. 이 논리는 묵시주의와 영지주의에 제기되어 있는 것과 같은 부정적인 것의 힘에 관한 물음으로 규정된다. 묵시주의와 영지주의에는 여러 번 논의되었으나 좀처럼 이해되지 못한 헤겔 논리의 토대가 놓여 있다. 묵시주의-영지주의 존재론과 헤겔 논리 사이의 연관은 인위적으로 사후에 성립된 게 아니다. 청년 신학자 헤

---

243) 한스 라이제강(Hans Leisegang, 1890~1951): 독일 철학자로 헬레니즘 종교사에 대한 연구에서 시작하여 시대별 사유형식의 구별을 논했다. ─옮긴이

244) Otto Koepgen, *Die Gnosis des Christentums*, Salzburg: Otto Müller, 1940, p.150[『그리스도교의 영지』].

245) Hans Leisegang, *Die Gnosis*, Leipzig: A. Kröner, 1924, pp.60~61[『영지』].

겔은 그의 사유형식을 신약을 가지고 작업하여 얻어냈다. 청년 헤겔의 깊이 있는 첫 시도는 복음서에 긴밀하게 기대고 있다. 이곳에서 헤겔의 새로운 변증법적 사유가 어떻게 자라나고 그가 아리스토텔레스적-합리(이성)적 논리의 도식을 부수는 복음의 문장들에서 어떻게 변증법의 사유형식 속으로 자라서 뻗어 가는지 목격될 수 있을 것이다. 청년 헤겔의 「그리스도교의 실정성」 Positivität der christlichen Religion[246]과 「그리스도교의 정신과 그 운명」 Geist des Christentums und sein Schicksal[247]에 관한 작업들은 헤겔이 변증법의 종말론적 관점을 개진하고 있는 『정신현상학』 Phänomenologie des Geistes과 『대논리학』 Wissenschaft der Logik에 직접 이어진다. 백년도 훨씬 전에 페르디난트 크리스티안 바우어[248]는 비록 헤겔 연구가 그의 작업에 충분한 관심을 기울이지는 않았겠지만 헤겔의 형이상학과 영지주의 형이상학 사이의 밀접한 연관을 제시한 바 있다.

자기소외라는 기초 상징으로 압축되어 있는 묵시주의와 영지주의의 원형어들과 상징들에는 이미 역사의 본질이 함께 포함되어 있다. 자아das Ich가 거주하고 있는 세계의 여기가 이방일 때 이 수상쩍은 상태를 굳히는 어떤 사건이 전제된다. 신과 세계가 서로 소외되어 있다는 것, 인간의 실체가 자아와 비-자아로 분열되어 있다는 것, 자아가 세계의 감옥에서 고생하고 있다는 것, 이 모든 것은 창조와 구원 사이에 깊이

---

246) 헤겔, 「기독교의 실정성」, 『청년 헤겔의 신학론집』, 247~416쪽. —옮긴이
247) 헤겔, 「기독교의 정신과 그 운명」, 『청년 헤겔의 신학론집』, 457~648쪽. —옮긴이
248) Ferdinand Chritian Baur, *Die christliche Gnosis oder die christliche Religionsphilosophie*, Tübingen: C. F. Osiander, 1835, pp.668~669[『그리스도교 영지 혹은 그리스도교 종교철학』] [페르디난트 크리스티안 바우어(1792~1860): 독일의 신학사가로 헤겔의 변증법적 운동에 대한 사상을 교회사에 적용시켜 '튀빙겐 학파'를 일으켰다].

파묻혀 있는 죄의 아이온과 역사가 동일하다고 전-제될 때 비로소 의미 있을 것이다. 그래서 묵시주의와 영지주의의 구조는 본질상 역사적이다. 다양한 현상들과 형태들이 그와 같이 해석될 때 어느 특정 시작에서 유래하여 어느 특정 끝을 향해-있는 어떤 운동의 통과지점들만을 기술할 뿐이다. 그래서 묵시주의와 영지주의의 역사적 구조는 본질상 종말론적이다. 형태와 질서 각각의 본질과 의미가 창조의 초점에서 구원의 초점에 이르는 황도[249] 위의 자리를 통해 정해져 있다.

묵시주의와 영지주의의 얼굴에는 본질적으로 종말론이 각인되어 있다. '신화론적' 묵시들이 '철학적' 영지의 체계들로 옮겨 가는 곳에서도 종말론적 어조가 남아 있다. 영지는 묵시주의의 정신/영 중의 정신/영이다. 묵시적 신화들은 세계의 역사를 자기소외라는 주된 극적 모티프를 빌려 이야기하며, 바로 이 주제가 훨씬 이론적이고 존재개념적인 영지주의의 사변들의 바탕이 되기도 한다. 자명하게도 묵시주의에서 영지주의로 물 흐르듯 옮겨 간다.

중요한 영지주의 증언은 묵시주의의 종말론적-극적 도식을 모든 영지주의에 프로그램화된 물음을 통한 주제학Fragethematik의 형태로 재현한다. "우리는 누구였는가? 우리가 되었던 모습이다, 우리는 어디에 있었는가? 우리는 그곳으로 내던져졌다, 우리는 어디로 서둘러 가는가? 그곳에서 우리는 구원될 것이다, 탄생은 무엇인가? 그것은 재탄생이다"라는 인식이 구원을 한다고 말이다. 동방의 발렌티누스파[250]의

---

249) 황도(Ekliptik): 천구에서 태양이 지나가는 궤도로 지구에서 관찰하면 1년을 주기로 일어난다. —옮긴이

250) 발렌티누스파(Valentianer): 발렌티누스가 2세기 중엽에 창립한 영지주의 분파로 인간과

증언인 『테오도투스 작품 발췌집』Excerpta ex Theodoto[251] 78절의 이 도식에서 묵시적 신화론의 도식 전체가 영지주의의 존재론으로 변형된다. 처음 두 주제짝은 창조라는 시초 둘레를 맴돌고, 마지막 두 주제짝은 구원이라는 종말 둘레를 맴돌며, 그것들이 일치함으로써 전체의 종말론적인 '종결'Schluss이 생겨난다. 네 물음들은 각각 짝으로 제기되며 그래서 창조-세계-구원 단계의 분리가 각기 결정되어 있다. 처음 두 주제짝에서는 창조와 세계의 관계에 관해 질문되고, 마지막 두 주제짝에서는 세계와 구원의 관계가 질문된다. 종말론의 도식 전체가 이미 연속적으로 함께 정립되어 있는 셈이다. 이 존재론적인 사변에서 물음들의 우리-형식은 이 주제학의 본디 인간학적인 앙금Ansatz을 비추고 있다.[252] 이미 이란 묵시주의와 유대 묵시주의에서 "세계에서 일어난 일의 발전 단계들은 인간의 (영)혼이 달려 나가야 하는 운명의 단계들에 대한 틀을 부여한다. 그리하여 세계에서 일어난 거대사건들은 대부분 같이 진행되어 일어나는 인간의 운명과 함께 제시된다."[253]

영지주의의 종말론적 구조는 가장 멀리 있는 지류 안에서까지 감지될 수 있다. 영지주의가 이미 순수 형이상학이 되었으며 종말론의 신화론적-극적인 모티프 전체가 탈락되어 있던 플로티누스에게는 여

절대자 신 사이에 몇 개의 단계를 설정하여 그리스도의 힘을 통해 이 단계를 건너가서 결국 구원받을 수 있다고 주장했다. —옮긴이

251) 테오도투스의 가르침에 대하여 알렉산드리아의 클레멘스(Clement of Alexandria, 150~211/215: 그리스 세계의 그리스도교 전파를 담당한 신학자로 알렉산드리아의 교리문답 학파를 이끌었다)가 주석을 단 책이다. —옮긴이

252) Jonas, *Gnosis und spätantiker Geist*, vol.1, p.261.

253) Lommel, *Die Religion Zarathustras nach dem Awesta dargestellt*, p.143.

전히 "존재론적 위상변환Hypostase이 자기에서 멀어짐과 회귀의 보편적인 과정을 향한 내적 동학에서 야기되고 이 내적 운명을 달려 지나갈 때에만 실재하는 어떤 존재의 운동 단계들"[254]과 다름없는 것을 뜻한다. 플로티누스의 "존재는 그 자신의 종말론적 역사(그의 개념으로는 아래쪽의 끝까지 가서 다시 어떤 돌아가는 길을 지나는 단계에 이르는 되어 있음Gewordensein과 계속 되기Weiterwerden의 각 지점에서)와 다를 바 없으며 이 존재의 교의는 구원의 존재론이다."[255] 그러나 구원은 영지주의에 따르면 시초에서 멀어짐을 지양하는 일이라고 한다. 그런데 멀어짐은 소외다. 그래서 묵시주의-영지주의 원천에서 스스로 이동하는 변증법적 존재가 솟아난다. 변증법은 헤겔과 맑스에 이르는 묵시주의와 영지주의의 존재론적 형식이다.

변증법은 인간을 프시케(혼)psyche와 프네우마(영)pneuma로 양분하면서 이와 동시에 발생하는 신과 세계의 소외에 기초하고 있다. 구원의 과정은 존재론적으로는 신을 통한 세계의 지양으로 이뤄지고, 인간학적으로는 프네우마를 통한 프시케의 지양으로 이뤄진다. 그래서 묵시주의-영지주의 변증법에서 우주가 프시케에, 신이 프네우마에 대응한다. 프시케는 우주의 인간학적 상관물이다. 바울의 인간학을 통해 인간이 프시케와 프네우마로 분리되어 있다는 것은 익히 알려져 있다.[256] 프시케의 인간은 세계의 본질과 함께 사라지는 세계의 인간이다. 동부 투르케스탄의 마니교 문학에서는 프네우마에 그레브grev(라

---

254) Jonas, *Gnosis und spätantiker Geist*, vol. 1, p. 260.
255) *Ibid.*.
256) *Römer* 7 [『로마서』 7장].

이첸슈타인은[257] '자기'^{Selbst}로, 발트슈미트와 렌츠는[258] '자아'^{Ich}로 번역했다) 개념이 대응한다.[259] 자기와 같은 이 자아는 세계와 단절할 때 영지를 발견한다. 자기와 같은 자아는 인간과 동일하지 않다. 신과 세계, 자아와 비-자아의 절단면이 이 개인의 한가운데를 관통하고 있다. 자기와 같은 프네우마는 '전체'와 같은 세계와 '부분'과 같은 인간이라는 고대의 관계를 깨뜨리는 저 비-세계의 불꽃이다. 우주와 프시케의 필연성에 대립하여 프네우마는 구원의 과정에 불을 붙일 수 있는 자유라는 '불꽃'의 담지자다.

영지가 볼 때 우주는 의미가 비워진 세계이며 그 질서는 의미가 비워진 질서다. 영지는 바로 이 고대 우주의 폐쇄성을 절망적으로 달려가 부딪히게 될 경계와 벽으로 파악한다. 이 경계로서의 폐쇄성이 우주를 에워싸고 있는 가장 바깥 쪽 판자의 너머를 정확히 의미한다는 너머에 관한 언명을 처음으로 가능하게 한다.[260] 영지가 보는 우주는 어떤 무기력의 의미에서 비워져 있기보다는 오히려 악한 것이 가득하다는 의미로 강력하다. 우주는 어둠의 실체에 의해 두루 지배를 받으며, 그 자신의 정신/영을 갖고 있고 마르키온이 보는 우주는 심지어 그의 신까지 있다. 마르키온[261]은 이렇게 우주에 그 나름의 '유일신론'이

---

257) 리하르트 아우구스트 라이첸슈타인(Richard August Reitzenstein 1861~1931) : 독일의 고전 문헌학자 겸 영지주의 전문가로 '종교역사학파'의 대표적 인물이다. ─옮긴이
258) 에른스트 발트슈미트(Ernst Waldschmidt 1897~1985) : 독일 동방학자 겸 인도학자. 볼프강 렌츠(Wolfgang Lentz 1900~1986) : 독일 이란학자. ─옮긴이
259) Jonas, *Gnosis und spätantiker Geist*, vol. 1, p. 211.
260) *Ibid.*, p. 164.
261) *Ibid.*, p. 260.

있다는 무모한 시도까지 하면서 엄청나게 강력하게 만드는데, 이때 나타나는 것은 영지주의에 있는 신과 세계의 분열과 인간의 자기소외가 그 정점에 달해 있다는 점이다. 이 정점에서 영지주의 신화 전체^{Mythik}가 자기 자신을 뛰어넘고 자신에게 혁명적 파토스가 유입되는 근원 쪽으로 돌진한다. 구약의 신 야훼가 영지주의에 의해 그의 창조의 말을 통한 현세의 보증자로 파악됨으로써 세계를 향한 묵시적-혁명적 증오는 저 신과 그의 원리를 향한 영지주의 격노로 급변한다. 지상에서 불안하고 무상하게 떠돌아야 하는 추방당한 자와 창조주 신에 의해 저주받은 자의 원형 카인은 영지주의 숭배의 대상이 된다. 카인과 더불어 구약의 다른 추방자들 역시 떠받들게 되며 창세기에서 악으로 유혹하는 자로 간주되는 뱀마저 제의에 따라 숭배된다. 마르키온은 이 추론을 매번 극단까지 추구하면서 구약과 신약을 길잡이 삼아 역사의 길을 불온하게 재해석한다. 마르키온이 보기에 구약의 신과 동일한 창조주 신에게 반항하는 카인과 코라[262], 다탄[263]과 아비람[264], 에서[265]와 모든 민족들을 구속으로 소환하려고 그리스도가 지옥으로 내려갔다고 가르침으로써 말이다. 그러나 아벨[266], 에녹, 노아, 족장들과 모세, 이 모든 이들은 이 세계신의 길 위에서 삶을 영위하는데, 마르키온에 따르

---

262) 코라(Korah): 구약성서의 『민수기』에 나오는 인물로 레위지파 고핫의 손자로 이스할의 아들이며 모세의 삼촌이다. ―옮긴이
263) 다탄(Datan): 엘리압(Eliab)의 아들로 아비람과 형제지간이며 코라에 동조하여 모세에 반대했다. ―옮긴이
264) 아비람(Abiram): 엘리압의 아들로 다탄과 형제지간이며 코라에 동조하여 모세에 반대했다. ―옮긴이
265) 에서(Esau): 창세기에 의하면 야곱의 쌍둥이 형이다. ―옮긴이
266) 아벨(Abel): 아담과 이브의 둘째 아들로 형 카인에게 살해당했다. ―옮긴이

면 이렇게 하여 그들은 구원의 신을 무시했고 저승의 늪에 잔류하게 된다. 이때 문제는 영지주의의 과장이 아니라, 마치 혁명의 급진적인 파토스의 요소가 일반적으로 묘사되어 있는 것처럼 영지주의 격노의 기초적인 한 요소라는 점을 '좌익(좌측)'links의 표지를 스스로 요구하는 현재의 사조들과 비교해 보면 확실히 알게 된다. 설령 모든 언어에서 좌측이라는 단어에는 불길하고 부정적인 울림이 들러붙을지라도, 혹은 바로 그 이유로 그렇다. 예를 들어 어느 의회의 자리배열처럼 외부적이고 우연적인 근거들이 현재의 거대한 사조들이 좌익이라는 인장을 스스로에게 부여하는 것에 대한 척도가 아닌 게 당연하기 때문이다. 이 단어에 들러붙은 바로 저 불길한 울림과 함께 세계에 의하여 좌익이라고 비방당하는 것 일체를 긍정적으로 받아들이면서 현세의 질서에 따라 '좌측'에 놓이게 되는 저 모든 물음들과 곤란들을 옹호하는 가운데서 이 사조들이 추방자들과 무시당한 이들을 편들게 된다.

우주가 대극의 신에 의해 긴장 상태에 놓이게 되기 때문에 우주의 부정은 이 첨예함에서 비로소 가능하다. 신과 세계는 멀어져 있는 게 아니라, 소외되고 분리되어 있으며 그렇게 서로 함께 긴장되어 있다. 우주에는 신에게 속하는 그 어떤 것도 존재하지 않는 것처럼 그렇게 신은 세계의 무다. 세계 속에서 신은 '미지의 것', '숨은 것', '무명의 것' 그리고 '타자'다. 신의 이 은폐는 대개 묵시주의와 영지주의의 권역에서 직관의 힘이 사라지고 없음에 대한 설명이 된다. 그러나 신에 관한 부정적인 언명들에서 어떤 새롭고도 혁명적인 심경Gesinnung이 표명된다. 묵시주의-영지주의 신은 세계를 초월하지über 않고, 본디 세계에 반한다gegen. "미지의 신"은 영지가 그 정점에 도달하고 있는 마르키온에게 "새로운 신"으로 출현한다.[267] 더 정확하게 '미지의'가 뜻하는 바는 '지금껏bisher 알려지지 않음'이다. 그리고 이 안에 지금껏 알려지고 숭배를 받던 모든 신에 대한 대항이 놓인다. 미지의 신에 관한 진술은 세계의 거부를 포함하고 있으며 이 거부를 완전히 의식하고 있다. 창조의 신은 마르키온에게 우연적일 뿐 아니라 본디 잘 알려져 있다. 창조의 신은 세계의 공로들Werke에서 읽어 낼 수 있으며 세계의 영/정신으로 이 세계와 동일한 것이다. 그러나 그런 식으로 세계에 반하는 피안의 신은 본디 알려져 있지 않다.[268] 신에 관한 부정적 언명들인 인식불가능, 명명불가능, 발화불가능, 파악불가능, 형태 없음, 한계 없음 그리고 더 나아가 존재하지-않음 모두 신이 본디 세계에 반한다는 묵시주의-영지주의 언명을 편곡한 것에 불과하다. 이 부정적 언명들에 새로운 신에 관한 언명과 똑같이 묵시주의와 영지주의의 혁명적 파토스가 표명된다. 신에 대한 부정적 언명들을 가지고 세계의 타당성과 주장을 전부 논쟁에 부치게 된다. '새로운 신'(마르키온)은 세계에 존재하지-않는 신, '이방의 신'이다. 그러나 이 '존재하지-않는 신'(바실리데스)은 세계를 꼭 껴안고 무로 만들고 무효로 하며 괴물같이 강력하다. 세계 속에서 이방이고 존재하지-않는 신은 세계의 본질을 사라지게 하고 그 마력을 부정함으로써 자기를, 세계 속에서 이방인으로 느끼는 인간의 프네우마를 구원한다. 묵시주의와 영지주의의 피안의 신은 그 자체로 세계를 논쟁에 부치고 새로운 것을 약속하기 때문에 본디 종말

---

267) Harnack, *Marcion. das Evangelium vom fremden Gott*, pp. 158~159.
268) *Ibid.*, p. 139.

론적이다. 피안의 신에 관한 언급의 근원적인 의미는 묵시주의-영지주의 종말론을 통해서 이해되는 것이지, 그리스-헬레니즘 철학의 정적인 존재론을 통해서는 이해되지 않는다.

2권 _ 묵시주의의 역사

다니엘에서 세례 요한까지

묵시주의와 고대는 서로 모순되는 공리들에 기초하고 있다. 어떤 생활권Lebenskreis에서는 현실Wirklichkeit인 것이 다른 생활권에서는 공허한 가상Schein으로 간주된다. 동부 지중해 주변 지역에서 고대와 묵시주의가 서로 만난다. 이 만남이 남왕국 유다에서는 싸움이 된다. 알렉산드로스 제국을 계승한 셀레우코스 왕국[1]은 마그네시아[2]에서 패퇴한 뒤 타르수스[3] 뒤쪽까지 격퇴되었다. 기원전 168년 7월 로마 권력의 개입으로 셀레우코스 왕국의 남쪽 지배는 불확실해졌으며 안티오코스 에피파

---

1) 셀레우코스 왕국(Das seleukidische Diadochenreich) : 알렉산드로스 대왕의 부장 셀레우코스가 1세가 세운 '시리아 왕국'(기원전 312~기원전 64)으로 시리아와 그 주변을 지배하며 헬레니즘을 발전시켰다가 로마에 의해 멸망했다. ─옮긴이
2) 마그네시아(Magnesia) : 소아시아에 있던 도시로 여기서 셀레우코스 왕조는 로마와의 전쟁(기원전 191~기원전 188)에서 참담하게 패배했다. ─옮긴이
3) 타르수스(Tarsus) : 터키 중남부 이체 주에 있는 도시로 일찍이 그리스인의 자치시로 헬레니즘 시대에 번영했다. ─옮긴이

네스 4세가 잡다한 사람들이 뒤섞인 이 왕국을 더 엄격하게 통합하도록 강제했다.[4] 그 정비 수단은 단호한 조처로서 헬레니즘화일 수밖에 없었다. 바로 이 시도가 기원전 167년 말 무렵 남왕국 유다에서 반란으로 이어졌다. 이 반란은 시리아의 지배를 겨냥했지만,[5] 안티오코스 4세의 계획들에 자발적으로 후원했던 저 헬레니즘 유대 일가들 역시 겨냥했다.[6] 이 박해 시절 처음으로 우리가 독자적으로 얻게 된 묵시록인 다니엘 묵시록의 봉인이 풀리게 된다. 이 묵시록은 묵시 문학에 고유한 모든 특징들을 이미 내보인다. 다니엘 묵시록은 이후 모든 묵시록들의 잣대가 되어 왔다.[7] 예언에 대한 믿음, 세계사의 개요, 세계사적이고 우주론적인 지평, 비전들의 범위와 그 환상적 성격Phantastik, 저자의 은폐, 종말론적 격앙과 마지막 시간의 계산, 묵시적 과학, 숫자 상징법과 비밀언어, 천사론과 내세의 희망이 묵시록의 구조를 규정하는 요소들이다.[8]

다니엘 묵시록과 마카베오 가문[9] 시대의 사건들 사이의 연관은 맨 처음 신플라톤주의자 포르피리오스[10]가 제시했으며, 최신modern 연

4) Meyer, *Ursprung und Anfänge des Christentums*, vol. II/pp. 139~140.

5) *Ibid.*, pp. 156~157.

6) Elia Blickermann, *Die Makkabäer. eine Darstellung ihrer Geschichte von den Anfängen bis zum Untergang des Hasmonäerhauses*, Berlin: Schocken, 1935, p. 18[『마카베오 가문: 하스모니아 왕가의 시작부터 몰락까지 그 역사에 대한 기술』].

7) Volz, *Die Eschatologie der jüdischen Gemeinde im neutestamentlichen Zeitalter*, p. 2.

8) Walter Baumgartner, "Ein Vierteljahrhundert Danielforschung", *Theologische Rundschau*, vol. 11, no. 2, Tübingen: Mohr Siebeck, 1939, p. 69[「4반세기 다니엘 연구」, 『신학시평』].

9) 셀레우코스 제국에 속해 있던 남왕국 유다를 통치한 유대인 반란 전사 집단으로 하스모니아 왕조를 세웠으며 헬레니즘과 헬레니즘적 유대교의 영향을 거슬러 영토를 확장시켰다. —옮긴이

10) 포르피리오스(Porphyry, 234~305): 시리아의 신플라톤주의자로 그의 스승 플로티누스의 54

구가 이 파묻힌 식견을 다시 발굴하여 거의 정확한 연도까지 저 묵시록의 작성 시기를 결정하려고 애써 왔다. 그러나 이 묵시록의 저작상의 구성은 난해하게 남아 있는데, 서사부(『다니엘서』[이후 다: 로 표기] 1~6장)와 예언부(다: 7~12장)가 히브리어(다: 1장, 8~12장)와 아람어(다: 2~7장)로 언어를 바꿈으로써 서로 엇갈리기 때문이다. 휠셔[11]는 어느 마카베오 가문 출신의 저자가 고래의 다섯 서사 모음(다: 2~6장)에 그 서문(다: 1장)과 예언(다: 7장)을 더해 취입하고 약간의 수정을 하여 그 자신이 작성한 예언(다: 8~12장)의 앞에 배치했다고 가정한다. 네부카드네자르[12], 벨사살[13]과 다리우스[14]에서 안티오코스 4세를 은폐하는 형상들을 찾는다는 것은 그리 필요한 일이 아닐 것이며 결코 제대로 성공할 수도 없을 것이다. 말할 것도 없이 이전의 지배자들과 그들의 자만과 파멸에 관한 서사들은 안티오코스 4세에게 임박했던

개의 논문을 정리한 『엔네아데스』(Enneads)(일부가 국내에 『영혼 정신 하나: 플로티노스의 중심개념』[조규홍 옮김, 나남, 2008]과 『플로티노스의 엔네아데스 선집』[조규홍 옮김, 누멘, 2019]으로 소개되어 있다)를 편집하여 출간했다. 플라톤과 아리스토텔레스의 조화를 꾀하였으며 그의 『아리스토텔레스의 범주론 입문』은 스콜라 철학에 영향을 주기도 했다. 국내에는 그의 논리학 입문서 『이사고게』(Isagoge)가 번역되어 있다(김진성 옮김, 이제이북스, 2009). — 옮긴이

11) Gustav Hölsher, "Die Entstehung des Buches Daniel", *Theologischen Studien und Kritiken*, no.92, 1919, pp.114~138[「다니엘서의 발생」, 『신학연구와 비평』][원문에는 이 인용에 대한 각주가 없어서 인용된 페이지수 없이 참고문헌 전체를 표기해 둔다. 구스타프 휠셔(1877~1955): 독일 루터교 신학자].

12) 네부카드네자르(Nebukadnezar): 열왕기에 등장하는 실존인물인 바빌론의 왕으로 기원전 586년 예루살렘을 정복하고 유대인을 바빌론으로 유배시켰다. 이 시절이 우리가 흔히 알고 있는 바빌론 유수 시기다. — 옮긴이

13) 벨사살(Belsazar/Belshazzar): 바빌론의 마지막 왕. — 옮긴이

14) 다리우스 1세(Darius I, 기원전 549~기원전 486): 다리우스 대제로도 불리며 고대 페르시아 제국의 가장 위대한 왕 가운데 한 명으로 그의 통치개혁은 로마제국의 조직에도 영향을 끼쳤다. — 옮긴이

것과 추방당한 자들의 믿음을 강화시키는 게 무엇인지 암시한다.[15]

이 묵시록의 중심을 구현하는 다니엘의 암흑의 비전은 바빌로니아의 천체 신비주의를 종말론 드라마의 요소들로 사용한다. 볼[16]과 군켈[17]은 『요한계시록』에 대한 이 근거를 확보했으며, 다니엘 묵시록의 근거는 예레미아즈[18]와 아이즐러[19]를 통해 제시되었다.

이 묵시록의 예언자는 운명의 결정과 거대심판의 암흑 속을 들여다보는데, 천상의 책들이 펼쳐지고 거대한 세계왕국의 성좌가 차례차례 대양 밖으로 등장하기 때문이다. 맨 먼저 "사자", "곰", "표범"이 등장하고 마지막에는 셀레우코스 왕조의 시리아 왕국을 상징하는 "독수리"가 등장한다. 물어뜯고 그 "나머지"는 발밑에서 짓밟는 이 괴물의 만행이 자신의 눈앞에서 지나가고 있는 것을 예언자는 본다. 이교

---

15) Baumgartner, "Ein Vierteljahrhundert Danielforschung", Ibid., pp.70~71.

16) •Franz Boll, Aus der Offenbarung Johannis: Hellenistische Studien zum Weltbild der Apokalypse, Leipzig-Berlin: B. G. Teubner, 1914, pp.1~2[『요한계시록에서: 묵시록의 세계상에 대한 헬레니즘 연구』][프란츠 볼(1867~1924): 독일 문헌학자로 점성술과 묵시록을 주로 연구했다].

17) Hermann Gunkel, Schöpfung und Chaos in Urzeit und Endzeit, eine religionsgeschichtliche Abhandlung über Genesis I und Apokalypse Johannes 12, Göttingen: Vandenhoeck & Ruprecht, 1895, pp.20~21[『태고시대와 마지막 시대의 창조와 카오스: 창세기 1장과 요한의 묵시록 12장에 대한 종교사 논문』][헤르만 군켈(1862~1932): 독일 구약성서학자로 종교역사학파의 대표자이고 『창세기』와 『시편』을 주로 연구했다].

18) Alfred Jeremias, Das Alte Testament im Lichte des alten Orients, Leipzig: J. C. Hinrichs' sche Buchhandlung, 1930, p.712[『고대 동방에 비춰 본 구약』][알프레트 예레미아즈(Alfred Carl Gabriel Jeremias, 1864~1935): 독일 아시리아 학자 겸 고대 근동 전문가].

19) Robert Eisler, Iēsous basileus ou basileusas, die messianische Unabhängigkeitsbewegung vom Auftreten Johannes des Täufers bis zum Untergang Jacobs des Gerechten, vol.2, Heidelberg: Biblio Verlag, 1930, pp.660~661[『예수스 바실레우스 혹은 바실레우사스: 세례자 요한의 등장에서 의로운 자 야곱의 몰락에 이르는 메시아 독립운동』][로베르트 아이즐러(1882~1949): 오스트리아의 유대 예술사와 문화사 연구자 겸 성서학자로 칼 융 심리학을 추종했다].

도의 세계왕국의 성좌천사는 신에 대한 모반자다. 천상에서 신에 대한 반란의 원형이 되는 사건들이, 창조에 대한 카오스의 모반이 그렇게 되풀이된다. 한때 카오스를 정복하기 전처럼 "태고의 날", "백발의 노인", "결단의 주인"이 나타나서 세계의 지배자를 정한다. 바로 이 지배적인 독수리의 세계왕국이 파괴되고 천상에서 분출되는 화염으로 태워지게 된다. 시대가 바뀌면서 저 성좌천사처럼 몰락한 무상한 야수 왕국의 자리에 이제는 그 성좌가 결코 지지 않을 영원한 왕국이 들어서게 될 것이다. 이 왕국의 보호자는 천상의 최고위 아들이자 인간의 성좌다. 그는 "여느 인간과 같은" 모습으로 그가 무찌른 천상의 극에 있는 용 위에 서서 결코 몰락하지 않는다. 예언자가 천상의 구름 속에서 인간 혹은 천상의 극에 있는 용을 무찌른 자의 인간과 닮은 형상을 보고 이것을 구름의 아들, "아나니"[Anani]로 해석한다. 그런데 아나니는 『역대기상』[20]의 계보학적 목록이 전승하고 있는 다윗 집안의 마지막 자손의 이름이다. 타르굼[21]은 아나니가 현현하게 될 메시아 왕이라고 이 역대의 목록에 논쟁적으로 덧붙인다. 말하자면 아나니는 분명 셀레우코스 왕조 시대에 살고 있는 다윗의 후손이며, 예언자의 의견에 따르면 괴물을 무찌름으로써 다섯번째 세계왕국의 세계지배를 영원한 시간에서 시작되도록 만들 사람이다. 그렇게 예언자가 구름 속의 사람의 아들을 다섯번째 세계왕국을 지배하게 될 '아나니'로 해석하고 이 아나니를 다윗 집안의 자손으로 해석할 때, 그는 우주의 종말

---

20) *1. Chronik*, 3:24[『역대기상』, 3장 24절, "엘요에내는 호다와후, 엘랴십, 블라야, 아쿱, 요하난, 들라야, 아나니 이렇게 일곱 아들을 두었다"].
21) 타르굼(Targum) : 아람어로 번역된 구약성서. ―옮긴이

론과 국민의 종말론을 하나로 보고 있다. 이미 다니엘 묵시록에서 **초월적**transzendent[22] 종말론과 **국민적**national 메시아주의가 풀어 놓기 어려울 정도로 연결되어 있다. "다윗의 아들"과 "사람의 아들"은 동일하다. 이 동일성은 예수가 살던 시대와 환경의 메시아주의에 결정적이다. 정치적 메시아론Messianik을 예수 종말론의 초월적 묵시주의에서 분리시키려는 모든 시도는 실패하고 말았다.[23]

분명 마카베오 가문과 셀레우코스 왕조의 대결은 로마제국의 부흥 때 벌써 그늘로 뒤덮이고 말았다. 폼페이우스[24]가 하스모니아 왕조[25]의 마지막 왕위쟁탈 안으로 뒤섞여 들어가고 남왕국 유다를 로마 권력의 영역 속에 포함시킨 바로 그 순간부터 로마와 남왕국 유다 사이의 투쟁이 갑자기 시작되었다. 니체는 여태껏 이 투쟁보다, 이 문제제기보다, 이 불구대천의 원수지간의 모순보다 더 위대한 사건은 없었다고 말한다.[26] 로마 군단과 유대 열심당원[27] 사이의 대결은 다른 민족들이 맹목적인 완고함으로 훨씬 순조롭게 저항을 실행했던 것과 같은

---

22) 같은 어원을 가지는 분사형 'transzendent'와 형용사형 'transzendental'의 용법이 칸트 이전에는 같은 의미로 혼용되었다는 점을 고려하여 똑같이 '초월적'으로 번역한다. 다만 이 책의 4권에 칸트의 종교철학을 논할 때 'transzendent'가 'transzendental'로, 즉 '초월적 종말론'이 근대적 의미의 '칸트적-초월적 종말론'으로 바뀔 때 그 의미 구분을 하기 위해 원어를 병기한다. 이 책 4권의 각주 67을 참조하라.

23) August von Gall, *Basileia tou theou-eine religionsgeschichtliche Studie zur vorkirchlichen Eschatlogie*, Heidelberg: C. Winter, 1916, p.165[『바실레이아 토우 테오우(신국): 교회 이전의 종말론에 대한 종교사 연구』].

24) 그나이우스 폼페이우스 마그누스(Gnaeus Pompeius Magnus, 기원전 106~기원전 48): 로마 공화정 말기의 군인 겸 정치가로 스파르타쿠스 반란을 진압하고 카이사르, 크라수스와 더불어 삼두정치를 펼쳤다.—옮긴이

25) 하스모니아 왕조(Hasmonäer): 기원전 167년 마카베오의 반란으로 생겨나 팔레스타인 지역에 유대 독립 국가를 세웠던 남왕국 유다를 지배하던(기원전 2세기~기원전 1세기) 왕조.—옮긴이

저항의 차원에서 움직였을 뿐 아니라, 열심당원들은 그들이 로마제국의 세계 지배를 인정하지 않았으므로 그 이상의 것을 하려고 했다. 그리고 이렇게 하여 이 투쟁은 로마제국과 야만인 사이의 전쟁을 넘어서서 동시에 그리고 연달아 라인 강과 도나우 강의 경계와 유프라테스 강과 브리튼에서 끝까지 치러졌다. 이 질기고, 분명 절망적인 열심당원과 로마인들 사이의 대결 속에는 두 세계원리가 서로 충돌하고 있다. 두 원리가 최초로 대결한 것은 아닐지 모르지만, 지배자의 세계왕국과 피지배자의 세계혁명의 대립에 대해 충분히 알고 그러는 것은 확실히 처음이다.[28]

묵시주의는 열심당원 운동이 떠받들게 된다. 묵시 문학은 열성당원의 문학이다. 묵시적 예언은 열심당원의 불꽃Flamme을 품고 부채질한다.[29] 묵시 문학은 불가사의한 신탁이 그 마지막 잔여로 보존되어 있는 로마에 대한 정신적 저항이라는 맥락에 연결된다.[30] 동방이 강성해질 것이다fore ut valesceret Oriens[31]는 고대 세계를 위에서 짓누르던 하나의 유령

---

26) Friedrich Nietzsche, *Jenseits von Gut und Böse/Genealogie der Moral*, Gesammelte Werke 15, Taschenausgaben, München: Musarion, 1925, p.235[프리드리히 니체, 『니체 전집 14권 ― 선악의 저편/도덕의 계보』, 김정현 옮김, 책세상, 2002, 386쪽].

27) 젤롯(Zeloten): 열광자를 뜻하는 그리스어 zelotes에서 유래한 말로 6세기에 로마제국의 점령에 맞서 전투적 유대인 해방운동을 펼쳤던 갈릴리의 유다인들과 사두개인들을 가리킨다. 레자 아슬란의 『젤롯』(민경식 옮김, 와이즈베리, 2014)을 참조할 수 있다. ― 옮긴이

28) Eisler, *iēsous basileus ou basileusas, die messianische Unabhängigkeitsbewegung vom Auftreten Johannes des Täufers bis zum Untergang Jacobs des Gerechten*, vol. 2, p.680.

29) Robert Travers Herford, *Die Pharisäer*, trans. Walter Frischel, Leipzig: Gustav Engel, 1928, p.224[『바리새인들』][로버트 트래버스 허포드(1860~1950): 영국의 유니테리언교(삼위일체설 대신 신격의 단일성을 주장하는 종파) 성직자 겸 랍비 문학 연구자].

30) Harald Fuchs, *Der geistige Widerstand gegen Rom in der antiken Welt*, Berlin: Walter de Gruyter and Co., 1938, pp.5~6[『고대 세계의 로마에 대한 정신적 저항』].

31) Publius(Gaius) Cornelius Tacitus, *Cornelii Taciti Historias et libros minores continens*,

이었으며, 아우구스투스[32]가 로마의 관점에서 세계를 평화롭게 했을 때 그렇게 로마 세계의 환호가 설명된다. 이 팍스 로마나의 현세에서 유대인의 저항의 불길이 위로 치솟고 있다. 헤롯 왕[33] 이래 이 화염이 재 속에 희미하게 빛나고 있다. 그가 죽고 난 뒤 유대민족은 격분했고 선동적인 생각을 품고 있는 이들이 함께 모여 공물 완화, 관세 폐지, 수인들의 석방[34], 대심문관의 폐지를 요구한다. 그런데 이 마지막 요구로 격분의 표지가 주어졌으며, 아켈라우스[35]는 자신의 전 병력을 "모반자들을 향해" 투입한다. 삼천 명의 모반자들이 예루살렘의 성전에서 학살당하고, 나머지는 근처에 있는 산으로 퇴각한다.[36] 그런데 이 "모반자들"이 예수가 말한 바 있는 "파괴자들"Stürmer이다. "세례자 요한의 시대부터 지금에 이르기까지 천상의 나라는 폭력을 견디고 이 폭력은 저 나라 자체를 부수려고 행사된다."[37]

---

ed. Karl Halm, 4th ed., Leipzig: Teubner, 1887, book 5/p.13[타키투스, 『타키투스의 역사』, 김경현 외 옮김, 한길사, 2011, 409쪽][코르넬리우스 타키투스(54~120): 고대 로마의 역사가로 국내에 『게르마니아』(천병희 옮김, 숲, 2013) 등이 소개되어 있다].

32) 아우구스투스(Augustus, 기원전 63~기원후 14): 로마제국의 초대황제(재위 기원전 27~기원후 14). ─옮긴이

33) 헤롯(Herodes): 유다의 왕으로 재위기간은 기원전 37~기원후 4. 하스모니아 왕조의 왕위계승 전쟁 때 로마의 원조를 받아 왕으로 임명되었다. ─옮긴이

34) Flavius Josephus, *Bellum Judaicum*, Flavii Josephi opera, vol.6, ed. Benedikt Niese, Berlin: Weidmann, 1895, book 2/2.4.[플라비우스 요세푸스, 『유대전쟁사 1』, 박찬웅 외 옮김, 나남출판, 2008, 176쪽].

35) 아켈라우스(Archelaus): 헤롯 왕의 뒤를 이어 선임된 유대 지방의 왕으로 바리새인들은 그가 율법에 적합한 왕이 아니라는 이유로 그에 대항했다. ─옮긴이

36) Flavius Josephus, *Antiquitates Judaicae*, Flavii Josephi opera, vol.4, ed. Benedikt Niese, Berlin: Weidmann, 1890, book 17/9.3.[『유대 고대사』].

37) *Matthäus*, 11:12[『마태복음』, 11장 12절, "세례자 요한 때부터 지금까지 하늘 나라는 폭행을 당해왔다. 그리고 폭행을 쓰는 사람이 하늘 나라를 빼앗으려고 한다"].

예수의 이 금언에 파괴자들과 세례 요한 사이의 연관이 명백하게 보존되어 있다. 요세푸스[38] 역시 이 관계에 관해 알고 있다. 몇몇 사소한 내삽[39]에도 불구하고 요세푸스가 요한에 대해 보고한 내용은 참인 것 같다. 요세푸스는 복음서에 같은 의견을 표하면서 요한이 행한 연설에 "대단한 매력"이 있어서 "엄청난 수의 사람들"이 그를 향해 물밀듯이 쇄도했음을 알고 있다. 분봉왕[40] 헤롯은 "인간의 외양을 하고 그의 조언이 전반적으로 추종되는 것 같고, 유대 민족을 폭동으로 몰고 갈지 모른다"고 두려워했으며 "그래서 그를 적시에 제거하는 것이 나을 거라고 여긴다." 여기서 『누가복음』[41]과 『탈무드』[42]의 전통은 요한이 숨어 지내 왔을 것이라는 데 의견을 같이 한다. 『탈무드』 전통의 "은자 하난Hanan"과 세례자 요한이 동일 인물이라고 전부 가리키고 있기 때문이다. 누가의 말 역시 "은자 요한"의 이름을 설명하고자 하는 것처럼 보인다.

공관 전통은 한목소리로 세례 요한이 "유대 땅의 광야에서"[43] 설교를 해왔다고 전한다. 그러나 도시와 정착지에서 멀리 떨어져 있는

---

38) Josephus, *Antiquitates Judaicae*, book 18/5.2.

39) 내삽(혹은 보간[Interpolation]) : 잃어버린 정보를 추측으로 다시 채워 넣는 것. ―옮긴이

40) 분봉왕(Tetrarch) : 지역의 4분의 1을 다스리는 왕. ―옮긴이

41) *Lukas*, 1:24[『누가복음』, 1장 24절, "그 뒤에 그의 아내 엘리사벳은 아기를 가지게 되어 다섯 달 동안 들어앉아 있으면서". 내용상 1장 80절, "아기는 날로 몸과 마음이 굳세게 자라났으며 이스라엘 백성들 앞에 나타날 때까지 광야에서 살았다"가 맞는 인용문으로 보인다].

42) *Talmud der babylonische*, Taanit, 23b.

43) *Matthäus*, 3:1[『마태복음』, 3장 1절, "그 무렵에 세례자 요한이 나타나 유다 광야에서"]. *Markus* 1:4[『마가복음』, 1장 4절, "세례자 요한이 광야에 나타나 '회개하고 세례를 받아라. 그러면 죄를 용서받을 것이다' 하고 선포하였다"]. *Lukas*, 3:3[『누가복음』, 3장 3절, "그리고는 요르단 강 부근의 모든 지방을 두루 다니며 '회개하고 세례를 받아라. 그러면 죄를 용서받을 것이다' 하고 선포하였다"].

'회개하라, 천국이 가까이 와 있다'는 그의 메시지는 오직 "예루살렘과 온 유대 땅과 요단 강 주변 사방에서 다 그에게 나아갈"[44] 때에만 들릴 수 있었다. 세례 요한의 회개설교는 위아래를 막론하고 어떤 강력한 전염병마냥 퍼져 나갔다.[45] 그에게 왔던 이들은 전부 "그에 의해 세례를 받고 자신들의 죄를 고백했다."[46] 이미 알베르트 슈바이처[47]가 요한의 세례를 심판 때 우리를 구제해 줄 "종말론적 성사"라고 표현한 적 있다. 세계의 심판은 에녹 묵시록[48]에서 노아의 대홍수의 반복으로 묘사된다. 세례는 대홍수의 세계 심판에서 우리를 구제한다. "노아 때 그랬던 것과 똑같이 사람의 아들의 때에도 그럴 것이다."[49] 세례 요한이 대홍수의 심판에 반하여 물로 세례를 한 것처럼 이 도래할 자는 **바람(프네우마)과 불**로 세례를 할 것이다.[50] 성령(프네우마 하기온pneuma hagion[거룩한 영])으로 하는 세례를 세례 요한은 예언할 수 없었는데,[51] 세례 요한의 제자들 "역시 어떤 성령이 존재한다고 전혀 들어 본 적 없기"[52] 때문이다. 바람(프네우마)과 불로 하는 세례는 물로 하는 세례와

---

44) *Matthäus*, 3:5[『마태복음』, 3장 5절, "그때에 예루살렘을 비롯하여 유다 각 지방과 요르단 강 부근의 사람들이 다 요르단 강으로 요한을 찾아가서"].

45) Otto, *Reich Gottes und Menschensohn*, p.58.

46) *Matthäus*, 3:6[『마태복음』, 3장 6절, "자기 죄를 고백하여 세례를 받았다"].

47) Schweitzer, *Geschichte der Leben-Jesu-Forschung*, p.424[『예수의 생애 연구사』, 403쪽].

48) *Apocalypse of Henoch*, 91:5~10[『에녹 묵시록』].

49) *Matthäus*, 24:37[『마태복음』, 24장 37절, "노아 때의 일을 생각해 보아라. 사람의 아들이 올 때도 바로 그럴 것이다"].

50) *Matthäus*, 3:11[『마태복음』, 3장 11절, "나는 너희를 회개시키려고 물로 세례를 베풀거니와 내 뒤에 오시는 분은 성령과 불로 세례를 베푸실 것이다. 그분은 나보다 훌륭한 사람이어서 나는 그분의 신발을 들고 다닐 자격조차 없는 사람이다"].

51) Martin Dibellius, *Die urchristliche Überlieferung von Johannes dem Täufer*, Göttingen: Vandenhoeck & Ruprecht, 1911, p.56[『세례자 요한의 원시그리스도교의 전승』].

52) *Apostelgeschichte*, 19:2[『사도행전』, 19장 2절, "당신들이 신도가 되었을 때 성령을 받았습니까?"

마찬가지로 종말론적 성사로서 세계 심판에서 우리를 구제할 것이다. 세계 심판에서 노아 때의 대홍수가 반복되듯이 소돔의 불바다와 바벨 탑을 쌓은 혈족의 폭풍우도 그렇게 반복된다.[53]

예수의 생애

18세기 말부터 예수의 생애사가 연구된다. 예수의 생애 연구에는 이미 그 자체의 역사가 있다. 오랜 진통 끝에 예수의 생애와 그 역사 역시 (역)사적historisch 분석의 방법에 예속되어 있다는 관점이 관철되었다. 레싱이 1778년에 편집한 『볼펜뷔텔의 무명씨의 단편』Fragment des Wolfenbüttelschen Ungenannten[부제]으로 이 연구가 개시된다. 이 간결한 단편 『예수와 그의 제자들의 목적에 관해서』Vom Zwecke Jesu und seiner Jünger[제목]에서 최초로 예수의 세계가 (역)사적으로 파악되며 그의 관점이 **종말론적인**eschatologisch 것으로 규정된다.

    알베르트 슈바이처는 라이마루스[54]에서 브레데[55]에 이르는 길을

다 하고 물어보았다. 그랬더니 그들은 "우리는 성령이라는 것이 있다는 말조차 들어 보지 못하였습니다" 하고 대답하였다"].

53) Eisler, *iēsous basileus ou basileuas, die messianische Unabhängigkeitsbewegung vom Auftreten Johannes des Täufers bis zum Untergang Jacobs des Gerechten*, p.107.

54) 헤르만 사무엘 라이마루스(Hermann Samuel Reimarus, 1694~1768): 볼프학파에 속하는 철학자이자 신학자. 함부르크의 김나지움 교수. 사후 레싱에 의해서 그 일부가 『익명씨의 단편』으로 간행된 유고 『신의 이성적 숭배자를 위한 변명 또는 변호서』에서 구약과 신약에서 보이는 기적, 메시아의 부활, 재림 등을 이성주의 입장에서 강하게 비판했다(「라이마루스」, 『칸트사전』, 도서출판b, 2009, 109쪽). — 옮긴이

55) 게오르크 프리드리히 에두아르트 빌리엄 브레데(Georg Friedrich Eduard William Wrede, 1859~1906): 독일 루터교 신학자로 예수의 생애 연구의 획기적 저서 『복음서에서 메시아의 비밀』(1901)을 썼으며 이 책은 국내에 『윌리엄 브레데의 메시아의 비밀』(최태관 옮김, 한들출

그 모든 굴곡들과 조류들에서 되짚어 갔다. 이 길은 가시밭길이며, 한 차례 넘게 잘못된 오솔길을 걸어갔다. 그래서 마르틴 켈러[56)]가 예수의 생애 연구 전체를 하나의 '숲길'로 표현했다고 해서 놀랍지 않다. 마르틴 켈러는 이 길을 반정립적으로 대립시키며 "이른바 (역)사적 예수" sogenannter historischer Jesus를 배척하고 "역사적 성서의 그리스도"geschichtlich biblischer Christus를 연구하기로 결정한다.[57)] "우리는 예수의 생애에 대하여 어떤 역사 연구자가 신뢰할 만하며 충분하다고 인정할 수 있는 아무런 출처도 보유하고 있지 않다"[58)]는 주장에 교의학적 그리스도에 대한 인정이 결부된다. (역)사적 예수가 인정될 수 없기 **때문에**, 역사적인 그리스도의 길이 열려 있다는 것이다. 그러나 오늘날 많은 이들이 추종하는 마르틴 켈러의 이 결론은 우리에게는 기만적으로 보인다. 모든 학문 연구가 가설적으로 남는 것은 명백하다. 하지만 그 연구의 가치

판사, 2018)로 소개됐다. ─옮긴이

56) Martin Kähler, *Der sogennante historische Jesu und der geschichtlich biblische Christus*, 2end ed., Leipzig: A Deichert, 1928, p.32[『이른바 (역)사적 예수와 역사적 성서의 그리스도』][마르틴 켈러(1835~1912): 독일의 루터교 신학자로, '이른바 (역)사적 예수'와 '역사적 성서의 그리스도'의 그의 구별은 신앙과 역사의 문제에서 20세기 신학의 선구적 역할을 했다].

57) 지은이는 실증적 사실과 그 보고 및 진술로서의 역사(Historie/historisch)와 사건 내지 행위의 결과이자 이야기로서의 역사(Geschichte/geschichtlich)를 구분하고 있다. 특히 독일에서는 두 역사 개념이 상호침투하다가 결국 두번째의 역사가 첫번째의 역사를 일상어에서 몰아내고 진술과 보고로서의 역사 의미까지 떠맡게 되었다. 그리고 '지나간 역사에서 현재와 미래를 위한 교훈을 배운다'와 같은 도식이 포기되고 '역사 자체'와 '역사 일반'이 강조되어 역사가 전지전능함과 절대적 정당성을 지닌 단일한 주체가 되고 단수형으로만 쓰이기 시작했으며 이른바 '역사철학'이 등장했다[라인하르트 코젤렉, 「역사는 삶의 스승인가」, 『지나간 미래』, 한철 옮김, 문학동네, 1996, 43~75쪽 참조]. 이러한 개념사적 맥락과 그 의미 차이가 드러나도록 앞으로 첫번째 것은 '(역)사/(역)사적'으로, 두번째 것은 '역사/역사적'으로 각기 달리 표기한다. ─옮긴이

58) Kähler, *Der sogennante historische Jesu und der geschichtlich biblische Christus*, Ibid..

는 이렇게 해서 얻은 보고들을 어떤 내적 관계 안으로 얼마나 멀리까지 가져갈 수 있는가에 따라 매겨진다. 예수에 대한 출처들이 그 밖의 다른 고대 인물에 대한 것보다 더 불충분한 것도 아니다. 게다가 훨씬 더 풍부할지도 모른다. 그런데 어쩌면 고전 문헌학에서 마르틴 켈러의 결론이 언젠가는 소크라테스에게 적용될 것이라는 점이 배제되는 것처럼 보인다. 우리가 신뢰할 만하고 충분하다고 인정할 수 있을 소크라테스의 생애에 대하여 아무런 출처도 보유하고 있지 않다는 주장에 플라톤 대화편의 소크라테스가 역사적인 소크라테스라는 결론이 결부될 수는 없다. '이른바 (역)사적historisch 소크라테스 대 **역사적**geschichtlich 플라톤의 소크라테스'라는 대조는 불가능하다. 그런데 이 비교의 전제 조건은 학문 연구의 방식과 방법이 구약이나 신약의 텍스트 혹은 베다서를 다루든, 조로아스터교 경전, 코란서나 플라톤 대화편을 다루든 항상 동일하게 남아 있어야 한다는 것이다. 구약뿐 아니라 신약 텍스트에 엄청난 수고를 들여 작업하여 얻게 된 기초 지식을 알지 못하도록 만들기 위해 경탄할 만할 가치가 있는 학식이 이미 등장해 있다. 그런 학술 작업만으로는 소용없으며, 이 작업은 학문에도, 더구나 믿음에도 기여하는 바가 없다. 그러므로 구약 텍스트들은 유대교와 그리스도교의 교의학을 통해서, 신약 텍스트들은 그리스도교 교의학을 통해서 계시로 해석되며, 어떤 고유한 학문과 학문적 작업에 관해서는 어떤 언급도 할 수 없으며 그래서도 안 된다. 이것을 칼 바르트가 『로마서』의 주해[59]에서 옳게 보았다. 그렇다면 '완전한 타자'의 인상은 어떻

---

59) 칼 바르트, 『로마서』, 손성현 옮김, 복있는사람, 2017. ─옮긴이

게 학문적 수단으로 파악되어야 하는가? 초역사적인 것은 (역)사적 토대를 호도하는 방식으로는 역사적인 것과 분리될 수 없다. 세계의 정신 역시 인내하면서 역사의 형상들을 만들어 왔다. 초역사적인 것은 그 깊은 내부에서 (역)사적 근거와 밀접하게 결합되어 있는 역사적인 것의 본질이다.

예수의 생애 연구는 어떤 꽉 찬 원환으로 전개되고 나서 라이마루스의 중심 명제로 되돌아갔다. 신학에 대한 학문이 라이마루스의 기본 인식에 걸맞게 자신의 가장 중요한 명제 ——예수는 어느 새로운 것의 창시자가 아니라 이스라엘에 나타난 묵시적 흐름의 하나로 파악될 수 있다——를 흐지부지 만들었을 때, 그것은 퇴보하고 말았다. 예수는 저 종말론적 광야 설교자들의 계열에 여전히 계속 연결되어 있다.[60] 이 설교자들에 관해 켈수스[61]는 그들이 자신들에 관해 다음처럼 말한다고 보고한다. "나는 신 혹은 신의 아들 혹은 신성한 영이다. 그런데 내가 도래했다. 반드시 곧 세계가 멸망할 것이며 오, 너희 인간들은 너희들의 의롭지 않음으로 인해 멸망에 이르게 될 것이기 때문이다. 그러나 내가 너희를 구원할 것이고 너희들은 내가 천상의 힘을 가지고 재림하는 것을 보게 될 것이다."[62] 유대 메시아주의는 더 일반적으로 아람-시

---

60) Otto, *Reich Gottes und Menschensohn*, p. 5.

61) 켈수스(Celsus) : 오리게네스가 전하는 켈수스는 2세기의 그리스 철학자로 고대 그리스도교에 반대하였다. 그의 그리스도교 비판은 『켈수스 반박』(*Contra Celsum*)에 인용으로만 전해지는 『진실한 말』(*Logos Alēthēs*)에 담겨 있다. —옮긴이

62) *Origenes, *Acht Bücher gegen Celsus*, trans. Paul Koetschau, *Bibliothek der Kirchenväter*, 1. Reihe, vol. 52~53, München: Kösel & Pustet, 1926, book 7/paragraph 9[오리게네스, 『켈수스를 논박함』, 임걸 옮김, 새물결, 2005, 145~146쪽에 일곱번째 책의 1~27단락이 요약되어 있다].

리아 세계 전체를 엄습했던 묵시적 자극의 일부에 지나지 않는다.[63]

　"그러나 세례 요한이 인도된 뒤 예수께서 갈릴래아(갈릴리)로 오셔서 하느님의 복음을 전파하며 때가 찼고 하느님 나라가 가까이 와 있으니 회개하고 복음을 믿으라 하시더라."[64] 이 개요에서 마가는 예수의 메시지를 요한이 행한 설교와 상이하게 요약하고 있다. 요한은 "죄를 용서받기 위한 회개의 세례"[65]에 관해 설교하고, 예수는 "하느님 나라의 복음"[66]에 관해 설교한다. 예수의 설교에도 요한의 "회개하라"가 포함되어 있고, 요한의 메시지[67] 역시 "천국이 가까이 와 있다"[68]는 것에 대한 믿음에 의해 규정되어 있다. 다만 강조점이 알아볼 수 있을 정도로 바뀌고 있다. 요한은 천국이 **심판**Gericht으로 가까이 와 있다고 설교하며, 예수는 하느님 나라가 **언약**Verheißung으로 가까이 와 있다고 설교한다. 요한은 우선적으로 "독사의 족속들"[69]과 같은 [유대] "민족"을 위협하며, 예수는 가장 먼저 "이스라엘 집의 잃어버린 양"[70]을 걱정한다. 마가의 도입부 "그러나 요한이 인도된 뒤 예수께서 갈릴래아로

---

63) Otto, *Reich Gottes und Menschensohn*, *Ibid.*.

64) *Markus*, 1:14~15[『마가복음』, 1장 14~15절, "요한이 잡힌 뒤에 예수께서 갈릴래아에 오셔서 하느님의 복음을 전파하시며 '때가 다 되어 하느님의 나라가 다가왔다. 회개하고 이 복음을 믿어라' 하셨다"].

65) *Markus*, 1:4[『마가복음』, 1장 4절, "세례자 요한이 광야에 나타나 '회개하고 세례를 받아라. 그러면 죄를 용서받을 것이다' 하고 선포하였다"].

66) *Markus*, 1:14[『마가복음』, 1장 14절].

67) Otto, *Reich Gottes und Menschensohn*, p.52를 참조하라.

68) *Matthäus*, 3:2[『마태복음』, 3장 2절, "회개하라. 하늘나라가 다가왔다"].

69) *Lukas*, 3:7[『누가복음』, 3장 7절, "요한은 자기에게 세례를 받으러 나오는 사람들에게 이렇게 말하였다. '이 독사의 족속들아, 닥쳐올 징벌을 피하라고 누가 일러주더냐?'"].

70) *Matthäus*, 10:6[『마태복음』, 10장 6절, "다만 이스라엘 백성 중의 길 잃은 양들을 찾아가라"].

오셨다"[71]는 예수가 갈릴래아에 발을 딛기 전에 요한의 학생이자 제자로 활약했고 세례 역시 행했을지 모른다고 분명히 가리키고 있다.[72] 그러다가 갈라서게 된다. 요한은 예수가 스스로를 그가 '내 뒤에 올 어떤이'라고 설교한 적 있는 그 사람으로 여긴다는 것[73]을 알아차리고 바로 그 때문에 예수에게 "화를 낸다". 서방에서는 요한의 제자들과 그리스도교 공동체 사이의 차이가 극복된 반면[74], 동방에서는 그 균열이 심화된다. 요한과 예수가 나눈 대화를 창작한 만다야교 전통은 동방의 요한 제자들이 예수에게서 봤던 것을 훌륭하게 재현하고 있다. "너는 유대인들을 기만하고 사제들을 속여 왔다. 너는 남자들의 씨를 잘라내어 여성들의 임신과 출산을 차단했다. 너는 예루살렘에서 모세와 결부된 안식일Sabbath에 대한 통제를 해제시켰다. 너는 뿔피리로 그들을 기만했으며 나팔로는 치욕스러움을 퍼뜨렸다."[75]

---

71) *Markus*, 1 : 14[『마가복음』, 1장 14절].

72) Maurice Goguel, *Das Leben Jesu*, trans. Robert Binswanger, Zürich: Rascher & Cie, 1934, p.165[『예수의 생애』][모리스 고겔(1880~1955) : 프랑스의 프로테스탄트 신학자로 주로 고대 그리스도교에 대한 역사적 연구를 했다]. Otto, *Reich Gottes und Menschensohn*, p.66.

73) *Matthäus*, 11 : 2[『마태복음』, 11장 2절, "그런데 요한은 그리스도께서 하신 일을 감옥에서 전해 듣고 제자들을 예수께 보내어." 더 정확히는 다음에 이어지는 3절에 이 내용이 나타나 있다. "오시기로 되어 있는 분이 선생님이십니까? 그렇지 않으면 다른 분을 기다려야 하겠습니까?" 하고 묻게 하였다"(같은 책, 11장 3절].

74) *Apostelgeschichte*, 19 : 1~5[『사도행전』, 19장 1~5절, "아폴로가 고린토에 머물러 있는 동안 바울로는 북부 지방을 거쳐 에페소에 이르렀다. 거기에서 몇몇 신도들을 만나 '당신들이 신도가 되었을 때 성령을 받았습니까?' 하고 물어보았다. 그랬더니 그들은 '우리는 성령이라는 것이 있다는 말조차 들어보지 못하였습니다' 하고 대답하였다. 바울로가 '그러면 당신들은 어떤 세례를 받았습니까?' 하고 다시 묻자 그들은 '요한의 세례를 받았습니다' 하고 대답하였다. 이때 바울로는 다음과 같이 일러주었다. '요한은 사람들에게 죄를 회개한 표시로 세례를 베풀었습니다. 그러나 요한은 자기 뒤에 오실 분 곧 예수를 믿으라고 사람들에게 가르쳤던 것입니다.' 그들은 이 말을 듣고 주 예수의 이름으로 세례를 받았다"].

75) Lidzbarski, *Das Johannesbuch der Mandäder*, p.104.

예수 역시 자신과 요한 사이를 예리한 단면으로 재단한다. 즉 "여성에게서 태어난 모든 이들 가운데서 세례자 요한보다 더 큰 이가 생기지 않았다. 그러나 천국에서는 가장 작은 이도 그보다는 더 크다."[76] 율법과 예언서/예언자들은 요한까지다.[77] 그렇게 요한은 옛 것들에 함께 속해 있으며 이 옛 것들의 맞은편에 "하지만 내가 너희에게 말하노니"[78]가 있다.

그럼에도 예수는 자신과 요한 사이를 잇는 끈은 절대 끊지 않는데, 예수의 **메시아 의식**Messiabewusstsein이 요한의 예언에 기초해 있기 때문이다. 예수의 메시아 의식이 요한의 예언에 기초해 있기 때문에 요한은 선행자이자 엘리야[79]로 지켜져야 한다. 변용[80] 장면에 간직되어 있는 말로 예수의 운명이 요한의 운명과 긴밀하게 연결되어 있다는 점이 분명해질 것이다. "엘리야는 벌써 도래했지만 그들은 그를 인정하지 않

---

76) *Matthäus*, 11 : 11[『마태복음』, 11장 11절, "나는 분명히 말한다. 일찍이 여자의 몸에서 태어난 사람 중에 세례자 요한보다 더 큰 인물은 없었다. 그러나 하늘나라에서 가장 작은 이라도 그 사람보다는 크다"].

77) *Ibid.*, 11 : 13[앞의 책, 11장 13절, "그런데 모든 예언서와 율법이 예언하는 일은 요한에게서 끝난다"].

78) *Ibid.*, 5 : 21~22[앞의 책, 5장 21~22절, 해당 부분의 나머지 내용은 다음과 같다. "'살인하지 마라. 살인하는 자는 누구든지 재판을 받아야 한다' 하고 옛 사람들에게 하신 말씀을 너희는 들었다. 그러나 나는 이렇게 말한다. 자기 형제에게 성을 내는 사람은 누구나 재판을 받아야 하며 자기 형제를 가리켜 바보라고 욕하는 사람은 중앙 법정에 넘겨질 것이다. 또 자기 형제더러 미친놈이라고 하는 사람은 불붙는 지옥에 던져질 것이다"].

79) 엘리야(Elia/Elijah) : 모세와 더불어 구약시대의 대표적 예언자로, 예수가 베드로, 야곱, 요한 앞에서 변용할 때 모세와 함께 나타난 예언자다. ─ 옮긴이

80) 변용(Verklärung/transfiguration/變容) : 그리스도의 신성이 현현하는 한 장면으로 신약성서의 『마태복음』 17장 1절 이하에 의하면 예수가 베드로, 야곱, 요한의 세 명의 사도를 데리고 높은 산으로 올라갔을 때 광휘의 모습으로 변하고 모세와 엘리야가 나타나 함께 이야기를 나눴던 장면을 가리킨다. ─ 옮긴이

고 그들이 하고자 하는 일을 했다. 그리하여 사람의 아들도 그들로 인해 틀림없이 고통스러워 할 것이다."[81]

예수가 하느님 나라가 가까이 와 있다고 설교할 때, 이미 라이마루스[82]가 의도한 것처럼 이 나라에 관한 그의 진술은 "유대적 어법에 따라" 이해되어야 한다. 그 어디서도 예수는 하느님 나라가 무엇인지 논쟁하지 않으며, 이리하여 그는 이 나라에 관한 자신의 진술이 잘 알려진 통례적인 방식으로 이해되리라는 것을 알고 있다. 예수는 이 민족이 하느님 나라에 묶어 둔 기대들을 바꾸지 않은 채 전제한다. 하느님 나라와 함께 도래하는 일체가 **무엇인지** 이 민족 사이에서는 잘 알려져 있다. 그것이 도래한다는 것, 아마 내일은 꼭 도래하리라는 것, 이미 가까이 와 있기에 그 나라 안으로 들어가려면 서둘러 회개해야 한다는 것, 그것이 예수가 한 말이 참으로 유발하는 내용이다.[83] 하느님 나라라는 용어는 일련의 연상들을 감싸고 있다. 어렵지 않게 풀리는 방식으로 국민적 종말론인 다윗의 메시아주의와 본디 내세의 것으로 생각되던 천국의 우주적-초월적 종말론이 섞여 있다. 사람의 아들은 다니엘 묵시록 때부터 다윗의 메시아 왕과 동일하다. 정치적 기대들이 초월적 표상의 세계 속에 기입되어 있다. 하느님 나라를 폴리스[polis](도시국가)나 폴리테우마[politeuma](정부)로 이해한다면 너무 편협할 텐데, 이

---

81) *Matthäus*, 17:12[『마태복음』, 17장 12절, "그런데 실상 엘리야는 벌써 왔다. 그러나 사람들이 그를 알아보지 못하고 제멋대로 다루었다. 사람의 아들도 이와 같이 그들에게 고난을 받을 것이다' 하고 대답하셨다"].

82) Schweitzer, *Geschichte der Leben-Jesu-Forschung*, p.16[『예수의 생애 연구사』, 39쪽].

83) Otto, *Reich Gottes und Menschensohn*, p.34.

나라는 왕의 지배 그 이상을 의미하기 때문이다. 차라리 왕의 지배영역[84]이라고 말해야 할 것이다. 천상과 지상은 하느님의 지배영역이다. 천상과 지상은 하느님이 자신의 왕권을 적용시키는 영토Reich다. 하느님의 왕국은 그가 다윗의 집안에 왕의 지배권을 대변하고 행사하도록 봉토처럼 선사한 저 왕국이다.[85] 예언할 때 이 하느님 왕국이 종말론적으로 중요해진다. '현'세와 '내'세를, '현재의' 아이온과 '미래의' 아이온을 묵시적으로 가름으로써 이 나라의 영토Ort가 더 상세하게 정해진다.[86] 하느님 나라는 천국이다. 묵시적 예언자들은 자신들의 비전과 환상 속에서 이 천국을 편력한다. 그들은 천상에서 천상으로 오르고 천상들에서 지상으로 되돌아온다. 천국이 도래한다는 것은 천국이 내려온다는 것이다.[87]

"당신의 나라가 오게 하시며 당신의 뜻이 천상에서와 같이 지상에서도 이루어지게 하소서."[88] 저 나라가 천상에 이미 있는 것 같이 지상에 있게 될 것이다. 이것은 하느님 나라가 도래할 때만 일어날 수 있다. 예수가 이 나라를 가져오는 게 아니다. 그와 같은 표상은 예수에게 무척 낯설다.[89] 오히려 이 나라가 그를 데려온다. 예수는 "천상에서 사탄이 번개처럼 떨어지는 것"[90]을 본다. 이 사탄의 추락이 그에게 하느님

---

84) *Ibid.*.
85) *Ibid.*, pp.24~25.
86) *Ibid.*.
87) *Ibid.*, p.41.
88) *Matthäus*, 6:10[『마태복음』, 6장 10절].
89) Otto, *Reich Gottes und Menschensohn*, p.80.
90) *Lukas*, 10:18[『누가복음』, 10장 18절].

나라가 천상에서 승리했으며, 어떤 새로운 천상이 이뤄졌음을 증언한다. 이제 문제는 하느님 나라가 천상에서와 같이 지상에 실제로 있게 되는 것이다. 이 나라가 실제로 지상에도 도래하리라는 언약은 복음이 전하는 희소식이다.

예수는 이 나라를 사탄의 나라가 그 앞에서 굴복할 수밖에 없는 어떤 뒤나미스^{dynamis}(힘)로 파악한다.[91] **퇴마사**^{Exorcist}로서 예수는 이 나라를 편들고 사탄의 나라에 대한 하느님 나라의 승리를 증언한다. "하지만 내가 이렇게 하느님의 손으로 악마를 몰아낸다면 그렇게 하느님 나라가 너희들에게 도래할 것이다."[92] 천상에는 사탄의 나라가 이미 몰락해 있고 오직 여기 지상에서만 여전히 남아 있는 힘^{Macht}으로 미친 듯이 날뛰기 때문에, 지금도 사탄에게 "들린 자들"을 그 발톱에서 구해낼 수 있다.[93] 예수의 시대는 사탄의 힘에 들려 있었다. 시대마다 곳곳에 들린 자가 있다고 해서 모든 시대가 악령에 들린 시대는 아니다. 보통은 전염병마냥 악령적인 것이 범람하고 어느 세계지역을 지배한다. 어떤 악령의 흐름이 지중해의 동부권 너머 예수가 살던 시대까지 흘러 들어갔다는 것에는 추호의 의심도 없다. 그래서 하느님 나라에 대한 메시지는 특별한 의미에서 하나의 복음^{evangelion}, 하나의 **구속에 대한-메시지[복음]**^{Heils-botschaft}다.[94] 하느님 나라와 더불어 악마와 악마들로

---

91) Otto, *Reich Gottes und Menschensohn*, p.32.
92) *Lukas*, 11:20[『누가복음』, 11장 20절. "그러나 나는 하느님의 능력으로 마귀를 쫓아내고 있다. 그렇다면 하느님의 나라는 이미 너희에게 와 있는 것이다"].
93) Otto, *Reich Gottes und Menschensohn*, p.78.
94) *Ibid.*, p.32.

부터 위협받고, 괴롭힘 당하며, 들려 있던 세계의 치유^{Heilung}가 도래한다. 하느님 나라는 어떤 구제의 능력(뒤나미스)을, 사탄의 발톱에서 우리를 구원해 줄 어떤 힘^{Gewalt}을 발산한다.

하느님 나라는 실제로 한 나라이므로, 이 때문에 그 나라 안으로 역시 들어갈 수 있다. "문이 있는 어떤 성처럼 하느님 나라의 자물쇠를 열고 걸어 잠글 수 있다. 그 문 안으로 들어갈 때 사람들이 방해받기도 한다. 그 안에 있을 수 있다. 그 안에서 아브라함, 이삭, 야곱과 겸상할 수 있다. 그 식탁은 그물과도 같아서 여러 종류의 물고기를 싸고 잡으며 모을 수 있다. 그것은 한 그루 나무와도 같아서 그 가지에 천상의 새들이 둥지를 틀 수 있다."$^{95)}$ 하느님 나라는 '상속할' 수 있는 한 채의 집이다. 땅을 상속할 수 있듯이 이 나라를 상속할 수 있다. 예전에 이스라엘이 축복받은 땅으로 이주한 적 있듯이 그 나라로 이주한다. 하느님 나라는 천국이기 때문에, 천상의 자산이 구비되어 있다. 천상의 사람의 아들, 그의 왕관과 성령, 천사들, 태고의 사람들, 아브라함과 아브라함의 자녀^{Schoß}, 천상의 만찬이 있으며, 하느님 나라에는 서열과 차별이 있고 하찮은 이들과 위대한 이들이 있다.$^{96)}$

그런데 특히 가난한 이들에게 하느님 나라의 메시지는 희^{gute}소식이다.$^{97)}$ 하느님 나라와 더불어 회개^{Umkehr}와 개심^{Umkehrung}이 도래하기 때문이다. 해마다 로마에서는 사투르누스 신의 제사$^{98)}$ 축제 때 가난뱅

---

95) *Ibid.*, p.41.
96) *Ibid.*,
97) *Matthäus*, 11:5[『마태복음』, 11장 5절, "소경이 보고 절름발이가 제대로 걸으며 나병환자가 깨끗해지고 귀머거리가 들으며 죽은 사람이 살아나고 가난한 사람들에게 복음이 전하여진다"].

이들에게 '거꾸로 된 세계'^{verkehrte Welt}가 상연되었다.[99] 그러나 이 거꾸로 된 세계는 "그러나 첫째였다가 꼴찌가 되고 꼴찌였다가 첫째가 되는 사람들이 많을 것이다"[100]라고 설교하는 이들의 희망이기도 했다. 이 거꾸로 된 세계는 "묵시적 관점"[101]에서 '명백해'지고 '정정된' 세계다. 하느님 나라의 임박함에 관한 이 언약은 희^{frohe}소식[복음]이다. 하느님 나라가 가까이 와 있다는 언약으로 세속의 나라의 종말 역시 선포되어 있다. 그러나 세속의 나라는 로마제국이다. 그래서 누군가 도래해서 그와 같은 메시지로 대중들을 자극했다면 그는 로마 당국에 의해 틀림없이 십자가에 못 박히게 되리라는 게 자명하다.

　예수는 폰티우스 필라투스[102]의 시대에 발을 내딛는다. 필라투스는 부주의하게 처신하여 유대인들의 마음을 달군다. 폰티우스 필라투스가 자신의 선행자들이 지금껏 소중히 해온 훈련에 반대하여 로마 군대^{Kohorte}가 황제가 그려져 있는 군기를 들고 성전이 있는 산으로 행진하게 했을 때, 로마인이던 그는 어떤 결과가 일어날지 단지 예상하지 못하고서 "황폐화에 대한 공포"[103]에 관한 다니엘의 예언을 야기했기

---

98) 사투르날리엔(Saturnalien) : 고대 로마의 농경과 계절의 신 사투르누스(Saturnus)에게 올리는 제사다. ― 옮긴이

99) Eisler, *iēsous basileus ou basileusas, die messianische Unabhängigkeitsbewegung vom Auftreten Johannes des Täufers bis zum Untergang Jacobs des Gerechten*, p. 208.

100) *Matthäus*, 19 : 30[『마태복음』, 19장 30절].

101) *Talmud der babylonische*, Baba Batra, 10b.

102) 폰티우스 필라투스(Pontius Pilatus, 약 36년 사망) : 그리스도교에서는 본디오(본시오) 빌라도라고 하며 고대 로마 유대 지방의 총독으로 예수 그리스도의 십자가 처형을 명령했다. ― 옮긴이

103) Eisler, *iēsous basileus ou basileusas, die messianische Unabhängigkeitsbewegung vom Auftreten Johannes des Täufers bis zum Untergang Jacobs des Gerechten*, pp. 163~164.

때문이다. 이 황폐화의 공포는 지금 자신의 그림자를 앞서 드리우는 하느님 나라의 도래보다 앞서 있다. 매우 단기간에 다윗의 메시아인 사람의 아들이 틀림없이 현현한다. 하느님 나라가 아주 가까이 있기에, 그렇게 가까이 있기에, 그것이 여기 있다고 확실히 말할 수 있는 것이다. 벌써 이 도래하는 것의 기압이 감지된다. 그 나라가 **감지될 만큼** spürbar 가까이 있는 것이다.[104]

이 나라가 도래할 때 예수는 자신이 메시아로 세워져 있음을 목격한다. 예수의 이 의식에 관해 수많은 추측이 있어 왔다. 그의 존재를 가장 깊숙한 곳까지 뒤흔들었던 세례 직후에 이 의식이 불붙었을 수도 있지만, 예수에게 있던 이 앎은 요한이 여기 도래할 자에 관하여 끊이지 않고 강렬하게 했던 설교와 예언을 통해서도 형성되었을 수 있다. 그러나 예수의 메시아 의식이 기초하고 있는 곳은 분명 다윗의 씨족 출신이라는 그의 믿음이다. 공동체가 예수를 메시아라고 여기기 때문에, 최초로 이 공동체가 그를 다윗의 아들로 추켜세웠다는 게 정설이다. 하지만 예수 자신이 다윗 집안 출신임을 믿었기 때문에 스스로를 메시아로 여겼다는 것도 역시 가능하다. 예수의 생애에 관해서 그전에는 거의 보고한 바 없는 바울은 예수를 고대 왕가의 혈통이라고 거론한다.[105] 이 점을 바울은 예수가 죽은 뒤 2년 내지 3년이 지나서도 여전히 예수의 가족 관계에 대해 훤히 알고 있던 다수가 지켜보고 있는 앞에서는 좀처럼 주장할 수 없었을 것이다.

---

104) Otto, *Reich Gottes und Menschensohn*, p.46.
105) *Römer*, 1:3[『로마서』, 1장 3절. "그것은 다름 아닌 하느님의 아들에 관한 소식입니다. 그 분은 인성으로 말하면 다윗의 후손으로 태어나신 분이며"].

흔히 예수의 다윗 혈통을 부정하기 위해 끌어오는 곤란한 문제 Vexierfrage[106]에서 예수는 실제로 다윗 혈족에 속하는 다른 이들을 향하여 자신의 주장을 공고히 한다. 예수는 유랑하는 사람들 사이에 섞여 있던 혈족 중에서 어떤 곤궁해진 씨족Sippe에 속할 것이다. 그러나 예루살렘에는 로마의 지배를 받던 여느 귀족처럼 대지주로서 머리를 조아리고 있는 다윗 혈족에 속하는 이들이 여전히 있다. 부유한 다윗 후손들이 하스모니아 왕조에 대립했다거나 헤롯 집안에 맞선 저항에 참여했는지에 관해서는 알려진 바가 전혀 없기도 하다. 이 무리들은 현세에서 평화롭게 살았으며, 자신들 중에서 메시아가 도래할 것을 좀처럼 어떤 이도 기다리지 않는다. 메시아는 "야곱의 위대한 아들들 중에서" 오는 게 아니라 야곱의 "영락한 아이들 중에서" 도래한다.[107] 예수는 다윗 혈족의 한 곤궁해진 씨족에 속하며, 놀랍지 않게도 영락한 가운데 혈통에 대한 기억은 보존되어 있고 이 무리들은 다윗의 도래할 지배에 관한 믿음을 가슴에 품게 된다. 아랍인들은 유랑 민족을 비난조로 사산왕조[108]라고 표현하곤 한다.[109] 이것은 떠돌아다니는 직인들과

---

106) *Markus*, 12 : 35~36 [『마가복음』, 12장 35~36절, "예수께서는 성전에서 가르치시면서 이렇게 말씀하셨다. '율법학자들은 그리스도를 다윗의 자손이라고 하는데 그것은 어떻게 된 일인가?' 다윗이 성령의 감화를 받아 스스로 '주 하느님께서 내 주님께 이르신 말씀, 내가 네 원수를 네 발 아래 굴복시킬 때까지 너는 내 오른편에 앉아 있어라' 하지 않았더냐?"].

107) Eisler, *iēsous basileus ou basileusas, die messianische Unabhängigkeitsbewegung vom Auftreten Johannes des Täufers bis zum Untergang Jacobs des Gerechten*, p. 180.

108) 사산왕조(Sassaniden) : 사산왕조 페르시아를 세운 아르다시르 1세의 조부인 조로아스터교의 제사장인 '사산'의 이름에서 유래한다. 여기서도 영락하여 유랑하는 이들 중에 고대 왕족의 피가 흐르고 있을 거라는 당시의 지배적인 믿음을 빗대어 표현하고 있는 것처럼 보인다. ─옮긴이

109) Enno Littmann, *Zigeuner-Arabisch*, Bonn : K. Schroeder, 1920, p. 27 [『집시 아랍어』].

주술사들[Gaukler] 사이에서 진심이든 시늉을 했든 메시아가 고대 왕족 출신이라는 믿음이 얼마나 통례적으로 지배하고 있는지 입증한다.

유랑 직인은 동방에서 태고 시대부터 점술과 동시에 의술을 직업으로 삼아 행한다. 그들은 방랑하면서 인간과 가축을 치료하고 이 때문에 비천한 민족 사이에서 널리 명망을 누린다. 만일 이 유랑인들 중 한 명이 어느 왕가 출신이라고 가까스로 호명된다면 그의 일은 대성황을 이루게 된다. 그렇게 되면 '치료 대장장이'[Kurschmied]의 지식이 인간뿐 아니라 가축과 악령이 복종하는 위대한 왕들의 구속의 카리스마와 가까스로 결합되기 때문이다.[110] 무기력하고 악령들에 의해 짓궂게 괴롭힘을 당했던 사람들이 바로 예수를 다윗의 아들로 부르는데, 이는 그가 악령들을 다스리는 주인이기 때문이다. 그렇다고 자신이 다윗 혈통임을 알린 기적을 행하는 직인 겸 예언적인 어느 점술사를 곧장 메시아로 부른다면 성급한 주장이 될 것이다.[111]

그러나 소경과 귀머거리가 치유된 뒤 유대 민족이 "완전히 이성을 잃었을"[112] 때, 이제 이 기적을 행하는 자에게서 풍문으로 이야기되던 다윗의 그[den] 아들이 예감된다.[113] 또한 이것은 악령에 들린 자들이 가

---

110) Eisler, *iẽsous basileus ou basileusas, die messianische Unabhängigkeitsbewegung vom Auftreten Johannes des Täufers bis zum Untergang Jacobs des Gerechten*, p.190.

111) Schweitzer, *Geschichte der Leben-Jesu-Forschung*, p.395[『예수의 생애 연구사』, 379쪽].

112) *Markus*, 1:27[『마가복음』, 1장 27절, "이것을 보고 모두들 놀라. '이게 어찌된 일이냐? 이것은 권위 있는 새 교훈이다. 그의 명령에는 더러운 악령들도 굴복하는구나!' 하며 서로 수군거렸다"].

113) *Matthäus*, 11:4~6[『마태복음』, 11장 4~6절, "예수께서는 그들에게 이렇게 대답하셨다. '너희가 듣고 본 대로 요한에게 가서 알려라. 소경이 보고 절름발이가 제대로 걸으며 나병환자가 깨끗해지고 귀머거리가 들으며 죽은 사람이 살아나고 가난한 사람들에게 복음이 전하여진다. 나에게 의심을 품지 않는 사람은 행복하다"].

장 먼저 예수를 다윗의 그den 아들이라고 부른다는 사실에 확실히 일치하게 된다. 다윗의 아들에 관한 이 진술을 동반하며 그 점에서 이 진술을 슈바이처[114]가 제시한 그 밖의 모든 진술들과 다르게 만드는 정관사에는 메시아적 울림이 있다. 그러나 예수는 당분간 그가 자신을 메시아로 여긴다는 것을 숨기고, 악령에 들린 자들이 그 사실을 말하지 않도록 "엄포를 놓는다". 왜냐하면 그가 자신을 공식적으로 메시아라고 선포할 시간이 아직은 도래하지 않았다고 생각했기 때문이다. 필립보의 카이사리아[115]에서 처음 그는 그의 제자들에게 자신이 메시아임을 드러내고, 그때 역시 그들에게 자신이 "예수, 그리스도임"[116]을 누구에게도 말해선 안 된다고 금했다. 필립보의 카이사리아는 예수가 그의 제자들에게 자신이 메시아라는 것에 대해 말하지 않았던 시간과 그가 그것을 말하고 그럴 수밖에 없었던 다른 시간 사이의 경계이기도 하다는 것을 복음서를 통해 알 수 있다.[117] 이렇게 해서 베드로가 예수에게 건네는 말은 악령에 들린 자들의 것과 구별된다. "이를 네게 알게 한 이는 피와 살이 아니요, 하늘에 계신 내 아버지시니라."[118] 예수가 하늘에 계신 아버지에 의해 자신이 메시아로 계시됐다고 생각할 때 비로소 그는 제자들에게 자신의 비밀을 털어놓는다. 악령에 들린 자들은

---

114) Schweitzer, *Geschichte der Leben-Jesu-Forschung*, p.394[『예수의 생애 연구사』, 378쪽].

115) 필립보의 카이사리아(Cäsarea Phillipi) : 카이사리아 필리피라고도 하며, 현재는 바니아스로 불리는 갈릴리호에서 북쪽으로 25km 떨어진 수원지에 있는 도시의 폐허. —옮긴이

116) *Matthäus*, 16 : 20[『마태복음』, 16장 20절, "그리고 나서 예수께서는 자신이 그리스도라는 것을 아무에게도 말하지 말라고 단단히 당부하셨다"].

117) Otto, *Reich Gottes und Menschensohn*, p.184.

118) *Matthäus*, 16 : 17[『마태복음』, 16장 17절, "예수께서는 '시몬 바르요나, 너에게 그것을 알려주신 분은 사람이 아니라 하늘에 계신 내 아버지시니 너는 복이 있다'"].

예수의 견해대로라면 사탄의 권능으로 말했던 셈이다.

예수의 생활 방식은 그것이 더 커다란 맥락 속에 들어서게 되고 일반적으로 광야에서 유랑하는 직인의 생활양식에 주의를 기울일 때 비로소 분명해진다. 베르너 피퍼는 상세하게 이 슬레브[119]에 관해 보고했으며, 이들과 예수의 생활 방식과의 평행들이 실제로 눈에 띈다.[120] 슬레브는 광야의 유랑 민족이다. 광야에서 가난이란 가장 안전한 보호 장치여서 슬레브는 부유해지려는 공명심조차 전혀 없다. 그들이 거의 경쟁하지 않고서 자신들의 직업으로 아라비아에 존립하기 때문이다. 슬레브의 이례적인 평화애호에서 부유함조차 그들에게는 아무런 쓸모가 없다. 슬레브의 삶은 타부족의 관계에 대해 우호적이어서 걱정이 없다. 이와 달리 베두인 부족은 늘 더 힘센 이웃부족의 약탈 행각으로 소유물을 빼앗길까 두려워해야만 한다. 슬레브는 걱정 없는 단순청명함이 특징적이며, 이로 인해 영원히 불신하는 베두인들과 갈라진다.[121] 광야 부족들의 공통적인 반목에 슬레브는 참여하지 않는다.[122] 전투 중에 그들은 참여하지 않는 구경꾼이 되어 전장에 있으며, 전투가 끝난 뒤에는 의사가 되어 양측 부상자들을 동등하게 돌본다. 그들은 추방당한 자들과 추방한 자들을 동등하게 환대하며 자기 집에

---

119) 슬레브(sleb) : 솔루바(solubba)나 술레이브(sulayb)라고도 불리며 아라비아 반도의 북부 지역에 거주하면서 아랍인들과 확연히 구별되는 고립된 유목의 생활방식을 고수했다. 서구 여행가들이 이들을 마지막으로 목격한 때는 제2차 세계대전 직후다.—옮긴이

120) Eisler, *iēsous basileus ou basileusas, die messianische Unabhängigkeitsbewegung vom Auftreten Johannes des Täufers bis zum Untergang Jacobs des Gerechten*, p.216.

121) Werner Pieper, "Der Pariastamm der Sleb", *Le monde oriental*, vol.17, Jahrgang 1923, p.34「슬레브의 하층민 혈통」, 『동방세계』.

122) *Ibid.*, p.10.

유숙시킨다. 로베르트 아이즐러는 "유랑 목수 예수가 설교한 대로 아이 같으면서도 숭고한 무조건적인 평화애호, 비폭력성, 비저항의 특유한 윤리를 이 직인 유랑민들Nomaden의 특별한 경험들에 소급하려고" 시도한다. "이 유랑민들은 옛날부터 항상 모든 이에 대해 평화적이고 기꺼이 봉사하려는 태도를 통하여 전투력 있는 부족들의 생존투쟁의 한복판에서 서로서로 성공적으로 생계를 꾸려가며, 그런 까닭에 그들에게는 다음 생각이 당연시될 수밖에 없다. 이 다른 부족들 역시 —— 만일 그들이 법을 준수하는 방식에 따라 사는 법을 오로지 궁극적으로 배우고자 한다면 —— 곧장 서로간의 압제와 약탈의 고통에서 구원을 발견하고 세계를 둘러싼 영구평화를 열망했던 나라 안으로 들어설 수 있을 것이다."[123]

예수 주위에 소수의 신실한 자들이 모여들자 그는 이 나라의 행정을 조직하기 시작한다. 이 나라에 대하여 이스라엘의 열두 지파들에게 호소하기 위해 열두 명[124]을 차출해야 하며, 그 뒤 예수는 다른 일흔 명을 골라내고[125] 이들을 세계의 일흔 민족들을 지배하도록 정해져 있는 새로운 이스라엘의 일종의 산헤드린[126]으로 선출한다. 바울[127]은 나중에 예수의 이 분할을 사도직에 다시 수용한다. 일흔 명의 선출과 열두

---

123) Eisler, *iēsous basileus ou basileusas, die messianische Unabhängigkeitsbewegung vom Auftreten Johannes des Täufers bis zum Untergang Jacobs des Gerechten*, pp. 217~218.

124) *Lukas*, 9:11[『누가복음』, 9장 1절, "예수께서는 열두 제자를 한 자리에 불러 모든 마귀를 제어하는 권세와 병을 고치는 능력을 주셨다"].

125) *Ibid.*, 10:1[앞의 책, 10장 1절, "그 뒤 주께서 달리 일흔 두 제자를 뽑아 앞으로 찾아가실 여러 마을과 고장으로 미리 둘씩 짝지어 보내시며". 성서에는 일흔 두 명을 뽑았다고 기록되어 있다].

제자의 선발이 예수의 메시아적 행위다. 예수의 전령들이 설교해야 하는 메타노이아metanoia는 내적으로 후회 가득한 참회를 불러일으켜야 하는 속죄에 불과한 게 아니다. 제자들은 이 땅을 편력하면서 슈부schuwu, 곧 "회개하라"kehret um라고 말하며 인간의 삶을 근본적으로 와해시키는 어떤 행위Tat를 요구한다. '소유하고 있는 일체와 관계를 끊어라'[128]는 자신의 소유물을 팔고 그것들을 가난한 형제들과 나누는 것[129]이며, 이는 자기 자신을 부정하고[130] 십자가라는 카인의 징표를 짊어진 채 불안해하고 고향 없이 방황하며 예수를 주인이자 지도자로 추종하는 것이다.[131] "나의 이 말을 듣고서 그것을 행하는tut 자를 나는 자신의 집을 반석 위에 지은 현명한 사람에 견준다."[132] 그러나 예수가 이 행위로 의도한 것은 그가 십자가에 못 박힌 뒤 제자들이 성전이 드리운 그늘

---

126) 산헤드린(Synhedrin): '함께 모여 앉는다'는 뜻의 그리스어 신헤드리온(Synhedrion)을 아람어로 번역한 어휘로 고대 유대 사회에서 최고재판권을 지니고 있던 종교적·정치적 자치 조직.—옮긴이

127) *Galater*, 2:8[『갈라디아서』, 2장 8절, "곧 하느님께서 할례받은 사람들을 위한 사도직을 베드로에게 주신 것같이 이방인들을 위한 사도직을 나에게 주셨다는 사실을 인정한 것입니다"].

128) *Lukas*, 14:33[『누가복음』, 14장 33절, "너희 가운데 누구든지 나의 제자가 되려면 자기가 가지고 있는 모든 것을 버려야 한다"].

129) *Markus*, 10:21[『마가복음』, 10장 21절, "예수께서는 그를 유심히 바라보시고 대견해 하시며 이렇게 말씀하셨다. '너에게 한 가지 부족한 것이 있다. 가서 가진 것을 다 팔아 가난한 사람들에게 나누어주어라. 그러면 하늘에서 보화를 얻게 될 것이다. 그러니 내가 시키는 대로 하고 나서 나를 따라오너라'"].

130) *Ibid.*, 9:34[앞의 책, 9장 34절, "제자들은 길에서 누가 제일 높은 사람이냐 하는 문제로 서로 다투었기 때문에 아무 대답도 하지 못하였다'. '자기 부정'의 문제는 다음 절에 명시되어 있다. "예수께서는 자리에 앉아 열두 제자를 곁으로 부르셨다. 그리고 '첫째가 되고자 하는 사람은 꼴찌가 되어 모든 사람을 섬기는 사람이 되어야 한다' 하고 말씀하신 다음"].

131) *Matthäus*, 10:38[『마태복음』, 10장 38절, "또 자기 십자가를 지고 나를 따라오지 않는 사람도 내 사람이 될 자격이 없다"].

132) *Ibid.*, 7:24[앞의 책, 7장 24절, "그러므로 지금 내가 한 말을 듣고 그대로 실행하는 사람은 반석 위에 집을 짓는 슬기로운 사람과 같다"].

에 꾸리는 것과 같은 방식의 소규모 재림주의 기도 공동체가 결코 아니다. 그렇다고 또 에세네파[133]와 테라페우타이파[134]의 방식을 따르는 어떤 은자의 암자를 뜻할 수도 없는데, 왜냐하면 유다와 갈릴래아에서 그와 같은 설교는 한 번도 불붙는 듯 작용할 수 없기 때문이다. 그러나 예수의 가르침에 대해서는 "그가 강력하게 설교하기 때문에…… 민중이 기겁했다."[135]

예수의 설교는 전복적인데, 그가 개개인뿐 아니라 민중에게 하느님 나라를 위한 어떤 결정적인 행위를 요구하기 때문이다. 약속의 땅은 로마인들의 지배 아래에서는 노예상태의 집으로 바뀌고 말았다. 이 점에서 자신이 세례 요한과 열심당원들과 의견이 일치함을 예수는 안다.[136] 그러나 예수는 열심당원들과는 반대로 악에 대항해선 안 된다고 가르친다.[137] 이 때문에 예수는 열심당원들처럼 로마에 대한 어떤 봉기도 요구하고 계획할 수 없었다. 반대로 예수는 평민이 철수하고 secessio plebis, 민중이 광야로 이동할 것을 요구한다.[138] 세상(오이쿠메네) Ökumene 곳곳이 로마제국에 종속되어 있고, 이렇게 하여 '현세의 주인'

---

133) 에세네파(Essener): 예수시대의 유대교의 한 분파로 '경건한 자들'이라는 뜻이다. 유대계 그리스인 필론의 철학적 영향을 강하게 받은 신비적 금욕주의를 추구했다.―옮긴이

134) 테라페우타이파(Therapeuten): 에세네파와 매우 유사한 공동체로 1세기 때 이집트 알렉산드리아 근처의 마레오티스 호숫가에 거주한 것으로 믿어지는 금욕주의적 유대교 종파.―옮긴이

135) *Matthäus*, 7 : 28~29[『마태복음』, 7장 28~29절, "예수께서 이 말씀을 마치시자 군중은 그의 가르침을 듣고 놀랐다. 그 가르치시는 것이 율법학자들과는 달리 권위가 있었기 때문이다"].

136) *Ibid.*, 11 : 12[앞의 책, 11장 12절].

137) *Ibid.*, 5 : 21[앞의 책, 5장 21절. "'살인하지 마라. 살인하는 자는 누구든지 재판을 받아야 한다' 하고 옛사람들에게 하신 말씀을 너희는 들었다"].

138) Eisler, *iēsous basileus ou basileusas, die messianische Unabhängigkeitsbewegung vom Auftreten Johannes des Täufers bis zum Untergang Jacobs des Gerechten*, p.243.

에게 빠져 있다. 하느님만을 섬기고자 하는 자유로운 민중 이스라엘에게는 광야로, 사람이 살지 않는 곳^{aoiketos}으로 이동하는 것만 남아 있을 뿐이다. 광야의 시절은 이스라엘의 신부 시절인데, 그때 이스라엘은 신부가 되어 그녀의 신성한 신랑을 따랐기 때문이다.[139] 이스라엘 부족들은 하느님을 섬기려고 노예상태의 고향에서 나와 광야로 이동하였다. 이스라엘이 새롭게 광야로 이동하자 자유를 가져오며, 이스라엘이 약속의 땅을 다시 받을 수 있도록 예비하고 그럴 만하게 만들 수 있다.[140] 매번 열심당원 개개인은 광야로 물러났다. 광야는 현세의 지배에서 벗어나는 길이다.

　예수는 모세가 광야에서 행했던 두 가지 위대한 기적, 곧 만나[141]로 민중을 먹이고 암석에서 나오는 물을 주는 것을 비유적으로 되풀이한다.[142] 민중은 광야에서 예수를 추종한다. 예수가 제자들에게 민중에게 먹을 것을 주라고 명령했을 때, 이들이 "우리가 그들을 배불리 하도록 여기 광야 어디에서 먹을 것을 구한단 말입니까?"[143]라고 답한다.

---

139) *Jeremia*, 2:2[『예레미야』, 2장 2절, "예루살렘에 가서 거기에 사는 사람들에게 똑똑히 일러주어라. 나 야훼가 하는 말이다. 씨 뿌리지 못하는 땅, 사막에서 나를 따르던 시절, 젊은 날의 네 순정, 약혼 시절의 네 사랑을 잊을 수 없구나"].

140) *Hosea*, 12:10[『호세아』, 12장 10절, "너희를 이집트에서 이끌어 낸 것은 나 야훼 너희 하느님이었다. 내가 너희를 처음 만났을 때처럼, 너희를 다시 천막에서 살게 하리라"].

141) 만나(Manna): 이스라엘이 광야를 유랑할 때 야훼에게서 받은 음식, "이것을 보고 이스라엘 백성은 그것이 무엇인지 몰라서 서로 '이게 무엇이냐?' 하고 물었다. 모세가 그들에게 말하였다. '이것은 야훼께서 너희에게 먹으라고 주시는 양식이다.'"(『출애굽기』, 16장 15절) — 옮긴이

142) Eisler, *iēsous basileus ou basileusas, die messianische Unabhängigkeitsbewegung vom Auftreten Johannes des Täufers bis zum Untergang Jacobs des Gerechten*, p.248.

143) *Markus*, 8:4[『마가복음』, 8장 4절, "제자들이 '여기는 외딴 곳인데 이 많은 사람들을 배불리 먹일 빵을 어디서 구해 오겠습니까?' 하고 반문하자"].

그런데 제자들의 이 반문은 당장의 상황에 대하여 제기되어 있을 뿐 아니라, 민중이 광야에서 그를 추종해야 한다는 예수의 요구와 연관되어 있다. 그와 같은 반문과 유사한 의심에 대하여 예수는 "걱정하지 말라"Sorge nicht[144]라고 답한다. 예수의 "걱정하지 말라"는 제자들과 신앙심이 부족한 이들의 반문을 그의 요구에 대한 의심과 회피로 진지하게 받아들일 때 비로소 의미 있게 된다. 이후의 메시아들처럼 예수 역시 민중을 광야로 인도하고자 한다. 예수가 민중을 곧 다시 광야에서 나와 요르단을 거쳐 약속의 땅으로 돌려보내길 희망한다는 것은 당연하다. 그동안에 마지막 시간의 압박 속에서 세계의 민족들과 이스라엘 출신의 영원히 잃어버린 아이들은 최후의 메시아 전쟁에서 멸망하고 말 것이다.[145] 예수는 『신명기』에서 이스라엘인이 가나안으로 입성하여 그곳을 점거하는 일에 관하여 언급한 것과 똑같은 말로 하느님 나라로 입성하여 그곳을 점거하는 일을 묘사한다.[146] 광야에서 벗어나는

---

144) *Matthäus*, 6:25~33[『마태복음』, 6장 25~33절, "그러므로 나는 분명히 말한다. 너희는 무엇을 마시며 먹고 살아갈까, 또 몸에는 무엇을 걸칠까 하고 걱정하지 마라. 목숨이 음식보다 중요하지 않느냐? 또 몸이 옷보다 소중하지 않느냐? 공중의 새들을 보아라. 그것들은 씨를 뿌리거나 거두거나 곳간에 모아들이지 않아도 하늘에 계신 너희 아버지께서 먹여주신다. 너희는 새보다 훨씬 귀하지 않느냐? 너희 가운데 누가 걱정한다고 목숨을 한 시간인들 더 늘일 수 있겠느냐? 또 너희는 어찌하여 옷 걱정을 하느냐? 들꽃이 어떻게 자라나가 살펴보아라. 그것들은 수고도 하지 않고 길쌈도 하지 않는다. 그러나 온갖 영화를 누린 솔로몬도 이 꽃 한 송이만큼 화려하게 차려 입지 못했다. 너희는 어찌하여 그렇게도 믿음이 약하냐? 오늘 피었다가 내일 아궁이에 던져질 들꽃도 하느님께서 이처럼 입히시거든 하물며 너희야 얼마나 더 잘 입히시겠느냐? 그러므로 무엇을 먹을까 무엇을 마실까, 또 무엇을 입을까 하고 걱정하지 마라. 이런 것들은 모두 이방인들이 찾는 것이다. 하늘에 계신 아버지께서는 이 모든 것이 너희에게 있어야 할 것을 잘 알고 계신다. 너희는 먼저 하느님의 나라와 하느님께서 의롭게 여기시는 것을 구하여라. 그러면 이 모든 것도 곁들여 받게 될 것이다"].

145) *Markus*, 13:7[『마가복음』, 13장 7절, "또 여러 번 난리도 겪고 전쟁 소문도 듣게 될 것이다. 그러나 당황하지 마라. 그런 일은 반드시 일어날 터이지만 그것으로 끝나는 것은 아니다"].

일 역시 그리스도교 원시공동체를 적-그리스도들로 여기며 이후에 등장한 메시아들의 모토였기 때문에, 이 요구는 복음서의 보고 속에서는 될 수 있는 한 지워져 있었다.[147]

회개하라는 예수의 이 요구는 실패하는데, 이는 제자들의 하느님 나라에 대한 설교가 미미하게 성공했다는 것에 대한 증언이자 해명이 된다. 부자도 유복한 자도 일체를 포기하려 하지 않으며, 가난한 자들과 극빈한 자들도 자신들이 적게 소유하고 있는 것을 버리려 하지 않는다. "왜냐하면 우리가 광야에서 죽기보다는 이집트인들을 섬기는 게 훨씬 더 낫기 때문이다."[148] 노예상태의 고향에서 약속의 땅으로 인도하고자 한 모세를 향한 광야 혈족의 이 비난은 영원한 것이며 그와 같은 일을 하고자 하는 모든 이에게 이의를 제기하는 것이다. 하지만 예수는 한층 더 분명하게 그의 제자들에게 알린다. "이 동네에서 너희를 박해하거든 저 동네로 피하여라. 나는 분명히 말한다. 너희가 이스라엘의 동네들을 다 돌기 전에 사람의 아들이 올 것이다."[149] 예수의 이 말은 명백하며, 무력하게 하고 회피하는 말로 해석될 의도가 없다. 그러나 마찬가지로 이 예언이 충족되지 않았다는 점도 명백한데, 그것도

---

146) Hans Windisch, "Die Sprüche vom Eingehen in das Reich Gottes", *Zeitschrift für die neutestamentliche Wissenschaft(ZNW)*, vol.27, Jahrgang 1928, p.177[「하느님 나라의 입성에 관한 잠언」, 『신약연구집』].

147) *Matthäus*, 24:26[『마태복음』, 24장 26절. "그러므로 사람들이 '그리스도가 광야에 나타났다' 해도 나가지 말고 '그리스도가 골방에 있다' 해도 믿지 마라"].

148) *Exodus*, 14:12[『출애굽기』, 14장 12절. "우리가 이럴 줄 알고 이집트에서 이집트인들을 섬기게 그대로 내버려두라고 하지 않더냐? 이집트인들을 섬기는 편이 광야에서 죽는 것보다 더 낫다고 하지 않더냐?"].

149) *Matthäus*, 10:23[『마태복음』, 10장 23절].

이미 예수 그 자신에게 그렇다. 제자들은 예수에게 되돌아갔고 사람의 아들은 나타나지 않았다. 이 낙담은 예수 생애의 한가운데로, 그의 일을 여기까지 종결짓고 거기에서 그의 삶을 새롭게 규정한다. 만일 그리스도교의 역사 전체가 재림(파루시아)Parusie의 지체에 근거하고 있다면, 예수의 예언이 들어맞지 않음을 그리스도교 역사의 첫번째 날짜로 고수할 수 있다. 일어나지 않는 이 사건은 예수가 끼친 영향에 있어 결정적인 데다 형용하기 어려운 전환이 된다.[150] 제자들이 다시 그의 곁에 있게 되는 그 순간부터 예수는 오직 하나만을, 민중으로부터 빠져나오는 것만을 도모한다.[151] 제자들이 이스라엘 도시들을 떠도는 동안, 예수는 거의 공개적으로 군중 앞에서 연설하는데, 그는 세례자와, 하느님 나라와 더불어 일어나는 것, 그리고 회개하지 않은 이들에게 일어날 심판에 대하여 강론한다.[152] 예수는 군중이 보는 앞에서 하느님이 비추는 모든 이들에 대하여 그들이 무엇이 일어나는지 알아차린다

---

150) Schweitzer, *Geschichte der Leben-Jesu-Forschung*, pp.406~407[『예수의 생애 연구사』, 388~389쪽].

151) *Markus*, 6:30~33[『마가복음』, 6장 30~33절. "사도들이 돌아와 자기들이 한 일과 가르친 것을 예수께 낱낱이 보고하였다. 예수께서는 제자들에게 '따로 한적한 곳으로 가서 함께 좀 쉬자'고 말씀하셨다. 찾아오는 사람이 너무 많아서 그들은 음식을 먹을 겨를조차 없었던 것이다. 예수의 일행은 배를 타고 따로 한적한 곳을 찾아 떠났다. 그런데 사람들은 그 일행이 떠나는 것을 보고 그들이 예수의 일행이라는 것을 알고는 여러 동네에서 모두 달려 나와 육로로 해서 그들을 앞질러 그곳에 갔다"].

152) *Matthäus*, 11:20~24[『마태복음』, 11장 20~24절. "예수께서 기적을 가장 많이 행하신 동네에서 회개하지 않으므로 그 동네들을 꾸짖으셨다. '코라진아, 너는 화를 입으리라. 베싸이다야, 너도 화를 입으리라. 너희에게 베푼 기적을 띠로와 시돈에서 보였다면, 그들은 벌써 베옷을 입고 재를 머리에 들쓰고 회개하였을 것이다. 그러니 잘 들어라. 심판 날에 띠로와 시돈이 너희보다 오히려 가벼운 벌을 받을 것이다. 너 가파르나움아! 네가 하늘에 오를 성싶으냐 지옥에 떨어질 것이다. 너에게 베푼 기적들을 소돔에서 보였다면 그 도시는 오늘까지 남아 있었을 것이다. 그러니 잘 들어라. 심판 날에 소돔 땅이 너희보다 오히려 가벼운 벌을 받을 것이다"].

며 기뻐한다.[153] 그러나 제자들이 되돌아온 그때 예수는 민중 앞에서 도망치고 그를 끈질기게 쫓아다니는 군중을 피하는데, 이는 그들과 함께 하느님 나라의 도래와 사람의 아들의 현현을 기다리기 위함이다.

제자들이 되돌아올 때까지 예수는 이곳으로 하느님 나라의 도래를 강행하기 위해 많은 사람들에게 호소하며, 낙담한 뒤부터는 자신의 **고난**Leiden과 **죽음**Sterben을 통하여 많은 사람들을 대신하여 이 나라를 불러오려고 한다. 베드로가 열두 제자들에게 예수를 메시아라고 공개하는 곳이던 필립보의 카이사리아에서 예수는 제자들에게 자신의 고난을 알린다. "그리고 그는 제자들에게 사람의 아들이 틀림없이 많은 고난을 받는다는 것을 가르치기 시작한다."[154] 필립보의 카이사리아의 고난을 선포할 때 예수는 더 이상 마지막 시간의 압박에 관해서는 말하지 않는다. 많은 사람들의 고난이 폐기되었으며 다만 그에게만 고난이 첨예화되었을 뿐이다. 메시아가 **많은 사람들을 대신하여**für viele 고난을 받아야 하느님 나라가 도래할 것이다. 예수는 내가 고난을 받아야 한다고 말하지 않으며, 또한 고난 받는 자는 찬양받을 것이라고 어

---

153) *Ibid.*, 11:25~30[앞의 책, 11장 25~30절. "그때에 예수께서 이렇게 기도하셨다. '하늘과 땅의 주인이신 아버지, 안다는 사람들과 똑똑한 사람들에게는 이 모든 것을 감추시고 오히려 철부지 어린아이들에게 나타내 보이시니 감사합니다. 그렇습니다. 아버지! 이것이 아버지께서 원하신 뜻이었습니다. 아버지께서는 모든 것을 저에게 맡겨주셨습니다. 아버지밖에는 아들을 아는 이가 없고 아들과 또 그 아버지를 계시하려고 택한 사람들밖에는 아버지를 아는 이가 없습니다. '고생하며 무거운 짐을 지고 허덕이는 사람은 다 나에게 오너라. 내가 편히 쉬게 하리라. 나는 마음이 온유하고 겸손하니 내 멍에를 메고 나에게 배워라. 그러면 너희의 영혼이 안식을 얻을 것이다. 내 멍에는 편하고 내 짐은 가볍다"].

154) *Markus*, 8:31[『마가복음』, 8장 31절. "그 때에 비로소 예수께서는 사람의 아들이 반드시 많은 고난을 받고 원로들과 대제제들과 율법학자들에게 버림을 받아 그들의 손에 죽었다가 사흘만에 다시 살아나게 될 것임을 제자들에게 가르쳐 주셨다"].

떤 보편적인 가르침을 말하는 것도 아니고, 오히려 사람의 아들이 고난 받아야 한다고 말한다. 사람의 아들의 고난은 예수에게 어떤 메시아적 행위이지 사적인 자기보존과는 아무런 관련이 없다. 메시아의 고난은 카이로스의 종말론적인 사건 속에 깊이 파묻혀 있다. 구제의 고난인 것이다. 고난의 당위는 구속을 위하여 하느님이 숙고한 결론으로 빚어진 것이다.[155] 고난 받는 사람의 아들에 대한 예수의 발언은 임의적으로 내던져진 말이 아니며, 오히려 예수는 그것에 대하여 '가르치기'lehren 시작한다. 바로 이 예수의 새로운 가르침에 베드로가 맞선다. 메시아의 고난과 죽음의 가르침이 제자들을 분노케 하기 때문이다. 제자들은 메시아 안에서 심판하고 지배하려고 오는 왕을 보는 것이지, 고난 받으려고 오는 왕을 보는 게 아니다. 왕은 영광의 길via gloriae로 오는 것이지, 십자가의 길via crucis로 오는 게 아니다. 가룟 유다가 메시아의 고난과 죽음에 관한 예수의 새로운 가르침에 혼란스러워하며 이 새로운 가르침으로 인해 그에게 예수가 거짓 메시아라는 것이 판명된 바로 그 이유 때문에 그가 예수를 관계당국에 인도한다는 것도 가능한 이야기다.[156]

사람의 아들이 고난 받는 메시아라는 예수의 가르침은 이사야[157]의 하느님의 종이라는 형상에 긴밀하게 기대고 있다. 많은 사람들을 대신하는 고난과 죽음은 이사야의 하느님의 종에 특징적이다. "그의

---

155) Otto, *Reich Gottes und Menschensohn*, p. 207.

156) *Ibid.*, p. 212.

157) 이사야(Isaiah) : '야훼는 구원이다'를 뜻하는 이름으로 남왕국 유다의 왕족 출신으로 이스라엘 종교의 파멸과 메시아의 도래를 예언한 구약의 예언자다.—옮긴이

(영)혼의 간난Mühsal으로 인하여 그는 **많은 사람들**에게 의로움을 마련해 주고 그들의 죄지음을 자신이 짊어지게 될 것이다…… 그렇기 때문에 나는 그가 **많은 사람들** 사이의 일부가 되게 하려고 한다. 그는 **많은 사람들**의 죄를 부담해 왔다."[158] 하느님 나라는 세계를 짓누르는 죄가 소거되기 전에는 도래할 수 없다. 이사야의 하느님의 종처럼 예수 그 자신이 '속죄양'이 되어 많은 사람들을 대신하는 자신의 죽음으로 저 나라를 이곳에 도래시키려 한다.

예수의 설교는 제자들을 보낼 때까지는 바깥을 향해 있었다. 제자들의 귀환으로 예수 안에 **전향**Umkehr이 들어선다. "사람의 아들도 그 자신이 섬김을 받으러 온 것이 아니라 그가 섬기려 왔고 많은 사람들을 대신하여 자신의 목숨을 바쳐 몸값을(그리스어로 뤼트론lytron, 히브리어로 코퍼kofer) 갚으려고 왔기 때문이다."[159] 부활절이 다가올 무렵 예수는 오직 예루살렘에서 죽으려고 그곳으로 떠난다. 필립보의 카이사리아 때부터 예수는 일체를 자신의 죽음으로 몰아간다.[160]

수난은 케사레이아에서 시작되며, 이로써 주 그리스도 숭배Kyrios-Christos-Kult[161]를 후기 고대의 여러 숭배에서 떼어 놓는 그리스도교 신비

158) *Jesaja*, 53:11~12(translation from Otto, *Ibid.*, p.211)[『이사야서』, 53장 11~12절, "그 극심하던 고통이 말끔히 가시고 떠오르는 빛을 보리라. 나의 종은 많은 사람의 죄악을 스스로 짊어짐으로써 그들이 떳떳한 시민으로 살게 될 줄을 알고 마음 흐뭇해 하리라. 나는 그로 하여금 민중을 자기 백성으로 삼고 대중을 전리품처럼 차지하게 되리라. 이는 그가 자기 목숨을 내던져 죽었기 때문이다. 반역자의 하나처럼 그 속에 끼여 많은 사람의 죄를 짊어지고 그 반역자들을 용서해 달라고 기도했기 때문이다"].

159) *Markus*, 10:45[『마가복음』, 10장 45절, "사람의 아들도 섬김을 받으러 온 것이 아니라 섬기려 왔고 또 많은 사람들을 위하여 목숨을 바쳐 몸값을 치르러 온 것이다, 하셨다"].

160) Schweitzer, *Geschichte der Leben-Jesu-Forschung*, p.437[『예수의 생애 연구사』, 417쪽].

161) 키리오스(Kyrios): 고대 그리스어로 '주인', '주'를 뜻하는 말로 신약성서에서는 예수(Jesus)

주의의 한 토막이 시작된다. "저 시대의 모든 위대한 창조물들에서 그의 수난에 비견될 수 있는 것은 아무것도 없다. 당시에 그의 고난의 역사가 직전에 어떻게 닥쳤었는지 ──예루살렘으로의 마지막 여행, 최후의 불안한 만찬, 겟세마네에서의 절망의 시간과 십자가 위에서의 죽음──읽고 또 들었던 사람에게는 미트라스신[162], 아티스[163]와 오시리스신[164]에 관한 모든 전설과 신성한 모험이 피상적이고 공허하게 보일 수밖에 없었다."[165] 이 주 그리스도 숭배에서 한 인간의 운명은 창조의 비유이자 형이상학적 구심점이 된다.

바울과 고대 세계의 해체

가시면류관을 쓴 예수상(ecce homo[166])에서 후기 고대의 비밀의 봉인이 벗겨지게 되는데, 이는 후기 고대에 인간의 자기의식이 탄생하기 때문이다. 그리스도교의 상징이란 이 사건의 위엄 앞에서 인간이 느끼는 불안의 총괄이다.[167] 세계사는 정신/영의 역사이며, 그 안에서 인간은 그

를 가리키는 말로 740차례 등장한다. ─옮긴이

162) 미트라스(Mithras) : 로마제국에서 널리 숭배된 미트라스교의 제신. ─옮긴이

163) 아티스(Attis) : 그리스 로마 신화에 나오는 인물로 프리기아의 미소년. ─옮긴이

164) 오시리스(Osiris) : 이집트 신화에서 사자의 신으로 숭배된 남신. ─옮긴이

165) Oswald Spengler, *Untergang des Abendlandes*, book 2/p. 256[『서구의 몰락 3』, 41쪽].

166) 빌라도가 가시면류관을 쓰고 자주색 망토를 걸친 예수를 가리키며 군중을 향해 '이 사람을 보라'(에케 호모[ecce homo])고 세 번 외쳤던 일에서 유래한 말이다. 이 장면은 중세 후기에 가장 활발히 그려진 도상 중의 하나가 되어 주로 예수 단독으로 혹은 주변인과 함께 등장한다. 앞서 논한 예수의 메시아적 자기의식과 그로 인해 겪게 되는 수난의 맥락에서 후기 고대에 일어난 인간의 자기의식의 탄생을 논증하고 있다. ─옮긴이

167) Otto Petras, *Post Christum: Streifzüge durch die geistige Wirklichkeit*, Berlin: Widerstands-Verlag, 1935, pp. 23~24[『그리스도 이후: 정신적 현실을 통한 만평』].

자신을 의식하게 된다. 인간의 실존을 의식하기 이전 상태는 신화적 세계에 대응하며 정확한 의미로는 역사 이전이다. 신화적 세계의 저 역사 이전의 시대에 인간의 삶이란 여전히 공동체에 완전히 잠겨 있으면서 어떤 개별성도 알지 못하는 형태들로 이어진다. 신화의 세계에는 모든 것이 꿈의 저 기묘한 비인격성과 무차별성과 더불어 일어난다. 개개인은 어떤 전체의 소음에 불과하며 그가 자신의 씨족과 집단의 구성원들에게서 떼어진다면 무가 된다. 역사 이전의 신화적 세계에서 인간의 (영)혼을 지배하는 힘은 **자연**Natur이다. 신화적 세계의 역사 이전의 인간은 자연의 소음에 불과하며, 그는 자기 자신을 한 조각의 자연으로 보고 자연을 도외시하고는 아직 스스로를 인지하지 못한다.[168]

자연은 대략 최초의 그리스 철학자들의 시대에 이르기까지 유일한 지평이다. 고대 이오니아 철학에서도 자연은 여전한 세계의 원리다. 소피스트들과 더불어 자연에서 몸을 돌려서 자연에 대해 사유하는 레-플렉티오re-flectio가 시작된다. 정신/영은 자립적으로 스스로를 규정하며 자신이 현존 질서들을 용납하지 못함을 입증한다. 만일 인간이 만물의 척도라면 그렇게 모든 규약들은 어떻게든 수상쩍어진다. 그때 소피스트들이 주장한 대로 특정 개인으로서 인간인 주체적subjektiv 인간이 만물의 척도인지, 혹은 소크라테스가 주장한 대로 보편 존재로서 인간인 주체Subjekt 인간이 척도이자 재판관인지는 거의 차이나지 않는다. 이미 아리스토파네스[169]가 소크라테스 안에서 소피스트들의 한 동

---

168) *Ibid.*.

169) 아리스토파네스(Aristophanes, 기원전 약 450~기원전 약 388) : 고대 그리스의 대표적인 희극 작가로 소피스트, 전쟁과 정치적 선동가 등을 주로 비난하고 풍자하였다. ─ 옮긴이

반자를 알아본다. 플라톤의 소크라테스에서[170] 인간은 최초이자 예시적으로 공동체의 자연적 질서들에, 폴리스의 공공심Gemeingeist에 스스로가 의식적으로 대립해 있음을 보게 된다. 인간들의 규약들보다 자신의 다이모니온[171]에 더 복종해야 하느냐는 소크라테스의 물음에서 사회의 자연적 질서들은 지금껏 믿어져 온 신성한 혈통에서 순전히 인간적이고 임의적인 자의로 암암리에 끌어내려진다.[172] 소크라테스가 조준한 이 주제는 이제부터 매번 새롭게 변주되어 정식화될 것이다. 자아의 승리가 자연적으로 성장한 공동체의 질서들, 민족성, 국가, 신화들과 예술을 해체할 때까지 말이다. 이 개인의 권리와 인간의 자기의식의 가능성이 후기 고대의 철학 전체에서 문제가 된다. 이 주제 쪽에서 보면 그 밖의 모든 후기 고대의 철학 학파들의 대립은 부차적이다.[173]

신화적 세계의 모든 타당성이 의심스러워지고 이 새로운 인간을 처음 단단히 쥘/파악할Greif 때 이 세계가 와르르 무너진다. 그러나 인간의 자기의식이 탄생하면서 인간은 태고의 (영)혼의 보배들을 잃게 되며, 이 인간은 지금껏 있어 온 모든 내용을 비워 내고 순전히 인간적인 미래 속으로 내던져진다. 똑같이 비워진 이 개인들 다수가 고대가 끝

---

170) Ferdinand Christian Baur, *Das Christliche des Platonismus oder Sokrates und Christus, eine religionsphilosophische Untersuchung*, Tübingen: L. F. Fues, 1837, pp.21~22[『플라톤주의의 그리스도교적 성격 혹은 소크라테스와 그리스도: 한 종교철학적 탐구』].

171) 다이모니온(daimonion): 그리스도교의 악령(Dämon)과 구별되는 것으로 신과 인간의 중간적 존재이자 인간의 수호령으로 각 개인의 내면에 있는 신성한 금지의 목소리다. ─옮긴이

172) Baur, *Das Christliche des Platonismus oder Sokrates und Christus, eine religionsphilosophische Untersuchung*, pp.30~31.

173) Petras, *Post Christum: Streifzüge durch die geistige Wirklichkeit*, p.25.

나 갈 때 지중해 나라들에 거주하고 있다. 인간이 모든 질서들과 제도들, 모든 소유관계들, 명예들과 소명들보다 뛰어나다는 것, 인간의 가치는 다만 인간존재에 놓여 있다는 것이 후기 고대 민족들의 역사를 인도한 지혜문학[174] 전체의 핵심 문장이다.[175] 이 새로운 원리가 스토아주의에서는 체계가 된다.[176] 세네카와 마르쿠스 아우렐리우스는 개인의 (영)혼의 자급자족성Autarkie을 설파한다. 그러나 대중은 이 새로운 정신이 지성적 개인들Einzelinge의 미묘한 명상에서 튀어나와 권위의 언어로 번역될 때 비로소 이 정신을 이해하게 된다. 너희는 옛사람들에게 하신 말씀을 들었다…… 하지만 내ICH가 너희에게 말하노니.[177]

고대 인류가 국가와 국가 질서를 외면함으로써 이뤄 낸 자기 자신 안에서의 **시대적 내성**内省, epochale Einkehr은, 이것이 인류에게 내적으로는 아무것도 제공하지 않으므로 옛것의 붕괴를 견뎌 내며 추호의 의심도 할 수 없는 어떤 것에 대한 요구를 창출한다.[178] 헬레니즘에 속하는 알렉산드로스 제국의 계승자들의 시대에서 로마 황제의 처음 두 세기에 이르는 고대 제국주의의 시대에 사회의 장벽들이 최종적으로 붕괴된다. 파괴된 정치적 질서에서 (영)혼-정신의 자산이라는 보물이 발굴

---

174) 지혜문학(Spruchliteratur) : 경구문학으로도 부르며 역사서나 예언문학과 달리 구약의 잠언, 욥기, 전도서처럼 구체적 기술이나 처세술을 다루고 있다. 성서에 국한되지 않고 메소포타미아와 이집트의 고대 근동의 지혜문학을 포괄한다. ─ 옮긴이

175) Petras, *Post Christum: Streifzüge durch die geistige Wirklichkeit*, p. 26.

176) Baur, *Das Christliche des Platonismus oder Sokrates und Christus, eine religionsphilosophische Untersuchung*, pp. 11~12.

177) *Matthäus*, 5 : 21~22[『마태복음』, 5장 21~22절].

178) Baur, *Das Christliche des Platonismus oder Sokrates und Christus, eine religionsphilosophische Untersuchung*, p. 221.

된다.[179] 이 황제 시대의 영락한 민중은 대중으로, 이들에게서 스토아주의가 의도한 대로 영적/정신적 공동체의 형상이 빚어지게 된다. 황제의 주권Kaisertum이 로마 지배(제국)imperium Romanum의 세계에 어떤 중심을 부여하려고 시도할 뿐 아니라, 오히려 국가를 외면하는 저 모든 이들이 내몰았던 것보다 더 강력하며 왕좌 위의 명령자보다 더 신뢰할 만한 어떤 새로운 주인을 구한다. 이 주인의 권력은 (영)혼 안의 가장 깊숙한 곳까지 가닿아서 삶의 모든 측면들을 자신의 명령들로 껴안는다.[180]

이 로마 세계의 공허 속에 유대-그리스도교의 설교가 울리기 시작한다. 유대교는 그 본질이 율법에 있다.[181] 율법의 신정 질서는 개개인의 자의에 아무것도, 가장 무의미한 것조차 맡기지 않는다. 율법은 피안의 신을 삶 전체의 (영)혼으로 만든다. 고대의 신들이 사멸한 뒤 제국의 철학 집단들이 불분명한 형태로 신봉한 유일신론이 율법의 절대적 중심이다.[182] 헬레니즘의 삶의 지혜는 신의 율법이라는 관념을 통해 어떤 집결지를 획득한다. 로마인들을 연모하며 팔레스타인과 유대 국민에 대한 그들의 승리에 대해 의심하지 않는 요세푸스와 같은 신로마의 유대인조차 예루살렘의 파국이 유대교에 세계를 더 위대한 승리의 무대로 제시하고 열어젖힌다는 믿음을 가지고 있다.[183] 요세푸

---

179) Baur, *Das Christliche des Platonismus oder Sokrates und Christus, eine religions-philosophische Untersuchung*, pp.4~5.

180) *Ibid.*, pp.221~222.

181) *Ibid.*, p.302.

182) *Ibid.*.

183) *Ibid.*, pp.219~220.

스는 예루살렘의 성전에서 멀어져 간 그의 신이 세계를 차지하여 이 신의 율법이 로마제국을 복속시킬 것이라고 확신한다. 아피온[184]에 반대하는 요세푸스의 저서는 율법의 보편성에 대한 그의 믿음을 증언한다. 이 유대인 출신의 신로마인은 유대인의 신의 율법이 세계를 지배하기 시작하며, 유대 국가의 신정이 세계의 신정으로 확장되기를 희망한다. 요세푸스는 또한 자주 바리새파[185], 사두개파[186], 에세네파[187]를 유대인의 "철학학파"로 기술한다. 유대교는 알렉산드리아의 선교원들에 따르면 피타고라스, 소크라테스, 플라톤과 같은 모든 철학자들이 배운 적 있는 참다운 철학 자체. 유대 신정에 플라톤과 모든 그리스 유토피아주의자들의 최상국가의 이상이 실현되리라는 것이다. 알렉산드리아의 유대교의 선교는 로마제국을 어떤 경작지처럼 가꿔 동방-그리스도교의 씨를 뿌리기에 충분하도록 만든다.

디아스포라의 유대 공동체는 제국이라는 인간 용광로 밖으로 나와 수많은 그리스계 로마인들의 도피처가 된다.[188] 유대 공동체에서

---

184) 아피온(Apion): 그리스의 대표적인 반유대주의자로 이 견해를 비판하면서 요세푸스는 『아피온 반박』(*contra apionem*)(『요세푸스 4: 요세푸스 자서전과 아피온 반박문』, 김지찬 옮김, 생명의말씀사, 2007)을 기술했다.—옮긴이

185) 바리새파(바리사이파, Pharisäer): 율법을 엄격하게 지킬 것을 주장한 유대교의 유파로 이들의 형식주의적 성격을 예수가 강하게 비판하였다. 후대의 랍비들은 이스라엘 율법과 전통의 옹호자로 이 유파를 추종하였다.—옮긴이

186) 사두개파(사두가이파, Sadduzäer): 바리새파의 엄격한 율법주의를 반대하고 육체의 부활이나 천사의 존재 등을 부정하였던 유대교의 유파.—옮긴이

187) 에세네파(Essener): 유대계 그리스인 철학자 필론의 영향을 받아 신비적 금욕주의를 실천한 유대교의 영지주의 유파로 세례 요한이 속했다는 주장도 있다. 앞의 각주 133번 참조.—옮긴이

188) Baur, *Das Christliche des Platonismus oder Sokrates und Christus, eine religionsphilosophische Untersuchung*, p.327.

그리스계 로마인은 자신의 (영)혼이 고대 세계의 모든 질서와 결속을 떠나는 것을 강화한다. 바로 이 이유로 나중에 그리스계 그리스도교인들의 (영)혼은 공동체의 가입과, 인간의 원자화로 야기된 마지막 귀결인 고독상태 사이에서 동요한다. 이 유대-그리스도교 공동체는 후기 고대의 이교에 지속적으로 영향을 끼치는 독약이 되어 그 민족적이고 국가적이며 종교적인 특색을 파괴한다.[189] 자신의 내용을 박탈당한 인간의 자아는 그것이 여전히 지고 있는 마지막 짐인 자기 자신에게서 벗어나려고 애쓴다. 스토아주의 지식인과 이와 동류의 지식인은 이미 제 자신의 삶의 이상들을 역사적이거나 신화적인 어떤 현자 안에 기입하고 이것을 신과 똑같이 흠모한다. 이 이상에서 제 자신의 불충분함이 지양되며 이로써 인간의 형이상학적인 자기해제Selbstentlastung를 향한 첫 진전이 행해진다. 세네카는 스토아주의적인 인간의 이념상의 윤곽을 그린다. "위험 속에서도 놀라지 않고, 정욕에 흔들리지 않으며, 불행 속에서도 기뻐하고, 폭풍우 한가운데 사로잡혀 있으며, 다른 사람들보다 탁월하고, 신들과 동등한 정신적 높이에 있는 어떤 인간, 그가 너를 경외로 가득 채우지 않는가? 그때 너는 여기에는 그가 살던 허약한 몸뚱이에 속했다고 하기에는 너무도 탁월한 것이 있지 않느냐고 말하지 않는가? 그곳에는 어떤 신적인 힘이 아래로 내려와 있다. 그와 같은 영/정신은 우리가 바라거나 두려워하는 모든 사소한 것을 웃음거리로 만들며 어떤 천상의 힘을 틀림없이 소생시킨다. 과연 태양 광선이 지상에 접촉하긴 하지만, 그럼에도 그것이 왔던 그곳에 남아 있는 것처

---

189) Petras, *Post Christum: Streifzüge durch die geistige Wirklichkeit*, pp. 29~30.

럼, 분명 우리에게 보내졌던 위대하고 성스러운 사람은 우리가 신성함을 알 수 있도록 우리와 교제하면서도 자신의 고향에 충실하게 남아 있다. 그는 저 곳을 바라보고 거기로 돌아가려 애쓴다."[190] 하지만 이미 세네카 이전에 루크레티우스[191]가 자신의 스승인 에피쿠로스를 저 어조로 찬미한 적 있다. 후기 고대의 영/정신이 그리스도교로 이동하면서 따로 남겨 둔 이정표들이 그 길 위에 있다고 말이다. "우리에게 최고선으로 나아가는 길을 보여 줬으며 (영)혼의 불안을 해소했고 마음을 정화시켰던 그 분은 필멸의 육신Leib에서 자라나지 않았다. 그 분은 신이었다. 자신의 기예로 삶을 어둠에서 해방시키고 이 빛을 이 평정 가운데 두었던 신이었다."[192] 그와 같이 그리스적 인간의 (영)혼은 내세의 구세주Heiland를 향해 열려 있다.

시나고그는 유일신론과 율법의 이념을 통하여 로마인 집단의 마음을 끈다. 그렇다고 해서 신의 율법이라는 **이념**Idee을 통해 시나고그의 길을 보게 된 이 그리스계 로마인들이 유대교 율법의 **실천**Praxis까지 떠맡을 준비가 되어 있지는 않다. 이 공동체에 들어감으로써 국민적이고

---

190) *Lucius Annaeus Seneca, *Ad Lucilium epistulae morales*, Rom: Typis Publicae Officinae Polygraphicae, 1937, p.41 [『루킬리우스에게 보내는 도덕서간』].

191) 루크레티우스(Lucretius, Lucrez) : 고대 로마의 시인 겸 철학자로 여섯 권으로 된 라틴어 철학시 『사물의 본성에 관하여』에서 에피쿠로스 자연학을 집대성하였다. ─옮긴이

192) Titus Carus Lucretius, *De rerum natura*, latin and german of Hermann Diels, Berlin: Weidmann, 1923~1924, book 5/6~12 [루크레티우스, 『사물의 본성에 관하여』, 강대진 옮김, 아카넷, 2012, 353~354쪽. 인용문과 원문의 내용에는 차이가 있다. 참고로 원문의 한국어본의 번역은 다음과 같다. "필멸의 몸에서 생겨난 자로는. 왜냐하면 만일, 이제는 잘 알려져 있는 사물들의 장엄함 자체가 추구하는 대로 말하자면, 저 분은 신이셨도다. 신, 명성 높은 멤미우스여, 처음으로, 지금은 지혜라고 불리는, 저 삶의 이치를 발견하신 이, 그리고 기술로써 삶을 그토록 큰 격랑과 그토록 큰 어둠으로부터 그토록 평온하고 그토록 맑은 빛 속에 놓으신 그 분은"].

2권 _ 묵시주의의 역사 133

national 민족적인volkisch[193] 마지막 공통성을 해소한 이들은 유대인의 국민적 민족 공동체에 가입하여 로마 국적Nationalität을 동방의 국적으로 좀처럼 바꾸려 하지 않는다.[194] 디아스포라의 유대인 집단들에도 개별 규약의 힘이 약해진다. 알렉산드리아에는 규약의 원문에서 자유로워져 율법의 내적 의미를 알려고 씨름하는 이들이 많이 있다. 필론이 율법에 대한 이 내적이기만 한 파악을 경고할 때조차 실제로는 세례자 요한과 그의 제자들이 야기한 유대교의 저 해체적인 제한철폐auflösende Entschränkung를 예비한다. 요한의 세례는 유대인들이 이교에 빠져 있음을 또한 의미하기 때문이다. 회심한bekehrt 이교도들도 받아들인 세례를 통하여 비로소 유대인들은 다시 이스라엘의 공동체로 되돌아간다. 요한은 옛 민족의 자리에 새로운 민족이, 하느님 나라의 전사 군단과 동일한 새로운 시나고그가 들어서는 것을 목격한다.[195] 성사로서 세례란 인간을 새롭게 낳는 것이다.[196] 요한의 설교는 아람 세계 전역을 휘저어 놓으며, 요한 자신은 예수가 사기꾼으로 비난받게 된 것과 달리 트란스요르단[197]과 더 멀리 동방까지 사람의 아들로 존경받는다.[198] 서

---

193) 타우베스는 공통의 땅에 거주하면서 같은 언어를 사용하는 다수(이교도)를 가리키는 민족(Volk)과 로마시민권 없이 고유한 법적 토대를 가지고 있는 이주민 공동체나 종교적 공동체를 가리키는 국민(Nation)을 구별하는데, 여기서는 이 두 종류의 종족 공동체를 동시에 지칭하는 것으로 보인다. 1권 각주 156을 참조하라. ─옮긴이

194) Baur, *Das Christliche des Platonismus oder Sokrates und Christus, eine religionsphilosophische Untersuchung*, p. 222.

195) Eisler, *iēsous basileus ou basileusas, die messianische Unabhängigkeitsbewegung vom Auftreten Johannes des Täufers bis zum Untergang Jacobs des Gerechten*, p. 735.

196) *Kolosser*, 2 : 12 [『골로새서』, 2장 12절. "여러분은 그리스도의 할례, 곧 세례를 받음으로써 그리스도와 함께 묻혔고 또 그리스도와 함께 다시 살아났습니다. 그리스도를 죽은 자 가운데서 다시 살리신 하느님의 능력을 믿었기 때문입니다"].

방에서는 이와 달리 이 세례자의 알렉산드리아 제자들, 곧 아폴로[199] 무리가 바울 공동체의 주 그리스도 숭배에 합류해 있는 것처럼 보인다.[200]

요한의 제자들은 구속의 메시지(복음)에 대한 보편적이고 초민족적인übervölkisch 이해에 있어 바울Paulus에 가깝다. 바울에게는 유대인과 그리스인, 노예와 자유인 사이에 더 이상 아무런 차이가 없는데, 모두 세례를 통하여 메시아의 에클레시아[201]에 받아들여졌으며 모두 아브라함의 자손이라는 권리를 가지고 있기 때문이다. "한 몸이 있고 그럼에도 이 몸에 여러 사지들이 있는 것과 똑같이 몸의 모든 사지들은, 그것들이 제아무리 많다고 할지라도 한 몸인 탓이다. 말하자면 그리스

---

197) 트란스요르단(Transjordanien): 요르단 왕국의 옛 이름으로 1차 세계대전 후 영국이 오스만 투르크 제국의 요르단 강 동쪽 지역을 통치할 때의 명칭이다. ─ 옮긴이

198) Lidzbarski, *Das Johannesbuch der Mandäder*, p. 104.

199) 아폴로(Apollo): 알렉산드리아의 그리스계 유대인으로 사도 바울이 활약하던 동시대에 전도자로 고린도에서 복음을 전하고 아폴로파를 만들어 바울파와 대립하였다. ─ 옮긴이

200) *Apostelgeschichte*, 18:24~25[『사도행전』, 18장 24~25절, "한편 에페소에는 아폴로라는 유다인이 와 있었는데 그는 알렉산드리아 출신으로 구변이 좋고 성서에 정통한 사람이었다. 그는 요한의 세례밖에 알지 못했으나 이미 주님의 가르침을 배워 잘 알고 있을 뿐 아니라 열성을 다하여 전도하며 예수에 관한 일들을 정확하게 가르치고 있었다"].

201) 에클레시아(ecclesia): '공동체'로 번역될 수 있으나 그 의미는 시대에 따라 가변적이다. 고대 그리스 아테네에서 성인 남성이 매년 40회 이상 참여한 민회에 그 기원이 있으며 데모스와 동의어로 자주 사용되었고 로마제국시대에는 자유와 민주주의 원리 실현을 위한 주된 제도적 원칙이었다. 특히 초기 그리스도교의 바울 등은 이 명칭을 가정기도회 등 그리스도인이 모여 있는 공동체 일반에 두루 사용하였다. 중세 그리스도교의 문맥에서는 황제의 세속 권력에 반대하는 성직자의 교회 권력을 가리키게 된다. 보통 '영적으로 호출된 이들'이 모인 '영의 교회'를 뜻하는 '에클레시아 스피리투알리스'(ecclesia spiritualis)의 결합 형태로 사용된다. 이 교회공동체가 사적인 자발적 집회라는 기존의 통념 대신 고대 그리스와 로마제국까지 이어지는 시민정치적 함의를 주장한 대표적인 책으로 『에클레시아: 에클레시아에 담긴 시민공동체의 유한과 바울의 비전』(박영호, 새물결플러스, 2018)이 있다. ─ 옮긴이

도 역시 그렇다. 우리 모두 한 영으로 세례를 받아 한 몸이 되었으므로, 우리가 유대인이거나 그리스인이든, 혹은 노예이거나 자유인이든 모두 한 영에 흠뻑 젖어 있다."[202] 민족들, 신분들, 성별들은 한 몸의 사지에 불과하다. 이 몸은 메시아이며, 그의 고난으로 인간은 모든 단절에서 구원된 인류로 존재한다. 저 몸과 사지의 비유[Leib-Glieder-Gleichnis]로 바울은 그리스 국가론의 공통장소인 국가가 "대대적인 인간"[der Mensch im Großen][203]과 같다는 플라톤의 이념으로 되돌아간다. 메시아의 몸은 인류다. 인류는 아담과 동일하다. 그리스어에는 인류에 해당하는 어떤 어휘도 없기 때문에 바울은 그 표현으로 아담이 필요하다.

흔히 바울 교의의 핵심은 '그리스도 신비주의'[Christusmystik][204]라고 정해져 있지만, 더 정확하게 바울의 변신론은 아담과 그리스도, 혹은 최초[protos] 아담과 마지막[eschatos] 아담의 초점들 주변을 맴돈다. 인류의 운명이 이 양극 사이에서 팽팽하게 긴장되어 있다. "그러므로 한 사람으로 말미암아 죄가 세상에 들어왔고, 또 그 죄로 말미암아 죽음이 들어온 것과 같이, 모든 사람이 죄를 지었기 때문에 죽음이 모든 사람에게 이르게 되었다…… 그때 한 사람의 죄를 통하여 모든 사람에 대한 저주

---

202) *1. Korinther*, 12:12~13[『고린도전서』, 12장 12~13절, "몸은 하나이지만 많은 지체를 가지고 있고 몸에 딸린 지체는 많지만 그 모두가 한 몸을 이루는 것처럼 그리스도의 몸도 그러합니다. 유다인이든 그리스인이든 종이든 자유인이든 우리는 모두 한 성령으로 세례를 받아 한 몸이 되었고 같은 성령을 받아 마셨습니다"].

203) Robert Poehlmann, *Geschichte der sozialen Fragen des Sozialismus in der antiken Welt I*, München: C. H. Beck, 1912, p. 527[『고대세계의 사회주의의 사회적 문제사 1』].

204) Albert Schweitzer, *Die Mystik des Apostel Paulus*, Tübingen: Mohr Siebeck, 1930, pp. 102~103[알베르트 슈바이처, 『사도 바울의 신비주의』, 조남홍 옮김, 한들출판사, 2012, 127~129쪽].

가 온 것과 똑같이 한 사람의 의로움을 통하여 모든 사람이 의롭다는 인정을 받아서^{Rechtfertigung}[205] 생명이 오기도 했다. 한 사람이 순종하지 않음으로 말미암아 많은 사람이 죄인이 된 것과 똑같이 이제는 한 사람의 순종으로 말미암아 많은 사람이 의인이 된다."[206] 아담은 그리스도의 앞에 드리워진 그림자이자 도래할 자의 예형[207], 곧 이 사람이 예수 그리스도^{typos tou mellontos, des his anthropos Jesus Christos}다.[208] 최초 아담과 마지막 아담의 대립 속에 프시케와 프네우마의 대립이 역사적으로 구현되어 있다. "타고난^{natürlich} 몸(마음의 몸/혼의 몸^{soma psychikon})이 있으면 영적인(프네우마티콘^{pneumatikon}) 몸도 있다. 기록된 대로 최초의 사람 아담은 '어떤 생명 있는 혼^{Seele}이 되고', 그리고 마지막 아담은 그것에 생

---

205) 보통 '정당화'(justification)로 번역되지만 김덕영이 지적하는 것처럼 신학에서는 '칭의'(稱義)나 '의인'(義人)의 의미로 사용된다. 이 맥락에서 '의롭게 함' 혹은 '의롭다는 인정을 받음'을 뜻한다.(베버, 『프로테스탄티즘 윤리와 자본주의 정신』, 김덕영 옮김, 길, 2010, 123~124쪽/ 역주 6). ─ 옮긴이

206) *Römer*, 5:12, 18, 19[『로마서』, 5장 12, 18, 19절, 새번역 개정판: "그러므로 한 사람으로 말미암아 죄가 세상에 들어왔고, 또 그 죄로 말미암아 죽음이 들어온 것과 같이, 모든 사람이 죄를 지었기 때문에 죽음이 모든 사람에게 이르게 되었습니다", "그러니 한 사람의 범죄 행위 때문에 모든 사람이 유죄판결을 받았는데, 이제는 한 사람의 의로운 행위 때문에 모든 사람이 의롭다는 인정을 받아서 생명을 얻게 되었습니다.", "한 사람이 순종하지 않으로 말미암아 많은 사람이 죄인으로 판정을 받았는데, 이제는 한 사람이 순종함으로 말미암아 많은 사람이 의인으로 판정을 받을 것입니다"].

207) 예형(豫型, typos)론: 초창기 그리스도교 교부들이 성서에 주석을 다는 방식으로, 신약의 내용이 구약에 나오는 사실 인물과 사건에 대한 예언이 성취된 것(혹은 반대로 구약을 신약에 대한 '예형')으로 이해한다. ─ 옮긴이

208) *Römer*, 5:14, 15[『로마서』, 5장 14, 15절, "그러나 죽음이 아담으로부터 모세에 이르기까지 모든 사람을 지배하였는데 아담이 죄를 지은 것과 같은 죄를 짓지 않은 사람들까지도 그 지배를 받았습니다. 그런데 아담은 장차 오실 분의 원형이었습니다. 그러나 하느님께서 내리시는 은총의 경우와 아담이 지은 죄의 경우와는 전연 비교가 되지 않습니다. 아담의 범죄의 경우에는 그 한 사람 때문에 많은 사람이 죽었지만 하느님의 은총의 경우에는 예수 그리스도 한 사람의 덕분으로 많은 사람이 풍성한 은총을 거저 받았습니다. 그러니 하느님의 은총이 얼마나 더 큽니까!"].

명을 주는 영Geist이 된다. 그러나 영적인(프네우마티콘) 몸이 먼저 있었던 것이 아니라 타고난(프수키콘) 것이 먼저 있었고 그 다음에 영적인 것이 왔다. 첫번째 인간은 흙으로 만들어진 땅의 존재이고, 두번째 인간은 천상의 주인이다. 흙의 인간들은 흙으로 된 사람들과 같고, 천상의 인간들은 천상의 사람들과 같다. 그리고 우리가 흙으로 된 그 사람의 형상을 지니듯이 천상의 사람의 형상을 또한 지니게 될 것이다."[209] 칠십인역[210]의 『창세기』에 대한 타르굼[211] 증보판에서 결정적인 문장이 나온다. 그 (최초의) 사람(아담)이 생명체가 되었다egeneto ho (protos) anthropos (Adam) eis psychen zosan. 최초 아담은 마지막 아담의 표상도 가지고 있는 랍비 신학의 **아담 하 리숀**Adam [ha] rischon(최초의 인간)이다. 물론 이 표시에는 바울의 예형론의 특징이 나타나지 않는다.[212]

인간의 창조에 관한 창세기의 이중 보고를 필론이 이미 다음과 같이 나누었다. 처음 것은 "하느님과 꼭 닮은 모습[형상]Ebenbild"[213]으

---

209) *1. Korinther*, 15 : 44~49[『고린도전서』, 15장 44~49절. "육체적인 몸이 있으면 영적인 몸도 있습니다. 성서에 기록된 대로 첫 사람 아담은 생명 있는 존재가 되었지만 나중 아담은 생명을 주는 영적 존재가 되셨습니다. 그러나 영적인 것이 먼저 있었던 것이 아니라 육체적인 것이 먼저 있었고 그 다음에 영적인 것이 왔습니다. 첫째 인간은 흙으로 만들어진 땅의 존재이지만 둘째 인간은 하늘에서 왔습니다. 흙의 인간들은 흙으로 된 사람들과 같고 하늘의 인간들은 하늘에 속한 그 분과 같습니다. 우리가 흙으로 된 그 사람의 형상을 지녔듯이 하늘에 속한 그 분의 형상을 또한 지니게 될 것입니다"].

210) 칠십인역(Septuagita) : 현재 전해지는 가장 오래된 그리스어역 구약성서. — 옮긴이

211) 타르굼(Targum) : 히브리어로 '번역', '해석'을 뜻하는 말로, 기원전 5, 6세기부터 페르시아 제국뿐 아니라 디아스포라 유대인들 사이에서도 아람어가 공식어가 되면서 예배 때 낭독되는 율법서와 예언서를 히브리어나 고대 그리스어에서 아람어로 통역하고 기록한 것을 가리킨다. 대표적으로 『바빌론 타르굼』과 『팔레스타인 타르굼』이 있다. — 옮긴이

212) *Gerhard Kittel, "Artikel Adam", *Theologisches Wörterbuch zum Neuen Testament*, Stuttgart : Verlag von W. Kohlhammer, 1933[「항목 '아담'」, 『신약용 신학사전』].

213) *Genesis*, 1 : 27[『창세기』, 1장 27절. "당신의 모습대로 사람을 지어내셨다. 하느님의 모습대로 사

로 만들어지고 로고스와 동일한 인간의 원형^{Urmensch}의 창조에 관련되는 반면, 두번째 것은 다만 "진흙으로"[214] 아담을 창조한 일을 이야기한다. 매우 유사하게 바울은 인간의 창조에 관한 첫번째 보고를 "보이지 않는 하느님과 꼭 닮은 모습이자 모든 피조물들 중 맨 먼저 태어난 이"[215]인 그리스도에 관련시킨다. 인간의 창조에 관한 두번째 보고가 비로소 아담의 창조에 관련된다. 그리스도는 아담 카드몬(인간의 원형)과 동일하고 마지막 시간의 왕은 천국의 왕의 원형이다. 주의 기름 부음을 받은 자는 아버지의 원형이자 왕의 원형으로 인류 전체를 남자와 여자, 민족들과 신분들을 아직은 나누지 않고 자신 안에 품고 있는 아담과 동일하다. 필론을 지나 바울에게 최초로 창조된 아담, 아담 카드몬의 역할은 현저하게 종말론적이다. 아담과 그리스도, 최초 아담과 마지막 아담은 바울에게 그 본질이 종말론인 역사의 모멘트이자 고정점이다. 종말론은 **구속사**인 것이다.

바울 구속사의 변증법은 **양적으로는 세계사적**$^{quantitativ\ weltgeschichtlich}$(헤겔)이면서도 **질적으로는 실존적**$^{qualitativ\ existenziell}$(키르케고르)이다. '대대적인' 역사의 객관적 사건은 헤겔과는 달리 개개인의 사적 실존과 무관하지 않으며, 개별 인간의 구속과 배척[216]에 대해 결정한다. 그

람을 지어내시되 남자와 여자로 지어내시고"].

214) *Ibid.*, 2:7[앞의 책, 2장 7절, "야훼 하느님께서 진흙으로 사람을 빚어 만드시고 코에 입김을 불어 넣으시니 사람이 되어 숨을 쉬었다"].

215) *Kolosser*, 1:15[『골로새서』, 1장 15절, "그리스도께서는 보이지 않는 하느님의 형상이시며 만물에 앞서 태어난 분이십니다"].

216) 페어베르풍(Verwerfung): 법률용어로는 '폐제'로 번역되는데, 이는 상속권을 박탈한다는 의미로 라캉 정신분석은 이것을 상징적인 차원에 적용하여 상징적 아버지-법에서 배척된 상태로 정신병의 주요특징을 설명한다. 여기서는 문맥상 '배척'으로 옮긴다. —옮긴이

러나 개개인의 운명은 키르케고르와 달리 역사의 흐름에 독립적이지 않으며, 역사의 구속사적 과정의 한복판에 세워져 있다. 인간과 인류의 통일체인 아담 안에서 보편 역사와 개개인의 윤리적 실존이 하나로 되는 일이 끝나 있다.

이사야의 하느님의 종[217]이 고난을 당하는 이스라엘과 동일한 것처럼, 바울은 고난을 당하는 메시아를 고난을 당하는 인류와 동일한 것으로 정립한다. 메시아의 고난은 그 안에 인류의 고난을 끝내며 이것은 아담의 원죄에 대한 속죄다. 그런데 아담의 원죄는 인류가 죄를 지은 상태Sündhaftigkeit와 동일하다. 주 그리스도의 국민은 인류와 동일하다. 세례 요한이 유대인에게 요구하고 어떤 새로운 이스라엘 공동체를 설립하는 수단이 되는 세례의 성사를 바울은 인류 전체로 확장한다. 개별 사람은 세례를 받으면서 고난을 당하는 메시아의 죽음을 반복하고, 세례를 통하여 죽은 메시아의 부활도 반복된다. "예수 그리스도 안에서 세례를 받은 우리 모두가 그분의 죽음으로 세례를 받았다는 것을 여러분은 알지 못합니까? 그렇게 우리는 정말 세례를 받아 죽어서 그분과 함께 묻혔고, 그리스도께서 아버지의 영광으로 죽은 자들 가운데서 되살아났던 것과 똑같이 우리도 새로운 생명으로 바뀌게 될 것입니다."[218] 이렇게 바울의 역사관의 모든 노선들이 부활론에 합류한다.

---

217) *Jesaja*, 53 [『이사야』, 53장 전체].

218) *Römer*, 6 : 3~4 [『로마서』, 6장 3~4절, "세례를 받고 그리스도 예수와 하나가 된 우리는 이미 예수와 함께 죽었다는 것을 모르십니까? 과연 우리는 세례를 받고 죽어서 그분과 함께 묻혔습니다. 그래서 그리스도께서 아버지의 영광스러운 능력으로 죽은 자들 가운데서 다시 살아나신 것처럼 우리도 새 생명을 얻어 살아가게 된 것입니다"].

"죽은 사람들이 살아나는 일이 없다면, 그리스도께서 살아나신 일도 없었을 것입니다. 그리스도께서 살아나지 않으셨다면, 여러분의 믿음은 헛된 것이 되고, 여러분은 아직도 죄 가운데 있을 것입니다. 그리고 그리스도 안에서 잠든 사람들도 멸망했을 것입니다. 우리가 이번 생에서 그리스도에만 희망을 걸고 있다면 우리는 누구보다 가장 불쌍한 사람일 것입니다."[219] 그런데 바울에게 그리스도의 부활은 아담의 죽음으로 필연적인 것이 되어 나타난다. "그러나 이제 그리스도께서는 죽은 사람들 가운데서 살아나셔서, 잠든 사람들의 첫 열매가 되셨습니다. 한 사람으로 말미암아 죽음이 들어왔으니, 또한 한 사람으로 말미암아 죽은 사람의 부활도 옵니다. 아담 안에서 모든 사람이 죽는 것과 같이, 그리스도 안에서 모든 사람이 살아나게 될 것입니다."[220] 최초 아담과 마지막 아담에 관한 바울의 교의는 인간의 원형에 대한 표상의 기반이 되며, 이 인간의 원형의 운명이 인류의 운명을 상징하고 있다. 바울이 이 상징을 세례와 공동체 만찬을 통하여 예배의 중심으로 이동시킴으로써 그는 새로 설립된 인류의 공동체로서 그리스도교 국민의 예배교회에 대한 기반을 닦는다.

바울에 대한 신학적 작업들에서 그의 신학이 통찰력 있게 연구되고 교의에 따라 분석되곤 한다. 역사적으로 중요하지 않은 이 물음에 비해 가장 중요한 역사적 물음은 억압되고 은폐된다. 이 문학의 탄생으로 로마(제국)의 지배를 받던, 적지 않은 수에서 결국엔 압도적인 수

---

219) *1. Korinther*, 15:16~19[『고린도전서』, 15장 16~19절. 새번역 성경. 다소 수정].
220) *1. Korinther*, 15:20~22[『고린도전서』, 15장 20~22절. 새번역 성경].

를 차지한 일부의 (영)혼의 상태가 어떠하다고 입증되는가?[221]

바울 공동체에는 자연, 예술, 제의, 국가처럼 타고난 모든 유기적 속박들에서 벗어나고 이 상태에 걸맞게 세계의 공허함과 소외 그리고 세속성에 대한 불화가 최고조에 달했던 사람들이 밀집해 있다. 그리스계 개인들이 이 그리스도 교회의 신비 공동체에 밀집해 있는데, 그들 사이에 필론과 같은 그리스계 유대인들이 많이 있다. 타고난 그대로의 옛 속박들과 달리 그리스도 공동체는 비유기적이고 사후적이며 '프네우마적인' 순수 개개인의 공존Zusammensein[222]이다. 그리스도교 공동체에서 후기 고대의 인간은 내세에서 나와 인간에게 내려앉은 저 초-자아Über-Ich를 위하여 자신의 자아Ich를 지워 없앤다. 이 공동체의 모든 구성원들에게 저 초-자아는 동일하기에 공동체는 **프네우마의 우리** pneumatisches Wir를 구현하고 있다. 후기 고대인의 영적 중심점은 내세의 초-자아다. "내가 사는 것이 아니라 그리스도가 내 안에 사시는 것입니다."[223]

대중에 의해 그리스도의 초-자아는 안티-카이사르[현세의 지배자]의 형상이 된다. 그리스도의 초-자아는 카이사르의 초-자아를 무색하게 하고 그 가치를 떨어뜨린다.[224] 후기 고대의 인간성이 어느 특색 없는 대중의 실존으로 비워짐으로써 이것이 상실한 고유한 자기를 신-황제에서 잠시 숭배하기 시작한다.[225] 그러나 카이사르들은 그들

221) Petras, *Post Christum: Streifzüge durch die geistige Wirklichkeit*, p.42.

222) *1. Korinther*, 12:13[『고린도전서』, 12장 13절].

223) *Galater*, 2:20[원본에는 10절로 오기, 『갈라디아서』, 2장 20절].

224) Petras, *Post Christum: Streifzüge durch die geistige Wirklichkeit*, pp.44~45.

에게 종속된 자들 못지않게 대중 속의 인간이다. 세계와 인간에 대한 그의 역겨움에서 네로는 그리스도교와 가깝다. 이 역겨움에 네로는 행동으로 표현을 부여하는데, 이것이 그로테스크하고 소름끼치게 보이곤 하지만, 그 비극적 지반이 간과되어선 안 된다. 더럽혀진 세계가 불타는 것을 자기 눈으로 목격할 수 있는 것보다 이 지배자가 더 원하는 일은 없을 테다. 그리스도교의 환상 역시 이 비전이 낯설지 않다.[226] 카이사르가 대중을 향해 느끼는 경멸과 그 인격 속에서만 여전히 민족, 국가, 종교, 예술을 재현하고 있는 카이사르의 신-황제를 향해 대중이 느끼는 증오가 서로 짝을 이루며, 근본적으로 자기 자신에 반하는 저 시대가 그 안에 나르고 있는 경멸과 증오의 개별 특질이 있을 따름이다.[227] 이 경멸은 로마제국에 그리스도교의 세계 경멸과 현세에 속하지 않는 지배자를 임명하는 길을 예비한다. 대중이 품은 희망들을 실현하는 일은 내세로 이전될 것이다. 그 누구도 지속적으로 제 자신의 실체를 아주 똑같이 실체 없는 자아-집합Sammel-Ichs을 위하여 잃어버리려 하지 않을 것이기 때문이다. 이 자아-집합의 향연들Speisungen과 혼잡한 축제들은 그 잔혹성 못지않게 품위를 잃어버리고 만다.[228] 이렇게 참다운 신-왕은 현세에 맞서고 제국의 세계와 그 제국의 황제-구제자에 맞서는 **저항**Protest이 된다. 만일 대중이 어떤 이가 병든 세계를 치유

---

225) Baur, *Das Christliche des Platonismus oder Sokrates und Christus, eine religions-philosophische Untersuchung*, pp.171~172.

226) *Ibid.*, p.58.

227) Petras, *Post Christum: Streifzüge durch die geistige Wirklichkeit*, pp.44~45.

228) *Ibid.*, p.34.

할 것이라고 그에게 한번에 모든 것을 고대한다면, 스스로 세계의 치유를 포기한 인간의 동경은 앞으로 쉬지 않고 방황하다가 결국 끝나 버린다. '정치적'-구세주를 향해 있던 그의 환상들이 내세에서 온 '참다운' 구세주를 믿어서는 실현되지 못하고 있기 때문이다.[229]

원시 그리스도교의 역사

그리스도교의 가장 내밀한innerst 역사는 일어나지 않는 재림의 사건에서 생기면서도 이 사건의 도달하지-않음Nicht-eintreffen을 그리스도교적으로 해석하여 파악하려는 시도를 포함한다. 재림의 첫 지체는 예수가 살던 시대에 일어나는데, 그때 예수는 자신의 제자들을 질풍 속 이스라엘의 도시들로 보낸다. "너희가 이스라엘의 동네들을 다 돌기 전에 사람의 아들이 올 것이다."[230] 그러나 인자人子의 출현이 아직 오지 않기 때문에 예수는 그가 다만 하느님의 종으로 많은 이들을 위하여 고난을 받음으로써 그들의 죄를 속죄할 수밖에 없으며, 이렇게 하여 하느님 나라가 시작되는 데 방해가 되는 것이 마지막까지 제거될 것이라고 여긴다.[231]

　원시 그리스도교의 내적 통일성은 원시공동체와 바울 교회의 대립이 역시 그런 것처럼 예수의 죽음에 대한 관점으로 정해진다. 예수의 죽음과 부활은 예수 자신에게 그렇듯 원시공동체에 메시아적 사건

---

229) Petras, *Post Christum: Streifzüge durch die geistige Wirklichkeit*, pp.44~45.
230) *Matthäus*, 10:23[『마태복음』, 10장 23절].
231) Otto, *Reich Gottes und Menschensohn*, p.203.

들의 단계들에 해당한다. 원시공동체는 예수를 따르던 무리^{Sippe} 주변에 운집하여 끊임없이 기도하며 그의 재림을 기다린다. 이 부활한 자는 비전들로 제자들과 함께 '하느님 나라에 관하여'[232] 말한다. 원시공동체는 이 나라와 이 나라에 대한 희망을 민중적 묵시주의로 채색하는데, 예수는 이 묵시주의를 훨씬 덜 야기했다. 어느 비밀집회보다도 더 크다고 할 수 없는 이 작은 공동체가 어떤 공동경제연합^{Verband}으로 통합된다. 유산자들은 새로운 질서에 복속되며, 최고 연장자들은 믿음이 부족하여 일어난 횡령에 대해 강경한 조치를 취한다. 원시공동체의 구성원들이 경작지와 집과 가진 것을 전부 포기한다면, 이것은 그들이 곧 "백 배로 집과 경작지와 영원한 생명을 받게 될 것"[233]이라는 확실한 희망 속에서 일어난다. 원시공동체의 공산주의는 무엇보다 다른 유랑 직인가족과 출장 직인가족처럼 가족 단위의 공동경제를 영위하는 예수를 따르던 무리의 종족체제에 뿌리를 둔다. 분명 여기서 복음, 희소식 역시 재원으로 기능한다. 켈수스[234]는 세계의 몰락을 곧장 임박해 있는 것으로 예언한 시리아의 예언자들에 관해 보고한다. 그러면서 이 예언자들은 도래할 세계의 심판자들로 자칭하는데, 이들은 천상의

---

232) *Apostelgeschichte*, 1:3[『사도행전』, 1장 3절. "예수께서는 돌아가신 뒤에 다시 살아나셔서 사십일 동안 사도들에게 자주 나타나시어 여러 가지 확실한 증거로써 당신이 여전히 살아 계시다는 것을 보여주시며 하느님 나라에 관한 말씀을 들려 주셨다"].

233) *Markus*, 10:29~30[『마가복음』, 10장 29~30절. "예수께서는 이렇게 말씀하셨다. '나는 분명히 말한다. 누구든지 나를 위하여 또 복음을 위하여 집이나 형제나 자매나 어머니나 아버지나 자녀나 토지를 버린 사람은 현세에서 박해도 받겠지만 집과 형제와 자매와 어머니와 자녀와 토지의 복도 백배나 받을 것이며 내세에서는 영원한 생명을 얻을 것이다"].

234) *Origenes, *Acht Bücher gegen Celsus*, book 7/paragraph 9[『켈수스를 논박함』, 145~146쪽에 일곱번째 책의 1~27단락이 요약되어 있다].

무리의 선두에 서서 재림할 것이며, 그때 그들에게 선을 입증하는 이들의 마을과 도시는 보호하고 구제할 것이지만, 다른 이들에게는 영원한 불과 엄한 판결이 닥치게 될 것이다. 켈수스의 이 묘사에서 예수와 그의 제자들 역시 최초의 그리스도교 공동체처럼 이어져 있다. "어떤 동네에 들어가든지 너희를 환영하거든 주는 음식을 먹고 그 동네 병자들을 고쳐 주며 하느님 나라가 그들에게 다가왔다고 전하여라. 그러나 어떤 동네에 들어갔을 때 사람들이 너희를 환영하지 않거든 길거리에 나가서 '당신네 동네에서 묻은 발의 먼지를 당신들한테 털어 놓고 갑니다. 그러나 하느님 나라가 다가왔다는 것만은 알아두시오' 하고 일러주어라. 내 말을 잘 들어라. 그 날이 오면 소돔 땅이 그 동네보다 오히려 견딜 만할 것이다."[235] 예수 무리의 가족 공산주의에 제자들의 공동체가 섞여 들며 원시공동체의 공동경제로 확장된다. 하느님 나라에 대한 열광주의Reichenthusiasmus와 공산주의 사이의 연관을 못 보고 지나칠 수는 없다.

원시 그리스도교 공동체는 하느님 나라의 오이코노미아(살림/경륜)를 공산주의에서 선취하고자 한다. 이에 대하여 원시 그리스도교 공동체에서 어떤 견해가 지배적인지 ——그런데 예수 역시 왜 함께하지 않았는가에 대한 아무런 이유도 없다—— 야고보의 편지가 증거하고 있다. 야고보의 편지는 보존된 것 중 가장 오래된 그리스도교 저서다. 이 저술을 예수의 형 야고보가 작성했다는 것에 대해서는 어떤 반

---

235) *Lukas*, 10:8~12[『누가복음』, 10장 8~12절].

론도 없다. 정반대로 이 저서가 사도공의회[236]가 열리기 전에 저술되었다는 점을 받아들여야만 강제성 없이 이 기록을 설명하는 게 가능해진다.[237]

원시공동체Urgemeinde는 세계와 나누는 친화가 하느님에 반하는 적대임을 여전히 알고 있다.[238] 선과 악에 대응하는 언명이 원시공동체에서는 가난과 부유함이다.[239] 하느님 나라에 거는 희망 속에 이 나라에 대한 선지자적 예언과 묵시적 채색이 공명한다. 예수의 가르침에는 "사회적 쇄신의 모든 프로그램이 빠져 있다"[240]는 점을 매번 다시 언급하곤 한다. 하지만 율법과 예언서를 충족시키는 소명을 받았다고 느끼

---

236) 사도공의회(Apostelkonzil) : 『사도행전』 15장에 등장하는 중요한 예루살렘 공의회를 가리키고, 여기서 비유대인들에게도 그리스도교가 전도되면서 파생된 문제, 곧 그리스도인이 유대 율법, 이를테면 할례를 따라야 하는가에 관한 문제를 논했다. ─옮긴이

237) Gerhard Kittel, "Der geschichtliche Ort des Jakobusbriefes", *ZNW.*, vol.41, Berlin: De Gruyter, Jahrgang 1942, p.71 [「야고보서의 역사적 장소」, 『신약연구집』].

238) *Jakobus*, 4 : 4 [『야고보서』, 4장 4절, "절조 없는 사람들! 이 세상과 짝하면 하느님을 등지게 된다는 사실을 알지 못합니까? 누구든지 이 세상의 친구가 되려고 하는 사람은 하느님의 원수가 됩니다"].

239) *Ibid.*, 5 : 1~9 [앞의 책, 5장 1~9절, "이번에는 부자들에게도 한마디 하겠습니다. 당신들에게 닥쳐올 비참한 일들을 생각하고 울며 통곡하십시오. 당신들의 재물은 썩었고 그 많은 옷가지들은 좀먹어 버렸습니다. 당신들의 금과 은은 녹이 슬었고 그 녹은 장차 당신들을 고발할 증거가 되며 불과 같이 당신들의 살을 삼켜 버릴 것입니다. 당신들은 이와 같은 말세에도 재물을 쌓았습니다. 잘 들으시오. 당신들은 당신들의 밭에서 곡식을 거두어들인 일꾼들에게 품삯을 주지 않고 가로챘습니다. 그 품삯이 소리를 지르고 있습니다. 또 추수한 일꾼들의 아우성이 만군의 주님의 귀에 들렸습니다. 당신들은 이 세상에서 사치와 쾌락을 누리며 지냈고 도살당할 날들을 눈앞에 두고도 마음은 욕심으로 가득 채웠습니다. 당신들은 죄없는 사람을 단죄하고 죽였습니다. 그러나 그는 당신들을 대항하지 않습니다. 그러므로 형제 여러분, 주님께서 오실 때까지 참고 기다리십시오. 농부는 땅이 귀중한 소출을 낼 때까지 끈기있게 가을비와 봄비를 기다립니다. 여러분도 참고 기다리며 마음을 굳게 하십시오. 주님께서 오실 날이 가까이 왔습니다. 형제 여러분, 심판을 받지 않으시려거든 서로 남을 탓하지 마십시오. 심판하실 분이 이미 문 앞에 서 계십니다"].

240) Ernst Troeltsch, *Die Soziallehren der christlichen Kirchen und Gruppen*, Tübingen: Mohr Siebeck, 1912, p.48 [『그리스도 교회와 집단의 사회적 교의』].

는 이들이 예언의 사회적 프로그램을 실행하고자 한다는 점도 자명하다. 사도들이 가져오는 희소식은 로마의 지배를 받는 하류층에게 선전하며 힘을 행사하는데, 이는 복음이 곧장 임박한 변혁을 선포하기 때문이다. 그때는 어떤 것도 지금처럼 남아 있지 않을 것이다. "보아라. 지금은 꼴찌지만 첫째가 되고 지금은 첫째지만 꼴찌가 될 사람들이 있을 것이다."[241] 그런데 이것에 관하여 제우스와 유피테르[242], 오시리스와 세라피스[243]의 사제들은 침묵한다.

원시공동체는 하느님 나라가 들이닥치길 기다리는데, 이 사건이 더 오랫동안 일어나지 않을수록 기다림의 상황은 더욱더 절망스러워질 것이다. **바울**은 재림이 지체됨에도 불구하고 새로운 아이온이 이미 시작되었다고 가르침으로써 원시공동체의 이 교착상태를 극복한다. 그러나 지속적으로 이 일이 도달하지 않자 바울 공동체마저 불안해지고 만다. 공동체 안에서 사망하는 일들이 이 믿음을 거세게 몰아붙인다. 설령 이 사망한 자들이 세례를 받아 이미 새로운 아이온에 있었다 할지라도, 지금은 그들에게 중지된 메시아적 시간의 장엄함이 마지막 세대에는 간직되어 있기 때문이다. 바울은 어떤 부활의 '순서'Ordnung를 확언함으로써 이 의심을 누그러뜨린다. 사망한 그리스도인들 역시 재림 때 부활하게 될 것이며, 다른 모든 망자들보다 오직 그들만이 부활의 최종 타그마tagma(순서)까지 기다려야만 한다고 말이다. 마지막 시

---

241) *Lukas*, 13:30[『누가복음』, 13장 30절].
242) 유피테르(Jupiter, 주피터): 고대 로마신화의 하늘과 천둥의 신이자 신들의 왕.—옮긴이
243) 세라피스(Serapis): 기원전 3세기 이집트의 프톨레마이오스 1세가 그리스와 이집트의 통합을 위해 이 신에 대한 숭배를 보급하였다.—옮긴이

간의 부활은 그렇게 단계별로 이뤄진다.[244]

주 그리스도 숭배에서 왕의 지배-영역이 물러나고 왕 자신이 중심에 선다. 유대 묵시주의가 메시아의 출현에 결부시킨 정치적이고 사회적인 희망들에 그리스도의 몸이라는 인류의 신비주의적-상징적 하나됨에 의해 그늘이 드리워지게 된다. 필립보[245]가 여전히 "하나님 나라와 예수 그리스도의 이름에 대해"[246] 설교할 때, 바울이 이미 예수 그리스도 말고는 아무것도 알지 못한다고 단언한다.[247] 이렇게 하여 강조점이 이동하고 묵시주의에서 영지주의에 이르는 길이 열린다.

바울은 그리스도교 묵시주의에서 그리스도교 영지주의를 향한 전환의 장소를 정확히 나타낸다. 바울에게서 종말론과 신비주의가 교차한다.[248] 그리스와 중세의 신비주의와 달리 지상의 것과 지상 너머의 것의 하나됨은 개개인의 마음에서 일어나지 않으며 '현'세와 '내'세는 폐쇄된 권력체계로, 곧 '나라들'이 되어 서로 뒤섞여 느릿느릿 간다. '현'세와 '내'세가 접촉하고 서로 뒤섞여 느릿느릿 가는 그 순간이 카이로스다. 바울은 예수의 죽음과 그리스도의 재림 사이의 시간을 아직 자연적인 세계 상태와 이미 초자연적인 세계 상태 간의 뒤섞임으로 나

---

244) *1. Korinther*, 15 : 23[『고린도전서』, 15장 23절, "그러나 각각 차례가 있습니다. 먼저 그리스도께서 살아나셨고 그 다음에는 그리스도를 믿는 사람들이 그리스도께서 다시 오실 때 살아나게 되실 것입니다"].

245) 필립보(Philippus) : 예수의 열두 사도 가운데 한 명이다. —옮긴이

246) *Apostelgeschichte*, 8 : 12[『사도행전』, 8장 12절, "그러나 필립보가 하느님 나라와 예수 그리스도의 이름을 전하자 남자 여자 할 것 없이 모두 그의 말을 믿고 세례를 받았으며"].

247) *1. Korinther*, 2 : 2[『고린도전서』, 2장 2절, "그것은 내가 여러분과 함께 지내는 동안 예수 그리스도, 특히 십자가에 달리신 그리스도 외에는 아무 것도 생각하지 않기로 하였기 때문입니다"].

248) Schweitzer, *Die Mystik des Apostel Paulus*, p.113[슈바이처, 『사도 바울의 신비주의』, 140~141쪽].

타나 있는 카이로스로 특징짓는다. 예수의 죽음과 부활로 현세의 본질이 사라져 가는 전환이 들어서게 되었다. 그런데 현세의 본질은 **율법**Gesetz이다. 그렇기 때문에 그리스도에게 고해한 이교도들이 율법을 떠맡아선 안 된다. 이교도들이 율법을 유지할 필요가 없다는 게 아니라 지복을 상실하면서까지 그럴 필요가 없다는 것이다. 그런데 동일한 전제에서 이스라엘 출신의 그리스도인들은 율법을 계속 이행해야 한다는 것이 도출된다. 다시 오는 그리스도의 사역은 이미 그 본질이 사라진 세계를 최종적으로 없애는 것이기 때문이며, 믿음이 깊은 자는 제 자신의 힘으로 종말론적 집행Vollzug을 앞질러선 안 되고 그가 그리스도의 공동체에 들어설 때 자신이 현존하고 있는 옛 질서들에서 스스로를 폐기해서도 안 된다.[249] "각 사람은 부르심을 받은 그 소명Beruf 그대로 머물러 있으십시오."[250]

그러나 바울이 예루살렘의 원시 그리스도교 공동체를 대충 보아 넘긴 것만큼 재빨리 그의 종말론적 신비주의의 균형이 추월당하게 된다. 마가와 바울을 지금도 계속 떨게 하는 세계의 끝이 가깝다는 예수의 이 메시지는 이미 사도 요한과 마르키온 **뒤로**hinter 멀리 물러나 있다. 세계의 끝은 멀리 이동하고 '그리스도 안의 존재'Sein in Christo는 그리스도교 세계의 개괄이 입안되는 토대가 된다. 예수의 종말론도, 그렇다고 카이로스의 전환에 관한 바울식-종말론 신비주의도 아닌, 그리

---

249) Martin Werner, *Die Entstehung des christlichen Dogmas, problemgeschichtlich dargestellt*, Bern: P. Haupt, 1941, p.200[『문제사적으로 서술된 그리스도교 교의의 발생』].
250) *1. Korinther*, 7:20[『고린도전서』, 7장 20절. 개역한글, "각 사람이 부르심을 받은 그 부르심 그대로 지내라"].

스도가 투명무늬[251]마냥 지울 수 없이 새겨져 있는 삼라만상의 비밀이 사도 요한의 요지다. 고대 그리스도교의 예술은 예수와 그의 제자들을 넝마tribon를 입고 견유학파의 유랑 설교자들의 장대를 들고 있는 모습으로 묘사한다. 제자들은 이제 무엇보다도 철학자의 제자들이자 마테타이[학생들]mathetai이지 더 이상 왕의 사자들이나 아포스톨로이[사도들]apostoloi이 아니다.[252]

높은 신분의 사람들이 그리스도인들의 교단Kultverein에 더 많이 가입하고 부유한 사람들이 더 많이 평민공동체의 후원자로 진화할수록 그리스도교 공동체의 단일한 외관은 더욱더 불분명해진다. 구속을 구하는 이들이 동방-헬레니즘의 밀교Mysterienkulte를 떠나 그리스도인들의 카타콤에 내려와 그곳에서 애찬[253]을 함께 찬미할 때, 그리스도교 공동체가 갈수록 더 밀교의 방식을 받아들이게 되는 것은 당연하다. 세베루스 왕조[254] 시대에 황제와 여러 지체 높은 이들의 사당에는 오르페우스, 피타고라스, 플라톤의 조상 옆에 아브라함, 모세, 예수의 조상이 세워져 있으며 모두 어떤 영웅숭배의 대상물이다.[255] 그런데 그리스도교 신비에서는 자연의 자리에 로고스-말(씀)이 들어선다. 헬레니

---

251) 투명무늬(Wasserzeichen) : 종이를 빛에 비춰 보았을 때 보이는 무늬. —옮긴이

252) Eisler, *iēsous basileus ou basileusas, die messianische Unabhängigkeitsbewegung vom Auftreten Johannes des Täufers bis zum Untergang Jacobs des Gerechten*, pp.757~758.

253) 애찬(아가페[Agape]) : 고대 그리스도교 신자들이 성찬식이 끝난 뒤 함께 모여 음식을 나눠 먹던 잔치. —옮긴이

254) 세베루스 왕조(Severer) : 이 왕조를 세운 셉티미우스 세베루스(Septimius Serverus)의 이름을 따라 193년부터 235년까지 로마를 지배했던 다섯 명의 황제들을 가리킨다. —옮긴이

255) Eisler, *iēsous basileus ou basileusas, die messianische Unabhängigkeitsbewegung vom Auftreten Johannes des Täufers bis zum Untergang Jacobs des Gerechten*, Ibid..

즘의 밀교마저 그 마력으로 사로잡고 있는 자연종교를 이렇게 내적으로 극복한 것은 주 그리스도 숭배의 승리가 결코 우연이 아니라, 자연의 굴레에서 벗어나려고 하는 영/정신의 운동을 필연적으로 따른 것임을 보여 준다. 이 새로운 개진에서 옛 언약의 선동적인 울림 역시 말할 것도 없이 약해지고 새로운 청자들에 맞추게 된다. 각자 모두 자신이 태어난 상태를 고수하라는 바울의 경고가 이 변화를 완화한다. 고귀한 자들과 부유한 자들이 그리스도 교회에 가입할 때, "퀴스 디베스 살베투르"quis dives salvetur?(알렉산드리아의 클레멘스[256]), 즉 "부유한 이들 역시 구원될 수 있는가?"[257] 라는 물음이 중요해진다. 이 물음은 하느님의 전능으로 모든 것이 가능하다고 답해진다. 스스로를 천국의 유일한 상속인으로 여기는 불손한 빈자들을 향한 경고도 들리게 된다. "가난한 이들 중 상당수의 사람들이 방탕하게 살고 있으므로 그들만을 구원받을 수 있다고 찬미하는 것은 헛되기 때문이다."[258]

부활과 재림 사이의 간격Ausstand이 너무 커서 유대 묵시주의의 특징이던 끈질긴 기다림의 상황이 그리스도교 세계Christenheit에서 재생산된다. 이 전환에 대한 증언이 『요한계시록』Offenbarung Johannis이다. 『요한계시록』은 이미 초대 교회에서 '유대적'이라는 의심을 받았으며, 루터

---

256) 알렉산드리아의 클레멘스(Clemens Alexandrinus, 150~215): 알렉산드리아의 그리스도교 교사 양성 학교에서 강의하면서 그리스 철학을 그리스도교의 준비단계로 인정하고 플라톤이나 스토아주의 사상에 의해 기독교를 단순한 신앙에서 참된 인식으로 발전시키고자 노력했다. ─옮긴이

257) 저자의 독일어 번역과 달리 클레멘스의 저작 제목이기도 한 '퀴스 디베스 살베투르'(quis dives salvetur)는 '어떤 부자가 구원받는가'를 뜻한다. ─옮긴이

258) *Origenes, *Acht Bücher gegen Celsus*, book 5/paragraph 16[『켈수스를 논박함』, 95~96쪽에 다섯번째 책의 1~24단락이 요약되어 있다].

는 이 계시록을 『에스라 4서』과 같은 지평에 두었다. 에버하르트 피셔[259]는 그의 청년기 작업에서 하르나크의 지지를 받으며 "『요한계시록』은 그리스도교적으로 가공된 유대 묵시록이다"라는 명제를 뛰어나게 옹호한 적이 있다. 피셔의 명제는 하르나크가 말한 대로 확실히 "콜룸 버스의 달걀"[260]처럼 보인다. 수십 년, 또는 수백 년 간 이 연구를 교착 상태로 밀어 넣었던 난점들이 일격으로 해소된다. 찰스[261], 루와지[262], 로마이어[263]의 『요한계시록』에 대한 더 새로운 시도들은 피셔의 발견에 기초하고 있다.

　『요한계시록』은 유대적 중핵 주변의 모든 그리스도교적 내삽을 품고 있는 다른 비-정경의 묵시록 계열에 연결된다. 그 이유는 분명하다. 묵시록들은 박해 시대에 생기고, 그때 신의 심판의 전조를 주시하고 신앙심 돈독한 이들을 참고 견디도록 고무하기 때문이다. 그런데 묵시록들이 계시들로 공동체에서 계속 타당함을 유지해야 한다면, 새로운 상황을 노릴 수밖에 없으며, 이는 필연적으로 내삽으로 이어진

---

259) 에버하르트 피셔(Eberhard Vischer, 1865~1946): 스위스의 개혁복음주의 신학자로 바젤 대학의 신학교수였다. ─옮긴이

260) Eberhard Vischer, *Die Offenbarung Johannis. Eine jüdische Apokalypse in christlicher Bearbeitung mit Nachwort von. A. Harnack*, Leipzig: J. C. Hinrichs'sche Buchhandlung, 1886, p.126[『요한계시록: 그리스도교적으로 가공된 어떤 유대 묵시록(아돌프 폰 하르나크의 후기 첨부)』].

261) *Robert Henry Charles, *A Critical and Exegetical Commentary on the Revelation of St. John*, 2 vols, Edinburgh: T. & T. Clark, 1920[『성 요한의 계시록에 대한 비평적·해석적 주해』]. ─옮긴이

262) Alfred Loisy, *L'Apocalypse de Jean*, Paris: Émile Nourry, 1923[『요한묵시록』]. ─옮긴이

263) Ernst Lohmeyer, *Die Offenbarung des Johannes*, Tübingen: Mohr Siebeck, 1926[『요한계시록』]. ─옮긴이

다. 가령 『십이족장의 유언들』[264]이라는 묵시록이 나중에 그리스도교의 손으로 가공되었던 유대 저서라는 사실은 논쟁의 여지가 없다. 대체로 이 방법은 거의 모든 묵시록에 받아들여지는데, 신약의 정경에 『요한계시록』이 놓인 위치가 그 계시록에 대해 명백한 추론을 해내는 것마저 방해할지 모른다.[265]

『요한계시록』의 근간을 이루는 유대 묵시록은 그리스도교의 서한(1장 4절) 그리고 예언자의 말과 예수의 말이 줄지어 있는 마지막 경고(22장 6~7절)로 빙 둘러싸이게 된다. 이 묵시록 자체에는 "세계의 권력을 무찌르기 위해 그 탄생과 출현만이 이야기되고 하느님의 노여움의 압착기를 작동하게 만드는 그의 도구에 불과한 유대 메시아라는 저본"[266] 옆에 양의 상징을 통한 그리스도교 메시아에 관한 비전이 더해진다. 그래서 묵시록에는 두 메시아의 표상이 교차하고 있다. 호전적이며 세계 권력을 심판하기 위해 도래하고 지금도 그 탄생이 고대되는 유대 민족의 메시아와 이미 출현한 양의 형상을 한 메시아가 교차한다.[267]

이 묵시록의 핵심부는 메시아의 탄생(11장 15절~12장 17절)에 관한 예언이다. 이스라엘은 "태양을 몸에 걸친 채 달을 자신의 발밑에 두고 머리에는 별이 열두 개 달린 왕관을 쓰고 있는 여자다. 그리고 그녀

---

264) 구약위경 중 하나로 야곱의 열두 아들에 대한 유언이다. ─옮긴이
265) 성서의 맨 마지막에 배치되어 있어 그 중요도가 훼손될 수 있다는 말이다. ─옮긴이
266) Vischer, *Die Offenbarung Johannis. Eine jüdische Apokalypse in christlicher Bearbeitung mit Nachwort von. A. Harnack*, p.71.
267) *Ibid.*, p.132(하르나크의 후기).

는 임신하고 해산의 괴로움에 소리를 지르며 출산의 위대한 고통을 겪었다."[268] 이것이 그리스도교 선지자들에게는 과거에 존재하는 일이 틀림없으므로 여기서 예수의 탄생 서사를 다루고 있다는 것은 배제되어 있다. 그리스도교 묵시록은 용과 벌이는 싸움으로 십자가 처형을 제시했을 것이다. 예루살렘의 탈무드가 보존하고 있는 유대 전통[269]은 이 묵시록의 비전에 일치를 이루며 전승한다. 메시아가 성전이 파괴되었던 그 날 베들레헴에서 태어났지만, 얼마 안 있어 어떤 폭풍으로 인해 자신의 어머니에게서 잠시 떨어져 있게 되었다고 말이다. "『요한계시록』에서 메시아는 예루살렘이 파괴된 뒤 바로, 즉 이교도들에 의해 성스러운 도시와 성전의 앞뜰이 짓밟힐 때, 말하자면 압제가 시작될 때 태어날 것으로 기대되는 것처럼, 이 탈무드의 구절에도 이교도의 권력이 정점에 이르게 되고 성소를 파괴하며 극악무도함의 절정까지 기어올랐던 그 순간 메시아가 탄생했다고 전제되어 있다."[270] 그리스도교의 내삽들에서 시대사적인 배경을 분명하게 읽어 낼 수 있다. 이 묵시록의 유대적 저본이 티투스[271]하에 이뤄진 유대인 추방에서 생긴 것이라면, 이 묵시록에 대한 그리스도교의 내삽들은 "소아시아의

---

268) *Offenbarung*, 12:1~2[『요한계시록』, 12장 1~2절, "그리고 하늘에는 큰 표징이 나타났습니다. 한 여자가 태양을 입고 달을 밟고 별이 열두 개 달린 월계관을 머리에 쓰고 나타났습니다. 그 여자는 뱃속에 아이를 가졌으며 해산의 진통과 괴로움 때문에 울고 있었습니다"].

269) Emil Schürer, *Geschichte des jüdischen Volkes im Zeitalter Jesu Christi*, vol. 2, Leipzig: J. C. Hinrichs'sche Buchhandlung, 1890, p. 448[『예수 그리스도 시대의 유대 민중사』].

270) Vischer, *Die Offenbarung Johannis. Eine jüdische Apokalypse in christlicher Bearbeitung mit Nachwort von. A. Harnack*, p. 27.

271) 티투스(Titus Flavius Vespasianus, 39~81):79년부터 81년까지 로마제국을 통치한 10대 황제로 유대인과 벌인 전쟁에서 이스라엘을 함락시키고 80년 대화재 때는 로마의 재건사업을 벌였다. ─옮긴이

도미티아누스[272) 시대에 그리스도 숭배의 존재를 말살하려고 위협했던 유혈 박해를 눈부시게 다시 비추는 것"[273)이다. 두번째 내삽을 제쳐두고[274) 유대적 저본에 속하는 묵시록의 20장은 천년왕국설의 대헌장 Magna Carta이다. 『요한계시록』의 이 장[275)으로 모든 천년왕국설의 반란과

---

272) 도미티아누스(Imperator Caesar Augustus Domitianus, 51~96) : 티투스의 뒤를 이어 81년부터 96년까지 통치한 11대 로마 황제로 속주통치를 기사계급에게 맡겨서 황제의 지배권을 강화하였다. ─옮긴이

273) Ernst Lohmeyer, *Christuskult und Kaiserkult*, Tübingen : Mohr Siebeck, 1919, p.33[『그리스도숭배와 황제숭배』].

274) *Offenbarung*, 20 : 4/3, 6[『요한계시록』, 20장 4절 세번째 문장, 6절, "또 예수께서 계시하신 진리와 하느님의 말씀을 전파했다고 해서 목을 잘린 사람들의 영혼을 보았습니다. 그들은 그 짐승이나 그 우상에게 절을 하지 않고 이마와 손에 낙인을 받지 않은 사람들입니다. 그들은 살아나서 그리스도와 함께 천 년 동안 왕 노릇을 하였습니다. …… 이 첫째 부활에 참여하는 사람은 행복하고 거룩합니다. 그들에게는 둘째 죽음이 아무런 세력도 부리지 못합니다. 이 사람들은 하느님과 그리스도를 섬기는 사제가 되고 천 년 동안 그리스도와 함께 왕 노릇을 할 것입니다"].

275) *Ibid.*, 20 : 1~21 : 5[앞의 책, 20장 1절~21장 5절, "나는 또 한 천사가 끝없이 깊은 구렁의 열쇠와 큰 사슬을 손에 들고 하늘로부터 내려오는 것을 보았습니다. 그는 늙은 뱀이며 악마이며 사탄인 그 용을 잡아 천 년 동안 결박하여 끝없이 깊은 구렁에 던져 가둔 다음 그 위에다 봉인을 하여 천 년이 끝나기까지는 나라들을 현혹시키지 못하게 했습니다. 사탄은 그 뒤에 잠시 동안 풀려 나오게 되어 있습니다. 나는 또 많은 높은 좌석과 그 위에 앉아 있는 사람들을 보았습니다. 그들은 심판할 권한을 받은 사람들이었습니다…… 이것이 첫째 부활입니다. 그 나머지 죽은 자들은 천 년이 끝나기까지 살아나지 못할 것입니다…… 천 년이 끝나면 사탄은 자기가 갇혔던 감옥에서 풀려 나와서 온 땅에 널려 있는 나라들 곧 곡과 마곡을 찾아가 현혹시키고 그들을 불러모아 전쟁을 일으킬 것입니다. 그들의 수효는 바다의 모래와 같을 것입니다. 그들은 온 세상에 나타나서 성도들의 진지와 하느님께서 사랑하시는 도성을 둘러쌌습니다. 그때에 하늘로부터 불이 내려와서 그들을 삼켜버렸습니다. 그들을 현혹시키던 그 악마도 불과 유황의 바다에 던져졌는데 그곳은 그 짐승과 거짓 예언자가 있는 곳입니다. 거기에서 그들은 영원 무궁토록 밤낮으로 괴롭힘을 당할 것입니다. 나는 또 크고 흰 옥좌와 그 위에 앉으신 분을 보았습니다. 땅과 하늘이 그 앞에서 사라지고 그 흔적조차 찾아볼 수 없게 되었습니다. 나는 또 죽은 자들이 인물의 대소를 막론하고 모두 그 옥좌 앞에 서 있는 것을 보았습니다. 많은 책들이 펼쳐져 있고 또 다른 책 한 권이 펼쳐져 있었습니다. 그것은 생명의 책이었습니다. 죽은 자들은 그 많은 책에 기록되어 있는 대로 자기들의 행적을 따라 심판을 받았습니다. 바다는 자기 안에 있는 죽은 자들을 토해 냈고 죽음과 지옥도 자기들 속에 있는 죽은 자들을 토해 놓았습니다. 그들은 각각 자기 행적대로 심판을 받았습니다. 그리고 죽음과 지옥이 불바다에 던져졌습니다. 이 불바다가 둘째 죽음입니다. 이 생명의 책에 그 이름이 올라 있지 않은 사람은 누구나 이 불바다에 던져졌습니다. 그 뒤에 나는 새 하늘과 새 땅을 보았습니다. 이전의 하늘과 이전의 땅은 사라지고 바다도 없어졌습니다. 나는 또 거룩한 도성 새 예

열망을 가슴 속에 품게 된다. 『요한계시록』에서 한 번 더 로마제국(지배)을 향한, "지상 위의 대바빌론, 간음의 어머니와 모든 만행"²⁷⁶⁾을 향한 완전히 묵시적인 증오가 타오른다.

이 묵시록의 울부짖음이 그리스도교 공동체에 그칠 줄 모르고 메아리친다. 이미 복음서들²⁷⁷⁾이 다른 메시아들이 등장해 있다고 증언한다. 몬타누스파²⁷⁸⁾의 예언자들은 임박한 종말을 알리는 것에 만족하지 않고 신자들이 페푸자²⁷⁹⁾에 모이게 한다. 페푸자에 천상의 예루살렘이 내려올 것이라며 말이다. 재림이 가까이 임박해 있다고 선포될 때마다 공동체 내부는 동요하고 공공연한 격동으로 이어진다. 히폴리투스²⁸⁰⁾는 그의 다니엘 주석서에서 그런 갑작스런 사건들ᵛᵒʳᵏᵒᵐᵐⁿⁱˢˢᵉ에 관해 보고한다. 광신적인 영향을 끼치는 의심스러운 유랑 설교가들이 아니라

루살렘이 신랑을 맞을 신부가 단장한 것처럼 차리고 하느님께서 계시는 하늘로부터 내려오는 것을 보았습니다. 그때 나는 옥좌로부터 울려 나오는 큰 음성을 들었습니다. "이제 하느님의 집은 사람들이 사는 곳에 있다. 하느님은 사람들과 함께 계시고 사람들은 하느님의 백성이 될 것이다. 하느님께서는 친히 그들과 함께 계시고 그들의 하느님이 되셔서 그들의 눈에서 모든 눈물을 씻어 주실 것이다. 이제는 죽음이 없고 슬픔도 울부짖음도 고통도 없을 것이다. 이전 것들이 다 사라져 버렸기 때문이다." 그때 옥좌에 앉으신 분이 '보아라, 내가 모든 것을 새롭게 만든다' 하고 말씀하신 뒤 다시금 '기록하여라. 이 말은 확실하고 참된 말이다' 하고 말씀하셨습니다"].

276) *Ibid.*, 17:5[앞의 책, 17장 5절, "그리고 그 이마에는 '온 땅의 탕녀들과 흉측한 물건들의 어미인 대바빌론'이라는 이름이 상징적으로 기록되어 있었습니다"].

277) *Markus*, 13:22[『마가복음』, 13장 22절, "거짓 그리스도와 거짓 예언자들이 나타나서 어떻게 해서라도 뽑힌 사람들을 속이려고 여러 가지 기적과 이상한 일들을 할 것이다"].

278) 몬타누스파(Montanismus/montanistisch):157년 경 프리기아의 예언자 몬타누스가 시작한 종교운동에서 비롯된 그리스도교의 이단 종파로, 급진적 성령주의와 그리스도의 임박한 종말을 주장했다.─옮긴이

279) 페푸자(Pepuza):'페포우자'(Pepouza)로도 표기하며 2세기부터 6세기 중반까지 몬타누스파 그리스도교회의 중심도시였다. 오늘날은 터키에 속해 있다.─옮긴이

280) Werner, *Die Entstehung des christlichen Dogmas, problemgeschichtlich dargestellt*, p.107[히폴리투스(Hippolytus, 170?~235?):그리스 교부로 로고스의 그리스도교를 지지했다].

오히려 공동체 전체나 혹은 그 대부분을 매료시키는 교회 장로들을 다룬다.[281] 사람들은 경작과 생업을 손놓고 그들의 재산을 버린 뒤 광야로 이동하여 재림을 고대하면서 산악에서 길을 잃고 헤맨다. 시리아에는 군사령관strategos이 그와 같은 사람들을 도적쯤으로 여기고 뒤쫓는다. 매번 대단히 실망한다. 폰투스[282]의 교회장로는 그의 예언을 다음 말로 뒷받침한다. "내가 말했던 바대로 일어나지 않게 된다면, 그때부터 성서도 믿지 말고, 너희 모두 각자 하고 싶은 대로 하라."[283] 이 혼란 속으로 『데살로니카후서』의 저자가 써내려 간다. 그는 평정하라고 주의를 주고 형제들에게 간청한다. "곧장 너희가 감각한 대로 감동받지 말고, 영으로도 혹은 말로도 그리스도의 날이 눈앞에 있다고 우리가 보낸 편지로도 충격을 받지 말라."[284] 재림의 조건이 아직은 결코 주어지지 않았으므로 주의 날은 도래할 수 없다. "그날이 오기 전에 하느님을 이반하게 되고 죄를 지은 인간이, 그때 하느님이나 하느님에 대한 예배를 뜻하는 모든 것에 대해 대항하고 자신을 그보다도 더 높이는 타락한 자녀가 나타나게 되는 것 말고는 없다."[285] 이 편지의 작성자는

---

281) Werner, *Die Entstehung des christlichen Dogmas, problemgeschichtlich dargestellt*, p.107.

282) 폰투스(Pontus): 소아시아 흑해의 남쪽 해안의 고대 도시로 오늘날 터키의 아나톨리아 북동쪽에 해당한다. — 옮긴이

283) Werner, *Die Entstehung des christlichen Dogmas, problemgeschichtlich dargestellt*, Ibid..

284) *1. Thessalonicher*, 2:1~2[『데살로니카후서』, 2장 1~2절, "교우 여러분, 우리 주 예수 그리스도께서 다시 오시는 일과 그 분 앞에 우리가 모이게 될 일에 관해서 부탁할 말씀이 있습니다. 주님의 날이 벌써 왔다고 어떤 사람들이 말하더라도 여러분은 지성을 잃고 쉽사리 흔들리거나 당황해서는 안 됩니다. 아마 성령의 감동을 받았다는 사람이나 혹은 말씀을 전한다는 사람이 이런 말을 할지도 모릅니다. 또 우리가 이런 말을 편지에 써 보냈다고 떠들어 대는 사람이 있을지도 모릅니다"].

자신들의 생업을 포기한 사람들을 명시적으로 반대하고 있다. "너희 가운데 두서넛이 불규칙한 생활을 하면서 아무 일도 하지 않고 주제넘게 군다고 들리기 때문이다."[286] 맨 먼저 분명히 이교도적 반대자들은 이 일어나지 않는 사건의 상처 난 지점을 가리켰다. 『베드로후서』는 이야기한다. "자신의 욕정에 따라 생활하는 조롱꾼들이 마지막 날에 와서는 말할 것이다. 그가 한 미래의 언약은 어디에 있는가? 선조들이 잠들어 있는 뒤에도 피조물의 시초 때와 마찬가지로 모든 것이 그대로 남아 있으니 말이다."[287] 그런데 이 의심은 공동체의 사람들Reihen 속으로도 몰래 들어간다.[288] 클레멘스의 첫 서간은 저 의심하는 이들을 꾸짖는다. "불행하게도 의심하는 이들은 (영)혼이 분열된 채 말한다. 우리 역시 이미 우리 선조가 살던 시절에 이것을 들은 적 있다. 그런데 보라. 우리는 나이가 들었고 그것들 중 아무것도 우리에게 일어나지 않았다."[289]

  2세기에서 4세기까지 종말론적 희망은 더욱더 퇴색한다. 이 과정

---

285) *Ibid.*, 2:3~4[앞의 책, 2장 3절~4절, "…… 그날이 오기 전에 먼저 사람들이 하느님을 배반하게 될 것이며, 또 멸망할 운명을 지닌 악한 자가 나타날 것입니다. 그 자는 사람들이 신으로 여기는 것이나 예배의 대상으로 삼는 모든 것에 대항하고 자기 자신을 그보다도 더 높이 올려놓을 것입니다……"].

286) *Ibid.*, 3:11[앞의 책, 3장 11절, "그런데 여러분 가운데는 게으른 생활을 하며 아무 일도 하지 않고 남의 일에만 참견하는 사람이 있다는 말이 들립니다"].

287) *2. Petrus*, 3:3~4[『베드로후서』, 3장 3~4절, "무엇보다도 먼저 여러분이 알아 두어야 할 것은 이것입니다. 곧 마지막 시대에 자기들의 욕정을 따라 사는 자들이 나타나서 여러분을 조롱하며 '그리스도가 다시 온다는 약속은 어떻게 되었는가? 그 약속을 기다리던 선배들도 죽었고 모든 것이 창조 이래 달라진 것이 조금도 없지 않으냐?' 하고 말할 것입니다"].

288) Werner, *Die Entstehung des christlichen Dogmas, problemgeschichtlich dargestellt*, p.111.

289) *Clementis Alexandrini, "Cohortatio ad gentes", *Migne Patrologia Graeca*, vol.8, Paris, 1857, 23:3[「민중들을 향한 권면」].

은 문헌들에서 파편적으로만 파악될 수 있을 따름이다.[290] 그리스도교
신학은 사변적 영지주의의 역장에 빠지고 만다. 원시 그리스도교가 유
대 묵시주의의 풍토에서 성장한 것과 무척 똑같이 그리스도교 신학은
영지주의의 환경에서 펼쳐진다. **도래할**kommend 그리스도의 임박은 **현
존하는**anwesend 구원자의 임박으로 바뀐다. 이제 구원은 프네우마(영)가
물질의 감옥에서 풀려나는 것이다. 신비의식들과 축성예식들이 구원
의 길을 보여 준다. 원시 그리스도교가 품었던 하느님 나라에 대한 희
망의 자리에 혼의 운명이 들어선다. 마지막 시간의 사건들은 혼의 길
을 묘사하는 비유들에 녹아든다. 한때 완전히 미래의 일이라 생각되었
던 승천은 아이온들을 지나는 혼의 상승이 된다.[291]

영지주의는 이미 그리스-혼합주의 신비주의, 동방의 마술, 복음서
전통을 독특하게 이어 붙이려 애쓴 클레멘스 신학의 모토다.[292] 바울
의 **피스티스**pistis(믿음)[293]의 자리에 인식의 **그노시스**gnosis(영지)가 들어

---

290) Adolf von Harnack, *Lehrbuch der Dogmengeschichte*, Tübingen: Mohr Siebeck, 1909,
book 1/p. 188[『교의사 교과서』].

291) Werner, *Die Entstehung des christlichen Dogmas, problemgeschichtlich dargestellt*,
p. 698.

292) Robert Frick, *Die Geschichte des Reich Gottes: Gedanken in der alten Kirche bis zu
Origenes und Augustin*, Gießen: Töpelmann, 1928, p. 82[『하느님 나라의 역사: 고대 교회
에서 오리게네스와 아우구스티누스에 이르는 사상』].

293) "바울의 영향사에서 그의 입장이 가진 결정적인 특징으로 꼽히는 것은 인간을 신과의 새로
운 관계 속으로 들어가게 하는 피스티스의 태도이다. 믿음으로서의 '피스티스'는 다른 여
러 종교들에서는 구원을 얻기 위해서 반드시 세워야 하는 '공로'에 반대되는 것이다······
한편에 자연스러운 민족성의 표현으로서 에무나(emunah)를 놓고 반대편에 그것과는 "확
연히 이질적인" 그리스적 믿음의 개념으로서 피스티스를 놓은 부버의 단호한 이분법을 다
시금 기각한 이가 타우베스다. 타우베스가 명시하고 있듯이, '피스티스'라는 개념은 그리
스적인 것이 아니라 메시아적인 것이다."(야콥 타우베스, 『바울의 정치신학』, 조효원 옮김, 그
린비, 2012, 253~254쪽). ─옮긴이

서며, 여기에 종말론에 대한 평가절하가 결부된다. 예수의 폭풍과 같은 잠언은 행하고 기도하는 변치 않는 삶을 통하여 하느님 나라를 얻자는 호소로 해석된다.[294] 성서를 따르는 삶은 클레멘스에게 철저하게 플라톤적인 삶에 부합되며, 그의 하느님 나라에 대한 표상은 신약과 마찬가지로 그리스의 국가론에 의해 규정되어 있다. 가령 천상의 만찬은 신약의 비유로 채색되어 있지 않고 오히려 그리스의 향연과 닮아 있다. 천상의 예루살렘은 엘리시움의[295] 광야와 플라톤의 국가와 뒤섞인다.[296] 그리스도교 형이상학의 역사에서 그 의의를 아무리 높이 평가해도 지나치지 않는 오리게네스[297]의 기반이 그렇게 마련되어 있다.

오리게네스는 그리스도교 신학의 전철기[298]다. 원시 그리스도교 신학 전체가 그의 마력에 빠져 있다. 카파도키아의[299] 저작은 그를 암

---

294) *Clementis Alexandrini, "Quis dives salvetur", *Ibid*., vol.9, 21 : 3[알렉산드리아의 클레멘스, 『어떤 부자가 구원받는가』, 하성수 옮김, 분도출판사, 2018, 46~47쪽. "또한 하느님 나라는 잠자는 이들과 게으른 사람들에게는 속하지 않지만 '폭력을 쓰는 자들은 그것을 차지합니다'(『마태복음』 11장 12절 참조). 이것이 유일하게 선한 폭력입니다. 하느님에게 폭력을 사용하여 하느님에게서 생명을 얻어 내는 것이지요. 강제로, 달리 말해 끈질기게 당신께 매달리는 이들을 아시는 그분께서는 그들에게 굴복하십니다. 하느님께서는 그러한 시험에서 지시는 것을 기뻐하십니다"].

295) 엘리시움(Elysium/elysisch) : 엘리시온이라고도 하며 그리스 로마 신화에서 영웅과 덕 있는 자들의 영혼이 머문다는 휴식처이자 낙원. ─ 옮긴이

296) *Clementis Alexandrini, *Stromata*, *Ibid*., vol.8, book 4/cap.26 : 172[『양탄자』]. Frick, *Die Geschichte des Reich Gottes: Gedanken in der alten Kirche bis zu Origenes und Augustin*, p.90를 참조하라.

297) 오리게네스(Origenes, 185?~254?) : 이집트 알렉산드리아의 신학자이자 클레멘스의 제자로 그리스도교와 플라톤, 신플라톤주의를 결합하여 체계적인 신학을 수립한 최초의 기독교 신학자다. 아우구스티누스 이전에 가장 많은 저서를 남겼다. ─ 옮긴이

298) 전철기(轉轍機 Weichenstellung) : 철도차량을 다른 선로로 옮기기 위한 목적으로 선로가 갈리는 곳에 설치한 장치. ─ 옮긴이

299) 카파도키아(Cappadocia/kappadozisch) : 현재의 터키 중부 아나톨리아 중동부의 고대 지명으로 고대 그리스도교의 형성에 중요한 역할을 했는데, 로마의 탄압을 피해 모여든 고대

브로시우스[300]에게 연결시키며, 아우구스티누스에 의해 오리게네스의 유산은 이미 익명으로 중세에 흘러 들어간다. 오리게네스의 자산은 중세 신비주의자 에크하르트[301]와 요아킴에 이르러 여러 방식으로 다시 빛난다. 경건주의[302]와 계몽주의 시대에 오리게네스의 한계상황[303]이 다시 만들어지는데, 그때 고대적-정적이고 그리스도교적-묵시적인 유산이 일치되어 서로 마주서게 된다. 그때 오리게네스의 만물의 회복[304]에 대한 관념이 다시 돌연 나타나며, 레싱Lessing 안에서 오리게네스의 역사적 변신론이 새롭게 소생한다. 설령 정통 교회가 오리게네스에게 이단의 낙인을 찍었다 하더라도, 그는 그렇게 그리스도교의 공간 곳곳에 보이지 않게 늘 있다.

오리게네스의 기초적 동인을 복원하는 일은 쉽지 않은데, 그의 저

그리스도 교인들이 수천 개의 동굴(카파도키아 동굴수도원)을 만들어 살았다.—옮긴이

300) 암브로시우스(Ambrosius, 340~397) : 초대 가톨릭교회의 교부이자 교회학자로 니케아 정통파의 입장에서 교회의 권위와 자유를 수호하는 데 노력하여 신앙, 전례 활동의 실천에 큰 공헌을 했다.—옮긴이

301) 마이스터 에케하르트/에크하르트(Meister Eckehart/Eckhart, 1260~1328) : 중세 후기의 독일 신학자이자 철학자, 신비주의자.—옮긴이

302) 경건주의(Pietismus) : 종교개혁 이후 17세기 유럽의 종교개혁 운동으로 교리나 교회의 통일보다는 경건하고 신앙심이 돈독한 주체가 이 운동의 중심이 된다. 이렇게 개개인의 인격에 더 많은 가치를 둠으로써 초기 계몽주의의 성격을 띠다가 나중에는 신학적·사회적 보수운동으로 변질되었다.—옮긴이

303) 한계상황(Grenzsituation) : '평소의 수단이나 조치를 사용해서는 통제할 수 없는 이례적인 상황'을 뜻하는 말로, 1919년 철학자 칼 야스퍼스가 『세계관의 심리학』(Psychologie der Weltanschauungen)에서 고통, 죄, 운명, 투쟁, 세계에 대한 불신, 죽음 등을 경험하면서 만나게 되는 존재의 불투명하고 불가피한 한계를 가리키는 (실존)철학의 용어로 발전시켰다.—옮긴이

304) 아포카타스시스(apokatastasis) : 재생산, 재생, 반복 등을 뜻하는 그리스어로, 피조물이 '창조자'(아포스타시스[Apostasis])를 이반하다가 종말에 신과 화해하고 모든 존재가 신과 하나가 되는 시초상태로 다시 복귀하는 과정을 가리키는 '만물의 회복'에 대한 신학론이다.—옮긴이

서들이 지금도 문헌학적 논쟁의 집합소이며, 오리게네스의 철학적-영지주의 측면과 종교적-자기수련적[305] 측면을 내적으로 연관시키는 데 아직 성공하지 않았기 때문이다. 코흐[306]가 드 페de Faye의 뒤를 이어 지적-철학적 동기가 기초적 동인이라고 치우치게 강조하여 오리게네스의 핵심보다는 오히려 레싱의 핵심과 조우하는 반면, 푈커[307]는 자기수련적-수도사적 이상을 전면에 세우고 오리게네스의 합리적(이성적)-변증법적 동기를 과소평가한다.

로고스 신비주의 Logosmystik를 오리게네스 주제학의 중심이라고 나타낼 수 있다. 하느님은 순수한 영Geist이다. 그러나 영은 정지해 있는 게 아니라, 영원히 창조하고 동요하며 활동한다. 이 영은 세계에 나타나는 게 아니라 세계를 초월한 로고스의 신비에 나타난다. 로고스는 전세계에 가득 차서 세계 자체를 불로 세례하고 태워서 영으로 바꿔놓는다.[308] 혼Seele은 로고스의 이미지와 비유에 불과하며, 밝게 비추는 로고스의 빛줄기가 밀고 들어오는 열려 있는 창에 지나지 않는다. 로고스는 세계의 모든 계단들과 디딤판들에 육화되어 있으며, 인간들에게

---

305) '자기 자신에게 가하는 일체의 활동이나 실천'(푸코)을 뜻하는 그리스어 '아스케시스/자기수련'(askesis)에서 유래한 말로 고대 그리스도교에서는 '고행', '금욕', '수덕' 등의 의미를 다 담고 있다.─옮긴이

306) Hall Koch, *Pronoia und Paideusis, Studien über Origenes und sein Verhältnis zum Platonismus*, Berlin: De Gruyter, 1932, pp.329~330[『프로노이아(섭리)와 파이데우시스(교육): 오리게네스와 그의 플라톤주의에 대한 관계 연구』].

307) Walther Völker, *Das Vollkommenheitsideal des Origenes*, Tübingen: Mohr Siebeck, 1931, p.14[『오리게네스의 완전함에 대한 이상』].

308) Origenes, *Geist und Feuer, ein Aufbau aus seinen Schriften von H. U. von Balthasar*, Salzburg: Müller, 1938, pp.117~118[『영과 불: 한스 우어스 폰 발타자르의 오리게네스 저서의 구축』].

는 인간으로 천사들에게는 천사로 존재하기에 하느님을 향한 이 디딤판들을 오르는 혼에게는 살아 있는 천국의 사다리가 되고 우주의 참된 길이 된다.[309] 그런데 혼은 영도 육^{Leib}도 아니고 양쪽을 건너가는 허리^{Mitte}다. 허리로서 혼은 인간이 살(육욕)로^{fleischlich} 있을지, 아니면 영으로 있을지를 택하는 곳이기도 하다. 혼이 영적인 것을 삶의 형식으로 택한다면 혼은 '영'으로 변하며, 물질적인 것을 삶의 형식으로 택한다면 '살(육신)'^{Fleisch}로 변한다.[310] 혼은 그 자체로는 완전하지 않으며, 오직 영으로만 자기 자신이 된다. 영으로 혼은 하느님과 함께하며, 그리하여 혼의 최종 본질은 바로 이 함께함으로 정해진다. 오직 이성적인 혼만이 하느님의 생명과 함께하며, 그렇기 때문에 인간은 하느님과 함께하고 있는 '내적 인간'으로서 영-혼인 동시에 하느님의 '외적 인간'으로서 육-혼으로 창조되어 있다.[311] 영 가운데의 삶이란 위를 향해 오름으로써 아래를 향한 태고의 추락을 지양하는 혼의 상승과 같은 것으로 이뤄진다. 물질은 추락의 결과로 생긴다.[312] 육은 혼의 감옥이 되지만, 그렇다고 영과 물질 안에 선과 악의 원리가 대립해 있는 것은 아니다.[313] 물질 역시 하느님이 창조한 것이다. 오리게네스는 벌을 파이데우시스^{paideusis}(교육)로 이해함으로써 벌을 내리는 곳이자 죄의 귀결인 세계와

---

309) Origenes, *Geist und Feuer, ein Aufbau aus seinen Schriften von H. U. von Balthasar*, pp.69~70.

310) *Ibid.*, pp.74~75.

311) *Ibid.*, pp.86~87.

312) Koch, *Pronoia und Paideusis, Studien über Origenes und sein Verhältnis zum Platonismus*, pp.36~37.

313) *Ibid.*, p.38.

하느님을 향해 세워져 있는 하느님의 창조물인 세계를 결합한다.

오리게네스의 역사적 변신론의 두 기둥은 **프로노이아**^{pronoia}와 **파이데우시스**^{paideusis}, 곧 섭리^{Vorsehung}와 교육^{Erziehung}이다.[314] 교육하는 섭리에 대한 표상을 통하여 인간의 자유를 손상시키지 않고도 하느님의 목적지에 도달할 수 있다. 벌은 인간을 정화하고 그렇기 때문에 로고스의 현시를 노리고 있는 신적인 구원살림/경제^{Heilsökonomic}의 일화에 지나지 않는다.[315] 모든 벌은 제한적일 뿐이고 통로에 지나지 않으며, 창조된 어떤 것도 상실되지 않고 생성된 것은 전부 마침내 그 근원으로 되돌아간다. **만물회복설(아포카타스타시스)**의 주된 동인이 오리게네스의 종말론을 지배한다. "하느님의 의지가 천상에서와 마찬가지로 지상에 일어난다면, 지상 역시 지상으로 남아 있지 않게 되며 우리 모두 천상이 될 것이다."[316] 하느님에게서, 하느님을 통하여, 하느님 안에 일체가 존재한다는 바울의 주된 동인을 오리게네스는 설명한다. '하느님에게서'^{aus ihm}는 최초의 창조와 존재하는 일체가 하느님에게서 그 근원을 취한다는 말이고, '하느님을 통하여'^{durch ihn}는 최초로 창조되었던 것은 그에 의해 보내지고 이끌어지고, 바로 이 점에서 현존의 근원을 취한다는 말이며, '하느님 안에서'^{in ihm}는 이미 교육되고 개선되어 있는 것들은 하느님의 완전함에 기초해 있다는 말이다.[317] 종국에 하느님은

---

314) *Ibid.*, p.28.

315) *Ibid.*, p.120.

316) *Origenes, "Peri euches", 26, *Origenes Werke* 2, ed. Paul Koetschau, Leipzig: J. C. Hinrichs'sche Buchhandlung, 1899, p.363[『기도에 대하여』].

317) Origenes, *Commentaria in Epistolam B. Pauli ad Romanos*, Migne Patrologia Graeca, ed. Jacques-Paul Migne, vol.14, 1862, 3 : 10[『로마서 주해』].

로고스를 통하여 만물을 구석구석 지배한다. 오리게네스의 로고스 신비주의는 **종말론적 범-신론**eschatologischer Pan-theismus이다.

이 노선들에 오리게네스의 그리스도교의 특징 전체가 넌지시 나타나 있다. 그것은 선물이 아니라 어떤 과제이며, 구원이 아니라 위를 향한 어떤 길을 가리키고 있다. 그래서 '성육신'Inkarnation 역시 중심에 자리할 수 없다. 출발점은 어떤 교사나 교육자와 같은 하느님이다. 오리게네스는 아이를 길들이고 교육하는 교사와 아버지의 이미지를 반복해서 사용한다. 하느님의 교육은 추락한 뒤 바로 시작되어 끝까지 계속된다. 그리스도가 로고스로 도래한다는 것은 섭리의 측면에서 보면 여러 다른 척도가 되는 규칙들 중 하나에 불과하다.[318] "이 도래 —— 하느님이 인간을 교육하기 위해 행하고자 하는 그 밖의 모든 일처럼 —— 는 앞을 향해 내딛는 한걸음을, 매우 중요한 한걸음을 표현할 수는 있지만, 여러 걸음들 중 하나에 불과하다. 하느님은 피조물이 무엇을 필요로 하는지 알고 있으며 개개인들의 필요에 따라 자신의 행동을 조절해야 한다는 점을 이해하고 있는 훌륭한 가장과 같다. 그는 시간과 시점을 훤히 알고 있으면서 목적지를 향해 앞으로 한걸음씩 진전을 이끈다. 이미 말한 대로 추락한 뒤 교육이 바로 시작되었으며 이 교육은 늘어서 있는 세계들을 지나며 계속되어야 한다. 목적지는 앞에 있으며 하느님이 원하는 것은 인간이 영원히 노력하는 것이다. 인간이 된 로고스는 특유한 방식으로 돕는 법을 이해하고 있지만, 그의 등장

---

318) Koch, *Pronoia und Paideusis, Studien über Origenes und sein Verhältnis zum Platonismus*, p.31.

조차 최종 단계를 나타내지는 않는다. 구원은 인류의 점진적인 교육에 존재한다."[319] 하느님의 교육은 창조를 통해, 철학을 통해, 유대 민중을 통해, 그리스도를 통해, 교회생활과 미래지향적 발전을 통해 이뤄진다.[320] 그렇다고 오리게네스의 총체적 관점을 "교육적 이상주의"[321]로 표기하는 것은 너무 협소한데, "혼의 내적 상승"[322]은 어떤 지성적 과정이 아니라 인간의 육신성과 개인적 삶에 깊숙하게 영향을 미치기 때문이다. 오리게네스는 동방 수도사생활Mönchstum의 선구자이기도 하다.[323]

오리게네스로 인해 종말론적 신비주의가 정점에 다다른다. 종말론은 서방 종말의 스펙터클에서 몸을 돌리고 혼의 대하드라마가 되어 완전히 내면으로 옮겨진다. 플로티누스가 영지주의의 이교 분파인 것처럼 오리게네스는 순수 형이상학이 되어 버린 영지주의의 그리스도교적 분파다. 종말론의 극적-신화론적 모티프가 탈락되며, 존재는 존재론적 위격들Hypostasen[324]에서 하나의 운동으로 구현되어 있다. 이 존재는 자기에서 멀어지고 되돌아가는 보편적 과정에 대한 내적 동학에서 야기되며 이 운명을 달려 지나갈 때에만 존재는 실재한다. 존재는 제

---

319) *Ibid.*, pp.31~32.
320) *Ibid.*, p.77.
321) *Ibid.*, p.32.
322) Völker, *Das Vollkommenheitsideal des Origenes*, pp.62~63.
323) *Ibid.*, p.234.
324) 히포스타제(Hypostase): 토대나 기초 등을 뜻하는 그리스어 히포스타스시스(hypóstasis)에서 유래한 말로 고대 후기 시대의 철학 텍스트에서 처음으로 어떤 사태의 구체적 존속을 가리키다가 그리스도교 삼위일체론에서는 신이라는 공통적 본질(ousia)에 대립되는 신의 세 위격/인격(아버지, 아들, 성령)을 뜻하였다. 그 뒤 칸트는 이 용어를 실제 대상의 질적 특징이 부여되지 않고 순전히 생각 속에만 존재하는 것을 가리키는 데 사용하였다. ─옮긴이

자신의 종말론적 역사이며, 존재에 관한 교의는 구원의 존재론이다.[325]

맨 먼저 **묵시록들**Apokalypsen은 오리게네스가 자세히 묘사하고 있는 이 거대한 변화의 영향을 받게 된다. 대체로 묵시록들에 대한 평가가 묵시적 희망들의 강도와 범위에 대한 뛰어난 측도기가 된다.[326] 원시 그리스도교 공동체 시대를 지나 겨우 유대 묵시록들이 엄청나게 전파되기에 이른다. 『에녹서』, 『에스라 4서』, 『바룩서』는 그리스도교 공동체의 풍토처럼 느껴지게 된다. 에녹 묵시록은 신약 자체 안에 예언서로 인정되어 있고 『유다서』[327]에는 권위를 가지고 인용된다. 아직 어떤 신약서도 알고 있지 못한 바나바[328]에게는 『에녹서』와 『에스라 4서』가 성경이다. 테르툴리아누스[329]마저 에녹 묵시록이 정경으로 인정되는 것을 보고자 한다. 고대 아비시니아[에티오피아의 옛 지명] 교회는 에녹 묵시록이 최초에 어떤 평가를 받았는지를 입증하는 성서 정경에 이 묵시록을 지금까지도 보존해 왔다.

그러나 나중에 묵시록들은 혐의를 받아 이교 문학으로 내쳐지게

---

325) Koch, *Pronoia und Paideusis, Studien über Origenes und sein Verhältnis zum Platonismus*, p.37. Jonas, *Gnosis und spätantiker Geist*, vol.1, p.260.

326) Werner, *Die Entstehung des christlichen Dogmas, problemgeschichtlich dargestellt*, p.149.

327) *Judas*, 1:14,[『유다서』, 1장 14절, "이런 자들에게 아담의 칠대손 에녹은 이렇게 예언했습니다. '주님께서 거룩한 천사들을 무수히 거느리고 오셔서'"].

328) 바나바(Barnabas) : 1세기 중반 초대 그리스도교 전도자. 『사도행전』 4장 36절에 의하면 키프로스 섬 출신의 유대인 그리스도자로, 본명은 요셉(Jōsēph)이었으며 바나바라는 뜻은 '권위자'를 의미한다. 회심 후의 바울을 이끌고 예루살렘의 사도들에게도 소개했다(『사도행전』 9장 27절) (『종교학대사전』, 한국사전연구사, 1998) ─ 옮긴이

329) 테르툴리아누스(Quintus Septimius Florens Tertullianus, 160~220) : 최초의 서방교회 교부로 처음에는 법률가였다가 뒤에 기독교 연구가로 변모했다. "불가능한 것만이 확실하다"라는 유명한 말을 남겼다. ─ 옮긴이

된다. 무라토리 정경 목록[330]은 요한과 베드로의 묵시록만이 여전히 정경으로 인정되는 것을 보고자 한다. 그렇지만 이 묵시록들조차 공개적으로 강론되어선 안 된다. 무라토리 정경 목록에서 허가된 양 묵시록들 역시 논쟁의 대상으로 남아 있다. 베드로의 묵시록은 차츰 망각 속에 빠져서 오늘날 그것에 관해 단편들만 얻을 수 있을 뿐이다. 요한의 묵시록을 둘러싸고 자주 논쟁이 돌발하지만, 이 책은 그것이 예수의 애제자의 이름으로 보호되어 있다는 이유만으로 마침내 신약 정경 안에 그 지위를 유지할 수 있다. 이 묵시록을 향한 불신이 늘 뒤에 남아 있으며 시리아 교회에서 요한의 묵시록은 정경으로 인정되지 않는다.[331] 『요한계시록』에 대한 논쟁은 그리스도 교회가 묵시주의에서 벗어나 있음을 입증한다. 이렇게 하여 설교자 예수와 바울 신학과 묵시주의의 연관에 대한 인식마저 상실되고, 이리하여 원시 그리스도를 이해하기 위한 열쇠 역시 잃어버리고 만다.[332]

더 오래된 그리스도교 저작에서는 천년왕국설에 관한 절들이 삭제된다. 천년왕국설이 그리스도 교회 안에서 일련의 옹호자들 ──케린트[333], 파피아스[334], 이레네우스[335], 히폴리투스[336], 락탄티우스[337], 테

---

330) 무라토리 정경/단편(Kanon/Fragment Muratori) : 이탈리아의 역사 저술가이자 교부인 무라토리(Lodovico Antonio Muratori, 1672~1750)가 1740년에 발견하여 펴낸 가장 오래된 신약성서 목록표로 2세기에 그리스어로 쓰인 것을 8세기 경 라틴어로 옮겼을 것이라고 추정된다. 초기 그리스도교 정경의 역사를 아는 데 매우 중요한 자료다. ─옮긴이

331) Walther Köhler, *Dogmengeschichte als Geschichte des christlichen Selbsbewußtseins*, Zürich/Leipzig: Niehans, 1938, pp. 258~259[『그리스도교의 자기의식의 역사로서 교의사』].

332) Werner, *Die Entstehung des christlichen Dogmas, problemgeschichtlich dargestellt*, p. 151.

르툴리아누스, 올림푸스의 메토디우스[338], 라오디케이아의 아폴리나리우스[339]와 같은——을 발견한다 하더라도 갈수록 더 지하의 현존을 영위할 수밖에 없다. 하층 민중이 천년왕국설을 더 떠받들게 된다. 그리스도교 공동체가 주로 민중언어로 별도의 문헌도 산출해 낸 적 있는 헬레니즘화되지 않은 콥트교[340]의 최하층 농민Fellache[341]의 지지를 받

---

333) 케린트(Cerinth) : 1세기 말경의 유대 그리스도인으로 그리스도교에 의해 이단자로 단죄 받았다.—옮긴이

334) 히에라폴리스의 파피아스(Papias) : 2세기 초 소아시아, 프리기아의 히에라폴리스 교회의 주교.—옮긴이

335) 이레네우스(Irenaeus) : 이레네오라고도 불리며 고대 가톨릭교회의 중요한 교부로 그가 쓴『반이단론』은 2세기의 그리스도교적 영지주의와 싸웠던 고대 교회의 중요한 기록이다.—옮긴이

336) 히폴리투스(Hippolytus, 170?~235?) : 그리스의 교부로『모든 이단 반박』(*Refutatio omnium haeresium*),『다니엘서 주석』등의 저서를 그리스어로 썼다. 로고스 그리스도교를 지지했고 교회 규율에 대해 매우 엄격했다.『철학적 사상』을 통하여 교황을 비판한 죄로 사르데냐 광산에 추방되어 죽었다.—옮긴이

337) 락탄티우스(Lucius Caecilius Firmianus Lactantius, 약 240~약 320) : 락탄츠(Lactanz)라고도 불리는 북아프리카 출신의 라틴어 수사학자로 그리스도교로 개종한 뒤 이교 철학자들에 맞서 그리스도교를 옹호하는 데 힘썼다. 이로 인해 그리스도교, 플라톤주의, 스토아주의, 피타고라스주의 등을 섞은 혼합주의적 경향을 띠어 '그리스도교의 키케로'로 불린다.—옮긴이

338) 올림푸스의 메토디우스(Methodius von Olymp, 250~311) : 그리스도교 주교로 종말론의 저자이자 순교자다.—옮긴이

339) 라오디케이아의 아폴리나리우스(Apollinarius von Laodicea, 315?~390?) : 시리아에 있는 라오디케이아의 주교로 그리스도교의 이단론 아폴로나리우스주의를 세웠다. 이 그리스도교론에서 그리스도가 인간의 육과 혼이 아닌 로고스를 유일한 동인으로 삼고 있다는 주장을 펼친다.—옮긴이

340) 콥트교(Kopte) : 알렉산드리아 총주교 관할인 이집트 그리스도교의 일파로 이집트에서 자생적으로 발전한 기독교 교회. 450년경 예수가 신성(神性)과 인성(人性)을 모두 지니고 있다는 신인양성론을 부정하고, 신성만 인정하는 단성설(單性說)을 신봉하면서 분리되어 나왔다. 콥트교인은 이집트 인구 8,000만 명 중 10% 정도로 소수를 차지하고 있다. '서구 대 이슬람'의 대립도식에서 이슬람국가(IS)의 주된 테러의 대상이 되고 있다.—옮긴이

341) 펠라헤(Fellache) : 농부나 자작농을 뜻하는 아랍어 '팔라흐'(fallah)에서 유래한 말로 이들의 생활양식으로 인하여 이집트에서는 '참된 이집트인들'로 불리며 2005년 기준으로 이집트 인구의 60%를 차지하고 있다.—옮긴이

고 있는 이집트 교회에서 알렉산드리아의 신학을 영지주의화하려는 시도들에 대한 빈번한 저항이 일어난다. 네포스[342]의 주도로 이집트의 그리스도교 공동체들은 언약들이 오리게네스의 방식대로 재해석되는 것에 반대를 표시하고 이것들을 '유대적 방식'에 더 준하여 해석하려 한다.[343] 그럼에도 오리게네스의 정신이 관철되는데, 이것은 성서를 프네우마적으로 해석함으로써 신약의 묵시적 종말론을 폐기한다. "복음을 더 심오한 방식으로 이해하는 이들은…… 보편적인 세계의 끝이 갑자기 한 번에 올 것인지, 혹은 점차적으로 올 것인지에 대해서는 많은 관심을 두지 않고, 오직 하나만 생각한다. 개개인에게는 자신이 죽는 날과 그 시간이 감춰져 있기 때문에 그 끝에 대한 지식이 없어도 각 개개인의 끝이 온다는 사실 말이다."[344] 이렇게 해서 아우구스티누스 때부터 그리스도 교회를 지배하고 있는 **개별 종말론**individuelle Eschatologie의 모티프가 게시된다.

오리게네스는 천년왕국설을 "말하자면 그리스도인들로 지칭되지만, 상당히 유대적인 의미로 성서를 설명하고 그 안에서 신적인 계시에 값할 만한 어떤 것도 발견하지 않는 이들의 정신으로"[345] 표현한다.

---

342) 네포스(Nepos):이집트의 주교로 천년왕국설과 성서에 대한 자구적 해석을 신봉하였으며 오리게네스의 체계에 대한 반대자였다. ─ 옮긴이

343) Eisler, *iēsous basileus ou basileusas, die messianische Unabhängigkeitsbewegung vom Auftreten Johannes des Täufers bis zum Untergang Jacobs des Gerechten*, p.761.

344) *Origenes, *Origenes Matthäuserklärung 2. Die lateinische Übersetzung der Commentariorum Series*, 56, Origenes Werke 11, ed. Erich Klostermann/ Ernst Benz, Leipzig: J. C. Hinrichs'sche Buchhandlung, 1933, p.130[『오리게네스의 마태복음 주해: 주해 시리즈의 라틴어 번역』].

345) *Origenes, *De principiis*, Werke 5, ed. Paul Koetschau, Leipzig: J. C. Hinrichs'sche Buchhandlung, book 2/11:2[오리게네스, 『원리론』, 이성효 외 옮김, 아카넷, 2014, 530쪽; 인

카이사리아의 에우세비오스[346)는 그가 자신의 『교회사』에서 천년왕국설을 '유대적 이단'Irrlehre으로 낙인 찍기 위해 매번 시도하고, 그 추종자들을 사교도Ketzer로 비방할 때 실제로 오직 이 결론만을 내린다. 에우세비오스는 천년왕국설에서 "살(육욕)의 교의"fleischiche Lehre를 보고 이것이 유대교에 속한다고 주장하는 교회의 일반적 관점만을 표현한 것뿐이다. 마침내 431년 에페소스 공의회[347)는 천년왕국설을 "탈선Entgleisung과 꾸민 이야기Fabelei"[348)라고 규정한다.

때때로 교회에서 우리 아버지 나라에 대한 간청 역시 바뀌게 된다. '너의 나라가 도래하리라'는 '너의 영이 도래하리라'로 바뀐다. 교회에는 영으로도 충분하고, 이에 따라 묵시주의가 불필요해진다.[349) 재림은 불필요해질 뿐 아니라 결국 그리스도인들은 **끝의 지체**Verzug des Endes를 기원하는데 "우리는 그 끝을 겪지 않길 바라며, 이 사태의 지연을 기도함으로써 로마가 영속되도록 돕기 때문이다."[350) 이미 『디모데전서』가

용문의 서지사항이 잘못 표기된 것으로 보여 수정하였지만, 원문과 본문에 인용된 문장에는 아직 차이가 있다. 그 대목을 볼드체로 표시하여 인용하면 다음과 같다. "이것이 그리스도를 믿는 자들의 **생각**(Denkungsart)이다. 그들은 성경을 유대인들의 방식대로 이해하는 까닭에 신적 **약속**(Verheißung)들에 합당한 그 무엇도 성경에서 끄집어 내지 못한다"].

346) 카이사리아의 에우세비오스(Eusebios von Caesarea, 260~340) : 카이사리아의 주교이자 역사저술가로 『교회사』(Historia ecclesiastica)를 저술하였으며 '교회사의 아버지'로 불린다.—옮긴이

347) 431년 소아시아 서해안의 에페소스(에페소/에베소)에서 개최된 제3차 종교회의로, 예수의 어머니 마리아를 크리스토코스(Christokos), 곧 '그리스도의 어머니'로 부를 것이지, 아니면 테오토코스(Theotokos), 곧 '성모'로 부를 것인지를 두고 논쟁이 벌어졌다.—옮긴이

348) Walter Nigg, Das ewige Reich, Zürich: Artemis, 1945, p.75[『영원한 나라』].

349) Werner, Die Entstehung des christlichen Dogmas, problemgeschichtlich dargestellt, p.112.

350) Tertullian, liber apologeticus, ed. H. A. Woudham, Cambridge : J. Deighton, 1850, p.39[『호교서』].

이 변화를 분명히 보여 준다. 하느님 나라가 시작되길 기도하라고 권고되는 게 아니라, "우리가 온전히 경건하고 정직한 가운데 평화롭고 조용한 삶을 영위할 수 있도록 왕들과 모든 지배자들을 위한"[351] 완전히 다른 기도가 권해진다. 그리스도 교회는 어떤 혁명적 요소를 구현하는 일에서 멀리 떨어진 채 여전히 제국Imperium을 통해 스스로를 인정받는 순간을 앞에 두고 결정적으로 이 나라에 우호적이다. 교회는 더 이상 이방 속의 공동체로 느껴지지 않으며, 에우세비오스에게 이 나라와 오이쿠메네(세상)는 동일하다. 그리스도교가 이 나라의 종교로 승격되면서 최종적으로 하느님 나라에 대한 희망이 퇴색한다. 콘스탄티누스[대제][352] 때부터는 로마의 지배(로마제국) 역시 "신성하다고" 이야기될 것이다. 이 상황이 콘스탄티누스 시절부터 통용되다가 아우구스티누스의 신국을 통해 이상적인 것이 되고, 카를[대제][353]의 정책을 통해 실제적으로 굳어져서 그리스도교 유럽에서는 서방의 신성로마제국으로 마무리된다.

---

351) *1. Timotheus*, 2 : 2~3[『디모데전서』, 2장 2~3절, "왕들과 높은 지위에 있는 모든 사람들을 위해서도 기도하시오. 그래야 우리가 조용하고 평화롭게 살면서 아주 경건하고도 근엄한 신앙생활을 할 수 있는 것입니다. 이렇게 기도하는 것은 좋은 일이며 우리 구세주 하느님을 기쁘게 해드리는 일입니다"].

352) 콘스탄티누스 대제(Constantinus der Große, 274~337) : 콘스탄티누스 1세로도 불리며 로마제국을 재통일하고 수도를 콘스탄티노폴리스로 옮기고 그리스도교를 공인하였다.―옮긴이

353) 카를 대제(Karl der Große, 747/748~814) : 라틴어로는 카롤루스 마그누스(Carolus Magnus), 영어권과 프랑스어권에서는 샤를마뉴(Charlemagne)라고 불리는 프랑크 왕국의 왕(768~814)으로 800년 로마교황과 결탁하여 서유럽의 종교적 통일을 이루고 '신성로마제국 황제'의 칭호를 얻었다. 동방의 비잔티움 제국에서 완전히 독립하여 고전문화를 부활시키는 르네상스를 장려하고 고전문화, 그리스도교, 게르만 문화를 축으로 한 유럽 문화의 기반을 마련하였다.―옮긴이

아우구스티누스에서 요아킴까지

그리스도 탄생 후 3세기 때 세계의 끝은 저 멀리 옮겨 갔으며, 그리스 도교 공동체는 최종적으로 하나의 교회로 변모되었다. 신학이라는 거 대 체계는 세계를 해석하는 새로운 원리가 된 교의학에 합쳐진다. 그 런데 신학적 사변의 전제는 정당화될 수 있는 교의가 지속된다는 것을 믿는다는 데 있다.[354] 공동체가 교회로 바뀐 것이 그리스도교 공동체 내부에서만 이뤄진 것은 아니다. 3세기에 서방의 이교도 제의들 역시 하나의 교회에 합쳐진다. 새로운 그리스의 민족성Griechentum이 유대 시 나고그와 그리스도 교회의 방식에 따라 교회 국민으로 탄생한다. 로마 의 천년축제들이 끝난 직후 자신의 피지배자들에게 그들의 믿음을 증 언하도록 한 데키우스[355]가 로마에 **아람의 교회 이념**aramäisch Kirchenidee이 갑작스럽게 출현했다고 지적한다.[356] 로마제국에 대한 소속은 이제 아 람 국민들이 그랬던 것처럼 어떤 신앙고백을 통하여 결정된다. 그리스 도 교회의 진정한 상대는 그리스도교를 거의 알아보지 못한 고대 종교 가 아니라, 새롭고도 강력한 교회이면서 그리스도 예배교회와 똑같은 정신에서 발생했던 이교다.[357]

---

354) Johannes Geffcken, *Der Ausgang des griechisch-römischen Heidentums*, Heidelberg: C. Winter, 1920, p.31[『그리스 로마 이교도의 출발』].

355) 데키우스(Gaius Messius Quintus Trajanus Decius, 201~251) : 원로원 출신의 로마 황제 (249~251)로 250년 시민들에게 로마의 신들에 대한 제사를 명하였으며 이를 거부하는 그 리스도교를 박해하였다. ―옮긴이

356) Geffcken, *Der Ausgang des griechisch-römischen Heidentums*, p.19.

357) *Ibid.*, p.11. Spengler, *Untergang des Abendlandes*, book 2/pp.243~244[슈펭글러, 『서구 의 몰락 3』, 26~27쪽. 슈펭글러는 이 이교를 "비그리스도교 혹은 그리스주의"로 명시하고 있다].

3세기에는 두 예배교회가 있다. 하나는 그리스도교 공동체들로 구성되어 있고 다른 하나는 수천 개의 이름으로 된 동일한 신적 원리를 숭배하는 여러 이교 공동체들로 조성되어 있다. 이교의 예배교회는 그리스도 교회를 공격하는 그 교회다. 앞으로 있을 이교도 박해들에 정확히 대응하는 그리스도인에 대한 대박해들은 전부 이교의 예배교회에서 비롯된다. 로마 국가는 이교의 예배교회 역시 국민Nation인 동시에 조국Vaterland일 때에만 이 그리스도인 박해에 참여했다.[358] 이교 예배교회의 구세주는 황제다. 황제는 모든 혼합주의자들의 메시아다.[359] 로마 국가는 하나의 교회로 변모하며 지배자는 어떤 지역을 통치하는regieren 것이 아니라 모든 믿는 자들 앞에서 군림하는beherrschen[360] 한 명의 칼리프[361]로 바뀐다.[362] 로마 국가에서도 3세기에는 정통신앙Rechtgläubigkeit이 실제 국적[국가소속]의 전제가 된다.

3세기 말 무렵 디오클레티아누스[363]는 미트라[364]를 택일신교[365]의 제국의 신으로 승격시킨다.[366] 혼합주의적 예배교회의 사제들은 최소

---

358) Spengler, *Untergang des Abendlandes*, book 2/pp.243~244.[슈펭글러, 앞의 책, 27쪽].

359) Geffcken, *Der Ausgang des griechisch-römischen Heidentums*, p.16. Spengler, *Ibid.*, book 2/pp.243~244[슈펭글러, 앞의 책, 28쪽].

360) '왕은 군림하되 통치하지 않는다'(Le Roi reigne mais il ne gouverne pas)는 입헌군주제에서의 국왕의 원칙이기도 하다. 칼 슈미트는 『정치신학 2: 모든 정치신학이 종결되었다는 것에 관한 전설들』(Politische Theologie II: Die Legende von der Erledigung jeder politischen Theologie, Berlin: Humblodt, 1970)에서 이 원칙과 정치신학과의 관계에 대해 논하고 있다. ―옮긴이

361) 칼리프(Khalif): 이슬람 제국에서 사용되는 주권자의 칭호로 본래는 '칼리파트 라술 알라'(Khalifat rasul Allah)로 그 사전적 의미는 '신의 사도의 대리인'이다. ―옮긴이

362) Geffcken, *Der Ausgang des griechisch-römischen Heidentums*, p.11. Spengler, *Untergang des Abendlandes*, book 2/pp.243~244[슈펭글러, 『서구의 몰락 3』, 28쪽].

한 심적으로는 그리스도 교회와 전혀 구별되지 않는다. 포세이도니우스[367]가 플라톤의 『티마이오스』*Timaios*를 주해한 뒤부터 이 플라톤의 저서는 혼합주의자들의 성경이다.[368] 누메니오스[369]는 플라톤에게 그야말로 그리스도교 하느님의 아들의 사명을 옮겨놓는다. 플라톤의 『티마이오스』에서 신들의 형상들은 영지주의적인 가공의 존재로 변신한다. 서방의 사변이 동방 신비주의의 음울한 밀물 속에 잠겨 있다.[370] 누메니오스는 『티마이오스』를 카발라[371]에 따라 해석함으로써 철학 학파

---

363) 가이우스 디오클레티아누스(Gaius Aurelius Valerius Diocletianus, 245~313 추정) : 로마 황제(284~305)로 제국을 동서로 구분하여 다스렸는데, 286년 자신은 동방의 정제로 취임하고 갈레우스를 부제로 삼았으며 서방의 정제에는 막시미아누스를, 부제에는 콘스탄티우스 클로루스를 임명함으로써 제국의 4분치제도(四分治制度)를 확립하였다. ―옮긴이

364) 미트라(Mithras) : 태양을 신화적으로 인격화한 로마의 신의 형상으로 미트라교의 숭배대상이다. ―옮긴이

365) 택일신교(Henotheitismus/henotheistisch) : '단일신교'라고도 하며 '하나의 신'을 뜻하는 그리스어 헤나스 테오스(henas theos)에서 유래한 개념으로 독일의 인도학자 막스 뮐러(Max Müller, 1823~1900)가 처음 도입했는데 하나의 최상의 신을 믿는다는 점에서는 아브라함 계통의 유일신교와 같지만 다른 신들의 숭배를 배제하지 않는다는 점에서 갈라선다. ―옮긴이

366) Geffcken, *Der Ausgang des griechisch-römischen Heidentums*, p.29. Spengler, *Untergang des Abendlandes*, book 2/p.310[『서구의 몰락 3』, 100쪽].

367) 포세이도니우스(Poseidonius, 기원전 135~기원전 50 추정) : 그리스의 철학자로 아테네에서 파나이티오스 밑에서 배웠으며 스토아주의자가 되어 나중에는 로마에서 학교를 세웠고 키케로나 폼페이우스 등이 이곳의 강연에 참여했다. 로마제국은 신국이 지상에 반영된 것이라고 주장하고 『역사』에서는 로마제국의 전제지배와 이에 대한 복종의 정당함을 옹호하였다. ―옮긴이

368) Geffcken, *Der Ausgang des griechisch-römischen Heidentums*, p.35.

369) 누메니오스(Numenios) : 그리스 신(新)피타고라스학파의 대표적 철학자로 피타고라스와 플라톤으로 대표되는 그리스 철학과 오리엔트 사상의 결합을 시도하여 삼신론(三神論)을 제창하였다. ―옮긴이

370) Geffcken, *Der Ausgang des griechisch-römischen Heidentums*, p.36.

371) 카발라(Kabbala) : 히브리어로 '전통'을 뜻하는 비의적인 유대 신비주의로 유대교의 율법주의적 성격과 달리 쓰이지 않은 토라의 비밀지식처럼 신에 직접 접근할 수 있는 수단을 제공하였다. ―옮긴이

그 이상이 되려 한 신플라톤주의를 예비한다. 프로클로스[372]는 꿈속에서 난해한 텍스트의 한 구절에 대한 깨달음을 받아들이고 그가 정경으로 여긴 칼데아[373] 신탁서들과 플라톤의 『티마이오스』를 제외한 모든 저서들이 말소되는 것을 보려 한 진정한 교부다.[374] 그의 찬가들은 한 진정한 은둔자의 참회에 대한 증언들이다. 죄에 대한 불안, 유혹과 벌이는 씨름, 본연의 사악함Schlechtigkeit에 대한 깊은 참회는 대개의 그리스도교 은둔자들의 (영)혼 상태를 아주 생생하게 상기시킨다.[375] 히에로클레스[376]는 신피타고라스주의 마술사 티아나의 아폴로니오스[377]를 그리스도에 비교하는데,[378] 그가 신피타고라스주의 공동체의 신자들을 위해 쓴 『도덕어록』Moralbrevier은 그리스도교의 것과 어렵사리 구별될 수 있을 뿐이다.[379] 교주 시네시오스[380]는 실제 회심이 일어나지 않았는데도 신플라톤주의 교회 지도자에서 그리스도 교회 지도자가 되

372) 프로클로스 (Proklos, 410~485) : 신플라톤주의의 마지막 철학자로, 여러 저서들 가운데 플라톤의 대화편에 관한 주석과 플라톤과 스토아주의의 신학에 관한 저서만이 남아 있다. 플로티누스의 일자유출설을 헤겔의 변증법과 유사한 방식으로 개념적으로 규정하였으나 그의 사상에는 미신적이고 마술적인 요소도 혼합되어 있다. ─옮긴이

373) 칼데아(Chaldea) : 바빌로니아 남부를 가리키는 지명으로 구약에서는 바빌로니아와 동일하게 사용한다. ─옮긴이

374) Geffcken, *Der Ausgang des griechisch-römischen Heidentums*, p.204. Spengler, *Untergang des Abendlandes*, book 2/p.310[슈펭글러, 『서구의 몰락 3』, 101쪽].

375) Spengler, *Ibid*.[슈펭글러, 앞의 책, 같은 곳].

376) 소시아누스 히에로클레스(Sossianus Hierocles/Hierokles) : 후기 로마제국의 귀족이자 고위 공직자로 그리스도교 비판서 『진리의 사랑』에서 아폴로니오스를 예수에 비교하였다. ─옮긴이

377) 티아나의 아폴로니오스(Apollonios von Tyana, 40~120) : 고대 그리스 철학자로 신피타고라스학파에 속하는 인물인데, 그가 기적을 행했다는 전설들 때문에 고대 문헌에서는 예수와 비교되기도 한다. ─옮긴이

378) Spengler, *Untergang des Abendlandes*, book 2/p.310[슈펭글러, 『서구의 몰락 3』, 101쪽].

며 자신의 신학 역시 유지하면서 그 이름들만 바꿀 뿐이다.[381] 아스클레피아데스[382]는 신학 전체가 똑같다는 점에 대한 포괄적인 저작을 쓴다.[383] 그리스도교 복음서와 성령의 삶이 있는 것과 똑같이 이교 복음서와 성령의 삶이 있다. 기도로 시작해서 끝맺는 이 저서들 사이에는 실제로 아무런 차이가 없다.[384] 바울과 유사하게 포르피리오스는 믿음, 진리, 사랑, 희망을 네 가지 신적 요소들로 표현한다.[385] 그리스도 교회에 오리게네스가 의미했던 바가 이교도 교회에서는 플로티누스다. 코흐[386]는 오리게네스와 플로티누스가 암모니오스 사카스[387]의 제자들이라는 점을 개연성 있게 주장한 적 있다. 플로티누스 안에서 그리스

---

379) Geffcken, *Der Ausgang des griechisch-römischen Heidentums*, p.202[인용문의 출처 오기로 다음 슈펭글러의 책에서 인용되었다. Spengler, *Untergang des Abendlandes*, book 2/p.310[슈펭글러, 『서구의 몰락 3』, 101쪽]].

380) 키레네의 시네오시스(Synesios von Kyrene, 370~412): 고대 후기의 플라톤주의자로 말년에는 고대 리비아의 도시 프톨레마이스에서 그리스인 교주로 일했다. — 옮긴이

381) Geffcken, *Der Ausgang des griechisch-römischen Heidentums*, p.214[인용문의 출처 오기로 다음 슈펭글러의 책에서 인용되었다. Spengler, *Untergang des Abendlandes*, book 2/p.310[슈펭글러, 『서구의 몰락 3』, 101쪽]].

382) 아스클레피아데스(Asklepiades): 5세기 후반 알렉산드리아의 신플라톤주의 철학자. — 옮긴이

383) Geffcken, *Der Ausgang des griechisch-römischen Heidentums*, p.200[인용문의 출처 오기로 다음 슈펭글러의 책에서 인용되었다. Spengler, *Untergang des Abendlandes*, book 2/p.310[슈펭글러, 『서구의 몰락 3』, 101쪽]].

384) Geffcken, *Der Ausgang des griechisch-römischen Heidentums*, pp.226~227[인용문의 출처 오기로 다음 슈펭글러의 책에서 인용되었다. Spengler, *Untergang des Abendlandes*, book 2/p.310[슈펭글러, 『서구의 몰락 3』, 101쪽]].

385) Geffcken, *Der Ausgang des griechisch-römischen Heidentums*, p.74.

386) Koch, *Pronoia und Paideusis, Studien über Origenes und sein Verhältnis zum Platonismus*, p.300.

387) 암모니오스 사카스(Ammonios Sakkas, 175?~242): 고대 그리스의 철학자이자 신플라톤주의를 제창한 플로티누스의 스승으로 플라톤과 아리스토텔레스의 철학이 일치하며 영혼은 육체와 함께 있어도 더러워지지 않는다고 주장했다. 그의 정신과 방법은 플로티누스에게 계승되었다. — 옮긴이

철학과 영지주의 사변의 노선들이 합류하는데, 이 노선들은 그때부터 신플라톤주의에 통합되어 계속 흘러간다.

플로티누스의 가장 위대한 후계자 이암블리코스[388]는 300년 경 이교도 예배교회에 엄격한 의식을 갖춘 정통신학과 사제위계의 체계를 입안한다. 개인의 종교 체험은 축성(祝聖), 고통스러운 예배이행, 마술 행위에 가까운 의례와 성직자가 있는 어떤 신비주의 교회를 위하여 물러난다.[389] 어떤 정통 광신주의가 이 체계에 구석구석 스며들고, 그 안에서 이미 율리아누스[390]의 시도를 통해 특징을 띠게 된 새로운 시대가 선포된다. 율리아누스는 이교도 교회를 만고에 일으켜 세우려 한다. 율리아누스의 이 시도를 고립된 사업으로 기술하는 것은 옳지 않다. 율리아누스는 이암블리코스의 프로그램을 실행했을 뿐이었다.[391] 이암블리코스는 율리아누스에 의해 곧장 플라톤에 가까워지게 되었으며 그렇게 정전과 같다고 언명된다.[392] 율리아누스를 기리는 많은 비문들은 좀처럼 다르게 해석될 수 없다. "단 하나의 신이 있는데, 율리아누스가 그의 예언자다."[393] 이교도의 로마제국이 3세기에는 그 자체

---

388) 이암블리코스(Jamblich, 250?~330?) : 그리스 신플라톤주의 철학자이자 시리아파의 창시자로 플라톤 철학, 신플라톤주의의 기초 위에서 자연학, 윤리학, 형이상학의 연구를 통하여 철학과 신비주의의 새로운 결합을 시도하였다. 온갖 종교적 의식과 신화를 포괄할 수 있는 종합적 다신교적 신학의 건축을 시도하였다. ― 옮긴이

389) Geffcken, *Der Ausgang des griechisch-römischen Heidentums*, p.113.

390) 율리아누스 2세(Julian II, 331~363) : 율리우스라고도 하며 360년부터 3년간 로마황제로 지내면서 신플라톤주의 철학자, 특히 이암블리코스와 긴밀한 관계를 맺었다. ― 옮긴이

391) Geffcken, *Der Ausgang des griechisch-römischen Heidentums*, p.113.

392) *Ibid..*

393) Spengler, *Untergang des Abendlandes*, book 2/p.311[슈펭글러, 『서구의 몰락 3』, 29쪽].
    Geffcken, *Der Ausgang des griechisch-römischen Heidentums*, p.140.

로 하나의 교회라는 까닭에서만 로마 가톨릭교회는 로마제국의 기구로 성장할 수 있다.

3세기부터 국가는 완전히 신자들의 공동체 안으로, 곧 교회 안으로 완벽하게 편입된다. 그리스도교 공동체는 내세와 마찬가지로 현세를 아우르고 선한 천사와 영들과 마찬가지로 정통 신자들을 아우른다. 이 공동체에서 국가는 [그리스도] 신비체corpus mysticum의 가시적 측면을 더 소규모로 통일한 것에 지나지 않는다. 신국civitas Dei은 고대 폴리스도 근대 국가도 아니다.[394] 폴리스와 국가는 현세라는 어느 특정한 지리적 장소에 중점을 두고 있지만, 신국은 어떤 공간에도 어떤 지역민들에도 결부되어 있지 않기 때문이다. 그것은 그나마 이슬람교 공동체와 비교될 수 있다. "이슬람교의 신비 공동체는 현세에서 내세 안으로 확장되며, 앞 세대의 사망한 이슬람교도들과 이슬람교가 있기 전의 의인들까지도 아우름으로써 무덤 너머에 미친다. 이슬람교도는 그들과 다 함께 어떤 통일체에 결속되어 있음을 느끼며, 그들이 이슬람교도를 돕고 이 이슬람교도 역시 더욱더 자신의 공로를 기부함으로써 지복을 증대시킬 수 있었다."[395] 이것이 아우구스티누스의 신국이 세워져 있는 토대다.

아우구스티누스는 신국에 관한 22권의 책에서 콘스탄티누스에서 독일 황제 시대에 이르는 중세의 신성로마제국에 대한 정신적인 기초를 놓는다. 『요한계시록』이 나온 뒤부터 그리스도 세계에서 천년왕국

---

394) Edgar Salin, *Civitas Dei*, Tübingen: Mohr Siebeck, 1926, p.47[『신국』].

395) Max Horten, *Die religiöse Gedankenwelt des Volkes im heutigen Islam*, Halle: M. Niemeyer, 1917, p.XII[『오늘날 이슬람교에서 민중의 종교적 사상세계』].

설로만 표현될 수 있던 하느님 나라에 대한 종말론적 희망은 마지막 충격력을 상실한 뒤 아우구스티누스에 의해 교회의 체계 안에 사로잡히게 된다.[396] 아우구스티누스는 선대의 교부들과 달리 천년왕국설과 싸우는 대신 그것이 종말론적인 활력을 잃었노라고 재해석하기 때문이다. 아우구스티누스의 천년왕국설은 교회의 얼굴을 하고 있는데, 아우구스티누스가 천년왕국설의 근본방향을 뒤집기umkehren 때문에 이것이 가능했었다. 천년왕국설의 하느님 나라는 보통 미래의 일로 생각되곤 한다. 그런데 천년왕국의 바로 이 미래성을 아우구스티누스가 뒤집은 것이다. 그의 생각에 따르면 미래의 천년왕국설은 『요한계시록』의 의미를 놓치고 있다. "지금 교회가 이미 그리스도의 나라이자 하늘나라이기"[397] 때문이다. 이 묵시록의 천년왕국은 교회가 지배하는 시대다. 하느님 나라는 교회 안에 그 전조가 표시되어 있고 그 안에 실현되어 있다. "그곳에 천 년간 사탄이 묶여 있는 동안, 성인들은 그리스도와 함께 천 년간 또 지배하고, 바로 이 천 년은 의심의 여지없이 마찬가지로 또 그리스도가 처음 재림하는 눈앞의 시간에 의해 이해될 수 있다."[398] 이렇게 하여 천년왕국에 대한 희망은 최종적으로 교회 안에서는 억압되고 앞으로는 종파들의 사안이 될 것이다. 보편적allgemein 종말

---

396) Frick, *Die Geschichte des Reich Gottes: Gedanken in der alten Kirche bis zu Origenes und Augustin*, pp.138~139.

397) Aurelius Augustinus, *de civitate Dei*, Leipzig, 1825, book 20/9[아우구스티누스, 『신국론』 제19~22권, 성염 옮김, 분도출판사, 2004, 2303쪽].

398) *Ibid*.[앞의 책, 2299/2301쪽. "악마가 천 년간 묶여 있는 동안 성도들도 그리스도와 함께 천 년 동안 군림할 것이다. 여기서 말하는 천 년은 그리스도의 첫째 내림 시대에 흐르는 것과 같은 햇수이고 같은 방식으로 알아들어야 할 햇수이며 이 점은 의심의 여지가 없다"].

론의 자리에 **개별적**individuell 종말론이 들어선다. 그 한가운데에 이제는 혼의 운명이 자리하며, 마지막 시간은 개개인의 삶의 최후의 날에 의해 억압되어 있다. 개별적 종말론은 아우구스티누스 때부터 가톨릭과 프로테스탄트 종파Konfession의 그리스도교를 지배한다. 그 안에 하느님 나라에 대한 희망을 지니고 있는 보편적 종말론은 이제부터 그리스도교의 공간에 이단Häresie으로 등장한다.[399]

아우구스티누스의 키비타스 데이(신국)의 토대 위에 중세의 국가가 세워져 있다. 그리스도교의 시대에는 국가와 교회가 존재하지 않는 대신 코르푸스 크리스티아눔corpus christianum(그리스도의 몸)에서 국가는 늘 교회의 품 안에 파묻혀 있다. 국가는 본질적으로 하느님을 향해 있는 테오놈theonom(신법)[400]이다. 반대로 하느님을 향해 있지 않은 세속 국가는 악령들에게 빠지고 만다. 신적 현실과 악령의 현실 사이의 대립이 아우구스티누스의 키비타스 데이의 가장 내밀한 모티프다. 키비타스 데이civitas Dei는 키비타스 디아볼리civitas diaboli(악마 국가)와 똑같은 키비타스 테레나civitas terrena(지상 국가)에 맞서 있다.[401] 아우구스티누스는 보통 키비타스 디아볼리라는 표현을 피하는데, 그것이 너무 강하게 마니교적인 하느님과 사탄의 이원론을 상기시키기 때문이다.

399) *Hans Eger, *Die Eschatologie Augustinus*, Greifswald Theologischer Forschung, vol. 1, Greifswald: Universitätsverlag Ratsbuchhandlung L. Bamberg, 1933, p.47[『아우구스티누스의 종말론』].

400) Paul Tillich, *Religiöse Verwirklichung*, Berlin: Furche, 1930, p.238[『종교적 실현』][테오놈 theonom=테오스theos(신)+노모스nomos(법규범)].

401) *Ibid.*.

신국과 세계왕국의 대립은 아우구스티누스와 **중세 역사철학**[402]에서 역사의 원리가 된다. 아우구스티누스 역시 로마 지배(제국) 너머를 내다본다. 로마에는 어떤 새로운 세계가 아니라 종말Ende이 뒤잇는다. 이 개괄에 중세의 역사체계학Geschichtssystematik 전체가 팽팽하게 긴장되어 있다. 게르만족들에게 닥치는 모든 시련들은 세계왕국을 정화하고 개선한다고 하는 하느님의 벌로 볼 수밖에 없게 된다. 로마는 세계가 존립하는 그만큼 존속한다.[403] 기근, 전염병, 지진, 혜성과 암흑, 여기에 더해 사회적이고 정치적인 혼란은 서방에서는 항상 묵시적으로 해석된다. 민족이동[404]과 노르만족들의 끔찍한 흐름들, 고대 로마제국의 붕괴, 사라센 인들의 위협적 지배는 복음서들이 종말의 전조로 선포한 저 "전쟁들과 반란들"로 손쉽게 해석된다. 1000년 경 보편적인 흥분상태가 상승하여 중세적 삶의 맥박이 멎게 된다.[405] 그럼에도 1000년 경 민족이동이 일으킨 묵시적 충격들은 하느님 나라에 대한 희망을 알지 못하며[406] 이 때문에 중세적 체계의 도식에 여전히 접합되어 있다. 이 도식 안에는 묵시적이고 신비적인 성서 외경의 다채롭고도 수많은 전설과 이야기의 자산들 역시 자리해 있고, 그 안에서 종말은 소원대로 붙잡을 수 있을 만큼 가까이 옮겨 간다. "적그리스도[407] 전

---

402) Heinrich von Eicken, *Geschichte und System der mittelalterlichen Weltanschauung*, Stuttgart: J. G. Cotta, 1887, pp.I~II를 참조하라[『중세세계관의 역사와 체계』].

403) Troeltsch, *Die Soziallehren der christlichen Kirchen und Gruppen*, p.112.

404) 민족이동(Völkerwanderung): 특히 4세기부터 6세기까지 일어난 게르만 민족의 이동을 가리킨다. ―옮긴이

405) Nigg, *Das ewige Reich*, pp.142~143.

406) *Ibid.*.

407) 안티크리스트(Antichrist): 여기서는 세계의 종말에 등장하여 그리스도의 모든 일에 반대하

설, 최후 재림의 상황들과 내세의 형세들이 총체적으로 논해지며 보편적인 역사서술에서 개별적으로 완성된 신화적 자산 안에까지 적지 않게 침투한다."[408] 그런데 세계사의 시대 구분에서 중세 체계 너머를 가리키면서 자신 안에 세계를 해석하는 새로운 방식을 감추고 있는 요소 하나가 등장한다. 숨마 테올로기카[summa theologica](신학 대전)에는 역사가 방향을 따르고 목적을 지향한다고 고찰하기 위한 어떤 자리도 없기 때문이다. 오토 폰 프라이징[409]의 『두 국가의 연대기 혹은 역사』[Chronik oder die Geschichte der zwei Staaten][410]가 저작 전반에 이미 잠재해 있다고 느껴질 수 있는 어떤 종말론에 접어든다. 인류의 노쇠가, 점토로 된 다니엘 거상의 발로 형상화될 피로의 시간이 와 있다는 것이다. 대립의 긴장이 강력해진 것 역시 오토 폰 프라이징에 따르면 임박한 종말을 가리킨다.[411]

시가[Dichtung]가 역사의 서술과 민중의 전설을 이어준다. 아드소[412]

는 그리스도 사칭자들('반그리스도'로도 번역)을 뜻한다. 니체 저서 『안티 크리스트』(박찬국 옮김, 아카넷, 2013)처럼 그리스도교 도덕에 대한 비판자의 의미로도 사용된다. ─옮긴이

408) Balthasar, *Apokalypse der deutschen Seele*, vol. 1, p. 24.

409) 오토 비쇼프 폰 프라이징(Otto Bischof von Freising, 1111?~1158): 남독일 프라이징 주교이자 (호엔)슈타우펜 왕조의 연대기 작가로 그가 쓴 『두 국가의 연대기 혹은 역사』는 중세 그리스도교적 역사 서술의 최고 작품으로 평가되며, 지상의 나라와 신의 나라를 대립시켜 다룬 아우구스티누스의 역사관을 계승하여 교황권과 황제권의 협조를 이상으로 하는 입장에서 이 이상이 프리드리히에 의하여 실현된다는 것에 기대를 걸었다. ─옮긴이

410) Otto Bischof von Freising, *Chronik oder die Geschichte der zwei Staaten*, trans. Adolf Schmidt, ed. Walther Lammers, Ausgewählte Quellen zur deutschen Geschichte des Mittelalters 16, Darmstadt: Wissenschaftl. Buchgesellschaft, 1960[『두 국가의 연대기 혹은 역사』]. ─옮긴이

411) Balthasar, *Apokalypse der deutschen Seele*, vol. 1, p. 24.

412) 아드소(Adso, 910~915): 아조(Azo)나 아드손(Adson)으로도 불리는 중세 신학자이자 학식가. ─옮긴이

의 『리벨루스 데 안티크리스토(적그리스도서)』_libellus de antichristo_에서 시작되어 처음 교시된 적그리스도 문학은 극으로, 그리고 13세기에는 편력시가_Dichtung der Fahrenden_를 통해 대중화된다. "발터[413], 라이마르 폰 츠베터[414], 콘라드 폰 뷔르츠부르크[415]를 통해, 아바 부인[416]과 하인리히 폰 노이슈타트[417]의 위대한 시가들을 통해 그 밖의 종말론적 신비주의가 교회에서 나와 예술과 민중 안으로 들어간다."[418] 정치적이고 종교적인 모든 사건은 곧장 묵시적으로 나타나 보이게 된다. 카를 대제, 바바로사 혹은 프리드리히 2세[419]에게 불붙은 천년왕국설의 마지막 왕국에 대한 꿈으로, 혹은 천사 대주교 전설 속 천년왕국설의 교황권으로 말이다. 이 모든 불분명한 들끓음은 피오레의 요아킴에 이르러 분명해진다.[420]

　　물론 **요아킴**_Joachim_의 신학에는 일체가 그리스도교적 언약들과 기

---

413) 발터 폰 데어 포겔바이데(Walther von der Vogelweide, 1170~1230) : 독일 중세의 음유시인. —옮긴이

414) 라이마르 폰 츠베터(Reimar von Zweter, 1200~1248) : 독일 중세의 음유시인. —옮긴이

415) 콘라드 폰 뷔르츠부르크(Konrad von Würzburg, 1220~1287) : 독일 중세의 서정시인 겸 서사시인. —옮긴이

416) 아바 부인(Frau Ava, 1060~1127) : 멜크(Melk) 수도원 근처에 살면서 1127년 『예수의 생애』를 씀으로써 독일어권에서 최초의 여류작가가 되었다. —옮긴이

417) 하인리히 폰 노이슈타트(Heinrich von Neustadt) : 14세기 빈의 노이슈타트 출신의 의사로 고대 후기의 라틴어 장편소설을 재가공하여 장시 『티를란트의 아폴로니우스』(_Apollonius von Tyrlant_)와 구속사를 내용으로 한 교훈시와 교화시 『신의 미래』(_Gottes Zukunft_)를 집필했다. —옮긴이

418) Balthasar, _Apokalypse der deutschen Seele_, vol.1, p.24.

419) 프리드리히 2세(Friederich der Zweite, 1194~1250) : 바바로사(Barbarossa)로도 불리며 (호헨) 슈타우펜 왕조 출신의 신성로마제국의 마지막 황제(재위 1215~1250)다. 시칠리아의 왕으로서 1212년 독일의 왕이 되었으며, 제6차 십자군을 일으켜서 예루살렘 왕국을 수립하고 예루살렘의 왕이 되었다. —옮긴이

420) Balthasar, _Apokalypse der deutschen Seele_, vol.1, p.25.

대들 위에 형성되어 있으면서도 어떤 새로운 시대로 옮겨지고 **새로운** neu 역사적 요구와 함께 선포되는데, 이 요구는 로마 교회의 역사적인 요구에 반하는 발전이 이뤄지는 도중에 그 곁에 세워진다.[421] 요아킴의 역사 신학에서 성령의 시대라는 인간 공동체의 새롭게 바뀐 위상이 교회의 위상을 계승하기 때문이다. 요아킴이 성령의 새로운 세계시대가 시작되는 해를 1200년으로 정립할lassen 때 그 안에는 중세의 그리스도의 몸corpous christianum에서 자립하려는 시도가 표명되고 있다. 요아킴은 중세 형이상학을 규정한 아우구스티누스의 이원적 역사상을 분쇄하고, 에클레시아 스피리투알리스ecclesia spiritualis[이후 '영의 교회'로 표기]를 구약과 신약의 종교에 대해 제3의 것으로 대립시킨다.

이렇게 하여 요아킴은 근대의 본질을 시야에 확보하고 근대는 혁명의 천 년이라고 이름 짓는다laufen. 그렇다면 요아킴의 새로운 시간 계산과 그의 역사적 시기 구분은 그 뒤를 잇는 근대의 모든 묵시적 조류들과 관련되어 인식될 수밖에 없다. 그러면서 요아킴은 첫번째 조류를 묵시적인 만조가 일어난 1000년 전체와 필연적으로 동일시하지만, 그는 이 조류가 처음 일어나는 때 근대의 법칙을 발견하고 등록한다.[422] 요아킴의 이 행위와 나란히 근대의 시작에 대한 난감한 논쟁은 퇴색된다. 고대-중세-근대의 도식은 아버지-아들-성령의 세 시대에 대한 요

---

421) Ernst Benz, *Ecclesia spiritualis, Kirchendiee und Geschichtstheologie der franziskanischen Reformation*, Stuttgart: W. Kohlhammer, 1934, p.3[『에클레시아 스피리투알리스(영의 교회): 프란체스코 종교개혁의 교회이념과 역사신학』].

422) *Eugen Rosenstock-Heussy, *Revolution als politischer Begriff in der Neuzeit*, Brelau: M. & H. Marcus, 1931, p.20[『근대의 정치적 개념으로서 혁명』].

아킴의 예언의 세속화된 지류와 다를 바 없다. 요아킴 때부터 모든 혁명적 종말론은 이로 인해 역사 이전에 불과했었던 고대와 중세 너머 최종적인 어떤 것이, 이행^{Erfüllung}이 놓여 있는 성령의 시대인 제3제국이 시작되리라는 생각을 가지고 있다.

3권 _ 유럽의 신학적 종말론

근대[새 시대]의 법칙

만일 시선이 본질적인 사건에 묶여 있다면 근대 종말론의 역사는 법칙을 따르는 리듬의 한 종류를 알아차리게 한다. 종말론의 총체는 '지상 위 하느님 나라'라는 고대의 묵시적 도식으로 요약될 수 있다. 지상 위 하느님 나라의 도식은 두 가지 의미를 띠고 있으며, 경우에 따라 시작 혹은 끝이 강조된다. 장차 하느님 나라가 도래하여 한 생활권의 유효한 지평을 부순다는 표상이 그 첫번째이다. 자기 자신 안에서 고요한 극을 발견하며, 자기 자신을 절대적으로 정립하고, 제방을 세워 파괴적인 힘을 다 가둬 왔던 빈틈이 없이 원숙한 체계가 맨 먼저 하느님 나라는 영의 교회와 같다는 예언을 통해 쪼개지게 된다. 영의 교회 안의 빛은 다시 한 번 바깥 제도들의 벽들을 태워 무너뜨린다. 이 교회 안의 빛은 집어삼키는 불길이 되고 지상 위의 화염으로 바뀐다. 이렇게 해서 묵시적 도식의 끝이 중심으로 옮겨 간다. 하느님 나라의 선포가 그 실현을 재촉한다. 이 선포와 실현의 리듬이, '영의 교회'와 '지상 위'의 리듬이 종말론적 사건을 꿰뚫고 흐른다.

근대의 모든 묵시적 조류들은 저마다 이 주제를 변주하면서 한 측면을 강조한다. 새로운 종말론은 저마다 유효한 지평을 부수고 종말론이 언제 새로운 음역으로 목소리를 크게 낼지 명백해지는데, 이는 혁명적 종말론의 언어가 혁명 이전의 인류에게는 낯선 증명의 음색을 사용하기 때문이다. 각각의 새로운 묵시적 조류로 인해 새로운 통사 하나가 만들어지며, 이 언어 속의 의미파괴Sinnbruch는 옛 사람과 새로운 사람을 서로 정신이 나간 것처럼 보이게 한다. "옛 사람들에게 하신 말씀이다. 하지만 내가 너희에게 말하노니……"(『마태복음』, 5장 21절), 이것이 진정 이음매에서 어긋나 있는 영원히 회귀하는 묵시적 시간의 상황이다. 옛 사람은 새로운 사람에게 러시아인들이 이주민들을 부르는 것처럼 시체이자 존재했던 사람이며, 새로운 사람은 옛 사람에게 광인이다. 아퀴나테[1]는 요아킴과 그의 제자들을 그렇게 봤다.[2]

요아킴의 역사 신학은 중세의 신국 체계를 부순다. 영의 교회라는 모토는 아우구스티누스 때부터 통용되어 중세의 신국이 바탕을 두고 있는 등식인 '교회=하느님 나라'를 파괴한다. 요아킴과 영성주의자들은 하느님 나라가 영의 교회이자 영의 왕국임을 알린다. 요아킴의 역사 신학은 토마스 뮌처[3]의 혁명 신학을 통해 결말을 짓게 된다. 뮌처

---

1) 아퀴나테(Aquinate): 중세 가톨릭 교부 토마스 아퀴나스(Thomas von Aquin, 1225~1274)[토메 데 아퀴노Thome de Aquino]의 별칭이다. ―옮긴이

2) *Rosenstock-Heussy, *Revolution als politischer Begriff in der Neuzeit*, p.23.

3) 토마스 뮌처(Thomas Münzer, 1490?~1525): 종교개혁시대 독일의 급진적인 사회개혁운동 지도자로 가난한 자를 위하여 교회와 수도원 재산의 몰수와 강탈을 주장했다. 보통 '개혁 대 혁명'의 도식으로 루터와 대비되며, 그의 혁명신학과 광신주의를 비롯한 맑스-엥겔스와의 관

와 재세례론자들[4]이 하느님 나라를, 또 영의 교회를 **지상 위**에 실현하고자 했기 때문이다. 이 때문에 필연적으로 토마스 뮌처에게는 폭력의 문제가 등장하며, 그의 신학은 선(함)에 있는 폭력의 권리를 정당화한다. 혁명 신학은 폭력 신학이다.

재세례파 혁명이 뮌스터에서 와해되자 중세 신국의 그늘에서 일어난 이 혁명의 장이 끝나고 만다. 그러는 사이 중세 세계의 그리스도교적 토대가 붕괴된다. 비로소 계몽주의가 균형이 잡히고 라티오 ratio(이성) 안에서 새로운 중심을 찾는 새로운 체계를 하나 창출한다. 이성(합리)주의 시대에 '이성의 교회'Kirche der Vernunft는 하느님 나라와 동일시된다. 이성의 여신과 그 교회가 가톨릭을 믿는 프랑크 왕국에서 승리를 축하한 것은 우연이 아니며, 이미 도스토예프스키가 그의 정치적 저서들에서 이성(합리)주의와 가톨릭교의 연관을 발견한 적이 있다. 계몽주의 시대는 자신의 역사적 권리 주장Geschichtsanspruch을 가톨릭 교회에서 빌려온다. 중세와 계몽주의는 유럽의 공간에서 정적인 양대 생활권이다. 중세 교회와 계몽주의 교회는 양쪽 다 절대적으로 정립되며 교회는 하느님의 나라와 **같**다는 등식에 기대고 있다.

계는 에른스트 블로흐의 책 『혁명신학자로서 토마스 뮌처』(Ernst Bloch, *Thomas Münzer als Theologe der Revolution*, München: Wolff, 1921)를 통해 재평가되기 시작했다. 최근의 뮌처 연구에 대해 국내에서는 다음 두 책을 참고할 수 있는데, 특히 토스카노의 책은 블로흐와 이 책에서 분석된 종말론적 광신주의에 상당 부분 기대고 있다(박설호, 『마르크스, 뮌처, 혹은 악마의 궁둥이』, 알력, 2012, 알베르토 토스카노, 『광신』, 문강형준 옮김, 후마니타스, 2013) ─ 옮긴이
4) 재세례론자(Täufer) : 예전에는 비더토이퍼(Wiedertäufer)나 아나밥티스텐(Anabaptisten) 등으로도 불렸던 급진파로 종교개혁을 통해 뮌스터를 비롯한 독일과 네덜란드에서 등장하여 당시의 유아세례를 반대하고 성인세례를 주장했다. 재세례론자라는 명칭에는 반대파들의 경멸이 담겨 있으며 드물지 않게 "종교개혁의 좌익"(linker Flügel der Reformation)으로도 지칭되었다. ─ 옮긴이

지극히 문화적인 계몽주의 시대의 영원함이 리스본의 지진[5]을 통해 흔들리게 된다. 라티오(이성)의 체계가 가둘 수 없는 심연들이 등장하게 된 것이다. 악의 문제를 두고 독일 관념론(이상주의)의 변증법이 이성(합리)주의 시대를 넘어 계속 불붙는다. 레싱은 예언한 사람들이 서 있는 열을 여는데, 이들은 하느님 나라가 합리주의 세계에서 실현되었다고 보지 않으며 미래의 일이라고 예언한다. 요아킴의 성좌가 복원된 것이다. 레싱은 또한 영원한 복음에 대한 요아킴의 예언으로 되돌아가 거기서 시작한다. 레싱의 『인류의 교육』*Die Erziehung des Menschengeschlechts*은 칸트에서 헤겔까지 독일 관념론(이상주의)의 종말론을 규정하는 **철학적 천년왕국설**philosophischer Chilialismus의 첫 선언이다. 『세계사의 철학』*Philosophie der Weltgeschichte*[6]에서 헤겔은 요아킴의 궤도에서 움직인다. 헤겔 종교철학의 '신의 나라'는 헤겔 철학사의 '지성의 왕국(영의 교회)'과 동일하다. 헤겔의 역사철학은 맑스주의의 혁명 철학을 통해 결말을 짓게 된다. 헤겔좌파는 신의 나라를, 곧 헤겔의 '지성의 왕국'을 지상 위에 실현하고자 한다. 맑스는 헤겔 이성의 지침을 따라 세계에 혁명을 일으키고자 한다. 엥겔스에 따르면 노동계급은 스스로가 독일 관념론(이상주의)의 상속인임을 알고 있다.

바로 재세례론자들에 직접 연계된 유토피아 사회주의자 그룹들

---

5) 리스본(혹은 리사본[Lissabon]) 대지진 : 1755년 11월 1일 일어나 이 도시에 사는 인구의 3분의 2가 사망하였다. 이 사건의 원인을 둘러싸고 볼테르와 루소가 때로는 변신론의 문제를 비판적으로 재검토하거나, 때로는 사회과학적 접근을 하는 등 당시 수많은 철학자들의 계몽주의적이고 이신론적인(이성의 신) 사고방식을 뒤흔들어 놓았다. ─ 옮긴이
6) 게오르크 빌헬름 프리드리히 헤겔, 『세계사의 철학』, 서정혁 옮김, 지만지, 2012 ─ 옮긴이

이 맑스주의와 결합된다(바이틀링)[7]. 칼 맑스에게도 필연적으로 폭력의 문제가 등장하는데, 그는 혁명에 있는 폭력에 대한 권리를 정당화한다. 혁명 철학은 폭력 철학이다(소렐)[8]. 혁명이 진행되는 가운데 일어나는 조석간만은 중요치 않거나 우연한 게 아니라 리듬이 있고 필연적이다. 인간의 본질과 인류의 얼굴을 바꿔 놓는 이념들과 사건들은 별안간 벌어질 수 없으며 오래도록 끝까지 견뎌내게 될 것이다. 이 이념들과 사건들은 분리된 것처럼 보이는 수세기를 자신 안에 붙들고 있는 어떤 역사적인 경제 내부에서 실행된다.[9] 종말론의 정신은 회를 거듭할수록 자기 자신을 더 명료하게 인식하기 때문에 그 진행의 조석간만이 가속화된다. 시간상 철학적 종말론은 신학적 종말론에 비해 훨씬 급속하게 진행된다.

같은 시기의 유대 종말론의 발전과 비교해 보면 종말론의 법칙적인 리듬이 단지 그리스도교적 유럽의 일회적이고 특수한 발전만을 다루는 것은 아니라는 점을 확실히 알게 된다. 영성주의자의 조류가 페트뤼스 올리비[10]에 이르러 그 정점에 가까이 다가가던 시대에 유대-

---

7) 빌헬름 크리스티안 바이틀링(Wilhelm Christian Weitling, 1808~1871) : 1830년대와 40년대 유럽의 도시들에서 독일 수공업 직인의 결사운동을 지도하고, 1850년대와 60년대 뉴욕에서 이민노동자의 사회건설을 주창한 독일 혁명가(「바이틀링」, 『맑스사전』, 174~176쪽) ─ 옮긴이

8) 조르주 소렐(Georges Sorel, 1847~1922) : 프랑스의 사회철학자이자 생디칼리즘의 선구적 사상가로 자유민주주의에 반대하며 그의 『폭력에 대한 성찰』(이용재 옮김, 나남출판, 2007)에서 반자유주 운동에 있는 정치적 폭력을 긍정적으로 해석하였다. 이후 20세기의 혁명담론과 파시즘 모두에 크나큰 영향을 미쳤다. ─ 옮긴이

9) *Rosenstock-Heussy, *Revolution als politischer Begriff in der Neuzeit*, p. 23.

10) 페트뤼스 요하니스 올리비(Petrus Johannis Olivi, 1247/48~1296/98) : 프랑스의 신학자로 원래 프랑스어 이름은 장 피에르 올리비 Jean Pierre Olivi이며 영어식으로는 피터 존 올리비(Peter John Olivi)다. 성 프란체스코의 가난의 서약에는 '우수스 파우페르'usus pauper, 곧 재화의 제한적인 사용이 포함되어 있다는 주장으로 후일 영성주의 프란체스코파('프란티첼

종말론적 신비주의의 기본서에 해당하는 『조하르』$^{Sohar11)}$의 봉인이 풀리게 되었다. 『조하르』의 종말론은 스페인의 카발라$^{12)}$와 마찬가지로 동위 원소처럼$^{13)}$ 요아킴과 영성주의자들이 닦은 길 쪽으로 뻗어 있는 길에서 움직인다. 물론 역사적인 맥락들마저 내칠 수는 없다. 요아킴과 영성주의자들의 종말론이 뮌처와 재세례론자들을 통해 급진화되었듯 『조하르』와 스페인 카발라의 종말론도 루리아$^{14)}$ 카발라로 급진화된다. 재세례론자와 뮌처처럼 루리아의 추종자들 역시 폭력을 써서, 물론 기도라는 마술적 폭력을 써서 하느님 나라를 지상에 가시화되도록 강제하고자 한다. 사바타이 츠비의 메시아 물결은 그 가장 깊은 내부에서 루리아 종말의 폭풍우와 연관된다. 또 매우 집중화된 재세례파^{Täufertum}의 사건이 일어난 뮌스터 역시 카발라주의자의 도시 사페드$^{15)}$에 비유된다. 『조하르』가 중세의 유대 종말론을 따라 구원을 결합시킨 그와 같은 신성 공동체들이 사페드에서 생긴다고 한다.

유럽 종말론의 역사가 역사의 가장 깊숙한 내부에서 일어난 일이라면, 이 역사는 이 내부의 바깥에 해당하는 유럽 혁명의 역사를 통해 편곡될 것이다. 하지만 유럽의 혁명사란 유럽의 그리스도교-가톨릭교

리'Fraticelli)의 이념 형성에 결정적인 영향을 끼친다. 교황에 의해 이단시되어 그의 『묵시 설교집』(Apkalypsenpostille, 1326)을 비롯한 저서들이 금서로 지정되었으나 죽은 뒤에 베긴회 등에 지속적인 영향을 끼쳤다. ─옮긴이

11) 『조하르』/『소하르』(Sohar) : 카발라의 경전 (예지라와 조하르) 중 하나다. ─옮긴이

12) 카발라는 스페인의 유대 저작에서 처음 세상에 알려지게 되었다. ─옮긴이

13) 동위원소(Isotop) : 원자번호는 같으나 질량수가 다른 원소. ─옮긴이

14) 아이작 루리아(Isaac Luria, 1534~1572) : 랍비이자 카발리스트로 16세기에 카발라(유대신비주의)를 체계화했다. ─옮긴이

15) 사페드/제파트(Safed/Zefat) : 16세기 초부터 예루살렘 대신 유대인들의 정착 목적지가 된 도시로 중세에 발전한 유대 신비주의의 본고장이자 유대인 거주지. ─옮긴이

실체를 상실한 역사와 같다. 1800년 경 노발리스[16]는 그의 저서『그리스도교 세계와 유럽』*Christenheit und Europa*에서 그리스도교 세계와 유럽이라는 인류가 사는 두 원환을 동일시하고자 한다. 이와 같은 시도들이 1800년 무렵에는 아직 낭만주의에 불과했으나, 요아킴주의 이전 서구 유럽의 근원에는 가톨릭의 그리스도교 세계와 유럽의 인류 사이의 통일성이 존재한다.

프톨레마이오스의[17] 세계상이 중세의 교회를 규정한다. 세계는 있는 그대로 그렇게 그 원상에 대한 모상이며, 제 자신의 고유함을 고조시켜 세속적이고 불완전한 모상이 그 원상에 가까워간다. 프톨레마이오스의 지상 위에 천상이 있으며, 지상에 일어나는 모든 일은 원상의 모상, 곧 상징이다. 제 자신의 세계를 여전히 고유한 원상에 대한 모상으로 알고 있는 프톨레마이오스의 인류는 이데아(이념)를 향해 올라가면서 이루려고^Erfüllung 애쓴다. 그리스도의 몸으로서 교회는 그리스도가 하는 일의 조력자다. 중세 교회는 **카리스마적**[18] 그리스도교다. 중세 그

---

16) 노발리스(Novalis, 1772~1801) : 게오르크 필리프 프리드리히 프라이헤어 폰 하르덴베르크 (Georg Philipp Friedrich Freiherr von Hardenberg)가 본명이며 대표적인 초기 낭만주의 철학자이자 시인이고 소설가다. ― 옮긴이

17) 클라우디오스 프톨레마이오스 (Klaudios Ptolemaios, 85?~165?) : 근대적 인식의 혁명으로 평가되는 코페르니쿠스 혁명(지동설) 이전의 천체론이자 우주론인 천동설을 정립한 그리스의 천문학자이자 점성술사. ― 옮긴이

18) 카리스마(Charisma) : 고대 그리스어로 신에게 하사받은 하사품을 뜻하는데, 그리스도교의 맥락에서는 제도교회와 구별되어 에클레시아에서 하나님이 신도에게 부여한 능력을 가리켰다. 베버에 이르러 종교사회학적으로 '특정의 사물이나 인물에게만 부여되는 비범한 능력의 총칭'으로 활용된다. 역으로 신의 자리에 인민의 의지와 뜻이 들어서서 이를 통해 능력을 아래에서 부여받은, 곧 선거를 통해 선출된 자의 능력을 뜻하게 되고 이는 민주주의의 기반이 된다. 하지만 칼 슈미트는 이 개념이 독재의 위험도 있음을 지적한다. 여기서 '카리스마적 교회'는 중세교회가 하느님에게서 받은 일종의 하사품이자 하느님 나라의 중개자라는 의미로 쓰이고 있다. ― 옮긴이

리스도 종교의 중심에는 천상과 지상이 하나가 되는 미사가 있다.[19] 유럽의 혁명사란 프톨레마이오스의 주 그리스도 숭배를, 중세의 카리스마적인 그리스도교를 외면하는 역사다. 혁명이라는 어휘는 근대적 세계상의 아버지들인 코페르니쿠스와 갈릴레이에게서 발견된다. 그들을 통해 근대의 인류는 자신의 역사적 현존을 **혁명**Revolution 으로 체험한다. 코페르니쿠스의 1543년 주저 [『천구의 회전에 대하여』*De revolutionibus orbium coelestium*]에서, 하지만 이미 단테에게마저 혁명은 천체와 천상계를 뒤집는 일을 뜻한다. 이미 단테 이후의 첫 가문[메디치 가]은 행성의 운행에 대한 표상을 이탈리아의 자그마한 도시국가들에서 일어나는 사건들에 적용한다. 이 소국가들에서 일어나는 체제의 영구개정이 마치 세계의 드라마처럼 나타난다. 갈릴레이와 그의 동시대인들인 로앙[20]과 홉스가 인간을 행성 위의 티끌로 규정하고 그 인간을 코스모스의 중심 밖으로 내던졌을 때부터 혁명을 거대국가들에 선포된 전복으로 표현하려고 과감히 시도한다.[21]

코페르니쿠스의kopernikanisch 세계상에서 세계는 천상이 없는 지상이다.[22] 지상은 아무런 천상도 비추지 않으며, 세계가 더 위에 있는 원상에 접근해서가 아니라, 미래에 놓여 있는 어떤 이상에 따라 세계에 혁

---

19) Erbin Reisner, *Die christliche Botschaft im Wandel der Epochen*, München: C. H. Beck, 1935, pp.99~100[『시대 변화 속의 그리스도 메시지』].

20) 앙리 드 로앙(Henri de Rohan, 1579~1638): 위그노파 대령으로 『그리스도교 국가와 군주들의 이해관계에 대하여』(*The Interests of the Princes of the States of Christendom*, 1638)라는 책을 썼다. ─ 옮긴이

21) *Rosenstock-Heussy, *Revolution als politischer Begriff in der Neuzeit*, pp.3~4.

22) Reisner, *Die christliche Botschaft im Wandel der Epochen*, pp.99~100.

명을 일으킴으로써 코페르니쿠스의 인류는 세계의 고유성에 닿는다. 프톨레마이오스의 세계에는 위아래가 서로 가까워지는 플라톤의 **에로스**Eros가 지배하고, 코페르니쿠스의 세계에는 앞을 향해 전진하는 **가이스트**Geist가 지배한다. 코페르니쿠스의 인류의 에토스는 미래의 에토스다. 천상, 곧 위가 실질적인 가치Wertgehalt를 상실하기 때문에 가치에 대한 의지가 미래에 집중하고 있다. 코페르니쿠스의 공간에는 그 의의가 비워지기 때문에 코페르니쿠스의 인류의 실현Erfüllung은 시간 속에 놓이며 이로써 역사 속에 자리한다.

프톨레마이오스의 세계상에서 코페르니쿠스의 세계상으로 전환이 갑자기 일어난 것은 아니며 코페르니쿠스와 더불어 비로소 도달한 것도 아니다. 코페르니쿠스의 세계상의 시초는 피오레의 요아킴까지 거슬러 올라간다. 요아킴이 확고하게 날짜를 매길 수 있는 가까운 미래에 실현을 심어 놓음으로써 지상의 것과 천상의 것을 가르던 벽을 뜯어낸 것이다. 오리게네스와 아우구스티누스가 지상의 역사와 천상의 지휘 사이에 세운 모상과 원상의 플라톤적 관계는 "요아킴에 이르면 역사 내부의 포텐츠Potenz[23]의 연속으로 바뀌게 된다. 내세의 천국이 정신

---

23) 포텐츠는 힘, 계기, 형식 등 여러 가지 의미를 담고 있는데, 본문에는 셸링의 소극철학(부정철학[negative Philosophie])에서 신과 세계 사이의 관계를 표현하는 포텐츠, 즉 순수사유로 얻어진 절대자에 대한 존재자의 순수가능성의 총체를 가리킨다. 현재는 아직 현실화되지 않은 결여의 형태로 잠재해 있다가 영혼이 절대자와 매개되면서 고양되고 현실성을 획득하게 되는 존재자의 가능성이고 이는 등급으로 매겨진다. 이때의 신은 아직 원리에는 이르지 못하고 순수사유와 개념 속에만 존재하고 존재자는 스스로를 아직 현실성에 이르지 못한 부정성으로 인식하기 때문에 소극철학 내지 부정철학으로 불린다. 이에 대한 더 상세한 논의는 다음 논문을 참고할 수 있다. 심철민, 「후기 셸링의 '순수 이성학'에서 포텐츠론과 사유의 지평 —그의 『신화철학 I』 제2부를 중심으로」, 『헤겔연구』, 25권 0호, 2009년 6월, 205~226쪽— 옮긴이

의 최종왕국이 되는 것이다".[24] 요아킴주의 역사신학에서 그리스도교의 정지된 극인 그리스도는 삼위일체의 역사적 과정 속에 강제로 끌어당겨진다. 그리스도가 모든 그리스도 교회뿐 아니라 중세–가톨릭교회에서 시간마저 이전과 이후로 쪼개는 절대적인 중심인 데 반해, 요아킴주의 역사신학과 그 뒤의 근대 역사신학에서 그리스도란 역사의 과정 속에 있는 어떤 포텐츠가 된다. 마침내 후스파[25]와 종교개혁파[26]가 교황권과 카리스마 교회를 거부할 때, 가톨릭교회의 최후의 가치와 방어벽인 그리스도교 세계의 통일성이 그렇게 붕괴되고 만다. 그럼에도 여전히 루터주의 그리스도교는 역시 그 토대가 바울인 탓에 가톨릭교와 끈끈하게 결속되어 있다. 종교개혁의 바울 유산에는 교회와 그리스도에 관한 등식이 담겨 있기 때문에 어떤 개혁 교회가 아직은 존재할 수 있다. 루터가 여전히 '하느님의 말씀'으로 새로운 중심을 만들어 그 주변에 개혁 공동체Gemeinde가 모여들 수 있을 때 그가 여전히 신성화되고 카리스마적이라고 느낀 하느님의 말씀은 요아킴주의를 계승하는 뮌처에게는 그저 갈기갈기 찢긴 종잇조각을 의미할 뿐이다. 이렇게 해서 그리스도교 공동체Gemeinsamkeit의 마지막 유대Rindungen가 떨어져 나가고, 제바스티안 프랑크[27]와 야코프 뵈메[28]의 심령spirituell 종교를 향한

24) Balthasar, *Apokalypse der deutschen Seele*, vol.1, p.25.
25) 후스파(Hussiten) : 체코의 종교개혁자이자 신학자 얀 후스(Jan Hus, 1370~1415)가 처형당한 뒤 1415년부터 형성되기 시작한 15세기 보헤미아 지방의 혁명적 종교개혁운동들과 이를 주도한 그리스도교 교파를 가리키는데, 로마–독일 황제의 지지를 받던 보헤미아 왕들과 로마 가톨릭교회에 저항하며 후스전쟁(1419~1434)을 일으켰다. —옮긴이
26) 종교개혁파(Reformierte) : 가톨릭에 대한 프로테스탄트의 여러 파를 총칭하는 것으로, 더 정확히는 루터파에 견줘 칼뱅파를 가리킨다. —옮긴이

길이 열리게 된다. 그리스도의 그림자에서 프로메테우스[29])가 일어난다. 프로메테우스가 등장하는 신화론적 지점은 독일 관념론(이상주의)에서 늘 현재적이며 어떤 살아 있는 고정관념 같은 것이 되었다.[30]) 셸링은 명시적으로 프로메테우스를 철학의 상징처럼 불러낸다. "무한함을 유한함에 세우고, 다시금 유한함을 무한함에 세우려는 경향이 모든 철학적 언술들과 탐구들 속에서 지배적이라는 점이 명백하지 않은가? 이 사유 형태는 영원하다…… 신들이 인간에게 선사한 선물이며 동시에 프로메테우스가 천상의 가장 순수한 불과 함께 지상에 가져왔던 것이다."[31]) 맑스는 프로메테우스를 "철학 달력의 성인"[32])으로 찬미한다.

그런데 프로메테우스의 나라에서는 반그리스도인Antichrist이 경의의 호칭이 되고 만다. 헤겔은 『믿음과 지식』Glauben und Wissen[33])의 마지막 문장들에서 **신의 죽음**Tod Gottes을 "그리스도의 사변적인 수난일spekulativer

---

27) 제바스티안 프랑크(Sebastian Franck, 1499~1542) : 16세기 종교개혁 당시 독일의 연대기 작자 겸 역사편찬자로 초반에는 한스 덴크를 비롯한 광신자를 비판한 루터파였으나, 나중에는 그와 친해지고 그 역시 영성주의자로 전향하였다. 그 뒤 정통신앙을 인정하지 않고 성서의 내용은 비유에 불과하다고 주장하며 신앙의 내적인 경험을 강조하였다. —옮긴이
28) 야코프 뵈메(Jacob Böhme, 1575~1624) : 루터파이자 독일의 신비주의 사상가로 '진정한 사색은 학식 있는 자보다는 어리석은 자에게 일어난다'고 주장하면서 자유로운 사색에 따른 신비로운 자연철학을 세웠다. —옮긴이
29) 프로메테우스(Prometheus) : 그리스 신화의 티탄족 이아페토스의 아들로, 형 에피메테우스의 망각을 대신해 인류에게 불을 선물했다. —옮긴이
30) Balthasar, *Apokalypse der deutschen Seele*, vol. 1, p. 145.
31) Friedrich Wilhelm Joseph von Schelling, "Fernere Darstellungen aus dem System der Philosophie", *Sämtliche Werke IV*, ed. K. F. A. Schelling, Stuttgart und Ausburg: Cotta, 1859, p. 342[『철학체계에서 더 나아간 서술들』].
32) Marx, Karl, "Differenz der demokritischen und epikureischen Naturphilosophie nebst einem Anhange", p. 26[맑스, 『데모크리토스와 에피쿠로스 자연철학의 차이』, 20쪽].
33) 헤겔, 『믿음과 지식』, 황설중 옮김, 아카넷, 2003. —옮긴이

^{Karfreitag}"로 바꿔 놓는다. 신 그 자신이 죽었다는 느낌을, 새로운 시대[근대]의 종교가 기대고 있는 이 끝없는 고통을 헤겔은 최고 이념의 어떤 순간으로, 곧 절대적 자유의 한 순간으로 이해한다.[34] 포이어바흐가 타당하게 논평한다. "지금까지의 철학은 그리스도교가 몰락하는 시기 안에, 그리스도교에 대한 부정의 시기 안에 있지만, 그러면서도 동시에 이 부정은 여전히 그리스도교에 대한 입장이 되어야 한다. 헤겔 철학은 그리스도교에 대한 부정을 표상과 사유 사이의 모순 밑에 감춰 버렸다."[35] 하지만 포이어바흐는 여전히 루터의 관점에서 계속 이해하고 있다. 「루터의 의도에서 본 믿음의 본질」^{Wesen des Glaubens im Sinne Luthers}에 관한 별도의 논문에서 포이어바흐는 자신의 『그리스도교의 본질』^{Wesen des Christentums[36]}과 루터의 주관적인 믿음 개념이 동일하다고 지적한다.[37] 마지막으로 브루노 바우어[38]가 분명 헤겔이 무신론자이자 반그리스도인이었다는 것을 자신의 동시대인들에게 증명한다.[39] 베를린 프라이엔[자유인] 클럽[40]에서 반그리스도인이란 칼 맑스에게도 덧

---

34) Georg Wilhelm Friedrich Hegel, *Glauben und Wissen*, Werke I, Vollständige Ausgabe durch einen Verein von Freunden des Verewigten, Berlin: Duncker und Humblot, 1832, p.235[헤겔, 『믿음과 지식』, 268~269쪽].

35) Ludwig Feuerbach, *Briefwechsel und Nachlaß*, vol. 1, ed. Karl Grün, Heidelberg: C. F. Winter, 1874, p.408[『서한집과 유고출판물』].

36) 『기독교의 본질』, 강대석 옮김, 한길사, 2008. ─옮긴이

37) Löwith, *Von Hegel bis Nietzsche*, p.464[『헤겔에서 니체로』, 425쪽].

38) 브루노 바우어(Bruno Bauer, 1809~1882) : 처음에 헤겔 우파에서 좌파로 전향한 대표적 인물로 청년헤겔파의 이론적이고 정신적인 지주였다. ─옮긴이

39) Löwith, *Von Hegel bis Nietzsche*, p.472[『헤겔에서 니체로』, 429쪽].

40) 베를리너 프라이엔(Berliner Freien) : 보통 '디 프라이엔'(Die Freien), 즉 '자유인들'이라고 하며 1837년 말부터 맑스가 다니던 독서실이나 토론의 장소로 사용되던 베를린의 카페에서 열리던 독토르(박사)클럽(Doktorklub)이 발전한 형태였다. 이 클럽에는 바우어 형제, 슈티르너, 루텐베르크, 쾨펜이 드나들었다. ─옮긴이

붙여진 어떤 경의의 호칭과 같다. 브루노 바우어는 그리스도교의 진정한 계보학을 발견하고 로마 시대에 정치적 자유가 파괴되면서 그리스도교가 탄생했다고 주장하는 자신의 명제를 가지고 뒤늦게 청년 헤겔을, 그리고 미리 니체의 『도덕의 계보』를 보여 준다.[41] "독일에서 종교 비판은 본질적으로 완결되었으며, 종교 비판은 모든 비판의 전제다."[42] 그렇게 칼 맑스는 자신의 헤겔 법철학에 대한 비판을 시작한다. 니체는 물이 빠지고 있는 그리스도 종교의 바다 앞에 있는 자신을 보고 있다. 가장 성실하고 가장 신뢰할 만한 그리스도교적 삶의 가능성들이 다 남김없이 검토되고 만 것이다. 새로운 그 무엇이 탄생할 때다. 하이네가 세례가 유럽문화에 들어가는 입장권이 되었다고 익살스럽게 내리깔을 때, 그렇게 니체 때부터 좋은 유럽인은 최후의 그리스도교적 외피마저 털어 버린다. 이로써 유럽 묵시주의의 역사도 끝나고 마는데, 여전히 프로테스탄티즘을 자신 안에 가둬 놓고 있던 그리스도의 몸이 녹아내리고 말았기 때문이다.

요아킴주의 예언과 헤겔식 철학

에른스트 벤츠[43]가 영성주의자의 역사와 연관하여 탁월하게 논한 요아킴의 신학은 『요한계시록』에 기초하고 있다. 아우구스티누스의 선

---

41) Löwith, *Von Hegel bis Nietzsche*, p.475[『헤겔에서 니체로』, 435쪽].

42) Marx, "Zur Kritik der Hegelschen Rechtsphilosophie", *Ibid.*, p.263[『헤겔 법철학 비판』, 강유원 옮김, 이론과 실천, 2011, 7쪽].

43) 에른스트 빌헬름 벤츠(Ernst Wilhelm Benz, 1907~1978) : 독일 복음서 신학자. ― 옮긴이

행자 튀코니우스[44] 때부터 『요한계시록』은 더 이상 그리스도 신학의 중심에 자리해 있지 않았으며, 그 점에서 확실히 요아킴의 신학이 아우구스티누스의 역사체계를 유기했다는 점이 나타난다. 이 묵시록은 요아킴에게 구속사의 기록으로 밝혀지고, 그 안에는 세계의 시작에서 그 끝에 이르는 구속사가 수수께끼들, 이미지들과 비전들로 싸인 채 묘사되어 있다. 개별 인물들과 형상들, 이 묵시록의 다양한 상징들은 구속사의 특정 개인들, 집단들, 사건들을 지시하고 있다. 성서해석자의 과제는[45] 이 형상들과 상징들에 알맞은 열쇠들을 발견하여 이것을 가지고 이 저서의 비밀에 걸려 있는 봉인을 해체하며 그렇게 구속사의 수수께끼를 풀고 규명할 수 있는 것이다. 요아킴의 신학은 본질적으로 구속사 쪽으로 그 방향이 정해져 있으며, 그의 사변들은 전부 근본적으로 역사적이다. 구속의 시대들은 서로 거리를 두고 있으면서도 구약[제1성서]과 신약[제2성서][46]이 그렇듯 서로 관련되어 있다. 구속사의 경로, 목적지, 완료는 구속사의 지나간 시기들의 경과에서, 곧 아브라함에서 시작하여 그리스도에 이르는 구약 시대와 요아킴 시대까지의 그리스도 교회사를 아우르는 신약 시대에서 읽어 낼 수 있다. 주요 사건들 모두 그 역할과 결과에서 구속의 시대들에 대응된다. 이로써

---

44) Frick, *Die Geschichte des Reich Gottes: Gedanken in der alten Kirche bis zu Origenes und Augustin*, p.136[튀코니우스(Tyconius, 활동시기 370~390): 아프리카 도나티우스파의 저자로 그의 신국 개념은 히포의 성 아우구스티누스에 지대한 영향을 끼쳤다].

45) Herbert Grundmann, *Studien über Joachim von Floris*, Leipzig: B. G. Teubner, 1928, pp.19~20[『피오레의 요아킴에 대한 연구』].

46) 현재 영미권 신학에서는 구약과 신약을 각기 제1성서와 제2성서로 표기하고 있다. 그리스도교 말고도 이슬람교와 유대교가 구약의 성서를 경전으로 삼고 있기 때문이다. —옮긴이

어떤 동시대성$^{Gleichzeitigkeiten 47)}$의 체계가 파생되는데, 특정 인물들과 사건들이 시간상 수천 년씩 분리된 구속의 시대들 내에서 동일한 역할을 수행하고 이와 동일한 역사적인 위치를 차지하기 때문이다.[48] 요아킴의 신학은 어떤 관련지점들의 망을 구약과 신약에 덧입히는데, 이것들 내부에는 어떤 특정 질서와 차등화가 지배하고 있다.

요아킴주의 신학이 하느님의 삼위일체의 본질을 현저하게 역사적으로 해석한 결과 세 시대에 각기 신적인 세 인격이 등장하게 된다. 헤겔처럼 요아킴은 삼위일체의 세 인격을 역사의 세 세계시기로 이해한다. 세 세계시기와 연관하여 신적인 세 인격의 통일성이 삼위일체로 등장한다. 첫번째 세계시기는 아버지의 시대이며, 두번째는 아들의 시대이고, 세번째는 성령의 시대다. 삼위일체의 인격들이 그렇듯 세계의 시기들 역시 상승의 관계 속에서 서로 마주하고 있다.[49] 요아킴이 입안한 역사에 대한 삼위일체의 관점에서 변증법의 본질이 파생된다. 정립-반정립-종합의 헤겔식 삼박자^{Dreitakt}는 요아킴의 아버지, 아들, 성령의 시대라는 리듬에 의해서만 이해된다. 이 때문에 헤겔 역시 삼위일체와 역사의 변증법적 이해 사이의 내적 연관에 서 있는 세계사의 철학$^{50)}$에 존재하는 것이다. 순수하게 요아킴주의적인 문장들로 헤겔은 자신의 역사 철학의 본질을 논한다. 역사의 본질과 진행은 삼위일

---

47) Grundmann, *Studien über Joachim von Floris*, p.43.
48) Benz, *Ecclesia spiritualis, Kirchendiee und Geschichtstheologie der franziskanischen Reformation*, p.6.
49) *Ibid.*.
50) *Georg Lasson, *Hegel als Geschichtsphilosoph*, vol.2, Leipzig: F. Meiner, 1920, p.722[『역사철학자로서 헤겔』].

체인 하느님의 본질에 세워져 있다. "하느님이 삼위일체로 파악됨으로써 그는 그렇게 정신[가이스트]으로만 인식될 뿐이다. 이…… 원리는 축이 되고 세계사는 그 주변을 맴돈다. 역사는 여기까지 나아가고 여기에서 출발한다. 이 종교에는 모든 수수께끼가 풀려 있으며, 모든 신비가 밝혀져 있게 된다. 그리스도인들은 하느님이 삼위일체임을 아는 한 그가 누구인지에 관해 안다…… 하느님에 관해 그가 삼위일체임을 알지 못하는 자는 그리스도교에 관해 아무것도 모르는 셈이다."[51]

그리스도와 그의 신부인 교회의 합일에서 성적 합일에 대한 형이상학적인 원상을 목도하는 그리스도교의 신부신비론의 관념을 요아킴주의 신학은 변증법적으로 해석한다. 두번째 시대의 카리스마 교회는 자신의 언약들을 떠받들어야 한다면서 아들을 한 명 요구한다. "어머니 교회가 고통으로 울부짖으며 기도하며 끊임없이 말한다. 이 교회의 원상인 라헬[52]이 자신의 남편에게 했던 말이다. 내게 아이를 주오, 그렇지 않으면 난 죽고 말 것이요."[53] 따라서 두번째 시대는 자기 자신 안에 의미를 담고 있는 게 아니라, 어떤 새로운 시대에서의 [언약들의] 이행을 재촉한다. 발전이라는 관념이 진행을, 각 세계의 시기와 구원의 시대에 대한 지양(헤겔)과 그 결과를 규정하고 있다. "성서의 비밀들은 우리에게 세 개의 세계질서들(스타투스status)을 가리킨다. 우리가 율법 밑에 있었던 첫번째 질서, 우리가 은총 밑에 있는 두번째 질서,

---

51) *Georg Lasson, *Hegel als Geschichtsphilosoph*, vol. 2, Leipzig: F. Meiner, 1920, p. 722.
52) 라헬(Rahel): 구약에 등장하는 야곱(야고보)의 아내다. ─옮긴이
53) Benz, *Ecclesia spiritualis, Kirchendiee und Geschichtstheologie der franziskanischen Reformation*, p. 10.

그리고 사도 요한이 말한 대로 하느님은 우리에게 은총을 위한 은총을 주었고, 즉 사랑에 대한 믿음과 같은 정도로 사랑과 은총에 대한 믿음을 주었기 때문에, 우리가 더 풍요로운 은총 밑에 있게 될 가까이에서 이미 고대하고 있는 세번째 질서. 첫번째 상태status는 이른바 학문에, 두번째는 일부 완성된 지혜에, 세번째는 인식의 충만Fülle에 자리한다. 첫번째는 노예들의 예속Knechtschaft에, 두번째는 아들들의 예속에, 세번째는 자유에 자리한다. 첫번째는 공포에, 두번째는 믿음에, 세번째는 사랑에 자리한다. 첫번째는 노예들의 상태이며, 두번째는 자유인들의 상태이고, 세번째는 벗들의 상태다. 첫번째는 소년들의 상태, 두번째는 성인남자들의 상태, 세번째는 노인들의 상태다. 첫번째는 별빛에, 두번째는 아침놀의 빛에, 세번째는 낮의 밝음에 자리한다…… 첫번째 상태는 아버지에, 두번째는 아들에, 세번째는 성령에 관련된다.″[54]

헤겔은 그와 같은 사랑과 자유의 원리들에서 이행의 어떤 끝을 고려하여 세계사를 구성한다. 헤겔은 "세계사란 정신[가이스트]의 실현이자 이를 통해 자유의 개념을 발전시키는 것과 다르지 않음″[55]을 보여 준다. 역사가 진행되면서 정신[가이스트]은 노예상태[예속]에서 자유로 발전해 간다. 동방은 한 사람이 자유로움을 알 뿐이며, 그리스와 로마 세계는 몇몇이 자유로움을 알고, 게르만 세계는 모두가 자유로움을 안다. 동방의 역사는 세계사의 유년기에, 그리스인들과 로마인들의 시대는 청년기와 성년기에, 무엇보다도 그 자신의 시대인 게르만 세계

---

54) *Ibid.*, p. 9.
55) *Lasson, *Hegel als Geschichtsphilosoph*, vol. 2, p. 937.

를 헤겔은 "정신[가이스트]의 노년기"Greisenalter des Geistes[56]로 파악한다.

헤겔이 그 본질을 규정한 적 있는 지양의 방식으로 낡은 질서status에서 새로운 질서로 이행Übergang이 일어난다. 새로운 질서는 낡은 질서에서 자라나는데, 새로운 질서가 낡은 질서의 껍데기를 깨고 어떤 특별한 형태를 구현할 수 있을 때까지 낡은 질서의 품과 보호 속에서 그렇게 오래도록 자라난다. "자신에게서 그와 같은 결실이 생긴다는 것을 알고 있는 오르도ordo(질서)가 자신 안에서 부분적인 완성이 중단되고 보편적인 완성이 뒤따르고 있다는 것에 대해 고통을 느끼게 될까?…… 베드로의 계승자가 오르도 스피리투알리스ordo spiritualis(영의 질서)의 완성을 시기하여 부패하는 일은 그에게 결코, 결코, 결코 일어나지 않는다."[57] 역사의 목적지는 정신[가이스트]의 왕국이며, 영[가이스트]의 교회는 미래의 완전하고 성숙한 공동체의 질서다. 이렇게 해서 요아킴의 신학은 세계가 끝날 때까지 유일하게 유효한 그리스도교 영의 형상이 되려 한 로마 가톨릭교회Papstkirche의 요구를 지양한다.[58] 교황권 제도는 목적지를 향해 역사가 발전하는 가운데 그 밖의 모든 역사적인 질서들처럼 지양이라는 동일한 법칙(헤겔)에 굴복해 있다.

영의 교회를 통한 로마 가톨릭교회의 해체는 요아킴에 의해 어떤 사멸로 그 윤곽이 그려진다. 자주 요아킴은 영의 교회를 통한 로마 가톨릭교회의 해체를 어떤 넘어감Übergehen이자 어떤 건너감transire으로 표

---

56) Löwith, *Von Hegel bis Nietzsche*, p.49[뢰비트, 『헤겔에서 니체로』, 59쪽. 번역 수정].

57) Benz, *Ecclesia spiritualis, Kirchendiee und Geschichtstheologie der franziskanischen Reformation*, p.21.

58) Grundmann, *Studien über Joachim von Floris*, p.115.

206 서구종말론

현한다.[59] 요아킴의 건너감은 헤겔식 지양 개념에 부합한다. 건너가
다와 지양하다[들어올리다]^aufheben는 그것들이 어떤 새로운 역사적 존
재형태 속에 진입하는 것을 의미하느냐, 아니면 죽음 너머로 건너감
^Hinübergehen을 의미하느냐에 따라 그 의미가 이중적이다. 따라서 두 순간
들은 건너가다(요아킴)와 지양하다(헤겔)를 포괄한다. 사회 질서의 변
화가 한 차례 일어나고(그래서 건너감은 삶을 바꿈^mutare vitam과 같게 된
다)[60], 두번째로 이 변화의 방식 안에 이미 새로운 질서가 앞서 간 질서
보다 더 높으며 더 정신적이고 더 성숙한 단계를 구현한다는 것이 함
께 정립된다.[61]

　　매우 똑같이 요아킴의 신학에는 '헤겔식'^hegelisch이 있다. 혹은 더 적
절하게 표현하자면, 헤겔 철학에서 정신의 역사가 세계사의 진행과 하
나가 되는 일이 결정적으로 요아킴식이다. 첫번째 상태가 인간의 삶의
질서들에 대한 통찰을 보유하고 있는 학문^scientia에 불과하다면, 반면에
두번째 상태는 신적 비밀에 대해 제한된 지식인 부분적인 지혜^sapientia ex
parte를 알고 있으며, 세번째 상태는 정신적인 인식이 충만한 절대지식
^plenitudo intellectus을 알고 있다. 세번째 상태에서 모든 비밀들이 밝혀지며,
신적인 것들을 더 이상 수수께끼들과 애매한 말로 된 거울을 통해서가
아니라, 얼굴을 맞대어 그 자체 있는 그대로 바라보게 된다.

　　헤겔은 『영/정신현상학』^Phänomenologie des Geistes에서 현상하는 영/정

59) Benz, *Ecclesia spiritualis. Kirchendiee und Geschichtstheologie der franziskanischen Reformation*, p.23.

60) *Ibid.*.

61) Grundmann, *Studien über Joachim von Floris*, p.117.

신의 발전에 대한 역사를 기술한다. 지식의 단계에서 체계적인 사유의 걸음들과 (역)사적인 관련들은 그것들이 서로 스며들기 때문에 분리될 수 없다.[62] 영/정신의 역사와 세계사의 진행이 이렇게 하나가 된다는 것은 요아킴과 헤겔에 공통되며, 이는 영/정신에 대한 그들의 동일한 관념을 통해 가능하게 된다. 이는 요아킴과 헤겔이 영/정신에서 어떤 형태들의 세계를 논리적으로 배열하는 원리가 아니라 구속사를 실현시키는 원리를 보기 때문이다. 영적 지성Intelligentia spiritualis이란 신비주의가 한순-간[눈 깜빡할-사이]Augen-Blick 성취하는 것처럼 시간을 초월하여 신과 하나가 되는 행위를 뜻하는 게 아니며, 대신 요아킴과 헤겔은 영/정신의 이념에 대한 **역사적인**geschichtlich 파악을 토대로 미래의 역사적인 목적지이자 미래에 있을 이행으로, 말하자면 종말론적으로 사유한다.

영/정신의 역사는 헤겔에게 세계사의 가장 내부에 있는 것이다. 영/정신의 본질에는 운동이 속하며, 따라서 역사 역시 속해 있다. 헤겔의 저작은 어떤 역사의 철학과 철학의 역사를 포함할 뿐 아니라, 저작 전체가 이전의 그 어떤 철학과 달리 매우 근본적으로 역사적이며 요아킴주의 역사신학에만 비교될 수 있다. 영/정신의 변증법적 운동의 목적지는 '절대지식'absolutes Wissen, 플레니투도 인텔렉투스plenitudo intellectus다. '절대지식'은 이미 그때 있었던 영/정신의 모든 형태들을 '상기'Erinnerung하며 지나는 길에서 성취된다. 영/정신의 종래의 본질을 거치고 영/정신의 역사를 지나는 이 길은 어떤 에움길이 아니라, 지식을 완성하기

---

62) Löwith, *Von Hegel bis Nietzsche*, p.47[뢰비트, 『헤겔에서 니체로』, 58쪽. 번역 수정].

위한 유일하게 가능한 길이다. 역사는 구속사다. 역사는 영/정신에 대해 외부적인 것이 아니며, 영/정신은 그 가장 깊숙한 곳에서 스스로-발전하는 어떤 운동으로만 있을 뿐이다. 이 생성의 변증법은 무한함으로 이어지지 않으며, 그 안에 이행이 놓여 있는 종말[에스카톤]을 추구한다. 영/정신이 자신의 **완전한**voll 형상을 드러내는 곳인 **끝**Ende에 도달함으로써 영/정신의 역사는 **완전히-끝나[완-료되어]**voll-endet 있다.[63]

철학사에 대한 강의에서 헤겔은 영/정신현상학의 구조에 대해 논한다.[64] 영/정신의 첫 시대는 탈레스에서 프로클로스[65]까지다. 이 시대가 프로클로스에 이르러 완료된vollendet 정점에서 유한함과 무한함 사이에, 지상의 세계와 신적인 세계 사이에 고대의 화해가 일어난다. 두 번째 시대는 그리스도교적 시간계산이 시작된 때부터 근대의 시작 때까지다. 이 시대에는 더 높은 단계인 그리스도 교회의 단계에서 지상의 것과 신적인 것 사이에 첫번째와 같은 화해가 일어나서 절대지식의 세번째 시대에 이르면 데카르트에서 헤겔까지의 그리스도교 철학에서 마지막으로 헤겔을 통해 완료된다. 이 마지막 시대의 철학 체계들은 맨 먼저 다만 있었다고 **믿어진**geglaubt 화해를 **앎으로써**wissend, 곧 사유 속에서 파악하여 내보일 뿐이다.[66] 완전한 끝Volles Ende에 헤겔의 절대적 체계가 서 있으며, 그 안에서 그리스도교적 의미의 실제 세계는 '영/정

---

63) *Ibid.*[앞의 책, 같은 곳].
64) *Ibid.*, pp.56~57[앞의 책, 66쪽].
65) 리카이우스 프로클로스(Lycaeus Proklus, 410~485): 그리스의 대표적인 신플라톤주의자로 그리스 로마의 고대철학의 완성자로 평가된다. ─옮긴이
66) Löwith, *Von Hegel bis Nietzsche*, pp.56~57[『헤겔에서 니체로』, 66쪽].

신적인' 것이 된다. 헤겔의 영/정신사는 어떤 임의적인 곳에서 일시적으로 끝나 있는geschlossen 게 아니라, 결정적이고 의식적으로 '종결되어' beschlossen 있다. "바로 여기까지 세계의 영/정신Weltgeist이 와 있다. 최종 철학은 이전의 모든 것의 결과다. 어떤 것도 잃어버리지 않고 모든 원리들이 보존되어 있다."[67]

헤겔에게 신의 강생Menschwerdung으로 확증되었던 신적 본성과 인간적 본성 사이의 통일성이 그의 철학의 주제다. 영/정신의 모든 단계들은 신이 영원히 인간이 되는 방식들에 불과하기 때문이다. 신의 나라에서 지상의 것과 천상의 것이 최종적으로 화해되어 있다. 신국은 하나의 현실성이며, 그곳을 신이 하나의 절대적인 영/정신이 되어 지배한다. 종교철학에서 '신의 나라'는 철학사의 '지성의 왕국'과 현상학의 '영/정신의 왕국'과 동일하다.[68] 영/정신의 왕국에 "국가 권력, 종교와 철학의 원리들이 일치하며, 현실성 일반과 영/정신의 화해, 국가와 종교적 양심의 화해 그리고 종교적 양심과 철학적 지식의 화해가 완수되는"[69] 절대적 가능성이 주어져 있다.

요아킴에 대한 주해는 부활 또한 속해 있는 그리스도의 형이상학적 숙명Geschick을 세계의 역사로 해석한다. 그리스도의 생애 전체와 그

---

67) Georg Friedrich Wilhelm Hegel, *Vorlesungen über die Geschichte der Philosophie 3*, Werke XV, ed. D. Karl Ludwig Michelet. 1836, p.689[『철학사 강의』].

68) Löwith, *Von Hegel bis Nietzsche*, p.68[뢰비트, 『헤겔에서 니체로』, 76쪽].

69) Georg Friedrich Wilhelm Hegel, *Enzyklopädie der philosophischen Wissenschaft im Grundrisse Dritter Teil Die Philosophie des Geistes*, Werke VII, section 2, 1845, pp.427~439, §552[『철학적 학문의 백과사전 강요: 3부 정신의 철학』][게오르크 프리드리히 빌헬름 헤겔, 『정신철학』, 박구용 외 옮김, 울산대학교출판부, 2000, 458쪽. 번역 다소 수정]. Löwith, *Ibid.*, p.62[뢰비트, 앞의 책, 77~78쪽]에서 재인용.

의 인간적이고 신적인 현존이 세계의 운명Schicksal에 대한 원상이다. 그리스도의 고난, 죽음 그리고 부활은 그의 육신에서, 그리스도의 몸에서도 일어난다. 두번째 시대의 로마 가톨릭교회에 불행이 닥쳐 서서히 사멸하지만, 쇠퇴하고 있는 그리스도의 몸에서 영의 질서가 발생하며, 그 안에서 그리스도의 몸은 세번째 시대의 영의 교회에서 새로운 영적 형태가 되어 부활한다. 요아킴은 쇠퇴와 종교개혁이 역사변증법적으로 서로 관련되어 있다고 이해한다.[70] '그 분의 형상으로 돌아가자'Redire ad formam illam[71]는 종교개혁의 이념은 원시 그리스도교적 형태들을 곧장 현재의 교회에 옮겨 놓으려 하지 않는다. '그 분의 형상으로 돌아가자'는 하나의 유비similtudo에 불과하기 때문이다. 여기서는 더 이른 역사적인 상태가 더 높은 역사적 차원과 맺는 유비Analogie가 다뤄진다. 이행履行은 미래에 있지 과거에 있는 게 아니다. 복음상의 원형태는 영/정신의 영광으로 도래할 실현에 대한 하나의 싹이자 불완전한 비유Gleichnis에 불과하다.[72]

헤겔에게서도 종교개혁으로 인해 "영/정신의 시대"[73]가 시작된다. 헤겔에게서도 쇠퇴와 종교개혁은 역사변증법적으로 서로 관련되어 있다. 종교개혁은 교회의 부패에서 발생되었다. 헤겔은 중세의 가톨릭교회가 근대의 개혁 교회와 맺는 관계를 꼭 요아킴을 추종하는 사

---

70) Benz, *Ecclesia spiritualis, Kirchendiee und Geschichtstheologie der franziskanischen Reformation*, pp. 26~27.

71) 보통 종교개혁의 이념은 '아드 폰테스'(ad fontes), '근원으로 돌아가자'이다. ─옮긴이

72) Benz, *Ibid.*.

73) *Lasson, *Hegel als Geschichtsphilosoph*, vol. 2, pp. 877~878.

람처럼 표현한다. 영적 자유의 원리가 근대의 교회에서 펼쳐지고 있다고 말이다. "루터의 단순한 교의는 자유의 교의다…… 구속의 과정은 마음과 영에서만 앞으로 나아갈 뿐이다. 이 교의에서 그 모든 외재성들이, 여러 가지 영의 예속 형태들과 잔가지들이 소용없어진다…… 이제 개인이 신적인 영으로 충만해져 있음을 앎으로써 이를 통해 외재성의 관계들이 전부 누락되고 만다. 지금은 사제들과 평신도들 사이에 차이란 더 이상 없으며, 교회가 영적이고 무상한 온갖 보화들을 소유하고 있는 것처럼 오로지 진리의 내용을 소유하고 있는 계급 따위는 없다. 대신에 인간의 마음, 그 가장 내부에 있는 인간의 의식과 양심, 진리를 의식해 갈 수 있고 그래야만 하는 인간이 느끼는 영성/정신성 Geistigkeit이 있으며, 이 주체성은 모든 인간의 것이다."[74] …… "중세는 아들의 왕국이었다. 아들에게 신은 아직 완성되지 않았고, 영/정신에 이르러서야 완성된다. 왜냐하면 아들로서 신은 자신에게 떼어져 있었기 때문이며, 따라서 거기에는 어떤 다른 존재[타자]Anderssein가 있어 이 존재는 영/정신에 이르러서야 자기 자신에게 되돌아갈 때 틀림없이 지양된다. 아들과의 관계가 외재적인 것을 그 자체로 가지고 있듯 중세 때 역시 이 외재성은 유효하다. 하지만 종교개혁으로 신의 나라가 시작되며, 이곳에서 신은 영/정신으로 실제 인식된다. 이것에 의해 새로운 깃발이, 최후의 깃발이 세워지게 되며, 그 주위로 민족들이 모여든다. 이 자유로운 영/정신의 깃발은 자기 자신으로 존재하는데, 그것도 진리 안에 있으면서 그 안에서만 자기 자신으로 존재한다. 이 깃발 밑

---

74) *Lasson, *Hegel als Geschichtsphilosoph*, vol. 2, pp. 877~878.

에서 우리는 섬기고 그 깃발을 들고 간다. 그때부터 우리까지 이르는 시간은 이 원리를 세계 속으로 형성하는 것 말고는 그 어떤 다른 일도 행하지 않았으며 앞으로 해서도 안 된다. 하지만 그 결과 이것은 지금도 자유의 형태인 보편성을 획득할 수밖에 없을 것이다."[75]

미네르바의 부엉이는 황혼Dämmerung에 날갯짓을 시작한다. 헤겔은 그의 유명한 문장에서 저녁의 해질 무렵Dämmerung을 의도한 것이겠지만, 이 문장은 아침의 해뜰 무렵[아침놀]Dämmerung에도 해당한다. 근대의 시작과 근대의 끝에서, 그리스도의 말씀(로고스)이 영/정신의 형상으로 현현하는 유럽-그리스도 교회의 최종시기의 시작과 끝에서 바로 이 역사관이 발생한다. 물론 시작할 때 이 관점은 앞서-바라보는vor-schauend 예언이지만, 끝에 이르면 뒤돌아-바라보는zurück-schauend 예언, 곧 역사-철학이다.

헤겔은 철학에 그것이 사건들과 현실들을 뒤에-사유nach-denken해야만 한다는 과제를 부과하지만, 예언은 저 사건들과 현실들을 앞서-사유vor-denken해야만 한다. 이 때문에 요아킴은 대개의 사람들에게 광신자Schwärmer[76]로 비칠 수 있다. 레싱이 『인류의 교육』에서 이것을 의도했을지 모른다. 몸소 "13, 14세기의 어떤 광신자들이 이 새로운 영원한 복음의 빛줄기를 하나 붙잡아서 그와 같은 복음의 폭발이 매우 임박했다고 선포하는 데로 잘못 빠져들고 말았을 뿐이다. 그들이 주장한 세계의 삼중의 존속기간은 그 어떤 공허한 망상이 아니었을지도 모

---

75) *Ibid.*, p.881.
76) 3권 각주 166을 참조하라. ―옮긴이

른다. 또 확실히 그들이 낡은 결속이 그랬던 것처럼 새로운 결속도 마찬가지로 낡아지게 될 수밖에 없다고 강론했을 때 아무런 악의도 없었다. 그들에게도 항상 그 같은 신의 그 같은 오이코노미아Öconomie(살림/경륜)가 남아 있었다. 항상——그들이 내 표현으로 말하도록 허락한다면—— 인류의 보편적 교육에 대한 그 같은 계획이 남아 있었던 것이다. 다만 그들은 그 계획을 너무 서둘렀을 뿐이다. 그들은 아직도 거의 성인이 되지 못한 자신들의 동시대인들을 계몽 없이, 준비 없이 갑자기 그들이 말한 제3의 시대에 어울릴 만한 남자들로 만들 수 있다고 믿었을 뿐이다. 또 바로 이것이 그들을 광신자들로 만들었다. 보통 광신자는 미래를 아주 올바르게 응시하고 있지만, 이 미래를 기다리지는 못한다. 그는 이 미래가 가속화되기를, 또 그것이 자신을 통해 가속화되기를 바란다. 자연이 천년의 시간을 들여 이루려고 하는 것이 광신자가 현존하는 순간 무르익어야 한다면서 말이다."[77]

요아킴을 일종의 광신자로 부르고 싶다면, 그가 그렇게나 많은 가톨릭교회의 열광적인begeistert 사람들처럼 어떤 천상의 내세에 열광하지도schwärmen 않을 뿐더러, 이단 운동에 참여한 수많은 사람들처럼 자신이 겪은 새로운 삶의 형식Lebensform에도 열광하지 않고, 대신 그 자신의 이념이 미래에, 도래할 세계시간에 실현되는 것을 본다는 점을 고려해야만 한다. 그럼에도 아마 요아킴은 결코 어떤 광신자도 아닐 것인데, 그는 자신이 의식하며 개시하고 헤겔이 의식하며 종결시킨 새로운 세

---

77) Gotthold Ephraim Lessing, "Erziehung des Menschengeschlechts", *Theologische Schriften II*, Gesammelte Werke VII, ed. Georg Witkowski, Leipzig: Bibliographisches Institut, 1911, pp. 448~449, §87~90[「인류의 교육」, 『신학저서들 2』].

계시간의 법칙을 인식하고 있기 때문이다. 실제로 레싱과 더불어 영적 그리스도교의 최종 단계가 시작된다. 니체까지의 독일 관념론(이상주의)에서 그리스도의 말씀(로고스)에 대한 단절과 유럽 세계의 그리스도의 몸에서의 이탈이 예고된다.

헤겔이 그리스도교 세계의 최종시간의 끝에 자신이 있음을 안 것처럼 요아킴은 이 세계시간Weltzeit의 시작에 자신이 서 있음을 본다. 양자는 전환기에 자신들이 서 있음을 알고 있다. 요아킴이 아는 대로 그가 서 있는 **전환기**Wende에서 새로운 세계의 시간이 이미 독자적으로 펼쳐지기 시작하며 낡은 세계의 시간은 여전히 온전히 그대로 자신의 온전한 역사적인 권리를 요구하며 존속하고 있다. 그렇게 두 세계의 시간이 서로 섞여서 밀고 가는데, 이 코아르타티오coartatio(밀집)의 상황이 요아킴에게 제 자신의 시대를 이해하는 데 토대가 된다. 세대에 대한 자신의 사변을 근거로 요아킴은 1200년에 가톨릭교회의 질서가 끝나고 1260년 무렵 영의 교회가 등장할 것이라는 결론에 이른다. 요아킴이 주저들을 저술한 시기는 1190년과 1200년 사이에 위치한다. 요아킴은 극도의 구속사적인 긴장의 시간 속에 있는 자기 자신을 바라보는데, 이 시간은 **카이로스**kairos 안에 배치되어 있으며, 이 카이로스에서 영적으로 새로운 세계의 시간이 시작되고, 그리고 요아킴 자신은 영의 교회를 도와 새로운 시간을 뚫어 열리게 하라는 소명을 받은 상태다. 그의 시대에 두 세계시간이 서로 함께 겨루고 있다는 인식은 요아킴이 등장하는 데 실제적인 자극이 된다.[78]

---

78) Benz, *Ecclesia spiritualis, Kirchendiee und Geschichtstheologie der franziskanischen*

헤겔이 시민 부르주아 사회의 체계에 자리하듯 요아킴은 평생 중세 그리스도 교회의 공간에 자리한다. 요아킴은 그가 자신의 모든 저서들을 교회의 판단에 예속시킬 것임을 약속하며, 혹시 교회가 요구할지 모르는 교정들을 미리 받아들인다. 진리를 위한 자유로운 상태와 동시에 교회에 의존한 상태가 요아킴에게는 여전히 전적으로 합치될 수 있는 것으로 보인다. 마찬가지로 헤겔은 '절대적인 것의 사제'Priester des Absoluten가 되는 것과 동시에 프로이센 국가의 공무원이 되는 것을 합칠 수 있다.[79] 요아킴과 헤겔이 입안한 역사의 도식은 그들이 혁명적인 요소들의 폭발을 방해하면서 여전히 통용되고 있는 질서에 기꺼이 적응할 수 있도록 허락한다. 이 직관 방식의 보수주의가 상대적이라 하더라도, 그 혁명적인 특징은 **절대적**이다. 왜냐하면 요아킴과 헤겔이 세계사의 과정을 어떤 진보의 운동으로, 따라서 현존하는 것에 대한 끊임없는 부정(프리드리히 엥겔스)으로 이해하고 있기 때문이다.[80] 자기 자신 안에서 요아킴의 영적 질서에 대한 약속이 이행됨을 목격하고 헤겔적 이성이 이끄는 끈을 따라 현실을 변화시키고자 한 청년세대의 영성주의자들과 헤겔좌파는 요아킴과 헤겔의 역사관에서 혁명적인 귀결들을 이끌어 낸다. 청년세대의 영성주의자들과 헤겔좌파는 이미 교회의 현존질서와 시민 부르주아 사회의 체계와 절연한 상태다. 교회는 영성주의자들을 중세 세계의 총체에서 도려내어 교회에 자명한 잔혹함으로 그들을 이단이라고 추방한다. 역시 시민 부르주아 사회가 헤겔

Reformation, p.33.
79) Löwith, *Von Hegel bis Nietzsche*, p.94~95[뢰비트, 『헤겔에서 니체로』, 99쪽. 번역 수정].
80) *Ibid*.[앞의 책, 101쪽].

좌파를 사회 바깥으로 밀어낸 것처럼 말이다. 포이어바흐는 그의 『죽음과 불멸에 대한 사상』*Gedanken über Tod und Unsterblichkeit* [1830]으로 인해 에어랑어의 사강사직을 포기하여 교회라고는 보이지 않는 어느 시골에서 겨우 강의할 수밖에 없다. 루게[81]는 정부 및 경찰과 지속적인 논쟁을 벌였다고 할레의 대학 강사직을 잃고, 드레스덴에 자유아카데미를 세우려던 그의 시도는 성공하지 못한다. 두 번 다시 감옥에 들어가지 않으려고 그는 파리로 피신하고, 그 뒤엔 스위스로 피신하다가 결국 영국에 정착한다. 브루노 바우어는 그의 급진적인 신학적 관점들 탓에 대학 강사직을 박탈당하고, 본에서 철학으로 교수취임논문을 쓰려던 칼 맑스의 계획은 실패한다. 유럽 대륙의 정부들에 의해 쫓겨 칼 맑스는 이 나라 저 나라로 피신하는데, 그의 마지막 유배지는 영국이다.[82]

요아킴의 추종집단으로서 영성주의자들

요아킴에 대한 혼동은 사실 트란시레(건너감)가 헤겔의 아우프헤붕(지양/들어올림) 개념과 공통적으로 가지고 있는 근본적인 양의성을 통해 가능해진다. 아직 처음에는 가톨릭교회가 요아킴의 교의를 중세 그리스도교의 체계 안에 편입시키려고 애쓴다. 요아킴의 신학은 로마 가톨릭교회를 도래할 영의 교회로 지양(건너감)시키는 것에 대한 그 양의적인 약속이 미래의 예언으로 남아 있다는 점에서, 또 요아킴 스

---

81) 아르놀트 루게(Arnold Ruge, 1802~1880): 맑스와 『독불연보』의 공동편집을 맡았던 대표적인 헤겔좌파.—옮긴이

82) Löwith, *Ibid.* [뢰비트, 『헤겔에서 니체로』, 100쪽].

스로도 로마 가톨릭교회의 권위에 예속되어 있고 중세 신국의 체계에 순응한다는 점에서 이단이 아니다.

하지만 요아킴주의 역사신학의 혁명적 요소들이 역사적인 영향을 미치게 되자 중세 교회는 요아킴주의 신학을 그렇게 이단시할 수밖에 없다. 영의 세계시간에 로마 가톨릭교회를 지양한다는 것은 가톨릭교회의 질서 너머에 있는 어떤 새로운 인류, 즉 새로운 공동체의 가능성을 가리킨다. 요아킴은 드물게 시도하는 가운데에서도 이 공동체를 충분히 명료하게 교황도, 성사도, 정경도, 교의학도, 성직자도 없는 성령의 교회라는 어떤 자유로운 공동체로 묘사한다. 요아킴이 개진한 것과 같은 역사의 예형론이란 그리스도 종교가 시작할 때만 해도 계시와 언약으로 주어져 있던 영적 그리스도교의 모든 형태와 진술이 이행되고 완성된다는 것을 입증하는 것과 다르지 않다.[83] 요아킴에게든 헤겔에게든 영적 그리스도교는 원시 그리스도교의 언약 속에 암시되어 있는 이념을 참되게 명시화하는 것이다.

요아킴이 제도, 성사, 성서와 위계의 모든 외재성이 지양되어 있는 영의 교회의 상을 그려 낼 때, 그는 중세 교회를 근절하는 셈이다.[84] 영의 교회는 그 어떤 플라톤 국가civitas platonica도 아니고, 차라리 요아킴은 영의 교회를 근미래의 주된 역사적 형상이라고 약속하기 때문이다. 이

---

83) Benz, *Ecclesia spiritualis, Kirchendiee und Geschichtstheologie der franziskanischen Reformation*, pp.46~47.
84) 개역개정 『마태복음』 3장 10절("이미 도끼가 나무뿌리에 놓였으니 좋은 열매를 맺지 아니하는 나무마다 찍혀 불에 던져지리라"), 『누가복음』 3장 9절("이미 도끼가 나무뿌리에 놓였으니 좋은 열매를 맺지 아니하는 나무마다 찍혀 불에 던져지리라") ― 옮긴이

렇게 하여 요아킴은 청년세대를 로마 가톨릭교회의 내부개혁을 도모하는 쪽이 아니라 영의 교회를 통한 로마 가톨릭교회의 지양을 실현시키는 쪽으로 이끈다.[85] 요아킴은 세대에 대한 사변을 근거로 다음 세대들에게 영의 교회의 시간을 계산함으로써 이 다가올 세대의 집단에게 스스로를 영의 교회를 가져오는 사람들로 해석하고 요아킴에 의해 그 전조가 표시되어 있는 영의 교회에 대한 도식에서 그들의 역사의식을 형성할 수 있는 가능성을 부여하게 된다. 더 나아가 그는 미래의 집단에게 로마 가톨릭교회의 요구를 대신하여 신학적이고 역사학적으로 자신이 요구하는 것의 근거를 마련할 수 있는 가능성을 부여한다. 그는 이 가능성을 로마 가톨릭교회에서 역사적인 현존의 권리를 박탈하기 위한 근거들이라고 부른다. 그와 같이 요아킴은 미래의 영성주의자들에게 그들이 로마 가톨릭교회와 투쟁할 때 쓸 무기들을 벼려 준다.[86]

요아킴은 제2제국의 마지막 시간에 현존하는 권력들에 반하는 영적 질서의 대논쟁을 목격하는데, 그때 제3제국의 시간이 그리스도와 적그리스도의 표어로 준비되고 있다. 그렇게 요아킴은 자기 자신을 영의 교회를 가져오는 자로 이해하는 미래의 어느 집단에게 이 요구를 저지하는 교회를 적그리스도[87]로 해석하는 가능성을 부여한다. 이 활활 타오르는 암호는 영성주의자들에 의해 중단되지 않고 단테에게, 후스파에 의해서는 루터와 뮌처에게 건네진다.

요아킴주의 신학이 역사적으로 활약한 것은 프란체스코회의 **영성**

---

85) Benz, *Ibid.*.
86) *Ibid.*.
87) *Ibid.*.

주의자들을 통해서인데, 에른스트 벤츠[88]는 이들에 대한 중요한 역사 편찬자다. 설립자 요아킴의 작업과 프란체스코 수도회가 스스로 요구한 것, 그리고 교회 전반에 끼친 종교개혁적인 활약에 대한 역사적인 근거 마련은 종말에 대한 잠재된 긴장과 희망을 전제한다. 프란체스코회의 잠재된 종말론적 풍토Klima 속으로 요아킴주의 예언이 섬광처럼 떨어지며 영성주의자들의 영의-왕국, 영의-시간과 영의-교회에 대한 표상들을 형성한다.[89] 요아킴주의 예언이 프란체스코회의 경건함 속으로 침투하여 이 수도회의 혁명가들을 만들어 낸다. 영성주의자들은 자기 자신들과 당대의 대사건들을 요아킴주의 예언이 이행된 것으로 해석하고, 이 예언의 이행이라는 의미에서 활동하고, 그리하여 도래하는 것이 갑자기 출현하도록 도움으로써 혁명가가 된다.[90]

1241년 요아킴의 저서들이 반입된 피사의 프란체스코회 집단이 요아킴주의 예언의 사절단이 된다. 그들은 요아킴주의 씨앗들을 곳곳에 비밀리에 퍼뜨린다. 이미 초기에 평신도들 사이에서 요아킴주의 이념들이 발견된다. 평신도들 사이의 전파는 프란체스코 제3수도회 Tertiarierorden를 통해서 가능해진 것이며, 재세례론자들Wiedertäufer은 프란체스코 제3수도회 그룹에서 직접 배출된 것 같다.[91] 요아킴주의 평신도들과 수도사들은 피사에서 시작하여 이탈리아 전역 너머 프랑스와

---

88) Benz, *Ecclesia spiritualis, Kirchendiee und Geschichtstheologie der franziskanischen Reformation*, pp.175~176.

89) *Ibid.*.

90) *Ibid.*, p.177.

91) Albrecht Ritschl, *Geschichte des Pietismus*, vol.1, Bonn: Marcus, 1880, p.30[『경건주의의 역사』].

카탈루냐[스페인]까지 확장된 정기집회Konventikeln를 꾸린다. 이들은 대부분 요아킴주의 공동체들과 연계되어 있는 지식인들이다. 남프랑스의 모처에서는 "여러 법무관들과 재판관들과 의사들 그리고 다른 교양인들이 요아킴의 가르침에 관해 들으려고 수도사 위고의 방으로 모여든다."[92] 영성주의자들의 요아킴주의 선전은 더 널리 시민 계층들에도 스며든다. 요아킴주의 집회들에 베긴회[93]의 시초가 있다. 요아킴주의 역사신학은 베긴회의 정신적 토대다.[94] 베긴공동체에서 영성주의자 그룹에 매우 유명한 저서인 올리비의 묵시 설교집이 정경으로 평판을 누리게 된다. 이 저서의 발췌문들은 민중어[통속어]Volkssprache로 번역되는 동시에 복음서로 숭배된다.

도미니크회와 프란체스코회 사이의 힘겨룸은 요아킴주의 역사신학을 지반으로 교회에서 마지막 시간의 주도권을 획득하려는 싸움이 된다. 우선 영성주의자들은 여전히 교회 자체 내에서 주도권을 구하고 역시 교황을 추종하여 (호헨) 슈타우펜 왕가[95]에 맞서 교회의 자유를 지키고자 한다.[96] 이 왕가의 제국에 대한 정치적 이념은 프리드리히

---

92) Benz, *Ecclesia spiritualis, Kirchendiee und Geschichtstheologie der franziskanischen Reformation*, p.179.

93) 베긴회(Beginentum): 유럽 중세에 그 기원을 두고 12세기 벨기에에 설립된 여성으로 구성된 반수도회 집단.-옮긴이

94) Benz, *Ecclesia spiritualis, Kirchendiee und Geschichtstheologie der franziskanischen Reformation*, p.180.

95) (호헨)슈타우펜 왕가(Staufer/Hohenstaufen dynasty) : 중세시대의 독일 군주 왕조 (1138~1254)로 이 왕조의 세 왕이 로마제국에 의해 왕관을 수여받았다.—옮긴이

96) Benz, *Ecclesia spiritualis, Kirchendiee und Geschichtstheologie der franziskanischen Reformation*, p.181.

2세 이후에 교황권이 자신의 의지에 반하여 어떤 혁명적인 어떤 상황 속으로 떠밀리게 만든 메시아적이고 종말적인 요구와 함께 등장한다. 그럼에도 '교황혁명[97]'에 관해서는 거의 아무것도 말할 수 없는데, 그 이유는 교황권이 그를 수행하는 '왼쪽 날개[좌익]'linker Flügel[98]에 대해 늘 불신하고 있기 때문이다. (호헨)슈타우펜 황제가 죽자 비로소 영성주의자들의 결정적인 전회가 가능해지는데, 이제는 영성주의자들의 힘들이 자유로워져서 가톨릭교회와 최종적으로 논쟁하기 때문이다.

이미 영성주의자들 그룹의 첫 저서가 중세의 신국에 대한 가시 돋친 말Spitze로 저술되었다. 제라르도[99]는 요아킴의 저서들을 『영원한 복음』Das Ewige Evangelium이라는 제목으로 한데 모아 거기에 서문을 더한다. '영원한 복음'이라는 표제어는 그 자체로 요아킴주의 역사신학의 주된 모티프를 요약하고 있다. 영원한 복음은 "그리스도의 복음에서 파생된 복음인데, 문자는 죽었지만, 그럼에도 영은 살아 있기 때문에 영원하다."[100] 따라서 영원한 복음은 교회에 의해 정경으로 인정된 신약과 동일한 그리스도의 복음이 아니라, 어떤 새로운 것이다. 요아킴은 영원한 복음으로 결코 어떤 기록된 것을 의도한 게 아니었다. 요아킴은 영원한 복음의 시대를 다음 세대들을 위해 미리 계산한다. 이 완성

---

97) 교황혁명(Papstrevolution) : 그레고리 7세가 실행한 개혁적 혁명운동으로, 농노에서 황제에 이르기까지 교황에 대한 절대적인 순종과 독신생활, 성직매매 금지, 평신도에 의한 성직자 서임권 철폐를 주된 내용으로 한다. ―옮긴이

98) *Rosenstock-Huessy, *Revolution als politischer Begriff in der Neuzeit*, pp. 107~108.

99) 보르고 산 도니노의 제라르도(Gerardo di Borgo San Donnino) : 13세기 프란체스코회 영성 주의자들의 이탈리아 대표자. ―옮긴이

100) Benz, *Ecclesia spiritualis, Kirchendiee und Geschichtstheologie der franziskanischen Reformation*, p. 245.

의 시대에 관해 제라르도가 아는 거라곤 몇 년 떨어져 있지 않다는 사실뿐이다. 그럼에도 새로운 시대의 중심 내용은 영원한 복음의 선포다. 그래서 제라르도는 요아킴의 저술 자체가 영원한 복음과 같다는 등식에 이른다. 이리하여 영적 지성마저도 요아킴이 추진한 것과 같은 역사적이고 예형론적인 해석과 동일해진다.[101] 따라서 영적 지성은 저 역사적인 의의이며, 이것은 헤겔이 여전히 현존의 신적임에 대한 증명을 실행했을 때에도 도움이 되었다.

제2세대 영성주의자들이 비로소 영의 교회의 역사신학을 만들어낸다. 피터 올리비[102]는 이 신학을 앙주의 왕자[103]에게 보내는 한 서신에서 간결하게 적고 역사와 자연에 대한 변증법의 법칙을 정식화한다. "우주의 질서를 깊이 생각하는 자에게 그리스도의 위계적 율법이 다양하고 극도로 놀라운 방식으로 다가서는데, 이 율법은 그리스도가 스스로 일체의 세계 앞에서 축제의 분위기에서 알려지도록 주었던 것이다. 씨앗이 땅에 떨어져 죽지 않으면, 그 씨앗만이 홀로 남게 된다. 하지만 씨앗이 죽으면, 다양한 과실을 가져올 것이다."[104] 이 변증법은 고난, 죽음 그리고 부활로 이뤄진다. "그 안에 모든 자연적인 변화와 운

---

101) *Ibid.*, p.248.
102) 피터 올리비(Peter John Olivi 1248-1298) : 프랑스 이름으로는 '피에르 드 장 올리비'(Pierre de Jean Olivi)라고도 하며 중세 신학자로 14세기 초반 그의 극단적인 금욕주의적 '가난관'은 당대 프란체스코회 수도사들의 생활방식과 관련하여 무수한 논쟁을 낳았고 이후 프란체스코회의 영성주의자들의 등장에도 영향을 끼쳤다.―옮긴이
103) 앙주(Anjou) : 프랑스 중서부의 옛 지명으로 그 중심지는 앙제였는데 본문에서는 이 지역 출신으로 시칠리아에서 (호헨)슈타우펜가를 몰아내고 왕이 된 앙주의 찰스 1세(1227~1285)가 세운 앙주의 카페 왕조의 왕자를 가리키는 것으로 보인다.―옮긴이
104) *Ibid.*, p.259.

동의 보편적인 진행과 흐름이 세워져 있다. 하나가 몰락하면 다른 것이 탄생하고 물질적 존재들은 형태 없는 것을 거쳐서 형태에 도달하며, 더욱더 놀라운 것은 그 형태 없음이 형태들의 근원인 동시에 기초라는 점이다."[105] 신의 역사적인 실현은 대립과 부정을 통하여, 타락을 통하여, 고난과 형태 없음을 통하여 이뤄지는 것이다.

대립과 부정으로 이뤄진 실현의 변증법은 창조 때 신의 활동을 규정한다. "창조가 그 기초이자 서곡으로 요구하는 것은 신이 무에서 자신의 작품을 만들어 내며, 이미 만들어진 작품들이 최고신의 절대명령에 그렇게 복종하도록 정해져 있어서 이 작품들은 신이 원하는 대로 그가 그냥 보내는 눈짓에도 각각의 사물에서 각각의 자의적인beliebig 것으로 바뀌게 된다는 점이다."[106]

현재 상태를 벗어나 신을 실현하는 이 변증법의 법칙은 자연의 영역에만 유효할 뿐 아니라, 신의 구속 사역Heilswerk인 역사에서 특히 분명하게 나타난다. "그리하여 모든 은총과 천상과 천상 너머의 교회의 뿌리는 후밀리타스humilitas(겸허)라는 중심에, 이른바 중심에 있는 무에 그 기초와 생장을 가지고 있다는 결론에도 이르게 된다."[107] 역사에 대한 신적인 변증법은 그리스도의 죽음과 부활을 통하여 구현된다. 모든 생명이 죽음을 통해, 낡은 형태를 몰아냄으로써 생긴다는 법칙은 인간의 생명에도 유효하다. "우리는 이 법칙을 우리의 삶과 죽음 전반에서

105) Benz, *Ecclesia spiritualis, Kirchendiee und Geschichtstheologie der franziskanischen Reformation*, p.259.
106) *Ibid.*.
107) *Ibid.*.

다양한 방식으로 확인하게 되는데, 우리의 생명이 의존하고 있는 씨앗들과 과실들이 먼저 죽지 않으면 생명을 잉태하지 못하는 경우가 그렇다. 우리가 어머니의 품 밖으로 첫 외출을 하기도 하여 우리는 그 품 안에서 감옥 같은 종류의 무덤을 얻은 뒤 여기서 나와 마침내 빛 가운데로 걸어가는 게 아닌가? 마치 우리가 무덤에서 부활하여 좁은 감옥과 어둡고 침침한 교도소 밖으로 나와 자유에 맡겨진 것처럼 말이다."[108] 마지막으로 올리비는 역사의 변증법을 그리스도 교회의 구속사에 적용하는데, 이 역사는 요아킴의 범례에 따라 일곱 시대에 걸쳐 실현되는 것으로 그에 의해 파악된다. 확실히 그리스도 교회의 원역사는 역사의 변증법이 보편적임을 확인한다. "이 놀라운 법칙에 따라 그리스도 교회는 시나고그의 품에서 수태되었으며 쓰디쓴 탄생을 통과하여 탄생 밖으로 나왔기 때문이다…… 이 법칙과 계획에 따르면 이스라엘 민중 역시 화로와 이집트의 노예상태 밖으로 나와서 신의 강력한 손아귀로 홍해를 가르고 건조해진 발로 걸어서 지나갔던 것이다. 그렇게 선택된 무리 전체가 지상의 죽음이라는 길 위에 있는 현세의 유수와 사탄의 전제적 권력 밖으로 나와 마치 홍해의 한가운데를 가로지르는 것처럼 천상의 나라를 향하여 활기차게 일어선다."[109] 전적으로 요아킴에게 영감을 받아 올리비는 자신이 살고 있는 현재를 여섯번째 봉인이 열리고 여섯번째 천사가 잔을 쏟아 붓는 시간으로 해석한다.[110]

완전히 요아킴에게 매료되어 동요하고 있는 올리비의 이 편지는

---

108) *Ibid.*, p.260.
109) *Ibid.*.
110) *Ibid.*, p.262.

간결하게 묵시 설교집의 중심 이미지들과 중심 형상들을 선취하고 있다. 이 설교집이 마지막 시간의 형상들을 구체적인 이름들로 지칭한 것에 불과하기 때문이다.[111] 올리비의 묵시 설교집의 중심 문제는 두 번째 시대의 로마 가톨릭교회를 **지금**jetzt 일어난다고 하는 세번째 시대의 영의 교회Geistkirche를 통해 지양하는 것이다. 요아킴주의 예언에서 영적 질서에 대한 미래의 요구가 영성주의자들의 구체적인 상황에서는 교회-정치의 강령이 된다.[112] 프란체스코회의 영의-교회는 자신에게 편입되어 있는 세계의 시간에 대해 두번째 시대의 로마 가톨릭교회가 이 시대에 대해 요구하는 것과 똑같은 권력을 요구한다.[113] "성서에 대해 명료한 인식을 지닌" 영적 인간들은 "교회의 상석Prinzipat 그 위로 승격될 만하며, 곧고 굽히지 않는 무적의 권력을 철지팡이처럼 받아서 이것을 가지고 그들은 민족들이 지고 있는 지상의 짐을 깨부수고 충만한 천상의 지혜를 맞이하여 교회를 이끌고 천상의 것들을 음미한다."[114] 새로운 시대에 로마 가톨릭교회는 어떤 영의 권력도, 신자들에 대한 어떤 지배권도 더 이상 보유하지 못한다. 교황들의 인격적 승계가 폐기되어 영적 질서로 옮겨진다.[115] "시나고그와 그곳의 사제들이 그리스도를 믿었더라면 그들에게 마련되어 있을 영예가 원시교회와 그곳의 목자들에게 옮겨진다. 그렇게 다섯번째 상태의 최종교회(로

---

111) Benz, *Ecclesia spiritualis, Kirchendiee und Geschichtstheologie der franziskanischen Reformation*, p. 263.

112) *Ibid.*, p. 291.

113) *Ibid.*.

114) *Ibid.*.

115) *Ibid.*, p. 292.

마 가톨릭교회를 말한다)에 마련되어 있던 영예 역시 이 교회가 간음을 저질렀기 때문에 여섯번째 상태의 선택받은 자들(프란체스코회의 영의 교회를 뜻한다)에게 옮겨진다."[116] 로마 가톨릭교회가 살의 관성에 빠져서 이제 시작된 영의 시대에 영의 교회로 지양되는 것에 저항하고 있기 때문에 지금 로마 가톨릭교회는 적그리스도의 교회다.[117]

종파들Sekte에게 변증법적 역사신학은 '로마 가톨릭-교회=적그리스도'라는 단순 등식으로 대폭 줄어들고 만다.[118] 『만인에게 보내는 편지』Brief an alle에서 돌치노[119]는 그의 역사관에 대한 가장 중요한 생각들을 역시 요아킴주의 이념들에 의해 전적으로 규정된 묵시록에 대한 해석으로 발전시킨다. 멸망의 주제가 돌치노의 시대구분을 관통하고 있다.[120] 새로운 구속의 질서를 갖춘 새로운 구속 시대의 제도는 낡은 상태의 멸망을 통해 각기 정해진다. 한때 프란체스코회가 보편적 멸망의 시대에서 스스로를 복음을 믿는 삶의 쇄신자로 파악한 것처럼 사도형제회는 프란체스코회가 쇠퇴한 뒤 구속사의 마지막 시기Epoche에 스스로를 쇄신자로 인식한다. 멸망이론이 프란체스코 수도회에 적용되며 이 멸망 밑에 교회사 전체 또한 자리한다. 분명 콘스탄티누스 시대는 획득과 소유, 온갖 종류의 돈과 소유가 허가됨으로써 교회가 대이반한

---

116) *Ibid.*, p. 293.
117) *Ibid.*, p. 312.
118) *Ibid.*, p. 357.
119) 프라 돌치노(Fra Dolcino, 약 1250~1307) : 사도형제회에 뿌리를 두고 프란체스코회와 요아 킴주의의 지대한 영향을 받아 북이탈리아의 종교개혁주의 운동을 주도한 돌치노파의 제 2 대 지도자로 1307년 화형을 당했다. ─옮긴이
120) Benz, *Ibid.*, p. 358.

시기로 표현된다. 두번째 시대의 "부유하고 존경받던 교회"는 시작할 때부터 "악한 교회"인 것이다.[121]

돌치노에게 역사신학은 사회에 대한 어떤 유토피아와 눈에 띄게 결부된다. 사도형제회는 수도사식 선전의 길을 포기하고 무장 반란에 착수한다. 이 때문에 사도형제회와 돌치노는 자신들의 버팀목을 농민들에게서 구할 수밖에 없다. 중세의 마지막 세기에 농민저항과 농민전쟁이 증가한다. 돌치노의 이념들이 발세시아[122]에서 농민봉기를 준비한다. 14세기 말 무렵 아주 똑같이 신속하고도 철저하게 진압당한 프랑스 자크리 농민의 난[123]이 뒤따른다. 그렇지만 결국 들끓어 오른 곳은 독일이며, 이곳은 15세기 내내 농민의 난으로 뒤덮인다.[124]

중세의 농민 대봉기들은 원시법^{Urstandsgesetz}[125]뿐 아니라 그리스도교적 자유와 평등에 결부되어 있는 절대적 자연법^{Naturrecht}에 대한 표상을 통해서 정당화된다.[126] 그리스도교적 자연법은 대개 평등주의적이고 공산주의적인 것으로 이해되며, 폭력 역시 정당화되어야 한다는

---

121) Benz, *Ecclesia spiritualis, Kirchendiee und Geschichtstheologie der franziskanischen Reformation*, p.361.

122) 발세시아(Valsesia): 이탈리아 세시아 강의 협곡 지역. — 옮긴이

123) 자크리 농민의 난: 백년 전쟁 중 1358년 5월 북프랑스에서 일어난 농민 폭동으로, 당시 '자크리'는 귀족들이 농민들을 조롱하며 부르던 별칭이었던 자크 보놈(Jacques Bonhomme: 촌뜨기들)을 집합명사화한 호칭이다. — 옮긴이

124) Ernst Bloch, *Thomas Münzer als Theologe der Revolution*, München: Wolff, 1921, p.71 [『혁명신학자로서 토마스 뮌처』][이후 두 개의 미주(각각 Bloch, p.69과 p.70)의 자리가 본문에는 표시되어 있지 않다].

125) 몽테스키외에 따르면 인간 상호간의 두려움과 회피 때문에 자연상태의 인간은 소극적 평화 상태에 있게 되는데, 이 상태에서는 자연법 이전의 원시법이 인간과 모든 존재를 지배한다. — 옮긴이

126) Troeltsch, *Die Soziallehren der christlichen Kirchen und Gruppen*, p.411.

점에서, 항상 구약과 묵시록으로 되돌아간다. 이 때문에 농민들의 천년왕국설이 모세와 사도 요한을 동시에 따르는 것과는 달리 권력자들은 십계명의 질서를 "유대인의 법규약"der Juden Sachsenspiegel[127])으로만 간주하게 하며, 그들에게 묵시록은 "망상의 잡동사니 주머니로"als aller Rottenmeister Gaukelsack[128]) 보인다. 농민들과 천년왕국설의 결속이 중세 전체를 특징지으며, 특히 후스파에서 뚜렷해진다. 명백하게 신의 나라라는 이념은 지상에 있는 신의 나라의 유토피아로 옮겨간다. "어떤 새로운 이상적인 세계가 더 선명한 윤곽을 받아들이고 이것을 비춘다."[129])

종파들은 스스로를 원시공동체의 후신(세쿠오르[130])으로 이해하고, 교회의 이단법을 통하여 처음 종파들은 보편적인 그리스도교 사회와 분리된다(세카레[131]). 교회가 월등히 보수적이고 상대적으로는 세계를 긍정하며 대중들을 지배하고 사회를 보편적으로 아우르려는 것을 목적으로 삼은 반면, 종파들은 그리스도교적 삶의 강렬함을 실현하는 것을 목적으로 삼은 비교적 작은 집단이다.[132]) 교회가 국가와 지배

---

127) 우선, 작센거울(Sachsenspiegel)은 중세 독일의 가장 중요한 법전으로, 1220년 무렵 작성되어 1900년까지 현행 독일법에 영향을 끼쳤다. 여기서는 십계명에 대한 비유적 표현으로 유대인에 적용시키고 있다. 그리고 "유대인 작센거울", 즉 "유대인의 율법서"(Gesetzbuch der Juden)라는 표현은 루터가 구약에서 모세가 유대인들에게만 십계명이 부과되었다는 점에 착안해 이 계명이 적용되지 않을 때의 그리스도인의 자유를 논하면서 사용한 표현이기도 하다. 여기서는 이 점을 고려하여 '유대인의 법규약'으로 번역했다. —옮긴이

128) Bloch, *Thomas Münzer als Theologe der Revolution*, p.52.

129) *Gioacchino Volpe, "Eretici e moti ereticali del. XI AL XIV secolo, nei loro motivi et riferimenti sociali", *Il Rinnovamento*, 1907, Juni, pp.668~669[「11세기에서 14세기까지 이단들과 이단항쟁: 그들의 사회적 동기와 관계들에 관하여」, 『부흥』], cited in Troeltsch, *Die Soziallehren der christlichen Kirchen und Gruppen*, pp.387~388.

130) 세쿠오르(sequor) : 라틴어로 '뒤따르다/추종하다'는 의미의 동사. —옮긴이

131) 세카레(secare) : '자르다/절단하다'는 의미의 동사. —옮긴이

132) Troeltsch, *Ibid.*, p.362.

계층의 주인이 되어 그렇게 직접 보편적인 질서에 편입되는 반면, 종파들은 세계와 국가와 사회에 대해 무관심하고 인내하거나 혹은 적대적으로 행동하며, 그래서 국가와 사회에 대립하고 있는 하층민들이나 부류들을 지지한다.[133] 그럼에도 종파들의 세속적인 특수성은 그 절대적인 보편성을 숨기고 있다. 타락한 대중교회를 떠난 그와 같은 작은 공동체들로 그리스도교 세계를 해체하는 일이 종파들에게는 그리스도의 세계 지배에 대한 표상 자체와 일치할 수 있는 것은 다음 전제에서만 그렇다. 묵시록에 예언된 대로 대중이 그리스도교를 등지고 그리스도교 세계가 신실함이라곤 없는 자들로 후퇴하는 일이 지금 등장해 있다는 전제 말이다.[134] 이 종파들의 근본동인은 물론 이교도의 무아상태의 정점들에서만, 가령 재세례파에서 공공연해진다.[135] 종파들은 더 이상 수도회가 아니며 수도회들을 증오하기에 어떤 우두머리도 되려고 하지 않고 태고시대의 자유와 평등을 바란다.[136] 보편적 그리스도교 세계를 아우르는 교회는 그리스도교적 삶의 강렬함을 수도사생활Mönchstum에 제한한다. 그전에는 종파들에서만 실현될 뿐인 이 경향들을 수도사생활은 교회 공간에 간직한다. 수도회와 종파들의 경계에 프란체스코회의 설립이 자리한다. 새로운 수도회의 설립자로서 프란체스코는 당연히 그의 선행자들의 계열만을 잇고 있는 것처럼 보인다. 수도회 형제들이 완벽한 가난을 통해 세계에서 소외된 상태는 그 정도

---

133) Troeltsch, *Die Soziallehren der christlichen Kirchen und Gruppen*, p.362.

134) *Ibid.*, p.808.

135) Bloch, *Thomas Münzer als Theologe der Revolution*, p.241.

136) Troeltsch, *Die Soziallehren der christlichen Kirchen und Gruppen*, p.391.

에 따라서만 이전의 수도회 설립들의 의도들과 구분될 수 있을 뿐이다. 그렇다고 수도회라는 형태로 예수의 종교인 참된 그리스도교를 쇄신하려는 프란체스코의 의도가 왜곡될 수는 없으며, 그렇게 그의 의도는 동시대인들에 의해서도 이해될 것이다.[137] 제3수도회^{Tertiariergesellschaft}에서 수도사생활^{Mönchstum}과 평신도생활^{Laientum}의 간극은 희미해지게 된다. "생활과 종교 조직의 단순화, 원시교회에 대한 열정과 성서에 대한 자구^{字句}적 이해, 그리스도의 말씀과 가르침에 대한 정확한 준수^{Befolgung}, 사도의 삶의 흡사 기계적으로 보이는 완전한 반복, 이것이 다양한 종파들이 일어설 수 있는 공통의 지반이며, 여기에는 대단히 커 보일 수도 있을 차이들이 있다.[138] 종파들의 목적지들에는 명시적이고 의식적인 종교적 순간들과 대개 불확실하고 감춰진 사회적인 순간들이 섞여 있다. 타보르[139]의 폭동에는 베가르드회[140]와 돌치노파[141] 그리고 이탈리아의 천년왕국주의자들을 거쳐 보헤미아[142]에 이어지는 행로를 발견하는 요아킴주의 선(함)이 고대 슬라브족의 습관들과 전

---

137) Ritschl, *Geschichte des Pietismus*, vol.1, p.13.

138) *Volpe, "Eretici e moti ereticali del. XI AL XIV secolo, nei loro motivi et riferimenti sociali - II", *Ibid.*, July-August, pp.73~74, cited in Troeltsch, *Die Soziallehren der christlichen Kirchen und Gruppen*, p.391.

139) 타보르(Tabor): 체코의 남보헤미아 지방에 있는 도시로 종교개혁가 얀 후스의 뜻을 이어받은 급진적인 후스파 운동의 중심지다. ―옮긴이

140) 베가르드회(Begharden): 여자 수도회 베긴회에 대응하는 유럽 중세의 남자 수도회. ―옮긴이

141) 돌치노파(Dolcinisten): 돌치노가 세운 이단종파로 수도원이 재산을 일절 가져서는 안 된다는 수도사들의 청빈을 주장한다. 움베르트 에코의 소설 『장미의 이름』에도 프란체스코회와 더불어 잠깐 등장한다. ―옮긴이

142) 보헤미아(Böhmen): 현재 체코의 서부지역으로 후스파의 반란(1419~1436)이 발발한 곳이기도 하다. ―옮긴이

투적 공산주의[143]와 섞여 있다. 재세례파에 요아킴주의의 영향들이 매우 뚜렷해진다. 그래서 이들에게 프란체스코회의 종교개혁이 새로 소생하게 된다.[144] 이 때문에 트뢸치가 재세례파와 신비주의 사이에 둔 분리는 완전히 빗나간 것이며 역사적인 연관들을 전부 갈기갈기 찢고 있다. 신비주의에 의지하지 않는 재세례파란 없다. 곳곳의 재세례론자들은 자구에 반대하여 '영'에 무게중심을 둔다. 그럼에도 불구하고 역시 모든 영성주의자들, 가령 재세례파에서 방황하며 길을 잃었던 덴크[145]와 프랑크 같은 이들조차 재세례파와 내적으로 가장 많이 가깝다고 느껴왔다.[146] 알브레히트 리츨[147]의 명제는 트뢸치와 홀[148]의 이의제기에도 불구하고 꽤 타당하다. "재세례론자들은 프란체스코 제3수도회의 그룹들에서, 특히 수도회칙 엄수파^{Observanten} 그룹들에서 직접 파생된 것이다."[149] 확실히 루터의 종교개혁은 종파들, 특히 재세례파가 빠르게 성장하도록 영향을 미친다. 하지만 종교개혁은 당대의 종

---

143) 전시공산주의(Kriegskommunismus): 원래는 1918년부터 1921년에 걸쳐 볼셰비키가 실행에 옮긴 소비에트 러시아의 경제정책을 뜻한다. 본문에서는 소비에트 러시아를 건립한 민족인 슬라브족의 공산주의적 특징을 종파들의 공산주의와 비교하기 위해 사용한 것으로 보이기에 '전투적 공산주의'로 옮긴다 — 옮긴이

144) Troeltsch, *Die Soziallehren der christlichen Kirchen und Gruppen*, p.407.

145) 한스 덴크(Hans Denck, 1459~1527): 바이에른-스위스 지방의 신학자이자 종교개혁가로 세례운동을 주도했다. — 옮긴이

146) Karl Holl, *Gesammelte Aufsätze zur Kirchengeschichte Band I: Luther*, Tübingen: J. C. B. Mohr(Paul Siebeck), 1923, p.424[『교회사 논문 전집 1권: 루터』].

147) 알브레히트 리츨(Albrecht Ritschl, 1822~1889): 독일 프로테스탄티즘 신학자로 이른바 자유주의 신학의 거두. 신학에 과학적·실증주의적 연구 방법을 도입한 '리츨학파'가 형성되었고, 여기에는 이 책에도 비중 있게 다뤄지는 아돌프 폰 하르나크가 속해 있다. — 옮긴이

148) 칼 홀(Karl Holl, 1866~1926): 독일 교회사가. — 옮긴이

149) Ritschl, *Geschichte des Pietismus*, vol.1, p.30.

파운동에 촉매로만 참여했을 뿐이다(홀이 놓치고 있는 점이다)[150]. 종교개혁은 그리스도교적 삶을 시민사회의 영역 속에 세우고 그리스도교적 삶을 영위하기 위해 국가의 법적 질서에 어떤 탁월한 시민성의 가치를 부여한다.[151] 그런데 재세례파는 그리스도교적 삶을 루터와 츠빙글리[152]의 의도들에 정면으로 대립되어 있는 방식으로 변형시키려 한다. 재세례파의 동인들과 목적들, 수단들과 개별 규칙들은 완전함에 대한 중세적 이상에 의해서 전체적으로 이해된다. 성인成人 세례는 성인聖人 공동체를 잇는 끈이며, 이렇게 해서 이 유일한 쇄신이 결과적으로 프란체스코회의 그리스도교의 종교성에 이어진다.[153] 종교개혁이 신비주의와 아무런 동질성도 띠지 않는 반면, 신비주의 신학은 재세례파에서 일종의 고향을 발견한다.[154] 재세례론자들은 이미 삼백년간 탁발수도회[155]의 영향력 있는 그룹이던 신분들 출신이다. 재세례론자들의 관습들과 취지들은 프란체스코 제3수도회의 규칙에 일치하며 아시시의 프란체스코와 발생학적인 연관을 못보고 지나칠 수 없을 정도로 그의 제1규칙에도 부합한다. 모든 점에서 재세례파 혁명과 프란체스

---

150) Holl, *Gesammelte Aufsätze zur Kirchengeschichte Band I: Luther*, p.425.

151) Ritschl, *Geschichte des Pietismus*, vol.1, p.23.

152) 울리히 츠빙글리(Ulrich Zwingli, 1484~1531) : 스위스의 종교개혁가로 그의 인문주의적 경향 탓에, 특히 성찬론 문제와 관련해 루터와 대립하였다. ─옮긴이

153) Ritschl, *Geschichte des Pietismus*, vol.1, p.31.

154) *Ibid.*, p.29.

155) 탁발수도회(Bettelorden, Ordines mendicantium) : 청빈과 엄격한 규율을 신앙 이념으로 삼아 13세기 이후 널리 유행한 수도회로, 본문에서는 1210년 무렵 프란체스코회가 창설한 수도회를 가리키고 있다. 다른 수도회는 1213년 무렵 도미니크 수도회가 창설했다. ─옮긴이

코회의 동일성이 눈에 들어온다.[156] 다만 절대적 삶의 이념이 수도사 생활에서 전체사회^{Gesamtheit}로 확장되었을 뿐이고, 또 재세례파가 바로 이것을 실현할 수 없기 때문에, 구원받지 못한 가톨릭성에 머무르게 된 것이다. 그렇게 재세례파는 바로 프란체스코회 영성주의자들의 폭풍우를 쇄신한 것이다.[157]

토마스 뮌처, 혁명 신학[158]

중세의 영적 신비주의에서 내면의 빛이었던 것이 뮌처의 신학에서는 "바깥을 향하여 집어삼키는 불길"이 된다. 그렇게 세계가 영이-되는 것^{das Geist-werden der Welt}은 동시에 영이 세속적이-되는 것^{ein Wetlich-werden des Geistes[159]}이며 영의 실현은 동시에 세계에서 영의 상실이라는 결론

---

156) Ritschl, *Geschichte des Pietismus*, vol. 1, p. 32.

157) *Ibid.*, p. 35.

158) 뮌처의 독일 농민 전쟁에 대한 엥겔스의 평가 절하를 비판하고 뮌처를 새롭게 재조명한 에른스트 블로흐의 책 제목(1921)에서 빌려온 것이다. ─ 옮긴이

159) '벨트리히'(weltlich)의 의미는 서구 근대를 이해하는 키워드인 '세속화' 문제에서 다양하게 규정될 수 있다. 우선 독일어의 '페어벨트리흥'(Verweltlichung)과 '제쿨라리지룽'(Säkularisierung)이 영어에서는 똑같이 '세속화'(secularization)로 번역된다. 독일어와 영어의 표현상의 차이는 아렌트의 『인간의 조건』에서 'Weltlich-keit'에 함축된 '세속성'과 '세계성'의 내용상의 차이에까지 확장되고 부각된다. 즉 세속성이 종교개혁 이후 교회 재산몰수 등을 비롯한 국가와 교회의 분리를 가리킨다면, 세계성은 근대에서 인간과 세계 사이의 관계를 특징짓는 '세계소외'(world alienation)를 의미한다. '저 세계/내세'로의 구원 가능성의 좌절이 즉각 '이 세계/현세'(saecularisatio)에 대한 관심과 염려로 세속화되지 않고, 내적 자아로 뒷걸음치는 근대의 보편적 현상으로서의 세계소외가 발생한다. 이 세계소외가 노동을 통한 개인의 자본축적으로, 즉 자본주의 시대를 열어젖혔다고 아렌트는 분석한다. 아감벤은 이 구별을 발전시켜 '환속화'(secularization)에서 '세속화'(profanation)를 떼어내어 뒤의 것을 '세계소외'나 신성한 권력을 세속의 권력으로 자리만 바꾸는 차원이 아니라, 독점되어 있던 신성한 사물을 공통의 장소로 옮겨 놓아 자유롭게 사용할 수 있는

이 나온다.[160] 지금껏 내면으로만 품었던 희망들이 불현듯 바깥을 향하게 되고 역사적인 사건의 특별한 힘으로 채워진다. 뮌처에 대한 판단은 지금도 논쟁적인데, 그의 사안이 여전히 두렵기 때문인 것 같다. 의심의 여지없이 토마스 뮌처에 대한 가장 뛰어난 판단은 에른스트 블로흐의 입에서 나오는데, 그는 뮌처와 자신의 내적 유사성^{innere Affinität}을 통해 그에게서 본질적인 것을 파악한다.[161] 에른스트 블로흐는 위대한 루터파 역사가인 홀이 뮌처를 "교회사에서 평소보다 더 진지하게"[162] 받아들이도록 압박하기도 했었다.

설령 미성숙한 특징들과 편집증적인 비장함^{Pathetik}이 뮌처에게 발견된다 하더라도 그의 의지는 절대적인 것을 지향하고 있다.[163] 뮌처가 역시 기이한 것까지 요구할 때 그는 단지 가상들만을 산산조각 내고 있는 것은 아니다. 그가 꾸는 꿈들 속에서 비상하여 민중의 심연을 선동하도록 보내졌을 때, 현실들을 실천적으로 파악하여 실행력 있게

상태로 특징짓는다. 이 맥락에서 'weltlich'는 '세속적'과 '(현)세계적' 두 의미로 모두 번역될 수 있다. 다음 두 책을 참조(한나 아렌트, 『인간의 조건』, 이진우 외 옮김, 한길사, 1996/2017; 조르조 아감벤, 『세속화 예찬』, 김상운 옮김, 난장, 2010) 그리고 '세속화' 개념을 은유의 차원으로 해체시키는 작업으로 한스 블루멘베르크의 『근대의 정당성』(Hans Blumenberg, *Die Legitimität der Neuzeit*, Frankfurt am Mein: Suhrkamp, 1966/1988)이 있다. ─ 옮긴이

160) Marx, "Differenz der demokritischen und epikureischen Naturphilosophie nebst einem Anhange", p.17[『데모크리토스와 에피쿠로스 자연철학의 차이』, 62~63쪽. 원래 문장을 번역하면 다음과 같다. "내면의 빛이었던 것이 집어삼키는 불길이 되어 바깥을 향한다. 그렇게 세계가 철학적으로-되는 것은 동시에 철학이 세속적이-되는 것이며 철학의 현실화는 동시에 그 상실이라는 결론이 나온다].

161) Karl Mannheim, *Ideologie und Utopie*, Bonn: F. Cohen, 1929, p.193[칼 만하임, 『이데올로기와 유토피아』, 임석진 옮김, 김영사, 2012, 437쪽, 각주 1].

162) Holl, *Gesammelte Aufsätze zur Kirchengeschichte Band I: Luther*, p.425.

163) Bloch, *Thomas Münzer als Theologe der Revolution*, p.134[블로흐는 이 비장함이 뮌처를 돈키호테와 동류로 여기게 만들 정도라고 말한다].

다루는 다재다능함마저도 그에게 없다면, 이는 그가 다만 들끓는 임시 변통들^{Halbheiten}에 둘러싸여 있기 때문이다.[164] 결정적인 것은 뮌처가 자신의 영향력을 어떤 소규모 공동체에, 어떤 정통신자들의 종파에 제한하는 게 아니라, 시간을 들여 모든 혁명적인 부류들^{Elemente}에 전념한다는 점이다. 군주들이 뮌처를 넘기는 것을 고집한 데에는 이유가 없지 않은데, 그의 활동에는 사회혁명과 천년왕국설이 강력한 방식으로 결합되어 있기 때문이다. 열광적인 에너지와 망아상태가 재세례파의 천년왕국설에서 어떤 세속적인 구속을 경험한다. 세계 너머로 돌진하는 용기가 이 세계의 폭발물이 되며, 불가능한 것이 가능한 것을 낳고, 무조건적인 것이 실제 사건을 낳는 것이다.[165] 광신주의-신비주의 종파 운동이 위로 솟고 있는 곳이라면 어디든 뮌처가 함께한다.[166] 후스파의 영향들은 광신적으로^{schwarmgeistig}[167] 전복된 방직도시 츠비카우에 활발하다. 뮌처가 1520년 니클라스 슈토르히[168]와 마주친 곳이다. 천

---

164) Bloch, *Thomas Münzer als Theologe der Revolution*, p.136.

165) Mannheim, *Ideologie und Utopie*, p.193[『이데올로기와 유토피아』, 438~439쪽].

166) Michael Freund, *Thomas Münzer, Revolution als Glaube. Auswahl aus den Schriften Thomas Münzers und Martin Luthers zur religiösen Revolution und zum deutschen Bauernkrieg*, Potsdam: Alfred Protte Verlag, 1936, p.9[『토마스 뮌처: 믿음으로서 혁명, 토마스 뮌처와 마르틴 루터의 종교혁명과 독일 농민전쟁 관련 선집』].

167) 벌떼가 웽웽대는 것처럼 무리들이 모여 있는 모습을 형상화하고 있는 동사 '슈베르멘'(schwärmen)에서 파생한 개념으로 칸트의 전비판기 에세이 중 하나인 「형이상학의 꿈을 통해 논한 유령을 보는 사람의 꿈」("Träume eines Geistersehers, erläutert durch Träume der Metaphysik")에서는 이것을 '정신병'과 '이념에 대한 형이상학적 의지'와 관련해 분석하고 있다. '광신'의 계보학에 대한 책으로는 앞서 소개한 토스카노의 것이 대표적이다. 특히 종교적 광신주의와 칸트와의 관계를 분석하고 있는 2장(「천년왕국운동의 정신과 근대정치의 탄생」)과 3장(「이성과 함께 날뛰기: 광신과 계몽」)을 참조하라. 마지막으로 이 개념은 '열광주의'(Schwarmgeist, Schwärmer)로도 번역될 수 있다.―옮긴이

168) 니콜라우스 슈토르히(Nikolaus Storch, 1500~1536): 니클라스는 약칭으로 보인다. 작센주

년왕국주의-타보리트파[169]의 어휘들과 내면의 말(씀)에 관한 가르침은 뮌처에게 지울 수 없을 정도로 영향을 끼친다. 뮌처가 후스파의 낙뢰를 강하게 믿은 프라하에서 그가 독일어, 체코어와 라틴어로 설치한 벽보를 고찰할 가치가 있다. 그 격문은 거기 보존된 책들의 수 역시 확인시키고 있듯 뮌처가 당시에 에우세비오스 히에로니무스[170], 아우구스티누스에 몰두하고 있음을 보여 준다. 그가 남긴 책들 가운데 [루터의]『독일 신학』*Theologica Deutsch*과 함께 그가 특히 경의를 표한 [요하네스의]『타울러[171]의 설교문들』*Taulers Sermones*이 발견된다. 그에게 요아킴의 저서들이 잘 알려져 있었음은 말할 것도 없다. "내게 대수도원장 요아킴의 증언은 위대하다."[172]

뮌처의 신학은 최후에는 둘도 없는 루터와의 일대일 대면이다. 양자가 우열을 겨룸으로써 그들을 넘어서 **개혁**Reformation이냐, **혁명**Revolution이냐의 두 원리에 대한 결단이 이뤄진다.[173]

루터의 종교개혁이 **교회**에 관련되지, 그 너머 교회와 무관한 신비주의와 평신도 종교에는 관련되지 않는다는 점을 대개 놓치고 지나간

___

츠비카우 출신의 직물직공이자 평신도로, 종교개혁 시절 교회개혁과 사회개혁을 이끌었으며 토마스 뮌처에게 지대한 영향을 끼쳤다. ―옮긴이

169) 타보리트파(Taboriten) : 후스파의 급진적이고 특히 전투적인 분파로 1420년 남보헤미아의 도시 타보르에서 약 사천 명의 지지자들이 모여 결성되었으며 원시 그리스도 공동체를 모범삼아 그대로 살려고 했다. ―옮긴이

170) 에우세비우스 히에로니무스(Eusebius Hieronymus, 345?~419?) : 암브로시우스, 그레고리우스, 아우구스티누스와 함께 서방 교회의 4대 교부 중 한 명. ―옮긴이

171) 요하네스 타울러(Johannes Tauler, 1300~1361) : 독일 신학자이자 신비주의자. ―옮긴이

172) Otto Brandt, *Thomas Münzer, sein Leben und seine Schriften*, Jena: Eugen Diederichs, 1933, p.132[『토마스 뮌처, 그의 삶과 그의 저서들』][원주에 표기된 'Ibid., p.65, p.76, p.77'의 자리가 본문에는 표시되어 있지 않다].

173) Holl, *Gesammelte Aufsätze zur Kirchengeschichte Band I: Luther*, p.425.

다. 교회는 죄인으로서 인간이 신의 계시와 마주치는 곳이다. 프톨레마이오스의 지상은 그 위에 천상을 신의 처소로 가지고 있기 때문에 이 지상에서 일어나는 모든 일은 상징적인 의미를 얻게 된다. 이 공동체는 스스로를 '그리스도의 육신'이자 그리스도가 하는 일의 조력자로 인식한다. 프톨레마이오스 시대의 교회는 천상의 것과 지상의 것의 동시성을 그 안에 가둬넣고 있는 카리스마 교회다. 이 동시성이란 위아래가 서로 응시하고 있음을 뜻하며 이것은 성서의 말(씀)과 교회의 말(씀)이 동일하게 배열되어 있음을 전제한다.[174] 프톨레마이오스의 세계상에서 코페르니쿠스의 세계상으로 전환이 갑자기 이뤄진 게 아닐뿐더러, 확실히 코페르니쿠스와 더불어 비로소 시작된 게 아니다. 오히려 그 전환은 멀리 중세까지 소급된다. 그럼에도 일반적으로 중세는 지상 위의 가시적인 천상이 신의 처소라는 전제에 지금도 매달려 있다. 이와 달리 근대는 환영이 되어 버린 이 전제를 탈락시키고 내세를 향한 전망이 잘못된 길로 빠졌음을 고백한다. 로마네스크 양식의 거대한 탑에 천상과 지상의 통일이 분명하게 나타나는 것과 달리, 신경질적으로 위를 향해 서둘러 가는 고딕양식의 탑에서는 임박한 천상의 상실에 대한 불안이 이미 경련을 일으키고 있다.[175] 프톨레마이오스의 세계상에서 코페르니쿠스의 세계상으로 옮겨 간 시대에 서구는 악령의 열병으로 흔들리게 되고, 그래서 당시에 즉각 기정사실이던 천국의 상실에 대한 앎은 자진해서 내세를 향해 다리를 세우고 형이상학적으

---

174) Reisner, *Die christliche Botschaft im Wandel der Epochen*, pp. 99~100.
175) *Ibid.*, p. 105.

로 파괴되었던 천국과 지상의 연결을 마술적으로 복구하려는 끊임없는 유혹이 된다.

이 때문에 천상 없는 지상의 상황을 인정한 코페르니쿠스의 그리스도교는 위아래의 통일을 전제하고 매번 이 통일을 미사 때 설립하는 프톨레마이오스-카리스마 교회의 성사를 공격한다. 코페르니쿠스의 지상에서 미사란 사탄의 마술이자 소행Werk[176]이다.[177] 프톨레마이오스 세계 내에서 본연의 윤리성Sittlichkeit이란 천국이 임박하면서 구석구석 비춰진 인간의 공로Werk이며, 이 윤리성은 천상이 부여한 계명[명령]에 대한 응답으로 이해된다. 하지만 텅 빈 천상 밑에서 인간의 공로는 구원에 대해 완전히 무의미하다. 코페르니쿠스의 지상에서 구원이란 그저 인간이 최소한으로도 공헌할 수 없는 은총의 사역Werk일 뿐이다. 율법을 인간적으로 이행하는 모든 일은 그 어떤 공로Verdienst에 대한 요구가 행위Werk와 결합되자마자 그 대상을 잃게 되며, 급기야 의로운 행위Werkrgerechtigkeit와 마술적 소행Werkmagie으로 틀림없이 바뀌고 만다.[178] 플라톤의 에로스 철학의 전제가 바로 저 천상과 지상의 프톨레마이오스적 통일이며 그에게 정의Gerechtigkeit란 공적이고 정치적인 삶에서 구현되는 반면, 코페르니쿠스적 지상의 철학자인 칸트에게 정의는 실천적

---

176) 이 단락에서 '베르크'(Werk)는 신에게는 구원의 '사역'으로, 사탄은 마술적 '소행' 등으로 다양한 의미로 사용되고 있는데, 특히 인간에게 적용될 때는 개인이 행위를 통해 자신의 구원상태를 확증한다는 사상인 '행위구원주의'(Werkheiligkeit)에 착안하여 프톨레마이오스의 세계에서는 인간의 '공로'로 코페르니쿠스 세계의 인간에게는 '행위'로 각기 달리 번역하였다.─옮긴이

177) Reisner, *Die christliche Botschaft im Wandel der Epochen*, p.132.

178) *Ibid.*.

이성을 타고난 주체의 문제다.[179] 그래서 프톨레마이오스의 가톨릭주의에서 '거듭남'Wiedergeburt은 외적 삶의 성화聖化로도, 경험적 삶이 신에 의거한 율법에 느껴질 만큼 근접해지는 것으로도 일어난다. 이에 반해 프로테스탄티즘의, 곧 코페르니쿠스의 그리스도교의 거듭남에는 삶을 조형하게 될 어떤 지상의 긍정적 의의가 부여되지 않는다. 거듭난 자, 선택받은 자는 그가 사는 동안 늘 의로운 동시에 죄인으로 있다. 그러니까 그는 눈에 띄는 죄인이자 눈에 띄지 않는 의인이다. 의로움과 죄인의 상태Sündertum가 어떤 개별 자아에 함께 있다면, 그것들은 천상이 지상과 갈라지고, 구원이 화해와 갈라지듯 아주 똑같이 첨예하게 서로 갈라져 있다. 의로움과 죄인의 상태 사이에 십자가가 세워져 있다.[180] 종교개혁은 사람이 죄인에서 의인이 되고 인간계가 신계에 영향을 끼치게 하는 권능을 가지고 있다는 가톨릭주의의 프톨레마이오스-카리스마 교회의 전제에 이의를 제기한다. 이 때문에 종교개혁은 스콜라주의의 자연신학뿐 아니라, 인간의 윤리적sittlich 공로에 종교적-본질적 가치를 승인하는 가톨릭 윤리Ethik도 거부한다.[181] 그래서 프로테스탄티즘, 특히 루터파는 공로를 행하는 삶werktätiges Leben을 매우 사악하며 천국에서 완전히 잘려나간 세계라고 마치 프톨레마이오스의 세계상의 전제들에 기대고 있는 중세 교회가 단 한 번도 해보지 않았던 그런 방식으로 경멸하며, 그에 따라 모든 그리스도교적 지도와 인간이 의로움

179) Reisner, *Die christliche Botschaft im Wandel der Epochen*, p.133.
180) *Ibid.*, p.132.
181) *Ibid.*, p.133.

을 얻는 것[칭의]$^{Rechtfertigung182)}$에 대한 있을 수 있는 모든 관계에서 삶을 떼어 놓는다.$^{183)}$ "그의 나라에서, 그리스도 왕과 구주가 사는 그곳에서 그리스도는 우리가 어떻게 경작하고, 쟁기질하고, 파종하고, 수확하고, 살림을 꾸리고, 돈을 모으고, 전쟁을 벌이고, 땅과 사람을 다스려야 하는지 가르쳐 주지 않는다. 세속의 왕국에서 카이사르는 그가 하고 싶은 대로 한다."$^{184)}$

가톨릭주의가 상하의 등급을 매긴 자연과 은총이 루터주의에서는 분리된 채 계속 교체되는 관점들로 이해되는데, 코페르니쿠스의 지상은 그 위에 더 이상 아무런 천상도 가지지 않기 때문이다. 이 이중의 도덕을 루터는 마침내 성경 자체 안으로 옮겨 놓고 두 성서 사이에 분할하는데, 그 결과 자연과 은총 사이, 율법과 복음 사이, 직무^{Amt}와 그리스도 사이의 균열은 결국 신 안에서조차 봉합되지 않게 된다.$^{185)}$ 포기된 세계가 완전히 해방되자 마침내 세속적 세계$^{weltliche\ Welt}$가 만들어지며 그 안에서 모든 영은 무방비 상태로 권력에 복종하게 된다. 프로테스탄티즘은 십자가 신학^{Kreuzestheologie}과 거의 속물적이라고 부를 수 있는 세속의 기쁨^{Weltfreudigkeit} 사이에서 그렇게 동요한다. 프로테스탄티즘은 천상 없는 코페르니쿠스의 세계에서 지복에 관련된 인간 공로의 불가

---

182) 2권 각주 205 참조. —옮긴이
183) Bloch, *Thomas Münzer als Theologe der Revolution*, p. 186.
184) Martin Luther, *Dr. Martin Luthers Hauspostille*, Deutsche Werke II, Erlangen/Frankfurt am Main: Carl Heyder/Heyder & Zimmer, 1826, p. 199[『마르틴 루터 박사의 가정 설교집』] [국역본이 저본으로 삼고 있는 미국판(1959, Fortress Press) 루터 설교집에는 해당 설교문이 포함되어 있지 않다].
185) Bloch, *Thomas Münzer als Theologe der Revolution*, p. 181.

능성을 인정하기 때문에 가톨릭주의보다 더 염세적이지만, 그럼에도 지상의 삶을 그 원상에 가까워지게 하라는 요구에서 해방되었음을 스스로 인식하고 있는 탓에 더 낙관적이기도 하다.[186] 그래서 루터는 마키아벨리의 신학적 변주로 밝혀지며, 이 신학의 마키아벨리가 신앙을 사회Sozietät 내의 모든 행동의 의무에서 해방시키는 그만큼 똑같이 국가는 강력해지게 된다.[187]

종교개혁은 천상과 지상 사이의 계단식 위계Stufenleiter를 기술하는 교의를 엄청나게 축소시킨다.[188] 이 교의는 프로테스탄티즘에서 믿음의 주체성에 새롭게 그 토대가 세워진다. 그리스도인의 자유, 곧 루터의 '하나님이 나를 위해 계신다pro me'는 인간 구조의 토대를 구성적으로 바꾸는 자아의 각성에 연결된다. 은총은 더 이상 성사로 주입될 수 있는 어떤 실체가 아니라, 믿음 속에 현현하는 신의 자유로운 사랑의 의지다.[189] 이리하여 위계와 성사를 통해 은총을 전달하는 모든 행위가 탈락되며, 이곳에서 루터는 영적 평신도 신비주의 경향들과 마주친다. 하지만 루터파에서 탈락되는 것은 사제적-성사적 전달이 유일하며, 신의 자유로운 사랑의 의지 일반을 처음 계시한 말(씀)의 성사가 더욱더 거세게 중심으로 이동한다.[190] 그래서 루터파에서 온갖 믿음은 다만 신의 의지를 전달하는 성서의 말(씀)에 관련된다. 말(씀)은 루터

186) Reisner, *Die christliche Botschaft im Wandel der Epochen*, p.139.

187) Bloch, *Thomas Münzer als Theologe der Revolution*, p.186.

188) Troeltsch, *Die Soziallehren der christlichen Kirchen und Gruppen*, p.439.

189) Bloch, *Thomas Münzer als Theologe der Revolution*, pp.198~199.

190) Troeltsch, *Die Soziallehren der christlichen Kirchen und Gruppen*, p.447.

파 교회의 성사이며, 이를 통해 루터파 교회는 객체성을 회복하고 이 기관을 주체에서 독립시킨다.[191] 루터파는 천상 없는 코페르니쿠스의 지상 위에 새로운 교회를 건립한다. 하지만 교회로서 루터파 역시 외부의 그리스도교 세계가 유지하고 있는 정치적–내치[치안]적 강제를 포기할 수는 없다. 그리하여 루터파는 청년 루터에게 낯설지 않았던 영성주의 경향들을 이단 심문(소)Inquisition을 통해 억압하며, 국외추방, 종신형과 사형으로 독단적인 이교도들을 처벌한 독일 각 주의 교회조직이 되고 만다.[192]

그리스도인의 자유란 (영)혼Seele을 그 속박에서 풀어 주고 이와 더불어 자아가 태어나게 하는 것이다. 그런데 그리스도인의 자유는 객체적 성사를 전달하는 교회의 권력과 강제를 부수기 위한 표징Zeichen[193]을 지니고 있다. 분명한 것은 종교개혁의 입김으로 많은 그리스도교 공동체들이 빠르게 성장하여 국가적이고 위계적인 억압에서 자유로운 그리스도인의 자유를 진지하게 생각하려 했으며, 자유 위에 그리스도인의 공동체를 세우고자 했다는 점이다. 외부에서 알아볼 수 있는 이 공동체들의 표징은 성인세례Spättaufe인데, 이것은 그 안에 거듭난 자유로운 그리스도인의 공동체에 대한 요구를 감추고 있다. 그렇지만 성인세례는 이 집단들의 표징에 불과했을 뿐, 그들의 열망의 내용은 사도공동체다.[194] 그래서 사도공동체를 지향했던 이 사람들Menschentum이

---

191) *Ibid.*, p.453.
192) *Ibid.*, p.470.
193) 스티그마(stigma), 즉 십자가 위의 예수의 몸에 난 상처, 성흔을 가리키기도 한다.—옮긴이
194) Bloch, *Thomas Münzer als Theologe der Revolution*, pp.79~80.

루터파와 대립하게 되는 일이 일어나지 않을 수 없다.

　재세례파의 사악한 모든 열망은 루터의 정면을 향하여 연설하고 고백한 토마스 뮌처에게서 절정에 달한다. "결국 제 진심어린 입장이란 이렇습니다. 저는 루터의 것과는 일치하지 않고, 대신 지상 위의 선택된 자들의 온 마음에 똑같은 형태로 있는 그런 그리스도인의 믿음을 설교합니다. 또 어떤 투르크 출신이 거기에 있다 할지라도, 그럼에도 그는 성령이 움직이는 그와 같은 믿음을 시작하게 될 것입니다."[195] 이미 프라하 성명에서 루터는 의심스럽게도 면죄부 상인들과 가까워진다. 그때 토마스 뮌처는 다음 이야기를 한다. "루터는 결코 그 어떤 학자들에게서도 하느님의 질서를, 모든 피조물들에 세워져 있는 그와 같은 질서를 들으려 하지 않았습니다. 물론 저는 저 학자들조차 하느님에게서 그의 입을 통해 한 번도 들은 적은 없지만, 그들이 살인자와 도둑이 되어 성경에서 훔쳐냈던 맨 글자 bloße Schrift를 그들에게서 들었습니다."[196] 성서학자 Schriftgelehrter들은 허름한 문자들 Buchstaben을 입에 담고서도 마음은 거기서 십만 마일 이상 떨어진 곳에서도 행복하다. 그러나 이 말(씀) das Wort이 성사처럼 존재한다면, (영)혼은 가난해지며 (영)혼의 비밀은 그 자신 안이 아니라 밖에 체류하게 된다. 하지만 사실 "사람들의 마음은 거기에 하느님이 손가락으로 자신의 확고부동한 의지와 영원한 지혜를 잉크로 써넣은 종이나 양피지와" 같다. "어떤 사람이든 만일 그가 다르게 열려 있는 이성을 가지고 있다면 읽을 수 있는 그

---

195) Brandt, *Thomas Münzer, sein Leben und seine Schriften*, p.71.
196) *Ibid.*, pp.59~60.

런 성서^{Schrift}입니다."¹⁹⁷⁾ "이 때문에 모든 예언자들은 '이것을 주가 말합니다'의 방식으로 말해야 합니다. 그들은 '이것을 주가 말했다/말한 적 있다'는 식으로 마치 지나간 일인 것처럼 말해선 안 됩니다. 대신 그들은 현재의 시간에서 말해야 합니다."¹⁹⁸⁾

『항의』^{Protestation}와 『날조된 믿음에 관하여』^{Von dem gedichteten Glauben}에서 루터에 반대하는 표현이 노골적임에도 불구하고 그의 이름이 아직 거론되지 않는다면, 『신뢰할 수 없는 세계의 그릇된 믿음을 도려내는 발가벗김』^{Ausgedrückte Entblößung des falschen Glaubens der ungetreuen Welt}은 루터와 뮌처 사이의 간극을 드러내고 있다. 그 안에서 뮌처는 "망치를 가지고"¹⁹⁹⁾ 설교한다. 왜냐하면 성서는 증언^{Zeugnis}을 하지만 성서학자들은 성서가 믿음^{Glaube}을 준다고 말하기 때문이다. 그리스도가 살던 시대의 성서학자들보다 훨씬 더 부조리하게 이 새로운 성서학자들은 "그리스도의 영에서 어떤 조롱하는 인간을 만들어 내며 말하자면 그들은 뻔뻔해서 저기에도 영이, 여기에도 영이 있다, 내가 내 기록을 격찬하고 그런 일을 했다고 감히 외치며 기록한다."²⁰⁰⁾ 그렇게 "도대체 가난하고 곤궁한 이들은 구설거리로 만족스럽게 퍼뜨릴 수 없을 정도로 완전히 기만당하게 된다. 그들은 온갖 말과 행동으로 가난한 사람이 생계를 돌보느라 읽는 것을 배울 수 없다는 것을 당연시한다. 또 그들은 가난한 사람이 군주들에 의해 학대당하고 문질러 부서져야 한다고 부끄럼도 모

---

197) *Ibid.,*
198) *Ibid.,* p.61.
199) *Ibid.,* p.164.
200) *Ibid.,* p.169.

르고 설교한다. 그러면 언제 그가 성서를 읽는 것을 배울 수 있게 될 것인가? 아, 사랑하는 도마여, 너는 열광하고 있구나. 성서학자들은 아름다운 책들을 읽어야 하고 농민은 그들을 경청해야 한다고. 그러면 믿음이 경청을 통해 온다고 말이다."[201] 뮌처는 격분하여 『성서를 도적질하는 부조리한 방식으로 가엾은 그리스도교 세계를 완전히 비참하게 모독한 비텐베르크의 무지하고 온화하게 살아가는 육신에 반대하는 매우 도발적인 변호와 응답』*Hochverursachte Schutzrede und Antwort wider das geistlose, sanftlebende Fleisch zu Wittenberg, welches mit verkehrter Weise durch den Diebstahl der Heiligen Schrift die erbärmliche Christenheit also ganz jämmerlichen besudelt hat*[202]에서 루터의 말(씀)-교회에 대한 자신의 판단을 요약한다. "지금부터 너희들은 새로운 논리로, 하느님의 말에 대한 착각으로 속임을 당할 것이다."[203] 지금의 성서학자들 ——그리고 루터는 가장 공명심이 가득한 성서학자에 불과하다——은 예전에 바리새인들이 했던 것과 다를 바 없는 일을 하고 있다. "성서를 자랑하며 모든 책들을 가득 쓰고 채우며*klecken* 매번 더 오랫동안 '믿으라, 믿으라'라고 지껄인다. 그러면서도 그들은 믿음의 왕림을 부정하고 하느님의 영을 조롱하며 곳곳에서 결코 아무것도 믿지 않는다."[204]

광부들에게 보내는 회신에서 증명된 바대로 뮌처가 "폭동을 일으

---

201) Brandt, *Thomas Münzer, sein Leben und seine Schriften*, p.168.
202) *Ibid*., p.187.
203) *Ibid*., p.195.
204) *Ibid*., p.189.

키려 한다"[205]는 루터의 비난을 뮌처는 받아들이고 **혁명신학**의 기초를 놓는다. 루터가 한 가지는 말하지만 "가장 소박한 것에 대해서는 침묵하기 때문이다. 내가 군주들 앞에서 명료하게 내세웠던 대로 어떤 공동체 전체는 칼의 폭력뿐 아니라 해결의 열쇠 역시 가지고 있다는 것, 군주들은 어떤 주인이 아니라 칼을 도적질한 자들이라는 것 말이다. 그들은 정말 자신의 맘에 드는 대로 행해서는 안 되며, 올바르게 행해야 한다는 것 말이다. 이 때문에 어떤 이가 하느님의 율법에 따라 의롭다는 판결을 받게 된다면 옛 좋은 풍습대로 민중은 그 곁에 있을 수밖에 없다. 아, 어째서일까? 만일 지배자가 이 판결을 뒤집으려 한다면, 둘러서 있는 그리스도인들은 그것을 부정하고 괴로워해서 안 된다. 하느님이 결백한 피에 대해 해명할 것이기 때문이다. 지상에서 가장 거대한 공포는 궁핍한 이들 중 아무도 곤궁Not을 떠맡으려 하지 않고, 권력이 있는 자들은 그들이 하고 싶은 대로 한다는 것이다."[206] 루터는 스스로를 "그리스도로 날조된 자비로움으로 덮으려 하며 상업 거래에 관한 책에서는 군주들이 도둑들과 약탈자들 사이를 안심하고 돌아다닐 수 있어야 한다고 말하고 있다. 하지만 같은 곳에서 그는 모든 도적질의 근원에 대해선 침묵한다. 보다시피 폭리와 도적질과 약탈의 주범들은 우리의 주인들과 군주들이다. 그들은 모든 피조물들을, 물속 고기들, 창공의 새들, 지상의 식물들을 자기 소유로 취하며, 일체가 그들의 것이 될 수밖에 없다. 그러는 동안 그들은 하느님의 계명을 가난한

---

205) *Ibid.*, pp. 191~192.
206) *Ibid.*.

이들 사이에 퍼지게 하고 하느님은 네가 도적질하지 말라고 명했노라고 말한다. 하지만 그 계명은 가난한 이들에게는 쓸모없는데, 주인들과 군주들이야말로 모든 사람들이 가난한 경작자와 수공업자 그리고 거기 사는 모든 것을 학대하고 문질러 부서지게 만들었기 때문이다. 그리하여 가난한 이가 가장 사소한 것에서 잘못하게 되면 그는 틀림없이 처형당하고 만다. 그때 사기꾼 박사[루터]가 아멘이라고 말한다. 주인들은 직접 가난한 사람이 자신들의 적이 되게 만든다. 그들은 폭동의 원인을 폐기하려 하지 않는다. 어떻게 이것이 결국 좋을 수 있겠는가? 그러기에 나는 선동적일 수밖에 없다. 나의 말은 이것이다. 어서 가자wohlan!"[207]

  루터는 구약과 신약 사이를, 율법과 복음 사이를 찢어 내어 그리스도를 통과해 가는 한복판에 그 찢겨진 조각을 놓아둔다. 하지만 믿음의 토대는 "반쪽짜리" 그리스도가 아니라 "온전한" 그리스도다. "쓰디쓴 그리스도를 가지려 하지 않는 자는 죽도록 꿀을 먹게 될 것이다."[208] 루터는 하느님을 부인하는 자들을 치켜세우며schmeichelnd 그리스도의 말(씀)로 자비롭게 변호한다. 루터는 "아버지의 율법을 경멸하며 그리스도의 자비로움이라는 가장 신실한 보화로 가장한다. 그리고 아들의 인내를 통해 율법을 진지하게 대하는 아버지를 못쓰게 만들고, 그리하여 성령의 차이를 경멸하고 아버지를 아들로 더럽힌다. 지상 위에 어떤 심판도 거의 남아 있지 않고 그리스도가 인내하기만 해서 하느님

---

207) Brandt, *Thomas Münzer, sein Leben und seine Schriften*, pp. 191~192.
208) *Ibid.*, p. 129.

을 부인하는 그리스도인들이 그 형제들을 정말로 괴롭히는 동안에 말이다."[209] 마지막으로 뮌처는 루터에게 그가 군주들Fürsttum과 맺은 동맹을 가리킨다. "너는 하느님 아들의 이름을 가져오고 훔쳐서 기꺼이 네 군주들에게서 답례를 얻으려 한다…… 그러나 너도 네가 누구에게 중상비방을 일삼고 있는지를 잘 알고 있다! 가난한 수도사들과 세속 성직자들과 상인들은 스스로를 방어할 수 없기 때문에 너는 그들에게 욕설을 퍼부을 수 있다. 하지만 하느님을 부인하는 섭정자들이 그리스도를 짓밟은 게 확실한지에 대해 아무도 그들을 심판해선 안 된단 말인가?[210] …… 너는 보름스[211]에서 왕국을 지지했었고, 따라서 네가 달콤한 말로 제대로 아첨을 떤Honig geben 적 있는 독일 귀족이 이 점에 대해 감사해 할 것이다. 그래서 그 귀족은 네가 설교하여 네가 지금 군주들에게 약속하고 있는 보헤미아산 선물인 수도원들과 종교재단을 바칠 것이라는 것 말고는 달리 생각할 수 없다. 그리하여 혹여 네가 보름스에서 불안하게 마음이 흔들렸다면, 그 귀족이 널 자유롭게 놓아 주지 않고 찔러 죽였을 것이다[212] …… 수도사여, 네가 춤추고 싶어 한다면 하느님을 부인하는 이들 모두가 너의 비위를 맞출hofieren 것이다."[213]

루터에 반대하는 변호와 응답에서 루터에 대한 매우 깊은 실망과 분노가 미쳐 날뛴다. 처음에 루터는 그 모든 영성주의-혁명 부류들의

---

209) *Ibid.*, p. 193.

210) *Ibid.*, p. 197.

211) 독일 라인란트-팔라티나테 주 동쪽에 있는 도시 — 옮긴이

212) *Ibid.*, p. 200.

213) Bloch, *Thomas Münzer als Theologe der Revolution*, p. 145.

조력을 받아들여 그들에게 희망을 주었다가 양어깨 위에 희망을 지고 가는 게 더 이상 자신과 상관없어지자 비로소 더 강한 군주의 편을 들었다. 농민전쟁이 발발할 무렵 봉기를 일으킨 사람들이 도움을 받으려고 루터에 의지할 때 그는 불투명한 말^{gewürfelte Sprache214)}을 사용하고 양쪽을 비방하지만, 유독 농민들에게만 그리스도의 고통을 전가한다.[215] 하지만 농민들이 계속하여 주먹으로 물리력을 행사하자 루터에게는 "그들이 복음의 이름으로 12개조에서 내세웠던 것이 급하게 날조된 것이었다는 점"[216]이 명백해진다.

루터의 팸플릿 『약탈하고 살인을 일삼는 농민의 무리에 대항하여』^{Wider die räuberischen und mörderischen Rotten der Bauern}는 무엇보다도 "뮐하우젠을 지배하면서 약탈, 살인, 살육 말고는 아무것도 일삼지 않는 대사탄^{Erzteufel}을"[217] 겨냥하고 있다. 루터의 팸플릿은 뮌처의 변호에 대한 답이다. 뮌처의 연설 "그러기에 나는 선동적일 수밖에 없다. 나의 말은 이것이다. 어서 가자!"[218]에 대해 루터가 답한다. "사람들이 증언할 수 있는 대로 어떤 선동적인 인물이 이미 하느님과 카이사르에 의해 파문당해 있다. 그와 같은 이를 가장 먼저 목을 졸라 죽일 수 있고 그러길 원하는 이는 타당하고 옳은 일을 한 셈이다. 공공연하게 선동적인 한 인

---

214) 직역하면 주사위가 던져진 것과 같은 말로 본문의 맥락에서는 어느 쪽을 지지하거나 혹은 반대하는지 모호하다는 의미다. ─옮긴이

215) Brandt, *Thomas Münzer, sein Leben und seine Schriften*, p.198.

216) Freund, *Thomas Münzer, Revolution als Glaube. Auswahl aus den Schriften Thomas Münzers und Martin Luthers zur religiösen Revolution und zum deutschen Bauernkrieg*, p.112.

217) *Ibid.*.

218) Brandt, *Thomas Münzer, sein Leben und seine Schriften*, p.192.

물에 대해 각자는 대법관이자 사형집행인 양쪽 모두에 해당하기 때문이고…… 폭동은 단순 살인이 아니라 대화재처럼 땅을 불태우고 황폐하게 만들기 때문이다…… 가장 거대한 불운인 것이다. 그렇기 때문에 여기에 선동적인 인물보다 더 유독하고, 해가 되고, 사악한 것은 있을 수 없다고 생각할 수 있으며 그렇게 생각하는 이는 그를 은밀하게 혹은 공공연하게 내던져서 목을 졸라 죽이거나 찔러 죽여야 한다.”[219]

루터는 그가 아버지의 율법을 경멸하고 율법을 진지하게 대하던 그 아버지를 아들의 인내를 통해 못쓰게 만든다는 뮌처의 비난을 공격한다. “농민들이 만물이 자유롭고도 똑같이gemeine 창조되었고 우리 모두 똑같이 세례를 받았다는 『창세기』 1장과 2장의 내용을 원칙으로 정한 것은 그들에게 역시 도움이 되지 않는다. 신약에서는 모세가 지지되지도 유효하지도 않기 때문이다. 대신 우리의 주 그리스도가 서 계시고 그가 육신과 재화를 지닌 우리를 카이사르와 세속의 법 아래로 내던지며 그때 ‘카이사르의 것은 카이사르에게’라고 말한다. 그와 같이 바울도 세례를 받은 모든 그리스도인을 향해 만인은 권력Gewalt에 예속되어 있다고 말한다. 또 베드로는 모든 인간적 질서의 피지배자로 있으라고 말한다. 천상의 아버지가 명하듯이 우리는 이 그리스도의 가르침에 힘입어 살고 있다…… 그래서 세례는 육신과 재화가 아니라 (영)혼을 자유롭게 만든다.”[220] 농민들이 “끊임없이 미쳐 날뛰기” 때문

219) Freund, *Thomas Münzer, Revolution als Glaube. Auswahl aus den Schriften Thomas Münzers und Martin Luthers zur religiösen Revolution und zum deutschen Bauernkrieg*, p. 113.
220) *Ibid.*, p. 114.

에 루터가 "이 문제에서 세속 정부 당국이 어떻게 양심에 부끄럽지 않게 처신해야만 할지를 가르쳐 줘야"[221] 한다. 정부 당국은 양심에 부끄럽지 않게 농민들을 후려쳐야 한다. "인내도 자비도 통하지 않는다. 지금은 검과 분노의 시간이지 은총의 시간이 아니다…… 지금이 그런 기묘한 시대다. 한 군주가 피로써 천상을 얻을 수 있고, 기도로 하는 다른 이들보다 훨씬 잘 할 수 있다[222]…… 그러니 사랑하는 이들이여, 이곳으로 달려와 이곳을 구하고 이곳을 도우라. 가난한 이들을 측은히 여겨라. 그럴 수 있다면 여기서 그들을 찔러 죽이고 때리고 목을 졸라 죽여라. 그러다 네가 죽게 되더라도 복되리라. 이보다 더 복된 죽음을 너는 결코 당할 수 없다…… 여기서 모든 경건한 그리스도가 아멘이라고 말한다. 기도는 옳고 좋은 것이며 하느님의 마음에 꼭 든다는 것을 내가 안다."[223]

뮌처의 신학에서 (영)혼은 외재성의 모든 앙금들에서 분리되어 지상의 모든 권력들을 앞지르며, 성사의 모든 심급들을 평가 절하하고 은총을 제 자신의 가장 깊숙한 곳에 있는 심연으로, 곧 믿음의 왕림으로 파악한다. 하지만 뮌처가 더 격렬하게 미칠 듯이 이 심급들을 거부할수록 성사와 성서 너머에 있는 참된 영/정신의 규준들에 대한 물음이 더 집요하게 제기된다. 어떻게 신의 (영)혼은 신이 성사나 성서

---

221) Freund, *Thomas Münzer, Revolution als Glaube. Auswahl aus den Schriften Thomas Münzers und Martin Luthers zur religiösen Revolution und zum deutschen Bauernkrieg*, p.115.
222) *Ibid.*, pp.116~117.
223) *Ibid.*.

로 매개되지 않는 그 어떤 '객체'Objekt도 아닌 곳에서도 '객체적이라고' objektiv 확신될 수 있는가?

"아무도 서둘러 고통을 받지 않는데도 만인이 하느님이 빠르게 자신을 돕게 될 것이고 생각하는 것은" 눈에 띌 정도로 거대한 우둔함이라고 지적하면서 뮌처는 편지 한 통을 시작한다. "영/정신이 가난하지 않은 곳에서는 그리스도의 다스림Regiment 역시 피어날 수 없기 때문이다."[224] 믿음이 (영)혼 안으로 들어오려면 "들을 수 있는 귀는 걱정과 욕정의 소음을 쓸어 내고 있어"야만 한다. "경작지가 쟁기날 없이는 여러가지 종류의 밀을 거둘 수 없는 것과 똑같이 그가 자신의 십자가를 통해서 하느님의 사역과 말(씀)을 기다릴 줄 알게 되기 전까지는 한 명의 그리스도라고 어떤 이도 말할 수 없다." 사람은 "끈기 있는 기다림 Erharrung" 속에서 말(씀)을 "겪고"erleidet 또 "갖은 수단을 다 써서 하느님의 말(씀)로 여러 번 돌다리를 두들기고자 하는 사람은 바람막이와 다르지 않은 것을 세우게 될 것이다."[225]

따라서 말(씀)이 희석되는 것이 첫 신호Zeichen다. "각자 자신이 원하는 바인 믿음에 관해 지껄인다. 정욕에 빠진 공명심 가득한 이들을 결코 믿을 수 없는데, 그들 스스로 시도조차 하지 않은 것을 그들은 설교하고 성령을 위해 성서를 더럽히기 때문이다."[226] "하지만 인간이 자신의 지복에 대한 확신에 이르기도 전에 매우 많은 물결들과 그와 같은 잔혹한 물세례들이 흘러들어와 인간에게 삶의 의욕이 사라져 없어

224) Brandt, *Thomas Münzer, sein Leben und seine Schriften*, p.62.
225) *Ibid.*, p.126.
226) *Ibid.*, p.180.

지고 만다. 이 거센 대양의 파도가 자신이 이미 승리했다고 그때 생각하고 있던 여럿을 집어 삼키기 때문이다. 그렇기 때문에 이 파도를 멀리 하지 말고 대신 능수능란한 뱃사람마냥 노련하게 부숴야 한다. 주는 그 누구에게도 그가 전보다 더 놀라며 쉬지 않고 일해 온 것에 대해 신성한 증명을 하려 하지 않기 때문이다."[227] 이렇게 매우 대단히 놀람으로써 (영)혼의 심연에 통로를 낳고 만들어 낸다. "그런데 이 통로를 가지고 있지 않다면 믿음에 관해 결코 아무것도 알지 못한다."[228]

믿음에 대한 놀람의 단계에서 시작된 이 길은 (영)혼의 내적 황무지의 고통Qual인 지루함[229]으로 이어지는 통로를 지나간다. 지옥의 고통을 지나는 이 여행은 자아를 침수시키기 위해 깊은 곳에서부터 휘몰아쳐 몰려드는 물결과 같다. "만일 한 사람이 그렇게 움직이는 거센 대양 속에서 자신의 근원을 지각하고 있다면, 만일 그가 바로 이 흔들림 한가운데 있다면, 그는 마치 위에서 아래로 썩은 물을 뒤따라가고 있는 한 마리의 물고기처럼 틀림없이 행동한다. 그는 다시 방향을 바꾸고 헤엄쳐서 그 물의 위쪽으로 다시 기어올라서 자신의 최초의 근원에 다다를 수 있게 된다. 이것을 나는 지루함이라고 한다."[230] 또 이 지루함의 단계를 인간, 개개인과 공동체가 반드시 건너가서 그들은 쇄신되어야 한다. "민중도 그 전에 매우 단호하게 처벌받을 수밖에 없는데, 진지하게 믿음을 깊이 생각해 볼 용기가 남아 있지도 않으면서 말하자

---

227) Brandt, *Thomas Münzer, sein Leben und seine Schriften*, p.62.
228) *Ibid.*, p.167.
229) 랑바일레(Langweile) : 직역하면 '한 곳에 오래 머무름'이다. ─옮긴이
230) *Ibid.*, p.146.

면 막대한 시간을 기분전환하려고 쓰는verkurzweilen 난잡한 욕망들 때문이다. 그렇기 때문에 아주 소수의 사람들이 영/정신의 시초적인 운동에 관해 말할 줄 안다. 당연히 이 때문에 그들에게는 이 지루함을 자신들이 맛보지 못했다는 점이 조롱거리가 된다. 이 지루함을 통해 다만 하느님의 사역이 발견된다."[231]

그럼에도 믿음의 왕림에는 여전히 가장 무거운 고통, 가장 깊숙한 곳에 있는 불신이 따른다. "모세는 살아 있는 하느님의 확약을 믿으려 하지 않았다. 그러므로 그가 달리 날조하지 않고 하느님을 의지하여 악마가 그를 기만하지 못할 것임을Hund vorm Lerben schlagen 확실히 알기 전까지 그의 내면에는 매우 많은 불신이 인식될 수밖에 없었다. 설령 모세가 피조물의 간계와 하느님의 단순함을 하느님과 피조물들에 세워져 있는 질서에서 인식하지 못했을지라도, 그는 하느님을 악마라고 여길 수 있었을 것이다."[232] 만일 어떤 사람이 성서를 깊게 파내려 간다면 "모든 선조들, 교부들, 예언자들과 특별히 사도들이 매우 어렵사리 믿음에 이르렀다는 점을[233] 발견할 것이다…… 때문에 불신하는 사람들[불신앙인]이 그들 자신조차 발견한 적도 경험한 적도 없으며 신앙인이 된다는 게 어떤 느낌인지도 알지 못하면서 그리스도인들의 믿음을 사람들 앞에서 설교한다는 말할 수 없는 불행과 음울하기까지 한 공포가 존재한다. 그들은 이를테면 믿음이 손쉽게 얻을 수 있는 거라고 거의 그들 모두가 그 사실에 대해 우쭐거리며 잡담하듯이 망상하거나 생

---

231) *Ibid.*, p.178.
232) *Ibid.*, p.127.
233) *Ibid.*.

각한다…… 그렇게 천박하게 확언하면서 취한 세계는 투르크인들, 이 방인들과 유대인들의 믿음보다 훨씬 더 사악한 더럽혀진 믿음을 날조해 낸다."[234] 그래서 모든 이가 선택받은 이들 모두에게서 어떻게 불신(앙)이 발견되는지를 분명히 파악할 수 있다. 이 선조들은 신에 대한 공포 가운데서 스스로를 변호해 왔다. "지독히도 전율하고 근심함으로써 발견될 겨자씨만 한 믿음이 불신(앙)을 극복했을 때까지였다"[235] 라고 말이다.

토마스 뮌처가 그려 내는 것과 같은 믿음의 왕림이 **키르케고르**가 종교적 실존에 관해 제시한 저 분석들에서 사유될 수 있다는 것은 우연이 아니다. 키르케고르의 분석은 모두 한 가지를 목표하고 있다. 모든 객체성의 바깥으로 인간을 분리시켜서 그를 온전히 자립시키는 것. 그렇게 인간은 무 앞에 서게 되며, 이렇게 해서 무릇 처음으로 말하자면 절망이냐, 아니면 믿음으로의 과감한 도약이냐의 결단 앞에 서게 된다. 그리스도의 믿음에 대한 자기화^Aneignung[236]는 가톨릭의 객체성에 대한 루터식 비판을 되풀이하는 것으로 이뤄진다. "그리스도적인 것의 자기화를 빼면 대체 루터의 공로가 뭐란 말인가? 다시 한 번 그[의 저작]를 펼쳐서 행마다 자기화의 강한 맥박을 느껴 보라…… 교황권

---

234) Brandt, *Thomas Münzer, sein Leben und seine Schriften*, p.166.
235) *Ibid.*.
236) '전유'나 '자기 터득'으로도 번역된다. 특히 키르케고르와 맑스의 용례상의 차이를 비교할 필요가 있다. 가령 『경제학-철학 수고』의 맑스에게 '전유'(專有)는 인간이 노동을 통해 자기 자신을 외화시킴으로써 대상화되는 동시에 자기와 관계를 맺게 되는 이른바 소외와 동시적으로 일어나는 것으로 규정하고, 인간의 본질적 힘을 '재전유'(Wieder-Aneignung)할 수 있는 지평으로 공산주의를 내세운다(엠마뉘엘 르노, 「소외」, 『마르크스의 용어들』, 유재홍 옮김, 울력, 2012, 48~51쪽). ―옮긴이

에는 객체성과 객체적인 규정들, 객체적인 것이, 객체적인 것이, 객체적인 것이 차고 넘치지 않았던가? 거기에 뭐가 빠져 있었던가? 자기화, 내면성이다."[237] 키르케고르는 여전히 성서의 말(씀)에 객체성을 보존하고 있는 루터를 넘어서서 루터의 "하나님이 나를 위해 계신다"를 "자기화"와 "주체성"Subjektivität으로 번역한다.[238] 주체적 내면성의 측면에서 자기화를 해야 신이 인간 안에서 계시될 수 있을 뿐이다. 신은 진리이지만, 이 진리는 주체성이다. 한 사람에게 "믿음이 없다면, 하느님은 있지 않을 뿐더러 하느님이 거기 있지도 않게 된다. 그럼에도 불구하고 하느님이 영원하다고 이해된다면 하느님은 영원하다."[239] 신은 주체성에만 있을 뿐이다.

키르케고르는 내면성을 척도로 삼아 역사적 그리스도교의 객체성을 분쇄하며, 한편으로는 교회와 국가로, 다른 한편으로는 신학과 철학으로 세속화된verweltlicht 그리스도교 세계가 근원적인 그리스도교 정신Chritlichkeit에서 소외되었음을 척도로 이 세계를 평가한다.[240] 종교적 감정Gefühl(포이어바흐)이 열정Leidenschaft으로 상승하는데, 이것은 1800년의 시간을 마치 결코 존재하지 않았던 것처럼 소거하여 내적으로 근

---

237) Sören Kierkegaard, *Abschliessende unwissenschaftliche Nachschrift zu den Philo-sophischen Brocken Zweiter Teil*, Gesammelte Werke VII, trans. Christoph Schrempf/Wolfgang Pfleiderer, Jena: Eugen Diederichs, 1910, pp.61~62[『철학적 조각들에 대한 마지막 비학문적 후서 2부』][이 책은 요하네스 클리마쿠스라는 필명으로 출간한 『철학적 조각들』(황필호 편역, 집문당, 1998)의 속편에 해당하는데 한국어로는 번역되어 있지 않다].

238) Löwith, *Von Hegel bis Nietzsche*, pp.490~491 [뢰비트, 『헤겔에서 니체로』, 449쪽].

239) Sören Kierkegaard, *Die Tagebücher*, vol.1, selected, trans. & ed. Theodor Häcker, Innsbruck: Brenner Verlag, 1923, p.284[『일기』].

240) Löwith, *Von Hegel bis Nietzsche*, pp.490~491 [뢰비트, 『헤겔에서 니체로』, 450쪽].

원적인 그리스도교 정신과 동시대적인 것이 된다. 어떤 실존하는 주체의 내면성의 극치가 열정이다. 이 열정에는 일종의 역설이 된 진리가 대응한다. 진리가 역설이 된다는 이것은 진리가 어떤 실존하는 주체와 맺는 관계에 바로 기초되어 있다.[241]

　필연적으로 내면성을 근거로 **진리의 규준**에 대한 물음이 제기되며, 키르케고르는 이 문제 자체를 그가 저술한 텍스트에서 자간을 조절하여^{Sperrdruck} 강조한다. "우리가 진리에 대해 객관[242]적으로 묻는다면, 우리는 인식하는 주체가 관계하는 어떤 대상으로서 진리에 대해 객관적으로 반성하게 된다. 우리는 관계를 반성하는 게 아니라, 진리가, 곧 인식하는 주체가 관계하는 참된 것이 있다는 점을 반성한다. 인식하는 주체가 관계를 맺는 이것이 다만 진리, 곧 참된 것이라면, 그렇게 주체가 참되게[진리 안에] 있는 것이다. 우리가 진리에 대해 주체적으로 묻는다면, 우리는 개인이 진리와 맺는 관계를 주체적으로 반성하게 된다. 다만 이 관계의 방식^{das Wie}만이 참되게[진리 안에] 있다면, 설령 개인이 거짓[비진리]에 관계를 맺었다 할지라도 그는 참되게[진리 안에] 있다."[243] 따라서 설령 어떤 이가 어떤 우상을 숭배한다 할지라

---

241) Löwith, *Von Hegel bis Nietzsche*, pp.490~491[뢰비트, 『헤겔에서 니체로』, 454쪽].

242) 보통 주체-객체는 도덕이나 믿음처럼 인간이 자발적으로 실천하는 실천이성에 관계하고 주관-객관은 진리와 인식이나 지식을 다루는 이론이성에 관련된다는 점을 고려하여 이 단락에서는 '객관'으로 옮긴다. 다만 키르케고르에게는 객관적인 진리 규준과 관련된 인식의 문제가 주체의 결단과 주체성에 의해 실천적으로 전유된다는 점을 기억해 둘 필요가 있다. 주체성-객관성이 관계를 맺고 충돌하고 있는 것이다.―옮긴이

243) Sören Kierkegaard, *Abschliessende unwissenschaftliche Nachschrift zu den Philosophischen Brocken Erster Teil*, Gesammelte Werke VI, trans. Christoph Schrempf/ Wolfgang Pfleiderer, Jena: Eugen Diederichs, 1910, p.274[『철학적 조각들에 대한 마지막 비학문적 후서 1부』].

도 그가 신에게는 '참되게' 기도하고, 다른 이가 참된 신에게는 '거짓되게' 기도하고 이 때문에 그가 어떤 우상은 '참되게' 숭배한다는 게 흔히 있을 수 있다. 왜냐하면 주체성에만 결단이 있으며, 이에 반하는 객관성에 대한 의지는 거짓이기 때문이다. 결정적인 것은 무한함의 열정이지, 무한함에 담긴 내용은 아닌데, 그 내용이 바로 열정 자체이기 때문이다. 따라서 주체적 **방식**^{Wie}과 주체성이 진리다. 진리는 내면적이지 외면적이지 않으며, 어떤 **방식**^{Wie}이지 **내용**^{Was}은 아니다.[244]

그런데 진리가 주체성에 세워져 있기 때문에 열정적인 내면성의 믿음에 대한 자기화에는 객관적인 불확실성의 순간 또한 달라붙어 있다. 이 '객관적 불확실성'$^{objektive\ Ungewissheit}$의 단계는 토마스 뮌처의 '불신'^{Unglauben}의 단계와 같다. 객관적으로 사람은 불확실성만을 갖고 있지만, 바로 이 점이 내면성의 무한한 열정을 팽팽하게 긴장시키며, 진리는 바로 이렇게 무한함의 열정으로 객관적으로 불확실한 것을 과감히 택하는 시도다. 믿음은 절망의 한 범주다. 모순이 열정을 절망하게 한다. 믿음은 바로 내면성의 무한한 열정과 객관적 불확실성 사이의 모순이다.[245]

키르케고르에 따르면 영원히 본질적인 진리를 선포하고자 하는 그리스도교는 스스로를 바로 역설이라고 선포한다. 이 점을 '주체성이 진리다', '객관성은 반발될 뿐이다'보다 더 강력하게 표현할 수 없다. "그럼에도 그리스도(교)적인 것의 전달은 최후에는 증언으로 끝날

---

244) Löwith, *Von Hegel bis Nietzsche*, p. 495 [뢰비트, 『헤겔에서 니체로』, 453쪽. 번역 다소 수정].
245) Kierkegaard, *Abschliessende unwissenschaftliche Nachschrift zu den Philosophischen Brocken Erster Teil*, p. 279.

수밖에 없다. 그리스도(교)적으로 이해할 때 진리란 그렇다고 주체(소크라테스가 이해한 대로) 안에 놓이지 않고, 선포되어야만 하는 하나의 계시이기 때문이다."[246] 그런데 바로 키르케고르가 진리의 증인으로 등장하지는 않는데, 증인은 천재가 아니라 사도에게만 허락되어 있는 탓이다.[247] 진리에 대한 증언을 사도는 단 공동체에서만 할 수 있다. 하지만 키르케고르의 내면성은 늘 개별 실존에 제한되어 있다. 종교저술가라는 제 자신의 그리스도교적인 범주에서 키르케고르의 종교적 실존에는 매번 미학적 실존이 뒤따르고 이 실존에 의해 꼭 붙들리며 평가 절하된다. 이 때문에 키르케고르의 믿음이란 결국 천재로서 그 자신의 개인적 실존이 하는 실행이므로, 이 믿음은 양가적 의미에서 사적인 양생Hygiene으로 존재한다. 이 양생은 인간이 괴로워할 때 그가 "눈물을 흘려야" 할지 아니면 "믿어야"[248] 할지를 숙고하는 것으로 끝이 난다.

내면성의 토대 위에 키르케고르와 뮌처 사이의 간극이 남아 있다. 키르케고르가 내면성을 토대로 그 자신의 주체성 안에 스스로를 가둬 놓고 있는 반면, 뮌처는 내면성을 신의 공동체 전체에 대한 믿음의 토대로 놓고 개개인의 **종교적** 실존(키르케고르)을 대중의 **사회적** 실존(맑스) 속으로 지양시킨다. 내적 행위에 대한 열정의 종교적 현실성(키르케고르)이 뮌처에게는 공동gesellschaftlich 실천의 사회적sozial 실존(맑스) 속으로 함께 뒤얽혀 들어가게 되는 것이다. 시민 부르주아 세계가 끝나

---

246) Kierkegaard, *Die Tagebücher*, vol. 1, p. 407.

247) Löwith, *Von Hegel bis Nietzsche*, p. 499 [뢰비트, 『헤겔에서 니체로』, 455쪽].

248) Kierkegaard, *Die Tagebücher*, vol. 1, p. 400.

가는 때 비판이 시민 **그리스도교**Christentum에 대한 비판(키르케고르)과 부르주아 **자본주의**Kapitalismus에 대한 비판(맑스)[249]으로 분열하는 것과 달리, 뮌처의 그리스도교 세계에 대한 비판에서는 시민세계의 종교적인 실존과 세속적인 실존이 동시적이고 등가적으로 만나고 있다. 뮌처는 광부들에게 보내는 편지에서 쓴다. 당신들에게 "하느님에 관하여 아무것도 말할 수 없습니다. 그 사이에 그들[세속 군주들]이 당신들을 통치할 것입니다."[250] "믿음의 왕림으로 우리, 살로 된 지상의 인간이 신들이 될 것이고…… 그리하여 지상의 삶이 천상으로 도약하는 일이 모두에게 닥칠 것입니다."[251]

그리스도교 종말론의 와해

프랑켄하우젠에서의 전투로 토마스 뮌처의 영향은 끝나지 않으며 오히려 뮌스터에서, "가장 영적으로 재연된 농민전쟁의 막幕에서"[252] 비로소 뮌처가 설교해 왔던 내용이 함께 들리게 된다. 비로소 뮌스터에서 천년왕국혁명이 섬광처럼 위로 타오른다. 츠빙글리의 종교개혁이 급속히 잦아들고 있는 취리히에서 분출한 재세례파는 엄청난 속도로 곳곳으로 퍼져 나가면서 종교개혁에 의해 충족되지 못하고 좌절된 것

---

249) Löwith, *Von Hegel bis Nietzsche*, p.203쪽[뢰비트, 『헤겔에서 니체로』, 198쪽].

250) Brandt, *Thomas Münzer, sein Leben und seine Schriften*, p.75.

251) *Ibid.*, p.170.

252) Bloch, Thomas Münzer als Theologe der Revolution, p.112[이어지는 원주, 'Bloch, *Ibid.*, p.64'의 자리가 본문에는 표시되어 있지 않다].

주변으로 모든 것을 모은다. 그 중심지인 취리히에서 이식된 제세례파는 남부 독일의 뮌처와 교차하는데, 발츠후트 신앙 공동체[253]와 모라비아 형제단[254]이 더 가속화된 천년왕국주의 경향으로 선회한 것은 분명 그 강력한 충격 때문으로 볼 수 있다.[255] 재세례파 공동체들이 중부 유럽 전역을 뒤덮으며[256], 곳곳에서 가톨릭교와 프로테스탄트교가 행사하는 폭력들이 눈에 띄게 합쳐져서 이미 스스로 분해되고 있는 봉건 사회의 토대들을 뒤흔들어 놓은 재세례파를 불과 검으로 근절한다. 합스부르크 왕조의 이단 심문소가 재세례파의 보헤미아 거주지를 분쇄한다. 보헤미아 재세례파의 잔류 일행은 헝가리로 흩어지게 된다. 거기에서 쫓겨난 후예들은 모라비아 형제단이 러시아 정교 종파들과 제휴하고 있는 우크라이나로 이주하는데, 19세기에 일반 병역의무법이 그들을 미국으로 몰아낼 때까지 거기에 머무른다. "이제 미국의 미주리에 재세례파 형제수도회가 개화하고, 세계와 절연한 그들의 부락들은 파괴되어 거의 박물관 같은 그리스도교 사회주의의 진정한 이카리아[257]다."[258]

재세례파의 다른 분파들은 네덜란드에서 피난처를 찾게 된다. 이

---

253) 초기에 루터의 영향을 받았다가 나중에 재세례파가 된 발타자르 후브마이어(Balthasar Hubmaier, 1485~1528)가 발츠후트(Waldshut)에서 설립한 재세례파 신앙 공동체. —옮긴이

254) 모라비아 형제단(Mährische Brüder): 15세기 종교개혁가 후스의 영향을 받은 프로테스탄트들에 의해 설립된 단체로 후스가 죽은 뒤 보헤미아(지금의 프라하)에 모인 그룹은 신약성서의 산상수훈을 바탕으로 사도시대의 소박함을 재건하고자 교단을 설립하였다. 현재까지 신도의 과반수가 북아메리카에 거주하며 감리교회의 창시자 존 웨슬리가 이들에게 감화를 받아 종교운동을 일으켰다. —옮긴이

255) Brandt, *Thomas Münzer, sein Leben und seine Schriften*, p. 170.

256) Troeltsch, *Die Soziallehren der christlichen Kirchen und Gruppen*, pp. 813~814.

분파는 폭력의 길을 걷기로 결정 내린 멜히오르파[259]의 새로운 종파에 급속히 결합된다.[260] 그 뒤에 재세례파의 섬광이 뮌스터를 강타한다. 이 재세례파는 네덜란드에서, 또 곧장 제국의 그 밖의 지역들에서도 선동되어 천상의 예루살렘을 향해 물밀듯이 밀려든다. 그러나 천상의 예루살렘은 몰락해 가고 티투스에 포위된 예루살렘의 진짜 운명[261]을 겪게 된다. 이리하여 재세례파의 호전적인 조류는 사라진다. 반면 평화적으로 기다리면서도 천년왕국설이 확고한 위치를 얻고 있던, 다비드 요리스[262]가 이끈 조류는 여전히 짧은 기간 동안 살아남게 된다. 하지만 마침내 재세례파는 메노 시몬스[263]를 통한 '쇄신'으로 끝나고 만다.[264] 재세례파 혁명은 "예전에 원시 그리스도교가 더 대규모로 했던 것과 별반 다르지 않게 세계와 허울에 불과한 화해를" 하는데, "더군다나 프로테스탄트교 또는 가톨릭교적 균형의 개별 방식들이 놀라울 정도로 반복되어 발견된다."[265]

---

257) 이카리아(Ikarien) : 1849년 미국 일리노이 주 노부(Nauvoo)에 건설된 이상향. ─ 옮긴이

258) Bloch, *Thomas Münzer als Theologe der Revolution*, p.117.

259) 멜히오르파(Melchioriten) : 재세례파의 주요 종파 중 하나로 네덜란드의 멜히오르 호프만에 의해 시작되어 '가현적 그리스도론'과 '천년왕국설'을 교리로 삼았다. ─ 옮긴이

260) Troeltsch, *Die Soziallehren der christlichen Kirchen und Gruppen*, pp.813~814.

261) 로마제국 황제 티투스(39~81)가 예루살렘을 파괴하고 일으켰던 유대전쟁을 가리킨다. ─ 옮긴이

262) 다비드 요리스(David Joris, 1501/2~1556) : 16세기 재세례파 운동의 주축이었던 스텐인드글라스 화가 출신의 종교개혁가로 자신이 죽은 뒤 다윗왕과 다윗왕의 아들인 그리스도의 뒤를 이어 '제3의 다윗'으로 부활할 것이라고 예언했다. ─ 옮긴이

263) 메노 시몬스(Menno Simons, 1496~1561) : 네덜란드의 종교개혁가이자 재세례파 가운데 최대 규모의 분파인 메노나이트 교회의 창시자. ─ 옮긴이

264) Troeltsch, *Ibid.*.

265) Bloch, *Ibid.*, p.125.

재세례파의 마지막 조류는 잉글랜드 해안을 향하여 칼뱅주의 프로테스탄티즘으로 흘러 들어간다.[266] 청교도주의는 이미 크롬웰 당시에도 있으며, 미국의 식민지 국가들에서는 훨씬 더 강력하게 재세례파가 확고한 위치를 얻고 있다. 그래서 자기단련(극기)Selbstzucht에 대한 요구와 모세 십계명에 따른 통제 덕분에 청교도주의는 재세례파의 영향들에 열려 있다. 그런 식으로 바로 인권 선언과 종파와 무관한 konfessionslos 영성에 대한 양심의 자유 선언마저 급진적이 될 수 있는 칼뱅주의의 보호를 받으며 그것이 뻗어 가는 가운데 일어날 수 있다. 반면 루터파는 시민-민주주의 헌법의 양 기본원리들의 문턱에서 멀리 떨어져 있다.[267] 해리슨[268]의 부대가 재세례파의 회합 지점인 크롬웰의 군대 내에 존재한다.[269] 베어본 의회[270]에서 해리슨의 추종자들은 그리스도의 재림을 위해 모든 세속성에서 해방된 민중을 예비하기 위해 법과 재판소의 폐지를 도모한다. 그 밖에도 사적 소유와 모든 지상의 권위는 도래할 신의 나라를[271] 앞두고 완전히 파괴되어야 한다. 베어본 의회는 온건한 크롬웰 다수파와 해리슨이 그 선두에 서 있는 천년왕국설-급진적 소수파로 쪼개진다.[272] 레벨러[273]와 디거스(밭갈이파)[274]

---

266) Troeltsch, *Die Soziallehren der christlichen Kirchen und Gruppen*, pp.813~814.

267) Bloch, *Ibid.*, p.166.

268) 로버트 해리슨(Robert Harrison): 크롬웰 군대 내의 지휘관이자 그의 의회개혁의 동반자로, 군대와 천년왕국파 사이를 연결하고 구약성경의 공의회인 산헤드린(Sanhedrin)을 모방하여 경건한 70인으로 의회를 구성하자고 제안하였다. ─옮긴이

269) Troeltsch, *Ibid.*, p.818.

270) 성인의회/베어본 의회(Parlament der Heiligen, Barebone's Parliament): 1649년 크롬웰이 재정상의 이유로 군대를 감축하라는 잉글랜드 의회의 요구에 반발하여 의회를 해산시키고 새로 탄생시킨 의회. ─옮긴이

271) Troeltsch, *Ibid.*, p.818.

지도자들의 이념들이 로버트 오웬[275]에게까지 영향을 끼쳐서, 잉글랜드에서 근대 사회주의로 넘어가는 직접적인 가닥들이 이어지고 마침내 퀘이커교도들[276]에서 그 연계가 발견되는 반면, 천년왕국주의자Millenarier 혹은 제5왕국파Quintomonarchisten의 창시자 해리슨은 봉기가 유혈 진압당한 뒤 자신이 곧 그리스도의 권능Rechte Christi으로 재림할 것이고, 그때 신의 나라가 세워지리라고 확고하게 믿으며 죽고 만다. 이로써 잉글랜드에서 혁명적 재세례파는 사라지고 그것이 끼친 영향과 외적인 역사적 현실과 관련한 용어도 유럽에서 사라진다. 영적 인간homo spiritualis의 시간을 알리는 타종이 울렸지만, 경제적 인간homo oeconomicus이 시민사회에 지배의 첫 발을 내딛는다.

루터의 종교개혁은 개별 종말론을 전적으로 강조하기에 사회Sozietät는 세속에 맡겨져 있다. 예전에 초기 그리스도교 천년왕국설이 에페소스 공의회에서 그랬던 것과 똑같이 아우크스부르크 신앙고백[277]에서

---

272) *Ibid.*.

273) *Ibid.*, p.821 [레벨러(Leveller) : 잉글랜드 내전(1642~1650) 전후에 활동하던 존 릴번(John Lliburne, 1614~1657)이 '자유인권'(freeborn right)을 주창할 때 그 반대자들이 그를 부르던 이름이다. 이른바 '평등주의자'를 뜻한다].

274) *Ibid.*, p.823 [디거(Diggers) : 1649년 크롬웰 집권기 제라드 윈스턴리(Gerrard Winstanley, 1609~1676)가 '참된 레벨러(수평파)'라는 명칭으로 세운 잉글랜드의 프로테스탄트 농경 공동체주의자들이다. 직역하면 '땅을 파는 사람'을 뜻하는 말로 공유지를 경작했기 때문에 후대에 붙여진 이름이다].

275) *Ibid.*, pp.824~825 [로버트 오웬(Robert Owen, 1771~1858) : 생시몽, 푸리에와 함께 3대 공상적 사회주의자].

276) 퀘이커교/퀘이커교도들(Quäkertum/Quäkern) : 1647년 조지 폭스가 세운 프로테스탄트교의 한 분파로 인간의 양심 등과 같은 내면의 체험들에서 종교적 진리를 구했으며 미국으로 건너가 1947년에는 그들의 조난활동으로 노벨평화상을 받았다. ─ 옮긴이

277) 1530년 독일 종교개혁 당시 필리프 멜란히톤이 황제 카를 5세에게 위임받아 작성한 루터파 교회의 신앙고백으로 신앙과 프로테스탄티즘의 교의 그리고 가톨릭교회의 악습에 대

단호하게 유대적 교의라고 배척되는 재세례파의 천년왕국설에 대한 반대가 극명하게 절정에 다다름으로써 그리스도의 나라는 순수하게 내면적인 것으로 교시된다.[278]

경건주의Pietismus에 이르러서야 맨 처음 이 나라에 대한 희망이 아주 미약하고 소심하게 다시 공표된다. 경건주의에서 프로테스탄트 교회 공간들에 속한 종파들의 이상이 공표된다. 당연히 경건주의에는 세속 통치의 중단과 신의 나라의 시간을 불어넣는 중세적 영성이 세계사에서 도달했던 최고의 절정은 빠져 있다. 경건주의는 특히 독일에서 소진되어 어느 구석진 교회와 신학 그룹들에서만 현존하기 시작한다.[279] 프로테스탄트 교회를 성서 텍스트와 하나가 되도록 만드는 신의 말씀에 대한 계시에 이 교회가 세워질 때, 천년왕국운동의 조류들에는 새로운 동력이 주어져 있다. 이제 성서는 신의 지혜의 총합으로 이해될 뿐 아니라 역사 신학으로도 이해되며, 이리하여 묵시록에 대한 역사내재적인 해석이 촉진된다. **코체유스**[280]는 그의『신국에 대한 신학적 논고』*Panergycus de regno dei*에서 네덜란드의 성서신학의 기반을 마련하는데,[281] 이는 기스베르투스 보에티우스[282], 브라켈[283], 비치우스[284]를 통하여 프로테스탄티즘의 영성을 쇄신하려는 시도들 한가운데에서

한 28개 항목으로 이뤄져 있다. ─옮긴이

278) Nigg, *Das ewige Reich*, p.214.

279) Troeltsch, *Die Soziallehren der christlichen Kirchen und Gruppen*, p.828.

280) 요하네스 코체유스/코케이우스(Johannes Coccejus, 1603~1669) : 독일식 이름은 요하네스 코흐(Johannes Koch/Coch). 청교도주의의 사상적 기초인, 선택과 계약에 의한 공동체의 성립을 구속사의 목표로 삼는 계약 사상을 입안한 독일 태생의 네덜란드 개혁과 신학자.─옮긴이

일어난다.[285] 그리스도의 나라는 더 이상 루터의 내면성과 같지 않으며, 세계의 시간이 지나면서 이뤄지는 신적인 운동으로 이해된다. 성서자료들을 통하여 신의 나라의 역사란 단계별로 실행되는 신의 은총상(像)의 역사로 해석된다. 그런데 신의 나라는 내면의 것이기도 하고, 그 고유한 자리는 인간의 영/정신이다.[286] 그렇게 코체유스에게서는 두 모티프가, 이미 구약에서 은총을 통한 신과 인간 사이의 계약(Gnadenbund)이 존속해 왔다는 성서주의 모티프와 신과 인간 사이의 관계는 처음부터 신의 나라에 자연스럽게 설정되어 있었다는 이성주의 모티프가 결합된다.[287] 경건주의에는 첫번째 모티프가 훨씬 더 효과를 발휘하며, 두번째 모티프는 특히 계몽주의 신학에 그 가치가 나타난다.[288]

과거와 현재 속에서 예언들의 이행을 입증하는 것에 소심하게 제한되어 있으면서도 미래를 예언하는 데 있어서는 늘 두려움을 느끼고 있던 코체유스의 '영화(靈化)된/정신화된 천년왕국설'(vergeistigter Chiliasmus)은 금방 더 무조건적인 형태들에 자리를 내주게 된다. "브라켈과 라바

281) Ritschl, *Geschichte des Pietismus*, vol. 1, p. 130.

282) 기스베르투스 보에티우스(Gisbert Voet, 1589~1676) : 네덜란드의 종교개혁 신학자. — 옮긴이

283) 빌헬무스 아 브라켈(Wilhelmus à Brakel, 1635~1711) : 보에티우스와 비치우스의 동시대인으로 영국 청교도주의에 크게 영향을 받은 '네덜란드 이차 종교개혁'(Dutch Further Reformation)을 이끌었다. — 옮긴이

284) 헤르만 비치우스(Herman Witsius, 1636~1708) : 네덜란드 신학자. — 옮긴이

285) Balthasar, *Apokalypse der deutschen Seele: Studien zu einer Lehre von letzten Haltungen*, vol. 1, p. 37.

286) Johannes Weiß, *Die Idee des Reiches Gottes in der Theologie*, Gießen: Ricker, 1901, p. 42 [『신학에 나타난 하느님 나라의 이념』].

287) *Ibid.*, p. 43.

288) *Ibid.*.

디[289] 이후 천년왕국설이 테오도어 운더라이크[290]의 주도로 독일로 이식되었을 때, 캠페기우스 비트린가[291]와 프리드리히 아돌프 람페[292]에 의해 계승된 교회 온건파 경향 곁에 더 급진적인 경향이 들어선다. 떠들썩한 선동가 하인리히 호르헤[293]는 비전들을 근거로 심판이 임박했음을 선포하고 베른 경건주의의 수장 사무엘 퀴니히[294]에게서 신념의 동지를 발견한다."[295] 요한 빌헬름 페테르젠[296]과 그의 아내는 1685년 '천년왕국설을 발견'하고 셀 수 없는 저서들에서 그것을 떠들어 댄다. 슈페너[297]와 할레[도시]의 경건주의가 조심스럽게 절제하고 있는 것과 달리, 프란케[298] 자신은 이 교의에 때때로 몰두한다. 슈페너는 최후 심

---

289) 장 드 라바디(Jean de Labadie, 1610~1674) : 17세기 프랑스의 경건주의자로 얀센주의(인문주의화된 그리스도교에 반대하여 초기 그리스도교회의 엄격한 윤리로 회귀할 것을 요구하고 인간의 자유의지를 부정하고 은총을 더 강조하면서 예수회와 갈등하였다)와 개혁 경건주의를 결합시켜서 그리스도적 공동생활을 강조하는 급진적 그리스도교를 발전시킨다.—옮긴이

290) 테오도어 운더라이크(Theodor Undereyck, 1635~1693) : 독일 개혁교회의 경건주의 개척자.—옮긴이

291) 캠페기우스 비트린가(Campegius Vitringa, 1659~1722) : 네덜란드의 종교개혁 신학자로 요하네스 코체유스의 추종자였으며 예언신학의 지지자였다. 천년왕국의 관점에서 '새로운 이스라엘'을 강조했다.—옮긴이

292) 프리드리히 아돌프 람페(Friedrich Adolf Lampe, 1683~1729) : 독일의 종교개혁 신학자로 요하네스 코체유스의 영향을 많이 받았다.—옮긴이

293) 하인리히 호르헤(Heinrich Horche, 1652~1729) : 독일의 급진 경건주의 내의 분리주의 신비주의자.—옮긴이

294) 사무엘 하인리히 퀴니히(Samuel Heinrich König, 1671~1750) : 경건주의 조류의 개혁신학자이자 동방학과 수학 교수였다.—옮긴이

295) Balthasar, *Apokalypse der deutschen Seele*, vol.1, p.38.

296) 요한 빌헬름 페테르젠(Johann Wilhelm Petersen, 1649~1727) : 독일 신학자, 신비주의자이자 천년왕국주의자로 급진 경건주의에 속한다.—옮긴이

297) 필립 야콥 슈페너(Philip Jacob Spener, 1635~1705) : 독일 루터파 신학자이자 유명한 경건주의자로 문장학(紋章學) 창시자.—옮긴이

298) 아우구스트 헤르만 프란케(August Hermann Francke, 1663~1727) : 독일의 대표적 경건주의자로 1698년 현재도 존속하는 '프란케 재단'을 설립했다.—옮긴이

판의 날을 겪을 수 있다는 희망은 포기하지만, 그의 처남인 호릅[299]은
이 희망을 믿음의 항목으로 끌어올렸다.[300]

요한 알브레히트 **벵겔**[301]이 가장 영향력 있는 대변자로 있는 경건
주의의 다른 분파인 뷔르템베르크의 경건주의에서 제국역사의 신학
이 발생한다.[302] 벵겔은 "성서들을 순수 격언집이나 선례집으로" 보지
"않을 뿐더러, 전체적인 것은 아무것도 산출할 수 없는 고대에 대한 따
로따로 있는 잔여물로도 보지 않는다. 대신 만물의 시작에서 끝까지
모든 세계시대를 관통하는 인간의 역사에 있어서 비길 데 없는 신적인
오이코노미아(살림/경륜)에 대한 보고이자 아름답고 장엄하게 연관되
어 있는 체계로 본다. 성경책은 저마다 그 자체로 하나의 전체이고, 또
저자마다 자신의 고유한 작풍이 있는데도 불구하고, 그럼에도 하나의
영이 모든 영에 흩날리며 한 이념이 모든 이념들을 관통하고 있기 때
문이다."[303] 성서는 "이중의 기념비를" 제공한다. "한번은 창조자, 구원
자, 위로자인 신에 관한 인식을, 천사들, 인간들, 죄와 은총 등에 관한
인식을 부여하는데, 이 인식이 가장 필연적이다. 그러고 나서 인류를
교육할 때, 그리스도의 언약들을 주고 이행하거나 이행할 수 있을 때,
최초의 시간에서 최후의 시간에 이르기까지 민중을 다스릴 때 신적인

---

299) 요한 하인리히 호릅(Johann Heinrich Horb, 1645~1695) : 독일 개신교 신학자로 슈페너의
처남이다. ─ 옮긴이
300) Ritschl, *Geschichte des Pietismus*, vol. 2, p. 122.
301) 요한 알브레히트 벵겔(Johann Albrecht Bengel, 1687~1752) : 독일의 루터 신학자로 대표적
경건주의자이며 그리스어 학자로 그리스 신약성서를 편집했다. ─ 옮긴이
302) Weiß, *Die Idee des Reiches Gottes in der Theologie*, p. 52.
303) *Ibid.*.

가계(家計, Haushaltung)의 양식과 방식에 대한 기념비를 부여한다."[304] 신 안에 세워진 가시적이고 비가시적인 세계와 수많은 영원들을 아우르는 신의 나라는 신의 모든 사역들, 행위들과 계시들을 묶는 내부의 끈이다. 정통 루터파와 달리 벵겔은 『요한계시록』을 신의 나라에 대한 증거 기록으로 이해한다. "하느님 나라가 저 멀리까지 미치는 한 이 책은 비길 데 없이 풍부한 내용과 비길 데 없이 민감한 간결함으로 저 멀리까지 나아간다. 실제로 이 책은 하느님의 나라와 이것이 틀림없이 효과를 내게 만드는 너무나도 중요한 비밀들과 매우 특별한 사정들을 그 안에 간직하고 있다."[305]

벵겔에게 수학과 성서는 요한 제바스티안 바흐의 칸타타[306]와 수난곡을 떠올리게 하는 그런 방식으로 섞여 있다. 바흐는 벵겔이 자신의 묵시적인 저서들로 했던 것과 유사하게 음악으로 프로테스탄티즘의 열망을 충족시킨다.[307] 물론 바로크의 종말론은 중의적인데, 바로크의 종말론적 문학들 대부분은 열망된 적 있던 모호한 영원을 한 인간에게 메말라 있는 믿음의 형태로 사유하는 그의 사적인 고백들이기 때문이다.[308] 모셰로슈[309]의 풍자시 『최후의 심판』*Das jüngste Gericht*에

---

304) Weiß, *Die Idee des Reiches Gottes in der Theologie*, p.53.

305) *Ibid.*.

306) 칸타타(Bachkantate) : 바흐가 1707년부터 작곡한 장르로 보통 네 명의 독주자와 네 파트의 합창으로 이루어져 있고, 주로 성서의 인용구를 조합하여 가사를 쓴다. 이 장르는 독창, 합창, 합주로 구성된 예배용인 교회칸타타(Kirchenkantate)와 결혼식 등의 일반 축제용인 세속칸타타(weltliche Kantate) 둘로 구분된다. ― 옮긴이

307) Nigg, *Das ewige Reich*, p.283.

308) *Ibid.*.

309) 요한 미하엘 모셰로슈(Johann Michael Moscherosch, 1601~1669) : 독일의 풍자문학 작가. ― 옮긴이

서 쓰디쓴 해학은 세계 심판의 상황을 의외로 심리적인 쓸모가 있는 희극적인 상황으로 활용한다. 그런데 또한 벵겔의 천년왕국설도 계몽주의와 내밀하게 결합되어 있다. "역사와 계시에 대한 수학의 대가들을 통해서만이 아니라, 야코프 뵈메와 바이겔[310]의 경건주의 영지주의에서 파생될 수 있는 모종의 공통된 교의들을 통해서다."[311] '영/정신의 시대'Säkulum des Geistes에 대한 표상은 천년왕국설의 '천년왕국'으로만이 아니라 계몽주의의 '이성의 왕국'으로도 해석될 수 있다. 야코프 뵈메에게서 우주의 법칙을 따르는 인간의 원형으로서 다시 일어나게 되는 카발라의 아담 카드몬은 경건주의-계몽주의 신비주의에서 세속화된다. 이 신적인 법칙이 '그리스도'나 '처녀 소피아'가 되어 개별(영)혼 안에 자연스럽게 동거하고 있다는 점에서 모든 인간이 내적으로는 동등하며Gleichheit 따라서 외적인 모든 종파들에 대해서도 무심하다고Gleichgültigkeit 결론을 냈던 것이다.[312] 이미 피에르 포이레[313]가 이 결론을 이끌어 내며, 디펠[314]과 고트프리트 아르놀트[315]의 반교회적 논쟁이 이 결론에 토대를 두고 있다. 요한 크리스티안 에델만[316]은 『무구한 진

---

310) 발렌틴 바이겔(Valentin Weigel, 1533~1588): 독일 르네상스 시대의 신비주의자로 루터의 영향으로 종교적 내면화의 흐름을 중시하고 교회나 신학을 멀리하였다. ―옮긴이

311) Balthasar, *Apokalypse der deutschen Seele*, vol. 1, p. 38.

312) *Ibid.*.

313) 피에르 포이레(Pierre Poiret, 1646~1719): 프랑스 신비주의자. ―옮긴이

314) 요한 콘라트 디펠(Johann Konrad Dippel, 1673~1734): 독일 신학자, 의사, 연금술사이자 해부학자로 메리 셸리의 소설 『프랑켄슈타인』의 실제 모델이었다. ―옮긴이

315) 고트프리트 아르놀트(Gottfried Arnold, 1666~1714): 독일 경건주의 신학자로 『교회와 이단에 대한 비당파적 역사』(*Unparteyische Kirchen- und Ketzer-Historie*)에서 그리스도 교회의 역사를 타락의 역사로 해석하였다. ―옮긴이

316) 요한 크리스티안 에델만(Johann Christian Edelmann, 1698~1767): 독일 초기 계몽주의자이자 경건주의자로 레싱 이전에 독일에서 가장 명망 있는 저술가였다. 고트프리트 아르놀트

리들』*Unschuldige Wahrheiten*에서 결국 소피아의–동거^{Sophia-Einwohnung}와 이성(합리)주의의 '본유 관념들'^{eingeborene Ideen}을 단호하게 동일시하는 작업을 한다.[317]

의 영향을 받아 경건주의자가 되었으며 『무구한 진리들』(*Unschuldige Wahrheiten*, 1735)에서 신비적–영성적 그리스도교를 주장하였다. 또한 독일에서 최초로 스피노자주의를 연구한 학자로 유명하였다. ─옮긴이

317) Balthasar, *Apokalypse der deutschen Seele*, vol. 1, p. 39.

4권 _ 유럽의 철학적 종말론

철학적 종말론의 구조

그 위에 신의 천상이 더 이상 펼쳐져 있지 않은 코페르니쿠스의 지상은 중세의 신국이 와해됐을 때부터, 르네상스와 종교개혁이 일어났을 때부터 역사가 발을 내딛은 권역이다.[1] 이 천상 없는 지상에 재세례파의 신의 나라 또한 건립되어 있다. 내세에 대한 믿음이 뒤흔들렸으므로 이 권역에는 연금술 또한 널리 퍼진다. 말하자면 가톨릭의 성소 officium divinum와 화학적 교도[2] 사이의 유비가 눈에 띄는데, 그럼에도 양자 사이의 간극은 눈에 띄게 남아 있다. 그리스도교 세계에서 구원이라는 본래의 사역은 내세의 신이나 이 신의 중재자를 통해서 일어나지만, 내세를 향한 다리들이 이미 부러져 있는 연금술에서는 인간 스스

---

1) Bloch, *Thomas Münzer als Theologe der Revolution*, p.138[이어지는 원주 'Brandt, *Thomas Münzer, sein Leben und seine Schriften*, p.170'의 자리가 본문에는 표시되어 있지 않다].

2) 교도(권)(magisterium): 교황을 비롯한 주교들의 권위 있는 가르침이나 가르칠 수 있는 권한을 가리킨다. —옮긴이

로 구원의 활동^{Werk}을 수행해야만 하며, 그 때문에 괴로워하고 그 결과 구원을 필요로 하는 상태의 원인을 물질에 매인 아니마 문디^{anima mundi}에서, 즉 물질에 잠겨 있는 세계의 (영)혼에서 찾아야만 하기 때문이다.[3] 가톨릭에서 인간의 공로^{Werk}는 구원의 말(씀)에 대한 응답으로 구원의 신을 경배하면서 일어난다. 프로테스탄트의 인간은 천상과 지상의 통일에 대한 프톨레마이오스의 전제를 더 이상 가지고 있지 않으므로 신을 경배하는 모든 행위^{Werk}를 그만두고 구원을 순수 은총에 맡긴다. 연금술 활동^{Werk}은 천상 없는 코페르니쿠스의 지상에 긍정적으로 세워져 있는데, 물질 속에 잠든 채 구원을 고대하는 세계의 (영)혼을 구원하는 인간의 노력을 구원자의 것이라고 기술한다. 가톨릭의 그리스도인은 은총의 과실인 사효적 효력^{ex opere operato[4]}을 구하고, 프로테스탄트의 그리스도인은 코페르니쿠스의 지상에 서서 그가 자신의 공로^{Werk}를 봉헌할 수 있었던 천상을 더 이상 올려다볼 수 없으므로 은총을 순수 은총으로 자유로이 선사되게 한다. 반대로 연금술사는 그에게 교회의 은총 수단을 대체하거나 혹은 신의 영향을 받던 구원의 행위^{Werk}를 보충할 인효적 효력^{ex opere operantis}인 삶의 구원 수단을 창출한다.

그와 같이 **파라켈수스**[5]는 프톨레마이오스의 중세와 코페르니쿠스

---

3) Carl Gustav Jung, "Erlösungsvorstellung in der Alchemie", *Eranos-Jahrbuch 1936: Gestaltung der Erlösungsidee in Ost und West*, Zürich: Rhein-Verlag, 1936, p.51[「연금술에 나타난 구원의 표상」, 『에라노스 연감 1936: 동서의 구원이념의 형태』].

4) 사효적 효력: 성사의 효력과 이에 따른 은총이 인간의 공로나 개인의 심적·영적 준비 상태에 의존해 있다고 주장하는 인효적 효력(ex opere operantis)과 달리, 그리스도의 실제 구원의 힘과 성사 집행 자체에 은총이 보장되어 있음을 뜻하며, 구원과 그에 대한 믿음의 두 가지 형태(은총과 공로) 중 은총에 의한 믿음인 피스티스(pistis)에 대응한다. ─옮긴이

5) 파라켈수스(Paracelsus, 1493~1541): 르네상스기 독일의 혁명적 연금술사이자 의화학자, 철학

의 근대 사이의 전환기에 서서 인간을 '신의 위임'Auftrage Gottes을 받아 불완전한 세계를 완성으로 이끄는 작용인Operator으로 파악한다. 그런데도 "연금술사의 도식인 신을 대리함deo concendente이 다만 너무나도 쉽게 신에게 요청함deo accedente으로 옮겨 간다. 초월적인 속박이 공로를 행하는 자기구원으로 하여금 완전히 자율적으로 행동하도록 결국 허락하고 마는 어떤 우발적이고 실체 없는 관계로 해소된다."[1] 이것은 파라켈수스의 후계자들이 행한 일이기도 하다. 파라켈수스의 세계관은 요아킴주의 종말론의 토대에 의존하고 있다. 파라켈수스는 사도공동체의 재림을 고대한다. 어떤 새로운 민중이, 어떤 새로운 율법이 탄생하리라고 말이다. 파라켈수스는 낡은 것이 죄다 완벽하게 새로운 것으로 완전히 바뀌는 우주적인 거듭남을 믿는다.[2] 의심할 여지없이 파라켈수스의 구속에 대한 고대는 요아킴의 역사신학에 연계되어 있으며, 그래서 수많은 자리에서 파라켈수스는 아버지와 아들의 시대와 영성적-프란체스코회 종말론의 의미에서 미래의 성령 왕국에 대한 요아킴적인 세 세계의 시대Weltzeitalter에 관해 이야기한다. 파라켈수스는 엘리야의 출현 또한 예언하며, 더군다나 그의 후계자들은 파라켈수스 그 자신까지 엘리야의 형상과 동일시한다. 만인의 제작자Artist 혹은 만인을 고치는 자Reparatur omnium 엘리야는 우주의 숨겨진 비밀들을 백일하에 알

자.—옮긴이

1) Donald Brinkmann, *Mensch und Technik, Grundzüge einer Philosophie der Technik*, Bern: A. Francke, 1946, p.117[『인간과 기술: 기술철학의 특징들』].

2) Karl Sudhof, *Versuch einer Kritik der Echtheit der paracelsus Schriften*, Berlin: Georg Reimer, 1894-1899, vol.1/p.491, vol.2/p.672[『파라켈수스 저서들의 진본 비판의 시도』].

리게 되는 연금술 전통의 위대한 유산이자 전령관이다.[8] 이 의미에서 장미십자단[9]은 엘리야의 형상을 새로운 시대를 미리 알리는 자[선구자]Vorbote[10]로 말하기도 하며, 17세기와 18세기의 경건주의자들은 같은 출처를 근거로 희망을 품는다. 거듭남에 대한 경건주의 교의는 파라켈수스의 사상적 자산과 결부된다. 디펠의 한 저서의 제목이 이 연관성을 단번에 비추어 준다. 『몇몇 라이프니츠의 기술자들이 던져 올린 보루 뒤로 루터파 정통주의의 퇴각』*Retiarde der lutherischen Orthodoxie hinter eine von einigen Leibnizischen Ingenieurs aufgeworfene Schanze*.

라이프니츠G. W. Leibniz는 연금술적 세계관Weltschau과 자연과학적 세계관Weltanschauung의 전환점에 자리한다. 한편으로 라이프니츠는 "뉘른베르크의 학창시절부터 연금술사-장미십자단 전통에 철학사적인 기술들에서 추론되는 것보다 훨씬 더 심하게 매여"[11] 있다. 다른 한편으로 라이프니츠는 '코페르니쿠스적 전환'에 기초해 있고 칸트가 그의 『순수이성비판』의 서문에서 타당하게 기술한 근대 자연과학의 시대와 함께 등장한다. 중세에는 인식이 대상들을 향해 있다면, 이와 달리 대상들이 주체의 인식을 향해야만 한다는 것이 근대적[새시대의]-과학적 형이상학의 공리다.[12] 코페르니쿠스의 인류는 세계를 더 이상 인식 주

---

8) Karl Sudhof, *Versuch einer Kritik der Echtheit der paracelsus Schriften*, vol.1/p.491, vol.2/p.672.

9) 장미십자단(Rosenkreuzer) : 17세기 초 독일에서 일어난 정신운동으로 가공의 시조 '로젠크로이츠'(Rosenkreuz)의 이름을 딴 비밀 결사체. 나중에 일부가 프리메이슨과 결합하기도 한다.—옮긴이

10) 원뜻은 '자신의 등장으로 무언가를 선포하고 알리는 사람'인데 '선구자'가 한국어에서는 이 뜻에 가장 가까워 보이기에 병기한다.—옮긴이

11) Brinkmann, *Mensch und Technik, Grundzüge einer Philosophie der Technik*, p.131.

체에 독립되어 발생한 것으로, 가령 신에 의해 창조된 것으로 이해하지 않고, 오히려 세계를 제 자신의 산물로 파악한다.[13] 이 전환은 칸트에게서 최초로 유래한 것이 아니라, 중세-프톨레마이오스 세계상에서 근대-코페르니쿠스 세계상으로 이뤄진 전환에 기초하고 있다. 칸트는 이 전환이 형이상학에 미치는 결과들을 명쾌하게 기술했을 뿐이다. 바로 저 전환에서 비코의 역사철학이 생기는데, 이것에 따르면 인간의 역사가 자연의 역사와 구별되는 것은 인간사는 우리가 만들었던 것이지만, 자연사는 우리가 만든 것이 아니었기 때문이다.[14] 데카르트의 코기토 에르고 숨$^{cogito\ ergo\ sum}$[15]에서 시작하여 홉스, 스피노자를 거쳐 라이프니츠에 이르는 발전의 직선로가 이어진다. 결정적이고도 다채롭게 변주된 이 직선로의 동인은 인식 대상이 주체 자신을 통해 산출되었기 때문에서나 그런 한에서, 이 대상이 주체에 의해 인식될 수 있다는 공리다.[16] "그리고 수학과 기하학의 방법들, 어떤 대상성 일반에 대한 형식적인 전제들에서 대상을 구성하고 산출하는 방법과 나중에 나타난 수학적 물리학의 방법들은 이렇게 해서 세계를 총체성으로 인식

---

12) Immanuel Kant, *Kritik der reinen Vernunft*, Gesamtausgabe II, ed. Gustav Hartenstein, Leipzig: Modes und Baumann, 1838, p.BXVII[임마누엘 칸트, 『순수이성비판 1』, 백종현 옮김, 아카넷, 2006, 182~183쪽].

13) Georg Lukács, *Geschichte und Klassenbewusstsein, Studien über marxistische Dialektik*, Berlin: Malik-Verlag, 1923, p.123[게오르그 루카치, 『역사와 계급의식: 맑스주의 변증법 연구』, 조만영/박정호 옮김, 거름, 1986/1997/1999, 187쪽; 죄르지 루카치, 『역사와 계급의식』, 조만영/박정호 옮김, 지만지, 2015, 234쪽. 번역 다소 수정].

14) *Ibid.*[앞의 책, 187쪽/234쪽. 번역 다소 수정].

15) 데카르트의 방법론적 회의이자 그 철저한 회의 뒤에도 의심 없이 남아 있는 것에 대한 표현이다. '생각/의심한다, 고로 나는 존재한다'는 말이다. ─옮긴이

16) *Ibid.*[앞의 책, 187~188쪽/235쪽].

하는 철학에 대한 이정표이자 척도가 된다."[17] 그와 같이 근대의 철학적 발전 전체는 자연과학의 발전과 지속적인 상호영향을 끼치며 진척되어 가고, 다시금 이 자연과학의 발전은 지속적으로 합리화되는 기술과 상호영향을 맺고 있다는 점이 밝혀진다.

기하학 방법mos geometricus은 어떤 보편수학mathesis universalis의 이상에 이를 때까지 세계의 완벽한 이해가능에 대한 요구다. 이 보편수학은 가령 천문학을 통해서는 '세계의 도식'으로 제시된다.[18] '지식'은 독립적으로 세계법칙들이라는 존재의 새로운 범주들을 형성해 내는데, 학문이 현상들을 끝까지 규명하려 힘쓸 때 준거가 되는 이 법칙들은 '신의 정신에서는'in mente divina 영원하고 시간을 초월해 있다. 이것은 신이 가장 좋은 세계를 선택했다는 '형이상학적 메커니즘'mechanismus metaphysicus에 대응한다.[19] 시간적인[무상한]zeitlich 세계는 그것이 신의 이념들로 덮여질 때까지는 미리 형성된 이념들로 전개된다. 그리하여 진보의 '법칙'은 당장 그것의 명제적 특징이 인식되지 않고서도 그 밖의 자연과학적 법칙과 제휴하게 된다.[20] 그런데 진보의 법칙은 확신하는 Zuversicht 태도를 통해 운반된다. 개개인은 자신의 경계[21]들을 극복해야만 한다. 개개인이 스스로 완성해야 하지만 이 삶이 완성을 하는 데 충

17) Lukács, *Geschichte und Klassenbewusstsein, Studien über marxistische Dialektik*, p.124[앞의 책, 188쪽/235쪽].
18) Balthasar, *Apokalypse der deutschen Seele*, vol.1, pp.28~29.
19) *Ibid.*.
20) *Ibid.*.
21) '경계'(Schranke)와 '한계'(Grenze)의 칸트적 용법의 차이에 대해서는 4권 각주 48을 참조. ―옮긴이

분하지 않기 때문에 '필연적으로'notwendig 불멸을 받아들여야 한다. 루터식 구원을 확신하는 자도, 라이프니츠식 발전을 확신하는 자도 오만하게 말한다. 죽음은 너의 상처가 있는 곳이라고.[22] 확신의 태도는 변신론들에서 다뤄지게 되는 (영)혼의 도덕적 운명에도 관련된다. 신학과 철학에서 라이프니츠에서 니콜라이[23]에 이르는 한 세기 동안 이뤄진 노력이자 경건주의와 시가에서 가장 잘 재현된 변신론들은 선을 위한 '변명'Ehrenrettung과 악에 대한 '반박'Widerlegung을 시도한다.[24]

그런데 라이프니츠적 변신론에는 어떤 새로운 역사철학[25]이 더 깊이 있게 약술된다. 이 역사철학의 중심에는 신의 나라가 있으며, 이것은 레싱을 거쳐 독일 관념론(이상주의)에서 계속 이야기될 것이다. 헤겔까지도 자신의 『세계사의 철학』을 "참다운 변신론, 곧 역사에서 신의 정당화"로 이해하고 있다.[26] 라이프니츠와 독일 관념론(이상주의)은 교조적 이성(합리)주의에 반하여 주어진 것의 비합리성을 과제로 파악한다.[27] 맨 처음 주어져서 나타나는 내용을 산출된 것으로 증명해 내는 일을 과제로 삼는 수학의 방식으로 변신론의 형이상학에서도

---

22) Balthasar, *Apokalypse der deutschen Seele*, vol. 1, p. 31.
23) 크리스토프 프리드리히 니콜라이(Christoph Friedrich Nicolai, 1733~1811) : 베를린 계몽주의의 대표자로 레싱과 멘델스존의 친구였고 칸트와 피히테의 반대자였다. ─옮긴이
24) Balthasar, *Apokalypse der deutschen Seele*, vol. 1, p. 34.
25) Emanuel Hirsch, *Die Reich-Gottes- Begriffe des neueren europäischen Denkens*, Göttingen: Vandenhoeck & Ruprecht, 1921, p. 20[『신의 나라라는 더 새롭고도 근대적인 유럽사상의 개념들』].
26) *Lasson, *Hegel als Geschichtsphilosoph*, vol. 2, p. 938.
27) Lukács, *Geschichte und Klassenbewusstsein*, p. 131[『역사와 계급의식』, 197쪽/250쪽, "근대 수학이 영향을 끼친 체계들(특히 라이프니츠의 체계)은 소여의 비합리성을 과제로서 파악한다"].

사실성[28]이 필연성으로 해소된다. 이 라이프니츠식 철학의 근본경향
은 마이몬[29]의 철학에서 사물 자체와 '예지적 우연성'intelligible Zufälligkeit[30]
의 문제를 해소하는 것으로 다시 받아들여진다. 마이몬에서 시작되는
결정적인 영향들이 피히테에게 미치고 그를 통해 나중에 독일 관념론
(이상주의)이 발전하는 데에도 영향을 끼친다.[31]

변신론에서 섭리는 '이성의 법칙에 따른 발전'과 같아지며 이 발
전은 '체벌'이 오직 통로로 의미 있을 뿐인 '인류의 교육'과 같아진
다. 이렇게 해서 오리게네스주의 신학의 성좌가 복원된다. 오리게네스
Origenes에게서 그리스도교적인 것과 고대적인 것이 서로 마주치듯 17
세기 그리스도교의 묵시적 종말론은 르네상스를 거쳐 고대의 전통으
로 소급되는 학문의 정적인 세계상과 합쳐지게 된다. 고대적인 것과
그리스도교적인 것의 마주침에서 오리게네스의 만물회복설(아포카타
스타시스)이 탄생하게 되는데, 이 교설은 고대의 영원한 재림과 종말
[에스카톤]을 향해 펼쳐진 그리스도교적 기대Ausgespanntheit 사이를 이어

---

28) 팍티치테트(Faktizität) : 하이데거 철학에서는 내가 세계 속으로 내던져진 채 과거부터 현재
까지 존재해 왔음을 가리키는 것으로 보통 '현사실성'으로 번역된다. 하지만 여기서는 보통
어떤 것이 필연적으로 말할 수 없는 방식으로, 마땅히 그래야만 하는 이유를 알 수 없는 방
식으로 그냥 주어져 있는 상태를 가리키고 있으므로 '사실성'으로 번역한다. ─옮긴이

29) 살로몬 마이몬(Salomon Maimon, 1753~1800) : 폴란드 출신 유대인으로 칸트 철학의 비판적
계승자이며 『초월철학에 대한 시도』(Versuch über die Transzendentalphilosophie, 1790)가
대표작이다. ─옮긴이

30) 보통 칸트철학에서는 감성에 의해 촉발되고 지성에 의해 파악되는 세계를 '감성계/경험계'
와 '현상계'로 부르고, 이와 대조적으로 이성의 사변으로만 만들어지는 '가상'의 세계를 '예
지계'(intelligible Welt)로 부른다. 이러한 이성의 부정적 사용은 그 '실천적'(『실천이성비판』)
사용에 이르면 긍정적인 것으로 바뀌고 앞의 세계를 규제하는 통일 원리를 제시하게 된다.
또 칸트는 '지성적'(intellektuell)과 '예지적'(intelligibel)을 구별해 쓰고 있는데, 앞의 것이 대
상을 '구성하는' 원리인데 반해, 뒤의 것은 '규제하는' 작용에 대응한다. ─옮긴이

31) Lukács, Geschichte und Klassenbewusstsein, p. 131 [『역사와 계급의식』, 197쪽/251쪽].

준다. 이 '만물의 회복에 관한' 교설은 신비주의적 경건주의와 똑같이 경건주의적 계몽주의에 열광한다. 경건주의는 계몽주의와 함께 악의 최종적인 지양에 대한 확신을 공유하고 있다.[32] 뵈메-학파, 페테르젠과 아르놀트와 신비주의적 경건주의의 대다수 신봉자들이 이 만물회복설을 퍼뜨리는데, 이 교설이 사람들을 아주 완전히 사로잡았기에 차츰 천년왕국의 임박에 대한 기대를 배제하고 경건주의적 계몽주의에서 종말론적 문제계의 고유한 중심지점이 된다.[33] **외팅거**Oetinger[34]는 이 '만물회복'설을 그의 저서들에서 주저하지 않고 수용하지만, 이 교설이 비의적으로 다뤄진다는 점을 알게 될 것이다.[35] 필립 마토이스 한[36]은 외팅거에게서 이 교설을 넘겨받는데, 그리하여 뷔르템베르크의 경건주의 그룹까지 널리 옮겨 가게 된다. 악이 자신을 먹어 삼킨다는 것Selbstverzehrung에 대한 외팅거의 더 상세한 설명은 분명 독일 관념론(이상주의)의 종말론을, 특히 셸링을 미리 보여 준다. 에버하르트[37]는 그의

---

32) Balthasar, *Apokalypse der deutschen Seele*, vol. 1, p. 35.

33) *Ibid.*, p. 39.

34) 프리드리히 크리스토프 외팅거(Friedrich Christoph Oetinger, 1702~1782) : 청년 헤겔이 살던 뷔르템베르크의 벵겔과 더불어 대표적인 슈바벤의 경건주의자로 이들의 민주주의적인 '하느님 나라'의 사상이 헤겔의 교양 형성에 지대한 영향을 끼쳤다는 주장이 있다. 그는 『고대 철학』(1762)에서 통상적인 직관에서 출발하는 '현상적 사고법'을 보편적 명제에서 연역해 가는 '기하학적 사고법'과 대립시켰다. ─옮긴이

35) Balthasar, *Apokalypse der deutschen Seele*, vol. 1, p. 39.

36) 필립 마토이스 한(Philip Matthäus Hahn, 1739~1790) : 독일 기술자이자 목사로 가톨릭 신학자인 프란츠 자베르 폰 바더(Franz Xaver von Baader)와 사상적인 교류를 하고 수많은 신학 저술을 남겼다. ─옮긴이

37) 한스 아우구스트 에버하르트(Hans August Eberhard, 1739~1809) : 칸트와 동시대 철학자로 1788년부터 1795년까지 *Philosophisches Magazine*(『철학잡지』)와 *Philosophisches Archiv*(『철학문고』)의 편집인으로 활동하면서 칸트의 비판철학을 비판하고 라이프니츠의 교조주의를 옹호했다. ─옮긴이

소크라테스-변론에서 만물회복-교설의 대변자가 되며, 이 원환은 고트셰트[38]와 클롭슈톡[39]을 지나 계몽주의에서 닫히게 된다.[40] 그런데 만물회복설을 통하여 영원한 지옥에 관한 관념은 모순적인 것이 되고 갈수록 더 계몽주의적으로나 낙관주의적으로 부정된다. 처음으로 레싱Lessing이 라이프니츠에게 되돌아가 이 문제를 온전히 심오하게 다시 받아들이며, 이 자리에서 계몽주의의 도식이 부서진다.

확신의 태도로 운반되는 진보의 법칙은 무엇보다도 진보의 이념이 당연한 역사에 관한 것이기도 하다. 이 태도에서 고유한 역사학이 또한 자라나는데,[41] 이 역사학은 엄청난 자료들을 해명하여 계몽주의적 사람들에게 인류의 삶의 역사를 전달하면서 그 끝에 그들 자신이 위치할 수 있다고 말한다. 볼테르가 최초로 역사의 재료를 내재적인 이성의 내용 원리에 따라 배열하고 이를 통해 문화사라는 개념을 만들어 낸다. 계몽주의적 문화사의 도식은 '일반'allgemein인에게 있는 세 가지 (영)혼의 힘인 감성, 상상력과 이성에 따라 칸막이되어 있는 것마냥 상승해 가는 선분이다. 이성은 계몽주의 시대와 동일시되는 역사의 최종 목적지를 향한 전 단계를 극복하는 것이 된다.[42]

극단적-역사적(목적론적) 순간과 극단적-비역사적(가치론적) 순

---

38) 요한 크리스토프 고트셰트(Johann Christoph Gottsched, 1700~1766): 독일 계몽시대의 비평가로 국어순화와 독일어의 통일을 위해 힘썼다.—옮긴이

39) 프리드리히 고트리프 클롭슈톡(Friedrich Gottlieb Klopstock, 1724~1803): 18세기 중엽의 독일 시인으로 독일 시의 개혁자로 젊은 괴테에게 지대한 영향을 끼쳤으며, 그리스 로마시대의 운율법을 독일시에 도입하려 했다.—옮긴이

40) Balthasar, *Apokalypse der deutschen Seele*, vol. 1, p. 34.

41) *Ibid.*.

42) *Ibid.*.

간의 직접적인 통일이 **중세**에서 그랬듯 **계몽주의** 체계의 고유한 표지를 이루고 있다. 최후의 것들에 대해 둔 어떤 절대적인 거리가 그것들의 관점에서 바라본 어떤 소박한 심판과(천년왕국설과도 만난다) 결합된다. 젬러[43]의 『요한계시록』에 대한 조롱은 어떤 "영혼의 질병사"를 기술하고 있는 코로디[44]의 『천년왕국설의 비판적 역사』*Kritische Geschichte des Chiliasmus*로 흘러든다.[45] 『천년왕국설의 비판적 역사』는 계몽주의의 지극히 문화적이고 이신론[46]적인 시간의 영원함이라는 입장에 따라 쓰여 있다. 라이마루스가 마침내 텍스트 비평의 방식으로 부활의 '기적'을 제자들의 '기만'이라고 파악함으로써 그리스도교 성서 종말론의 마지막 자투리들을 분쇄한다.

이성(합리)주의가 중세의 스콜라주의가 그랬듯 존재 전체에 대한 인식의 보편적 방법을 상상하려는 요구와 더불어 등장하자 합리적 체계가 삶에 주어진 비합리적인 것들과 맺는 관계에 대한 물음이 결정적인 것이 된다.[47] 이에 따라 각 합리적 체계는 저마다 필연적으로 **비합리성**Irrationalität이라는 경계[48]에 부딪힌다.[49] 그런 식으로 가령 역사의 일직

---

43) 요한 잘로모 젬러(Johann Salomo Semler, 1725~1791) : 독일 계몽주의 신학, 특히 역사 비판적 성서학의 창시자다. ─ 옮긴이

44) 하인리히 코로디(Heinrich Corrodi, 1752~1793) : 스위스 취리히의 김나지움 윤리학 교수. ─ 옮긴이

45) Nigg, *Das ewige Reich*, p.297.

46) 이신론(理神論, deism) : 계몽주의 시대 대표적인 그리스도교 사상으로, 신을 세계의 창조자로는 인정하지만 세상에 관여하는 인격적 존재임을 부정하고, 기적이나 계시의 존재 대신에 이성적 존재로만 신을 수용한다. ─ 옮긴이

47) Lukács, *Geschichte und Klassenbewusstsein*, p.126[『역사와 계급의식』, 202쪽/240쪽].

48) 경계(Schranke)와 한계(Grenze)의 칸트적 용법의 차이는 다음을 참조하라. 임마누엘 칸트, 『형이상학 서설』, 백종현 옮김, 아카넷, 2012, A166/288~289쪽, "(연장적인 것들에서) **한계**들은 언제나 어떤 일정한 장소의 밖에서 마주치면서 그 자리를 둘러싸는 공간을 전제한다. 그

선 진보에 대한 계몽주의의 표상은 퇴보와 퇴화가 가능하다는 사실을 통해 뒤흔들리게 된다. 계몽주의 세계 전체를 가장 깊숙한 곳까지 뒤흔들어 놓은 리스본의 지진을 그 징후라고 평가할 수 있을 텐데, 그 일만 아니었어도 은폐되고 덮여 있을 사실, 곧 이성(합리)주의의 체계가 어떤 극복 불가능하고 예상치 못한 경계에 부딪혔다는 점이 단번에 확실해지게 된다. 만일 새로운 세계관Weltsicht의 토대 자체가 흔들리지 않아야 한다면, 진보와 퇴보를 이어 묶고 있는 어떤 새로운 발전의 도식이 발견되어야만 할 것이다.[50] 이렇게 해서 새로운 방식의 종말론이 열리게 된다. 관념론(이상주의)의 역사변증법이 선포되는 것이다.

그러나 독일 관념론(이상주의)의 역사에서 결정적인 사실은 흡사 지하에 보관된 성서외경 같은 고대 그리스도교의 종말론이 경건주의 안에 있는 계몽주의 곁에서 이어지며, 그래서 근본악에 대한 지식이 포함되어 있다는 점이다. 존재의 비합리적 측면의 무게가 보이지 않는 곳에서는 독일 관념론(이상주의)의 견해에 따르면 그 개념성의 형식

런데 **경계**는 그러한 것을 필요로 하지 않으며, 그것은 오히려 하나의 크기가 절대적 완벽성을 갖지 못한 한에서 하나의 크기를 촉발하는 순전한 부정이다. 그러나 우리 이성은 말하자면 자기 주위에 사물들 그 자체의 인식을 위한 하나의 공간을 본다. 비록 이성이 그 사물들 그 자체에 대해서는 결코 명확한 개념을 가질 수 없고, 단지 현상들에 제한되어 있지만 말이다. 이성 인식이 동종적인 한에서 이런 인식에 대해서는 어떤 일정한 **한계**를 생각할 수 없다. 수학과 자연과학에서 인간 이성은 그 **경계**를 인식하나 어떤 **한계**도 인식하지 않는다. 다시 말해, 인간 이성은 결코 그에 도달할 수 없는 어떤 것이 이성의 밖에 놓여 있음을 인식하기는 하나, 이성 자신이 자기의 내적인 진전 중에 어느 곳에서 완성되리라는 것은 인식하지 못한다.(강조는 인용자)". 한국칸트학회가 기획한 칸트전집 5권(『학문으로 등장할 수 있는 미래의 모든 형이상학을 위한 서설 외』, 김재호 옮김, 한길사, 2018, 147쪽)은 반대로 'Grenze'를 '경계'로 'Schranke'를 '한계'로 옮겼으나 별도의 설명을 덧붙인 백종현의 번역을 따른다. 이에 대해서는 『한국칸트사전』(백종현 지음, 아카넷, 2019, 961~962쪽)을 참고할 수 있다.—옮긴이

49) Lukács, *Geschichte und Klassenbewusstsein*, p.126[『역사와 계급의식』, 202쪽/240쪽].

50) Balthasar, *Apokalypse der deutschen Seele*, vol.1, p.36.

들을 현실성의 구조들과 소박하게 동일시하는 계몽주의의 철학적 '교조주의'Dogmatismus[51]가 지배하고 있다. 독일 관념론(이상주의)의 철학이 계몽주의의 철학적 **교조주의**의 환영들을 갈기갈기 찢어 놓자마자 이 철학은 주어진 것의 경계에 부딪히게 되는데, 만일 독일 관념론(이상주의)이 세계를 그 전체성 안에서 포괄하고자 한다면 '내면의 길'Weg nach Innen[52]을 갈 수밖에 없다. 실러가 이 독일 관념론(이상주의)의 기반을 저 철학적 체계들이 했던 것보다 더 명쾌하게 밝혀내는 것 같다. 그가 다음처럼 말할 때다. "왜냐하면 결국 한꺼번에 털어놓자면 인간은 완벽한 의미에서의 인간인 경우에만 유희하고, 또 인간은 유희하는 경우에만 완전히 인간이기 때문입니다."[53] 그렇게 독일 관념론(이상주의)에서 **미적 원리**ästhetisches Prinzip는 미학 너머 저 멀리까지 잡아당겨지고 삶의 기반이 된다.[54] 하지만 표상의 세계에서, 곧 예술이나 관념에서 모든 것은 내적으로 깎고 다듬어져 있어서 내면성의 마력을 무너뜨릴 어떤 행동도 요구되지 않는다. 이 지점에서 초재-유신론 관점(키르케고르)과 유물론적-무신론 관점(맑스)이 예술과 철학에 대한 혁명적 비판으로 마주친다. 그들의 비판은 헤겔의 개념인 현실성에 끼워져 있다. 중단하지 않고 키르케고르는 이성으로 현실성을 파악한다는 것에

---

51) Lukács, *Ibid.*, p.132[루카치, 앞의 책, 201쪽/253쪽].

52) *Ibid.*, p.134[앞의 책, 221쪽/257쪽].

53) Friedrich Schiller, "Brief XV", Über die ästhetische Erziehung des Menschen, Kleinere prosaische Schriften vol.3, Leipzig: Siegfried Lebrecht Crusius, 1801, p.173[프리드리히 실러, 「열다섯째 편지」, 『미적 편지: 인간의 미적 교육에 관한 실러의 미학 이론』, 안인희 옮김, 휴먼아트, 2012, 129쪽. 프리드리히 폰 실러, 『프리드리히 실러의 미적 교육론』, 윤선구 외 옮김, 대화문화아카데미, 2015, 138쪽. 번역 다소 수정].

54) Lukács, *Geschichte und Klassenbewusstsein*, p.153[『역사와 계급의식』, 224쪽/294쪽].

반대하는데, 체계 따위는 결코 현실성을 파악할 수 없기 때문이다. 주어짐 자체의 둔중한 사실$^{factum\ brutum}$, 곧 독일 관념론(이상주의)의 체계에서는 부정과 동일시되는 이 사실을 유일하게 결정적인 현실성으로 고양시킴으로써 키르케고르는 헤겔좌파와 맑스에 이어진다.[55] 맑스의 헤겔 비판 또한 헤겔이 확언했지만 그가 오직 '개념에서'만 화해시킴으로써 실존을 이념으로 신비화하던 이성과 현실성의 통일(성)에 반대해 있기 때문이다. 헤겔이 경험$^{Empirie[56]}$을 신비화함으로써 그의 관념론(이상주의)적 철학의 내용은 '가장 극단적인 유물론'이 되고 마는데, 헤겔 체계가 실제 존립하는 것$^{das\ faktisch\ Bestehende}$을 철학적으로 정당화하기 때문이다. "철학자들은 세계를 단지 다양하게 해석해 왔을 뿐이다. 그러나 중요한 일은 세계를 변화시키는 것이다."[57]

레싱[58]

이성(합리)주의적 계몽주의, 계몽된 경건주의, 프로테스탄트 정통주의와 독일 관념론(이상주의)의 첫 조짐들 사이에서 벌어지는 세계관들

---

55) Löwith, *Von Hegel bis Nietzsche*, p. 202[뢰비트, 『헤겔에서 니체로』, 196쪽. 번역 다소 수정].

56) 엠피리(Empirie): 그리스어로 '경험'을 뜻하는 '엠페이리아'(empeiría)에서 파생된 말로, 경험에서 얻은 자료들을 증거로 수집하여 어떤 가설을 이끄는 체계적인 방법(연역법, 귀납법)을 가리킨다. ─옮긴이

57) Karl Marx, "Thesen über Feuerbach", *Der historische Materialismus, Früher Schriften*, vol. 2, p. 5[「포이에르바하에 관한 테제들」, 『칼 맑스 프리드리히 엥겔스 저작 선집 1』, 편집부 엮음, 박종철출판사, 1997, 189쪽].

58) 이 절에서 다루게 될 레싱의 라이프니츠와 정통 그리스도교 옹호와 베를린의 계몽주의자들과의 논쟁에 대해서는 다음 책을 참고할 수 있다. 프란츠 메링, 「10장: 레싱의 마지막 투쟁」, 『레싱 전설』, 윤도중 옮김, 한길사, 2005, 451~490쪽. ─옮긴이

의 혼전 한복판에 레싱이 서 있다. 레싱 안에서 역사의 본질에 관한 물음이 의식적으로 제기된다. 비역사적인 이성의 그리스도교는 그리스도교의 역사적 발전과 어떤 관계를 맺는가? 혹은 더 일반적으로 묻자면, 체계의 아프리오리Apriori(경험 이전과 독립)와 역사의 아포스테리오리Aposteriori(경험 이후와 의존) 사이에는 어떤 관계가 지속되는가?[59] 레싱은 반지의 비유Ringparabel로 모든 역사적인 지류들을 [현자]나탄의 종교성Nathansche Religiosität[60]의 저수지에 통과시킨다. 레싱은 볼펜뷔텔에 거주하는 무명씨의 단편들[61]을 출간하기도 한다. 이 단편들에서 **라이마루스**는 (역)사적 예수를 그리스도의 이념에서 떼어 놓고 (역)사적 예수의 형상을 역사 속에 배열함으로써 고대 그리스도교 종말론의 기반들을 최종적으로 파괴한다. 그리스도교의 비밀을 그 자체로 종결짓고 있는 부활은 제자들의 기만으로 기술된다. 레싱은『요한계시록』에 대한 그의 판단에서 젬러, 라이마루스와 일치한다는 것을 알고 있다.

그럼에도 헤겔이 이미 지적하듯 레싱은 그의 벗들과 세상이 일반적으로 예상하는 것과는 전혀 다른 정신의 깊이 속에서 살고 있다. 어쩌면 레싱의 문학사적 위치가 모든 문학 활동과 떨어져 있는 **신학** 저서들에 나타나는 그의 실존의 깊이를 가리고 있는 건지도 모른다. 밑

---

59) Hellen Thielicke, *Vernunft und Offenbarung. Eine Studie über die Religionsphilosophie Lessings*, Gütersloh: C Bertelsmann, 1936, p.54[『이성과 계시: 레싱의 종교철학에 대한 한 연구』].

60) 레싱의『현자 나탄』(*Nathan der Weise*, 윤도중 옮김, 지만지, 2011)은 레싱의 5막극 극시로 타종교에 대한 관용을 강조하고 있다. ─ 옮긴이

61) 레싱이 라이마루스의 육필원고를 '조금씩 나누어 출간한'『무명씨 단편』(*Fragmente eines Ungenannten*)을 가리킨다. ─ 옮긴이

음에 대한 모든 객체적 진술을 레싱은 그의 크레도^{Credo}(신앙)⁽⁶²⁾와 대조시킨다. "계시종교가 알고 있다고 자부하는 대부분의 내용이 내게는 그 종교를 바로 가장 의심스러운 것으로 만든다."⁽⁶³⁾ "무엇 때문에 미래의 어떤 날뿐 아니라 미래의 어떤 삶을 똑같이 평정을 유지하며 기다릴 수 없는 것인가? 점성술에 반대하는 이 근거는 모든 계시종교에 반대하는 근거다. 미래의 일을 알 수 있는 어떤 기예가 있다는 게 참이라 하더라도, 우리는 오히려 이 기예를 익혀서는 안 된다. 우리에게 내세의 삶을 추호의 의심도 없이 가르치는 어떤 종교가 있다는 게 참이라 하더라도, 우리는 오히려 이 종교를 경청해서는 안 된다."⁽⁶⁴⁾

　단번에 레싱은 양 전선 너머에다 자신을 위치시킨다. 벵겔의 구속 오이코노미아^{Heilsökonomie}(살림/경륜)의 수학 너머에, 외팅거의 내세의 현상학, 스베덴보리⁽⁶⁵⁾의 천상의 지형학과 어떤 우상이 진리를 소유하고 있음을 보장하는 교조 너머에, 그러나 마찬가지로 에버하르트의 이성(합리)주의적인 반증들과 계몽주의적인 지옥의 폐기 너머에 위치한

---

(62) 라틴어로 '나는 믿는다'를 뜻하는데, 사도신경(Apostles' Credo/Creed)처럼 보통 입교 때 세례자들이 하는 신앙고백을 가리킨다. ─옮긴이

(63) 다음 각주 64번에 나오는 레싱 전집 6권에 실린 글의 제목이기도 하다. ─옮긴이

(64) Gotthold Ephraim Lessing, "Womit sich die geoffenbarte Religion am meisten weiß, macht mir sie am gerade am verdächtigsten", *Ästhetische Schriften, Theologische Schriften I, Gesammelte Werke VI*, ed. Georg Witkowski, Leipzig: Bibliographisches Institut, 1911, p.418[「계시종교가 알고 있다고 자부하는 대부분의 내용이 내게는 그 종교를 바로 가장 의심스러운 것으로 만든다」, 『미학 저서들, 신학 저서들 1』].

(65) 엠마누엘 스베덴보리(Emmanuel Swedenborg, 1688~1722): 스웨덴의 자연과학자이자 신비주의자로 심령 체험을 겪은 뒤 과학적 방법의 한계를 깨닫게 된다. 1763년 3대 비판서를 내기 전 칸트는 그의 심령 체험에 관심을 두고 「형이상학의 꿈을 통해 논한 유령을 보는 자의 꿈」("Träume eines Geistersehers erläutert durch Träume der Metaphysik")에서 형이상학적 충동을 배제하는 순수이성비판의 기초를 마련한다. ─옮긴이

다.[66] 레싱의 근본적인 반박은 개별 진술들의 **내용**Dass을 뛰어넘어 그 것들의 **방식**Wie을 문제시한다. 그것은 학문 행세를 하는 객관적-대상적 종말론에 반하여 종말의 주관적 내면성에 동의하는 것이다. 라이마루스와 함께 그야말로 모든 형이상학적-그리스도교적 종말론이 붕괴되고, 칸트적-초월적 종말론의 가능성이 등장한다. 이 종말론은 오랫동안 의문시된 성서의 버팀목들을 더 이상 지지하지 않으며, 스스로가 이성(합리)주의의 계몽된 진리를 확실히 소유하고 있다고 자부하지도 않는다. 오히려 **초월적 종말론**transzendentale Eschatologie[67]은 **주관성**Subjektivität을 일체의 근거로 전제하며 이 주관성을 자기인식과 자기묵시와 같은 인식에 대한 모든 가능성의 조건으로 삼는다.[68] 즉 초월철

---

66) Thielicke, *Vernunft und Offenbarung*, pp. 28~29. Balthasar, *Apokalypse der deutschen Seele*, vol. 1, pp. 48~49.

67) 라틴어의 동일한 어원을 가지는 독일어 '트란첸덴트'(transzendent)와 '트란첸덴탈'(transzendental)은 각기 라틴어의 분사형 '트란스켄덴스'(transcendens, 초월해 있는, 초월하는)와 형용사형 '트란스켄덴탈리스'(transcendentalis, 초월한, 초월적)에 대응된다. 그리고 앞의 것은 '내재적'(immanent)과 짝개념으로 보통 사용되어 '초재적' 혹은 '초험적'으로 번역된다. 이 용어를 처음 사용한 스콜라 철학에서는 두 가지가 서로 혼용되었다. 이를테면 앞의 것은 신에게만 적용될 수 있는 술어이지만, 여타의 것에도 유비적으로 사용가능했고, 뒤의 것은 '모든 개별 존재자들을 넘어서 있으면서도 각 개별자들에게 필연적으로 속하는 규정들'을 뜻했다. 하지만 근대철학, 특히 칸트의 코페르니쿠스적 전회에 이르면 뒤의 것 '초월적(인 것)'이 신의 순수 이성에서 인간 의식의 자리로 이동되어 인간의 의식 활동과 그 결과에도 이 술어가 붙게 된다. 타우베스 역시 이 개념의 변용과 근대적 전환을 '종말론'에 적용하고 있다. 즉, 신의 창조와 구원의 이성에 기반을 둔 '그리스도교적-형이상학적 종말론'에서 인간의 의식과 주관성에 근거하고 있는 '칸트적-초월적 종말론'으로의 전회를 '초월(적) 종말론'으로 압축해서 보여 주고 있다. 다시 말해 칸트의 초월철학의 초월이 '경험에 앞서 경험에 대한 인식을 가능하게 한다'는 의미인 것처럼 타우베스는 종말론의 인식 가능성의 문제를 '초월(적) 종말론'으로 압축해서 보여 주고 있는 것이다. '초월적'과 '초험적'의 어원과 칸트철학에서의 용례에 대해서는 다음을 참고할 수 있다. 백종현, 『칸트 이성철학 9서 5제 — '참' 가치의 원리로서 이성』, 아카넷, 2012, 54~78쪽. — 옮긴이

68) Balthasar, *Apokalypse der deutschen Seele*, vol. 1, p. 92.

학Transzendentalphilosophie은 독일 관념론(이상주의)에서 "내적 묵시록의 서슴없는 방법론"[69]이 된다. 모든 자연과 역사의 묵시, 모든 나팔과 분노의 발굽, 모든 세계화재와 새로운 천국들은 뚫어 열린 무대이자 비유에 불과하며, 인간의 것인 실제의 묵시를 편곡할 뿐이다.[70] 이 초월적 종말론을 전제하며 레싱은 형이상학적–그리스도교적 종말론의 공개적인exoterisch 비유들로 되돌아갈 수 있게 된다. 레싱은 이를 위해 라이프니츠를 준거로 삼는다. 라이프니츠는 "옛날 모든 철학자들이 그들의 공개적인 강연들에서 하려고 골몰했던 것 그 이상도, 그 이하도 하지 않는다. 그는 당연히 우리 (계몽주의) 철학자들이 대단히 현명하게 받아들이게 된 어떤 영리함[71]을 관찰했다. 그는 기꺼이 자신의 체계를 제쳐 놓고 이 체계를 발견했던 진리의 길 위에서 모두를 이끌려고 애썼다."[72] 이 에세이에서 레싱은 라이프니츠의 견해를 옹호하는 형태로 지옥의 영원함을 변호한다. "라이프니츠가 정통파인 체 가장했을 뿐이라고 그에게 훨씬 더 큰 의혹을 둘 것인가? 아니면 그를 매우 진지하게 우리 철학자들이 격분할 때까지 그리스도교 정통파로 만들 것

---

69) Balthasar, *Apokalypse der deutschen Seele*, vol.1, p.92.

70) *Ibid.*, p.5.

71) 영리함(Klugheit) : '영리'나 '사려'라고도 번역된다. 좁은 의미의 사적인 영리함은 자기 자신의 최대한의 행복을 위한 수단을 선택할 때의 숙련을 가리키고, 이 사적 영리함이 국가나 사회의 수준에서 발휘될 때는 타인을 자신의 행복과 목적을 위해 수단으로 사용하는 세속적 영리함이나 국민의 권리에 대한 침해로 확장된다. 칸트는 개인의 행복만을 동인으로 삼는 이것을 도덕법칙과 엄격하게 구별하였다. 여기서는 '교육'을 통해 인간의 문명화가, 즉 타인에 대해 사려깊고 영리해진다는 의미로 종말론에 대한 대중적이고도 '공개적인'(exoteric/exoterisch) 가르침에 대응한다(「영리함」, 『칸트사전』, 270~271쪽) ― 옮긴이

72) Gotthold Ephraim Lessing, "Leibniz von den ewigen Strafen", *Ästhetische Schriften, Theologische Schriften I, Gesammelte Werke* VI, p.354[「영원한 형벌에 관한 라이프니츠의 견해」, 『미학 저서들, 신학 저서들 1』].

인가? 둘 다 아니다." 고대 그리스도교적 정통주의와 이성(합리)주의적 계몽주의의 공개적인 양 전선 너머에다 레싱은 라이프니츠의 견해를 위치시킨다. "나는 라이프니츠가 영원한 저주에 관한 교의를 아주 **공개적으로**exoterisch 다뤘고 이에 대해서는 완전히 다르게 **비의적으로** esoterisch 표현했던 것일지 모른다고 덧붙여 본다."[73] 그러나 라이프니츠와 함께 레싱은 스스로가 진리를 소유하고 있음을 자부하고 있는 바로 저 계몽주의적 비의적 사고Esoterik 앞으로 고대 그리스도교 종말론을 끄집어 낸다. "오히려 나는 확신한다. 라이프니츠가 그 모든 공개적인 근거들에 따라 저주에 관한 공통의 교의를 받아들이고, 더 나아가 그가 이 교의를 오히려 더 아주 새로운 근거들을 가지고 강화시키기까지 했을 거라는 사실은 다만 그가 그 교의가 반대편의 것보다 자신의 비의적 철학의 위대한 진리에 더 일치한다는 점을 인식했기 때문이었다. 그는 이 거칠고 황폐한 개념들 자체에 거듭남에 대한 광신적 옹호자들의 아주 똑같이 거칠고 황폐한 개념들보다 참다운 것이 훨씬 더 많이 있다는 점을 발견했다. 또 이 사실만이 그를 광신자들과 충분하지 않게 관계하기보다는 차라리 이 사안에 대한 정통파들과 조금은 지나치게 관계하도록 움직였다."[74] 라이프니츠와 함께 레싱은 영원한 형벌을 "언젠가 천국도, 지옥도 그 상대적인 명칭을 잃어버리지 않고서 천국과 지옥이라는 두 상태를 끝없이 이어지는 단계들로 결합시키는 분할되지 않은 진보함Fortschreitung"[75]으로 이해한다. 이렇게 해서 레싱은 벌써

---

73) *Ibid.*, p.357.
74) *Ibid.*.
75) *Ibid.*, pp.367~368.

독일 관념론(이상주의)의 종말론에 위치하는데, 이 안에서 "지옥은, 자연이 천국의 토대이자 기초이듯 자연의 토대다."[76] 그러므로 "천국과 지옥 사이의 공통된 성향이 만들어 내는 완전한[77] 이 분리가 (영)혼의 본성과 함께" 다투고 있다. "(영)혼이 그 어떤 잡물이 섞이지 않은 순수한 기분도 느낄 수 없기 때문이다. 영혼은 그 가장 사소한 순간에까지도 편안함이나 또는 불편함과 다를 바 없을 그런 기분에 능하지 않는데, 하물며 영혼이 편안함이나 또는 불편함과 다를 바 없는 그와 같은 종류의 순수한 기분들을 느끼게 될지도 모르는 어떤 상태에 대해서 능할 수 있겠는가. …… 가장 선한 인간이 훨씬 더 많은 악을 행하고 가장 악한 인간이 결코 선하지 않은 것은 아니라는 게 참이라 하더라도, 악의 결말은 선인을 천국으로 질질 끌고 갈 것이고 선의 결말은 악인을 지옥까지 데리고 갈 수밖에 없다. 각자 저마다 자신의 지옥을 천국에서 발견하고 자신의 천국을 지옥에서 발견할 수밖에 없다."[78] 이제 처음으로 철학적 천년왕국설의 마그나 카르타^{magna charta}(대헌장)에 해당하는 레싱의 최후 저서에 존재하는 깊이가 측정될 수 있다. 『인류의 교육』에서 레싱은 그리스도교 종말론의 위인들인 오리게네스와 요아킴에 나란히 자리한다. 오리게네스는 『인류의 교육』을 떠받치는 토대다. 그래서 오리게네스주의 신학의 주된 모티프인 프로노이아^{pronoia}(섭리)

---

76) Friedrich Wilhelm von Joseph Schelling, "Stuttgarter Privatvorlesungen(1810)", *Sämtliche Werke VII*, ed. K. F. A. Schelling, Stuttgart und Augsburg: Cotta, 1860, p. 483[「슈투트가르트 개인강연」].

77) 레싱의 원문에는 'gänglich'(진행 중인)가 아니라 'gänzlich'(완전한)로 표기되어 있다. —옮긴이

78) Lessing, "Leibniz von den ewigen Strafen", pp. 367~368.

와 파이데우시스paideusis(교육)[79]가 레싱의 종말론에도 꿰뚫고 흐른다. 오리게네스주의 구속 오이코노미아(살림/경륜)에는 교육의 길이 있을 뿐이다.[80] 만일 신의 섭리가 (영)혼들을 [근원으로] 되돌려 보내면서도 인간의 자유가 또한 보장되어 있을 수 있길 추구한다면, 거기에는 교육의 길이 있을 뿐이기에 그렇다.[81] 이 길에서만 자유를 훼손하지 않고서도 모든 것의 완전함이라는 목적지에 다다를 수 있다. 이 때문에 레싱에게서처럼 오리게네스에게 섭리, 곧 프로노이아란 교육, 곧 파이데우시스와 똑같은 것이 된다. 섭리를 통한 자유로운 이성의 존재에 대한 교육은 오리게네스에게 "그리스도교 신학의 각 개별 부분에서 표현되는 그리스도교의 중심"이다.[82] 오리게네스는 교육을 "가시적 세계의 창조로, 철학으로, 유대교로, 로고스(말씀)로, 교회 안에서의 삶으로, 또 미래의 발전으로"[83] 실현되는 것으로 생각한다. 변신론의 모든 문제들에 대해 발전이라는 이념이 답을 준다. 오리게네스만의 고유한 행동은 "그리스도교를 교육(학)적 이상주의pädagogischer Idéalismus로 변형시켰던 것"[84]이다.

이 오리게네스 체계의 '개괄'은 아마 레싱에게 더 들어맞을지 모

---

79) Koch, *Pronoia und Paideusis, Studien über Origenes und sein Verhältnis zum Platonismus*, p.13.

80) *Origenes, *Acht Bücher gegen Celsus*, book 3/paragraph 49[『켈수스를 논박함』, 86~87쪽에 세번째 책 44~81단락이 요약되어 있다].

81) Koch, *Pronoia und Paideusis, Studien über Origenes und sein Verhältnis zum Platonismus*, p.31.

82) *Ibid.*, p.159.

83) *Ibid.*.

84) *Ibid.*, p.160.

른다. 확실히 레싱의 종말론이 교육(학)적 이상주의로 표현될 수 있기 때문이다. 『인류의 교육』에서 레싱은 교육(학)적 이상주의를 전개한다. "교육이란 개별 인간에게 일어나는 계시이며, 계시란 인간의 역사에서 일어났고 지금도 일어나고 있는 교육이다."[85] "개별 인간에게 교육인 것이 인류 전체의 역사에서는 계시다."[86] 레싱은 계시를 인류의 교육으로 표상한다. 교육은 계시에 의해서도 훼손되지 않을 인간의 자유를 보증한다. "교육은 인간에게 그가 자발적으로 가질 수 없다면 아무것도 주지 않는다…… [교육은 인간이 자발적으로 가질 수 있는 것을 그에게] 다만 더 빠르고, 더 손쉽게 [줄 뿐이다]. 따라서 계시 역시 인간의 이성이 누구의 도움 없이 자기 자신에게 기대어 또한 미치지 않는다면 아무것도 인류에게 주지 않는다."[87]

교육이라는 이념에서 신적인 섭리는 그 목적지를 향해 단계별로 등정해 간다는 결론이 나온다. "교육이 어떤 순서로 인간의 힘을 발전시키느냐에 대해 아무래도 상관없는 게 아니듯, 또 교육이 한 번에 모든 것을 인간에게 가져다줄 수 없듯, 매우 똑같이 신 또한 계시에서 모종의 순서를, 모종의 척도를 유지할 수밖에 없다."[88] 계시의 단계들은 인류의 타락/원죄Sündenfall[89] 이후에 맨 먼저 이스라엘을 지나 뻗어 있는데, 이는 인간이 신에 의해 규정된 바로 그 높이에서만큼은 균형을 유

---

85) Lessing, *Erziehung des Menschengeschlechts*, p.428, §2.
86) *Ibid.*, §1.
87) *Ibid.*, §4.
88) *Ibid.*, §5.
89) *Ibid.*, p.429, §6.

지할 수 없었다는 말이다. 신은 "자신의 특별 교육에 맞게 어떤 고립된 민족을 택하고 그야말로 가장 조야하고 가장 야성화된 민족을 그와 함께 완전히 처음부터 시작할 수 있도록"[90] 택했다…… "가령 이 거친 민족에게 신은 처음에는 자신을 순전히 그 민족 선조들의 신으로 알리고 이 신에게 또한 상응하는 신이라는 관념을 처음으로 알게 하고 친숙해지도록 만들었을 뿐이다."[91] "신이 완전히 처음부터 함께 시작할 수밖에 없었던 어떤 민족, 매우 거친 민족에 대한 이 교육은 다만 무엇을 위한 것인가? 나는 답했다. 시간이 흐르면서 그와 같은 민족의 개별 구성원들(한몸의 사지들)Glieder을 다른 모든 민족들의 교육자들로 훨씬 더 확실하게 만들어 낼 수 있기 위해서다. 신은 이 민족 안에서 미래의 인류의 교육자들을 양성했다. 유대인이, 유대인만이, 그렇게 교육받은 민족 출신의 남자들만이 그런 교육자가 될 수 있었다."[92] 그래서 이스라엘의 역사는 그리스도를 가리킨다. "더 훌륭한 교육자가 아이에게 와 진부해진 입문서를 두 손으로 찢어야 한다. 그리스도가 도래했다."[93] 하지만 그러는 사이 인류의 다른 편인 그리스인들과 로마인들은 "자신들의 이성을 행사하여 그들이 도덕적 행동들을 하기 위해 지금껏 그들을 이끌어 왔었던 속세의zeitlich 상벌보다 더 고상한 움직임의 근거들을 필요로 하는 데까지 이르게 되었다."[94] "다르고 참되며 현세

---

90) *Ibid.*, §8.
91) *Ibid.*, p.430, §11.
92) *Ibid.*, p.431, §18.
93) *Ibid.*, p.441, §53.
94) *Ibid.*, §55.

의 삶 이후가 기대되는 삶이 이 삶의 행동들에 영향을 끼칠 수 있을 때가 되었다. 그리하여 그리스도는 영혼의 불멸에 대한 최초의 신뢰할 만한 실천적인 교사였다."[95]

교육이라는 이념은 미래의 발전 또한 규정한다. "교육의 목적지는 개개인 못지않게 인류에게도 있다. 무엇인가가 교육을 받는다는 것은 어떤 것이 되도록 교육된다는 것이다."[96] 지금도 완전히 다른 층들을 그 안에 감추고 있는 오리게네스보다 한층 더 타당하게 레싱에 관하여 그가 그리스도교를 교육(학)적 이상주의로 변형시킨다고 말할 수 있다. 교육(학)적 이상주의라는 이념이 오리게네스의 관점으로 정해져 있다면, 레싱식 종말론의 목적지는 요아킴주의 예언을 통해 형성되어 있다. 구약과 신약은 인류의 입문서다. "그런데 각 입문서는 특정 연령만을 위한 것이며, 입문서에서 자라난 아이가 의도와 달리 거기 더 오래 머무르는 것은 위험하다."[97] 우리가 이제부터는 구약의 통일신론 없이도 지낼 수 있는 것처럼, 우리는 차츰 신약의 영혼불멸론 없이도 지낼 수 있는 것이다. "우리 자신을 새로운 계약의 입문서들 속으로 약속할 새롭고도 영원한 복음의 때가 분명 올 것이다. 13, 14세기의 모종의 광신자들(요아킴과 영성주의자들)이 스스로 이 새로운 영원한 복음의 빛줄기를 하나 붙잡아서 그와 같은 복음의 폭발이 매우 임박했다고 선포하는 데로 잘못 빠져들고 말았을 뿐일지 모른다. 그들이 주장한 세계의 삼중의 존속기간은 그 어떤 공허한 망상이 아니었을지 모른

---

95) Lessing, *Erziehung des Menschengeschlechts*, §57.
96) *Ibid.*, §58.
97) *Ibid.*, p.440, §51.

다. 또 확실히 그들이 낡은 결속이 그랬던 것처럼 새로운 결속도 마찬가지로 틀림없이 낡아지게 될 것이라고 강론했을 때 아무런 악의도 없었다. 그들에게도 항상 그 같은 신의 그 같은 오이코노미아^{Öconomie}(살림/경륜)가 남아 있었다. 항상——그들이 내 표현으로 말하도록 허락한다면—— 인류의 보편적 교육에 대한 그 같은 계획이 남아 있었던 것이다."[98]

요아킴주의 영의 교회$^{ecclesia\ spiritualis}$는 플라톤의 국가$^{civitas\ platnonica}$가 아니라 도래할 어떤 것으로 이해된다. 마찬가지로 레싱에게서도 새로운 영원한 복음의 때는 어떤 유토피아가 아니라 도래할 것으로 생각된다. 대체로 **유토피아의 본질은 천년왕국설**과 분리되어 있는데, 유토피아란 그 본질이 정치적인 인류에 속하고 정치적 정신/영에서 발원하기 때문이다.[99] 국가는 그 안에 이 인류의 의의가 채워지는 그릇^{Gefäß}이다. 유토피아에는 플라톤이 말한 대로 '사유에서'만 가능한 이상적 조건들이 인위적으로 생산되어 있을 뿐이다. 그렇게만 국가의 현재는 자신의 이상성^{Idealität}에서 분리되어 있다. 유토피아의 이상성에서마저 현실 국가는 지향점으로 남아 있다.[100] 그래서 그리스 정신과 르네상스가 유토피아의 역사에 있는 양대 정점이라는 점은 분명해진다. [토머스] 모어는 실제로 그의 『유토피아』^{Utopia}에서 고대의 전통을 받아들인

---

98) *Ibid.*, p.448, §86/§88.

99) Hans Freyer, *Die politische Insel, eine Geschichte der Utopien von Platio bis zur Gegenwart*, Leipzig: Bibliographisches Institut, 1936, pp.80~81 [『정치적 섬: 플라톤에서 현재까지 유토피아의 역사』].

100) *Ibid.*.

다. 천년왕국설에는 그와 반대로 정치적이거나 정치와 비슷한 힘들이 작동하고 있지 않으며, 오히려 무정부적인 힘들이 작용한다. 당연히 천년왕국 또한 '지상에' 있으며, 더군다나 그 지리적 장소는 지상의 예루살렘으로 제시될 수 있다. 하지만 이러한 '장소의 규정'에도 불구하고 천년왕국은 더 이상 지상의 나라가 아니고, 이 점이 근본적으로 천년왕국을 유토피아와 떼어 놓는다.[101] 유토피아의 개별 질서들과 뮌스터에서 일어난 일들을 서로 비교하면 갑작스럽게 유토피아와 천년왕국설 사이의 차이가 조명된다. 천년왕국은 세워지는 게 아니라 도래하며, 어딘가에 놓여 있는 게 아니라 일어나는 것이고, 발견되는 게 아니라 고대되는 것이다.

철학적 천년왕국설은 무정부적이며, 레싱에 의해 "도덕적이고 정치적인 모든 기계 장치들을 우스꽝스럽고 불행하게 만드는 것"에 대한 매우 생동하는 반감이 이야기된다. 한 담화에서 레싱은 한번 아주 격앙되어 주장한다. 전체 "시민사회는 더욱이 완전히 폐기되어야 하는데, 그것이 불합리한 것처럼 들리더라도 진실에 매우 가까이 있다. 인간은 그들이 더 이상 어떤 통치도 필요로 하지 않을 때 비로소 훌륭하게 통치될 것이다."[102] 이 "내적 변화"는 "가장 고귀한 자들과 현명

---

101) Freyer, *Die politische Insel, eine Geschichte der Utopien von Platio bis zur Gegenwart*, pp. 80~81

102) Georg Adler, *Geschichte des Sozialismus und Kommunismus von Plato bis zur Gegenwart*, Leipzig: Hirschfeld, 1899, p. 263[『플라톤에서 현재까지 사회주의와 공산주의의 역사』][앞의 각주 99에 나오는 저자 한스 프레이어와 여기 인용된 게오르크 아들러는 정치적 입장에서 양극단으로, 즉 프레이어는 독일 노동 운동사를 연구하다가 전향한 이른바 보수혁명의 대표주자인 극우로 아들러는 사회주의 역사를 연구한 극좌로 갈린다는 점을 독자는 기억해 둘 필요가 있다. 타우베스의 의도는 알 수 없지만 '대립물의 일치'(complexio oppositorum)로 정

한 자들"의 자유로운 연합[계약]^{freier Bund}을 초래할 것이며, 이들은 민족적·종교적·시민적 경계를 모두 뛰어 넘어 프리메이슨^{Freimaurer}의 이상적 연합[계약]에서 손을 잡는다.

그렇게 철학적 천년왕국설에서도 지상에 있는 신의 나라의 모티프가 낮은 목소리로 들릴 수 있다. '지상에'^{auf Erden}의 모티프는 철학적 천년왕국설의 역사가 진행될수록 더 강력해진다. 칸트에게 "세계시민적 관점에서 본 보편사의 이념들"^{Die Ideen zu einer allgemeinen Geschichte in weltbürgerlicher Absicht}은 "영구평화" 위에서 진행되어 간다. 이 평화는 "상호 간의 이기^{wechselseitiger Eigennutz}로" 보장될 것이다. "…… 이것은 전쟁을 견딜 수 없으며, 조만간 각 민족이 제 것으로 삼게 될 상업의 정신^{Handelgeist}이다."[103] 헤겔에게서 세계와 정신/영이 세계-정신/영으로 여전히 균형을 이루고 있다면, 헤겔좌파에게서는 "세계"의 계기^{Moment}가 우위를 점하게 된다. 시대의 정신/영^{Geist der Zeit}은 시대정신/영^{Zeitgeist}(루게)이 되고, 세계정신/영^{Weltgeist}은 세계의 이데올로기^{Ideologie der Welt}(맑스)가 된다.

프리츠 게를리히[104]는 최초로 맑스주의 체계를 천년왕국설을 원리로 삼아 두루 밝힌 적 있다. "하지만 우리가 이 근원을 증명하는 데 필요한 것은 레싱과 맑스 사이의 연결고리들^{Verbindungsstücke}을 제시할

식화될 수 있는 이러한 '양극단의 충돌과 공존'이 훗날 슈미트와의 관계에서 단적으로 드러나고 그가 68혁명 세력과 미국의 극우세력인 네오콘에 골고루 끼친 영향에 대한 단초를 엿볼 수 있는 대목이다].

103) Immanuel Kant, "Zum ewigen Frieden. Ein philosophischer Entwurf(1795)", *Gesamtausgabe V*, ed. Gustav Hartenstein, Leipzig: Modes und Baumann, 1838, p.443[임마누엘 칸트, 『영구평화론─하나의 철학적 기획』, 이한구 옮김, 서광사, 2008, 56쪽].

104) 칼 알베르트 프리츠 미하엘 게를리히(Carl Albert Fritz Michael Gerlich, 1883~1934): 아돌프 히틀러와 국가사회주의에 저항한 독일의 대표적인 저널리스트. ─옮긴이

수 있다는 점이다. 그것들은 칸트, 피히테, 헤겔과 바이틀링의 이름으로 표현된다. 맑스의 교사인 헤겔과 함께 우리는 이제 목적지에, 이른바 맑스주의에 도착해 있다. 맑스와 레싱을 잇는 이 다리들이 만들어질 수 있다면, 이를 통해 레싱이 발을 딛고 있는 천년왕국설과의 연결도 주어지게 된다. 그러면 맑스주의는 교조적일 뿐 아니라 역사적으로 더 새로운 천년왕국설의 아이임이 입증될 것이다.[105] 물론 게를리히는 거기까지 거쳐 가야 하는 '정거장들'을 단면적으로 지나치게 단순화하여 표현한다. 거기서 그는 독일 관념론(이상주의)의 심장에서 뛰고 있는 종말(에스카톤)을 지적하는 대신 그를 뒤따르는 저자들처럼 철학적 작업의 언저리에서 천년왕국의 계기를 제시한다.

칸트의 종교철학

타당하게도 칸트는 코페르니쿠스가 처음 했던 생각을 순수이성비판의 정점에 세운다. 그래서 칸트의 체계는 코페르니쿠스 인류의 철학이다. 코페르니쿠스의 세계는 하나의 지상으로 그 위에는 이 지상의 원상이 되는 어떤 천상도 더 이상 아치형으로 휘어져 있지 않다. 이 때문에 코페르니쿠스의 인류는 만일 그것이 세계를 위에 있는 원상에 접근시킨다면 그 본질에 다가가지 못하는 셈이다. 천상과 지상 사이의 공간이 무의미해지고 말았으므로 코페르니쿠스의 인류는 시간이 흐르

---

105) Fritz Gerlich, *Der Kommunismus als Lehre vom tausendjährigen Reich*, München: Bruckmann, 1920, p.175 [『천년왕국설로서 공산주의』].

면서만 실현될 수 있는 요청Postulat과 같은 어떤 이상에 따라 세계를 혁명화하려고 애쓴다. 이상은 더 이상 위에 서식해 있는 플라톤적 이데아가 아니라 미래에 놓여 있다. 지상의 그 위에 천상이 있는 프톨레마이오스의 세계에는 위아래가 서로 가까워지는 **플라톤의 에로스**가 지배한다. 위아래가 무의미해진 코페르니쿠스의 세계에서는 변증법적으로 앞으로 움직이는 **가이스트**가 지배한다.[106) 코페르니쿠스 인류의 철학은 가이스트의 철학이며 시작부터 이미 칸트는 가이스트의 철학자로 판명된다.

프톨레마이오스 인류의 세계가 나와 너의 대화에서 이뤄지며 신과 인간이 갑론을박in Rede und Gegenrede에 자리하고 천상과 지상이 문답Zwiegespräch의 상대인 반면, 코페르니쿠스 인류에게 모든 말은 응답 없는 독백Monolog이다.[107) 이 공간은 무한하고 텅 비어 있으므로 그 안에는 코페르니쿠스 인류의 자율적 이성의 법칙들에 불과한 변경될 수 없는 법칙들에 따라 죽은 몸들만이 움직이고 있을 뿐이다. 어떤 대상Objekt이란 코페르니쿠스 인류 자신에 의해 산출된 한에서만 그에 의해 인식될 수 있는 것이다. 베룰람의 베이컨, 갈릴레이, 토리첼리 같은 코페르니쿠스 인류 말고도 그 뒤의 모든 자연 연구자들에게 "한줄기 광명이 나타났다".[108) "그들이 파악한 것은 이성은 단지 그 자신이 그 자신의 기획에 따라서 산출한 것만을 통찰한다는 것, 곧 이성은 그의 판단 원리들을 가지고 항구적인 법칙들에 따라 앞서 나가면서 자연으로 하여금

106) Bloch, *Thomas Münzer als Theologe der Revolution*, p.138.
107) *Ibid.*.
108) Kant, *Kritik der reinen Vernunft*, BXIII[『순수이성비판 1』, 180쪽] ─옮긴이

자신의 물음들에 답하도록 강요함^{nötigen}(!)에 틀림이 없지만, 흡사 아기가 걸음마 줄^{Leitband109)}을 따라서 걷듯 오로지 자연이 마음대로 자신을 부리게 두지 않는다는 것이다. 그렇지 않으면 앞서 기획된 어떤 계획에도 따르지 않고 행해진 우연적인 관찰들이 이성이 그토록 추구하고 필요로 하는 어떠한 필연적인 법칙과도 결코 연관되지 않으니 말이다."[110] 자연이 인간의 말에 자유롭게 답하는 게 아니라 "이성이 한 손에는 자신의 판단 원리들을 가지고 이 원리들에 준해서만 일치하는 현상들을 법칙들이라고 간주할 수 있으며, 다른 손에는 이 원리들에 따라 고안해 낸 실험을 가지고 자연으로 나갈 수밖에 없다. 그것도 교사가 원하는 것을 전부 살짝 귀띔해 줄 수 있는 어느 학생의 자격으로서가 아니라, 증인들로 하여금 그가 내놓는 물음들에 답하도록 강요하는 ^{nötigt}(!) 어느 임명된 재판관의 자격으로 자연으로부터 배우기 위해서다."[111]

칸트는 "이제껏 학문의 안전한 길을 걸을 수 있을 만큼 그렇게 좋은 운을 얻지 못했던"[112] 형이상학에 대해 바로 이와 같은 것을 수행하고자 한다. 칸트는 형이상학을 다음처럼 여긴다. "수학과 자연과학의

---

109) '겡겔반트'(Gängelband)라고도 부르며 중세 후기부터 18세기까지 상류 귀족층에서 사용된 끈으로, 6세까지의 유아의 몸에 묶어서 부모를 따라다니도록 만들었다. 칸트는 이것을 비자립적인 사유(예컨대, 「계몽이란 무엇인가」에서 미성년의 사유)에 대한 은유로 사용한다. 여기서도 이성이 자연이 이끄는 대로 따라가지 않는다는 것을 비유적으로 표현한 것이다. ─옮긴이

110) Kant, *Kritik der reinen Vernunft*, BXIII[『순수이성비판 1』, 180쪽. 번역 다소 수정]. ─옮긴이

111) *Ibid*.[앞의 책, 같은 곳. 번역 다소 수정].

112) *Ibid*., BXIV[앞의 책, 181쪽].

실례들은…… 그것들을 그토록 유리하게 만든 사고방식의 전환의 본질적인 요소를 성찰하기에, 또 이성의 인식으로서 그것들의 형이상학에 대한 유비가 허용된다면 그 점에서 적어도 그것들을 시험 삼아 모방하기에 충분히 주목할 만할 테다."[113] 이제껏 우리는 우리의 모든 인식이 대상들을 따라야만 하고 이 전제하에서 이 대상들에 대해 개념들을 통해서 무언가를 선험적으로$^{a\ priori}$ 가능하게 하려는 모든 시험이 실패했다는 것을 받아들였던 반면, 칸트는 정반대의 길을 가려 한다. "그래서 대상들이 우리의 인식을 따라야 한다고 가정함으로써 우리가 형이상학의 과제에 더 잘 진입할 수 있느냐를 한 번 시험해 봄직하다. 이런 일은 그것만으로도 이미 대상들이 우리에게 주어지기 전에 그것들에 관해 무엇인가를 확정해야 하는 선험적 인식에 대해 요구된 적 있는 가능성에 더 잘 부합한다. 이것은 코페르니쿠스의 최초의 생각이 처해 있던 상황과 똑같다. 코페르니쿠스는 전체 별무리가 관찰자를 중심으로 회전한다고 가정할 때는 천체운동에 대한 설명이 잘 진척되지 못하자 그 뒤에 관찰자를 회전하게 하고 반대로 별들을 정지시킨다면 그 설명이 성공하지 않을까를 시험했다. 이제 우리는 형이상학에서 대상들의 직접 바라봄^{Anschauung}과 관련하여 이와 비슷한 방식으로 시험해 볼 수 있다."[114]

천상이 더 이상 인간의 말에 응답하지 않으므로 어느 임명된 재판관이 증인들에게 하듯 천상이 진술하도록 강요한다. 당연히 **강요받은**

---

113) *Ibid.*, BXVI[앞의 책, 182쪽. 번역 다소 수정].
114) *Ibid.*[앞의 책, 같은 곳. 번역 다소 수정].

^{genötigt} 천상은 갈수록 더 침묵하고 있고, 인간의 말은 이제 되-던지고/반-사하고^{re-flektierend} 자기 자신을 비추는^{sich selbst bespiegelnd} 이성의 표지를 말하고 텅 빈 공간 속으로 들어갈 수 있을 뿐 신을 향해서는 그러지 못한다. 이로 인해 **기도**^{Gebet}는 내적이고 형식적인 예배로 "어느 미신적인 망상"¹¹⁵⁾이 된다. "기도의 정신"이 유일하게 끊임없이 인간 안에서 일어날 수 있는 것으로 허락되어 있다. 왜냐하면 "기도의 정신이라고 하는 저러한 소망에서는 인간이 자기 자신에게서만 (신이라는 **이념**을 매개로 마음씨¹¹⁶⁾를 일으키기 위해) 영향을 끼치려고 애쓰지만, 이러한 소망에서는 그가 말을 통한, 그러니까 외부로 언명하는 것으로 신에게 영향을 끼치고자 하기 때문이다. 첫번째 의미의 기도는 인간이 주제넘게도 신의 현존을 완전히 확실한 것으로 단언할 수 없을지라도 충분히 정직하게 일어날 수 있다. 두번째 형식의 부름에서 인간은 이 지고의 대상을 인격적으로 지금 있는 것으로 받아들인다…… 자기 자신과 큰 소리로 이야기하고 있는 어떤 사람과 마주치게 된다면 이것은 그에게 약간 광기의 발작을 일으키고 있다고 일시적으로 의심을 두게 한다. 그리고 그가 혼자 있는 곳에서 자기 바깥에서 누군가를 눈앞에 보

---

115) Immanuel Kant, "Die Religion innerhalb der Grenzen der bloßen Vernunft(1793)", *Gesamtausgabe VI*, ed. Gustav Hartenstein, Leipzig: Modes und Baumann, 1839, p.381[『순전한 이성의 한계들 안에서의 종교』][이 책의 1794년 증보판인 B판을 표준판으로 인용하는 게 통례이지만 타우베스가 1839년에 나온 칸트 전집의 VI를 인용하고 있으므로 이 책의 쪽수와 국역본의 해당 쪽수를 병기하기로 한다. 임마누엘 칸트, 『이성의 한계 안에서의 종교』, 백종현 옮김, 아카넷, 2015, 454쪽].

116) 게진눙(Gesinnung): 칸트에게서는 보통 '마음씨'(백종현) 또는 '심정, 마음씨'(칸트학회)로 번역되는 이 개념에는 '심정'과 '신념'의 두 의미가 동시에 함축되어 있다. 그래서 막스 베버에게서는 'Religion der Gesinnung'이 '심정의 종교'로, 'Gesinnungsethik'이 '신념윤리'로 각기 번역된다.—옮긴이

고 있는 사람에게만 있을 수 있는 행동이나 몸짓을 하고 있는 것을 마주친다면 그를 똑같이 판단할 것이다(그리고 이것은 전적으로 부당하지 않다)."[117]

프톨레마이오스의 인류에서 코페르니쿠스 인류로 **전환**이 갑자기 이뤄진 것은 아니다. 그것은 코페르니쿠스와 더불어 처음 시작된 게 아니라, 이 전환의 시작들은 모상과 원상의 비유를 성령의 시대에 극복된 것으로 언명한 요아킴에까지 소급된다. 가톨릭교회의 미사의 신비극에서 이뤄지는 천상과 지상이 하나가 되는 자리에 가이스트(영/정신)의 지상왕국이 그 발걸음을 내딛는다. 에로스에서 가이스트(영/정신)로 이뤄진 전환을 내포하고 있는 '코페르니쿠스적 전환'은 철학에서는 최초로 칸트적 체계에서 뚜렷하게 진행된다. **가이스트**(영/정신)는 영성주의자들, 뮌처와 제바스티안 프랑크에서 시작하여 뵈메와 레싱을 거쳐 독일 관념론(이상주의)에 이르는 모든 요아킴주의자들의 표어다. 이 '가이스트(영/정신)'와 가톨릭교회의 성사, 루터 교회의 말(씀), 정통주의의 도그마, 철학에서의 교조주의, 시민사회 체계가 투쟁하게 된다.

그런데 요아킴과 영성주의자들의 성령[성스러운 가이스트]이 여전히 계시로, 당연히 비춤의 방식으로 더 이해되는 반면, 이성의 정신

---

117) Kant, *Die Religion innerhalb der Grenzen der bloßen Vernunft*, pp.381~382[『이성의 한계 안에서의 종교』, 454~455쪽 하단 '말과 정식으로 옷 입히는 것'의 각주 부분, 한마디로 마음속으로 하는 '기도의 정신'에 입각한 기도와 바깥에 부재하는 누군가를 향한 광기어린 기도, 이 두 형태를 비교하면서 부재하는 신이라는 이념에 대한 과도한 천착이 곧 광기나 광신으로 이어질 수 있음을 칸트는 지적하고 있다. 번역 수정].

[가이스트]은 자기 반영인 레-플렉티오re-flectio의 행위에서 한계 속에 있는 자기 자신을 고유한 가능성의 뿌리로 바라보게 된다. 그래서 정신의 존재는 자발적으로 자신의 본질을 가지고 스스로 자신의 한계 자체도 세운다. 노모스nomos(법)란 참된 아우토스autos(자기)다. 그렇게 가이스트(영/정신)의 최후 종말론이 노모스(법)와 아우토스(자기)의 동일성으로 밝혀진다. 노모스(법)는 자율(성)auto+nomos=Autonomie 안에 있는 아우토스(자기)와 동일하다. 최후의 것들은 더 이상 헤테로스 노모스heteros nomos(타자의 법/타율[성]Heteronomie), 곧 신 대 세계의 것이 아니라 고유한 가이스트(영/정신)가 존재하기 위한 전제다. 형이상학적 종말론의 자리에 초월적 종말론이 들어선다. 이성의 폭로Enthüllung로 사이스 성전의 베일이 들춰지게 되어[118] 이성은 이 폭로에서 자기 자신을 파악하게 된다.[119] 이성의 폭로는 여타 발견들과 동일하게 배열되지 않고, 오히려 나머지 것들보다 앞에 놓여 있다. 이성의 폭로를 통해서만

---

118) 사이스(Saïs) : 현 지명이 사 엘 하가르(Sael-Hagar)인 고대 이집트의 도시로, 여기서는 '사이스의 베일에 싸인 상'(Das verschleierte Bild zu Saïs)이라고 하는 고대와 초기 계몽주의의 토포스(주제)를 가리킨다. 이는 사이스의 여신인 이시스(Isis)의 입상이 베일로 덮혀 있는 상태를 뜻하는데, 고대에는 자연의 신적인 육화로 파악되었다가 실러가 그의 발라드에서 이집트 사이스로 진리를 찾아 떠난 한 젊은이가 베일에 싸인 매우 거대한 상을 만나게 되고 신의 금기를 어기고 베일을 벗겨 그 뒤에 감춰진 진리를 발견하려 애쓴다는 문학적 주제로 변주된다. 그 뒤 알렉산더 폰 훔볼트의 『식물의 지리학에 관한 이념들』(Ideen zu einer Geographie der Pflanzen, 1807)을 비롯한 수많은 계몽주의 자연학 저작들에서 학문(과학)을 통하여 불가해한 자연의 베일을 벗겨 이해한다는 모티프로 발전되고, 노발리스는 「히아신스와 장미꽃 동화」("Das Märchen von Hyacinth und Rosenblüthe", Die Lehrlinge zu Sais[『사이스의 초심자』], 1799)에서 실러의 진리관에 반대하여 베일에 싸인 처녀상을 벗겨 내려고 장미꽃을 떠난 히아신스가 베일 뒤에서 처음 그가 떠나왔던 장미꽃의 얼굴을 발견했다는 이야기를 통해 개별적인 기분과 내면세계에 의해 절대적 진리를 발견할 수 있다는 낭만주의적 진리관을 정립한다.—옮긴이

119) Balthasar, *Apokalypse der deutschen Seele*, vol. 1, p. 92.

다른 모든 종말들(에스카타^{Eschata})이 전반적으로 정당화되기 때문이다. "그렇게 초월철학은 내적 묵시록의 서슴없는 방법론이 된다."[120]

그런데 초월적 종말론이 레싱에게서처럼 칸트에게 예감되어 있을 뿐 아니라 실제로도 실행되어 있다면, 그는 레싱보다는 훨씬 더 올바르게 형이상학적 종말론의 공개적인 비유들로 소급해 갈 수 있다. 이렇게 해서 칸트는 "물론 우리의 가장 최근의 철학자들이 대단히 현명하게 받아들이게 된 어떤 영리함"[121]을 관찰하고 있는데, 이것은 레싱이 라이프니츠에게 해당한다고 말한 적 있다.[122] 칸트 역시 "기꺼이 자신의 체계를 제쳐"두고 형이상학적 종말론의 "공개적인 비유들을 찾았다." 이 비유들이 이성(합리)주의의 체계보다는 "자신의 비의적 철학의 위대한 진리에 훨씬 더 일치한다"는 것을 칸트가 인식했기 때문이다. "물론 그는 대개의 신학자들이 그 비유들을 취입하는 곳인 거칠고 황폐한 개념에서 그것들을 취하지 않는다. 하지만 이 거칠고 황폐한 개념에 똑같이 거칠고 황폐한" 계몽주의의 "개념에 존재하고 있는 것보다 훨씬 더 참다운 것이 놓여 있다는 점을 그가 발견했다." "또 이 사실만이 그를 계몽주의자와 충분하지 않게 관계하기보다는 차라리 이 사안에 대한 정통파들과 조금은 지나치게 관계하도록 움직였다."[123]

---

120) *Ibid.*.

121) Lessing, "Leibniz von den ewigen Strafen", p.354.

122) 4권 각주 71 ― 옮긴이

123) Lessing, "Leibniz von den ewigen Strafen", p.357[이 부분에서도 타우베스의 인용의 전략이 돋보인다. 레싱의 인용문의 주어 자리에 라이프니츠 대신 칸트를 끼워 넣고 광신자를 계몽주의자로 치환했다. 이를 통해 레싱을 통해 칸트와 라이프니츠는 비의적 철학의 특징을 공유하고

그 경향과 동기에서 라이프니츠에 관한 레싱의 논문에 완전히 대응되는 거의 잊힌 '만물의 종말'에 대한 에세이에서 그리스도교 종말론의 형이상학적 진술들은 초월적 종말론의 '**마치 ~인 것처럼**'als ob으로 바뀐다. "모든 시간의 끝"에 대한 사유는 "그 안에 소름끼치는 어떤 것"이 있는데 "이 사유가 흡사 어떤 심연[기반 없음]Abgrund의 가장자리로" 곧 이성의 심연으로 "인도하기 때문이다".[124] "또 그럼에도 이것은 마음을 끄는 어떤 것이기도 해서 놀라 움찔거리는 자신의 눈을 매번 다시 그 쪽으로 향하는 것을 멈출 수 없다."[125] 이 사유는 "도덕적 관점에서 본 이성"[126]의 본질을 타당하게 기술한다. "시간에서 영원으로 옮겨가면서…… 우리는 시간적인 존재와 경험될 수 있는 대상들로서 만물의 종말에 부딪힌다. 하지만 이 종말은 동시에 목적들의 도덕적 질서에서 보면 어떤 지속의 시작, 바로 초감성적이어서übersinnlich, 시간적인 조건에 제약되지 않는 이 존재들이 지속되기 시작한다는 것이다. 따라서 이 지속과 그 상태는 자신의 특성에 대해 다른 어떤 것도 아닌 도덕적인 규정만을 할 수 있을 것이다."[127] 초월적 종말론은 그리스도교 종말론의 모든 객체적인 진술들 너머에서 묻는다. "왜 그럼에도 인간은 **도대체** 세계의 종말을 고대하는가? 또 종말이 그들에게도 허락된

똑같이 광신자나 계몽주의자보다는 (고대 그리스도교적) 정통파에 더 가까워지게 된다].

124) Immanuel Kant, "Das Ende aller Dinge(1794)", *Gesamtausgabe* VI, ed. Gustav Hartenstein, Leipzig: Modes und Baumann, 1839, pp.393~394[임마누엘 칸트, 「만물의 종말」, 『칸트의 역사철학』, 이한구 옮김, 서광사, 2009, 101쪽].

125) *Ibid.*[앞의 책, 같은 곳].

126) *Ibid.*[앞의 책, 102쪽].

127) *Ibid.*[앞의 책, 같은 곳. 번역 다소 수정].

다면, 왜 바로 이 종말은 (인류 대부분에게) 충격이 되는가?…… 첫 물음의 근거는 다음에 있는 것처럼 보인다. 이성이 세계의 지속은 이성적 존재들이 자신 안에서 그 현존의 궁극목적Endzweck에 적합해지는 경우에만 어떤 가치가 있으며, 하지만 이 궁극목적이 도달되어선 안 되는 것이라면 창조는 그들에게 무의미한 것으로 보이는 것 같다고 인간들에게 말하고 있기 때문이다. 어떤 대단원도 결코 없으며 그 어떤 합리적인 취지도 인식하게 하지 않는 어떤 연극과 같다는 것이다. 두번째 물음은 희망 없음의 경지에 이를 때까지 거대해진다고 하는 인류의 부패한 본성에 대한 평가에 근거하고 있다. 인류에게 어떤 종말은, 그것도 충격적으로 끝장내는 것은 (사람들 대부분에 따르면) 최고의 지혜와 정의[의로움]에 유일하게 적합한 방책이라고 한다."[128]

종말론의 객체적인 진술들에는 신화라는 가치가 있다. "우리는 여기서 이성 그 스스로가 창출한 이념들만을 다루고 (혹은 이를 가지고 유희하고) 있기 때문이다. 이 이념들의 대상들은 (만약 이념들이 그것들을 가지고 있다면) 완전히 우리의 시야 밖에 놓여 있다. 설사 이 대상들이 사변적 인식을 뛰어넘음에도 불구하고, 그렇기 때문에 모든 관계에서 공허하다고 아직은 여겨지지 않으며, 오히려 실천적 의도에서 입법의 이성 그 자체를 통해 우리 손에 주어지게 된다. 이 대상들이 그 자체로나 그 본성에 따라 어떤 것인지 숙고하기 위해서가 아니라, 우리가 만물의 궁극목적을 향해 있는 도덕의 근본원리들을 얻기

128) *Ibid.*, pp.397~398[앞의 책, 106~108쪽].

위해서다."[129] 그렇게 칸트는 "이제 더 이상 시간이 없을 것이다"[130]라고 말한 요한의 묵시록의 예언을 논하는 데로 나아간다. "이 예언이 다만 말하고자 하는 바는, 우리는 우리의 준칙들을, 마치 선함[131]에서 더한 선함으로 무한하게 변화할 때 (천상에서나 변화될 수 있는 본체인 homo Noumenon의) 마음씨에 따르면 결코 우리의 도덕적 상태가 어떤 시간 변화에도 종속되어 있지 않는 것처럼, 그렇게 자기 것으로 삼아야만 한다"[132]는 것이다. 그러나 "모든 변화(와 그 변화로 시간 자체가 멈춰서는) 어떤 시점이 언젠가 등장하게 되리라는" 것은 "상상력에 반하는 표상이다. 그 다음에는 결국 자연 전체가 굳어 버리고 흡사 화석화된다."[133] 그럼에도 "아무리 이 이념이 우리의 이해력마저 초과하더라도, 이것은 실천적 관계 속에 있는 이성과 가깝다. 만약 우리가 여기 지상에서 살고 있는 인간의 도덕적-육체적 상태를 최대한 높게 평가한다 해도, 즉 (그에게 목적으로 표시된) 최고선을 향해 지속적으로 전진하며 접근하고 있는 것으로 상정한다 해도, 그는 (그의 마음씨의 불변성에 대한 의식 자체에서) 자신의 (윤리적일 뿐 아니라 육체적인) 상태의 영원히 지속되는 변화를 전망해 보면 거기에 만족할 수 없다. 왜냐하면 그가 지금 처해 있는 상태는 그가 그 안으로 발을 내딛을 준비가 되

---

129) Kant, "Das Ende aller Dinge(1794)", p.399/note[앞의 책, 109~110쪽/주석. 번역 다소 수정].
130) 『요한의 묵시록』, 10장 6절, "시간은 얼마 남지 않았다"(공동번역). ―옮긴이
131) 독일어 '구테/구트'(Gute/gut)는 '좋음/좋은'과 '선함/선한' 양쪽 모두로 번역될 수 있지만, 칸트가 이 개념을 사용할 때는 감각적으로 좋은 것, 즉 '쾌'를 가리키는 게 아니라, 이성이 보기에 좋은 것을 의미했고, 특히 실천이성에 있어서는 도덕적으로 좋은 것인 선(함)을 지칭한다(백종현, 『칸트 이성철학 9서 5제 ― '참' 가치의 원리로서 이성』, 154~159쪽). ―옮긴이
132) Kant, "Das Ende aller Dinge", pp.400~401[『칸트의 역사철학』, 111~112쪽].
133) Ibid., p.401[앞의 책, 같은 곳].

어 있는 더 선한 상태에 비하면 언제나 악으로 남아 있기 때문이다. 궁극목적으로 무한히 전진한다는 표상은 그럼에도 동시에 끝없이 연속되는 악들에 대한 어떤 조망이기도 하다. 이 악들을 더 커다란 선이 이겨낸다고 할지라도 결코 만족이 일어나게 두지 않는다. 그는 이 만족을 **궁극목적**에 언젠가는 결국 **도달**되리라는 것을 통해서 상상할 수 있다.”[134]

이로 말미암아 칸트는 “**신비주의**Mystik에” 빠지고 만다.[135] “(왜냐하면 이성이 손쉽게 그 내재적인, 다시 말해 실천적인 사용에 만족하지 못하고 기꺼이 초재적인 것에서 어떤 일을 과감히 행하려 한 탓에 거기에는 불가사의함들Geheimnisse이 또한 있기 때문이다). 이 신비주의에서 어떤 이성은 자기 자신을, 또 자신이 하고자 하는 바를 이해하지 못하고 차라리 열광한다schwärmen.”[136] 이것은 오직 다음 이유에서다. “사람들이 결국 어떤 **영원한 휴식**을 향유하기 위해서인데, 이는 만물의 복된 종말이라고 그들이 믿는 것을 확정한다. 실제로 이 관념Begriff으로 사람들의 지성Verstand이 해체되는 동시에 모든 사유 자체에 종말을 고한다.”[137]

그리하여 초월적 종말론은 이성의 불가사의함으로 끝나며 코페르니쿠스 인류의 **비극적 이원론**tragischer Dualismus을 드러낸다. 이 비극적 분

---

134) *Ibid.*, pp.402~403[앞의 책, 113쪽].
135) 칸트는 논문에서 ‘신비주의에 빠진 이’가 본인이 아니라 사변적인 사람이라고 쓰고 있다. 하지만 칸트의 철학을 ‘종말론’의 근대적 형태로 분류하는 타우베스는 그 역시도 초감성적인 것에 열광하는 신비주의자이자, 사변적 이성 ──특히 『순수이성비판』과 달리 『실천이성비판』에 긍정적으로 평가되는 사변적 이성의 실천적 사용──의 옹호자로 파악하고 있는 것 같다. ─옮긴이
136) Kant, *Ibid.*, pp.402~403[칸트, 앞의 책, 113쪽].
137) *Ibid.*[앞의 책, 114쪽].

열은 그 신화를 **프로메테우스**^{Prometheus}에서 발견한 적 있다. "프로메테우스는 어떤 사람이 고안해 낸 사상이 아니라 아이스킬로스¹³⁸⁾의 프로메테우스처럼 어느 심오한 정신 속에 기거하면서 자기 자신을 현존재 안으로 밀고 들어가 일관되게 발전하는 근원적 사상들 중의 하나다. [더 나아가] 프로메테우스는 인간종족이 신들의 세계 전체를 자신의 내면에서 산출한 뒤 자기 자신으로 되돌아가면서 드디어 자기 자신과 자신의 운명을 의식하게 된다[혹은 신들에 대한 믿음이 가져올 수 있는 불운을 느끼게 된다]는 사상이[기도 하]다. [또한] 프로메테우스는 우리가 **영/정신**^{Geist}이라 불렀던 인류의 기본원리다. 예전에 영/정신적으로 박약한 사람들의 (영)혼에 프로메테우스는 지성과 의식을 부여했던 것이다. ["무엇보다 그들은 바라볼 눈을 가졌을지라도 무익하게 바라볼 뿐이었다." 즉, 그들은 자신들이 본다는 것을 알지 못한다는 것이다. "그들은 귀가 있어도 이해하지 못했다."] 프로메테우스는 인류 전체를 위해 속죄하며, 고통을 받고 있는 인간-자아의 숭고한 모범에 지나지 않는다. [다시 말해] 그는 신과의 내밀한 유대관계 속에서 스스로를 정립하면서 자신의 운명을 참고 견디며, 냉혹한 필연성을 부여잡은 채로 우연적이지만 피할 수 없는 현실성의 확고부동한 바위에 매달려 치유될 수 없으며 최소한 직접 지양될 수조차 없는 균열을, 즉 현재의 현존재에 선행하는 결코 돌이킬 수 없고 철회시킬 수 없는 행위를 통해 생겨난 균열을 아무런 희망 없이 응시하는 바로 그러한 인간-자아의 모범

---

138) 아이스킬로스(Aeschylos, BC 525~BC 456) : 고대 그리스의 3대 비극시인 중 한 명으로 본문의 맥락에서는 그의 작품 『포박된 프로메테우스』(*Promētheus Desmōtēs*)를 가리킨다. ─옮긴이

인 것이다."[139] 타당하게도 셸링은 이 웅대한 프로메테우스에 대한 논구에서 칸트를 상기시킨다. 그렇다면 칸트 철학은 프로메테우스 인류의 철학이다. 코페르니쿠스 인류의 프로메테우스 철학은 칸트의 자아 철학이다.[140] "여기서 우리는 칸트의 [철학적] 숙고를 칭송하지 않은 채 [바로 다른 논의로] 넘어가서는 안 될 것이다. [사실] 그 같은 칸트의 숙고 덕택에 우리는 현재의 의식에 빠져들지 않고, [오히려] 이러한 의식에 선행하면서 여전히 이념세계에 속해 있는 행위([즉], 이것이 없다면 어떠한 인격성도, 그리고 인간에게서 어떠한 영원한 것도 존재하지 못하며 단지 인간 자체 내에서 아무런 연관도 이루지 못하는 우연적 행동들만이 존재하게 될 것이다)에 대해 단호하게 말할 수 있는 것이다. 이 칸트의 이론 자체가 그의 정신 행위였으며, 이를 통해 그는 자신의 인식의 예리함만이 아니라 그 무엇에 의해서도 놀라지 않을 수 있는 정직함[공명정대함]이라는 도덕적 용기를 만천하에 드러냈다."[141]

코페르니쿠스 인류에게 있는 것과 같은 칸트 철학의 가장 수수께끼 같고 동시에 "가장 미심쩍은 것"[142]은 신적인 것에 대한 프로메테우스 관계다. "세계가 제우스까지 진전되어 있다면 그와는 별도로 존

---

139) Schelling, *Einleitung in die Philosophie der Mythologie*, p.482[셸링, 「스무번째 강의」, 『신화철학 2』, 김윤상 외 옮김, 나남출판, 2009, 346~347쪽. 번역 다소 수정. 인용문에서 빠진 부분은 한국어본을 참고하여 대괄호에 삽입하였다].

140) Richard Kroner, *Von Kant bis Hegel I*, Tübingen: Mohr Siebeck, 1921, pp.44~45[p.43의 오기][리하르트 크로너, 『칸트: 칸트에서 헤겔까지 1』, 연효숙 옮김, 서광사, 1998, 60쪽, "칸트는 이념철학을 대신해서 자아의 철학을 확립한다"].

141) Schelling, *Einleitung in die Philosophie der Mythologie*, pp.483~484[『신화철학 2』, 347쪽. 번역 다소 수정].

142) *Ibid*.[앞의 책, 348쪽. 번역 수정].

재하며 근원적으로는 또 다른 세계 질서에 속하는 인간종족에게도 어떤 새로운 가능성, 즉 미래를 예견할 줄 알았던 프로메테우스를 통해 현실화될 하나의 새로운 가능성이 생겨날 것이다. 제우스 자신은 현존하는 인간종족의 자리에 어떤 새로운 종족을 들어서게 할 생각을 갖고 있었다. 말하자면 제우스에게는 그 무언가 복안이 있었으며, 그에 따라 그는 프로메테우스가 행한 것을 전적으로 거부할 수는 없었다. 그가 [통찰할 수 없을 정도로] 맹목적으로 몰아치는 우주적 힘들에 대해 승리를 거둘 수 있었던 것은 오직 정신의 힘 덕택이었으며, [결국] 프로메테우스의 도움으로 새로운 왕국을 건설할 수 있었다. 하지만 그는 무자비한 처벌을 내렸으며, 그의 노여움은 너무도 거셌다."[143] 말하자면 프로메테우스는 올바른 입장을 취했지만, 그의 행동으로 인해 제우스로부터 이루 형언할 수 없는 고통으로 앞을 내다볼 수 없는 시간 동안 형벌에 처해지고 괴롭힘을 당했던 것이다. 그러나 제우스 역시 올바른 입장을 취하고 있었다. 왜냐하면 그러한 대가를 치름으로써만 신으로부터 자유와 독립이 얻어지는 것이기 때문이다. 다른 상황이란 있을 수 없었다. "그것은 우리가 지양하지 않고 도리어 인식해야만 하는 어떤 모순이다. [우리가 할 수 있는 것이라고는 단지 그것에 대해 올바른 표현을 찾아내는 일이다. 앞서 이미 암시되었듯이 그가 바로 이러한 표현이다.] 세계와 인류의 운명이 그 본성상 비극적인 것이기 때문이다."[144]

칸트는 초월철학을 주체성의 기반 위에 세운다. 칸트는 고대 형이

---

143) Schelling, *Einleitung in die Philosophie der Mythologie*, pp. 483~484[앞의 책, 같은 곳. 번역 다소 수정].
144) *Ibid.* [앞의 책, 350~351쪽. 번역 다소 수정].

상학의 모든 객체적 진술들을 변증법적 가상이라고 폭로하며 자연법칙에만 종속되어 있을 뿐인 세계에 있는 의의를 비워 내는데, 이는 그가 세계의 예지적 우연성을 증대시켜 이뤄진다. 주체와 객체를 칸트는 한 자아Ich 안에 정립한다. 내가 나의 자기Selbst를 스스로 의식하고 있다는 것이 하나의 생각이고, 여기에는 이미 두 겹의 자아가, 즉 주체로서의 자아와 객체로서의 자아가 포함되어 있다. 하지만 이를 통해 이중 인격성을 의도한 것이 아니라, 오히려 내가 생각하고 바라보는 자아만이 인격Person이며, 나로 인해 보이게 되는 것인 객체의 자아는 나의 바깥에 있는 다른 대상들과 똑같이 사태Sache다. 칸트 철학 안에서 필연성과 자유로 씌워 있는 현상과 본질 사이의 분열을 칸트는 주체 그 자신 안으로 가지고 간다.[145] 주체 그 자신을 칸트는 현상과 예지로 쪼개며, 해소되지 않고 풀 수 없으며 그렇게 풀 수 없는 채로 영구화된 자유와 필연성의 분열이 인간의 가장 내면에 있는 구조 안에까지 뻗어 있다. 경험적 자아가 완전히 부자유하다면, 반면에 예지적 자아는 완전히 자유롭다. "왜냐하면 이성은 순수하게 있으면서 어떤 감성을 통해서도 결코 촉발되지 않기 때문이다."[146] 자연의 인과성과 자유 양자는 서로 독립해 있고 서로 뒤섞여 방해되지 않은 채 한 자아 안에서 일어나는데, 이는 자유가 심리학적 특성이 아니라 어떤 초월적 술어이기 때문이다. 그렇다고 예지적 자아가 규범에 지나지 않을 사물 자체Ding an sich(헤르만 코엔[147])로 파악될 수는 없다. 경험적 행동은 예지적 자

---

145) Lukács, *Geschichte und Klassenbewusstsein*, p.137[『역사와 계급의식』, 205쪽/263쪽].

146) Kant, *Kritik der reinen Vernunft*, B583~584[『순수이성비판 2』, 741쪽].

147) 헤르만 코엔(Hermann Cohen, 1842~1918): 신칸트주의의 두 계열(서남독일[바덴]학파와 마

아의 작용이기 때문이다. 여기서 칸트에게 **변증학/변증법**이 터져나온 다.[148] 행위는 경험적 인과성을 통해, 또 예지적 인과성에 해당하는 자 유를 통해 규정된다. "하지만 상당히 주목할 만한 것은 심지어 (그 자 체로는 직관에서 현시될 수 없기에 그 가능성을 이론적으로도 증명할 수 없는) 어떤 이성의 이념조차 사실들 사이에서 발견된다는 것이다. 그 리고 이것이 **자유**의 이념이다. 이 이념의 실재(성)^{Realität}는 특별한 종류 의 인과성으로서 (그에 관한 개념은 이론적으로 고찰하면 과도할지도 모 른다) 순수 이성의 실천적 법칙들을 통해서, 또 이 법칙들을 따르는 경 험에서나 실제 행동들에서 입증될 수 있다."[149]

인간의 관점에서는 **선택**, 신의 관점에서는 **은총**에 해당하는 **자유** 의 변증학/변증법 주위를 칸트는 『순전한 이성의 한계들 안에서의 종 교』$^{Religion\ innerhalb\ der\ Grenzen\ der\ bloßen\ Vernunft}$에서 맴돌고 있다. 개개인뿐 아 니라 전체의 종말론 드라마가 3단계로 펼쳐진다. 「제1논고」는 '악한 원 리가 선한 원리와 동거한다는 것에 대하여, 또는 인간 본성/자연에 있 는 근본악에 관하여'를 다룬다. 「제2논고」는 '인간에 대한 지배를 둘러 싸고 벌어지는 선한 원리의 악한 원리와의 투쟁에 대하여'를 다룬다.

르부르크 학파) 가운데 두번째 학파의 창시자로, 칸트의 3비판에 대한 체계적 해석을 세운 다. 특히 그의 해석에서는 칸트의 사물 자체가 부정되고 직관과 사유(나 개념)의 구분도 부 정되며 시공간도 사유의 관계에서만 파악되어, 결국 순수 사유만이 경험 일반, 즉 일체의 대상과 존재를 산출한다고 주장된다. ─옮긴이

148) Adolf Sannwald, *Der Begriff der Dialektik und die Anthropologie*, München: C. Kaiser, 1911, p.93[『변증법 개념과 인간학』].

149) Immauel Kant, *Kritik der Urteilskraft*, Gesamtausgabe VII, ed. Gustav Hartenstein, Leipzig: Modes und Baumann, 1839, pp.356~357[임마누엘 칸트, 『판단력비판』, 백종현 옮 김, 아카넷, 2009, 557쪽].

「제3논고」는 마지막으로 '악한 원리에 대한 선한 원리의 승리와 지상에 신의 나라의 건설'을 다룬다. 선에 대한 근원적인 소질과 함께 인간의 본성 속에는 악에 대한 성벽性癖, Hang도 있으며 그 결과 인간은 본성상 악하다. 악에 대한 타고난natürlich 성벽은 "그럼에도 결국 어떤 자유로운 의사[자의]에서 찾아져야만 하고, 그래야만 그 책임을 물을 수 있는 것"이기 때문에 "이 성벽 자체는 도덕적으로 악한 것이다. 이러한 악은 그것이 모든 준칙들의 근거를 부패시키기 때문에 근본적이며, 또한 동시에 이것은 타고난 성벽이기에 인간의 힘을 통해 근절될 수도 없다. 왜냐하면 이 근절은 선한 준칙들에 의해서만 일어날 수 있을 터인데, 만일 모든 준칙들의 최상의 주체적 근거가 부패해 있다고 전제된다면, 이러한 일은 일어날 수 없기 때문이다. 그럼에도 불구하고 이 악에 대한 성벽은 틀림없이 극복될 수 있는데, 자유롭게 행동하는 존재라는 인간 안에서 마주쳐지기 때문이다."[150] 그렇지만 근본악이 '악성'惡性, Bosheit과 동일하지는 않다. 악성에는 악이 악으로서 준칙의 동기Triebfeder가 되고 이것은 악마적이기 때문이다. 오히려 근본악은 "보편적인 선한 의지와 양립(가능)하고 인간 (자연)본성의 허약함에서" 발원하는 "심정의 전도성"顚倒性, Verkehrtheit des Herzens이다.[151] "도덕적 악이 어디에서 나와 우리 안으로 최초로 들어올 수 있을까에 대해 어떤 이해가 능한 근거도 제시"[152]될 수 없다. 그렇기 때문에 그저 인간이 "유혹으

---

150) Kant, *Die Religion innerhalb der Grenzen der bloßen Vernunft*, pp. 197~198[『이성의 한계 안에서의 종교』, 208쪽].

151) *Ibid*.[앞의 책, 같은 곳].

152) *Ibid*., pp. 205~206[앞의 책, 218쪽].

로 악에 빠진 것뿐이고 그러므로 근본적으로는 부패해 있지 않"으며, 그래서 "선으로의 복귀에 대한 희망"이 남아 있다고 말할 수 있을 뿐이다.[153]

하지만 이 희망은 "우리의 모든 개념들을 초과한다. 그렇다면 나쁜[악한] 나무가 어떻게 좋은[선한] 열매들을 가져올 수 있을까? 그럼에도 여기서 앞서 인정한 바대로 근원적으로 (소질상) 좋은[선한] 나무가 못된 열매를 생산해 냈으며, 또 선에서 악으로 빠진 타락이 (악이 자유에서 생긴다는 것을 잘 생각해 본다면) 악에서 선을 회복하는 것보다 더 잘 납득할 수 있는 일이 아니므로 이 두번째 가능성에는 이론의 여지가 없다. 저렇게 퇴락했음에도 불구하고 '우리는 더 선한[나은] 인간이 되어야만 한다'는 명령이 우리의 영혼 안에서 약화되지 않고 울려 나오고 있기 때문이다. 따라서 우리는 그것을 할 수 있어야만 한다. 비록 우리가 할 수 있는 것이 그 자체만으로는 불충분하고, 그러기에 우리가 우리로서는 알아낼 수 없는 더 상위의 조력에 마음이 흔들린다 하더라도 그렇다."[154]

법칙에 따라 행동 전반을 훈련하면 어떤 경험적[현상적] 덕, 비르투스 파이노메논^{virtus phaenomenon}이 산출된다. 인류의 역사적 발전에는 또한 문화적 진보만이 감춰져 있을 뿐인데, 이것은 행복(복됨) ^{Glückseligkeit}의 원리에 따른 "윤리[도덕적 습관]^{Sitte}의 변화"와는 같아도 신성함의 원리에 기초해 있는 도덕적 진보와는 같지 않다. 예지적 덕,

---

153) Kant, *Die Religion innerhalb der Grenzen der bloßen Vernunft*, pp. 205~206[앞의 책, 219쪽].

154) *Ibid.*[앞의 책, 220~221쪽].

비르투스 누메논^{virtus noumenon}은 "준칙들의 기초가 순수하지 않게 남아 있는 경우라면 점진적인 **개혁**이 아니라 인간 안의 마음씨의 **혁명** 같은 것을 통해서 (마음씨의 신성함이라는 준칙으로 이행함으로써) 이뤄지지 않으면 안 된다."¹⁵⁵⁾ 마음씨의 혁명으로 "어느 새로운 인간"이 어떤 새로운 창조와 심정의 변화를 통해 탄생하는 것과 마찬가지로 "일종의 거듭남"을 통해서 생긴다.¹⁵⁶⁾ 도덕적 진보는 윤리[도덕적 습관]의 개선이 아니라, 마음가짐^{Denkungsart}의 전환에 기초해 있다. 여기서 착수해야 한다. "이를테면 보통 다르게 행동할 수 있을지"¹⁵⁷⁾, 또 가령 사회적 하부구조에서 혁명이 시작될 수 있을지 말이다. 혁명이 일어날 수 있다는 것은 근본악이 파괴할 수 없으며 영혼의 기저에 있는 신적인 작은 불꽃을 통해서 가능해진다. "신적인 유래를 알려주는 이러한 소질의 이해불가능성이 마음에 작용하여 틀림없이 그를 감격시키며 그리하여 자신의 의무에 대한 존경이 그에게 오직 부과할지도 모르는 희생을 위해 틀림없이 마음을 굳세게 만들 것이다."¹⁵⁸⁾

그렇게 칸트식 인간학은 이성이 "어떤 확장된 소유로"¹⁵⁹⁾ 습득할 수 없는 은총보다 더욱더 명료하게 드러나는 아포리아적인 것[난점]으로 흘러든다. "왜냐하면 이 은총[이라는 이념]의 [실천적] 이용은 우리가 (모종의 의도에서) 무엇인가를 달성하기 위해서 선을 스스로 행

---

155) *Ibid.*, pp. 209~210[앞의 책, 225쪽]. — 옮긴이
156) *Ibid.* [앞의 책, 225쪽].
157) *Ibid.*, p. 211[앞의 책, 226쪽].
158) *Ibid.*, p. 213[앞의 책, 228~230쪽].
159) *Ibid.*, p. 215쪽[앞의 책, 234쪽].

하지 않으면 안 되는 것에 대한 규칙을 전제하는 것일 텐데, 은총작용을 기대한다는 것은 그와 정반대의 것을 의미하기 때문이다. 곧 선(도덕적 선)은 우리의 행위가 아니라 다른 어떤 존재자의 행위일 것임을 의미한다."[160] 회심의 가능성은 **은총**에 기초해 있다. 왜냐하면 "윤리적-선은 천상과 지상이 아니라 천상과 지옥처럼 윤리적-악과 구분되기 때문이다."[161] 그래서 "······ 선과 악, 빛의 나라와 어둠의 나라가 서로 경계해 있으면서 (밝기의 다소에 따른) 점층적인 단계들에 의해 서로 뒤섞여 약화되는 것으로 생각되지 않고, 오히려 헤아리기 어려운 간극[162]에 의해 서로 떨어져 있는 것으로 표상될 수 있다······."[163] "우리가 우리 안에서 생기게 해야 하는 선과 우리가 벗어나는 악 사이의" 거리는 "무한하며, 그런 한에서, 행위에 관해서, 다시 말해 법칙의 신성함에 대한 품행의 적절성에 관해서 보자면, 언제까지라도 도달 불가능한 것이다. 그럼에도 불구하고 인간의 윤리적 성질은 이 신성함에 합치해야만 한다."[164] 이 이율배반이 해소되어 그 결과 결함이 있는 선에서 더 나은 상태를 향해 계속해서 진보하는 인간의 자리에는 "늘 결함이 있게" 되고, 그리하여 행위에 따른 선은 "매번 어떤 신성한 법칙에는 불충분한 것으로" 나타나게 된다. 하지만 신에 대한 그 순수하고 지성적인 직관에서 인간의 마음씨 덕분에 그의 신성한 법칙을 향한 진보

---

160) Kant, *Die Religion innerhalb der Grenzen der bloßen Vernunft*, p.216쪽[앞의 책, 235쪽].
161) *Ibid.*, p.222[앞의 책, 244쪽. 번역 다소 수정].
162) 칸트의 원문에는 '힘'(Kraft)이 아니라 '간극'(Kluft)으로 표기되어 있다. ─옮긴이
163) Kant, *Ibid.*[칸트, 앞의 책, 같은 곳. 번역 다소 수정].
164) *Ibid.*, pp.230~231[앞의 책, 255쪽].

는 "어떤 완성된 전체로서, 또한 행위에 따라 판단될" 것이다. 그래서 인간은 "그의 지속적인 결함에도 불구하고…… 대체로 신에게는 흡족하리라"[165] 기대할 수 있다.

만일 그 자체를 따라 잡을 수 없는 신성함의 준칙이 분명 신의 관점에서만 인간의 노력과 동일시되어 있다면 은총은 여전히 이 두번째 측면 자체에서 고조된다. 인간은 "악에서 **출발**했고, 또 이 죄책은 인간에게서 결코 말소될 수가 없기"[166] 때문이다. 결코 인간은 "그가 그때 그때 갚아야 할 것 이상의 잉여를 산출해 낼"[167] 수 없는데, 이렇게 해서 그가 자신의 죗값을 지불할 수 있을지 모른다. "그래서 모든 인간은 어떤 **무한한 형벌**과 신의 나라에서 추방될 것을 각오해야 할지 모른다."[168] 하지만 "마음씨의 혁명"을 통하여 "죄의 주체"는 사멸한다. 말하자면 설령 인간이 "육체적으로는 똑같은 벌을 받아야 할 인간이라" 하더라도 "그는 그럼에도 자신의 새로운 마음씨에서 예지적 존재로서, 이 존재가 행위를 옹호하고 있는 어떤 신의 심판관 앞에서는 도덕적으로 다른 인간이다."[169] 그래서 최초로 생겨나는 것은 "위에서는 없었던, 행위들Werke의 공로Verdienst 보다 그렇게 넘치는 것이자 **은총들**에 의해 우리에게 돌려지는 공로"다. "왜냐하면 이렇게 해서 우리에게서 지상의 생에서는…… 언제나 단지 한낱 생성 중에 있는 것…… 을 마치

165) *Ibid.* [앞의 책, 256쪽].
166) *Ibid.*, pp. 236~237[원문에는 pp. 36~37로 오기][앞의 책, 263쪽].
167) *Ibid.* [앞의 책, 같은 곳].
168) *Ibid.* [앞의 책, 264쪽].
169) *Ibid.*, pp. 238~239[앞의 책, 267쪽].

우리가 이미 이 지상에서 완전히 소유하고 있는 것처럼 우리에게 귀속시키는데, 이에 대해 우리는…… 아무런 권리주장도 하지 못하기 때문이다. 우리가 우리 스스로를 아는…… 한에서 그러하며, 그리하여 우리 안에 있는 원고는 오히려 단죄를 제의할 것이다. 그러므로 그것은…… 언제나 오직 은총에서 내려진 판결일 뿐이다."[170] 칸트 철학은 루터 신학과 마찬가지로 **은총**의 아포리아에 꼭 붙들려 있으며 이 아포리아가 최초로 "악한 원리에 대한 선한 원리의 승리와 지상에 신의 나라의 건설"을 가능케 한다.

칸트에게는 개인의 종말론과 공동체^{Gemeinschaft}의 종말론이 풀기 어려울 정도로 연계되어 있다. 위험들은 개개인에게 "그가 격리되어 현존하는 경우처럼 제 자신의 날 것의 본성에서 올 뿐만 아니라 그가 관계를 맺거나 교류하는 사람들에게서도"[171] 나오는 것이기 때문이다. 만일 "힘을 합쳐서 악에 대항하는…… 도덕성의 유지를 목표로 하는 사회를 건설하는 것"이 가능하지 않다면 "개별 인간이 악의 지배에서 벗어나기 위해 제아무리 애쓴다고 해도 악은 그를 부단히 이와 같은 악의 지배 속으로 되돌아갈 위험 속에 붙잡아 둘 것이다."[172] 하지만 "덕의 의무들은 인류 전체에 관련되는 것이기 때문에 윤리적 공동체^{gemeines Wesen}라는 개념은 언제나 모든 인간 전체라는 이상과 관계되어 있고 이 점에서 정치적 공동체의 개념과는 구별된다."[173] 윤리적 공동

---

170) Kant, *Die Religion innerhalb der Grenzen der bloßen Vernunft*, pp.240~241 [앞의 책, 269~270쪽].

171) *Ibid*., p.261 [앞의 책, 295~296쪽].

172) *Ibid*., p.262 [앞의 책, 296쪽].

체는 독특한 종류의 의무이며 "인간이 인간에 대해 가지는 의무가 아니라 인류가 자기 자신에 대해 가지는 의무다."[174]

법적 공동체, 특히 국가는 "각자의 자유를 어떤 보편 법칙에 따라 다른 모든 이의 자유와 공존시킬 수 있는 조건들에 국한시키는 것"을 목적으로 한다. 그래서 법적 공동체는 "행동들의 합법성"만을 주시한다. 하지만 윤리적 공동체에서는 행동의 "내적 도덕성"이 존중되어야만 한다. 그래서 최상위의 입법자는 "각자의 마음씨들의 가장 깊숙한 내심까지도 꿰뚫어 보고 모든 공동체에서 그래야만 하는 것처럼, 각자에게 그의 행위들에 합당한 것을 줄 수 있기 위해 마음을 알아보는 자이지 않으면 안 된다. 그런데 이것은 신이 어떤 도덕적인 세계지배자와 같다는 개념이다. 따라서 윤리적 공동체란 오직 신이 내리는 명령들 밑에 있는 어떤 민족, 다시 말해 신의 민족으로서만, 그러니까 덕의 법칙들을 따르는 신의 민족으로서만 생각될 수 있는 것이다."[175] 오직 신만이 신의 도덕적 민족을 설립할 수 있을 뿐이다. "그러나 그렇다고 해서 인간이 이 일에 대해서 아무것도 하지 않아도 되는 것은 아니다…… 오히려 인간은 모든 것이 자기 자신에게 달려 있는 것처럼 행동하지 않으면 안 되며, 오직 이 조건에서만 인간은 더 높은 지혜가 그의 선의의 노력을 완성시켜 줄 것이라 희망해도 좋은 것이다."[176]

선의에 찬 모든 이들의 바람은 "신의 나라가 오고, 그의 뜻이 지상

173) *Ibid*., p.265[앞의 책, 300쪽].
174) *Ibid*., p.267[앞의 책, 302쪽].
175) *Ibid*., pp.268~269[앞의 책, 305~306쪽].
176) *Ibid*., p.270[앞의 책, 307~308쪽].

에서 이루어지는 것이다. 그러나 이러한 일이 그들에게 일어나기 위해서 그들은 무엇을 실행해야만 하는가?"[177] 그의 대답으로 칸트는 자신의 "종교론"에 있는 요아킴주의 중핵을 드러낸다. "신적인 도덕적 입법 밑에 있는 윤리적 공동체는 교회인데, 이것이 경험될 수 있는 대상이 아니라면 보이지 않는 교회…… 라고 한다. 보이는 (교회)는 저러한 이상과 조화되는 어떤 전체를 향해 있는 인간의 현실적 통합체다…… 참된 (보이는) 교회는 신의 도덕적 나라가 인간들을 통해 일어날 수 있다면 이 나라를 지상에 구현하는 그런 교회다."[178]

참된 교회의 특징Kennzeichen은 첫번째가 보편성이다. "즉 교회가 우연적인 의견들로 나뉘고 불화한다 할지라도 그 본질적인 의도에 관해서는 그들을 반드시 어떤 유일한 교회 안으로 보편적으로 통합해 내지 않으면 안 되는 (그러므로 아무런 종파 분열도 없는) 그러한 원칙들 위에 건설되어 있는 것이다".[179] 두번째는 "순정성, 다른 게 아니라 도덕적 동기에서 통합하는 것이다." 세번째는 "자유의 원리를 따르는 관계로, 그 성원들 상호 간의 내적 관계뿐 아니라 교회가 정치권력과 맺는 외적 관계, 양자가 어떤 자유국가 속에 있다는 것이다". 네번째는 "교회의 헌법Konstitution의 불변성이다".[180] 윤리적 공동체는 교회로서 "본래 그 원칙들에서 보면 정치와 유사한 체제Verfassung를" 가지지 않는다.

---

177) Kant, *Die Religion innerhalb der Grenzen der bloßen Vernunft*, pp.271~272[앞의 책, 308쪽].
178) *Ibid*.[앞의 책, 308~309쪽]—옮긴이
179) *Ibid*.[앞의 책, 309쪽].
180) *Ibid*.[앞의 책, 같은 곳].

교회는 "설령 보이지는 않더라도 어떤 공동의 도덕적인 아버지 슬하의"[181] 가정조합[가족]Hausgenossenschaft에 비견하는 것이 가장 좋을 것이다. 그래서 마지막으로 "신이 만유 안의 만물[모든 것 안에서 모든 것]"이 되게 하는 순수한 이성의 종교가 모든 것을 지배한다. 당초 태아를 감싸고 그를 인간으로 만들었던 아기보는 그가 이제 햇빛에 나서야 할 때는 벗겨지지 않으면 안 된다. 법규들과 계율들을 자신의 부속물로 가지고 아이가 걸음마를 떼어놓게 하는 신성한 전승의 줄은 한때는 좋은 기여를 했으나, 점점 더 소용이 없어지고, 그가 소년기에 들어서면 결국은 속박이 되고 만다. 그(인류)가 "어린아이였을 때는 어린아이처럼 영리했고" 그가 관여하는 일 없이 그에게 부과되었던 규약들에다 학식을 또한, 더욱이 교회를 섬길 수 있는 철학까지 결합시킬 줄을 알았다. "그러나 이제 어른이 되어, 그는 어린아이 짓을 그만둔다." "평신도와 성직자 사이의 굴종적인 차별이 사라지며, 참된 자유에서, 그렇다고 무정부 상태는 아닌 평등이 생겨난다. 왜냐하면 각자는 자기 자신에게 확립한 (비규약적인) 법칙에 순종하기는 하면서도, 동시에 이 법칙을 이성을 통해 그에게 계시된 세계지배자의 의지로, 즉 어떤 국가 안에서 보이지 않게 존재하는 공동의 정부 밑에서 만인을 묶는 세계지배자의 의지로 보지 않을 수 없기 때문이다. 이 국가는 보이는 교회를 통해서 그전부터 빈약하게 표상되고 준비되어 있었다."[182] 그렇다고 "이 모든 것이 난폭하고 폭력적으로 운이 좋은 상황에 매우

---

181) *Ibid.*[앞의 책, 310쪽].
182) *Ibid.*, pp. 295~296[앞의 책, 342쪽].

의존적인 결과를 일으키는 어떤 외부의 혁명에서 기대될 수"[183] 있는 것은 아니다. 순수한 이성종교의 원리 자체에 "사물들의 저 새로운 질서로 건너가는 기초가 놓여 있지 않으면 안 되는데, 이것은 일단 순수한 숙고에서 파악되면 어떤 인간의 사업이라 할 수 있는 점차 전진하는 개혁[184]을 통하여 실행되는 것이다. 이러한 진보를 단축시킬 수 있는 혁명들에 관해서 말하자면 그것들은 섭리에 맡겨져 있는 것이며 계획적으로 자유를 훼손하지 않고서는 도입될 수는 없는 것이기 때문이다."[185]

그리스도교의 역사를 칸트는 신의 나라에서 **이반되는** 것으로 이해한다. "그리스도교의 역사는 (그것이 어떤 역사에 대한 믿음에 세워져 있는 경우라면 다른 식으로도 누락될 수 없었다) 그것을 어느 시선 아래에 놓인 한 폭의 그림으로 파악한다면 다음의 외침을 꽤 정당화할 수 있을 것이다. 종교가 그토록 많은 해악을 야기할 수 있다니! *tantum religio potuit suadere malorum*"[186] 칸트 그 자신은 이것이 카이로스에서 제기된다는 점을 알고 있다. "이제 사람들이 여태까지 알려진 교회의 역사 전체에서 어느 시대가 최선의 시대인가 하고 묻는다면 나는 주저하지 않고 지금 시대라고 말할 것이다. 그러니까 지금 그리스도교 세계에서 비록 소수에 의해서이기는 하지만, 그럼에도 공개되어 있는 것처럼 참된 종

---

183) Kant, *Die Religion innerhalb der Grenzen der bloßen Vernunft*, pp. 295~296[앞의 책, 342~343쪽]. —옮긴이

184) 원문에는 '개혁'(Reform)이 '형식'(Form)으로 오기되어 있다. —옮긴이

185) *Ibid.*, pp. 295~296[칸트, 앞의 책, 343쪽].

186) *Ibid.*, p. 307[앞의 책, 356쪽. 루크레티우스, 『사물의 본성에 관하여』, 1권/101행, 34쪽 참조, "종교는 그만큼의 악행을 부추길 수 있었다"].

교적 믿음의 싹이 방해받지 않고 더욱더 발전하게 되어 이것으로 모든 인간을 영원히 통합하는 그러한 교회를 향한 계속되는 접근을 기대하게 될 것이다. 이 교회는 보이지 않는 신의 나라의 보이는 표상(도식)을 지상 위에 이룩한다."[187] 마지막으로 칸트는 묵시(록)의 상징들을 순수한 이성종교 안에 끼워 넣으려고 애쓴다. "적그리스도의 출현, 천년왕국설, 세계종말의 임박에 대한 예고는 이성 앞에서[188] 그것들의 선한 상징적 의미를 상정할 수 있으며, 특히 마지막 것은 [생의 종말이 가까이 있는지 멀리 있는지와 같이] 미리 볼 수 없는 사건으로 표상되는 것으로, 항상 그에 대해 준비를 하고 있어야 하지만 사실은 [이 상징의 기저에 지적 의미를 둘 때] 우리를 항상 실제로 신의 [윤리적] 국가의 부름을 받은 시민으로 간주하여야 하는 필연성을 매우 잘 표현하고 있다."[189] "선한 자들과 악한 자들을 갈라놓는 일은 교회가 그 완성을 향하여 진보하고 있는 동안에는 그 목적에 유익하지 않았을지 모르나[이 양자를 서로 섞어 놓는 것은 바로, 한편으로는 선한 자들에게 덕을 연마하는 숫돌로 쓰기 위해서, 다른 한편으로는 이들의 실례를 통해 다른 이들을 악에서 떼어 내기 위해 필요했다] 신국의 수립이 완성된 뒤에는 그 수립의 최종 결과로 표상된다. 게다가 여기서 권력으로 고찰되는 이 국가의 견고함에 대한 최종 증거, 즉 마찬가지로 또한 하나의 국가(지옥의 국가) 안에 있는 것으로 고찰된 모든 외부의 적들에 대한 승리가 더해진다. 이렇게 해서 (선한 인간들의) 마지막 적인 죽음이 제거됨으로써

---

187) *Ibid.*, p.308[칸트, 앞의 책, 357쪽].
188) 'vor der Vernunft'가 'von der Vernunft'로 오기. ―옮긴이
189) *Ibid.*, p.313[칸트, 앞의 책, 364쪽].

모든 지상의 생은 끝이 난다. 양쪽에서, 즉 한쪽에서는 구원 쪽으로, 다른 쪽에서는 파멸 쪽으로 불멸성이 시작하며 교회라는 형태 자체가 해체되고 지상의 총독은 천상의 시민으로 그의 지위까지 드높여진 인간들과 한 부류가 되며 그렇게 해서 신은 만유 안의 만물이 된다."[190]

헤겔의 변증법

칸트는 독일 관념론(이상주의)의 구약이고 헤겔은 신약이다. 청년 헤겔 스스로 자신이 칸트와 맺는 관계를 그렇게 파악한 적이 있다. 그는 의무에 대한 칸트의 법칙Gesetz을 구약의 율법Gesetz과 같은 것으로 본다. 헤겔은 자신의 고유한 체계를 신약에서, 특히 산상수훈에서 예수가 말한 잠언들과 요한 복음서에서 엄격하게 도출하려고 애쓴다. 헤르만 놀[191]이 청년 헤겔에 대한 딜타이[192]의 작업[193]에 자극받아 편집한 청년기 저술들의 단편에는 헤겔 체계의 기초들이 지금도 활짝 드러나 있다.

---

190) Kant, *Die Religion innerhalb der Grenzen der bloßen Vernunft*, p.312[앞의 책, 362~363쪽].

191) 헤르만 놀(Hermann Nohl, 1870~1960): 빌헬름 딜타이의 제자로 청년 헤겔에 대한 최초의 체계적 저술인 자신의 스승인 딜타이의 저작과 강연에 영향을 받아 흩어져 있던 초기 헤겔의 단편들을 모아 1907년 『헤겔의 청년기 신학 저술들』(*Hegels Theologische Jugendschriften*)을 펴냈다. 국내에 『청년 헤겔의 신학론집』(정대성 옮김, 그린비, 2018)으로 번역되어 있다. 이하 이 책의 인용은 국역본의 번역을 참조하고 해당 페이지를 달아 주었으나, 번역은 맥락에 따라 다소 수정하여 수록했다. —옮긴이

192) 빌헬름 딜타이(Wilhelm Dilthey, 1833~1911): 자연과학의 자연주의로는 설명될 수 없는 인간의 고유한 정신적 삶을 해명하기 위하여 정신과학을 창시한 독일의 철학자로 이를 방법론으로 삼아 역사적 해석학과 이해 심리학을 발전시켰다. —옮긴이

193) 빌헬름 딜타이의 『헤겔의 청년사』(Wilhelm Dilthey, *Die Jugendgeschichte Hegels*, Berlin: Verlag der Königl. Akademie der Wissenschaften, 1905)를 가리킨다. —옮긴이

테오도어 헤링[194]은 그의 아주 정확한 저작[195]에서 헤겔 사유가 내딛는 보폭의 박자를 엿들으려고 시도한 적이 있다. 이 사유체계의 구조들이 청년기 저술들에는, 모든 측면에서 확실해진 개념성이 사유의 호흡을 사로잡고 있는 차후에는 더 이상 거의 가능하지 않을 그런 식으로 아직은 알아차리기 쉽다. 그러므로 그 밖의 헤겔 저작 전부 말고도 변증법의 기초 테마를 이해하는 데 청년기의 신학적 저술들이 근본적이고 여기서 상세히 논의되어야 한다.

칸트가 법칙의 당위를 "어느 이방 권력이 내리는 명령"이 아니라 "고유한 개념의 결과"이자 "의무에 대한 존경"으로 이해한다 하더라도, 이렇게 해서 법칙의 실정성[196]이 폐기되지는 않는다. 칸트가 "법칙적인 것das Gesetzliche은 보편적이며 그 구속력 전체는 법칙적인 것의 보편성에 있음"[197]을 보여 줌으로써 순수 합법성Legalität에 반대할 때,

---

194) 테오도어 로렌츠 헤링(Theodor Lorenz Häring, 1884~1964) : 튀빙겐 대학의 철학 교수. ─옮긴이

195) *Theodor Lorenz Haering, *Hegel: Sein Wollen und sein Werk; Eine chronologische Entwicklungsgeschichte der Gedanken und der Sprache Hegels von Dr. Theodor L. Haering*, Vol.1, Leipzig-Berlin: B. G. Teubner, 1929[『헤겔: 그의 의지와 그의 저작: 테오도어 로렌츠 헤링 박사의 헤겔의 사상과 언어에 대한 연대기적 발전사』].

196) 헤겔의 청년기 저술들에서 '실정성'(Positivität)이란 계시종교로 정립된(positum) 그리스도교가 역사적으로 교회라는 형태로 제도화되고 역으로 믿음이 이 교회로부터 억압받는 결과를 낳는 것처럼, 주체와 그가 정립한 대상 사이에 주객전도가 일어나는 상황을 가리킬 때 사용된다. 칸트가 정식화한 '주체의 자기규정'을 기반으로 하는 도덕적 자유와 대립되는 개념이다(「옮긴이 해제」, 『청년 헤겔의 신학론집』, 16쪽 참조). ─옮긴이

197) Hegel, *Theologische Jugendschriften*, p.265[헤겔, 「기독교의 정신과 그 운명」, 『청년 헤겔의 신학론집』, 529쪽. 헤겔의 논문에서 이 문장의 주어는 사실, 칸트가 아니라 예수다. 유대 율법의 적법성과 그 실정성을 분쇄하고 그리스도교적 사랑을 설파한 예수에 빗대어 그런 예수를 비판한 칸트에 대해 가정하고 있는 것이다. 더불어 헤겔은 칸트의 (도덕)법칙(Gesetz)을 예수가 비판한 율법(Gesetz)과 동일하게 보고 있다. 이 맥락에서 '게제츠'(Gesetz)를 칸트에게서는 '법칙'으로 예수에게서는 '율법'으로 번역한다].

이렇게 해서 "실정성은 부분적으로만 제거되어 있을 뿐이다. 의무율 Pflichtgebot은 특수한 것에 대립해 남아 있는 어떤 보편성이며, 이 특수한 것은 그 보편성이 지배할 때 억압된 것이기 때문이다".[198] "교회와 국가를 통치하는 유럽의 고위 성직자와 비교되는 퉁구스족의 샤먼이나 청교도주의자와 대비되는 무굴제국 사람들[199]과 자신의 의무율에 복종하는 자 사이에 있는 차이는 전자는 스스로를 노예로 만들었지만 후자는 자유로울 것이라는 게 아니라, 오히려 전자는 자기 밖에 있는 주인을 떠받들지만 후자는 자신 안에 있는 주인을 떠받드는 동시에 제 자신의 노예이기도 하다는 것이다."[200] 명령당하는 사람과 의무를 지고 있는 사람 양자는 노예들이지만, 전자는 주인을 자기 자신 밖에, 후자는 제 주인을 자신 안에 떠받들고 있을 뿐이다. 칸트의 **도덕성**Moralität은 칸트식 당위가 존재에서 폐기되지 않았으므로 그 자체로 여전히 **합법성**Legalität이다.

그러나 율법을 사랑으로 극복한 예수는 칸트식 도덕성 너머로

---

198) Hegel, *Theologische Jugendschriften*, p.265[앞의 책, 같은 곳, 각주 18].

199) 18세기 후반 독일 계몽주의자의 극동과 시베리아 지방에 대한 지식의 주된 출처이자 칸트에게 영향을 끼쳤을 것이라고 주장되는(백종현) 요한 고트리프 게오르기(Johann Gottlieb Georgi, 1738~1802)의 민속학 연구서(4권) 『러시아 제국에 속한 모든 민족의 생활방식, 종교, 관습, 주거, 의복 그리고 기타 진기한 것들에 대한 묘사』(*Beschreibung aller Nationen des russischen Reichs, ihrer Lebensart, Religion, Gebräuche, Wohnungen, Kleidungen und übrigen Merkwürdigkeiten*, St. Petersburg: C.W. Müller, 1776~1780)를 검색하여 제2권에 무굴제국이 두 번 등장한다는 점만을 확인할 수 있었다. 그런데 청년 헤겔은 칸트 책의 제1판(1793)을 인용하여 Mogulitzen(무굴제국 사람들)이라고 표기했고 칸트 책의 제2판(1794)과 국역본(백종현 역)에는 Wogulitzen(보굴리츠족 또는 보굴족)으로 나와 있다. 다만 타우베스가 헤겔을 인용하며 Mogulitzen으로 쓰고 있다는 점을 고려하여 본문에는 '무굴제국 사람들'로 옮긴다. ─옮긴이

200) *Ibid*.[칸트, 「철학적 종교론 제4논고, 제2편, §3」, 『이성의 한계 안에서의 종교』, 423~438쪽; 앞의 책, 529쪽에서 재인용].

도 나아간다. "예수는 어느 이방 주인의 율법에 완전히 예속되는 것 Knechtschaft에 자기 자신의 율법에 부분적으로 예속되는 것, 즉 칸트적인 덕의 자기강요를 대립시키지 않고, 대신 지배Herrschaft도 종속Unterwerfung도 없는 덕들, 곧 사랑의 변양들Modifikationen을 대립시킨다."[201] 예수가 "인간을 온전한 상태로 회복시키고자 했을 때 (그는) 인간의 분열에 오직 완고한 자만심을 한패가 되게 하는 그런 길에 접어드는 게 불가능했었다. 그에게 율법의 정신에 따라 행동하는 것이 경향들이 서로 모순되는데도 의무에 대한 존경에서 행동하는 것일 수는 없었다. 왜냐하면 정신의 양쪽 부분이 (마음이 이렇게 분열되어 있을 때 다르게 말할 수 없을 것이다) 바로 이 분열을 통해 결코 율법의 정신 안에 존재하지 않고 대신 율법들의 정신에 반대해 있기 때문이다. 이렇게 말할 수 있는 이유는 그 정신이 한편으로는 배타적인 어떤 것, 즉 자기 자신에 의해 제한된 어떤 것이고, 다른 한편으로는 정신이 억압된 어떤 것이기 때문이다."[202] 도덕성 너머로 고양된(도덕성에 초연한)erhaben 이 정신은 다수의 예증들에서 "율법들에서 율법적인 것, 즉 율법들의 형식을 벗겨내려는" 시도가 실행되었던 산상수훈에서 나부낀다. "이 시도는 그와 같은 율법들에 대한 존경을 설교하는 게 아니라 율법들을 충만하게 하면서도 이것들을 율법들로 들어올리고aufheben, 그러니까 율법들(자체)에 대한 복종보다 더 높은 것이 있고 이것이 율법들을 잉여로 만든다는 것을 보여 준다. 의무율들에는 어떤 분리가 전제되어 있고 개념

---

201) *Ibid.*, p.293[앞의 책, 574쪽].
202) *Ibid.*, p.266[앞의 책, 530쪽].

은 어떤 당위로 지배한다고 알려졌으므로 이 분리 너머로 고양된(이 분리에 초연한)erhaben 그러한 것은 이와 달리 **존재**이자 생(명)의 어떤 변양이다."203) "예수가 율법들에 반대해서 내놓고 그것들 너머에 세워놓은 것 역시 '계율'Gebot로 표현되어 있다면 이 표현은 의무율의 당위와는 전혀 다른 의미에서 계율이다. 이 표현은 살아 있는 것이 사유되고 표명되며 그것에 낯선 개념의 형식으로 주어진 것의 결과일 뿐인데, 이와 달리 의무율은 그 본질대로라면 보편자로서 어떤 개념이기 때문이다. 또 만약 그렇게 살아 있는 것이 어떤 반성된 것으로, 어떤 언명된 것의 형태로 인간을 향하여 나타난다면, 칸트가 살아 있는 것에 속하지 않는 이 표현의 종류인 '무엇보다 하느님을 사랑하고 네 이웃을 네 몸과 같이 사랑하라'를 율법에 대한 존경을 요구하고 사랑을 명령하는 일종의 계율로 본 것은 매우 잘못되었다. 개념과 현실적인 것에 대립되어 존재하는 이 의무율과 살아 있는 것을 표명하는 아주 특이한 방식을 혼동한 탓에 그가 계율이라고 부른 '무엇보다 하느님을 사랑하고 네 이웃을 네 몸과 같이 사랑하라'를 의미심장하게도 자신의 의무율로 환원한 것이다. 그리고 '사랑은 명령될 수 없다'나 혹은 이 사랑에 부여되어야만 하는 것으로 그가 의도한 '모든 의무들을 기꺼이 다하라'는 의미로는 그의 발언이 저절로 무효가 되는데, 의무에 대한 모든 사유가 사랑 속에서는 중지되기 때문이다."204) 사랑을 어떤 피조물도 도달할 수 없는 이상으로 보는 것은 잘못이다. "의무들은 어떤 대립을 필요

---

203) Hegel, *Theologische Jugendschriften*, p.266[앞의 책, 530~531쪽].
204) *Ibid.*, p.267[앞의 책, 531쪽].

로 했고 기꺼이 함은 아무런 대립도 필요로 하지 않았으므로 의무들을 기꺼이 할 수 있는 것으로 표상하게 될 그와 같은 이상이 자기 자신 안에서는 모순되기 때문이다."[205]

사랑에는 "경향[Neigung]이 법칙과 하나의 전체로 완전한 통일을 이루게 되어(전일성全一性)[Einigkeit] 이를 통해 법칙은 법칙으로서 자신의 형식을 상실한다".[206] 경향과 법칙의 합치[Übereinstimmung]는 "법칙의 플레로마(충만한 상태)[pleroma]", 곧 "주체와 객체의 종합에 해당하는 어떤 존재이자 그 안에서 주체와 객체가 그 대립을 상실한 존재다". "그 안에서 법칙이 (칸트가 이 이유로 항상 객체적인 것이라고 부른다) 자신의 보편성을 상실하는 것과 마찬가지로 주체가 자신의 특수성을 상실하는 어떤 종합, 곧 양자가 대립을 잃고 마는 어떤 종합이다."[207] "의무와 경향의 대립은 사랑의 변양들에서 그 합일을 발견했다. 법칙이 그 내용이 아니라 형식에 따라 사랑에 대립되었기 때문에 법칙은 사랑 안에 받아들여질 수 있게 되었지만 이 수용에서 법칙은 자신의 형식을 잃고 말았다."[208]

칸트식 윤리가 모든 것을 주도하는 **존경**의 원리에 의해 끝까지 지배되고 사람과 사람 사이의 진실을 바로 구분[Unterscheidung]의 원리라고 하는 존경을 통해 보장된 것으로 생각하고 있는 반면, 청년 헤겔은 **사**

---

205) *Ibid.*[앞의 책, 531~532쪽] —옮긴이
206) *Ibid.*, p.268[앞의 책, 532쪽].
207) *Ibid.*[앞의 책, 533쪽].
208) *Ibid.*, p.277[앞의 책, 547쪽].

랑의 형이상학[209]으로 바로 이 구분의 한계를 사랑의 변양을 펼치는 참된 존재에서 지양한다. 사랑의 존재에는 모든 분리들, 모든 한정적인 관계들이 사라져 있다. 사랑에만 참된 존재가 있는데, "합일과 존재는 같은 의미이기"[210] 때문이다. 하지만 칸트는 사랑 속에 존재의 기초를 놓는 것을 의아스럽고도 도가 지나치며 환영적인 사유방식이라고 거부할 텐데, 사랑은 정념(병리)적인 경향이고 실체와 같은 인간에게는 어울리지 않기 때문이다. "물론 사랑은 명령될 수 없다. 당연히 사랑은 정념(병리)적이며, 하나의 경향이다. 하지만 이런 이유로 사랑의 그 존엄에서 아무것도 얻어낼 수 없는 것은 아니다. 사랑은 그 본질이 자신에게 이질적인 것을 지배하지 못한다는 사실로 인해 평가절하될 수는 없다. 오히려 아무것도 지배하지 않고 다른 것에 대해 적대적인 권력 없이 존재한다는 것이 사랑의 승리라는 점으로 인해 사랑은 좀처럼 의무와 권리 밑에 존재하지 않는다. 사랑이 승리를 거뒀다는 것은 의무가 승리했던 것처럼 사랑이 적들을 압제했다는 것을 뜻하지 않고 대신 사랑이 적대를 극복했다는 말이다."[211] 의무가 한계Grenze를 설정함으로 해서 그 자신의 바깥에 항상 어떤 객체적인 법칙을 여전히 그대로 두고 있는 반면, 사랑을 통해서는 객체적인 것의 권력이 부서지고 마는데, 사랑에는 아무런 한계도 없기 때문이다. 사랑은 "정신의 통합Einigkeit, 곧 신성이다. 신을 사랑한다는 것은 생(명)이라는 만유에서 무

---

209) 이어지는 논의는 헤겔의 청년기 신학논집의 독일어본과 한국어본(435~456쪽)에 「종교와 사랑에 대한 단편들」의 제목으로 실려 있다.—옮긴이

210) Hegel, *Theologische Jugendschriften*, p.383[앞의 책, 452쪽].

211) *Ibid.*, pp.295~296[앞의 책, 577쪽].

한자 속에 경계 없이Schrankenlos 있음을 느끼는 것이다."[212] 하지만 헤겔은 무한함Unendlichkeit을 한계 없음Grenzenlos이 아니라 완성[완전히-끝냄]Voll-endlung으로 이해한다. 이 무한함은 참된 무한함처럼 자기 자신 안에 어떤 회귀를 가지고 있지 않는 부정적이고 악한 무한함과는 같지 않다.

헤르만 놀이 부록으로 가져온 사랑에 대한 단편에서 헤겔 변증법이 형성되고statu nascendi 있는 것으로 나타난다. 이 단편은 헤링이 "헤겔에게 그의 생애에서 가장 중요하고 가장 획기적이었던"[213] 때라고 말했던 프랑크푸르트 시절에 나온 것이다.

만일 합일과 존재가 같은 의미라면 "참된 합일, 본래적 사랑은 살아 있는 것들 사이에서만 일어난다."[214] 사랑 속에 "생(명) 자체가 있는데, 그것도 생(명) 그 자신의 이중화로, 그리고 이 생(명)의 통합으로 있다. 생(명)은 미발전된 통합에서 시작하여 결속[215]을 통해 어떤 완성된 통합으로 이어지는 원환을 달려 지나왔다."[216] 헤겔은 변증법에 대한 그의 첫 진술을 이중으로 논한다. "이 통합은 그 안에 반성 역시 충분하게 실행되어 있다는 이 이유에서 완성된 생(명)이다. 미발전된 통합의 맞은편에는 반성의 가능성이, 분리의 가능성이 있다. 이 가능성 속에 통합과 분리는 합일되어 있으며, 자기 자신에 대립해 있었던 (그렇다고 그 스스로 느끼던) 어떤 살아 있는 것은 하지만 이 대립을 절대

---

212) *Ibid.* [앞의 책, 578쪽].

213) *Haering, *Hegel: Sein Wollen und sein Werk*, p.306.

214) Hegel, *Ibid.*, p.379[『청년 헤겔의 신학론집』, 445쪽].

215) 타우베스가 헤겔의 문장을 인용하며 'Bildung'(도야)을 'Bindung'(결속)으로 오기했다.—옮긴이

216) *Ibid.* [앞의 책, 같은 곳].

적으로 만들지 않았다. 이 살아 있는 것은 사랑 속에서 살아 있음을 느낀다. 즉 사랑 속에서 자기 자신을 파괴하는 반성의 일면성과 의식이 없고 미발전된 통합된 것의 무한한 대립을 해소하는 모든 과제들이 있다."[217] 반성의 가능성이란 분리를 행하는 부정으로, 이를 통하여 생(명)은 내내 사랑 속에서 자신이 완-성되어 있음을 살아 있음으로 느낄 수밖에 없다. "미발전된 통합의 맞은편에 분리의 가능성과 세계가 있다. 반성이 발전하면서 대립물을 점점 더 많이 생산했으며, 이 대립물은 충동이 만족됨으로써 합일되었다. 반성이 인간이라는 전체 자체를 충동에 대립시킬 때까지, 사랑이 반성을 완전히 객체가 없는 상태 Objektlosigkeit로 지양할 때까지, 대립물에서 어떤 이질적인 것의 모든 특질이 박탈되고 생(명) 그 자체가 더 이상 결여가 없는 것으로 존재할 때까지 말이다. 여전히 사랑에는 분리된 것이 있지만, 더 이상 분리된 것이 아니라 통합된 것으로 있으며, 살아 있는 것은 살아 있음을 느낀다."[218]

이 절에서 헤겔에게 처음으로 그의 작업 전체를 꿰뚫고 있는 표제어 발전Entwicklung이 등장한다.[219] 발전 속에서 반성은 점점 더 많은 대립물을 생산한다. 정신이 반성하는 모든 것을 그는 맞서-있음[대-상] Gegen-stand으로, 정신에 의해 분리되어 있는 객체Objekt로 마주-보게gegen-über 정립한다. 이 발전이 도달하는 정점에서 인간 전체는 정신에 의해 자신과 대립되는데, 이때 사랑은 반성을 완전히 객체가 없는 상태로

217) Hegel, *Theologische Jugendschriften*, p.379[앞의 책, 449쪽].
218) *Ibid.*[앞의 책, 445~446쪽].
219) *Haering, *Hegel: Sein Wollen und sein Werk*, p.374.

지양하고, 그리하여 객체는 주체가 된다. 이 사랑에 대한 단편에서 변증법의 도식이 개진되어 있을 뿐 아니라 더군다나 이어지는 단계들이 『정신현상학』에 확장되어 있는 그대로 두드러지기 시작한다. 이 변증법이 형성되고 있을 때는 '논리적'이면서 '실재적'인 걸음을 따로 풀어놓기는 어려우며, 헤겔 변증법을 논리적 과정, 혹은 실재적 과정으로 이해하려는 모든 시도들은 바로 논리-실재적 과정의 **통일성**Ernheit을 오해하고 만다. 대립과 합일에 대한 헤겔의 가장 중요한 요소들은 어떤 형상에 대한 이중적인 의미에서 구체적인 진술들인 동시에 보편적인 범주들이기도 하다. 경험적 재료가 매우 추상적으로 보이는 논리의 도식들이 세워져 있는 기반을 이루고 있는 것이다. 구체적인 것의 풍부함이 보편적인 것과 추상-논리적인 것을 향한 전환과 하나가 되는데, 변증법의 원리라는 것은 개별적인 것뿐 아니라 보편적인 것을 지배하기에 그러하다. 이 때문에 헤겔의 언어에도 서정-시적lyrisch-poetisch이고 시각적인 요소가 구체적인 명료함과 훈육된 개념성으로 가장 깊숙한 내부까지 녹아 들어가 있다. 이 헤겔풍의 통일성은 변증법의 보편적인 것과 개별적인 것의 통일성에 기초하고 있다.

하나 됨Einung의 길을 지체하는 구분Unterscheidung 원리 **필멸함[죽을 수 있음]**이 사랑의 변증법 속에 있다. "사랑은 살아 있는 것의 어떤 느낌이기 때문에 사랑하는 이들은 그들이 죽을 수 있을 때에만 구분될 수 있다 …… 사랑하는 이들에게는 자립성이, 즉 그들이 죽을 수 있음에 불과한 고유한 생(명)의 원리가 있다."[220] 하나 됨에 맞-서는wider-steht 스

---

220) Hegel, *Ibid*., p.379[앞의 책, 446쪽].

스로-섬[자립함]Selbst-ständig은 저-항Wider-stand이다. "그렇지만 사랑은 이 구분마저, 이 가능성마저 순전한 가능성으로 지양하며, 필멸하는 것 자체를 합일시켜 그것을 불멸의 것으로 만들려고 애쓴다."[221] 하나 됨의 길은 사랑의 존재에서 헤겔이 놀라울 정도로 세련되게 해석한 수치羞恥를 거쳐 간다. "분리될 수 있는 것이 완전한 합일 앞에서도 여전히 어떤 고유한 것으로 있다면 그것은 사랑하는 이들을 당혹케 한다. 이 것은 합일 속 대립물의 무화라는 유일하게 가능한 무화에 대한 완벽한 헌신과 여전히 존재하는 자립 사이에 일어나는 일종의 충돌이다. 헌신이 자립으로 방해받고 있다고 느끼고 있다. 사랑은 여전히 분리된 것, 곧 제 것Eigentum에 대해 화가 나 있다. 개별성에 대한 사랑의 이 격노가 수치다."[222] 수치는 "필멸하는 것이 일으키는 경련 같은 것도", 하나 됨에 저항하는 자립의 그 어떤 포텐츠도 아니다. 대신 "적대적인 어떤 것이 있다는 점에 대해서만 불만의 형태를 띠는 사랑의 한 작용이다······어떤 순수한 마음은 사랑을 수치스러워하지 않지만, 이 사랑이 완전하지 않다는 점은 수치스러워한다. 사랑은 아직도 어떤 힘이, 완성에 방해물을 만드는 어떤 적대적인 것이 있다는 점에 대해서 스스로를 질책한다."[223] 헤겔 변증법의 윤곽이 분명하게 보인다. 이 변증법은 사랑의 완벽한 헌신으로만 가능한 합일 속에서 대립물을 무화하는 것을 목적으로 한다. 생(명)에서 엿들은 변증법의 리듬이 사랑의 비밀 속에 잠겨 있다. "사랑은 이 생(명)의 풍요를 모든 사유의 교환Auswechslung, 곧 (영)

---

221) Hegel, *Theologische Jugendschriften*, p.380[앞의 책, 446쪽].
222) *Ibid.*[앞의 책, 446쪽].
223) *Ibid.*[앞의 책, 447쪽].

혼의 모든 다양함의 교환에서 얻는다. 사랑이 무한한 차이들을 구하고 무한한 합일을 발견하며, 자연의 생(명) 각각에서 사랑을 들이마시기 위해 자연의 다양함 전체를 향함으로써 말이다."[224] 종합에 이르렀다면 합일된 것은 다시는 분리되지 않는다. "신성이 작용했고 창조했다."[225] 헤겔은 아이의 상징으로 종합이라는 이념을 기술한다. "아이는 부모 자체다." 부모라는 "합일된 자는 다시 분리되지만[헤어지지만] 아이 안에서 합일 자체는 분리될 수 없다."[226] 헤겔의 차후 저술들에서도 종합에 대한 아이의 상징과 마주치게 된다. 종합은 어떤 부동이 아니고, 대신 이 종합에서 다시 풍요가 자라난다. 아이라는 "이 합일된 것은 하지만 한 점, 곧 씨앗에 불과하다. 사랑하는 이들은 그 씨앗을 나눠서zuteilen 그 안에 어떤 다양한 것이 존재하게 할 수 없는데, 합일에서는 어떤 대립물이 다뤄지는 게 아니고 합일은 모든 분리에서 정화되어 있기 때문이다. 새로 태어난 것 스스로 자신이 어떤 다양한 것이 되고 현존할 수 있게 만드는 일체를 자기 안으로 옮겨 놓고 대립시키며 합일시켰던 게 틀림없다. 씨앗은 점점 더 대립을 향해 다가가기 시작하며, 이 발전의 모든 단계는 생(명)의 온전한 풍요 자체를 다시 획득하기 위한 분리와 같다. 그리하여 이제 상황은 통합된 것das Einige, 분리된 것들die Getrennten, 다시 합일된 것das Wiedervereinigte"[227]으로 정리된다.

　　물론 이 단편의 어디에서도 신약을 직접 논급하지 않으며, 사랑과

---

224) *Ibid.*[앞의 책, 448쪽].
225) *Ibid.*[앞의 책, 448쪽].
226) *Ibid.*, p.381[앞의 책, 448~449쪽].
227) *Ibid.*[앞의 책, 448쪽].

수치의 관계에 대한 논의에서는 성性이 바탕이 된다. 그럼에도 이 단편과 나머지 단편 사이의 연관은 표제어 '사랑'과 '생(명)'이 [사도] 요한의 관점에서 규정되어 있다는 사실로 인해 아주 명료해진다. 사랑에 대한 요한의 사유는 "다만 실제로도 본래 다음과 같다. 헤겔 사유의 발전경로 전반에만 부합되는 것과 같은 어떤 순수한 정신관계에 대한 사유로서 사랑에 대한 헤겔 사유의 특유한 변증법적 구조에 실제로 적합하며 그리고 헤겔이 위에서 한 사랑관계의 분석들에도 실제로 대응하는 그런 것이다."[228]

「그리스도교의 정신과 그 운명」Geist des Christentums und sein Schicksal의 근본개념을 이루고 있는 열두번째 단편에서 헤겔은『요한복음』과 산상수훈의 문장들에서 객체를 무화시키지 않고 화해시키는 변증법의 원리를 발전시킨다. 그런데 사랑을 통한 운명의 화해는 헤겔이 이 구상에서 간략히 요약하고 있는 작업의 주제다. "죄의 용서는 따라서 형벌의 폐기Aufhebung도 아니고(모든 형벌은 실정적이며 무화될 수 없는 객체적인 그 무엇이기에 그러하다) 가책을 느끼는 양심의 폐기도 아니다. 어떤 행위도 비-행위(행위 아닌 것)Nicht-Tat는 될 수 없고, 대신 사랑을 통해 화해된 운명이 될 수 있기 때문이다."[229] 헤겔의 사랑의 맞은편에 칸트의 도덕성이 있다. "도덕성으로 회귀한다고 해서 죄와 형벌, 곧 운명이 폐기되지는 않는다. 행동이 남는다. 반대로 행동은 그만큼 더 고통스러워질 뿐이다. 도덕성이 크면 클수록 행동의 비도덕적 측면이 그만

228) *Haering, *Hegel: Sein Wollen und sein Werk*, p.432.
229) Hegel, *Theologische Jugendschriften*, p.393[앞의 책, 504~505쪽].

큰 더 깊게 느껴질 것이다. 형벌, 곧 운명은 도덕성이 항상 어떤 객체적 권력을 마주보고 있기 때문에 폐기되지 않는다."[230] 사랑은 생(명)의 만개이며 가장 포괄적인 의미에서 "신의 나라는 발전의 필연적인 변양들과 단계들을 갖추고 있는 완전한 나무"[231]다. 그렇게 헤겔의 세계는 사랑의 비밀 속으로 남김없이 회집해 가며, 일어난 일 전체의 변증법은 사랑의 진리 안에서 총괄된다.

그런데 사랑의 실체는 신이고, 그래서 종교는 신의 자기의식으로 기술될 수 있다. "종교는 사랑과 하나다. [우리에게] 사랑받는 자는 우리에게 대립해 있지 않고, 그는 우리의 존재Wesen와 하나다. 우리는 그 안에서 오직 우리를 볼 뿐인데, 그렇다고 그가 또 다시 우리는 아니다. 이것은 우리가 파악할 수 없는 하나의 기적이다."[232] 하지만 사랑의 실체가 신이라면 인간의 실체는 사랑이다. "고대의 신들은 인간들 사이에서 활보하였다. 양자의 분리와 간격이 늘어날수록 신들 역시 인간에게서 더욱더 벗어나게 된다. 신들은 이 일로 희생제물, 분향, 예배를 획득했다. 그들은 더한 두려움의 대상이 되었다. 그렇게 멀리까지 신과 인간의 분리가 진행되어 합일이 오직 폭력으로만 일어날 수 있게 될 때까지 말이다. 사랑은 이 동일한 것에 거역하여, 거울의 반대쪽으로, 우리 존재가 외치는 메아리에 반해서만 일어날 수 있다."[233] 그렇게 헤겔 안에서 독특한 방식으로 **신비주의**와 **포이어바흐**가 섞이고, 이 미끄

---

230) *Ibid.* [앞의 책, 505쪽].

231) *Ibid.*, p.394 [앞의 책, 508쪽].

232) *Ibid.*, p.396 [p.377의 오기] [앞의 책, 442쪽].

233) *Ibid.* [앞의 책, 440쪽].

러지는 **중심**이 헤겔의 작업 전반을 두루 지배하고 있다. "신이 사랑이고 사랑이 신이다. 사랑 말고 다른 신성^{Gottheit}은 없다. 신성하지 않은 것만이, 사랑하지 않는 것만이 신성을 이념 속에, 자신의 바깥에 가지고 있을 뿐이다."[234] 이런 식으로 사랑 안에 생(명)의 계시가 일어나고 헤겔이 늘 앞서서 그의 저작들에서 온갖 양태로 변화시켜 기술하는 신의 계시가 일어난다. 헤겔의 체계 전체는 근본적으로 종교철학이자 신의 자기계시에 대한 기술이다.

생(명)의 존재에서 사랑의 인장을 발견하는 변증법은 지워지지 않는 투명무늬로 새겨져 있는 정신의 징표^{Zeichen}를 가지고 있다. "무한한 생(명)을 (죽은 것의)[235] 추상적인 다수성에 대립되는 어떤 정신이라고 부를 수 있는데, 정신은 다양한 것의 살아 있는 통합이기 때문이다…… 정신이란 다양한 것과 합일한 뒤 이것을 소생시키는 생명을 불어넣는 법칙이다."[236] 이 때문에 변증법의 법칙은 **정신**의 현상학에서 확장되고 다방면으로 실행되어 있다. 만일 헤겔이 『정신현상학』에서 "이 소생한 다양함을 수많은 다수로 동시에 정립하면서도 생명을 불어넣는 것과 결합시키고" 있다면 "이 개별 생(명)들은 기관들이 되고 무한한 전체는 생(명)이라는 무한한 만유가 된다. 만약 헤겔[237] 자신이 어떤 제약된 존재이기 때문에 무한한 생(명)을 전체의 정신인 동시에

---

234) Hegel, *Theologische Jugendschriften*, p.391 [앞의 책, 502쪽].

235) 이 표현은 타우베스가 인용하면서 삽입한 것이다. —옮긴이

236) *Ibid.*, p.347 [「1800년 체계 단편」, 앞의 책, 653쪽].

237) 타우베스가 헤겔에게서 인용한 이 문장의 주어는 본래 '인간'인데, 그는 그 자리를 '헤겔'로 대체하여 『정신현상학』을 '헤겔 자신의 신에 대한 기도'로 규정한다 —옮긴이

자신의 바깥에 있는 것으로 정립하며 자기 자신을 동시에 제약된 자인 자신 바깥에 정립하고 살아 있는 것을 향해 오르며 매우 밀접하게 살아 있는 것과 합일할 때 그는 신을 찬미하고 있는 것이다."[238] 기도로, 신에 대한 찬미로 정신현상학을 이해할 수 있는 것이다. 하지만 신은 로고스-정신과 같다. "참됨이 체계로서만 현실적이라거나 혹은 실체가 본질적으로 주체라는 것은 절대적인 것을 **정신/영**이라고 말하는 표상 속에 표명되어 있다. 가장 숭고한 개념이자 근대라는 시간과 이 시대의 종교에 속하는 것 말이다. 정신/영적인 것만이 **현실적인 것**[239]이다."[240]

헤겔의 청년기 저술들과 『정신현상학』을 비교해 보면 가장 먼저 내적 박자가 서로 다르다는 점이 눈에 띈다. "사태는 그 목적이 아니라 그것이 실행되는 가운데 소진되어 있고, 게다가 그 결과는 현실적 전체가 아니라 이 전체의 생성과 함께하기에 그러하다. 목표 그 자체는 생명이 없는 일반적인 것이다. 마치 경향^{Tendenz}이 현실성을 여전히 결여하고 있는 어떤 순수한 추동이고 벌거벗은 결과가 이 경향을 유기한

---

238) *Ibid.*[앞의 책, 653쪽].

239) 보통 '현실성'과 '현실적'으로 각기 번역되는 'Wirklich(-keit)'에는 실제로 있거나 현실적으로 있는 것만을 가리키는 데 그치지 않고, 독일어 'reell'의 의미, 즉 '참된, 본래적인, 진실한'의 의미도 함축되어 있다. 이를테면 헤겔의 유명한 문장, '이성적인 것은 현실적인 것이고, 현실적인 것은 이성적인 것이다'는 이성적인 것을 실현한 현실만을 현실성으로 부를 수 있음을 뜻한다. 두 의미 중 어느 것을 부각시키는가에 따라서 헤겔 좌우파의 입장이 극명하게 갈린다. 'wirklich'는 문맥에 따라 '실제적인'과 '현실적인'으로 다르게 번역했고, 'Wirklichkeit'는 '현실'과 '현실성'으로 문맥에 따라 달리 옮겼다.(「현실성」, 『헤겔사전』, 482~483쪽)—옮긴이

240) Hegel, *Phänomenologie des Geistes*, p.19[『정신현상학』, 61쪽. 번역 수정].

시체인 것처럼 말이다."[241] 왜냐하면 "참됨은 전체이기 때문이다. 하지만 전체는 자신의 발전을 통해서만 스스로 완성해 가는 존재다. 절대적인 것에 관하여 그것은 본질적으로 **결과**Resultat이고, 끝에 이르러서야 비로소 존재하는 것은 진리 안에 있다고 말할 수 있다".[242]

단지 "초조만이 불가능한 것을, 곧 수단 없이 목적에 도달하는 것을 요구한다. 한편으로 매 계기가 필연적이므로 이 길의 길이Länge를 견딜 수 있다. 다른 한편으로 매 계기 자체가 개별적인 [전체]형상이므로 매 계기에 머무를verweilen 수 있다······ 세계정신조차 인내를 가지고 길게 연장된 시간 속의 이 형식들을 통과하고 세계역사의 엄청난 작업을······ 떠맡아 왔기 때문에, 그리고 세계정신은 인내가 더 모자라면 자신에 대한 의식에 도달할 수 없었기 때문에, 그러니까 사태가 이러하므로 개인이 덜 인내해서는 자신의 실체를 파악할 수 없다. 그 사이에 개인은 마찬가지로 사소한 노력이라도 해야 한다. 이것이 그 자체로an sich 완성되어 있기 때문이다."[243]

박자가 현상학에서 느려져 있다. 세계의 저항이 자라났기 때문이고, 헤겔이 부정적인 것의 엄청난 힘을 인식했고 이 힘을 지금 자신의 면전에서 바라보기 때문이다. 헤겔은 현상학에서 부정과 함께 이것에 관여하며 머물러 있다. 청년 헤겔이 사랑의 도취에 잠겨 있으면서 모든 분리에 대해 불만을 품고 있는 사랑이 개인성에 대해 느끼는 격노가 청년기 저술들에서 우위를 점하고 있다면, 반면 현상학에서 헤겔은

241) Hegel, *Phänomenologie des Geistes*, p.5[앞의 책, 37쪽. 번역 수정].
242) *Ibid.*, p.16[앞의 책, 55쪽. 번역 다소 수정].
243) *Ibid.*, pp.23~24[앞의 책, 68쪽. 번역 수정].

인식한다. "신의 생(명)과 신적인 인식이 가령 사랑이 자기 자신과 벌이는 유희와 같다고 진술될지도 모르겠다. 만일 그 안에 진지, 고통, 인내와 부정적인 것에 대한 작업이 결여되어 있다면 이 관념은 단순 교화로, 심지어 진부함으로 떨어지고 만다."[244]

분리와 "구분scheiden의 활동이 지성의 힘이자 작업, 가장 경탄할 만하고 가장 위대한, 아니 오히려 절대적인 힘이다."[245] 부정은 변증법의 구성요소다. 변증법은 그 최종형태를 부정적인 것의 엄청난 힘을 통해 얻는다. 변증법적으로 "자신의 계기들을 생산하고 이것들을 통과해 가는 과정이 있으며, 이 운동 전체가 긍정적인 것과 긍정적인 것의 진리를 형성한다. 이 운동 자체 안에는 그릇된 것으로 부를 수 있을 이른바 부정적인 것이 똑같은 정도로 포함되어 있다. 만일 이 부정적인 것이 추상화될 수 있는 그런 것으로 파악될 수 있다면 말이다…… 현상함은 발생함이자 사라짐이다. 이것은 스스로 발생하고 사라지는 것이 아니라 그 자체로 존재하며 진리라는 생(명)의 현실성과 운동을 만들어 낸다. 참됨이란 어떤 참여자도 취해 있지 않은 바커스 축제에서의 [흥청대는] 만취와 같은데, 모든 것이 분리됨으로써 똑같이 곧장 용해되기 때문이다. 곧 이 만취는 똑같이 투명하고 단순한 고요다."[246] 바커스 축제의 만취와 단순한 고요, 디오니소스와 아폴로의 하나 됨das Ineinander이 진리의 본질을 규정한다. 주체와 실체의 동반성장, 콘-크레비세con-crevisse가 진리를 발생시킨다. 여기서 요점은 "진리가 **실체**Substanz

---

244) *Ibid.*, p. 15[앞의 책, 53쪽. 번역 수정].
245) *Ibid.*, p. 25[앞의 책, 70~71쪽. 번역 수정].
246) *Ibid.*, pp. 36~37[앞의 책, 84쪽. 번역 수정].

로서(만이) 아니라 똑같은 정도로 **주체**^{Subjekt}로서 파악되고 표현될 수 있다"²⁴⁷⁾는 것이다. 주체와 실체가 추상적으로, 그러니까 주체성의 허영과 경험주의로 분리되어 있다. 이렇게 두 추상으로 분열되어 있는 맞은편에서 헤겔은 유한함과 무한함을 어떤 전체성이 되도록 함께 섞는다. 살아 있는 실체는 존재다. "이 실체가 자기-자신을-정립하는^{Sichselbstsetzen} 운동이거나 또는 자기 자신과 다르게-됨^{Sichanderswerden}을 매개하는 경우일 때만, 실은 주체이거나 또는 실은 실제로 존재하는 그와 같은 것을 뜻하는 존재다."²⁴⁸⁾ 실체는 주체로서 순수한 단순 부정성이며 바로 이를 통해 단순한 것을 양분하는 것이다. 근원적인 통일성이 아니라 회복된 동등함이 참됨이다. "참됨은 그 자신의 생성이자 종착점을 목표로 전제하고 출발점으로 삼으며 실행과 그 종착점을 통해서만 실제로 존재하는 원환이다."²⁴⁹⁾

아직 아님²⁵⁰⁾과 "자아와 이 자아의 대상인 실체 사이의 의식에서 일어나는 부등함은 구별이자 **부정적인**^{Negativ} 것 일반이다. 이것은 자아와 실체의 **결여**^{Mangel}로 볼 수 있지만 양자의 (영)혼이거나 혹은 그와 같은 (영)혼의 운동자^{das Bewegende}다. 이 때문에 몇몇 고대인들은 공허^{Leere}를 운동자로 파악한다."²⁵¹⁾ 그래서 그 밖의 독일 관념론(이상주의)에서

---

247) Hegel, *Phänomenologie des Geistes*, p.14[앞의 책, 51쪽].

248) *Ibid.*, p.15[앞의 책, 52쪽. 번역 수정].

249) *Ibid*[앞의 책, 52~53쪽. 번역 다소 수정].

250) 아우스슈탄트(Ausstand, 미제[未濟]): 하이데거에게 이 개념은 현존재의 죽음이 가지는 의미, 즉 '아직 오지 않음'의 상태를 가리킨다. 이렇듯 부정적인 것의 최종적 표현으로서의 '죽음' 및 '유한성'과 이를 극복하는 문제가 헤겔에 이어 하이데거에게 다시 등장한다고 타우베스는 주장한다. ─옮긴이

251) *Ibid.*, p.29[앞의 책, 75쪽. 번역 수정].

세계로 하강하는 것을 구현하고 있다고 해서 항상 덜 중요하다는 표제가 부착되어 있던 부정이 존재의 가장 깊숙한 내부로 옮겨지게 된다. 그런데 부정적인 것의 엄청난 힘을 처음에는 죽음이 드러낸다. 죽음이 "가장 두려운 것이며, 죽은 것을 붙드는 것, 그것은 가장 거대한 힘을 요구하기"[252] 때문이다. 하지만 죽음에서 부정은 가장 심원한 깊이에 이르고 완성으로 급변한다. 죽음이 이미 부정의 부정이기 때문이다. "죽음에는 유한한 것이 지양된 것으로 정립되어 있다. 하지만 죽음은 그 자체로 부정적인 것에 대한 추상적인 부정에 불과하다. 죽음 자체는 허무한 것, 명백한 허무함이다. 하지만 이 정립된 허무함은 동시에 지양된 허무함이자 긍정적인 것으로 회귀하는 것이다. 여기에 중단이, 유한성에서 벗어나는 것이 들어서게 된다. 이렇게 유한성에서 벗어난다는 것이 의식 속에서는 죽음의 본질이 아니라 [유한성에서 벗어난다는] 이 더 높은 것은 사유 속에 있다."[253] 그러나 가장 심오한 죽음에 대한 부정을 두루 비춰야 하고 우회해서는 안 된다. "하지만 죽음 앞에서 자신을 바라보고 다만 황폐로부터 보호되는 생(명)이 아니라, 대신 죽음을 견디고 죽음 안에서 몸을 지탱하는 생(명)이 정신의 생(명)이다. 정신은 절대적인 분열 속에서 자기 자신을 발견함으로써만 자신의 진

---

252) *Ibid.*, p. 26[앞의 책, 71쪽. 번역 수정].

253) Georg Wilhelm Friedrich Hegel, *Vorlesungen über die Philosophie der Religion Nebst einer Schrift über die Beweise vom Daseyn Gottes 1*, Werke XI, ed. Dr. Philipp Marheineke, Berlin: Duncker und Humblot, 1832, pp. 176~177[『신의 현존재 증거들에 대한 저서를 비롯한 종교철학에 대한 강의들 1』][저자는 마르하이네케(Ph. Marheineke)가 1821년 헤겔의 강의를 최초로 편집한 것을 인용하고 있는 탓에, 1987년 예슈케(W. Jäschke)가 편집한 비평본을 번역 대본으로 삼고 있는 한국어본(헤겔, 『종교철학』, 최신한 옮김, 지식산업사, 1999)과의 비교, 대조가 불가능하다].

리를 획득할 뿐이다. 이 힘은 긍정적인 것으로서의 정신은 아니다. 만일 우리가 이것은 무이거나 그릇되다고 말하고 이제부터는 그것에서 멀리 있는 다른 그 어떤 것으로 옮겨 가는 것을 끝내야 한다고 말할 때처럼 부정적인 것에서 눈을 돌리는 긍정적인 것이 아니다. 대신 정신은 부정적인 것을 목전에 바라보고 그것에 머무름으로써만 이 힘이 된다. 이 머무름은 부정적인 것을 존재로 뒤집는 마력이다."[254] 그것은 죽음 자체를 그 힘 안에 가지고 있는 정신의 강력함이다. 정신에는 그러한 "사라지게 하는 힘"이 그 안에 있어서 "사라짐 자체를 사라지게"[255] 하기 때문이다.

정신의 창세기는 동시에 **자기의식**Selbstbewusstsein의 창세기이기도 한 **논리**Logik다. 이미 헤겔 체계 내의 어떤 중심이 되는 자기의식이라는 단어에서 변증법의 삼박자가 함께 울린다. **자기**Selbst가 **의식됨**Bewußt으로써 **존재**Sein와 연계되어 있기 때문이다. 이 논리의 법칙들은 자기의식의 변증법적 구조, 곧 자기라는 전체에서 계기들의 양분과 화해에 기초해 있다. 자기의식은 하나의 생성이고, 그렇기 때문에 하나의 존재인 동시에 하나의 비–존재다. 만일 자기의식이 일찍이 통일되어 있지 않았다면 자아–자아로 결코 양분될 수 없고, 만일 자기의식이 일찍이 자신 안에서 양분되어 있지도 구분되어 있지도 않았다면 자신이 일자임을 알 수 없을 것이다. 자기의식이 변증법적으로 하나의 생성이기 때문에 존재인 동시에 무다. 따라서 여기에서 헤겔 논리학의 토대를

---

254) Hegel, *Phänomenologie des Geistes*, pp.36~37[『정신현상학』, 71~73쪽. 번역 수정].

255) Hegel, *Vorlesungen über die Philosophie der Religion Nebst einer Schrift über die Beweise vom Daseyn Gottes 1*, p.323.

이루는 그의 저 유명한 문장이 파생된다. "순수 존재와 순수 무는 곧 동일한 것이다."[256]

하지만 무는 어떤 것의 무해한 비−현전이 아니라 유한성을 끝장 내는 죽음의 파괴력이다. 유한성은 존재하지만, 유한한 존재의 진실은 끝Ende이다. "유한한 것은 대개 존재하는 어떤 것처럼 변화할 뿐 아니라 그것은 사라져 간다…… 그렇게 사라지는 것으로서 유한한 사물의 존재는 사라짐의 씨앗을 그 자신 안의 존재로 가지고 있으며, 이 사물이 탄생하는 시간은 그것이 죽는 시간이다."[257] 그렇지만 사라짐 Vergehen이 유한성의 존재에 머물러서 그 결과 과거[지나가고 사라진 것] Vergangenheit가 영속되어서는 안 되며, 대신 더 심오하게 물어야 한다. "덧 없음Vergänglichkeit과 사라짐이 사라져 가는가? 그렇지만 이런 일은 일어 나지 않는다는 것이 사라짐을 유한한 것의 마지막 상태로 만드는 유한 한 것에 대한 그와 같은 견해에 존재하는 사실이다."[258] 바로 이 견해가 헤겔 변증법이 몰락한 뒤 하이데거에게 또 다시 등장한다. 그는 키르 케고르를 뒤따라 유한성을 고수하고 그리하여 무를 절대적으로 정립 한다. 하지만 절대정신은 죽음에 대해 힘을 지니고 있기에 그 결과 유 한한 것은 "덧없고 사라져 갈 뿐 아니라 사라짐, 즉 무는 마지막 상태

---

256) Georg Friedrich Wilhelm Hegel, *Wissenschaft der Logik I. Theil. Die objektive Logik I. Abtheilung. Die Lehre vom Seyn*, Werke III, ed. Dr. Leopold von Henning, Berlin: Duncker und Humblot, 1833, p.78[『논리학. 1부 객체적 논리. 1부: 존재론』][헤겔, 『대논리학 (1): 존재론』, 임석진 옮김, 벽호, 1983, 76쪽].

257) *Ibid.*, pp.137~138[임석진 번역본의 대본(보쿰대 헤겔아카이브에서 새롭게 낸 펠릭스 마이너 본)과 타우베스가 인용하는 판본이 달라 해당 부분은 번역을 찾을 수 없다. 이후 국역본 쪽수 확 인이 어려운 인용의 경우 국역본 쪽수는 달지 않았다].

258) *Ibid.*, p.139.

가 아니라 사라져 간다."[259]

　종교에서 인간은 모든 유한성의 짐을 내려놓고 자유를 획득하는 데, 정신이 이 종교 안에서 제약된 것 대신 무한한 것과 관계하며 이 관계가 더 이상 의존관계가 아니고 자유의 관계이기 때문이다. 한정된 관심들이 전부 "유한성의 모랫둑"에 남겨져 있고 "과거의 밀물들은 마음Psyche을 취하게 하고 그 안으로 모든 고통을 가라앉히며" 이 정신의 종교로 흘러 들어간다.[260] 여기 있는 곳은 "세계의 모든 수수께끼가 풀리며 더 깊게 생각하는 사유의 모든 모순들이 밝혀지고 감정의 모든 고통들이 침묵하는 곳, 영원한 진리와 영원한 고요와 영원한 평화의 종교"[261]다.

　영적 인간homo spiritualis이자 정신적 존재Geistwesen인 인간이 "학문들과 예술들의 다양한 형성물, 인간의 정치적 삶의 관심들과 그의 자유와 의지에 관련된 관계들의 바탕이 된다."[262] 하지만 이 모든 다양한 관계들은 그 최종 중심점을 신이라는 이념에서 발견한다. "종교에서 인간은 이 중심과 맺는 관계 속에 정립되며, 이 중심에서 그가 맺고 있는 그 밖의 모든 관계들이 동반되고 이렇게 하여 인간은 의식의 가장 최고 단계로 승격된다."[263]

---

259) Hegel, *Wissenschaft der Logik I. Theil. Die objektive Logik I. Abtheilung. Die Lehre vom Seyn*, p.410[p.141의 오기].
260) Hegel, *Vorlesungen über die Philosophie der Religion Nebst einer Schrift über die Beweise vom Daseyn Gottes 1*, p.5.
261) *Ibid.*, p.3.
262) *Ibid.*.
263) *Ibid.*, p.4.

하나에서 열까지 정신은 역시 종교 안에서 자신의 길을 밟는데, 이 것은 필연적으로 정신에 대한 헤겔의 이념에 자리해 있다. 정신은 "그 자체가 유한한 모든 형태들의 부정으로, 이와 같은 절대적 관념성으 로 존재하는 것을 통해서만 정신일 뿐이기"[264] 때문이다. 그렇다고 두 개의 정신은 존재할 수 없기에, 곧 하나는 신적인 정신으로 다른 하나 는 인간의 정신으로 완전히 다르게 존재할 수 없기에, 정신의 길은 신 의 생명이기도 하다. 자가생산하는 정신의 과정, 그와 같은 길에는 다 양한 계기들이 포함되어 있다. 하지만 이 길이 아직은 목적지가 아니 며 정신은 이 길을 밟지 않고서는 목적지에 있을 수 없다. 이 과정에 있 는 정거장들에서 정신은 아직 완전하지 않으며 자기 자신에 대한 지식 도 아직은 참다운 것이 아니고 정신은 아직 자신에 대해 명백하지 않 다.[265] 신의 발전은 이와 같은 논리적 필연성을 통해 지배되며 이 필연 성은 우주의 것이다.[266] "따라서 유한함이란 신의 본성에서는 무한함 의 본질적 계기이고, 그러기에 신은 무한해지는 것 그 자체라고 말할 수 있는 것이다."[267] 유한함은 신적인 생(명)과 신의 한 계기이며 "자기 자신 안의 이 운동이자 오직 이 운동을 통해서만 살아 있는 신이다. 하 지만 이 유한성의 영속은 고집될 게 아니라 지양되어야 한다. 신은 유 한함을 향한 운동이고 이를 통해 그와 같은 유한함을 자기 자신으로 지양하는 것으로 존재한다. 자아 안에서, 유한한 것으로 자신을 지양

---

264) *Ibid.*, p.83.
265) *Ibid.*, p.75.
266) *Ibid.*, p.110.
267) *Ibid.*, p.193.

하는 이 자아 안에서 신은 자신에게 되돌아가고 오직 신만이 이 귀환으로 존재할 뿐이다. 세계가 없다면 신은 신이 아니다."[268]

변증법의 세 단계에 "신적인 이념이 명시된다. 정신은 신적인 역사이자 스스로 갈라지고 분리하며 이것을 자신 안으로 회수하는 과정이다. 이 과정이 신적인 역사다."[269] 헤겔식 전체성으로 철학과 신학을 여전히 휘어잡던 불세출의 페르디난트 크리스티안 바우어가 이미 헤겔과 영지(그노시스)의 가까운 관계를 "거대한 시대적 간극에서 예상할 수 있는 것보다 훨씬 더 가깝다"[270]고 지적한다. 모든 영지주의 체계들, 그런데 특히 발렌티누스파와 위클레멘스의 영지주의는 "일반적으로 헤겔의 것과 동일한 특징을 그 자체로 띠고 있으며, 그 원리는 헤겔의 것과 동일하고 영지주의의 체계들이 발전하면서 지나가게 되는 계기들은 헤겔의 것과 동일하다."[271]

그 정점에 절대정신이 서 있다. 원아이온이 자신을 비추게 만드는 발렌티누스파 영지주의의 아이온들은 그 안에서 정신이 제 자신의 본질인 그 자체로 존재하는 정신의 자기운동을 사유하는 순수 실체들이다. 아이온들에서 이미 다양함이, 곧 정신의 자신에 대한 차이가 역시 통일된 형태로 다르게 있음Anderssein과 유한하게 만듦Verendlichung의 길로

---

268) Hegel, *Vorlesungen über die Philosophie der Religion Nebst einer Schrift über die Beweise vom Daseyn Gottes 1*, p.194.

269) Georg Friedrich Wilhelm Hegel, *Vorlesungen über die Philosophie der Religion Nebst einer Schrift über die Beweise vom Daseyn Gottes 2*, Werke XII, ed. Dr. Philipp Marheineke, Berlin: Duncker und Humblot,, 1832, p.218[『신의 현존재 증거들에 대한 저서를 비롯한 종교철학에 대한 강의들 2』].

270) Baur, *Die christliche Gnosis oder die christliche Religionsphilosophie*, p.670.

271) *Ibid.*, p.675.

표명된다.[272) 신은 정신이기 때문에 영지주의 아버지의 빛, 루멘 파테르눔Lumen paternum처럼 어떤 암흑도 어떤 채색이나 혼합도 이 순수한 빛 속에 들어서지 않는다.[273)

말하자면 신은 과정이지만, 자기 자신을 향한 운동으로서 영원한 동일성이다. 그래서 "성령은 영원한 사랑"[274)이다. 하지만 사랑은 영지주의 짝들[275)처럼 서로에 대해 전혀 구분되지 않는 양자를 가르는 것이다. 이 동일성에 대한 감정과 의식이 사랑이다. 영지주의 충만의 상태(플레로마)인 아이온들의 왕국조차 (설령 이 아이온들은 구분되더라도 동시에 존재한다)[276) 말하자면 차이를 통해 분열되어 있지만, 이 차이가 자기 자신에 대한 절대정신의 동일성으로 곧장 지양되어 있다. 영지주의 충만의 최초 형태인 아버지의 나라에서는 이 영역을 역시 헤겔이 호명한 것처럼 아직은 구분이 실제로 있지는 않다. "절대적인 영원한 이념은 (우선) 신의 영원함 안에서, 세계가 창조되기 전에, 세계의 바깥에서 타자 속에서 자기 자신에게 귀환해 있는(즉자대자적으로)

---

272) *Ibid.*.

273) Hegel, *Vorlesungen über die Philosophie der Religion Nebst einer Schrift über die Beweise vom Daseyn Gottes 2*, p. 228.

274) *Ibid.*, p. 227.

275) Syzygie(n) : 그리스어 '시지고스(suzugos)', 즉 '짝/쌍'을 뜻하며 발렌티누스 사상의 핵심어로 아이온을 함께 묶거나 전체성의 상태(플레로마)를 형성하는 것을 가리킨다. 주로 남성에 해당하는 형상과 여성에 해당하는 실체 이 둘로 이뤄진 한 쌍을 뜻한다. 신은 시원적인 네 쌍(시지고스)으로 구성된다. ①죽음과 침묵(불가지의 신) ②마음과 진리(이해가능한 신) ③말과 삶(활동적 신) ④인류와 교회(내재적 신). ―옮긴이

276) Irenäus, *Des heiligen Irenäus fünf Bücher gegen Häresien*, trans. Ernst Klebba, vol. 2, Kempten/München: J. Kösel, 1912, p. 73[『성인 이레나이우스의 이단들에 반대하는 다섯 권의 책들』][이레나이우스(약 135~약 200) : 2세기의 중요한 신학자이자 교부로 그리스도교의 체계적 신학자들 가운데 한 명으로 성인으로 추앙받는다. 그리스도교 영지주의를 논박하는 『이단 반박』 말고도 '믿음의 규칙'(Regula fidei)이라는 개념을 만들기도 했다].

an und für sich 신이다."[277] 두번째 형태인 아들의 세계왕국에서 비로소 분열이 공공연해진다. 세계, 이렇게 신이 다르게 있음[다른 존재]은 "그 자체로 육체적 자연/본성Natur과 유한한 영/정신Geist, 이렇게 두 측면으로 분열된다".[278] 같은 식으로 영지주의 체계들에는 충만의 빛의 세계가 창조된 실제적-유한한 세계로 분열된다. 이는 소피아-아카모트[279]가 이반함으로써 일어났는데, 이 소피아는 바로 이 때문에 하급의 소피아로 그의 어머니 상급의 소피아와 구별된다. 헤겔의 유한한 정신은 영지주의 혼(프시케)psyche과 동일하다. "혼적인 것의 원리인 데미우르고스(조물주)는 인간들이 이것에 의해 창조된 경우에는 역시 혼적인 자연에 불과하고 유한한 정신과 다를 바 없는 인간과 함께 있다. 이때 정신은 이 외적 자연 말고는 다른 어떤 것에 관해서 알 수 없으며 이 자연의 영역 안에서 이동하고 지배자가 되어 이곳을 마주하고 있다."[280] 세번째 형태에서 부정의 지양이, 부정의 부정이 이뤄진다. "그것은 화해의 길이자 화해의 과정이며, 이를 통해 정신은 자신의 분리Diremtion와 자신의 판단으로 자신과 구분되던 것을 자신과 합일시켰고, 그리하여 성령이, 정신이 그의 공동체 안에 존재한다."[281]

---

277) Hegel, *Vorlesungen über die Philosophie der Religion Nebst einer Schrift über die Beweise vom Daseyn Gottes 2*, p.218.

278) *Ibid.*.

279) 소피아-아카모트(Sophia-Achamoth) : 영지주의에는 두 유형의 소피아가 있는데, 하나는 조물주(데미우르고스)를 낳은 어머니이자 물질에 빠져 있는 혼을 영의 상태로 다시 구해줄 지혜의 여신이고, 다른 하나는 이 여신의 딸로 이 물질의 상태를 긍정하는 암흑의 여신이다. 여기서는 후자를 가리킨다. ―옮긴이

280) Baur, *Die christliche Gnosis oder die christliche Religionsphilosophie*, p.678.

281) Hegel, *Vorlesungen über die Philosophie der Religion Nebst einer Schrift über die Beweise vom Daseyn Gottes 2*, p.219.

유한하게 만듦이 이뤄지는 내내 이를 통하여 절대정신은 자기 자신이 유한성을 부정하고 있는 절대적 정신임을 알게 된다. 영지주의 체계에서 그와 같은 전환점은 인간을 단지 혼(프시케)psyche으로만 볼 수는 없고 그가 자신 안에서 영(프네우마)pneuma의 불꽃을 인식하고 있다는 점을 통해 정해진다. 혼과 영의 차이는 영 자신이 절대정신과 동일하다는 것을 의식하고 있다는 점이다. 영지주의의 결정적 지식에 해당하는 이 지식은 유한성의 자연적 의식을 극복하고 지양하도록 틀림없이 돕는다. 이 **영적**pneumatisch "자아 안에서, 유한한 것으로 자신을 지양하는 이 자아 안에서 신은 자신에게 되돌아가고 ──영지주의에서처럼 헤겔에게서도──오직 신만이 이 귀환으로 존재할 뿐이다."[282] 테르툴리아누스는 신이 이렇게 자신에게 귀환할 때에만 신이라는 점을 발렌티누스파 영지주의에 대해 말할 때 온전히 직접 확언한다. "신은 그가 엔튀메시스(하급 소피아의 자궁/욕망)Enthymesis와 (아카모트의) 엑트로마(유산된 태아)Ektroma로 자신이 분리되면서 자신과 구분했던 것을 부정의 부정을 통해 자신 안으로 회수하고 자기 자신과 중재한다는 점을 통해서만 신이다."[283] 정신의 승격은 영을 통해서 이뤄진다. 영들(프네우마타)pneumata은 영지주의를 통해 절대적인 것의 이념을 의식하고 있는 그런 것들이다. 영적 종류의 것(프네우마티코이)pneumatikoi은 소피아가 그녀의 천상의 약혼자를 플레로마, 곧 아이온들의 왕국과 합일되도록 인도한 선택된 자들의 공동체다. 에클레시아(공동체)ecclesia란

282) Hegel, *Vorlesungen über die Philosophie der Religion Nebst einer Schrift über die Beweise vom Daseyn Gottes 1*, p.194.
283) Baur, *Die christliche Gnosis oder die christliche Religionsphilosophie*, p.681.

아이온들 가운데 하나로 그 자체가 이 아이온들의 왕국과 동일하다. 이 영/정신의 공동체는 "순전한(벌거벗은) 인간에서 신인으로 그 이행"을 성취하고 "신이 세계와 화해되어 있는 상태인 화해에 대한 명시화"[284]다.

따라서 영지주의의 체계들과 헤겔의 체계들은 신적인 이념이 변증법의 세 단계로 명시화되고 성취된다는 전제에 세워져 있다. "정신은 신적인 역사이자 스스로 갈라지고 분리하며 이것을 자신 안으로 회수하는 과정이다. 이 과정이 신적인 역사다."[285]

요아킴주의 예언과 헤겔식 철학을 논하는 가운데 요아킴주의 역사신학과 헤겔식 역사철학 사이의 연관이 파헤쳐졌다. 그리스도교 삼위일체가 본질상 역사적으로 이해되고 역사의 변증법적 원리와 동일시된다. 영/정신이라는 본질에서는 양자가 동일한 **사랑**과 **자유**의 원리를 바탕으로 **요아킴**과 **헤겔**은 이행의 끝이라는 관점에서 세계사를 구성한다. 양자는 공통적으로 영/정신의 역사를 세계사의 진행과 동일시한다. 요아킴의 해석자들이 부활마저 속해 있는 그리스도의 형이상학적 운명을 역사변증법적으로 해석한 것처럼 헤겔 역시 종교철학에서 죽음과 부활을 자신의 역사변증법적 사변의 기반으로 삼는다.

죽음과 부활에서 변증법의 원리가 작용하고 있다. 가장 먼저 헤겔은 그리스도의 운명을 예시적으로 내세운다. "죽는다는 것은 인간의 유한성의 운이다. 그래서 죽음은 인간성, 절대적 유한성에 대한 최고

---

284) Hegel, *Vorlesungen über die Philosophie der Religion Nebst einer Schrift über die Beweise vom Daseyn Gottes 2*, p.307.
285) *Ibid.*, p.319.

의 증거다. 그러니까 그리스도는 범죄자의 격화된 죽음 곁에서, 자연
적 죽음일 뿐 아니라 십자가 위의 치욕과 모멸의 죽음이기까지 한 죽
음 곁에서 죽은 셈이다. 인간성이 그리스도에게서 극도의 지점에 이를
때까지 출현한 것이다."[286) 그럼에도 신의 가장 깊숙한 내부에까지 죽
음의 원리가 작용하고 있다. "신이 사망했고, 신은 죽었다. 이것은 영원
한 만유가, 참다운 만유가 존재하지 않으며 부정 자체가 신 안에 있다
는 가장 두려운 생각이다. 극도의 고통, 완전한 정지상태의 느낌, 더 높
은 곳에 있는 모든 것에 대한 체념이 이 생각에 결부되어 있다. 하지만
이 생각의 진행은 여기 머무르지 않고 이제 전회가 들어선다. 신이 이
과정에 자신을 포함시키기 때문에 이 과정은 **죽음의 죽음**Tod des Todes에
불과하다는 것이다. 신이 다시 생(명)을 향해 일어선다. 이리하여 신은
반대쪽을 향한다. 이것이 곧 부활이다."[287)

하지만 죽음과 부활은 "기적", 곧 그리스도의 운명에서 한 번인 사
건이 아니라 "한 사람이 그렇게 만인이고, 한 번이 매번인 것이다".[288)
부활, 곧 "부정적인 것의 극복이란 인간의 본성을 벗겨내는 것이 아니
라 죽음과 최상의 사랑 속에서 이 본성에 대한 최고의 입증 자체다. 정
신은 이른바 부정적인 것 자체를 자신 안에 포함하면서 이 부정적인
것에 대한 부정적인 것으로만 정신일 뿐이다. 이 때문에 만일 사람의
아들이 아버지의 법 앞에 앉아 있다면 이렇게 인간 본성이 고양됨으로
해서 그러한 인간의 본성에 대한 경의와 신적 본성에 대한 이 본성의

286) *Ibid.*, p.298.
287) *Ibid.*, p.300.
288) *Ibid.*, p.309.

동일성이 정신적인 시선에 최고의 수준으로 선보이고 있다."[289] 신적
이념의 절대적 역사란 한번 일어난 일이 아니라 그 자체로 일어났고
영원히 일어나는 것이다.[290] 세번째 단계인 공동체의 발생은 성령을
부어넣는 것과 같다. "공동체의 존속이란 공동체가 영속적으로 **영원히
생성된다는 것**이며, 이 생성은 자신을 영원히 인식하는 이것이 정신이
라는 점에 기초되어 있다."[291] 공동체 내의 인식은 단계별로 발전되고,
그래서 신의 나라에는 세 단계나 세 가지 상태가 있다. "첫번째는 직접
적이고 편견 없는 종교와 믿음의 상태, 두번째는 지성의 상태, 이른바
교양인들과 반성과 계몽의 상태, 마지막으로 세번째 상태가 철학의 단
계다."[292]

체계 전체에서 어느 별난 부분이 아니라 체계의 중심이자 중점인
종교철학의 결론부에서만 바로 헤겔은 체계 전체를 파열시키고 **맑스**
와 키르케고르에 의해 수용될 새로운 입장, 곧 **현실성**Wirklichkeit에 대한
질문을 부숴 여는 "어떤 불협화음으로" 끝맺는다. 신의 나라에서 공동
체의 발생과 존속이 기술된다면 그 **사라짐**das Vergehen 또한 고려되어야
만 하기 때문이다. "사라짐에 관해 말한다는 것은 이를테면 어떤 불협
화음으로 끝맺는다는 말이다. 전적으로 그것이 어떤 도움이 될까? 이
불협화음이 현실성 안에 존재하고 있다."[293] 로마 황제 시대에 종교의

---

289) Hegel, *Vorlesungen über die Philosophie der Religion Nebst einer Schrift über die
   Beweise vom Daseyn Gottes 2*, p.300.
290) *Ibid.*, p.303.
291) *Ibid.*, p.330.
292) *Ibid.*, p.354.
293) *Ibid.*.

보편적 통일성이 사라졌고 신성함이 세속화되었으며 정치적 삶은 어찌할 바를 모르고 실행되지 않으면서 신뢰를 잃었고 이성 자체는 다만 사적 권리의 형태로 달아났으며 특수한 행복이 목적으로 승격되었던 것처럼 지금도 그러하다. 헤겔은 말한다. "왜냐하면 도덕적 견해, 자신의 고유한 의견과 확신 자체가 객관적 진리 없이 타당한 것이 되었으며 일상의 다반사에 대한 사적 권리와 향유에 대한 중독이 있기 때문이다."[294] 정신의 통일인 화해가 파괴되어 있고, 또 국가 권력이 여기에선 아무것도 달성할 수 없다. 왜냐하면 "여기에 몰락이 너무 깊게 잠식해 있기 때문이다. 가난한 이들에게 복음이 더 이상 찬미 받지 못하게 된다면, 소금이 무미해지고 모든 기반들이 암암리에 저리 치워지고 없다면, 이제 땅딸막하게 남아 있는 자신의 이성에 대한 진리가 오직 표상에만 존재할 수밖에 없는 민중은 자기 내면의 열망에 [이성이] 더 이상 도움이 될 수 없음을 안다."[295] 그런데 헤겔은 이 "불협화음"을 철학적 인식 안에서 해소시키려 하고, 그의 강의 목적은 바로 이성을 종교철학에서는 종교와, 국가철학에서는 국가와, 법철학에서는 사회와 "화해시키는 것이다. 종교, 국가, 사회를 그 다양한 형태 속에서 필연적인 것으로 인식하고 그것들에서 진리와 이념을 재발견하는 것이다."[296]

"하지만 이 화해는 그 자체가 외적 보편성이 없는 부분적인 것에 불과하다."[297] 이렇게 해서 헤겔 자신이 맑스의 비판 전체를 지배하고

---

294) *Ibid.*, p.355.
295) *Ibid.*.
296) *Ibid.*.
297) *Ibid.*, p.356.

있는 주제를 겨냥한다. "철학은 이 관계 속에서 어떤 분리된 성역이며 그 종사자들은 세계와 동행하지 않아도 되고 진리의 소유물을 지켜야 하는 어떤 고립된 사제 신분을 만들어 낸다. 일시적이고 경험적인 현재가 그 분열에서 어떻게 빠져 나와 어떻게 형성되는지는 철학에 위임될 수는 있어도 이것이 직접 철학의 실천적인 사태나 사안은 아니다."[298]

맑스와 키르케고르

헤겔의 후임

불협화음이 등장하며 종교철학이 끝나자 헤겔 체계의 원환 전체가 역사적인 귀결과 마찬가지로 객관적인 귀결로 자폭하는 장소에 이르게 된다. 폭파의 재료는 헤겔의 원리에 이미 잠재해 있다. 헤겔 체계에서조차 국가의 권력, 종교의 예감과 철학의 원리들이 일치할 때, 헤겔이 현실성과 정신의, 국가와 종교적 양심의, 종교적 양심과 철학적 지식 사이의 화해를 실행할 때, 이 화해는 죽음의 입김에 접촉해 있다. 철학은 "파멸과의 화해"[299]이기 때문이다.

---

298) Hegel, *Vorlesungen über die Philosophie der Religion Nebst einer Schrift über die Beweise vom Daseyn Gottes 2*, p.356.

299) Georg Friedrich Wilhelm Hegel, *Vorlesungen über die Geschichte der Philosophie I*, Werke XIII, ed. D. Karl Ludwig Michelet, Berlin: Duncker und Humblot, 1833, p.66[『철학사 강의1』][게오르크 빌헬름 프리드리히 헤겔, 『철학사 I』, 임석진 옮김, 지식산업사, 1996, 84쪽. 번역 수정. 해당 전문의 한국어본의 번역은 다음과 같다. "이렇게 본다면 철학이란 사상에 의하여 점화된 파멸의 현장과 화해를 이루는 것이 된다. 철학은 현실세계의 몰락과 함께 시작된다"].

비로소 철학이 거기 등장한다. "어느 민족이 구체적인 삶 바깥으로 아예 나와 있고 신분들의 분리와 차이가 발생해 있으며 이 민족이 몰락에 다가가는 곳, 내적 열망과 외적 현실 사이에 어떤 단절이 들어서 있으며 지금까지의 종교 형태 등이 더 이상 만족스럽지 않은 곳, 정신이 살아 있는 실존에 대한 무심함을 알리거나 혹은 그와 같은 실존에 만족하지 못하고 머무르며 또 어떤 윤리적sittlich 삶이 해체된 곳에"[300] 등장한다. "만일 철학이 자신의 추상들로 이곳을 비관적으로 그려 낸다면 젊음의 신선함과 생기가 이미 지나가 버린 뒤다. 그래서 철학의 화해는 현실 속의 화해가 아니라 관념 세계 속의 화해인 것이다."[301] 이 현상은 철학사 전체를 통해 입증된다. 소아시아에서 이오니아의 국가들이 몰락하자 비로소 이오니아 철학이 피어나고 소크라테스와 플라톤은 아테네의 국가제도에 소외되며 로마에서는 철학이 카이사르주의의 전제적 지배 밑에서 로마제국이 몰락하자 비로소 확장된다. 로마 제정의 몰락과 신플라톤주의 철학의 상승이 동반하여 나타난다. 중세의 구조가 파괴된 15, 16세기에 마찬가지로 더 새로운 시대의[근대] 철학이 시작된다. 그리하여 필연적으로 헤겔의 화해 또한 시민 부르주아-그리스도

---

300) *Ibid.* [앞의 책, 83쪽. 번역 수정].
301) *Ibid.* [앞의 책, 83~84쪽. 번역 수정. 해당 전문의 한국어본 번역은 다음과 같다. "한 민족이 그의 구체적인 생활 일반으로부터 일탈할 때 계층의 분리나 구별이 발생하면서 몰락의 길로 접어든다. 그런가 하면 또 이렇게 해서 내면적인 노력과 외면적인 현실의 분열이 생겨나고 지금까지의 종교형태 등도 더 이상 만족을 안겨주지 못함으로써 정신이 민족의 생동하는 삶의 현장에 무관심해지거나 불만스럽게 거기에 머물러 버린 채 끝내 인륜적인 삶의 터전이 해체되어 버리는 바로 이런 때에 철학함은 시작되는 것이다. 결국 정신은 사상의 공간으로 도피하여 현실세계에 항거하는 사상의 왕국을 건립하기에 이르는 것이다…… 즉 철학이 추상적인 개념을 안고 비관적인 어조를 띠고 등장할 때면 이미 생명력에 넘치는 청춘의 발랄함은 사라지고, 철학은 다만 현실이 아닌 관념의 세계에서 화해를 이룰 뿐이다"].

교 세계의 파멸과 맺는 화해라는 결론이 도출된다.

엄청난 수고를 들여 헤겔 안에 **세계 중심**Weltmitte이라는 상황이 달성된다. 시민 부르주아 사회, 그리스도교와 철학 원리들의 **중재** Vermittlung는 헤겔의 후임자들에 의해 화합으로, "가장 극단적인 유물론" 이라고까지 비난받게 된다. 헤겔이 실행한 이성과 현실성의 신비적이고 정점에 이른 동일시는 맑스와 키르케고르에 의해 외재성과 내재성의 양 끝단으로 분리되어 정립된다. 이 양 끝단을 하나로 만들려고 헤겔이 추구한 것은 "개념의 추구"였다. 개념의 일면적 장에 있는 헤겔의 전면성에 맞서 맑스와 키르케고르는 전면적인 현실성의 장에 있는 이 **해관계/관심**Interesse의 결정적인 일면성을 대변한다.

1840년 무렵 헤겔의 화해는 끝나고 만다. 1843년 다음 저서들이 출간되어 전복적으로 활약할 것이다. 포이어바흐의 『미래 철학의 원칙들』*Grundsätze der Philosophie der Zukunft*, 브루노 바우어의 『그리스도교의 발견』*Das entdeckte Christentum*, 키르케고르의 『이것이냐 저것이냐』*Entweder Oder*, 칼 맑스의 『헤겔 법철학 비판』*Kritik der Hegelschen Rechtsphilosophie*. 이 모든 저서들의 공통점은 헤겔의 철학적 프로테스탄티즘 신학을 길잡이로 삼고 있는 시민 부르주아-그리스도교 세계의 해체다. 비판의 무례함, 이성과 현실성을 분할하는 예리함은 헤겔의 화해에 있는 단호함을 척도로 삼아서만 측정될 수 있다. 결국 신과 인간, 이성과 현실성에 대한 헤겔의 화해는 신의 강생에 기초하고 있는 것이다. 예수 그리스도 안에 일어난 것은 인간에게 영원히 일어나는 일이다. "한 사람이 그렇게 만인이고, 한 번이 매번인 것이다."[302] 신적인 본성과 인간적인 본성 사이의 이 통일이 맑스와 키르케고르에게는 완전히 양분되어 있다. 헤겔에게 그리스도교 정신과 세속성[303])이 함께 가고 있다면, 반면에 맑스와 키르케고르는 그리스도교를 '전도된 세계'로 파악한다. 헤겔이 여전히 이성의 고향으로 여기는 현실성이 맑스와 키르케고르가 볼 때는 **자기소외**Selbstentfremdung의 그림자에 있는 것 같다.

이성과 현실성의 동일시를 헤겔은 『법철학』의 서문에서 전형적으로 표현한다. "이성적인 것, 그것은 현실적인 것이고, 현실적인 것, 그것은 이성적이다."[304]) 철학의 과제란 이성을 가지고 현실성을 나중에-사유하는-것이다. 이념과 현실성의 일치는 진리의 척도이기까지 하다. 하지만 대체로 거기 있는 모든 것이 다 동일한 방식과 같은 척도에 따른 현실성은 아니다. 헤겔은 **현실성**Wirklichkeit에서 지나가 버리고 헛되며 그 때문에 의미 없는 실존만을 구분해 낼 뿐이다. 그와 같은 순수하게 우연적인 현실성에 '강조된' 이름인 현실성을 붙일 수는 없다. 그런데 이러한 이성과 현실성의 동일시는 앞으로 극도로 문제시된다. 헤겔에게 하나의 방점으로 합쳐진 현실성의 이성과 이성의 현실성에 대한 저 문장들이 '우로' 혹은 '좌로' 보수적이거나 혁명적으로 처음에는 종교의 장에서, 그 다음에는 사회의 장에서 따로따로 고립된다vereinzelt. 이 통일체의 와해는 헤겔의 구체적인 (콘-크레비세con-crevisse=합성되기) 철

---

302) Hegel, *Vorlesungen über die Philosophie der Religion Nebst einer Schrift über die Beweise vom Daseyn Gottes 2*, p.309.

303) 벨트리히카이트(Weltlichkeit): 아렌트에게서는 근대인의 세계로부터의 소외를 뜻하는 '세계성'으로 번역된다. 3권 각주 157 참조. ─ 옮긴이

304) Georg Wilhelm Friedrich Hegel, *Grundlinien der Philosophie des Rechts, oder Naturrecht und Staatswissenschaft im Grundrisse*, Werke VIII, ed. Dr. Eduard Gans, Berlin: Duncker und Humblot, 1833, p.17[『법철학 개요 혹은 자연권과 국가학 요강』][게오르크 빌헬름 프리드리히 헤겔, 『법철학』, 임석진 옮김, 한길사, 2008, 48쪽].

학의 추상적인 일면화에서 야기된 것이다. 헤겔우파Rechte는 현실성을 초논리적인 것으로 신비화하고 지성이 초논리적인 현실성에 순응할 것을 요구한다. 헤겔좌파Linke는 반대로 현실성을 논리에 못 미치는 것으로 평가절하하고 이 논리에 못 미치는 현실성이 이성에, 곧 이념에 순응할 것을 요구한다. 그런데 헤겔 안에서 보수적이고 혁명적인 계기는 하등의 상관도 없다.

피오레의 요아킴이 그의 전복적인 신학과 혁명적인 예언에도 불구하고 효력을 떨치던 중세의 질서 안에서 여전히 순응할 수 있는 것과 똑같이 헤겔은 프로이센 국가 체제에 기꺼이 복종하고 시민 부르주아 사회에 적응하여 자신의 철학의 혁명적 경향의 돌발을 저지하려 한다. 헤겔 철학의 보수적 측면만 상대적이지, 그 혁명적 특징은 절대적이다. 요아킴과 마찬가지로 헤겔은 세계사의 진행이 진보의 한 과정이기에 현존 체제에 대한 지속적인 부정이라고 파악한다. 청년 세대의 **영성주의자들**이 자기 자신 안에서 영적 질서의 약속이 이행되었음을 본 것과 똑같이 **헤겔좌파**는 헤겔 이성이 이끄는 끈을 따라 현실을 바꾸고자 한다. 영성주의자들과 헤겔좌파의 공통점은 그들이 요아킴주의 역사신학과 헤겔식 역사철학에서 혁명적 결론들을 이끌어 낸다는 점이다. 가톨릭교회가 영성주의자들을 중세세계의 체제에서 배제하고 이단으로 추방한 것처럼 시민 부르주아 사회 또한 헤겔좌파를 사회 바깥으로 밀어낸다.[305] 포이어바흐는 에어랑어 교수직을 포기해야만 하고, 루게는 할레의 교수직을 잃고 만다. 감옥에 가지 않기 위해 루게는

---

305) Löwith, *Von Hegel bis Nietzsche*, pp.96~96[『헤겔에서 니체로』, 99쪽].

독일에서 프랑스로 피신한다. 파리에서도 그는 추방되고 거기에서 스위스로 피신하고 결국 스위스에서 영국으로 피신한다. 슈티르너는 맨처음에는 학교 교사였다가 베를린의 비참한 소시민으로 영락하여 우유 소매상으로 실존을 연명해야만 한다. 브루노 바우어는 급진적인 복음서 연구로 인해 교수직에서 면직당하고 오랜 기간 그 자신이 나무로 짠 베를린 근교의 외양간에서 살게 된다. 본에서 교수자격을 획득하려던 칼 맑스의 계획은 실패한다. 대륙의 치안정부들에 쫓겨서 맑스는 이 나라 저 나라로 피신하던 중 자신의 마지막 유배지를 영국에서 발견한다. 키르케고르는 신학 시험을 치르고 난 뒤 목사직에 취임하겠다는 결단을 내릴 수 없었고 교회와 국가에서 떨어져 나와 덴마크에서 기인이 되어 조소하며 살아간다. 헤겔좌파 뒤에는 쇼펜하우어가 철학 교수들의 강단철학을 조롱을 섞어 비웃으며 숨어 기다리고 있다. 스스로 학계의 삶에서 물러난 쇼펜하우어에서 "인간과 시대 너머 육천피트에서" 새로운 세계의 척도를 기획한 니체의 길이 이어진다.

헤겔을 둘러싼 혼동은 본질적으로 지양의 근본적인 애매함에서 생긴다. 이 애매함은 헤겔의 **지양**과 요아킴의 **건너감**에 공통적으로 있는 것이다. 오늘날 이 논쟁을 온전히 곧이곧대로 생생하게 그려 내기란 어렵다. "이 시대를 소환해야만 한다. 한 철학적 체계가 실제로 행사하는 지배와 위세가 어떠한지 알려면 말이다. 1830년 무렵 헤겔주의자들이 품던 저 파토스와 저 확신을 생생하게 그려 내야만 한다. 이들은 헤겔 철학에서조차 세계정신이 자신의 목적지를, 자기 자신에 대한 지식을 완전히 뚫고 지나간 뒤에 매우 혹독할 정도로 진지하게 앞으로 무엇이 세계사의 내용을 충분히 이루게 될 것이냐는 물음을 환기시켰다."[306] 처음에 보수적인 철학자들이 헤겔을 프로테스탄트 그리스도교 정신의 체계 내에 완전히 통합하려고 시도하면서 헤겔의 입장들조차도 하나씩 포기할 수밖에 없었고 마침내 그리스도교 철학자 프란츠 폰 바더[307]가 한 것처럼 헤겔을 배척한다. 익명으로 출간된 『무신론자이자 반그리스도인 헤겔에 대한 최후심판의 나팔』*Die Posaune des jüngsten Gerichts über Hegel den Atheisten und Antichristen*에서 브루노 바우어는 "호의를 품은 이들에게" 사악한 헤겔좌파가 처음 그런 게 아니라 헤겔 자신이 이미 "무신론자"이자 "반그리스도인"이었음을 입증한다. "아, 가난한 이들과 불행한 이들이여……, 종교와 철학이 일치한다는 것을 흔쾌히 들었고 종교가 절대정신의 자기의식이라는 것을 듣고 받아들였을 때 자신들의 신을 여전히 간직하고 있다고 여겼던 이들이여."[308] 하지만 헤겔의 종교에 대한 **해명**Erklärung이 실제로는 종교의 **파괴**Zerstörung를 의미했다.[309] 그래서 바우어는 헤겔의 마법의 어휘인 화해에 대해 조심하라고 경고한다. 많은 이들이 이 마법어 화해를 진정한 신에게서 떼어 내어 무신론 쪽으로 가져갔다. 하지만 실제로는 헤겔에 의하면 이성이 종교와 화해한다는 것은 아무런 신도 있지 않으며, 또 자아가 어떤 살아 있는 인격적인 신과 관계하고 있다고 말하면서도 종교에서는 늘 다

---

306) *Rudolf Haym, *Hegel und seine Zeit*, Berlin: Gaertner, 1857, p.4[『헤겔과 그의 시대』].

307) 프란츠 자베르 폰 바더(Franz Xaver von Baader, 1765~1841): 독일 로마 가톨릭 신학자이자 철학자.—옮긴이

308) Bruno Bauer, *Die Posaune des jüngsten Gerichts über Hegel den Atheisten und Antichristen: Ein Ultimatum*, Leipzig: Wigand, 1841, p.71[『무신론자이자 반그리스도교인 헤겔에 대한 최후심판의 나팔: 어떤 최후통첩』][이어지는 원주 Löwith, *Von Hegel bis Nietzsche*, pp.468~469의 자리가 본문에 표시되어 있지 않다].

309) *Ibid.*.

만 자기 자신과 관계할 뿐임을 통찰하는 것이다. 자기의식이 저 마법의 수단이다. 이것을 가지고 "자아는 한편으로는 거울 속에 있는 것처럼 두 개가 되어 천년 동안 거울에 비친 자신의 이미지를 신이라고 여겨오다 결국 잇달아 저 거울 속 이미지가 자기 자신임을 간파하게 된다. 그러니까 신의 분노와 벌을 내리는 의로움이란 자아 스스로가 주먹을 둥글게 쥐고 거울 속의 자기 자신을 위협하는 것과 다르지 않다. 신의 은총과 자비란 이번에도 또한 자아가 자신의 거울상에 손을 내미는 것과 다르지 않다. 종교는 저 거울상을 신으로 여기고 철학은 이 환영을 지양하고 인간에게 거울 뒤에 아무도 숨어 있지 않다는 것을 보여 준다. 말하자면 지금껏 그와 같은 거울상이 교섭해 온 것은 자아의 반사광Widerschein에 불과하다고 말이다."[310] 이렇게 헤겔의 종교철학과 싸우면서 브루노 바우어와 키르케고르에 의해 그리스도 종교의 위기가 그 뿌리부터 드러나게 된다. 루게는 이 위기를 종교철학의 주변에서 밝혀내고, 또 칼 맑스는『헤겔 법철학 비판』에서 절정에 이를 때까지 이 위기를 몰고 간다. 맑스와 키르케고르는 헤겔 철학의 몰락에서 극단적인 귀결들을 이끌어 낸다. 맑스는 부르주아-자본주의 세계를 파괴하고 키르케고르는 시민-그리스도교 세계를 파괴한다.

예전에 영성주의자들이 요아킴주의 신학을 통해 선언했던 것처럼 헤겔좌파는 헤겔 철학을 통해 더 이상 현존 사회의 내부 개혁을 추구하지 않고, 대신 사회의 변혁을 선포하는 데로 향하게 된다. 완성, 곧 헤겔 철학을 통한 그리스도교 세계의 완벽한 종언에 대한 지식으로 헤

---

310) *Ibid.*, p.148.

겔의 상속자들인 포이어바흐와 루게, 슈티르너와 바우어, 키르케고르와 맑스가 이 변혁을 선포한다. 헤겔이 국가와 사회의 본질을 서술함으로써 그는 요아킴이 어느 미래 집단의 영성주의자들에게 제공한 것과 똑같이 시민 부르주아 사회의 요구를 반박하고 그들 자신의 요구를 철학적이고 역사논리에 따라 정당화할 수 있는 가능성을 제공한다. 헤겔은 청년 세대에게 시민 부르주아 사회가 역사적으로 현존할 권리를 의심하는 논증들을 넘겨준다. 헤겔은 이 새로운 집단들에게 그들 스스로가 참다운 본질을 야기하는 자들로 자칭하여 헤겔 이념을 길잡이 삼아 현존 관계들에 혁명을 일으킬 수 있도록 만든다. 요아킴이 영성주의자들에게 그랬듯 헤겔은 헤겔좌파에게 시민 부르주아 사회와 투쟁할 수 있는 무기를 그렇게 벼려 준다.

맑스와 키르케고르

뮌처의 혁명 신학에서 영적 신비주의의 내면의 빛이 집어삼키는 불길이 된 것과 똑같이 헤겔 철학의 불꽃은 맑스의 혁명적인 불꽃으로 돌변한다. "내적인 자족성과 완성이 부서졌다. 내면의 빛이었던 것이 무엇이든 집어삼키는 불길이 되어 바깥을 향한다. 그렇게 세계가 철학적으로-되는 것은 동시에 철학이 세속적이-되는 것이며 철학의 현실화는 동시에 그 상실이라는 결론이 나온다."[311] 여태껏 자유로이 떠다니던 희망들이 갑자기 현세에서 세속적이 되고 내면에서 품어 오던 꿈들

---

311) Marx, "Differenz der demokritischen und epikureischen Naturphilosophie nebst einem Anhange", p.17[『데모크리토스와 에피쿠로스 자연철학의 차이』, 62~63쪽. 번역 다소 수정].

은 외부로 옮겨져서 역사적 사건의 특유한 힘으로 채워진다.

그렇지만 토마스 **뮌처**가 중세세계에 대한 그의 비판에서 종교적이고 사회적인 양쪽 요소들을 합일시키는 반면, 시민 부르주아 세계가 끝날 때 비판은 맑스와 키르케고르로 나뉘어 행해진다. 시민 부르주아 세계가 끝날 때인 1848년 직전 맑스와 키르케고르는 시민 부르주아 사회가 최종적으로 부서졌다고 선포한다. 맑스는 『공산주의 선언』(『공산당 선언』)(1847)에서 키르케고르는 『문학평론』*Literarische Anmeldung*(1846)[312]에서 행한다. 맑스와 키르케고르가 서로 아주 멀리 떨어져 있는 듯 보여도 공통적으로 시민 부르주아 사회를 급진적으로 공격하고 헤겔에게서 발원한다는 점에서 유사할 정도로 서로 가깝다. 이것은 칼 뢰비트의 공로*Verdienst*다. 그는 맑스와 키르케고르의 역사적 연관을 완벽한 범위에서 인식했었던 최초의 사람이고 감사하게도 이 논문에서 그의 탁월한 분석을 활용할 수 있었다. 맑스와 키르케고르의 대조는 칼 뢰비트가 증명하듯 **동일한** 비판의 두 측면과 시민 부르주아-그리스도교 세계의 공통적인 파괴를 구현하는 것에 불과하다. 키르케고르가 시민-그리스도교 세계에 맞선 그의 투쟁에서 모든 것을 **단독자***das Einzelne*에 정립한다면, 반면 맑스는 부르주아 자본주의 세계의 혁명을 위해 프롤레타리아트 대중을, 곧 대중의 경제적인 현존을 기쁜 마음으로 기다린다. 여기에 대응되는 것은 키르케고르에게 그리스도교 세계란 그 안에서 아무도 그리스도를 따르는 것을 진지하게 생각하

---

312) 이 책의 3장에 수록된 'A. 혁명시대'와 'B. 현대' 중의 '현대' 부분이 국내에 번역되어 있다(키르케고르, 『반복/ 현대의 비판』, 임춘갑 옮김, 치우, 2011, 211~299쪽) ─ 옮긴이

지 않는 대중적으로 확장된 그리스도교와 같다는 점이고, 반면 맑스에게 부르주아 사회란 "고립된 개인들"die vereinzelten Einzelnen[313]로 이뤄진 대중이고 이 안에서 인간은 자신의 유적 존재에 소외되어 있다는 점이다. 맑스는 자신의 비판을 인간에 대해 자본주의가 뜻하는 바인 자기소외로 향해 놓고, 그리고 키르케고르는 자신의 비판을 그리스도교인들에게 그리스도교 세계가 뜻하는 바인 자기소외로 향해 놓는다.[314]

열여덟에 맑스는 결정적인 전환점에 선다. 맑스의 가장 중요한 저서들에 속하는 자신의 아버지에게 보내는 한 편지에서 그는 자신의 정신이 처해 있는 결정적인 전환에 관해 알린다. "어떤 만료된 시간을 앞두고 국경지방들처럼 세워져 있지만 동시에 어떤 새로운 방향을 단호하게 가리키고 있는 삶의 계기들이 있습니다. 그러한 이행의 지점에서 우리는 사유의 형형한 눈으로 지나간 것과 현재의 것을 바라보고 자신의 현실적 위치를 의식하는 데 다다르도록 요구받고 있음을 느끼게 됩니다. 분명 세계사 자체는 그러한 되돌아봄을 사랑하며 그런 뒤 흔히 이 세계사가 퇴보하고 정체되어 있다는 가상을 눌러 새기는 것이 무엇인지 주시합니다. 그러면서도 세계사는 자신을 파악하려고, 곧 제 자신의 정신의 행위를 지성적으로 꿰뚫으려고 안락의자에 몸을 던지고

---

313) *Karl Marx, "Einleitung", *Zur Kritik der politischen Ökonomie, Marx Engels Werke*(MEW) 13, Berlin: Karl Dietz, 2015, p.616[「부록: 정치경제학 비판 서설」, 『정치경제학 비판을 위하여』, 김호균 옮김, 중원문화, 2007/2012/2017, 202쪽. 「『정치경제학의 비판을 위한 기본 개요』의 서설」, 『칼 맑스, 프리드리히 엥겔스 저작 선집 2』, 최인호 외 옮김, 박종철 출판사, 1992, 444쪽]. *Karl Marx, *Grundrisse der Kritik der politischen Ökonomie, MEW* 42, p.19[칼 맑스, 『정치경제학 비판 요강 1』, 김호균 옮김, 그린비, 2007, 52쪽].—옮긴이

314) Löwith, *Von Hegel bis Nietzsche*, pp.205~206[『헤겔에서 니체로』, 198쪽. 번역 다소 수정].

있기만 합니다."[315] 이 세계사적인 비교를 통해 맑스는 베를린에서 그가 작업하며 보낼 풍요로운 시기를 생각할 뿐 아니라, 헤겔이 죽은 뒤 정신적 세계가 존재하고 있는 세계사적 상황을 기술하고 있다.

이루 헤아릴 수 없을 정도의 노동력으로 맑스는 매우 다양한 영역들에 몸을 던진다. 설령 맑스가 법학을 공부할 수밖에 없었음에도 불구하고 그는 "무엇보다도 철학과 씨름해야만 하는 압박을" 느꼈다. 두 학문이 상당히 결부되어 있었기에 그는 순수 법학 연구와 더불어 "법 분야를 지나면서 어떤 법철학을 가지고 가려고 애썼습니다. 서문으로 저는 몇몇 형이상학적 문장들을 앞으로 보냈고 삼백 줄에 달하는 작업인 이 불운한 작품을 공법 분야까지 가지고 갔습니다."[316] 이 작업이 끝날 때 맑스에게는 "철학 없이는 [세계사적 상황을] 꿰뚫을 수 없다는 사실이 분명해졌습니다. 그래서 저는 양심적으로 다시금 철학의 품 안에 몸을 던질 수 있었고 새로운 형이상학적 기본체계를 써 나갔습니다. 제가 이 체계를 완료했을 때 거듭 이 체계와 제가 전에 기울인 그 모든 노력에서 불합리를 통찰하지 않을 수 없었습니다."[317]

1837년이 흐르면서 맑스의 연구는 자기장의 한 중심점을 얻게 된다. 헤겔이다. "저는 헤겔 철학의 단편들을 읽었지만, 그로테스크한 바위 같은 선율이 내 맘에 들지 않았습니다."[318] 맑스는 헤겔의 영향권

---

315) Karl Marx, "Brief an Vater in Trier", *Der historische Materialismus, Früher Schriften*, vol.1, ed. Siegfried Landshut, Leipzig: Afred Kroner, 1932, p.1「트리어의 아버지에게 보내는 편지」].
316) *Ibid.*, p.3.
317) *Ibid.*, p.6.
318) *Ibid.*, p.7.

을 부수는 시도를 감행하고 「클레안테스[319] 혹은 철학의 출발점과 필연적인 진행에 관하여」Kleanthes oder vom Ausgangspunkt und notwendigen Fortgang der Philosophie[320]에 대한 한 대화를 작성한다. "여기서 완전히 따로 진행되어 있던 예술과 지식이 어느 정도 하나가 되었기에, 저는 어느 활기찬 나그네가 되어 신성이 개념 그 자체로, 종교로, 자연으로, 역사로 어떻게 현현하는지 다루는 신성의 철학 변증법적인 발전에 대한 작업에 착수하기 시작합니다. 제 마지막 문장은 헤겔 체계의 시작이었습니다. 그리고 이 작업 때문에 자연과학, 셸링, 역사에 대해 어느 정도 익히 알게 되었고 끝없이 저의 골머리를 앓게 만들었습니다. 또 매우 통상적으로 쓰여 있어서[그 자필원고는 판독이 불가능한데, 두 줄로 된 문장조각들로 쓰여 있어서 그런 것으로 짐작됩니다. 그래서][321] (본래 이 작업이 어떤 새로운 논리여야 하기 때문입니다) 저는 이제 제 스스로 다시는 그 작업을 이해할 수조차 없습니다. 저의 이 사랑스러운 아이가 달빛의 보호를 받으며 거짓 사이렌처럼 저를 적의 품 안으로 데리고 갑니다."[322]

헤겔에 대한 모호한 반발이 맑스를 **청년헤겔파**의 품 안에 데려간다. "제가 몸이 불편했던 동안 헤겔을 처음부터 끝까지 대부분 그의 제자들이었던 이들과 함께 알게 되었습니다. 슈트랄로[323]의 친구들과 여

---

319) 클레안테스(Kleanthes) : 스토아학파 철학자로 제논의 제자. — 옮긴이
320) 24줄로 된 짧막한 글로 '맑스/엥겔스 전집'(MEGA) 2권에 실려 있다. — 옮긴이
321) 동독의 칼 디에츠 판(MEW)에는 본문의 인용문장과 좀 다른 내용이 실려 있는데, 이것을 대괄호 안에 번역하여 추가했다. Karl Marx/Friedrich Engels, "Brief an den Vater in Trier vom 10 November 1837", *MEW* 40, Berlin: Karl Dietz Verlag, 1973, p.9. — 옮긴이
322) Marx, "Brief an Vater in Trier", p.8.
323) 슈트랄로(Stralow) : 오늘날 베를린의 프리드리히샤인-크로이츠베르크 구의 동부지역인 프리드리히샤인의 거주지 슈트랄라우(Stralau)를 가리킨다. — 옮긴이

러 번 함께 만나면서 저는 어떤 박사클럽에 우연히 들어가게 되었습니다."[324] 청년헤겔파 박사클럽의 열정적인 분위기에 관해서는 당시 그곳의 핵심인물이던 중년의 브루노 바우어가 맑스에게 보낸 편지의 문장 하나가 증거를 제시한다. "파국이 두려워지고 어떤 파국은 거대해질 것입니다. 그리고 저는 이 파국이 그리스도교가 세계 안에 발을 내딛도록 만든 그와 같은 파국보다 더 거대해지고 더 엄청나게 될 것이라고까지 말하고 싶습니다."[325] 맑스가 점점 더 확고하게 청년헤겔파의 "현재의 세계철학"에 매여 있는 동안 그에게 "아주 많은 부정이 일어난 뒤 손쉽게 일어날 수 있는 것과 같은 어떤 참다운 아이러니한 분노가"[326]가 그에게 엄습한다. 그에게 헤겔에 대한 적대와 박사클럽의 청년헤겔파와 자신 간의 차이가 갈수록 더 분명해진다. 에피쿠로스와 데모크리토스에 대한 박사논문에는 헤겔 추종자와 벌인 논쟁이 포함되어 있다. 에피쿠로스와 데모크리토스는 아리스토텔레스의 완성된 체계와 연관하여 유물론적이고 무신론적인 후예들Epigonen로 이해된다. 헤겔의 완성된 체계와 그의 유물론적이고 무신론적인 후예들과 비교는 명백해진다. 이것은 본래 맑스가 이미 예전 대화 「클레안테스 혹은 철학의 출발점과 필연적인 진행에 관하여」에서 전념한 적 있는 것과 같은 주제다.

"철학 그 자체를 구체화Konkretion까지 끌어올리고 추상적 원리들을 어떤 총체성 안에서 포착하여 일직선의 진행을 중단시키는 결절점들

---

324) Marx, *Ibid.*.
325) Siegfried Landshut, *Karl Marx*, Lübeck: Coleman, 1932, p.10[『칼 맑스』].
326) Marx, *Ibid.*, p.8.

이 철학[사]에 있듯이 철학이 자신의 시선을 외부세계로 향하여 더 이상 개념적으로 파악하지 않고 대신 어떤 실천적 인격으로, 말하자면 세계와 음모를 꾸며내며 아멘테스[327]의 핏기 없는 왕국 바깥으로 걸어 나와 세속적인 사이렌의 심장에 몸을 던지는 그런 계기들도 있다."[328] 철학이 자신의 원환을 다 돌고 나서 어떤 **총체성**Totalität에 연루됨으로써 일직선적 진전의 가능성은 더 이상 성립되지 않는다. 거기에는 완전히 연결되지 않는 두 개의 총체성이 마주보고 서 있다. 세계 없는 철학의 총체성과 비철학적 세계의 총체성. 이 **괴리**Diremption가 정점에 달해 있다. "따라서 세계란 자신 안의 어떤 총체적인 철학에 맞서 있는 분열된 세계다." 하지만 이 철학 또한 그렇게 하여 분열되고 모순된 철학이다. 그래서 완-성된 세계철학의 객관적 보편성이 다양한 사적 철학들의 순전히 주관적인 의식의 형태로 뒤집힌다. "그러나 어느 거대한 세계 철학에 뒤잇는 이 폭풍으로 길을 잃고 방황하도록 내버려 둬선 안 된다."[329]

"이 역사적 필연성을 통찰하지 않는 자는 대체 어떤 총체적 철학에 따라 아직도 인간이 살 수 있다는 것을 결과적으로 부정하게 되거나" 혹은 **중용**Mittelmässigkeit을 절대정신의 통상적인 출현으로 여기게 된

---

327) 아멘테스(Amenthes): 고대 이집트에서 믿었던 사후세계로 지하세계에서 천국으로 통하는 통로다. 두아트라고도 하는데, 여기서 맑스는 헤겔 철학이 이성이라는 사후세계, 곧 저승을 빠져나와 현실이라는 세속세계로 나아가야 한다고 역설하면서 비유적으로 '핏기 없는 왕국'이라고 표현하고 있다. ─옮긴이

328) Marx, "Differenz der demokritischen und epikureischen Naturphilosophie nebst einem Anhange", p.12[「에피쿠로스 철학 여섯번째 노트」, 『데모크리토스와 에피쿠로스 자연 철학의 차이』, 318쪽. 번역 다소 수정].

329) *Ibid.*, p.13[앞의 책, 319쪽].

다. "이 필연성 없이는 어떻게 아리스토텔레스 이후 제논이, 에피쿠로스가, 섹스투스 엠피리쿠스마저, 또 헤겔 이후에 대부분은 헤아릴 수 없이 옹색한 최근 철학의 시도들이 세상에 등장할 수 있었는지를 파악할 수 없다."[330] 때문에 루게 같은 청년헤겔파들이 했던 것처럼 헤겔 체계를 현실성에 순응시키는anpassen 문제가 아니다. "헤겔과 관련해서도 만일 그의 제자들이 그의 체계에 대한 이러저러한 규정을 [현실성에 대한] 순응Akkomodation으로" 설명하려 "한다면 이것은 그들의 순전한 무지다".[331] 물론 헤겔이 이러저러한 순응에서 이러저러한 외견상의 비일관성을 범했다는 점을 생각할 수는 있다. 이것을 그 스스로 의식했을지도 모른다. 단지 헤겔이 알 수 없었던 것은 이 외견상의 순응의 가능성이 그의 원리 자체의 불충분함에 뿌리박고 있다는 점이다. 종교와 국가에 대한 헤겔의 어떤 순응에 관해서는 할 수 있는 말이 없는데, "이 거짓말이 그의 원리의 거짓말이기"[332] 때문이다.

루게와 나머지 청년헤겔파 같은 얼치기 인간들은 그러한 시대에 "완전한 야전 지휘관들과 반대되는 관점을" 가지고 있었다. "그들은 군사력을 줄이고 분산시켜서 실재적인 욕구를 가진 자들과 어떤 평화 협정을 맺음으로써 손실들을 복원할 수 있다고 생각한다. 반면에 테미스토클레스[333]는 아테네가 황폐화의 위협을 받을 때 아테네인들이 그

---

330) *Ibid.*, p.14[앞의 책, 319~320쪽].

331) *Ibid.*, p.15[앞의 책, 61쪽].

332) Karl Marx, "Ökonomisch-philosophische Manuskripte", *Der historische Materialismus, Früher Schriften*, vol.1, ed. Siegfried Landshut, Leipzig: Afred Kroner, 1932, p.337[MEW 40, p.581][칼 맑스, 「헤겔의 변증법과 철학 일반에 대한 비판」, 『경제학-철학 수고』, 강유원 옮김, 이론과 실천, 2006, 204쪽. 번역 다소 수정].

곳을 완전히 떠나 바다로 가도록, 곧 어떤 다른 지반 위에 새로운 아테네를 건립하도록 그들의 마음을 움직였다."[334] 맑스=테미스토클레스는 철학=아테네가 황폐화의 위협을 받기에 아테네인들이 그곳을 완전히 떠나 어떤 다른 지반 위에 새로운 아테네를 건립하도록 그들의 마음을 움직이고자 한다. 이 다른 요소란 **현실성**Wirklichkeit이다. "자신 안에 자유롭게 된 이론적 정신이 실천적 에너지가 되어 아멘테스의 저승 바깥으로 걸어 나오려는 의지로서 이 정신 없이 존재하는 세속적인 현실성 쪽으로 몸을 돌리는 것은 어떤 심리법칙에 해당한다."[335] 철학이 자신이 현상하는 세계를 향한 의지임을 과시함으로써 철학은 세계의 **한 측면**이 된 것이다. 이 측면에 다른 측면이 마주해 있고 자신을 현실화하려는 충동으로 감격하며 철학은 세계를 향한 긴장에 들어선다. "내면의 빛이었던 것이 집어삼키는 불길이 되어 바깥을 향한다. 그렇게 세계가 철학적으로-되는 것은 동시에 철학이 세속적이-되는 것이며 철학의 현실화는 동시에 그 상실이라는 결론이 나온다."[336]

그렇게 맑스는 이성과 현실성 자체를 지양의 과정 속에 옮겨 놓음으로써 헤겔의 지양의 본질을 결정적으로 심화한다. 당신들은 철학을 현실화하지 않고서는 철학을 지양할 수 없지만, 또한 철학을 지양시키

---

333) 테미스토클레스(Themistokles, BC 528~BC 462): 고대 그리스의 정치가이자 장군으로 집정관이 되어 페르시아 제국의 위협에 대비하여 아테네를 그리스 제일의 해군국으로 만들었다.—옮긴이

334) Marx, "Differenz der demokritischen und epikureischen Naturphilosophie nebst einem Anhange", p.14[『데모크리토스와 에피쿠로스 자연철학의 차이』, 320쪽. 번역 다소 수정].

335) *Ibid.*, p.16[「데모크리토스와 에피쿠로스 자연철학의 일반적 원리상의 차이」, 앞의 책, 62쪽].

336) *Ibid.*, p.17[앞의 책, 62~63쪽].

지 않고서는 철학을 현실화할 수도 없다는 말이다.[337] 헤겔 법철학 비판의 실행을 마치며 맑스는 인간의 해방을 가정한다. "이 해방의 **머리**는 **철학**이고, 그 **심장**은 **프롤레타리아트**다. 철학은 프롤레타리아트가 지양되지 않으면 현실화될 수 없고 프롤레타리아트는 철학이 현실화되지 않으면 지양될 수 없다."[338]

그러나 헤겔 법철학 비판은 종교 비판을 전제하고 있다. 왜냐하면 "종교 비판은 모든 비판의 전제이기"[339] 때문이다. 맑스에게는 종교투쟁이 그가 포이어바흐와 브루노 바우어의 저서들을 통해 독일에서 본질적으로 종결되어 있다고 파악한 정신적인 종교 비판을 거쳐[340] 간접적으로mittelbar "종교를 자신의 정신적 향로로 삼고 있는 저 세계"[341]와 벌이는 투쟁이 된다. "종교가 정신이 부재한 상태의 정신인 것처럼 박해받은 피조물의 탄식이자 무정한 세계의 마음이다. 종교는 인민의 아편이다. 인민의 환상적 행복인 종교를 지양한다는 것은 인민에게 현실적 행복을 요구하는 것이다. 인민에게 자신의 상태에 대해 품는 환상들을 포기하라는 이 요구는 환상들을 필요로 하는 어떤 상태를 포기하라는 요구다."[342] 종교 비판으로 좌절한 인간은 이해하게 된다. "따라서 진리의 내세가 사라진 뒤에 역사의 임무는 현세의 진리를 세우는

---

337) Marx, "Zur Kritik der Hegelschen Rechtsphilosophie", pp.270~271[『헤겔 법철학 비판』, 17~18쪽].
338) *Ibid.*, p.280[앞의 책, 30쪽].
339) *Ibid.*, p.263[앞의 책, 7쪽].
340) Hans Barth, *Wahrheit und Ideologie*, Zürich: Manesse Verlag, 1945, pp.103~104[『진리와 이데올로기』].
341) Marx, *Ibid.*, pp.264~265[맑스, 앞의 책, 8쪽].
342) *Ibid.*[앞의 책, 같은 곳].

것이다. 무엇보다도 성스러운 형상이 인간의 자기소외인 것으로 드러난 후에 이 자기소외를 비신성한 형상으로 드러내는 것이 역사에 복무하고 있는 철학의 임무다. 이렇게 해서 천상 비판은 지상 비판으로, 종교 비판은 법 비판으로, 신학 비판은 정치 비판으로 바뀐다."[343] 그렇게 맑스의 종교를 향한 결단은 사회라는 장에서 마무리된다.

키르케고르의 『이것이냐 저것이냐』에서의 결단은 시대에 반하는 것이면서도, 특히 **그가 살던** 시대에 반하는 **영원**에 대한 결단이다. 그래서 키르케고르는 포이어바흐, 바우어, 슈티르너와 맑스의 계열에 연결된다. 맑스와 공통적으로 키르케고르에게는 엄격함과 충격력, 비판적 분석의 집요함이 있다. 하지만 한층 더 실제로도 키르케고르의 **단독자** der Einzelne는 칼 맑스의 **유적 존재**Gattungswesen와 그 무기들이 겹친다.

"이 시대에는 모든 것이 정치다"라고 키르케고르는 단독자에 대한 논평들의 서두를 시작한다.[344] 다만 종교가 출발점과 최종 목적지를 통해 볼 때 정치와 천차만별이다. 종교가 "위에서" 그 "시작을 끌어와서 지상의 것을 변용시키고 난 뒤 천상으로 끌어 올리고자erheben"[345] 하는 반면, 정치는 지상에 남으려고 지상에서 시작되기 때문이다.

그럼에도 정치와 종교 사이의 어떤 연관은 존속하며, 그리고 키르케고르는 본질적으로 맑스가 했던 것과 같은 종교와 정치의 관계를 얻

---

343) Marx, "Zur Kritik der Hegelschen Rechtsphilosophie", pp. 264~265[앞의 책, 9쪽].
344) Sören Kierkegaard, "Beilage: "Der Einzelne", Zwei "Noten" betreffs meiner Wirksamkeit als Schriftsteller", *Die Schriften über sich selbst*, Werke, trans. & ed. Hermann Ulrich, Berlin: Hochweg 1925, pp. 424~425[「부록: '단독자', 저술가로서 나의 활약에 관련된 두 개의 '메모들'」, 『자기 자신에 대한 글들』].
345) *Ibid.*.

고자 애쓴다. 물론 그는 정반대의 평가를 한다. 어느 정치가도 다음을 인식할 수 있기 때문이다. "종교적인 것이란 어느 정치가가 실제로 인간존재를 사랑하고 사람들을 사랑하는 경우에 자신의 가장 행복한 순간에 사유했던 것을 변용시켜 재현하는 것verklärte Wiedergabe이다. 설령 그가 종교적인 것을 지나치게 고상하고 너무 이상적일 뿐 아니라 비실제적이라고 발견하게 될지라도 말이다."[346] 하지만 실제로는 어떤 정치도, 어떤 세속성도, 특히 맑스가 다룬 인간-**평등**이라는 이념을 최후의 결과에 이를 때까지 두루 사유하거나 현실화할 수 없다. 완전한 평등을 **세속성**Weltlichkeit을 매개로 현실화한다는 것은 그 본질이 **다양함**Verschiedenheit인 것을 매개로 이 평등을 현실화하고자 한다는 말인데, 그럼에도 이것은 그 자체로 모순적이다. 완전한 평등은 세속성을 지양하고, 그리고 세속성을 통하여 평등을 세속적으로 현실화하고자 하는 것에 사로잡혀 있다. "오직 종교적인 것만이 영원의 조력으로 최후의 인간-평등에 이를 때까지, 곧 신을 두려워하고 본질적이고 비-세속적이며 참되고 유일하게 가능한 인간-평등에 이를 때까지 실행할 수 있다. 때문에 ——종교적인 것을 찬미하며 말하자면—— 종교적인 것은 참다운 인간적임이기도 하다."[347]

　　시대가 요구하는fordert 것 ——시대적 요구란 헤겔좌파, 특히 루게와 맑스의 표어다——그것을 결코 열거할 수는 없다. "세속성에 대한 세속적인 마찰이 일어나 이것이 원인이자 계기가 되어 세속성에 발생했

---

346) *Ibid..*
347) *Ibid..*

던 어떤 자기점화를 통하여 세속성 안에 화재가 발발하고 난 뒤에 말이다. 이와 반대로 시대가 가장 심오한 의미에서 **필요로 하는**braucht 것, 이것은 전적으로 단 한 마디 말로 이야기될 수 있다. 시대는 **영원**Ewigkeit을 필요로 한다. 우리 시대의 불운은 바로 이 시대가 단지 시간에 불과한 게 되었다는 점이다. 인내하며 영원에 관해서 아무것도 들으려 하지 않고, 그리고 나서 호의적이거나 미친 듯이, 더욱이 가장된 모방으로, 언제까지도 번영하지 않을 영원을 완전히 불필요하게 만들려고 하는 시간성/일시성Zeitlichkeit이 되었다는 점이다. 영원함 없이 지낼 수 있다거나 혹은 그럴 수 있음에 굳어질수록 더욱더 근본적으로 영원을 필요로 할 뿐이다."[348] 자신의 시대가 시간성/일시성의 모랫둑에 좌초되어 있기 때문에 키르케고르는 이 시대를 해체의 시대로 인식한다.

그런데 키르케고르도 이 시대 비판을 헤겔에 대한 비판과 하나로 만들어 진행시킨다. 헤겔 체계의 맞은편에 키르케고르는 변증법적으로 지양될 수 없는 절대적 부정성을 아이러니의 개념에 정립한다. 세계사의 양적 변증법에서 절대적인 윤리적 구별과 여기에서 뒤따르는 결단이 중성화된다. 헤겔 체계에 관해서 키르케고르는 이 체계가 어떤 **윤리**Ethik를 가지고 있지 않은 완료된 절대적 체계라고 확언한다.[349] 세계사의 **양적**quantitativ 변증법에 주체의 무한한 집중을 요구하는 단독자의 **질적**qualitativ 변증법이 맞서 있다.[350] 주체가 된다는 것이 최상의 과제

---

348) Kierkegaard, "Beilage: "Der Einzelne", Zwei "Noten" betreffs meiner Wirksamkeit als Schriftsteller", pp.424~425.

349) Kierkegaard, *Abschliessende unwissenschaftliche Nachschrift zu den Philosophischen Brocken Erster Teil*, p.203.

가 아니라면 윤리는 절망할 수밖에 없다. "하지만 윤리를 자신의 일부가 되지 않도록 만드는 것이 아주 필연적이라면 체계는 무엇을 돌보고 있는 것일까?"[351] 그러나 윤리적 특질은 가장 놀라울 만한 양을 경멸하고 역사적 판단의 양적 변증법에서 "탈도덕화하는 미학적 파괴"[352]를 인식한다. 그런데 헤겔 비판은 시대 비판이기도 하다. "우리 시대의 화두는 어떤 개별 학자나 사상가가 세계사에 몰두해 있다는 것이 아니라, 대신 시대 전체가 세계사를 부르짖고 있다는 것이기 때문이다." 하지만 세계사와 너무 많이 교제하는 시대는 비윤리적이다. "세계사적인 것과 계속 교제함으로써 버릇을 잘못 들인 채 유일하게 의미 있는 것만을 하고자 하고, 본질적인 것, 가장 내면의 것, 자유, 윤리적인 것을 돌보는 대신에 우연적인 것, 세계사적 결과만을 돌본다."[353] 하지만 윤리적인 것은 그 무한한 가치를 자신 안에 나르고 있는 절대적인 것이며 "스스로 더 잘 작용하기 위해 어떤 부속물도 필요로 하지 않는다. 그런데 이 미심쩍은 부속물이 바로 세계사적인 것이다."[354] 세계사적 부속물은 그 뒤에 **절망**Verzweiflung을 숨기고 있으므로 미심쩍다. "우리 시대와 19세기에 대한 모든 환호 한가운데에 인간 존재에 대한 내밀한 경멸의 소리가 들려온다. 주요 세대의 한가운데에 인간 존재에 대한 어떤 절망이 지배하고 있다. 이 절망의 상태에 함께 있고자 하는 이 모

---

350) *Ibid.*, p.210.
351) *Ibid.*, p.213.
352) *Ibid.*, pp.214~215.
353) *Ibid.*.
354) *Ibid.*, p.221.

든 것을 사람들은 세계사적으로 총체적인 것으로 기만하고자 할 것이며, 그 누구도 단독적으로 실존하는 인간이 되려 하지 않는다. 이 때문에 헤겔 철학에서 곤란한 것을 본 적 있는 이들에게서조차 헤겔을 고집하려는 시도들이 많이 있는지도 모른다. 사람들은 단독적으로 실존하는 인간이 되어 흔적도 없이 사라지고 그 결과 한 번도 일간신문에서 ──비판적 잡지나 세계사적 사변가들은 말할 것도 없다── 자신에게 눈길을 주지 않을까봐 두려워한다. 단독적으로 실존하는 인간이 되어 시골에 사는 어떤 사람처럼 계속 잊히고 고독한 생활을 해야만 한다는 것에 대해 두려워한다. 그러기에 만일 우리가 황급히 헤겔의 고삐를 놓고 만다면 사람들이 우리에게 어떤 편지를 부칠 가능성이 결코 남아 있지 않게 된다. 또 다음을 부정할 수 없다. 어떤 윤리적이고 종교적인 열광이 없다면 단독적인 인간이라는 사실에 대해 절망하는 것 말고는 아무것도 할 수 없다는 점 말이다."[355] 이 세대의 용기 한가운데에 개인의 불안과 절망이 발견될 수 있다. "마치 사막에서 거대한 무리의 약탈자들과 야생 짐승들에 대해 불안해하며 여행해야만 하는 것처럼 지금 개인들은 실존에 대해 전율을 느끼고 있다. 그들이 신에게 버림받았기 때문이고, 그들은 대단히 활기 있게 왕래하며 혼잡하게만 감히 살아볼 수 있고 그럼에도 무언가가 되기 위해 서로 떼로en masse 붙잡고 있다."[356]

---

355) Kierkegaard, *Abschliessende unwissenschaftliche Nachschrift zu den Philosophischen Brocken Zweiter Teil*, p.52.
356) *Ibid.*.

자기소외

이성과 현실성에 대한 헤겔의 화해에 반대하는 결단에서 맑스와 키르케고르는 현실성에 찬성하는 결단을 내리고 화해Versöhnung를 비판Kritik으로 뒤집는다. 맑스의 비판은 헤겔의 법철학과 **부르주아 자본주의**bürgerlicher Kapitalismus를 동시에 향해 있고, 키르케고르의 비판은 헤겔의 종교철학과 **시민 그리스도교 정신**bügerliche Christlichkeit을 동시에 향하고 있다.[357] 그들의 공통 기반은 **시민 부르주아-그리스도교 세계**bürgerlich-christliche Welt에 대한 비판이며 그 공통 원리는 **현실성을 현실적으로**Wirklichkeit wirklich 만드는 것이다.[358]

맑스는 헤겔이 현실성을 본질과 실존의 통일로 해석한 것에는 이의를 제기하지 않지만, 그는 헤겔이 경험을 신비화시키기 때문에 그

---

357) 독일어 Bürger(tum)에는 프랑스어 citoyen에 잔존해 있는 정치참여의 자유를 누렸던 '시민'의 범주 말고도 이 개념을 역사적으로 최초 정립시킨 프랑스 혁명의 의미론적 유산인 유산 계급을 지칭하는 부르주아(bourgeoisie)의 범주도 보존되어 있다. 이 혼란을 피하기 위해 처음으로 칸트가 국가 공동체의 구성원을 뜻하는 citoyen에 대한 번역어로 '공민/국가시민'(Staasbürger)을 도입한다. 특히 맑스와 키르케고르가 살던 당시의 19세기 유럽에는 발리바르가 지적하듯이 현재의 유럽형 복지국가의 전신인 '국민사회국가'(national-social state)가 프랑스 인권선언을 대리보충하는 차원에서 기획되고 실행되고 있었다. 가령 독일에서는 비스마르크가 입안한 '위로부터의 혁명'으로 보편적 권리를 지칭하는 '공민'(Staatsbürger)은 국민국가의 틀과 이 국가에 의해 부여되는 국적이라는 제도 내에 제한되기도 했다. 이처럼 인민-국가-계급의 복잡한 맥락을 고려하여 명사 Bürger와 형용사형 'bürgerlich'를 부르주아의 경제적 사적 인간의 특징을 비판하는 맑스에게서는 '부르주아'로 그런 경제적 측면 대신 종교성을 비판하는 키르케고르에게서는 '시민'으로 각기 달리 옮기고, 헤겔에 대한 대항으로 양자가 함께 등장할 때에만 '시민 부르주아'로 옮긴다. 그리고 프랑스혁명의 인권선언에서 '인간'과 구별될 때에만 예외적으로 cityoen의 독일어 번역어인 '공민'으로 옮겼다. 다음을 참조할 수 있다, 에티엔 발리바르, 『정치체에 대한 권리』, 진태원 옮김, 후마니타스, 2011, 특히 「민주주의적 시민권인가, 인민주권인가: 유럽에서의 헌법 논쟁에 대한 성찰」, 229~230쪽; 칼 맑스, 『유대인 문제에 관하여』, 김현 옮김, 책세상, 2015, 미주 3/124~125쪽, 미주 40/140~142쪽.―옮긴이

358) Löwith, *Von Hegel bis Nietzsche*, pp. 205~206[『헤겔에서 니체로』, 193쪽].

를 가장 극단적인 유물론자라고 비난한다. 헤겔의 국가철학에 대한 비판에서 맑스는 매 단락마다 헤겔의 '범신론적 신비주의'를 뒤따라간다. 곳곳에서 헤겔은 산출하는 자를 그 산물의 산물로 정립한다.[359] 헤겔의 법철학에서 경험적 현실성은 있는 그대로 나타나며 또한 이성적인 것으로도 파악되지만, 그 자신의 이성 때문이 아니라 경험적 사실에 어떤 새로운 토대가 부가되었기 때문이다. "출발점으로 삼게 되는 사실은 그 자체가 아니라 신비적인 결과로 파악된다. 현실적인 것은 현상이 되지만 이념에는 이 현상 말고는 그 어떤 다른 내용도 없다."[360] 이 안에 "법철학의 비밀 전체가, 헤겔 철학 일반의 비밀 전체가 간직되어 있다."[361] 헤겔은 곳곳에서 이념을 주체로 만들고 본래적이고 현실적인 주어를 술어Prädikat로 만든다. 그러니까 헤겔의 '화해'는 "난점들을 해결하는 데에는 아무런 기여도" 하지 못"지만 이 난점들을 더욱더 명확하게 부각시키고 있다".[362] 맑스와 마찬가지로 키르케고르는 현실성에 대한 헤겔의 철학적 개념에 대한 비판에 전력투구한다. "철학자들이 현실성에 대해 말하는 것을 들을 때, 이는 마치 어느 고물장수의 진열창으로 표시판에 쓰인 문장, '여기서 다림질이 가능합니다'를 읽을 때와 똑같이 오해를 사기 쉽다. 다림질을 맡기려고 빨랫감을 가지고 들르려 하면 그는 우롱당한 게 될 것이다. 그 표시판은 판매용으로만 거기 걸어 둔 것이다."[363] 현실성은 논리학의 한 절로는 다뤄질 수

359) Marx, "Zur Kritik der Hegelschen Rechtsphilosophie", p. 25 [『헤겔 법철학 비판』, 41쪽].
360) *Ibid*., p. 26 [앞의 책, 42쪽].
361) *Ibid*. [앞의 책, 42쪽].
362) *Ibid*., p. 90 [앞의 책, 131쪽].

없으며 논리학은 현실성의 우연적인 것이 발생하게 둘 수 없기 때문에 이 현실성을 동화시킬 수 없다. "현실성이라는 것은 추상화의 언어로는 표현될 수 없다. 현실성이란 사유와 존재의 가설적인 추상적 통일성 사이의 어떤 사이-존재(이해관계/관심)$^{inter-esse}$이다."[364] 현실적인 현실성은 맑스와 키르케고르가 서 있는 지반이다. 이 현실성은 행위에 대한 **열정**^{Leidenschaft}에서 생기는 **이해관계/관심**^{Interesse}에 세워져 있다. 열정은——닫힌 원환, 곧 헤겔 체계의 종결과 달리——이것이냐 저것이냐에 대한 결단을 낳는 **탈-종결**$^{Ent-schluss}$로 몰고 간다.[365] 그런데 결단은 탁월한 의미에서 도약이다. 맑스에게서는 필연성의 왕국에서 자유의 왕국으로, 키르케고르에게서는 세계에서 신으로 도약하는 것이다. 혁명적인 인류^{Menschentum}란 도약하고 있는 어떤 실존, 하나 됨을 동경하는 파-열된[끊어져-도약된]$^{zer-sprungen}$ 실존이다.

맑스와 키르케고르의 차이는 **내부**^{Innen}와 **외부**^{Außen}의 위치에 의해 결정된다. 맑스는 부르주아 자본주의의 프롤레타리아 혁명의 근거를 대중의 경제적 실존에 두고, 키르케고르는 시민 그리스도교 세계의 종교적 혁명의 근거를 단독자에 둔다. 이 대조에 자기소외에 대한 해석 차가 대응한다.[366] 맑스는 인간이 자신의 유적 존재로부터 소외되어 있는 부르주아 사회 안에서 어느 고립된 개개인들의 사회를 인식하고,

---

363) Kierkegaard, *Entweder/ Oder. Ein Lebensfragment. Erster Teil*, p.29[『이것이냐 저것이냐 I』, 54~55쪽. 번역 다소 수정].

364) Kierkegaard, *Abschliessende unwissenschaftliche Nachschrift zu den Philosophischen Brocken Zweiter Teil*, p.13.

365) Löwith, *Von Hegel bis Nietzsche*, pp.202~203[『헤겔에서 니체로』, 196쪽. 번역 다소 수정].

366) *Ibid.*[앞의 책, 같은 곳].

키르케고르는 인간이 자신의 단독성으로부터 소외되어 있는 시민 그리스도교 세계 안에서 어느 대중의 그리스도교를 본다. 키르케고르가 자신의 비판을 시민 그리스도교 세계의 인간의 자기소외를 향해 겨냥하고 있는 데 반해, 맑스는 시민 부르주아 사회, 국가와 그리스도교에 대한 헤겔의 화해와 결전을 벌이면서 자신의 비판을 부르주아 자본주의의 인간의 자기소외를 향해 조준한다.[367] 맑스와 키르케고르의 비판은 신과 세계의 몰락에 기초해 있는데, 이 몰락은 묵시주의와 영지주의에 대한 연구에서 나타나 있는 대로 자기소외의 본원적인 전제다.

시민 부르주아 사회 비판을 이끄는 실이 맑스에게는 **인간의 자기소외**Selbstentfremdung des Menschen다. 맑스는 자기소외의 본질을 국가, 경제와 사회의 장에서 분석한다. 국가와 사회의 장에서 자기소외는 시민 부르주아 사회와 정치적 국가 사이의 **분리**Trennung에 의해 정해져 있다. 이전에는 시민 부르주아 사회가 곧 정치적 사회였기 때문에 시민 부르주아 사회의 신분들과 정치적 신분들이 동일했었다. 이 동일성이 사라진 것이다. 헤겔은 이 동일성을 사라졌다고 전제한다. 시민 부르주아 신분들과 정치적 신분들의 분리만이 정치적 사회의 참다운 관계를 새롭게 표현하고 있을 뿐이다.[368] 시민 부르주아 사회와 정치적 국가의 분리의 보편적 법칙이 이 결속체들 구성원의 한가운데를 통과하고 있다. 시민 부르주아적 인간은 실제 시민으로서 관료주의적이고 사회적인 조직체에 존재하고, 사적 인간으로서는 국가 외부에 자리한다. 이

---

367) Löwith, *Von Hegel bis Nietzsche*, pp.202~203[앞의 책, 같은 곳].
368) Marx, "Zur Kritik der Hegelschen Rechtsphilosophie", p.113[『헤겔 법철학 비판』, 162쪽].

시민 부르주아적 인간이 스스로 실제 공민[국가시민]Staatsbürger으로 행동하려면 자신의 시민 부르주아적 현실성 바깥으로 걸어 나와야만 한다. "공민으로서 그의 실존은 그의 공동체적인 실존의 바깥에 있으며 따라서 순수하게 개별적인 실존이다."[369] 현실의 인간은 현 국가체제의 사적 인간이다.

프랑스 혁명을 통한 인권선언에서 '인간'Mensch과 '공민'Bürger[370] 사이의 분리가 확립된다. 인권droits de l'homme, 인간의 권리Die Rechte des Menschen는 그 자체로 시투아앵의 권리droits du citoyen, 공민권Rechte des Staatsbürgers과 구별된다. **시투아앵(공민)**cityoen과 구분되는 **인간**homme은 시민 부르주아 사회의 구성원이다. 시민 부르주아 사회의 구성원을 명실상부한 인간으로 부르고, 그의 권리를 인권으로 부를 수 있다는 것은 정치 해방의 본질로 설명될 수 있다. 자유란 **시민 부르주아의**bürgerlich 인권으로 "타인을 침해하지 않는 한 무엇이든지 행하고 추진할 수 있는 것이다. 두 농경지 간의 경계가 울타리 말뚝에 의해 정해지듯이 각자가 타인을 침해하지 않는 가운데 운신할 수 있는 범위는 법률을 통해 정해져 있다. 자신 자신으로 돌아간 고립된 단자로서 인간의 자유가 다뤄지고 있는 것이다."[371] 자유라는 인권은 인간과 인간의 결속, 코무니오(함께 함)

---

369) *Ibid.*, p.120[앞의 책, 171쪽].

370) 프랑스 혁명 직후 'citoyen'의 양가적 의미와 그 변천 및 독일어 'Staatsbürger'와의 차이에 대해서는 이 권의 각주 357을 참조할 수 있다. —옮긴이

371) Karl Marx, "Zur Judenfrage", *Der historische Materialismus, Früher Schriften*, vol. 1, ed. Siegfried Landshut, Leipzig: Afred Kroner, 1932, p.248[「유태인 문제에 대하여」, 『마르크스의 초기 저작: 비판과 언론』, 전태국 외 옮김, 열음사, 1996, 354쪽. 『유대인 문제에 관하여』, 김현 옮김, 책세상, 2015, 50쪽].

communio가 아니라 인간과 인간의 분리에 세워져 있다. 자유라는 인권의 실제적 귀결은 **사적 소유**Privateigentum의 인권이다. 사적 소유의 인권은 자신의 능력에 대한 다른 사람들과의 관계에 아무런 조처도 취하지 않는 자의적인(자기 의사에 따른à son gré) 권리다. 사적 소유의 인권은 이기의 권리다. 자유와 사적 소유라는 인권은 다시 시민 부르주아 사회의 기반으로, 그 안에서 만인은 타인 안에서 자신의 자유의 실현을 인식하는 것이 아니라 오히려 그 자유의 제약을 인식한다.

국가, 사회와 종교의 장에서 자기소외의 방식들은 거듭 인간의 삶을 속속들이 지배하고 있는 근본적인 자기소외의 결과에 불과하다. 사적 소유의 사회에서 인간의 삶은 **노동**Arbeit으로 이뤄진다. 사적 소유의 주체적 본질, 곧 인격으로서 사적 소유란 노동이다. 맑스는 엥겔스의 말에 따라 애덤 스미스를 국민경제의 루터라고 표현한다. 루터가 종교성을 인간의 내적 본질로 만듦으로써 가톨릭 이교도의 외적 종교성을 지양했던 것처럼 스미스 역시 그렇게 한다. 고전적 국민경제는 사적 소유가 인간 자신 안에 편입되고 인간이 스스로를 이 소유의 존재로 인식함으로써 부의 무사유적 대상성을 지양한다. 그래서 인간 자신은 루터가 인간을 종교성의 항목 밑에 둔 것과 유사하게 사적 소유의 항목 밑에 놓이게 된다.

"따라서 인간의 인정이라는 가상 아래에서 노동을 자신의 원리로 삼고 있는 국민경제는 오히려 인간에 대한 부정을 필연적으로 실행한 것에 불과하다."[372] 인간은 더 이상 사적 소유라는 외적 존재에 대

---

372) Marx, "Ökonomisch-philosophische Manuskripte", pp. 288~289[『경제학-철학 수고』,

한 외적 긴장 속에 있지 않고 인간 스스로가 긴장되어 있는 사적 소유의 존재다. "이전에 자기-외적 존재Sich-Äußerlichsein이자 인간의 실재 외화Entäußerung[373]였던 것이 이제는 외화 행위, 곧 양도Veräußerung가 되었다."[374] 따라서 고전적 국민경제가 인간의 인정과 그의 자립과 자기활동이라는 가상 아래에서 시작되어 인간의 본질 자체에 사적 소유를 옮겨 놓는다면 "이 국민경제는 계속 발전되면서 이 위선을 벗어던지고 완전한 냉소주의의 모습으로 등장하여 이 냉소주의를 행할 것이다. 이 국민경제가…… 매우 일면적이고 이 때문에 더 날카롭고 더 수미일관되게 노동을 부의 유일한 본질로 전개시킴으로써 말이다."[375] 국민경제의 냉소주의가 스미스에서 시작해 [장 바티스트] 세[376]를 거쳐 리카도에 이르기까지 자라난 것은 산업의 결과들이 세와 리카도의 눈앞에서 더 분명하고 더 발전된 것으로 등장하기 때문이 아니라, 무엇보다도 이들이 또한 인간에 반하는 소외를 의식하면서 항상 성큼성큼 나아가기 때문이다. 인간의 자기소외는 국민경제가 더 수미일관되고 더 참되게 발전하기 때문에 더욱더 명백해진다. 산업 자본주의의 분열된 현실이 국민경제 안에 있는 자기 분열의 원리를 증명한다. 산업 자본주의 사회에서 모든 부는 노동의 부가 되었으며, 산업은 산업 자본이 사적

118쪽].

373) 헤겔은 인간존재의 표현(노동을 통한)으로서 '외화'(Entäußerung/externalization)와 '소외'(Entfremdung/alienation)를 미묘하게 구별하는 반면 맑스에게 이 양자의 차이는 지워져 있고 후자를 더 강조한다. ─옮긴이

374) Marx, *Ibid.* [맑스, 앞의 책, 같은 곳].

375) *Ibid.* [앞의 책, 119쪽].

376) 장 바티스트 세(Jean Baptiste Say, 1767~1832) : 프랑스의 경제학자로 애덤 스미스의 학설을 프랑스에 도입하여 '3생산요소론'을 주창하였다. ─옮긴이

소유의 완성된 형태인 것처럼 완성된 노동이다.[377] 이제 최초로 사적 소유가 인간에 대한 지배를 완성하고 가장 보편적인 형태로 세계사적인 위력이 될 수 있다.[378]

이미 부르주아-자본주의 사회 비판에 암암리에 포함되어 있는 고전적 국민경제에 대한 비판과 하나가 되어 헤겔에 대한 비판이 진행된다. 왜냐하면 헤겔이 노동을 인간의 본질로 파악함으로써 "그가 근대 국민경제의 입장에 서기"[379] 때문이다. 하지만 헤겔이 노동에서 자신을 입증하는 인간의 본질을 인식하고 있으므로 그는 노동의 부정적 측면이 아니라 긍정적 측면만을 본다. 헤겔은 추상적인 정신노동을 유일하게 인식하고 인정한다. 외화의 장에서 노동하는 인간이 자신을-회복하는 일이 헤겔에게서는 철학에서 이뤄진다. 철학에서 자신을 인식하는 인간이 외화되며 헤겔은 이 외화를 철학의 본질로 파악한다. "헤겔 현상학과 그 최종 결과에서 ——변증법, 곧 운동과 산출의 원리인 부정성에서 ——그 위대함은 가령, 한번은 헤겔이 인간의 자기산출을 하나의 과정으로, 대상화를 대상의 박탈이자 외화와 이 외화의 지양으로 파악한 것이다. 말하자면 그는 현실의 인간을 그들 자신의 노동의 결과로 파악하기 때문에 노동의 본질을 파악하고 그 대상적 인간을 보존한다. 인간이 유적 존재로서 자신에 대해 현실에서 활동하며 맺는 관계는 그가 실제로 그의 모든 유적인 힘들을 ——역사의 결과로서 —— 발휘하고 대상들로서 이러한 유적 힘들과 관계함으로써만 가능한데,

---

377) Marx, "Ökonomisch-philosophische Manuskripte", p. 291 [앞의 책, 122쪽].
378) Ibid. [앞의 책, 123쪽].
379) Ibid., p. 329 [앞의 책, 192쪽; 원래 인용문에는 '국민경제학자들'로 나와 있다]

이는 우선은 다시 소외의 형태로만 가능할 뿐이다."[380]

하지만 동시에 헤겔의 편협함과 **한계**Grenze가 분명해진다. 왜냐하면 철학의 문제는 의식의 대상을 극복하는 것이기 때문이다. 그와 같은 대상성은 인간의 소외로, 인간의 자기의식에는 대응되지 않는다. 가령 재전유Wiederaneignung[381]는 자기소외의 항목 속에 있는 인간의 본질을 지양하려 하지 않는다. **소외**Entfremdung가 아니라 **대상성**Gegenständlichkeit이 지양되는 것이다. 헤겔 변증법의 전제는 비-대상적이고 유심론적spiritualistisch 존재로서의 인간이다. 헤겔에게 인간이란 인간의 자기의식과 동일하다. 그래서 인간의 모든 소외는 자기의식의 소외와 다르지 않다. 자기의식의 소외는 인간 본질의 현실적인 소외를 반영하지 않는다. 현실적 소외는 헤겔에게 인간의 가장 내부에 있는 본질인 자기의식의 소외가 '현상하는 것'Erscheinung과 다르지 않다.

이 현상학에 자기소외의 과정이 기술되어 있다. "현상학은 이 때문에 은폐된 자기 자신에 대해 여전히 불명료하고 신비화하는 비판이다. 하지만 현상학이 인간의 소외를 고집하는 한——설령 인간이 정신의 형상으로만 현상한다고 할지라도—— 그 안에 비판의 모든 요소들이 감추어져 있고 보통 이미 헤겔의 입장을 능가하는 폭넓은 방식으로 준비되어 있고 정비되어 있다."[382] 헤겔 현상학의 개별 절에는 종교, 국가, 시민 부르주아 생활 같은 영역들 전체의 비판적 요소들이, 하지

---

380) *Ibid.*, p.328[앞의 책, 같은 곳].
381) 맑스의 '(재)전유'와 키르케고르의 '자기화'의 용법상 차이에 대해서는 3권 각주 236을 참조하라.—옮긴이
382) *Ibid.*, p.322[앞의 책, 191쪽].

만 당연히 소외된 형태로 포함되어 있다. 왜냐하면 역사의 현실적 과정은 자기의식에서 진행되는 과정의 출현으로서만 구현되기 때문이다. 따라서 헤겔 변증법은 현실성의 변증법이 아니라 이념의 변증법이다. 헤겔이 이념의 변증법적 화염으로 불태우고 있는 것은 현실 종교, 현실 국가, 현실 사회와 자연이 아니라 분명 지식의 대상이자 신학과 교의학으로서 종교 자체다. 국가와 사회가 아니라 법학과 국가학이 지양에 빠져 있으며 자연이 그 대상성으로 지양되어 있는 것이 아니라 자연과학이 지양되어 있다.[383] 헤겔은 노동을 인간의 자기산출 행위로 파악한다. 하지만 이 행위는 인간적 본질 자체가 추상적 정신으로, 곧 자기의식으로만 여겨지기 때문에 형식적인 것에 불과하다. 이 변증법적 과정은 어떤 담지자를 가져야만 한다. 주어는 절대정신으로서 신이 될 수 있는 데 반해, 현실의 인간과 현실의 자연은 이 숨겨진 것의 술어들과 상징들로 그 가치가 하락된다. 주어와 술어가 헤겔 변증법에서는 전도되어 있다. 절대이념은 자기 자신을 다시 지양하고 추상으로서 자신을 다시 포기하여 이 절대이념은 "바로 그것의 역이 되는 존재, 곧 **자연에 도달**"[384]한다. 헤겔의 논리는 다음 결론에 다다른다. "절대이념은 자신에 대해서 무이며 **자연**이야말로 무엇이다."[385] 그러나 헤겔은 여전히 추상적으로 자연을 의도하고 있다. "자연으로서 자연, 다시 말해 그것이 그 안에 숨겨진 저 내밀한 의미와 감각적으로 구분되어 있는 경우에 이 추상들에서 분리되고 구별된 자연은 무이며, 스스로를 무로

---

383) Marx, "Ökonomisch-philosophische Manuskripte", p.99[앞의 책, 207쪽].
384) *Ibid.*, p.342[앞의 책, 211쪽].
385) *Ibid.*, p.345[앞의 책, 같은 곳].

입증하는 어떤 무는 무의미하거나 지양되어 있는 외재성이라는 의미만을 가질 뿐이다."[386] 자연의 외재성은 절대적인 것은 정신이므로 자연의 결여다.

혜겔의 **정신** 변증법을 맑스는 **자연**의 유물론적 변증법에 대립시킨다. 이제 변증법적 과정의 주체는 "자연의 모든 힘들을 들이마시고 내뱉는 인간"[387]이다. 인간의 대상적 본질이 대상들을 통해서 정립되어 있고 이 본질은 본래 자연에서 왔으므로 이것이 대상들을 창출한다. 인간은 직접적으로 자연적 존재다. 대상적이고 감각적인 존재로서 인간은 "자신의 고통을 느끼는 존재라는 바로 이 이유에서 시달리는 존재이고 열정적인leidenschaftlich 존재"[388]다. 열정은 정력적으로 추구하는 인간이라는 존재의 힘이다. 그런데 인간은 자연적 존재일 뿐 아니라 인간적인 자연 존재이기도 하다. 다시 말해 유적 존재다. 유적 존재로서 인간은 자신의 존재로만이 아니라 자신의 지식으로도 스스로를 입증하고 활동해야만 한다. 자연적인 모든 것이 발생해야만 하고 이 이유에서 인간 또한 자기 발생의 행위인 역사를 가진다. "역사는 인간의 진정한 자연사다."[389] 맑스는 **경제**Ökonomie가 역사의 기반이 된다는 것을 밝혀낸다. "일반적으로 모든 역사과학과 사회과학에서와 마찬가지로 경제학 범주들의 작동에서 다음 사실이 항상 고수되어야 한다. [현실에서처럼 머릿속에 주체가——여기서는 근대 부르주아 사회라는 주체

---

386) *Ibid*.[앞의 책, 215쪽].
387) *Ibid*., p.332[앞의 책, 197쪽].
388) *Ibid*., p.334[앞의 책, 200쪽].
389) *Ibid*., p.335[앞의 책, 같은 곳].

가—— 주어져 있고 이 때문에 현존 형태들과 실존 규정들의 범주들은 대개 이 주체의, 즉 이 특정 사회의 개별 측면만을 표현할 뿐이며 그리하여] 이제 경제[근대 부르주아 사회][390]에 관해 그와 같은 것으로 화제에 오르는 곳에서는 결코 경제[근대 부르주아 사회]가 비로소 과학적으로도 시작되지 않는다는 점을 말이다."[391]

인간의 자기소외는 이제 **논리적** 과정이 아니라 **경제적** 과정으로 나타난다. 자기소외의 기반을 맑스는 가장 먼저 화폐로 규정한다. 화폐는 만물의 현실적 정신이다.[392] "화폐는 인간의 모든 신들을 낮추어서 그 신들을 상품으로 변화시킨다. 화폐는 그 자체로 구성된 모든 사물의 보편적인 가치다. 그래서 화폐는 세계 전체에서, 자연만이 아니라 인간 세계에서 그들이 지닌 고유한 가치를 강탈했다. 화폐는 인간에게 소외된 인간의 노동과 현존의 본질이자 이 낯선 본질이 인간을 지배하고 인간은 그것을 찬양한다."[393] 자기소외에 대한 첫 분석에서 그랬던 것처럼 맑스는 부르주아-그리스도교 사회를 겨냥하고 있다. 화폐는 부르주아 사회에서 만물을 혼동시키고 뒤바꾸는 가치의 총괄

---

390) 인용 부분의 마지막 문장의 본래 주어는 생략된 인용문장의 '근대 부르주아 사회(라는 주체)'다. 타우베스는 이 주어 대신 '경제'를 삽입하여 '구원과 경제'에 대한 자신의 논의를 이어 가고 있다. 이런 측면에서 생략과 전치를 그의 실수나 오독이라기보다는 인용의 전략으로 보는 편이 타당할 것이다. 이는 더 나아가 프로이트가 압축과 전치로 요약한 '꿈의 (현실에 대한 재현) 작업 방식'과도 닮아 있다.—옮긴이

391) Karl Marx, *Zur Kritik der politischen Oeconomie*, ed. Karl Kautsky, Stuttgart; J. H. W. Dietz nachfolgender, 1903, p.XLIII[칼 맑스, 『정치경제학 비판을 위하여』, 김호균 옮김, 228~229쪽. 칼 맑스 외, 『칼 맑스, 프리드리히 엥겔스 저작 선집 2』, 편집부 엮음, 박종철출판사, 1997, 467~468쪽. 번역 다소 수정].

392) Marx, "Ökonomisch-philosophische Manuskripte", p.357[『경제학-철학 수고』, 177쪽].

393) Marx, "Zur Judenfrage", p.260[「유태인 문제에 대하여」, 366~367쪽. 『유대인 문제에 대하여』, 70쪽. 번역 다소 수정].

이다. 그래서 화폐는 "만물의 보편적 혼동과 뒤바꿈, 곧 전도된 세계이
자 모든 자연적이고 인간적인 성질의 혼동이자 뒤바꿈이다."[394]

그래서 맑스가 정치 경제학 비판에 『자본』을 제목으로 지정하고
상품 분석으로 이 저작이 시작하는 것은 결코 우연이 아니다. **상품문제**
Warenproblem는 경제학의 개별문제가 아니라 부르주아 자본주의 사회 일
반의 구조적 문제이기 때문이다. 상품의 거래는 항상 있어 왔지만, 부
르주아 자본주의에서는 사회의 외적 삶뿐 아니라 내적 삶이 완전히 상
품에 의해 결정되어 있다. 상품은 사회의 구성적 형식, 곧 사회적 존재
전체의 보편적 범주다.[395]

첫눈에 상품은 어떤 자명한 사물처럼 나타난다. 하지만 상품 분
석은 상품이 "아주 복잡다단한 사물임을, 형이상학적 궤변과 신학적
인 변덕이 가득함을" 밝혀낸다. "이를테면 나무의 형태는 이 나무를 가
지고 책상을 만들게 되면 변화된다. 그럼에도 불구하고 책상은 나무
로, 여느 감각적 사물로 남아 있다. 하지만 그것이 상품으로 등장하면
감각적으로 초감각적인 사물로 바뀌게 된다. 책상은 자신의 두 다리
로 바닥에 서 있을 뿐 아니라 다른 모든 상품들에 대해서 물구나무 세
워지게 되고 탁자가 스스로 춤추기 시작한다는 이야기보다 훨씬 기이
한 망상들을 자신의 나무로 된 머릿속에서 전개한다."[396] "상품의 신비

---

394) Marx, "Ökonomisch-philosophische Manuskripte", p.360[『경제학–철학 수고』, 180쪽. 번
     역 다소 수정].

395) Lukács, *Geschichte und Klassenbewusstsein*, pp.94~95[『역사와 계급의식』, 157쪽/182쪽].

396) Karl Marx, *Das Kapital. Kritik der politischen Ökonomie*, vol.1, ed. Karl Korsch, Berlin:
     Gustav Kiepenheuer Verlag, 1932, p.83[『자본: 정치경제학 비판』][칼 맑스, 『자본 I–1』, 강신
     준 옮김, 길, 2008, 133쪽. 칼 맑스 『자본론 1–상』, 김수행 옮김, 비봉출판사, 2015, 91~92쪽. 번역

로운 특징"은 상품형식 자체에서 야기된다. "상품형식의 신비로움이란 가령 이 형식이 인간에게 그들 자신의 노동의 사회적 특징들을 노동 생산물 자체의 대상적 특징들로, 곧 이 사물들의 사회적인 자연속성들로 되비추고, 그런 까닭에 생산자들이 총노동에 대해 맺는 사회적 관계 또한 그들 바깥에 존재하는 대상들의 사회적 관계로서 되비춘다는 점에 단순히 존재한다. 이 착시현상quid pro quo을 통해 노동 생산물은 상품이, 곧 감각적으로 초감각적이거나 사회적인 사물이 된다. 그것은 인간 자체의 특정한 사회적 관계에 지나지 않으며, 여기서는 그들이 사물들과 맺는 관계에서 요술적인 형태를 취하고 있다. 그런 까닭에 이것에 대한 유비를 발견하기 위해서는 종교적 세계의 모호한 지역으로 피신해야 한다. 이곳에서는 인간의 두뇌가 만들어 낸 산물들이 고유한 생명을 부여받고 서로서로나 사람들과도 관계하고 있는 자립적인 형상들로 나타난다. 상품 세계에서 인간의 손이 만들어 낸 산물들이 그렇게 나타난다. 이것을 나는 그것들이 상품으로 생산되자마자 노동 생산물에 달라붙어 있고, 그 탓에 상품 생산에서 분리될 수 없는 물신주의라고 부른다."[397] 상품세계의 물신적 특징은 상품을 생산하는 노동의 특유한 특징에서 기인한다.

자기소외의 지양은 자기소외와 같은 길을 밟는다.[398] 공산주의는 지양된 사적 소유에 대한 실정적 표현이다. 그 최초 형태에서 공산주

다소 수정]

397) Marx, *Das Kapital. Kritik der politischen Ökonomie*, vol. 1, pp. 84~85[앞의 책, 134~135쪽/93~94쪽. 번역 다소 수정].

398) Marx, "Ökonomisch-philosophische Manuskripte", p. 292[『경제학-철학 수고』, 123쪽].

의는 "사적 소유의 보편화이자 완성에 불과하다". "육체적이고 직접적인 점유가 사적 소유에서는 생활과 생존의 유일한 목적으로 여겨진다. 노동자라는 규정은 지양되지 않고 모든 인간에게 확대된다."[399] 사적 소유의 관계는 공동체에 대한, 사물세계에 대한 관계로 남아 있다. "하지만 이 공산주의는—인간의 인격성을 곳곳에서 부정함으로써—바로 이러한 부정에 해당하는 사적 소유에 대한 논리적으로 필연적인 표현에 불과하다. 스스로를 힘으로 구성하는 보편적인 시기심은 탐욕이 만들어져서 단지 다른 방식으로 충족되는 숨겨진 형태일 뿐이다."[400] 이 첫 형태에서 공산주의는 "스스로를 실정적인 공동체적 존재로 정립하고자 하는 사적 소유의 저열함이 현상하는 형태에 불과하다."[401] 국가의 지양을 성취하는 정치적 공산주의로서 두번째 형태에서 공산주의는 물론 자신의 개념을 파악하기는 했어도, 아직 그 본질을 붙잡지는 못했다. 정치적 공산주의는 분명 스스로를 인간이 그 자신 안으로 다시 통합되거나 복귀하는 것으로, 곧 인간의 자기소외의 지양으로 인식하지만, 사적 소유의 실정적 본질을 아직도 파악하지 못하고 마찬가지로 욕구라는 인간의 본성을 이해하지 못함으로써 여전히 그와 같은 사적 소유에 사로잡혀 있고 감염되어 있다. 세번째 형태에서야 비로소 공산주의는 스스로를 "인간의 자기소외와 같은 사적 소유의 실정적 지양으로, 또 그리하여 인간에 의한, 인간을 위한 인간 본질의 현실적인 전유로" 이해한다. "이 때문에 인간 자신이 어떤 사

---

399) *Ibid.* [앞의 책, 124쪽].
400) *Ibid.*, pp. 293~294 [앞의 책, 125쪽].
401) *Ibid.* [앞의 책, 127쪽. 번역 다소 수정].

회적인, 다시 말해 인간적인 인간으로 복귀하는 것으로 이해된다. 이 복귀는 완전하고 의식적이며 지금껏 발전된 부 전체 내부에서 이뤄진다. 이 공산주의는 완성된 인간주의=자연주의로서 완성된 자연주의=인간주의다.[402] 공산주의적 자연주의 혹은 인간주의는 관념론(이상주의)뿐 아니라 유물론과도 구분되고 동시에 이 양자를 합일시키는 진리다.[403]

"신을 지양하는 무신론이 이론적 인간주의의 생성인 것처럼 사적 소유를 지양하는 공산주의는 현실 속 인간의 삶을 자신의 소유로 옹호하는 것이거나[이 공산주의는 실천적 인간주의의 생성이다]. 무신론은 종교의 지양을 통해 스스로를 매개하는 인간주의이고, 공산주의는 사적 소유의 지양으로 스스로를 매개하는 인간주의다.""이 매개를 지양해야 비로소 ─그러나 이것은 하나의 필수전제다─ 실정적으로 자기 자신에서부터 출발하는 실정적 인간주의가 된다."[404] **무신론과 공산주의**는 역사의 현실적 생성이며 "이것들은 [현실적인 생성, 즉] 인간에게 현실적으로 된 인간 본질의 실현, 그것도 하나의 현실적인 것으로서 인간의 본질을 실현하는 것이다."[405]

그래서 맑스는 "자연주의만이 세계사적 행위를 파악하는 능력이 있다"고 말한다.[406] 완전히 헤겔적인 색채로 맑스는 완성된 공산주의

---

402) Marx, "Ökonomisch-philosophische Manuskripte", pp.293~294[앞의 책, 127~128쪽. 번역 다소 수정].
403) *Ibid.*, p.333[앞의 책, 198쪽].
404) *Ibid.*, p.340[앞의 책, 208쪽. 번역 다소 수정].
405) *Ibid.*[앞의 책, 같은 곳. 번역 다소 수정].
406) *Ibid.*, p.333[앞의 책, 198쪽].

를 그려 낸다. 이 공산주의는 "인간이 자연과 벌이고 인간이 인간과 벌이는 충돌의 진정한 해결이자 발생[실존][407]과 본질, 대상화와 자기증명, 자유와 필연성, 개체와 종 사이에 일어나는 싸움의 진정한 해결이다. 비로소 역사의 수수께끼가 풀리며 이러한 해결로 입증된다".[408] 실정적으로 지양된 사적 소유의 전제하에서 인간은 인간들, 자기 자신과 다른 인간을 산출한다. 사회 자체가 인간을 인간으로 산출하듯이 인간을 통해 사회가 산출되어 있다. "자연의 인간적 본질은 사회적 인간에게 그때 비로소 존재한다. 비로소 자연은 여기에서 이 사회적 인간에게는 인간과 나누는 유대로, 다른 인간에게는 이 인간의 현존Dasein으로, 그리고 이 인간에게는 다른 인간의 현존으로 존재하기 때문이다. [마치 인간의 현실성에 대한 삶의 요소와 같다] 여기에서 비로소 자연은 인간의 인간적 현존의 토대로 존재한다. 여기에서 비로소 인간의 자연적 현존은 인간에게 자신의 인간적 현존이 되었으며 자연은 인간에게 인간이 되었다. 그러므로 사회는 인간과 자연의 본질의 통일이 완성된 것이며, 자연의 진정한 부활이고, 인간의 관철된 자연주의이며, 자연의 관철된 인간주의다."[409]

키르케고르의 세속화된 그리스도교 세계 비판에서도 인간의 자기소외가 문제시된다. 그러나 칼 맑스가 대략 개진한 것과 같은 "사회

---

407) 타우베스가 인용하면서 '실존'(Existenz) 대신에 '발생'(Entstehung)으로 바꿔 놓았다. —옮긴이

408) *Ibid.*, pp.293~294[앞의 책, 128쪽. 본래 인용문은 "이 공산주의는 역사의 해결된 수수께끼이며, 자신을 이러한 해결로서 알고 있다"다].

409) *Ibid.*, p.297[앞의 책, 130쪽].

에 관한 환상 이론들"과는 상반되게 키르케고르는 퇴색된, "개별적이고 인간적인 실존관계들의 원본"을 해독하고자 한다. "왜냐하면 공동체에서 사회주의의 이념이 시대의 구원이 될 것이라는 것이 화제에 오를 수 없기 때문이다." "기껏해야 물질적 이해관계 속에서나 유효할 수 있는" 공동체와 연합의 원리"는 지금 시대에 긍정적이지 않고 부정적이며, 어떤 핑계, 어떤 파괴, 어떤 감각기만이다. 이 감각기만의 변증법에서 이 원리는 개인들을 강건히 함으로써 그들을 거세하며, 개인들의 결합에서 수치상으로는 강화되지만, 윤리적으로 볼 때 그것은 허약함이다."[410]

사회주의가 도달하려 한 인간의 평등은 현실성의 장에서는 실현될 수 없다. 인간 평등의 이념은 현실성의 본질이 다양함이므로 그 최종 결과에 이를 때까지 단 한 번도 세속적으로 모든 측면에서 사유될 수 없다. 세계 속에서 인간은 **불평등**하지만 **신** 앞에서는 **평등**하다. 세계 속에서 인간은 어떤 **집합**^{Menge}이지만 **신** 앞에서 인간은 **단독자**^{Einzelner}로 선다. 단독자로서 인간은 신성과 근사해진다. 단독자만이 인간존재에 도달한다는 것은 세속적·일시적·사회적으로는 불합리해 보인다. 다수가 하나로 뭉쳐 비로소 이 목적지에 도달한다는 것이 더 그럴 듯해 보이기 때문이다. 지상의 감각적인 모든 목표들에는 이렇게 처신하기 마련이다. 만일 세속성이 능가하고 있다면 세속적 이데올로기는 "신 말고도 영원과 인간의 신성과의 근사성을 철폐하거나, 아니면 어떤 우

---

410) Sören Kierkegaard, "Eine literarische Anzeige", *Werke*, trans. & ed. Hermann Ulrich, Berlin: Hochweg, 1925, p.54[『어떤 문학적 광고문』].

화로 바꿔 놓고 인간존재라는 것은 표본으로서 지성을 타고난 종에 속하는 것이라는 자리에 근대를 정립한다. 그리하여 이러한 종, 이러한 종류는 개인보다 더 뛰어나거나, 혹은 개인이 본보기로만 있을 뿐 어떤 개인들도 없다".[411] 그러나 영원이라는 지반에서는 "한 사람만이 목적지에 도달할 뿐이다. 이것은 모두가 목적지에 도달할 수 있고, 그리고 모두가 이 한 사람이 되어야 하며 오직 한 사람만이 그 목적지에 도달할 뿐이라는 말이다".[412] 바로 단독성Einzelheit에 대한 명령이 똑같이 만인을 향해an alle 있고, 혼자인 경우가 아니라면 아무런 차이도 만들지 않는다. 아무도 이 단독성에 대한 호출에서 배제되어 있지 않다.[413]

그리스도교의 사안이 단독자와 함께하고 거기서 발생한다는 점이 망각되었던 것이 그리스도교 세계의 원죄다.[414] 단독성은 "시대가, 역사가, 인류가 통과해야만 하는 좁은 길"[415]이다. 사회 속에 절대적인 것이 실현될 수 있으리라는 견해는 마지막으로 "아주 몇몇의 의로운 사람들이나 혹은 그렇게 최후에 신에게 외경을 느낀 인류 전체가 예수 그리스도 자체가 될 수 있으리라는 시간성의 감각기만으로 뒷받침"[416]되어 있다. 맑스가 신 없는 사회를 건설한다면 키르케고르는 신 앞에 단독자만을 세울 뿐이며, 그래서 그들의 공통 전제는 신과 세계의 몰

---

411) Kierkegaard, "Beilage: "Der Einzelne", Zwei "Noten" betreffs meiner Wirksamkeit als Schriftsteller", p.429.
412) *Ibid.*.
413) *Ibid.*, p.436.
414) *Ibid.*, p.449.
415) *Ibid.*, p.445.
416) *Ibid.*, p.452.

락이자 신적인 것과 세속적인 것의 양분이다.

맑스와 키르케고르의 종말론

만일 자기소외가 맑스와 키르케고르가 행한 분석의 주된 모티프로 발견되어 있다면 이 양자의 관점에서 역사의 종말론적 드라마를 결정짓는 요소들이 필연적으로 도출된다. 칼 맑스 분석의 사회경제적인 총자산은 자기소외라는 주제, 곧 이방으로의 추락과 구원의 길이라는 주제를 편곡한 것에 불과하다.[417] 맑스에게 **사회경제**Sozialökonomie란 **구속경제**Heilsökonomie다. 하지만 키르케고르는 천팔백 년을 그것이 결코 존재한 적 없었던 것처럼 소거하며 예수 그리스도와 동시대에 존재하려 한다. 그래서 키르케고르에게 **원시 그리스도교적 묵시주의**는 다시 현실성이 된다.

이미 『헤겔 법철학 비판』에서 맑스는 보편적 해방의 실정적 가능성을 본다. "철저하게 속박되어 있는 계급, 부르주아 사회의 계급이면서도 부르주아 사회의 어떤 계급도 아닌 계급, 모든 신분들의 해체인 한 신분, 자신의 보편적 고통 때문에 보편적 성격을 가지고 있으며, 어떤 특정한 부당함Unrecht이 아니라 부당함 자체가 거기에 행사되므로 어떤 특수한 권리Recht도 요구하지 않는 한 영역의 형성으로…… 마침내 사회의 모든 다른 영역들에서 자신을 해방시키고 이리하여 사회의 모든 다른 영역들을 해방시키지 않고서는 결코 해방될 수 없는 한 영역, 한마디로 말해 인간의 완전한 상실이고, 따라서 인간의 완전한 회복을

---

417) Barth, *Wahrheit und Ideologie*, pp. 164~165.

통해서만 자기 자신을 얻을 수 있는 한 영역의 형성[여기에 독일 해방의 실정적 가능성이 존재한다]. 이렇게 사회를 하나의 특수한 신분으로 해체하는 것이 프롤레타리아트다."[418] "프롤레타리아트는 그렇게 그리스도의 역할을 떠맡는다. 또한 그리스도 안에서 인간의 운명이 극단적인 지점에까지 나타나 있다."[419]

『신성가족』[Heilige Familie]에서 맑스는 부르주아지와 프롤레타리아트의 사회경제적 관계에 존재하는 구속경제적인 연관을 더 상세하게 논한다. "유산계급과 프롤레타리아트 계급은 동일한 인간적 자기소외를 구현하고 있다. 그러나 첫번째 계급은 이 자기소외 속에서 행복함과 승인받고 있음을 느끼고, 소외를 제 자신의 힘으로 인식하며, 그 소외 속에서 인간 실존에 대한 가상을 점유하고 있다. 두번째 계급은 소외 속에서 스스로가 무화되어 있음을 느끼고 그 안에서 자신의 무력함과 어떤 비인간적 실존의 현실을 엿본다. 이 계급은 헤겔의 표현을 사용하자면 배척된 가운데 이러한 배척에 대한 격분인 셈이다. 그들이 자신들의 인간적 본성과 단적이고도 결정적이며 포괄적으로 이 본성을 부정하고 있는 자신들의 생활 처지 사이의 모순에 의해 필연적으로 내몰리게 될 격분인 것이다."[420] 유산계급이 자기 자신을 유지하고[erhalten]

418) Marx, "Zur Kritik der Hegelschen Rechtsphilosophie", p.278[『헤겔 법철학 비판』, 28쪽. 생략된 곳의 번역은 다음과 같다. "…… 더 이상 아무런 역사적인 명분을 내세울 수 없고 오히려 인간적인 명분만을 내세울 수 있을 뿐인 영역, 독일 국가 제도의 귀결들과 일면적으로 대립하고 있는 것이 아니라 오히려 그 전제들과 전면적으로 대립하고 있는 영역……"].

419) Hegel, *Vorlesungen über die Philosophie der Religion Nebst einer Schrift über die Beweise vom Daseyn Gottes 2*, p.298.

420) Karl Marx/Friedrich Engels, "Die heilige Familie oder Kritik der kritischen Kritik gegen Bruno Bauer und Konsorten", *Der historische Materialismus, Früher Schriften*, vol.1,

이렇게 해서 그 반대자인 프롤레타리아트를 존속시키지^{erhalten} 않을 수 없는 반면, 프롤레타리아트로서 프롤레타리아트는 자기 자신을 지양하고 이렇게 해서 자신을 프롤레타리아트로 만들도록 초래한 반대물인 사적 소유를 지양하지 않을 수 없다. 유산계급은 대립의 긍정적 측면이자 보수파이며 자기 자신 안에서 충족된 사적 소유다. 프롤레타리아트는 대립의 부정적 측면이자 혁명파이며 스스로 해체하는 사적 소유다.

"물론 사적 소유는 그 스스로 자신의 국민경제적 운동 속에서 제 자신의 해체를 향해 앞으로 나아가지만, 이는 이 소유에서 독립되고 무의식적이며 그것의 의지에 반해서 일어나고 이 사태의 본질에 의해 조건화된 발전을 통해서만 가능할 뿐이다. 사적 소유가 프롤레타리아트를 프롤레타리아트로, 자신의 정신적이고 물질적인 빈곤을 의식하고 있는 빈곤이자 자신의 비인간화를 의식하고 이 까닭에 자기 자신을 지양하고 있는 비인간화로 산출함으로써 말이다. 프롤레타리아트는 사적 소유가 프롤레타리아트를 산출함으로써 자기 자신에 대해 내리는 판결을 집행한다."$^{421)}$ 다음 이유로 프롤레타리아트는 구원자가 될 수 있다. "왜냐하면 모든 인간성의 추상이, 인간성의 가상 자체에 대한 추상이 이 형성된 프롤레타리아트에서 실천적으로 완성되어 있기 때문이며, 프롤레타리아트의 삶의 조건들에서 오늘날 사회의 모든 삶

---

ed. Siegfried Landshut, Leipzig: Afred Kroner, 1932, pp.376~377[「신성가족 혹은 비판적 비판에 대한 비판—브루노 바우어와 그 일파에 반대하여」(발췌), 『칼 맑스, 프리드리히 엥겔스 저작 선집 1』, 103쪽. 번역 수정].

421) *Ibid.*[앞의 책, 같은 곳. 번역 수정].

의 조건들이 그 비인간적인 정점에서 총괄되어 있기 때문이고, 인간이 프롤레타리아트 속에서 자기 자신을 상실했지만 동시에 이 비인간성에 대해 격분하도록 강제당해 있기 때문이다."[422] '프롤레타리아트'로 구체적인 집단의 프롤레타리아만이 아니라 어느 **역사변증법적 존재자** geschichtsdialektische Größe를 의도한다는 것이 분명하다. "이러저러한 프롤레타리아가 또는 심지어 전체 프롤레타리아트가 스스로를 당분간 목적으로 생각하고 있느냐가 문제가 아니다. 문제는 프롤레타리아트란 무엇인가, 또 그들은 자신의 이러한 존재에 걸맞도록 역사적으로 무엇을 하지 않을 수 없게 되느냐다."[423]

맑스는 이러저러한 정치적 소요의 형태로 들이닥치는 파국의 번개를 관찰한 적이 있다. 맑스는 끊임없이 모든 나라에서 이 경과들을 치열하게 관찰했고 온전히 묵시적으로 그 잠재력을 세계사적 드라마에서 밝혀내려고 애쓴다. 맨 먼저 맑스는 1848년 결정적인 세계사적인 시간을 인식했다고 생각한다. 1852년 맑스는 「루이 나폴레옹의 뷔르메르의 18일」Achtzehnten Brumaire des Louis Napoleon을 사회경제적 구속사로 그려 낸다. 아직 파리 코뮌의 소음이 남아 있는 속에서 맑스는 부르주아-그리스도교 세계의 종말이 울리는 것을 들을 수 있다고 생각한다. 유럽을 마비시키는 이 혁명의 경과는 맑스 안에 그의 예언에 대한 아무런 의심도 일깨우지 않고 인간의 실제적인 비이성과 횡포에 대한 그의 원망은 더욱더 깊어진다. 맑스는 더욱더 자신에게로 물러나 부르

---

422) *Ibid.* [앞의 책, 104쪽. 번역 다소 수정].
423) *Ibid.* [앞의 책, 같은 곳]. ─옮긴이

주아-그리스도교 세계에서 계급 없는 사회로 이끌어 가는 법칙과 길을 발견하기 위해서 더욱더 깊숙하게 파고 들어간다. 그의 저작의 "최후의 궁극목적"은 "근대 사회의 운동법칙을 밝혀내는 것"이다. 고대의 묵시가들처럼 맑스는 최후 역사의 단계들을 "건너뛰지도 법령으로 제거할 수도 없다"고 생각하지만, 묵시가들과 똑같이 맑스는 "탄생의 진통을 단축하고 완화시키고자"[424] 한다. 이 최후의 것들에 대한 규명, 이 사회경제적 묵시서가 『자본』이다. 사회경제적 분석들의 자산을 통해서 어느 불가피한 파국의 숨 막히는 원망이 울려 댄다. 한 장에서 다음 장으로 극적 긴장이 고조된다.

이 드라마의 주체는 그 제목이 이미 말하고 있듯이 자본이다. 이 거대한 묵시록에서 맑스는 자본주의 사회의 붕괴와 계급 없는 사회의 시작을 그려 낸다. **자본**과 **노동**은 부르주아 사회의 대립되는 양극이다. 프롤레타리아트는 자신의 노동력으로 자기 자신을 상품으로 만들어 시장에 가져다가 자본에 자신을 판다. 이 판매로 상품의 교환이 원인이 되어 보편적으로 일어나고 부르주아 사회의 구조 전체의 해체로 몰고 가는 생산의 자동주의 안의 어떤 섬뜩한 운동을 초래하는 법칙인 **잉여가치**Mehrwert의 법칙이 그 계획에 첫발을 내딛는다. 프롤레타리아트는 자신의 노동력을 매번 다시 생산하고 자본 축적의 눈먼 도구로 제 자신의 고통을 매번 새롭게 산출하도록 영원히 저주받고 있다. "그러나 잉여가치를 생산하기 위한 모든 방법은 동시에 축적의 방법이기도 하고, 축적의 모든 확대는 거꾸로 축적방법을 발전시키기 위한 수

---

424) Marx, *Das Kapital*, vol. 1, p. 36[『자본 I-1』, 47쪽. 『자본론 1-상』, 6쪽].

단이 된다. 그리하여 자본이 축적되는 정도에 따라 노동자의 상황은 그가 얼마를 지불받든 악화된다는 결론이 나온다. 상대적인 과잉인구나 산업예비군을 언제나 축적의 규모와 활력과 균형을 유지시키는 법칙이 마침내 노동자들을 헤파이스토스의 쐐기가 프로메테우스를 바위에 못박아 둔 것보다 더 단단히 자본에 못박아 둔다. 이 법칙이 자본 축적에 대응하는 빈곤의 축적의 조건이 된다. 곧 한쪽 극에서의 부의 축적이 동시에 반대극, 다시 말해 제 자신의 생산물을 자본으로 생산하는 계급 편에서의 빈곤, 노동의 고통, 노예상태, 무지, 포악과 도덕적 타락의 축적이다."[425]

자본은 잉여가치의 축적을 **집중**Konzentration의 운동 속에 가져온다. 이 집적은 자본주의적 생산의 내부 법칙들의 작동에 따라 이뤄진다. "이 집중이나 다수 자본가에 대한 소수 자본가들의 수탈과 합쳐져서 노동과정의 협업적 형태가 지속적으로 성장하는 단계들로 즉, 과학의 의식적이고 기술적인 활용, 계획적이고 공통적인 토지 착취, 공동으로만 사용가능한 노동수단으로 노동수단의 변경과 결합적이고 사회적인 노동을 공동 생산수단으로 사용함에 따른 모든 생산수단의 절약으로 발전되어 간다. 이 전환과정의 모든 이익들을 몰수하고 독점하는 대자본가의 수가 지속적으로 감소함에 따라 빈곤, 억압, 예속, 굴욕, 착취의 수가 증가하면서도, 자본주의적 생산과정 자체의 메커니즘을 통해 훈련되고 결합되며 조직되고 끊임없이 팽창하는 노동자계급의 저

---

425) *Ibid.*, pp.596~597[칼 맑스, 『자본 I-2』, 강신준 옮김, 길, 2008, 876~877쪽. 칼 맑스, 『자본론 1-하』, 김수행 옮김, 비봉출판사, 2015, 879쪽].

항 또한 증대한다." 자본의 독점은 사회적 생산의 족쇄가 된다. "생산
수단의 집중과 노동의 사회화는 이것들이 자본주의적 외피가 용납하
지 못하게 되는 어떤 지점까지 다다른다. 이 외피가 터질 것이다. 자본
주의적 사적 소유의 조종이 울리고 있다."[426] 맑스가 자본주의적 축적
의 사회적인 경향을 기술하고 있는 이 장의 마지막에서 그는 1847년
의『공산주의 선언』(『공산당 선언』)으로 되돌아간다. 영국에서 매우 집
중적으로 경제를 연구한 20년 동안 맑스는 자신의 예언을 확증하고 자
신의 사회경제가 구속경제임을 입증한다. "부르주아지가 아무런 의지
도 저항도 없이 수행하는 산업의 진보는 경쟁으로 인하여 노동자들이
고립되는 자리에 연합을 통한 그들의 혁명적 결사를 가져온다. 그러므
로 거대산업이 발전되면서 부르주아지가 생산하고 생산물을 전유하
던 토대 자체가 그의 발밑에서 뽑히게 된다. 따라서 부르주아지는 무
엇보다도 제 자신의 무덤을 파는 사람들을 생산하며, 부르주아지의 몰
락과 프롤레타리아트의 승리는 똑같이 피할 수 없는 일이다."[427] 계급
없는 사회가 나타나면서 '필연성의 왕국'에서 '자유의 왕국'으로 도약
하게 된다.

　　1848년 일어난 세계의 격변들에서 키르케고르는 자신의 진단이
타당함을 확증한다. 인류는 병들어 있는데, 정신적으로 봤을 때 죽음
에 이를 정도로 병들어 있다.[428] 19세기의 파국들과 혁명들은 "본서가

---

426) Marx, *Das Kapital*, vol.1, pp.706~707[앞의 책, 1022쪽/1046쪽].

427) *Ibid*.[앞의 책, 1023쪽, 각주 252/1046쪽, 각주 2].

428) Sören Kierkegaard, "Das Eine was not tut", trans. Hermann Ulrich, *Zeitwende*, vol.3,
　　　München: C. H. Beck'sche Verlagsbuchhandlung, 1927, p.6[「긴요한 것 하나」, 『시대전

아니라 초고에"[429] 속해 있는 서론에 불과하다.

키르케고르는 맑스와 의견을 같이한다. "[유럽 세계의] 모든 [현재 상태]에 대한 책임을[430] 거만하고 설익게 공부했으며 언론의 아첨으로 비도덕적이 된 부르주아지가 짊어지고 있다. 그들은 자신들이 공중이 되어 지배해야만 한다고 생각한다. 하지만 역사에서 응보가 아주 신속하게 도착한 적을 결코 볼 수 없었던 건지도 모른다. 부르주아지가 결정적으로 권력을 장악했을 때와 같은 찰나에, 그때 똑같은 종소리가 울리며 제4계급[431]이 일어서게 된다. 이제 그것은 분명 이 계급에 책임이 있다는 것이지만, 이 계급이 사살당하고 저주받는 일이 닥치는 죄 없는 희생자에 불과하다는 것은 참이 아니다. 그리고 이것은 정당방위가 되어야 하는데, 부르주아지가 국가를 전복시키기 때문에 정당방위가 된다는 확실한 의미에서도 그러하다."[432] 제4계급이 역사 속에 등장한 것은 맑스에게서처럼 키르케고르에게 19세기의 가장 결정적인 사건이자 역사의 전환 자체이기까지 하다. 맑스와 얼굴을 맞대고 키르케고르는 이 순간의 결단을 인식한다. 한 가지 긴요한 것은 키르케고

환』].

429) *Ibid.*, p. 1.

430) 타우베스가 칼 뢰비트가 『헤겔에서 니체로』에서 키르케고르를 다루는 부분을 주로 참고하고 있다는 점에서 볼 때, 이 문장의 온전한 주어는 뢰비트의 책에 따르면 신문에 실린 분실된 키르케고르의 에세이의 제목(「모든 현재 상태에 대한 책임」[Die Schuld an dem ganzen gegenwärtigen Zustand], 1848)이기도 한 '유럽세계의 모든 현재 상태에 대한 책임'이다. 타우베스는 이 에세이를 '반공산주의 선언'으로 보고 있다. — 옮긴이

431) 제4계급(der vierte Stand/the fourth estate): 본문의 맥락과 사회주의 사전에 따르면 귀족, 승려, 농민/도시민으로 구분된 중세의 사회구성에 18세기 말부터 19세기 초에 일어난 산업혁명으로 인해 추가된 자신의 노동력을 파는 노동계급, 즉 프롤레타리아트를 가리킨다. 이들의 등장으로 인해 구신분질서는 경제적으로 지양된다. — 옮긴이

432) Kierkegaard, "Das Eine was not tut", p. 7.

르의 반공산주의 선언인데, 이 안에서 그는 맑스와 얼굴을 맞대고 엇나간다. 이 선언이 어느 분실된 곳에, 한 신문에 인쇄된 형태로만 존재하기에 상세하게 다뤄져야 한다.

키르케고르는 유럽에서 "열정의 속도가 증가되면서" 신적으로 응답될 수 있을 뿐인 문제들 속에서 세속적으로 길을 잃고 있다고 확언한다. "제4계급, 다시 말해 만인이 인간과 인간 사이의 평등의 문제를 세속성을 매개로, 다시 말해 그 본질이 다양함인 것을 매개로 풀려고 한다는 판돈을 가지고는…… 본질적으로 한 걸음도 더 나아가지 못한다. 그 앞에 어떤 방해물이 영원히 세워지고 영원의 한계가 모든 인간적인 수고를 조롱하며 일시성 속의 수수께끼가 무엇이며 영원만이 설명할 수 있고 설명하게 되는 것이 무엇인지를 일시성이 시간상으로나 세속적으로나 설명해 낼 것이라고 이 수고가 주장하는 가장 지극하고 장엄한 권리를 거슬러 그것의 오만함을 조롱한다."[433] 여기서 본래적인 문제는 영원이다. "매순간 영원에 대한 전망이며 이 영원의 진지함과 지복과 위안"이다. "이 문제가 무엇을 다루는지" 인식할 때야 비로소 "새로운 시간계산이 시작된다".[434]

물론 일정 기간 여전히 "전신에 순전한 경련을 일으키는 것das Konvulsivische에 맹렬히 돌진하게" 된다. 구제하고 복되게 만드는 세속적인 사려의 힘에 대한 '미신'이 인류 속에 깊이 자리하고 있기 때문이다. 세계사의 양적 변증법, 곧 지성의 유한한 변증법은 십중팔구 "믿어지

---

433) Kierkegaard, "Das Eine was not tut", p.1.
434) *Ibid..*

지 않는 양의 조합들을 만들"[435] 수 있게 된다. 하지만 세속적인 묵시록들과 시도들 모두 실패하고 마는데, 세속성이란 본질적으로 다양하고 상대적이기 때문이다. 다양성과 끊어졌다 이어지는 단속Gebrochenheit의 지반에서 인류는 실현될 수 없다. 그러나 세속의 이론가들은 "불운이 이 조합의 우연적인 오류나 잘못에 있는 게 아니라 본질적으로 완전히 다른 무언가가, 즉 종교성이 긴요하다는 점에 있다는 것"[436]을 거의 알아차리지 못한다. 그래서 인류는 "마치 술에 취한 사람처럼 혼돈스러워하고 당황하며, 설령 그가 더 이상 술을 마실 수 없다고 할지라도 더 안절부절못한 채 여기저기 뛰어다닐수록 더욱더 취하게 된다".[437] 이 인류가 고통과 출혈로 피로해질 때, 그제야 알아차리게 되고 난 뒤 전회Umschlag에 이르게 된다. 이 전회는 코페르니쿠스의 시대에 성취된 것과 같은 파급범위에서 어떤 전환을 초래하지만 그 방향은 정반대다. "정치처럼 보였고 마음에 그려 왔던 것이 종교적 운동으로 밝혀진다."[438] "제4계급이 확립된" 그 순간부터 "설령 위기가 극복되었다 할지라도 그곳이 세속적으로는 통치될 수 없다는 점이 보이게 된다."[439] 황제, 왕, 교황, 예수회원들, 장군들, 외교관들은 "지금까지 어떤 결정적인 순간에 세계를 다스리고 지도할 수 있었다. 그러나 제4계급이 확립된 때부터는 순교자들만이 결정적인 순간에 세계를 다스릴 수 있음

---

435) *Ibid.*, p.2.
436) *Ibid.*, p.3.
437) *Ibid.*, p.4.
438) *Ibid.*.
439) *Ibid.*.

이 보이게 된다."[440] 새로운 시대의 승리를 거둔 주인은 순교자다. 순교자는 도래할 인류의 주인이다. "영원을 다시 얻으려면 피가 요구될 것이다. 그러나 다른 종류의 피다. 저 전투에서 수천 번 죽도록 맞아 희생된 자의 피가 아니라(설마 그럴 리가) 단독자의 귀중한 피다. 순교자들의 귀중한 피, 이 권능 있는 사망한 자들의 피가 요구될 것이다. 이들은 인간을 수천 번 때려눕히는 그 어떤 살아 있는 자가 할 수 있는 것을 이룩하지 않고, 이 권능 있는 사망한 자들은 스스로를 살아 있는 자가 아니라 오직 사망한 자로서만 할 수 있는 것을 이룩한다. 어느 광포한 대중을 복종하도록 강제하는 것이다. 바로 순교자들이 이 광포한 대중을 복종하도록 죽도록 때릴 수 있기 때문이다."[441]

사회정치 혁명이 종교 혁명으로 바뀌게 된다는 점이 명백해짐으로써 긴요한 것, 그것은 **성직자들**Geistliche이라는 점 또한 명백해진다. 만일 전투를 벌여서 본질적으로 승리를 거둬야만 한다면 그것은 "성직자들을 통해 일어나야만 한다. 군인들도 경찰들도 외교관들도 정치적 기획자들도 이것을 이해하지 못한다".[442] 대중을 떼어 놓아 그들을 단독자로 만들 수 있는 성직자들이 필요한 것이다. 성직자들은 학습에 대해 대단한 요구를 하지 않았고 바로 다스리기herrschen를 바랐다. 성직자들은 되도록 대단히 능변이고 마찬가지로 대단히 침묵하고 인내했다. 성직자들은 되도록 마음을 아는 자들Herzenkenner이고 마찬가지로 판

---

440) Marx, *Das Kapital*, p.36[해당 페이지에는 인용된 내용이 없다. 키르케고르의 저서를 잘못 표기한 것으로 보인다].

441) Kierkegaard, "Das Eine was not tut", p.4.

442) *Ibid*., p.6.

단과 선입견의 절제에도 박학했다. 성직자들은 권위가 필요함을 알았고 예술의 도움으로 희생을 만들 줄도 알았다. 성직자들은 복종하고 괴로워할 준비가 되어 있고 그렇게 교육받았으며 교양되었기에 그들은 완화시키고, 주의를 주고, 교화시키고, 감동을 주지만 강제할 수도 있다. 권력을 통해서가 아니라(설마 그럴 리가) 바로 자신의 복종을 통하여 강제하고, 무엇보다도 병든 자들의 온갖 무례를 마치 의사가 수술하는 동안 환자가 욕설하고 밀쳐내도 좀처럼 방해받지 않는 것처럼 방해받지 않고 인내하며 견뎌 낸다. 인류는 병들어 있는데, 정신적으로 봤을 때 죽음에 이를 정도로 병들었기 때문이다. 하지만 병든 자가 자신이 고통을 느끼는 그 부위를 가리킬 때 매우 흔한 것처럼 인류는 틀린 부위를 가리킨다(현재의 인류가 그러하다). 이것은 정치적이거나 사회적인 혁명 같은 게 도움이 될 것이라고 의도한다. "하지만 참으로 긴요한 것은 영원이다. 사회주의에 관해서 들어 왔던 이 증거보다, (지옥으로부터의) 이 두려운 탄식('신이 악이다. 우리를 그에게서 완전히 해방시켜 달라. 그러면 우리가 위안을 얻게 될 것이다')보다 훨씬 더 강력한 증거가 요구되는 것이다. 그래서 신은 그에게 무엇이 긴요한지를 그 스스로 말하고 있다. 왜냐하면 악령적인 것에는 참다운 것이 항상 전도된 채 포함되어 있기 때문이다."[443]

파국이 사납게 휘두르고 하나의 종교적 운동으로 바뀔 때 "생각하는 것보다 훨씬 더 가까이에 놓여 있을지 모르는 모든 위험 가운데 가장 거대한 것과 관련해서도" 성직자들이 필요해진다. "공산주의 안

---

443) *Ibid.*.

에 있는 강력함이 명백하기" 때문인데, 이것은 "악령처럼 함유되어 있는 그와 같은 종교성의 성분, 더군다나 그리스도교적 종교성의 성분이다".[444] 그래서 키르케고르는 적그리스도의 예언이라는 극단으로 흐르게 된다. 비 온 뒤의 버섯처럼 악령에 의해 감염된 형상들이 등장한다. "이 형상들은 곧장 자만하고 사도로 자청하며 어떤 일들을 역시 그리스도교의 사명^Aufgabe 으로 완수하는 사도들과 같은 노선에 서고, 더구나 스스로가 직접 종교의 창시자가, 그리스도교적 금욕/수덕^Askese 과는 완전히 다르게 이 시대와 세계를 만족시켜야 하는 새로운 종교의 발명가가 된다."[445] 가장 위험스러운 것은 도둑들이 경찰로 참칭할 때처럼 악령적인 것들 자체가 사도가 될 때다. 임계 상태에 있고 상당히 위급한 ^kritisch 어떤 시대 속에서 놀랄 만한 버팀목을 발견하게 되는 종교 설립자들이 될 때다. 영원이라는 관점에서 볼 때 긴요한 것은 종교성, 참다운 종교성이라고 이 시대에 관해 말하는 것이 영원히 참이 되는 데 반해, 악령이라는 관점에서 볼 때에는 그와 같은 시대는 자기 자신에 대해서 우리에게 긴요한 것은 종교성, 곧 악령적 종교성이라고 말하게 된다.[446] 「긴요한 것 하나」^Das Eine, was not tut 는 키르케고르의 **반공산주의 선언**이다. 그 안에서 그는 맑스와 함께 무기들을 교차시키며 결단을 호소한다. 키르케고르의 종교적인 순교자-혁명에 대한 예언은 맑스의 프롤레타리아의 세계-혁명에 대한 예언과 마주보고 있다. 내면성과 외면성이 맑스와 키르케고르에게서는 세계의 전복^Umkehrung 과 종교적

---

444) Kierkegaard, "Das Eine was not tut", p.7.
445) *Ibid.*.
446) *Ibid.*.

회심으로 분열되어 있다. 키르케고르는 그리스도교적 실존이 내면성이고 이 때문에 비우주론적이고 반세계적이어야 함을 결정적으로 명쾌하게 만들었다. 맑스는 진리의 내세를 현세의 진리로 대체하고 공산주의의 무신론적 뿌리가 근본적임을 발견했다. 내부와 외부의 하나 됨은 여전히 맑스와 키르케고르의 그 대립 속에 또한 사로잡혀 있는 이 영역을 완전히 떠날 준비가 되어 있을 때만 다다를 수 있다.

에필로그

한편에는 헤겔을 두고 다른 한편에는 맑스와 키르케고르를 둔 이 연구의 원환은 우연히 완료된 게 아니라 본질적으로 종결되었다. 위(헤겔)와 아래(맑스와 키르케고르) 사이의 충돌에서, 내부(키르케고르)와 외부(맑스) 사이의 균열에서 서구적 실존이 펼쳐져 있는 전체 파급 범위가 기술되었기 때문이다.

한편으로 실존Existenz은 망아(황홀경)Ekstase와 같은 것을 말하는데, 앞의 것은 그리스어고 뒤의 것은 라틴어다. 하지만 실존은 '벌거벗은 실존'nackte Existenz에서 그저 살아감Vegetieren의 매개를 표현하기도 한다. 망아라는 최대와 벌거벗은 실존이라는 최소 사이에 인간적 삶의 중간이 놓여 있다. 헤겔적 망아의 위가 맑스와 키르케고르의 벌거벗은 실존의 아래에서 굴욕을 당한다. 헤겔적 사랑의 망아는 실존의 고난으로, 불안과 죄(키르케고르)로, 기아와 빈곤(맑스)으로, 절망과 죽음으로 일소된다. 최대와 최소는 절대적 척도이며 그와 같은 것으로서 종말이다. 위와 아래, 내부와 외부의 대립들로 찢겨진 채 헤겔 철학과 맑스와 키르케고르의 예언이 끝난다. 시간의 역사는 그들에 의해 이 종말을 향해 펼쳐져 있는 긴장으로 감수된다.

맑스와 키르케고르가 호소하는 결-단^{Ent-scheidung}은 분리^{Scheidung}를 심화시키고 이 분리를 절대적인 것으로 정립한다. 이 주변에서 이 결단에 대한 호소와 더불어 지금도 현재를 전율하게 만드는 위기가 시작된다. 위기란 결단에 대한 호소에서 분리되는 것이기 때문이다. 르네상스와 종교개혁의 위기가 중세의 구조를 파괴한 것처럼 맑스와 키르케고르의 결단에 대한 호소로 표현되는 위기는 근대의 구조를 파괴한다. 또한 근대의 구조가 파괴됨으로써 고대-중세-근대라는 푯돌로 표시되어 있는 아이온이 종결되었다. 이미 헤겔이 자신의 철학을 서구적 정신의 완전한 종언으로 이해한 적이 있다. 철학은 다시 한 번 "세계사의 가장 내부의 것"이다. "최후의 철학"은 앞선 모든 것의 결과다. "아무것도 상실되지 않았으며 모든 원리들이 보존되어 있다."[447] 헤겔의 완성은 다시 한 번 어떤 파멸과의 화해인데, 그것은 어느 거대한 전회 앞에서, 고대-그리스도교의 서구적 전통과 절대적으로 단절하기에 앞서 이뤄지는 최후의 행위이기 때문이다. 이러한 역사종언의 지식을 헤겔과 그의 추종자들이 규정할 뿐 아니라 헤겔의 반대자들도 이 원환에 자리한다. 부르크하르트가 헤겔의 이성적 구성을 의심했을 때조차도 그는 헤겔의 역사종언의 상황을 확언한다. 부르크하르트의 최종 모티프는 이것이 낡은 유럽과 함께 종언을 고한다는 인식이기에 그러하다.

하지만 종교개혁과 르네상스의 위기 속에서 요소들에 대한 결단

---

447) Hegel, *Vorlesungen über die Geschichte der Philosophie 3*, pp.617~618.

이 명백하게 '재^再[다시]^{re}'로, 원래대로[되돌아가]^{Zurück}로, 즉 순수 그리스도교적인 것으로 아니면 순수 고대적인 것으로 되돌아가는 것으로 존재했다면, 근대의 종말에서는 고대적인 것과 그리스도교적인 것이 분리될 수 없을 정도로 얽혀 있고 그리하여 이 **양자**는 종말을 고할 것이다. 확실히 키르케고르마저 근원적 그리스도교를 쇄신하려 하고 맑스마저 그리스적 폴리스를 보편적인 기반 위에서 쇄신하고자 한다. 다만 키르케고르의 단독자, 그는 르네상스를 발견한 적 있는 저 자아이지 않는가? 맑스의 프롤레타리아트는 묵시주의의 저 메시아적 공동체이지 않는가? 그렇게 고대적인 것과 그리스도교적인 것이 교차하여 서구적인 것[서구문화]에서 똑같아지고 희미해져 간다. 그리고 이렇게 해서 고대적인 것과 그리스도교적인 것은 완성으로, 완전한 종말로 세워지게 된다.

헤겔이 고대적-그리스도교적 세계를, 곧 이천오백 년간의 시대를 종결시킴으로써 실제로는 서구적 영/정신의 역사를 끝맺는다. 그리스도 이후의 달력이라는 심오한 의미로 존재하는 새로운 아이온을 도입하는 새로운 시대가 시작된다. 서구 역사의 문지방을 넘어서 있는 이 시대는 가장 먼저 지나간 것의 더 이상-아님^{Nicht-Mehr}으로, 도래하는 것의 아직-아님^{Noch-Nicht}으로 스스로를 인식한다. 이 시대가 주거와 안전을 동경하는 허약한 모든 정신들에게는 가난하게 보일지 모르겠다. 그렇다고 종래의 것을 악하게 만들거나 새로이 소생시킴으로써 도래하는 것을 섬기는 게 아니라, 대신 더 이상-아님과 아직-아님에, 밤의 무안에 버티고 서 있어야만, 그리고 바로 이렇게 해서 도래하는 날의 최초의 표징들에 대해 마음을 열어 놓을 수 있게 된다. 도래하는 것에 얼마나 많은 사람들이 활짝 열리게 되느냐는 중요하지 않다. 도래하는 저들이 누구냐가 그들의 자리를 결정한다. 그들은 도래하는 것이 보내는 눈짓(신호)들을 해석함으로써 존재의 크기를 측정하는 자들이기 때문이다.

이 새로운 인류는 위와 아래의 충돌이라는 서구적 아이온이 끝날 때 유산과 책무로, 더 이상-아님과 아직-아님으로, 존재에 대한 개괄[근본-균열]$^{Grund-Riß}$로서 내부와 외부 사이의 균열^{Riß}을 물려받게 된다. 분열된 것을 하나로 만드는 승리는 다시 한 번 **대립물의 일치**^{coincidentia} ^{oppositorum}다. 그런데 이 대립물은 신 **앞에서도** 신 **안에서도** 일치된다. 이 신은 위보다 훨씬 높고 아래보다 훨씬 깊어서 하강하고 상승하면서 일체를 충족시킨다. 내부와 외부를 신이 싸안고 있다. 신은 그 안에 만유가 존재하기 때문에 만물에 대해 늘 내부의 것일 뿐 아니라 신은 곧 만유이기 때문에 만물에 대해 늘 외부의 것이기도 하다.[448] 만유가 신 안에 있으므로 만유가 탈-존$^{ek-sistent}$해 있다. 만유가 자신의 중심을 자기 자신의 바깥에, 곧 신 안에 가지고 있는 것이다. 홀로 인간이 신의 중심에서 몸을 돌려 완고해질 수 있다. 인간은 신에 반하여 깊어지고 자기 자신을 중심으로 삼는다. 신적인 척도를 잊고서 인간은 더욱더 그리워하며 자기 자신을 척도로 삼는다. 인간이 만물의 척도인 것이다. 인간 스스로가 자신을 만물의 척도에 대한 주체로 만듦으로써 그는 사물들 사이의 참다운 연관을 가리고 피조물들을 완성시키며 세계를 목적들

---

448) Aurelius Augustinus, *Die Gestalt als Gefüge*, ed. Erich Przywara, Leipzig: Hegner, 1934, p.227[『구조로서의 형상』].

과 안전장치들로 채우고 세계를 집으로 완성하며 자기 자신을 담으로 둘러싼다.[449] 이 피조물들은 신과 함께 신 안에서 사물들의 연관들을 가리고 '비밀' 속에서 신과 부딪힌다. 이렇게 해서 사물의 짜맞춤도 다시 한 번 비밀이 되며 갈수록 더 조작과 인간의 기술을 통해 새로우며 진짜가 아닌 척도 속으로 강제된다.

묻게 된다. 이 미망이, 인간을 신과 가장 멀리 떨어지도록 내팽개치는 이 미망이 왜 바로 인간을 내내 지배하고 있는가? 이 방황 속에서 **인간의 본질**Wesen des Menschen은 신의 그림자로 밝혀진다. 인간이 **신의 그림자**Schatten Gottes라는 바로 그 이유에서 이러한 생각이 들 수 있다. 그리고 결정적인 것은 그가 자기 자신을 척도로 정립하는 데 성공할 수 있다는 것이다. 그림자는 인간을 유혹하는 뱀이다. 자기 자신이 신처럼

---

449) Heidegger, *Vom Wesen der Wahrheit*, p.22[『이정표 2』, 115쪽. 인용/요약된 부분은 다음과 같다. "그러나 현존재의 망각된 비밀이 망각을 통해 제거되는 것은 아니다. 오히려 망각은 망각된 것의 외견상의 소멸에 고유한 현재성을 부여한다. 비밀은 망각 속에서 또한 망각에 대해 자신을 거부하고 있기에, 비밀은 역사적 인간을 그가 익히 잘 활용할 수 있는 것 안에서 그 자신이 만든 것 곁에 몰두하며 서 있게 한다. 그렇게 서 있게 됨으로써 인류는 자신의 세계를 언제나 가장 새로운 각종 욕구들과 의도들에 입각해 완성하며 또한 그 세계를 자신의 각종 기도(企圖)들과 계획들로 가득 채운다. 이때 인간은 전체 안에서의 존재자를 망각한 가운데 이러한 각종 기도들과 계획들로부터 자신의 척도를 취한다. 이러한 척도를 고집하면서 인간은 새로운 척도를 항상 스스로 마련하지만, 척도-획득 자체의 근거 및 척도부여의 본질을 숙고하지는 않는다. 새로운 척도와 목표를 향해 전진하는데도 인간은 자신의 척도가 갖는 본질적-진정함을 오인하고 있다. 인간이 주관으로서의 자기 자신을 점점 더 배타적으로 모든 존재자에 대한 척도로 삼을수록, 인간은 분수를 벗어나 뻔뻔스럽게 된다. 뻔뻔스런 망각으로 인해 인류는 자신이 그때마다 접근 가능한, 익히 더 잘 활용할 수 있는 것을 통해 자기 자신을 안전하게 확보할 것을 고집한다. 이러한 고집은 자기 자신도 모르는 버팀목을 갖고 있는 바, 이러한 버팀목은 다음과 같은 관계 속에 있다. 즉 현존재는 단지 탈-존할 뿐 아니라 동시에 집착하고 있다. 다시 말해 현존재는 마치 스스로 그 자체로 열린 듯 보이는 존재자가 제시하는 것을 강력히 고수하면서 존립하고 있다. 탈-존하면서 현존재는 집착하고 있다. 집착적 실존에서도 비밀은 지배적으로 전개되고 있으나, 이러한 비밀은 진리의 망각된 본질, 따라서 진리의 비본질적이게 된 본질이다"].

여겨지리라는 것을 알면서…… 마침내 자기 자신을 신으로, 그리고 신을 자기 자신의 그림자로만 여기게 된다. 인간이 스스로를 척도로 정립함으로써 이 그림자는 중심 속으로 내딛으며 사물이 신과 맺는 연관은 어두워진다. 이것이 세계의 암흑이자 암흑화^{Umnachtung}다.

하지만 만일 인간이 밤의 아름다움에 반해 있지 않고 그 아름다움을 암흑으로 바라본다면, 만일 인간이 자신의 집을 허위로 인식한다면, 만일 그가 자신의 완고함을 경직으로 알아차리고 그 자신의 척도가 거짓이자 미망으로 탄로나고 인간-세계에서도 날이 샌다면, 그러면 완고함에서 실존으로 전환이 일어난다. 아침이 밝아 옴으로써 모든 척도가 뒤집힌다. 그런 뒤 인간은 신에 의해 [존재의] 집으로 가게 되고 탈-존한다. 그때 그는 자신의 중심을 신 안에서 발견한다. 인간이 자신 안에서는 무無이며 그래서 그는 신에게 참여하지 않는다. 이렇게 해서 세계의 둘레에 놓여 있던 베일이 열리고 안개가 찢어지며 인간에게 적합한 척도가 떨어져 나가고 신의 척도가 명백해진다. 신의 척도는 신성함이다. 신성함이란 가장 먼저 배출^{Aussonderung}이자 분리^{Absonderung}다. 신성-함[신성-존재]^{Heilig-Sein}이란 맨 먼저 분리되어 있다는 것이다. 신성함은 세계의 구조를 뒤흔드는 충격이다. 이 신성함을 통한 뒤흔들림은 구속을 위해 세계의 구조를 폭파한다. 역사의 심판 때 신성함이 판결을 내린다. 역사는 진리가 방황에서 배출될 때에만, 진리가 비밀에서 나와 밝아질 때에만 존재할 뿐이다. 역사가 방황의 비밀에서 진리 계시로 가는 그 위에서 밝아지고 있다.

"바로 순수유대인(Erzjude)[1]으로서……"

야콥 타우베스(1923~1997)는 본가 쪽과 마찬가지로 외가 쪽이 동유럽의 유대인에 뿌리를 두고 있던 가계 출신이다. 그리고 이 가계에서 전통적인 학식과 마찬가지로 새롭고도 과학적인 문헌학 방법들에도 의무를 지고 있음을 인식했던 랍비들이 수세대에 걸쳐 양산되었다. 하지만 그의 가계에는 하시디즘[2]의 신비주의 운동과 이 운동의 기적랍비들[3]의 활동에 대한 기억들도 스며들어 있었는데, 이 랍비들 중 상당수는 이 가계와 친화적인 관계에 놓여 있기도 했다. 왕궁에 거주하고

---

1) 이 표현에는 아무것도 섞이지 않은 원석 같은 '진짜 유대인'의 의미 말고도 서신 상대자인 '지극히 높은'(éminent) 칼 슈미트와 대조되는 '가장 밑바닥에 있는'(au plus fond) 유대인이라는 의미도 담겨 있다(Taubes, *Eschatologie Occidentale*, pp.VII~VIII, n.3).

2) 하시디즘(Chassidismus) : 영어로는 Hasidism으로, 18세기 초 폴란드와 우크라이나의 유대인 사이에서 널리 전파되었던 성속일여(성과 속의 일치) 신앙을 주장한 신비주의적 유대교 혁신운동이다. 창시자는 '바알 쉠 토브'라고 불렸던 이스라엘 벤 엘리에제르(1698~1760)다. 히브리어의 하시드, 즉 '경건한' 자에서 유래했으며, 광의로는 유대 종교사에 나타난 율법의 내면성을 존중하는 경건주의 운동을 가리킨다. 에를리히, 『유대교 : 유랑 민족의 지팡이』, 139~140쪽 참조.—옮긴이

3) '기적랍비들'(Wunder-rebben)에서 'rebbe'는 히브리어 '랍비'에서 파생한 이디시 어휘로 보통 토라를 가르치는 선생이나 유대인들의 지도자를 뜻한다.—옮긴이

왕조들을 형성했으며 주술치료사이자 신에 대한 무아경의 중개인으로 대규모 의뢰인 집단의 마음을 끌었던 이 권능자들은 18세기 중반부터 신심이 두터운 동유럽 유대인들을 그 내부에서부터 변형시켰다.

야콥의 부모는 맨 처음에는 빈에서 그리고 1936년부터는 취리히에서 활동하던 랍비 아버지 츠비 타우베스Zwi Taubes와 시각장애를 안고 태어나 빈의 최고 랍비 츠비 페레츠 차에즈Zwi Peretz Chajes가 운영하던 그곳의 히브리 기숙학교를 졸업한 어머니 파니 (프로마) 타우베스Fanny Froma Tabues였다. 츠비 페레츠 차에즈는 1927년 사망할 때까지 그 도시의 진보적 성향을 띤 유대종교 엘리트들의 정신적인 수장이었으며 자신의 학식을 시오니즘 운동과 결합시켜서 예루살렘의 히브리 대학에서 근무하기도 했다.

타우베스 자신도 취리히와 바젤에서 공부했으며 예루살렘, 프린스턴과 뉴욕의 컬럼비아 대학을 경유지로 거쳐 1966년 최종적으로 베를린 자유 대학에 닿았다. 이곳에서 그는 유대학과 종교사회학의 창립 교수로 임명되었고 사망할 때까지 철학 연구소의 해석학 분과장이기도 했다. (오늘날은 결코 더 이상 가능하지 않은) 그의 학적 능력과 소속의 이러한 범위와 대학 안팎에서의 그의 활동에도 불구하고 출간된 저서들의 순수량을 측정할 때 보통 적용되는 척도에 따르면 그에게는 원래 어떤 **저작**Werk도 귀속될 수가 없다. 그가 쓴 유고 출판물로 칼 슈미트와 그의 가까운 관계에 대한 한 권의 빈약한 보고서 단행본을 비롯하여 바울의 로마서에 관한 그의 후기 강의들과 중요한 논문집이 하나 있다.[4] 또한 1980년대 초반 그가 편집한 정치신학에 관한 세 권의 논문 모음집[5]이 있다. 그 밖에는 1947년 『서구종말론』*Abendländische*

*Eschatologie*의 제목으로 출간된 취리히대학 박사논문만이 아직까지 있을 뿐이다. 1993년에 나온 바울에 관한 책과 함께 이 논문은 타우베스가 남긴 지적 유산의 중핵을 이룬다. 당연히 사람들이 유일하게 떠올릴 예술사가이자 문화사가인 아비 바르부르크[6)] 말고도 학술 단행본이 자신들의 사유를 표현하는 데 선호하는 수단이 아니었으며 반박, 대화와 서신교환을 통해서 사유를 표현하면서도 한층 강조된 의미의 교사로서 영향을 끼쳤던 다른 중요한 사상가들도 발견될 수 있다. 배타적 지식을 전달할 수 있는 이러한 가능성을 더 잘 이해할 수 있으려면 유대교[7)]의 종교적 명부를 들여다보는 것이 도움이 된다.

거기에는 **문자를 통한**schriftlich 가르침과 **구술을 통한**mündlich 가르침

---

4) Jacob Taubes, *Ad Carl Shmitt, Gegenstrebige Fügung*, Berlin: Merve, 1987[『칼 슈미트 귀하, 반대방향의 결합』]. Jacob Taubes, *Die Politische Theologie des Paulus*, ed. & m. e. afterword Aleida & Jan Assmann, München: Wilhelm Fink Verlag, 1993[야콥 타우베스, 『바울의 정치신학』, 조효원 옮김, 그린비, 2012]. Jacob Taubes, *Vom Kult zur Kultur, Gesammelte Aufsätze zur Religions- und Geistesgeschichte*, ed. & intro. Aleida Assmann, Jan Assmann and Wolf-Daniel Hartwich, München: Wilhelm Fink Verlag, 1996[『제의에서 문화로: 종교사와 문화사 논문집』].

5) Jacob Taubes (ed.), *Religionstheorie und Politische Theologie*, 3 vols., Paderborn et al.: Wilhelm Fink Verlag/Ferdinand Schöningh, 1983~1987[『종교이론과 정치신학』].

6) 아비 바르부르크(Aby Warburg, 1866~1929): 독일의 미술사, 문화사가로 도상해석학 (Iconology)의 기반을 마련하였다. 그의 제자인 에른스트 곰브리치가 남긴 그에 관한 두 권짜리 전기가 있다. 국내에 번역된 다나카 준의 『아비 바르부르크 평전』(김정복 옮김, 휴먼아트, 2013)은 곰브리치의 일면적 찬탄의 관점과 달리 젊은 시절 그의 정신질환과 학문적 이력 사이의 관계를 조명하고 있다. —옮긴이

7) 보통 '유대교'는 사도 바울이 활동했던 지중해 지역의 이스라엘계 이민자들에서부터 시작된 디아스포라 신앙을 가리켰다. 이 신앙은 갈릴리 지방의 느슨한 형태의 신앙 공동체였던 유대교 가운데 배타주의적이고 분리주의적 성향이 강한 분파였던 이른바 '유대주의'에서 배제된 이들의 신앙으로 볼 수 있다. 이러한 맥락에서 김진호는 이스라엘계 이민자의 신앙을 현대 시오니즘의 관점에서 구축된 '유대교' 대신 '이스라엘 종교'로 부르자고 제안한다. 다음 책을 참고하라. 김진호, 『리부팅 바울』, 삼인, 2013, 특히 「글머리 — '낯선 바울', 바울을 리부팅하다」(7~22쪽) —옮긴이

사이의 차이가 있다. 양자는 시나이 산에서 왔다. 문자를 통한 가르침은 모세의 것으로 야훼 하느님으로부터 최종적으로 완벽하게 넘겨받아서 돌로 된 흑판에 기입되어 모세에 의해 유대 민족에게 인계됐다. 이런 까닭에 탈무드는 토라가 천상이 아니라 지상에 있다고 설명한다. 모세 5경으로서 토라는 히브리 성경의 첫 부분을 구성한다. 이와 다르지만 동일한 기원에서 비롯되고 모세가 사십 일간 하느님 곁에서 머무르는 동안 구름 위에서 나눴던 교의대화에서 생긴 구술을 통한 가르침은 해석과 주해를 통해서 계속 보존되었다. 학생들 무리 앞에서 강연되고 논해지면서 이 구술을 통한 가르침은 이들에 의해 '학습되었다' gelemt. 다시 말해 학생들은 지도를 받으며 토라 연구와 그 주해에 종사하게 된 것이다. 그렇게 이 가르침은 당연히 풍문으로 전락되지 않고서 구전을 통해 고유한 생명을 전개한다. 그럼에도 이 가르침은 교사-학생-관계에서 전달의 정확한 규칙들과 어떤 엄격한 해석학을 따르게 된다. 이 양자는 맨 먼저 이 가르침이 살아 있는 계시임을 보장한다. 그렇게 하여 이 가르침의 통찰과 효력이 증대된다.

1968년 무렵 이스라엘 최초의 율법교사였던 **모쉐 라베누**Mosche Rabbenu(히브리어로 '모세, 우리 랍비')의 시나이 산——그리고 삼천 년 동안 유대인 학당의 거주지들——에서 베를린으로 돌아왔던 야콥 타우베스는 **표현주의 정신의 발로에서**aus dem Geist des Expressionismus 말했던 최후의 독일 유대인이었다. 이외에도 그는 전쟁 중에 몽트뢰에서 정통 예쉬바Jeschiwa/Yeshiva(랍비세미나)를 이수했던 실제로 서품을 받은 랍비였다. 그런 식으로 그는 유대적-종교적 지식과 그리스도교적-세속적 지식을 결합시키는 동시에 어떤 파기된 전통을 다시 소생시키도록 소명을 받은 것처럼 보였다. 타우베스는 이러한 소명을 기도용 숄과 학사모를 동시에 착용하는 것으로 이해했다. 그러니까 그가 자신의 학문적 이력을 시작하는 순간이던 『서구종말론』부터 말이다.

오랜 시간 이 책을 구체화시키기 어렵기만 했었다. 그의 첫 책은 여기 있는 판본으로는 1991년 2판이 나오고 첫 판본이 출간되고 60년이 지나 통틀어 세번째로 출간된 것이다. 타우베스는 이 책에서 설득력 있게 기술하면서 묵시적 사유를 토대로 삼고 이 사유에 대해 취할 수 있는 수단들과 조처들에 관한 지식으로 세계사의 철학적 구축을 제출하고 있다. 이 책은 매우 압축적인 동시에 포괄적이며 그 어디서도 다르게 읽힐 수 없을, 이천 년 동안 서구세계의 정신사와 종교사를 관통하는 하나의 **역작**^{tour de force}을 구현하고 있다.

1.

타우베스의 『서구종말론』에는 이슬람 역시 자리해 있다. 이 사실이 오늘날 이슬람과 서구 사이의 불일치에 관해 다른 것도 아닌 종교를 매개로 삼아서도 이야기하는 사람을 선사할지도 모른다. 그러니까 모하메드의 종교재단은 신앙이 깊은 무슬림들이 예언의 인장이자 최후 진리로서 이해하는 것에 부합하는 식으로는 운영되지 않고, 대신 논쟁의 여지없이 **서구의 종교적 사유를 도치하는 것**^{Permutation westlichen religiösen} ^{Denken}으로 통하고 있다. 이 사유는——타우베스가 그러하듯—— 혁명의 장소와 혁명을 방어하는 장소라는 두 개의 극 사이를 연기, 대체, 지양의 형태로 계속해서 움직이고 있다. 다른 모든 역사적 사건들은 이와 달리 순전한 일화들로, 하루하루 일어난 일로 파악될 수밖에 없다. 실제의 역사^Real geschichte에 파문을 일으키기는 하지만 (역)사의 심층구조를 무조건 지시하지는 않는 사건으로 말이다. 만일 신이 역사의 주인이라면 역사의 길은 적어도 그리스도교의 관점에서는 암흑이다. 『서구종말론』에서는 (사건들은 제외하고) 예외적으로 텍스트들이 탐구된다. 그래서 이 책을 몰락과 쇄신이나 탈환에 대한 **서구 사상사와 문학사**^abendländische Denk- und Lieteraturgeschichte 로도 표현할 수 있을 것이다.

타우베스는 이중의 관점에서 이슬람교를 말하기에 이른다. 한 번은 "광야의 유랑 민족"에 해당하는 모든 민족의 관점에서 말한다. 예언자이자 의술가이며 유랑 직인인 그들은 "유랑 목수 예수가 설교한 대로 아이 같으면서도 숭고한 무조건적인 평화애호, 비폭력성, 비저항의 윤리"(2권, 116쪽)를 보유하고 있다. 여기서 타우베스는 잊혔지만 그가 높이 평가하는 종교학자 로베르트 아이즐러를 인용한다. 이 유랑 민족의 흔적들은 『서구종말론』에서 더 이상 추적되지 않는다. 그나마 이슬람 신비주의[밀교](수피즘)의 창도자를 떠올려 볼 수 있을 것이다. 하지만 타우베스의 대화 상대자이자 (비판가) 중 하나인 미국의 법철학자 레오 스트라우스가 우리 시대의 "신학정치의 딜레마"라고 표현한 적 있는 것의 출구를 이 이슬람 신비주의 자체에서 보려고 하지 않도록 주의해야만 한다.

이 딜레마는 이슬람교가 국가형성의 권력으로 두번째 등장할 때 분명하게 나타난다. 이 권력은 "어떤 공간에도 어떤 지역민들에도 결부되어 있지 않기"(2권, 180쪽) 때문에 하나의 제국을 창건할 수 있게 된다. 이것의 직접적인 유비로 타우베스는 다시금 그리스도교적 유비인 교부 아우구스티누스의 **신국**Civitas Dei을 든다. 여기에는 현세와 내세가 십자가 위에서 죽은 그리스도의 구원과 그의 재림 덕분에 이미 어떤 신비주의 공동체 안에서 결합되어 있다. 그 이후 그리스도의 보좌직Vikariat[8]과 여기에 따라 나오는 열쇠권력에 대한 교회의 요구가 **그리스도의 이중 도래 사이**의 시간을 지배한다. 이 권력은 후기 고대부터 현세의 왕국에 세워지게 됐을 뿐 아니라,——그것의 서구적 총칭은 **로마**다——중세에 초월적 제도들까지 만들어 내는 것이 여기에 명시적으로 더해질 수 있다고도 이해됐던 한 재현권력이다. 이는 연옥을 뜻한다. 이 연옥을 관리하는 데 면죄의 실행이 새롭게 정해졌으며 이 면죄 실행을 통해 내세에서 받을 형벌이 현세에서 계산될 수 있었다. 역사학자 에른스트 칸토로비츠[9]는 이와 같은 교회행정의 성과를 **그리스도-세리**Christus-fiscus의 도식으로 표현한 적 있다. 종말론의 관점에서 볼 때 이것은 다음을 뜻한다. "묵시록의 천년왕국은 교회가 지배하는 시대" (2권, 181~181쪽)이고, 아우구스티누스의 신학에서 혁명은 주권으로 대체되어 있다. "보편적 종말론의 자리에 개별적 종말론이 들어선다." (2권, 182쪽) 교회가 **세계 속으로** 걸어감으로써 동시에 **내면으로** 인도하는 두번째 발걸음을 낳고, 이 발걸음은 말하자면 이중 운동과 같다고 입증된다. 그 누구도 아닌 게르숌 숄렘이——그는 1930년대에 유대 신비주의 연구를 학제 분야로 설립했으며 타우베스의 평생 귀감이자 때

---

8) 하느님 보좌 우편을 가리킨다.—옮긴이

9) 에른스트 칸토로비츠(Ernst Kantorowicz, 1895~1963): 중세 정치 지성사와 예술사에 정통한 독일의 역사학자로, 신성로마제국 프리드리히 2세에 대한 책 『황제 프리드리히 2세』(*Kaiser Friedrich der Zweite*, 1927)와 『왕의 두 개의 몸』(*The King's Two Bodies*, 1957)의 저자로 알려져 있다.—옮긴이

로는 적수이기도 했다—— 교회의 이중 운동을 유대교와 그리스도교 사이의 본질적인 차이에까지 끌어올렸다. 그의 획기적인 1959년 강의 「유대교의 메시아적 관념을 이해하기 위하여」 Zum Verständnis der messianischen Idee im Judentum에서 그랬다. 정작 타우베스는 이 강의에서 수행된 그리스도교적 구원의 축소를 외부세계에 아무런 영향을 끼치지 않고 일어나는 내면적이기만 한 구원이라고 나중에 강하게 비판한 적이 있다.[10]

2.

왜냐하면 타우베스 본인이 이미 『서구종말론』에서 여러 특징들로 두 종교의 균형을 꽉 붙들고 있었기 때문이다. 그는 이렇게 해서 19세기 말과 20세기 초의 종교 역사학파의 지반 위에 서게 된다. 무엇보다도 『예수 생애 연구사』 Geschichte der Leben-Jesu-Forschung (1906년에는 다른 제목으로 첫 출간됨)에서의 알베르트 슈바이처를 통한 종교 역사학파의 급진화와 예수론의 전환점이 되는 이 학파의 "필연적 종말론의 해결"에 자리하게 된다. 예수의 출현이 유대교와 그리스도교의 차이를 표시하지는 않는다. 그 반대다. 예수는 "개개인뿐 아니라 민중에게 하느님 나라를 위한 어떤 결정적인 행위"(2권, 118쪽)를 요구했으며 이 나라가 곧장 실현되리라는 것을 선포하기 위해서 지상으로 전출되었고, 이것이

---

10) Jacob Taubes, *Der Preis des Messianismus. Briefe von Jacob Taubes an Gershom Scholem und andere Materialien mit einem Text von Elettra Stimilli* (aus dem Italienischen von Astrida Ment), Herausgegeben von Elettra Stimilli, Würzburg: Königshausen & Neumann, pp. 33~39.—옮긴이

완전하게 유대적이었던 것이다. 당연히 그는 실패했다. 하느님 나라는 도래하지 않았다(제아무리 예수의 그리스도교 해석자들이 그 결과를 다르게 평가한다 할지라도 그렇다). 그렇다고 이 실패가 예수가 결국 십자가에 못 박혀 죽은 바로 그 상황에 존립하는 것은 아니다. 반대로 이 십자가 죽음 안에서 오히려 전체의 구원이 관찰될 수 있다. 폭력적인 죽음을 통해 **현세의 종말**(히브리어로 **하-오람 하제**[ha-olam haze])을 가속화하는 것은 현세를 그 순환적인 거듭남에 정립하는 게 아니라 완전히 다른 미래의 세계(히브리어로 **하-오람 하바**[ha-olam haba])를 준비하는 것이다. 예수는 자신의 요구의 맞은편에서 "피상적이고 공허한"(2권, 126쪽) 것으로 나타난 고대 신비종교들의 그림자에서 그렇게 이탈한다. 타우베스는 오스발트 슈펭글러와 그런 식으로 함께한다.

예수 이후의 즉각적인 역사는 (후기)그리스도교의 두 위인들이자 각각 신학의 초기 저서와 후기 저서의 두 사도이자 저자인 바울과 요한을 통해 결정된다. 바울은 『서구종말론』에서 **과도기 형상**[Figur des Dazwischen]으로 등장한다(여기에서 바울은 타우베스에 의해 그의 필연적인 메시아주의가 선명하게 묘사되지 않은 채 등장한다). 곧 그는 거대한 불안을 방출하는 고대의 해체에 대한 후원자로 "새로 설립된 인류의 공동체로서 그리스도교 국민의 예배교회에 대한 기반을"(2권, 141쪽) 세웠던 그러한 인물로 등장한다. 이 교회의 원리는 세계사를 규정하는 다음 문장들에서 파악된다. "대중에 의해 그리스도의 초-자아는 안티-카이사르[현세의 지배자]의 형상이 된다. 그리스도의 초-자아는 카이사르의 초-자아를 무색하게 하고 그 가치를 떨어뜨린다."(2권, 142쪽) 타우베스는 훌륭한 혁명가로서 대중의 욕구들을 알았고 이것들을 이끌었던 바울의 특유한 업적이 카이사르[황제]의 정치신학에 대한 이러한 대안이 된다고 명백히 제시한다. 나중에 한 로마서에 대한 강의들에서 의도했던 대로 바울이 유대교의 보편화로서 이 대안을 수행했다는 식의 그 정도는 아니다. 사실상 1947년에 이 사도[바울]는 아직 타우베스의 사유를 총체적으로 규정내리는 데 중요한 형상은 아니었다. 이 역할이 『서구종말론』에는 빠져 있고, 그나마 이 역할을 요한이 받아들인다. 유대교에 대한 그의 입장과 "계속되는 고대의 유대교적 상황"만이 아니라──"『요한 계시록』은 이미 초대 교회에서 '유대적'이라는 의심을 받았었다"(2권, 152쪽)── 세계사 자체에 그의 장소를 만들어 내는 것과 관련해서도 말이다. 그는 포괄하는 모든 새로운 질서의 등기부이자 마지막 시간이라는 인장이 찍힌 구체적인 것에 대한 운용계획인 모든 묵시록들의 어머니에 해당하는 저자다. 극단적으로 말하자면, 그 후 모든 천년왕국설은 성서의 이 마지막 책에 대한 주석이다. 물론 늘 종교적인 의미에서 그런 것은 아니더라도, 세속적 사유조차 완전히 이 책을 뿌리칠 수는 없었다.

이 사실은──만일 타우베스의 저작을 통째로 조망해 보면── 그나마 정신분석에서 기대될 수 있을 것이다. 가령 타우베스가 강연 「종교와 정신분석의 미래」Religion und die Zukunft der Psychoanalyse(1957년 그리고 여러 차례)에서, 또 자주 서신들에서 제시한 회의적인 모든 논평들에도 불구하고 말이다. 그러니까 『서구종말론』에는 초자아 같은 정신분석 용어 일부를 사용했음에도 불구하고 정신분석은 완전히 빠져 있다. 하지만 바로 이 사실이 정신분석의 과제에 대한 하나의 설명이 될 수 있을 것이다. 깔끔하게 처리될 수 없는 '종교적religiös/속세적säkular'의 구

분——하지만 '신성한heilig/세속의profan'의 구분과 같은 의미에서는 아
닌—— 때문에 더더욱 쉽지 않은데도 불구하고, 이 구분에 어떤 특유
한 의미가 부여된다. 이 구분의 담론이 적어도 프로이트의 이론에서
는 구원Erlösung의 이쪽에 위치하고 있기 때문이다. 구속Heil이 아니라 치
유Heilung가 그의 명시된 목표였던 것이다. 그럼으로써 프로이트는 **그리**
스도 이후 시대의 길들 가운데 하나에 접어든다. 이러한 정황으로 타우
베스가 프로이트의 마지막 저서 『모세와 유일신교』*Der Mann Moses und die*
monotheisitsche Religion(1939)에서 가져온 여러 페이지에 걸친 인용들로 끝
마쳤던 바울 강연의 결말도 설명될 수 있을 것이다. 그는 1987/1988년
겨울학기에도 프로이트의 책을 읽을 계획을 세웠지만, 반 년 일찍 이
미 사망한 뒤였다. 『서구종말론』의 참고문헌 목록에서 『모세와 유일신
교』는 다른 모든 정신분석서와 마찬가지로 마주칠 수 없다. 타우베스
는 프로이트의 이 저작을 박사논문을 완성하고 난 뒤 비로소 그리고
초기 미국 정착 시기에 (더 기초적으로만) 알고 있었을지 모른다. 경우
에 따라서는 그의 첫 아내이자 나중에 종교철학자 겸 저술가였던 수잔
펠트만Susan Feldman, 1928~1969의 주선을 통해서도 알고 있었을 수 있다. 그
녀의 아버지 산도르 펠트만Sándor Feldman이 헝가리와 미국에서 명망 있
는 정신분석가이자 프로이트의 번역자였기 때문이다.

3.

2003년 출간된 그의 『회고』*Erinnerungen*에서 철학자 한스 요나스는 50년
도 훨씬 전에 일어났던 이야기를 하나 들려준다. 그것은 다음과 같다.

그[야콥 타우베스]가 나한테 보내는 한 편지에서 내 저작이 그에게 중대한 역할을 했다고 썼다. 그가 서구종말론에 대한 작업으로 박사학위를 취득했는데, 이 작업은 내 영지에 관한 저작[11]에 결정적인 영향을 받아 그 사이에 책으로 나왔다고 했다. 그러면서 그는 우리가 뉴욕에서 만날 수 있다면 아주 반길 것이라고 했다. 만나기 전에 [칼] 뢰비트에게 물었다. "혹시 야콥 타우베스 씨를 아나요?" 그는 말했다. "물론이죠." "당연히 그를 알죠." "그에 관해 제게 뭔가 얘기해 줄 수 있나요? 그가 제게 편지 한 통을 썼어요. 그에 관해서 들은 바가 아무것도 없지만, 그가 자신이 쓴 책 하나를 가리키면서 저를 만나고 싶다는 바람을 표하더군요. 당신은 그 책을 아나요?" 그가 말했다. "네, 그래요. 그 책을 알아요." "말해 봐요, 그 책 좋은가요? 뭔가 쓸모가 있나요?" 그러자 그는 웃으며 말했다. "정말 훌륭한 책이죠. 그런데 놀랄 것 없어요. 그 책의 반은 당신에게서 그리고 나머지 반은 저한테서 온 거니까요."

압도적인 인상을 주는 것은 무조건적인 동감은 아닐지라도, 차라리 유대인 정신의 어떤 위트이자 근본적으로 연대하면서 벌이는 격렬한 논쟁이 분명하다. 하이데거 곁에서 함께했을 때부터 그와 친했던 한나 아렌트조차도 요나스의 『회고』에서는 똑같이 항상 정중하게 다

---

11) 이 책에도 많이 인용된 한스 요나스의 두 권짜리 『영지주의와 고대후기의 영/정신 1부: 신화적 영지』(Gnosis und spätantiker Geist, I: Die mythologische Gnosis)와 『영지주의와 고대후기의 영/정신 2부: 신화론에서 신화 철학으로』(Gnosis und spätantiker Geist, II: Von der Mythologie zur mystischen Philosophie)를 가리킨다. —옮긴이

뤄지지는 않는다. 여하튼 그는 다음처럼 ──이외에도 타우베스와 오랫동안 우정 어린 편지를 교환했다── 타우베스의 박사논문이 "아주 훌륭하다"*sehr gut*[12]고 칭찬했다.

요나스, 뢰비트, 그리고 세 권으로 된 『독일 영혼의 묵시록』*Apokalypse der deutschen Seele*(1937~1939년 잘츠부르크 발간)를 저술한 가톨릭 신학자 한스 우어스 폰 발타자르까지 이들은 『서구종말론』의 먼 노정에 걸쳐 있는 표제어를 제공한 사람들이다. 무엇보다도 이 책[『서구종말론』]의 네 권 중 제1권[「종말론의 본질에 관하여」]은 요나스와 그의 통찰들을 개시하는 연구 『영지주의와 고대후기의 영/정신』*Gnosis und spätantiker Geist*(1934)을 풀어 쓸 정도로 영감을 받았다(타우베스는 자기 작업의 상당량의 절에서 그렇게 했다). 「종말론의 본질에 관하여」는 영지주의의 **현존태도**와 **혁명적 요소**에 관한 요나스의 분석이 규정 내린 세계피난과 세계황량의 파토스가 먼 노정에 걸쳐서 실제로 호흡하고 있다.

취리히와 바젤의 신학자 한스 우어스 폰 발타자르와 칼 바르트가 주는 고무 말고도 여전히 수많은 다른 이들이 있다. 오토 페트라즈와 에르빈 라이즈너 또한 타우베스에게 강력한 영향을 끼쳤다. 하지만 그 누가 오늘날 그들을 알겠는가? 『서구종말론』은 표절이라기보다는 오히려 실로 한없이 열거될 수 있을 독해의 결실로 일컬을 수 있다. 서구의 위대한 신학적·문헌학적·종교학적 저작들이 인용되고 있는 (4권, 324~328쪽의) 주석들에 대한 핵심을 한 번 보기만 해도 그렇다. 마술

---

12) 독일 대학 논문 평가 항목 중 최상위 항목이기도 하다. 학생 타우베스의 박사논문에 대한 교수 요나스의 평가를 암시한다고도 볼 수 있다.─옮긴이

적으로 작동되는 이 저작들의 마력, 곧 망아의 기술로서의 읽기와 반성의 양태로서 황홀^{Trance} 속에서 이 작업이 저술된 게 분명하다. 여기에는 또한 타우베스가 생전에 더 이상 책을 저술할 수 없었던 이유가 있을지도 모른다.

요나스(그리고 뢰비트와 발타자르)만큼이나 적어도 『서구종말론』에서는 에른스트 블로흐가 마찬가지로 중요하다. 그리고 블로흐와 관련해서는 타우베스와 그의 출처들 사이의 통례적인 텍스트상의 공통점과는 다른 공통점을 구성해 보려고 시도해 볼 수 있다. 이 공통점은 그 어조에서 찾을 수 있다. 1922년부터 1933년까지 『프랑크푸르트 신문』^{Frankfurter Zeitung}의 영화와 문학 편집자였던 지그프리트 크라카우어[13]는 블로흐의 책 『혁명 신학자로서 토마스 뮌처』(1921)를 원천으로 삼아 그 어조를 "묵시적인 비전들과 혁명적인 프로파간다 사이의 끊임없는 혼미함"으로 특징지었다. 물론 이것은 개별 저자로서 블로흐에게 떠넘겨질 수는 없었고, 대신 양차 대전 사이의 지적 풍토, 즉 부친살해적이고 생활개혁적이며 신종교적인 배음^{倍音}들이 더해진 표현주의의 지적 풍토 지대들 가운데 하나에 빚지고 있다. 이 배음들은 타우베스의 『서구종말론』에서도 강력하게 공명하면서 그의 저작을 더 자주 호언장담과 자기도취에 젖게 만든다. 거기에는 당시 겨우 스물네 살짜리에게는 위험하리만치 포괄적인 의미에서 권위를 전달하는 그의 간

---

13) 지그프리트 크라카우어(Sigfried Kracauer, 1889~1966): 독일 저널리스트이자 사회학자, 영화사가로 그의 『영화이론』에서 표현주의에 반대해 물질적 현실을 복제하는 영화의 기능을 강조한 리얼리즘을 주창했다. 국내에는 『역사: 끝에서 두번째 세계』(김정아 옮김, 문학동네, 2012)가 소개되어 있다. ─옮긴이

결한 확정들과 핵심 지적들의 라틴어와 흡사한 문체가 그 대항마로 존재하지는 않을 것이다. 물론 그는 음성과 강세에 이르기까지 속속들이 거인들의 어깨 위에 서 있었다.

4.

하지만 타우베스가 획득하고 제출해 놓은 중요한 통찰들은 오늘날 어떻게 나타날까? 이 자리에서 적어도 그의 영지주의에 대한 관점과 피오레의 요아킴에 대한 그의 묘사가 짧게 논해져야 한다.

　타우베스에게 (그리고 요나스와 다른 이들과 마찬가지로) 영지주의는 어떤 풍부한 신화론과 복잡한 세계론 및 구원론을 보유하고 있는 고대 종교사의 한 삽화일 뿐 아니라 고통스러워하며 해방을 그리고 탄식하는 영혼 일반에 대한 표현이기도 하다. 영지주의는 반우주론적인 존재론적 이원론에 사로잡혀 있으면서도 창조 전체를 악과 암흑의 나라로 여긴다. 그리고 이 영지주의의 대변자들 대부분이 조물주 자체를 악한 신이라고 표현할 정도로 그렇다. 이 때문에 게르숌 숄렘은 영지주의를 **형이상학적 반유대주의**metaphysicher Antisemitismus라면서 파문시켰다. 그럼에도 『서구종말론』에서 영지주의에 대한 기술은 숄렘의 판단을 따르지 않는다. 거기서 영지주의는 "자기소외라는 기초 상징으로 압축되어"(1권, 80쪽) 묵시주의를 진척시키고 급진화하는 것으로 등장한다. 구제는 로마 공동체에서 추방당한 그리스도교의 원이단자 마르키온(160년 사망)의 **이방신**fremdes Gott과 같은 내세의 신에게서만 올 뿐이다. 이 신은 현세의 창조신과 그의 더러운 세계의 절대적인 대항마다. 그의 힘은 모든 피조물 위로 드리워진 밤에 한 종말을 예비하기 위해서 그의 작품을 깨뜨리고 파괴하는 데 유효하다. 이렇게 해서 영지주의는 고대에만 국한되어 있지 않고, 세계 그 자체와 세계의 근본적인 변화에 대한 요구와 이 세계에 갇힌 채 고통당하는 영혼의 구제를 시간을 초월하여 해석하는 것을 구현한다는 사실이 이어진다.

어느 타락한 세계에 대한 이 구상에 반하여 더 최근의 연구는 덜 격정적인 실상을 대립시킨다. 크리스토프 마르크쉬즈[14] 같은 고대 교회사가는 고대 영지주의의 "교의와 체계적인 형성물"을 "상당한 교양이 있는 당대인들을 위한 그리스도교와 그 특유한 세계관을 기회의 종교 시장에서 알기 쉽게 만들어서 경쟁이 되도록 하려는" 시도들로 규정한다. 이것들은 가령 플라톤 역시 벌였던 것과 같은 신화들에 관한 이야기들로 파악될 수 있다. 물론 성서의 어조로 만들어져 있다. 그렇게 이것들은 갈릴리 지방에서 "(로마)제국 전역의 대도시들과 교육 중심지까지 폭발적인 방식으로" 확산됐던 "그리스도교의 역사에서 거대한 변혁단계"에 대한 표현으로 나타난다. 마르크쉬즈의 관점에서 영지주의 이데올로기와 그것의 세계몰락에 대한 바람의 파국적 굉음은 그리스도교 선교 속도의 급속함에서만 반향하고 있을 뿐이다. 세계를 극복하려는 실존적 시도로서 영지주의란 이와 달리 근대의 산물로 파악되어야만 한다. 이 때문에 타우베스 같은 영지주의 저자들은 강조된 의미에서 근대성에 대한 해석자들을 구현했던 것이다. 또한 영지주의를

---

14) 크리스토프 요하네스 마르크쉬즈(Christoph Johannes Markschies, 1962~):독일 개신교 신학자로 2006년에서 2010년까지 베를린 훔볼트 대학의 총장으로 재직했다.—옮긴이

통일적인 종교 형상물로 끌어올리는 일은 이 연구 자체의 한 구성물에 해당할 것이다.

이와 반대로 칼라브리아인 대수도원장 피오레의 요아킴(약 1135~ 1202)은 다른 식으로 관련되어 있다. 그는 그리스도교 묵시주의의 역사에 중요한 기여를 했을 뿐 아니라 『서구종말론』에서 중차대한 인물이기도 하다. 거기서 그는 타우베스의 기술에서 정중앙을 표시하고 있다. 요아킴은 『요한계시록』에서 성서의 형상적인 설명을 총체적으로 인식하려고 했다. 그는 임박한 종말——그가 1260년으로 그 날짜를 표시했던——의 표지를 가지고 세계사의 시대구분을 제시했으며 그는 이 세계사를 성서의 『다니엘서』에서 모범적으로 일어나는 것처럼 실제의 역사와 연관시켰다. 물론 그는 그리스도교 삼위일체를 자신의 숙고의 기반으로 삼음으로써 『다니엘서』의 전통적인 **사—왕국—론**^{Vier-Reiche-} ^{Lehre}을 넘어섰다. 그에 따르면 신성한 인격들에 배속된 세 왕국들 혹은 질서들(**오르디네스**^{ordines})이 있다고 하는데, 이것들은 일부 겹치고 그 가운데 이미 두 가지는 거의 지나간 것이다. **아버지 시대**——그 중에서도 구약, 율법, 모세로 대표된다——가 이미 **아들 시대**의 예수를 통해서 신약, 복음, 교회의 표지로 교체되어 있다는 것이다. 물론 아들 시대역시 그 다음에 곧장 임박한 **영의 시대**에서 그 종말을 발견하게 된다고 한다. 영의 시대는 외적으로 영성화되고 금욕/수덕적인 수도사존재의 가난의 영에 존속해 있으며, 이 수도사존재는 성체뿐 아니라 교황까지도 불필요하게 만들기에 그 지극히 고상한 표현은 자유로운 영으로 성서를 해석하는 것에 존재한다고 한다. 로마 교황은 결국 영적 형제들과 투쟁에 놓이게 될 적그리스도로 출현한다. 이것이 요아킴의 계승자들인 13세기 중반의 급진적 프란체스코 수도사들과 콜라 디 리엔조[15] 나 토마스 뮌처 같은 반란자, 그리고 마침내 야코프 뵈메 같은 사상가들이 이끌어 낸 반위계적인 결론이다.

타우베스의 기술에서 요아킴은 이러한 핵심역할을 받아들이고 있다. 단지 그가 이행들——고대에서 중세와 근대로, 아시아에서 유럽으로, 신학자들에게서 지식인들로, 반성에서 직접 행동으로——을 명료하게 표시하고 있기 때문만은 아니다. 그의 삼단계(론)은 **지양**(건너감 transire)의 형상에서 헤겔 변증법을 선취하고 있다(3권, 201쪽 이하 참조). 요아킴의 **또 다른** 유산과 그에 의해 본질적으로 고무된 중세 묵시주의를 에릭 푀겔린[16] 같은 철학자와 노만 콘[17] 같은 역사가는 20세기의 전체주의들에서 관찰하고자 했다. 이것이 타당하냐 아니면 타당하지 않냐가 여기서는 결정될 수 없지만 말이다. 하지만 아직은 그 진가가 인정되지 못한 그의 교의의 **세번째 계기**가 아직 있다. 역사의 삼분할을 통해서 그는 말하자면 그리스도를 역사의 중심 바깥으로 이동시켰으며 그리스도와 함께 유대교와 그리스도교 사이의 장애물을 제거

---

15) 콜라 디 리엔조(Cola di Rienzo, 1313~1354) : 이탈리아의 중세 정치가로 1352년 8월에 신성 로마제국에 반대하는 민중봉기를 일으켰다.—옮긴이

16) 에릭 푀겔린(Eric Voegelin, 1901~1985) : 주미 독일 정치학자이자 신학자로, 그는 20세기의 전체주의를 '정치종교'로 해석하고 종교와 정치 사이의 갈등 관계에서 정치학의 새로운 정립을 시도했다. 주저로 『질서와 역사』(*Order and History*, 1956~1987)가 있고 특히 이 책은 한나 아렌트의 사유에 지대한 영향을 끼쳤다.—옮긴이

17) 노만 루퍼스 콜린 콘(Norman Rufus Colin Cohn, 1915~2007) : 영국 역사가이자 저술가로 『천년왕국의 추구 : 중세의 혁명적 천년왕국주의자들과 신비주의 아나키스트들』(*The Pursuit of the Millennium: Revolutionary Millenarians and Mystical Anarchists of the Middle Ages*, 1957)[『천년왕국운동사』, 김승환 옮김, 한국신학연구소, 1993]과 『코스모스, 카오스와 도래할 세계 : 묵시적 신앙의 고대적 뿌리들』(*Cosmos, Chaos and the World to Come: The Ancient Roots of Apocalyptic Faith*, 1993/개정판 2001)이 대표작이다.—옮긴이

하지는 못했지만 상당히 축소시켰다. 그러니까 그리스도의 신성함은 논쟁의 여지가 없지만, 구원에 대한 그의 핵심기능이 영의 핵심기능을 위해서 포기된 것이다. 영은 그것이 『요한복음』에 나타나는 것처럼 더 이상 그리스도의 두번째 재림 때까지 보혜사[협조자][18]나 위로자[19]에 불과한 게 아니라 하나의 독립적인 역사철학적 힘이다. 물론 또한 그렇기 때문에 요아킴은 유대인들에 대해서 그의 수많은 동시대인들보다 훨씬 더 관용적일 수 있었다. 이것은 최소한 중세연구자 안나 사피르 아부라피아[20]와 로버트 러너[21]의 최근 연구들이 입증한 정황이다. 즉 요아킴도 유대인들의 최후의 개종을 믿었지만, 여하튼 그 개종은 십자가의 징표 아래가 아니라 잘 알려졌다시피 영이 원하는 곳으로 펄럭이는 영의 징표 아래에서 이뤄져야만 한다.

5.

타우베스의 책을 구성하는 수많은 그리스도교적인 것의 어디에 유대교가 그 자체로 남아 있는가? 유대교와 그리스도교 모두 하나의 뿌리

---

18) 보혜사(Paraklet) : 그리스어로는 파라클레토스(Parakletos)로 '제자를 사랑하고 보호하는 스승'을 뜻한다. 신약 성경 특히 『요한복음』에서 예수는 보혜사가 곧 진리의 영이자 성령이라고 말하고 있다. ―옮긴이

19) 위로자(Tröster) : 마르틴 루터가 독일어본 성경에서 앞 각주 17의 파라클레토스를 이 어휘로 번역했다. ―옮긴이

20) 안나 사피르 아부라피아(Anna Sapir Abulafia, ?) : 유대교와 그리스도교 관계에 대해 연구한 영국의 역사학자. ―옮긴이

21) 로버트 러너(Robert Lerner, 1940~) : 미국의 역사학자로 중세 이교도, 묵시주의와 천년왕국설이 주된 연구분야다. ―옮긴이

에서 자라났으므로 수많은 교차와 교배가 존재할 것이라는 그의 필생의 일반테제를 논외로 하면 『서구종말론』 자체에는 유대교가 자리하고 있는 두 가지 상이한 장소들이 발견된다. 이 글을 끝맺으면서 이 장소들에 관해 언급할 것이다.

한 곳에서 타우베스는 그리스도교(세계)사 내에 유대적인 것의 내장을 명시적으로 수행한다. 이것은 이 그리스도교 세계사에서 여태껏 일어나지 않았던 것으로 아이작 루리아(1534~1572)의 카발라를 뜻한다. 이 카발라는 숄렘의 작업들과 그가 근대 초기의 유대교에 대해 유대 신비주의가 가지는 의미를 선전한 뒤로 이를테면 문화과학에 어느 정도 정착되었지만, 『서구종말론』이 저술되었던 때만 해도 본격적으로 알려지지는 않았었다. 그것은 그렇고 참고문헌 목록에 숄렘의 어떤 저서들도 등장하지 않는다. 하지만 여하튼 『유대 신비주의의 주요 흐름들』*Major Trends in jewish Mysticism*은 수년 전부터 인쇄되어 나왔다. 이 저서와 별도로 숄렘에게는 상당히 낯설었을 어떤 특징으로 타우베스는 루리아의 교의를 요아킴의 급진 신봉자들의 교의와 병렬시킨다.

재세례론자와 뮌처처럼 루리아의 추종자들 역시 폭력을 써서, 물론 기도라는 마술적 폭력을 써서 하느님 나라를 지상에 가시화되도록 강제하고자 한다. 사바타이 츠비의 메시아 물결은 그 가장 깊은 내부에서 루리아 종말의 폭풍우와 연관된다. 또 매우 집중화된 재세례파의 사건이 일어난 뮌스터 역시 카발라주의자의 도시 사페드에 비유된다. 『조하르』가 중세의 유대 종말론을 따라 구원을 결합시킨 그와 같은 신성 공동체들이 사페드에서 생긴다고 한다.(3권, 194쪽)

유대교와 그리스도교는 여기서 동일한 기원의 종교들이거나 서구의 종교적 사유의 표현만은 아니다. 그것들은 재세례파와 루리아의 카발라가 보여 준 것처럼 그것들에 깃들어 있는 차이들에도 불구하고 유사한 해결책을 찾기도 한다. 타우베스는 이것을 확언함으로써 유대적인 것을 예외경우가 아닌 세계사 내에 동등한 인자로 기입하면서도 그것의 고유성과 예외성을 보존한다. 유대적인 것이 그리스도교에서 역사적으로 파생된 게 아니라 이것과 구조적인 유사성이 확정되는 경우에 타우베스는 그리스도교와 긴밀하게 맞물릴 뿐 아니라 이것으로부터 독립된 유대적인 것의 이미지를 그려 낸다. 이렇게 해서 근원들에 관한 문제도 처리되었다.

분명한 의미에서 이 책 전체는 이스라엘의 운명을 다룬다. 이 운명은 **그리스도 이후**post Christum에 단지 이중화되었을 뿐이다. 그러니까 이 책은 계몽주의 자체에 이르기까지 교회의 개관도 또한 기술하고 있다. 가령 무엇보다도 『미메시스: 서구 문학에 재현된 현실』*Mimesis. Dargestellte Wirklichkeit in der abendländishen Literatur*(1942년 5월과 1945년 4월 사이에 저술되어 1946년 출간)에서 에리히 아우어바흐Erich Auerbach의 리얼리즘 개념에 대한 예형적인 역사해석의 대담한 개조에서처럼 이 교회의 개관도는 지금도 존속되고 있다. 이 개관도는 그리스도 사건에서 그 첫 사례를 가지게 되지만, 그리스도론 그 자체를 포기할 수 있고, 그렇게 해서 구약과 신약 사이의 치유불가능한 분열도 회피할 수 있다. 그것은 그렇고 타우베스 본인은 그가 반복해서 자신의 이론의 대상으로까지 끌어올렸던 『미메시스』의 열광적인 한 명의 독자였다.

훨씬 더 놀라운 것은, 1947년 이미 완벽하게 그 주변에까지 알려졌고 그의 가족구성원들도 희생자로 전락했던 유럽 유대인들의 파국인 나치에 의한 거의 완전한 절멸을 『서구종말론』의 어떤 곳에서도 마주칠 수 없다는 사실이다. 분명 이 서사는 사건사가 아니라 이념사를 기술하고 있고, 쇼아[홀로코스트]는 이념이 아니라 범죄다. 그럼에도 타우베스의 종말론적인 사유에 기대고 그의 고유한 기술을 참조하여 과감히 하나의 역사신학적인 테제를 제출할 수 있을 것이다. 그의 작업 전체가 유럽 유대인들의 학살을 배경으로 하고 있다고 말이다. 하지만 이 학살을 명시적으로 마주칠 수 없기 때문에 이 작업이 그에 의해 학살당한 유대인들 앞에 세워져 있는 것은 **아니다**. 쇼아는 오직 **현**세와 단절하면서 뒤따라 일어날 수 있는 파국 **자체**다. 잘 알려졌다시피 메시아는 극도의 경건함이나 극도의 박해시기에 기다려진다. 이 사유는 히틀러를 적그리스도의 예형으로 끌어들여 왔던 묵시록의 천년왕국을 지나 그런 시기를 통과해 갔다. 이 의미에서 타우베스가 1978년 9월 18일(출간할 때 혼동되어 표시된 1979년이 아니라) 파리에서 칼 슈미트에게 보내는 편지의 몇 줄이 이해될 수 있을 것이다. 그가 다른 곳에서 썼듯이 "어느 심연 너머로 손을 내밀며"[421쪽 각주 1 참조] 그가 슈미트와 서신으로 접촉에 착수한 지 거의 일 년 뒤의 편지다. 이 파리 편지에는 다음과 같이 쓰여 있다.

바로 순수유대인으로서 제가 단죄하기를 망설인다는 것을 알고 있습니다. 말할 수 없는 그 모든 공포 속에서 우리는 하나의 공포로부터 스스로를 보호한 채 남아 있기 때문입니다. 우리는 어떤 선택도 할 수 없었습니다. 히틀러가 우리를 절대적인 적으로 선발했던 것입니다. 하지만 어떤 선택도 없는 곳에서는 어떤 판단/판결Urteil도 없으며 다른 이들에 대한 어떤 판단/판결도 전혀 존재하지 않습니다. 이것이 '참으로'eigentlich(결코 역사적인 의미에서가 아니라 오히려 비상사태의 종말론적인 의미에서) 일어났던 일을 이해하도록 저를 몰아세우지 않는다는 말은 아닙니다. 이곳에는 (우리들과 당신의) 파국 안에 전철기 [선로전환기]들이 설치되어 있습니다.[22]

---

22) Taubes, *Ad Carl Shmitt*, p. 39. —옮긴이

가깝고도 먼 묵시默示의 안개 속에서

보아라, 나 이제 새 하늘과 새 땅을 창조한다. 지난 일은 기억에서 사라져 생각나지도 아니하리라. 내가 창조하는 것을 영원히 기뻐하고 즐거워하여라. 나는 '나의 즐거움' 예루살렘을 새로 세우고 '나의 기쁨' 예루살렘 시민을 새로 나게 하리라. 예루살렘은 나의 기쁨이요 그 시민은 나의 즐거움이라. 예루살렘 안에서 다시는 울음소리가 나지 않겠고 부르짖는 소리도 들리지 아니하리라. 거기에는 며칠 살지 못하고 죽는 아기가 없을 것이며 명을 다하지 못하고 죽는 노인도 없으리라. 백세에 죽으면 한창 나이에 죽었다 하고, 백세를 채우지 못하고 죽으면 벌을 받은 자라 할 것이다. 사람들이 제 손으로 지은 집에 들어가 살겠고 제 손으로 가꾼 포도를 따 먹으리라.(『이사야서』 65장 17~21절)

안전한 망명지를 찾던 난민에게 그를 받아들이지 않으려는 국가의 관료들이 지구상에는 그가 입국할 수 있는 다른 국가들이 많다고 알려 준다. 그 가운데 그를 안전하게 받아들일 국가가 있을 거라고 말이다. 잠시 멈칫거리던 난민이 관료들에게 묻는다. "다른 행성은 없습니까?"(야콥 타우베스)[1]

이 도시들[유럽과 미국의 지성적 중심들]에 있는 어떤 지성적 서클들이 됐든 그곳에서 자주 당신은 특정 나이대의 모든 이들이 저마다 **타우베스와 관련된** 이야기는 하나씩 있다는 것을 알게 될 것이다.(마크 릴라)[2]

0.

야콥 타우베스와 첫 만남은 독일에서 수학하던 때 '하이데거의 무das Nichts에 대한 질문'을 다룬 그의 논문을 통해서였다. 그가 초창기 멤버로 활동한 문학과 철학의 '오케스트라' 학술집단 '시학과 해석학'Poetik

---

1) Dressen, Wolfgang, "Wir leben noch im Advent: Jacob Taubes und der Preis des Messianismus", *Deutschlandfunk*, 22.12.2013에서 재인용.
2) Mark Lilla, "A New Political Saint Paul?", *New York Review of Books* 55, no. 16, Oct. 23, 2008(강조는 인용자).

und Hermeneutik의 정기논문집에 실린 글이었다. 2008년 알랭 바디우와 조르조 아감벤 등 대표적인 현대철학자들의 바울 해석을 담은 책들이 연달아 한국어로 번역되어 나왔고, 이 급진적인 바울 해석의 출처가 되는 타우베스의 책(『바울의 정치신학』)이 소개된 건 그 뒤 4년이 지난 2012년이었다. 그 사이에 그리고 그 뒤에도 이른바 '정치신학'의 저작권자인 칼 슈미트에 대한 이례적인 관심이 이어지기도 했다. 지금은 잠잠해진 듯 보이는 이 지적 흐름에서 어느 정도 일관성과 연속성을 찾고 조명하는 작업은 가능하고 또 필요해 보인다. 지금도 이른바 포스트-맑스주의라는 급진 담론의 영역에서 눈을 돌려 신학계와 지성사 분야를 들여다보면 사도 바울과 정치신학 그리고 세속화와 세속주의에 대한 국내외의 다채롭고 풍부한 연구 성과가 끊임없이 소개되면서 특정한 바울상 역시 어떤 해석공동체의 자산이자 역사적 산물이라는 인상이 자연스럽게 들기 때문이다. '종교의 귀환'으로 특징지어지곤 하는 현대정치철학이 글로벌 자본주의에 맞서는 묘안으로 내세운 새로운 보편주의의 대변자라는 바울 역시 예외가 아니다. 특히 박탈당한 자들의 저항서사가 덧입혀진 바울상의 중요한 출처가 되는 타우베스의 유대주의적 바울 해석 역시 1차 세계대전 이후 19세기 합리적인 교양인들의 수요에 부합하려 애쓴 자유주의 신학(프리드리히 슐라이어마허)에 반발하며 수평적인 종교문화에서 수직적인 '신의 말(로고스)'을 분리하려 애쓴 위기신학 내지 변증법적 신학(칼 바르트)의 흐름에 가 닿는다.

1.

지금 여기 소개하는 타우베스의 박사논문은 그가 말년의 독특한 바울 상에 닿기까지 참조했던 원출처의 기록부^{Register}이자 전후와 냉전 시기 유대 난민이자 랍비인 동시에 학자라는 정체성을 가지고 저작활동 대신, 당대를 대표하는 학자들과 나눈 서신교환과 각종 학술 프로젝트 활동에 더 주력했던 그의 생전에 출간된 유일한 책이다. 서신교환의 범위는 '제3국의 계관법학자' 슈미트에서 '반쪽 유대인' 한스 블루멘 베르크까지 양극을 달린다. 아울러 위르겐 하버마스, 디터 헨리히, 블루멘베르크와 함께 4인방을 이뤄 주어캄프 출판사의 이론 섹션의 공동편집인으로도 활동했다. 특히 지금도 현역으로 활발하게 활동하는 그의 유명한 제자들 가운데 우리에게 『구텐베르크 은하계의 끝에서』 등으로 잘 알려진 독일 미디어학자 노르베르트 볼츠는 자신의 스승이 구심점이 되어 실존주의와 해체주의 등의 프랑스 담론이 독일에 활발하게 들어올 수 있었다고 회고한 적 있다. 열아홉이던 1942년 취리히 대학의 근대사 세미나에서 처음 슈미트의 『정치신학』을 읽었던 그는 1941년 취리히의 한 출판사에서 나온 뢰비트의 『헤겔에서 니체까지』를 감명 깊게 읽기도 했다. 그리고 같은 대학의 내로라하는 두 신학자 바르트와 한스 우어스 폰 발타자르의 강의에 참석하며 전쟁 중 이책을 구상하고 종전 후 1947년 박사논문 『서구종말론』을 썼다. 이 논문은 같은 대학의 사회학자 르네 쾨니히가 기획한 총서 '사회학과 사회철학 논문집'의 제3권으로 나왔다. 200쪽이 대폭 삭제된 『서구종말론의 역사와 체계에 관한 연구』$^{Studien\ zur\ Geschichte\ und\ System\ der\ abendländischen}$ ^{Eschatologie}라는 제목으로 나온 책은 런던으로 떠난 그를 대신하여 한 친구가 교정을 마쳐 다른 출판사에서 나온 책이다.

2.

이 책의 출간 시기를 전후로 하여 1910년대부터 40년대까지 청년 타우베스가 처한 역사적 상황을 잠시 짚어보는 게 좋겠다. 당시 독일어권 세계에서 시민 부르주아 지식계는 양분화되어 있었다. 이 책에도 비중 있게 다뤄지는 오스발트 슈펭글러로 대표되는 엘리트 지식인의 '문화비관주의'Kulturpessimismus[3]가 새로운 세기의 전쟁을 통해 더욱더 급진화되어 있었고, 또 다른 지식공동체를 구성하고 있던 유대계 지식인들은 독일의 자유주의와 계몽주의 그리고 교양주의Bildung의 발전에 공헌하여 인정을 받고 독일화되었다verdeutscht.[4] 신칸트주의 철학자 헤르만 코엔이 대표적이었는데, 그가 민족전쟁인 1차 세계대전 참전을 적극 독려하자 이에 반발한 새로운 세대가 '유대교/유대주의 너머의 유대인'을 표방하며 등장했다. 이들은 종파나 정치적 입장에서는 양극단을 달렸지만 형용모순처럼 보이는 새로운 조어를 약속이나 한 듯 만들어 내며 각기 다른 방향의 급진화로 내달렸다. 우측 날개에는 '보수혁명'이, 좌측 날개에는 독일인성과 유대인성에 각기 대응하는 '낭만주의 메시아니즘'이 있었다. '심정적 급진화'에 더 가까워 보이는 당대의 시대정신과 스타일은 이 책의 여기저기에서 마주칠 수 있다. 특히 그

---

3) 문화비관주의에 대해서는 다음을 참조하라. 전진성, 『보수혁명 — 독일 지식인들의 허무주의적 이상』, 책세상, 2001, 25~29쪽.

4) Steven Z. Aschheim, *Culture and Catastrophe: German and Jewish Confrontation with National Socialism and Other Crisis*, NYU Press, 1996, pp.32~33.

가 문헌을 다루는 혼종적이고 난삽한 방식에서 두드러지는데, 이는 이십대 초중반 청년의 대담함으로 설명하기에는 부족한 구석이 있다. 예를 들어 같은 주제를 두고 좌우 양극단의 입장을 대표하는 이들의 문헌을 순차적으로 배치하는 인용법을 어떻게 더 설명할 수 있을까?(이에 대해 4권 각주 102 참조) 더 나아가 프랑스어판 옮긴이의 지적처럼 이 책의 제목이 '서구종말론'이라고 해서 '신학의 역사'나 '종교적 사유에 있는 종말론 문제의 역사'를 본격적으로 다루지 않는 이유가 되기도 한다. 이른바 '서구의 근대화'가 실패했다는 보편적 공감대가 당시 형성되어 있었고 타우베스 역시 이 불행한 시대인식에서 출발하여 역설적이게도 '서구사상은 본질적으로 종말론이다'라는 대담한 테제를 입증하기 위해 이 책을 썼다. 근대화의 실패를 진단하고 그 원인을 묻는 자리에서 어떤 이들은 극단적으로 적을 상상하여 원인의 자리로 배치하거나 근대화가 이뤄지기 전 시민적 덕성/역량^{virtus}이 발휘되던 조화로운 고전고대로 회귀할 때, 타우베스는 이른바 세속화된 근대인들의 철학인 근대철학의 지하에 면면히 하나의 실체로 흐르고 있는 내밀한 종교적 요소와 정념에 천착한다. 근대철학이, 더 나아가 서구사상 전체가 종말론이라는 기초 위에 세워져 있다면, 그런데도 이 요소에 이단이나 이교의 꼬리표가 붙인 채 계속 억압되어 왔다면, 파국과 종말의 신호와 표징이 전쟁이나 소요의 형태로 등장하는 지금 이것들을 해석하는 의지를 긴급히 되살려야 한다는 것이다. "전망이 없는 제도적 지배가 횡행하는 서구라는 공간"에서 이것과 단절할 수 있는 서사인 '종말론'이 필요한 것이다.

3.

그렇다면 '나는 이와 같은 이제까지의 세계에서 더 이상 살 수 없다'는 보편적인 시대감각의 원형을 어디에서 찾을 수 있을까? 타우베스는 19세기 후반과 20세기 초반 초기 그리스도교를 묵시문학운동으로 해석하는 기틀을 마련했던 마르틴 켈러와 알베르트 슈바이처와 같은 신학자들의 연구에 근거하여 구약 시대 왕국이 몰락한 뒤 바빌로니아 등지에서 노예처럼 살아가던 이스라엘, 즉 유대 민중의 '새로운 예루살렘'에 대한 기대를 기록한 성서 정경과 외경[위경]의 『요한계시록』이나 『에제키엘서』 등 각종 묵시록을 살핀다. 이 기대에는 메시아가 우리를 구원하러 오니 회개하라고 외치는 세례 요한이 대변한 메시아주의의 요소와 이 메시아가 유대 왕이 아니라고 밝혀지고 좌절할 때 고난과 추방으로 뒤범벅이 된 이 시간과 이 세계를 끝장내겠다고 등장하는 묵시주의의 요소가 혼재해 있다. 그리고 이 묵시주의가 '스스로 구원된 구원자', 즉 죄 많은 '최초의 아담'protos Adam을 구원하러 온 '마지막 아담'eschatos Adam 예수 그리스도의 재림이 지체되면서 다시 한 번 좌절될 때, 이 세계감옥에서 내면으로라도 도주하려는 영지주의가 대안으로 등장한다.[5] 이 세계를 창조한 조물주는 사악한 신이고 정작 이 세계를 구원하거나 우리를 이 세계로부터 구원할 신은 부재해 있거나 적어도 숨어 있기 때문이다. 이 세계에 자신의 의지와 무관하게 내던져져 있다('피투성이'Geworfenheit[하이데거])는 '이방성'Fremdheit과 '자기소외'Selbst-Ent-fremdung는 곧 묵시주의와 영지주의 문학의 원형어로 등록된

---

5) Christoph Schulte, "Paulus", *Faber u. a.*, 2001, p.102

다. '숨은 신 대 부조리한 세계'라는 도식 속에서 극도의 긴장을 느끼고 있는 영혼의 상태를 대표적인 문화비관주의자 슈펭글러는 『서구의 몰락』에서 고대 페르시아를 비롯한 아람어 권역과 헬레니즘 권역 그리고 두 세계권의 혼종이었던 헤브라이즘 권역에서 서구 전체로 일반화한다. 니체가 서구의 위대한 사건이라고 가리켰던 로마제국과 남왕국 유다의 열심당원 사이의 투쟁에서 볼 수 있는 것처럼 늘 권리를 박탈당한 자들이 당연하게도 묵시적 종말론의 주체로 등장한다. 타우베스는 동일한 것이 영원회귀하는 원환으로서의 우주와 여기에 있는 것들의 있음을 논하는 존재론의 장소인 아테네, 그리고 한 방향으로만 흐르는 시간의 끝(에스카톤)이 있고 그래서 영원한 원환이자 감옥인 이 세계를 부수거나 벗어나는 데 관심이 있는 비존재론과 묵시주의의 장소인 예루살렘, 이 두 세계의 대립을 극화하고 무대화한다.

4.

1948년 5월 이스라엘 국가 건립 두 달 후 나온 뢰비트의 『역사의 의미』와 갈라서는 대목이 바로 여기다. 그 자신이 타우베스처럼 유대인이었고 어김없이 미국과 일본 등지에서 망명생활을 했던 뢰비트는 '근대는 종교의 영역과 완전히 단절할 수 없고' '진보는 세속화된 종말론이다'라고 단언하며 타우베스와 같은 출발점에 선다. 하지만 그는 종말론을 껴안았던 타우베스와 달리 이 전통을 비판하기 위해 맑스주의의 역사철학에서 피오레의 요아킴의 역사신학까지 소급해 간다. 특히 현세의 악을 절멸하는 지상 위 신국의 도래, 말하자면 천년왕국에 대한 희망에 대하여 아우구스티누스와 의견을 같이 한다. 그리스도의 재림과 악이 존재하는 세상의 파국적인 종말이 지체되자 고대 후기에 활발하던 하느님 나라에 대한 종말론적인 희망은 중세에 이르러 신성화된 현세의 로마제국과 "이미 그리스도의 나라이자 하늘나라"(본문 181쪽에서 재인용)인 교회 안으로 완전히 포섭되고 그 운동의 동력을 잃고 만다. 종래의 종말론적 희망이 악과 부조리로 가득한 세계가 파괴될 가까운 미래를 향해 있었다면, 이제 이 미래성은 현재 우리 앞의 교회 안에 완전히 실현되어 있는 것으로 바뀌고 예수 그리스도가 육화되어 십자가에서 죽고 부활했던 과거의 사건들로 모조리 환원된다. 이제 묵시주의의 정치적이고 혁명적인 차원에 놓여 있던 구속의 역사는 개별 신앙인의 구원과 용서의 문제이자 개개인의 악한 행동에 대한 신의 처벌로 축소되고 만다.[6] 즉 "이렇게 하여 천년왕국에 대한 희망은 최종적으로 교회 안에서는 억압되고 앞으로는 종파들의 사안이 될 것이다. 보편적allgemein 종말론의 자리에 개별적individuell 종말론이 들어선다. …… 그 안에 하느님 나라에 대한 희망을 지니고 있는 보편적 종말론은 이제부터 그리스도교의 공간에 이단Häresie으로 등장한다"(181~182쪽).

5.

잘 알려진 서사지만 이 중세 그리스도 교회의 종말론은 계몽주의 시대에 일어난 리스본의 지진을 통해 흔들리게 된다. 묵시주의의 전제인 악에 대한 존재론적 경험과 악을 절멸하여 더 나은 세계를 꿈꾸는 종

---

6) Willem Styfhals, "Evil in History: Karl Löwith and Jacob Taubes on Modern Eschatology", *Journal of the History of Ideas*, vol. 76, no. 2, Penn Press, 2015, pp. 195~196.

말론적 희망은 이제 근대의 '진보'라는 관념으로 세속화된다. 하느님 나라는 중세의 교회와 이성주의 세계에 완전히 실현된 게 아니고 다시 미래의 일이 된다. 타우베스는 계몽주의 시대에 불붙은 독일 이상주의로 세속화된 이 종말론이 레싱의 『인류의 교육』에 의해 처음 다시 개시되었고, 묵시주의가 대결한 악의 문제가 칸트의 『순전한 이성의 한계들 안에서의 종교』에서 '근본악'으로 다시 등장했다고 주장한다. 종교의 완성을 위한 칸트의 윤리학과 대결한 청년 헤겔은 이러한 '구약적' 독일 이상주의에 대한 '신약적' 독일 이상주의의 시작을 알리는 신호탄이 된다. 또 아우구스티누스가 기초한 중세교회의 질서를 부순 피오레의 요아킴과 부정성에 더 오래 머무르기에 청년기에 비해 "박자가…느려져 있"는(344쪽) 헤겔은 똑같이 삼위일체의 세 위격을 역사적으로 해석하고 그 끝이 구원으로 이어지는 구속사의 신학적 판본과 철학적 판본을 각기 구상한다. 예를 들어 불완전한 세계에서 소외를 느끼는 불행한 의식은 아직 완벽하고 신성한 지식인 영지를 얻지 못하고 육(체)에 갇힌 채 방황하는 혼의 상태와 같다.(영지주의의 영-혼-육 삼원설)[7] 그 시작은 레싱의 섭리(프로노이아)와 교육(파이데우시스)

---

7) 헤겔과 영지주의의 관계, 즉 정통적인 헤겔-상(Hegel-Bilder)과 충돌하는 영지주의적 헤겔-상을 다룬 대표적인 책으로는 Cyril O'Regan의 *The Heterodox Hegel*(State University of New York Press, 1994)이 있다. 이 책은 헤겔의 종교철학을 비롯하여 정신현상학과 논리학에 이르기까지 그가 루터의 십자가 신학, 야코프 뵈메의 사변적 신비주의와 신비주의 전통 일반 그리고 영지주의(특히 타우베스와 달리 마르키온 대신 발렌티누스)로부터 받은 영향을 두루 분석하고 있다. 더 흥미로운 대목은 삼위일체의 세 위격을 개인과 인간 문화 전체의 발전 서사에 각각 대응시키고 있다는 점이다. ①아버지-신의 내재적 삼위일체 ②창조와 아들의 시대 ③가이스트(영/정신)의 왕국. 다시 말해 '창조의 알파에서 종말(에스카톤)과 묵시의 오메가까지'의 역사신학적 도식(요아킴주의)에 서사이론에서 차용한 '서사의 닫힘과 열림'의 차원을 결합하여 헤겔의 존재신론, 뵈메의 신지론 그리고 발렌티누스의 영지주의 사이의 서사적 관

의 변증법에 근거한 종말론적 진보 관념이었다. 그 중간기착지로 인간의 자유보다는 자연/본성Natur의 필연성에 더 뿌리를 두고 있는 근본악의 문제를 파헤친 칸트를 거치고 나면 요아킴의 '아버지-아들-성령'의 시대라는 삼위일체의 각 위격과 역사적 시대의 일치를 역사철학에 구현한 헤겔이 끝에서 두번째로 대기하고 있다. 타우베스는 종말론적 믿음과 역사철학적 총체성이 화해를 이룬다고 명시한다. 그리고 마지막으로 19세기에 헤겔과 겨루는 맑스와 키르케고르가 등장한다. 맑스는 '정신(영)의 밖'에서 사회경제혁명을 구상하고(공산주의 선언) 키르케고르는 '정신(영)의 안'에서 영적 쇄신(반공산주의 선언)을 부르짖는다. 맑스는 '외부'에 출현하는 징표에 주목하고 키르케고르는 '내면'의 외침을 듣는다. "정치처럼 보였고 마음에 그려 왔던 것이 종교적 운동으로 밝혀진다."(411쪽) 첫번째는 인간의 구속을 희구하는 묵시주의의 세속화된 판본이고 두번째는 내면에서 신성과의 합일을 추구하는 영지주의의 세속화된 판본이 된다.

　"헤겔적 망아의 위가 맑스와 키르케고르의 벌거벗은 실존의 아래

계와 구조를 차근차근 해명한 책이라고 한다. 대표적인 급진주의 신학자 존 밀뱅크(『신학과 사회이론』, 서종원 외 옮김, 새물결플러스, 2019[1990/2005], p.11) 같은 이는 이 책에 제시된 헤겔 변증법에 대한 영지주의적 해석을 논의의 출발점으로 삼기도 한다. 이 책에 『서구종말론』이 어떠한 영향을 끼쳤는지는 따로 조사가 필요하겠지만, 다만 여기서는 이러한 헤겔 해석의 흐름을 염두에 두고 가이스트(Geist)를 요아킴의 경우에는 '영/정신'으로 헤겔의 경우에는 '정신/영'으로 각기 달리 번역하여 둘의 닮은 차이와 연속성을 드러내려고 했음을 밝혀 둔다. 『정신현상학』 국역본에 '정신이며 성령'(헤겔, 『정신현상학』, 임석진 옮김, 한길사, 2005, 61쪽)으로 옮긴 대목이 나오기도 해서다. 가장 최근에는 헤겔 체계의 개방성에 대한 새로운 해석으로 주목받고 있는 카트린 말라부가 고안한 조형가소성(plasticité) 개념을 경유해 헤겔의 종교철학과 타우베스의 묵시주의를 재해석하는 연구서가 나오기도 했다. Thomas Lynch, *Apocalyptic Political Theology: Hegel, Taubes and Malabou*, Bloomsbury Academic, 2019.

속에서 굴욕을 당한다. 헤겔적 사랑의 망아는 실존의 고난으로, 불안과 죄(키르케고르)로, 기아와 빈곤(맑스)으로, 절망과 죽음으로 일소된다. 최대와 최소는 절대적 척도이며 그와 같은 것으로서 종말이다. 위와 아래, 내부와 외부의 대립들로 찢겨진 채 헤겔 철학과 맑스와 키르케고르의 예언이 끝난다.”(415~416쪽)

하이데거의 「진리의 본질에 관하여」를 여는 문장의 구조를 그대로 차용하여 하이데거처럼 물음을 통해 개시됐던 종말론의 서사가 끝이 난다. 하이데거가 진리를 묻던 자리에서 타우베스는 역사의 의미와 가능성의 근거를 묻는다. 처음에 통사적으로만 은밀하게 나타나던 하이데거가 끝에 이르자 인용문으로 등장한다. 이 통사적 비대칭의 수미상관을 어떻게 해석할 수 있을까? 내용상으로는 이제껏 만물의 척도를 인간에게서 찾아왔다면 앞으로는 대신 신에게서 찾자는 것인데, 독일어권 독자라도 알아차리기 쉽지 않은 유사한 문장을 쓴 의도는 무엇일까?

6.

타우베스의 책에 단 한 차례만 등장할 뿐이고 당시 현대 국가론의 중요 개념은 모두 신학 개념이 세속화된 것이라는 슈미트의 정치신학적 용법으로만 알려져 있던 ‘세속화’^Säkularisierung 개념을 둘러싼 논의를 살펴보는 게 좋겠다. 1960년대에 이르러서야 전후 독일 지식장에서 이 개념은 첨예한 해석의 갈등의 대상으로 떠올랐는데, 그 출발은 한스 블루멘베르크가 1962년 발표한 「세속화: 역사적 비정당성의 범주 비판」이라는 논문이었다. 그 뒤 1966년『근대의 정당성』에서 본격적으로 뢰비트를 끌어와 세속화 논쟁의 포문을 열어 젖힌다. 근대의 실패와 위기라는 공통된 감각에서 출발하여 근대가 극복했다고 여겼던 종교라는 실체에 근대가 여전히 얽매여 있고 소외되어 있으며 그래서 그릇된 자기의식을 가지게 된 결과 근대 자체는 정당하지 않다는 판단을 둘러싸고 이 논쟁은 진행되었다.[8] 세속화 대 반세속화라는 뢰비트와 블루멘베르크의 표면상의 충돌지점에도 불구하고 양자는 종말론적 희망을 실제 역사에 투사하기를 거부한다는 점에서 일치한다. 도리어 이 지점에 『서구종말론』을 쓰던 타우베스의 자리를 마련하는 게 더 생산적인 논의로 이어질 것이다. 타우베스는 근대가 그리스도교의 이단이기에 정당하지 않다는 문제 따위에는 전혀 관심이 없다. 오히려 근대적인 역사의식의 기초가 종말론적 희망에 있음을 받아들이고 중세 내내 이단으로 억압받다가 16세기 독일농민전쟁에서 루터와 대결한 토마스 뮌처에 의해 '폭력신학'의 형태로 되살아난 이 희망을 혁명과 저항의 동인으로 재활성화하려는 의도에 더 충실했다. 마치 「역사의 개념에 대하여」에서 벤야민이 체스기계(역사적 유물론) 속에 있는 왜소하고 추한 난쟁이-신학을 보았듯이 그 또한 지금 눈앞에서 벌어지는 정치사회적 사건 뒤에서 종말론적 신학의 요소를 보려고 했던 것이다.[9] 더군다나 타우베스가 전적으로 지지했던 68혁명이 끝난 뒤 유럽

---

8) Gordon, Peter E., "Introduction: Reflections on the Fiftieth Anniversary of Hans Blumenberg's The Legitimacy of the Modern Age", *Journal of the History of Ideas*, vol. 80, no. 1, Penn Press, 2019, p.70.

9) 타우베스는 훗날 1984년 10월 18일부터 시작한 벤야민의 역사철학테제 세미나에서 이것을 하나의 역사이론이 아니라 "하나의 끝에서 역사를 사유하는" 시도라고 적확하게 표현한다. 여기에 있는 역설도 잊지 않고 말한다. "역사를 내재적으로 재구축하는 것에 중점을 두는 역

사회는 폭력이 동반될 수밖에 없는 유토피아나 혁명 또는 급진주의의 관념에 거리를 두고 반전체주의를 기초로 한 자유주의와 실증주의를 표방하고 있었다. 이에 대해 타우베스는 1920년대의 슈미트처럼 자유주의적 규범성의 정적인 상태를 극복하기 위해서는 묵시적 종말론의 동력을 회복해야 하며 전체주의는 근대 자체가 초월적인 요소들과 단절했기에 등장했다고 진단한다. 그리고 그 해결책으로 서구사상의 본질인 종말론, 묵시주의, 영지주의의 상호교차적 복원을 제시한다.[10] 구원의 사건과 세속의 정치 사이, 즉 구속의 역사Heilsgeschichte와 세계의 역사Weltgeschichte 사이는 정당하게 연결될 수 있다고 보는 일종의 '정치적 종말론'을 타우베스는 구상한 셈이다.

7.

전후 독일과 냉전 유럽의 담론장에서 오랫동안 잊힌 타우베스에 대한 관심이 다시 일기 시작한 것은 상당 부분 나치 법학자라는 오명 속에서 고향에 묻혀 '서신정치'를 수행하던 칼 슈미트 덕분이었다. 그 스스

사과학이 이 신학의……그와 같은 공헌을 통해 더 좋아질 수 있을까? 이 역사 프로젝트가 부조리로 흐르지는 않을까? 신학이 어떻게 그런 [역사]이론에 공헌할 수 있는 걸까?"(Jacob Taubes, "Walter Benjamin: Geschichtsphilosophische Thesen", *Der Preis des Messianismus. Brief von Jacob Taubes an Gerschom Scholem und andere Materialien*, hg. von. E. Stimilli, Könighausen & Neumann, 2006, pp.69~70)

10) 해제에서는 독자들의 이해를 돕기 위해 종말론, 묵시주의, 영지주의를 불가피하게 구분했지만 이 책에서 타우베스는 세 개념을 어느 정도 호환해서 쓰고 있다. 독어본 편집자가 후기에서 인용하듯 이 책의 절반, 즉 영지주의는 한스 요나스에게서 가져오고 나머지 절반, 즉 종말론은 뢰비트에게서 가져온 것이라는 지적에 대해 한 연구자는 도리어 양자의 기묘한 조합이 의도치 않게 풍부한 논의의 장을 열었다고 평가하기도 한다(Willem Styfhals, "Evil in History: Karl Löwith and Jacob Taubes on Modern Eschatology", *Journal of the History of Ideas*, vol. 76, no. 2, Penn Press, 2015, p. 203).

로 1977년 악명을 떨쳤던 주권의 이론가와 서신을 교환하며 그와 맺
는 관계를 소크라테스 이전 철학자들 중 한 명인 휘폴리토스가 정식화
한 '활과 리라의 관계처럼 반대로 당기는 조화'의 관계, 즉 '반대방향의
결합관계[적대적인 친분]'$^{gegenstrebige\ Fügung}$로 규정하며 이 맞수와 대화를
시작했다. 슈미트의 묵시주의를 '근대/현대적인 것은 전부 신학적인
것이 세속화된 것이다'의 도식에 합치하는 '반혁명'의 정치신학이라고
특징화하면서 반대로 자신의 묵시주의는 '아래로부터의 혁명'에 들어
맞는다고 규정한다. 세상이 끝나기 직전 일어나는 적그리스도의 등장
을 제지하고 막는 카테콘의 역할을 맡는 주권자 형상을 신학적으로 정
당화하는 데 몰두하는 정치신학의 '대심문관' 슈미트와 달리 타우베스
는 끝과 목적이 있는 영지(주의)적-묵시(주의)적 종말론의 시간관에
근거하여 근대성에 내밀하게 잔존해 있는 혁명의식과 에너지를 소생
시키려 한다. 바이마르 시대 지식인이 자유주의에 내린 '내적 정당화
불가'라는 판결과 비판이 두 사람을 잇는 또 다른 끈이기도 하다. 이 자
유주의 비판으로, 아울러 자유민주주의에서 민주주의를 자유주의와
떼어 놓으려는 냉전 막바지 서구 맑스주의(상탈 무페)의 슈미트 구명
작업에서 잊힌 종말론의 사상가 타우베스가 덩달아 끌어올려졌다. 슈
미트가 상대한 유대인들 가운데 한 명 정도로 말이다. 물론 이 책에 슈
미트의 이름은 나오지 않지만 그의 정치신학과의 대결의 흔적을 1947
년 이 책에서 미리 찾아볼 수 있다.

8.

1987년 바울의 정치신학에 대한 마지막 강의를 끝내고 타우베스가 사

망한 뒤 묵시주의와 세속화 문제 그리고 유대주의 관련 연구에서 일종의 패러다임 전환이 있었다. 이 책도 그렇지만 사회구성주의의 관점에서 권리를 박탈당하거나 사회적인 핍박을 받는 주변인들이 종말론과 묵시주의 그리고 영지주의의 참여주체가 되는 서사가 최근에는 정치적 상상력으로 그 역할이 의문시되고 여러 사회학적 연구를 통해 오히려 '묵시는 예언을 믿는 예루살렘 성전 제사장들이 이스라엘 백성을 영적으로 인도하려고 산출한 영감된 사상이다'(김희권)라는 주장까지 나오고 있다.[11] 그리고 미국에서는 9.11 테러 이후 이슬람 급진주의에 대한 반발로 본격적으로 논의되기 시작하고, 80년대 후반 독일에 비해 한참 뒤늦게 프랑스에서는 공공장소에서의 히잡 착용 문제처럼 정교분리의 원칙이 이슬람교의 가치와 충돌하는 상황에서 정치신학을 비롯한 세속화 문제에 대한 관심이 일었다가[12], 지금은 도리어 세속화 자체가 중립적인 태도로 배제를 일삼는 세속주의 이데올로기에 불과하다는 계보학적 비판으로 선회하고 있다. '종교적 과거에 호소하지 않고서도 근대성은 자신만의 정당성의 근거를 찾을 수 있을까?'라는 60년대 독일 지식인을 사로잡은 근본물음이 신우익과 인종차별주의가 득세하는 지금 서구 유럽에 다시 귀환하고 있는 것이다.

　　마지막은 지금까지는 몇몇 연구자에 한정되는 주제이기는 하지만

---

11) 스티븐 L. 쿡, 『예언과 묵시: 포로기 이후 묵시 사상에 대한 사회학적 연구』, 이윤경 옮김, 새물결플러스, 2016[1995], 3쪽.

12) Daniel Steinmetz-Jenkins, "French Laïcité and the Recent Reception of the German Secularization Debate into France", *Politics, Religion & Ideology*, Vol. 12, No. 4, December, Taylor & Francis, 2011, p.433.

대단히 흥미롭기에 적어 둔다. 타우베스 그 자신이 1963년 베를린 대학에 설립된 '유대학'Judaistik 연구소의 초대 소장으로 임명되었다. 이는 특정 종교와 홀로코스트의 기억 그리고 시오니즘/유대국가/현대 이스라엘국가로부터 거리를 두고 학적 논의의 대상으로 제도화되어 가는 과정을 명확히 보여 준다. 이 중성화 과정과 맞물려 유대교/유대주의가 오히려 어떤 서구의 사상체계보다도 근대적이며 사회적 격변의 순간마다 유대인이라는 정체성의 위기를 겪고 재구성하는 고군분투의 과정이 담겨 있는 사상체계라는 관점이 형성되기도 한다. 예를 들어 유대계 프랑스 철학자들의 모호한 글쓰기 스타일에 대해, 강요에 의해 그리스도교로 개종을 하고 난 뒤에 여전히 남아 있는 히브리어로 표출되는 유대인성(마라노Marranos)[13]을 공공연한 표현법으로부터 도주하는 비의적인 태도로 해석하는 시도는 꽤 신선하게 들린다. 다시 벤야민이 애호하는 '인형-난쟁이'의 도식을 끌어들이면 이것은 각기 공식적 철학담론과 '왜소하고 추한' 신학에 대응하며 "이는 의도적인 비밀주의secrecy와 책략"으로 독해가 가능하다.[14] 더 나아가 1960년대부터 독일어권의 대학에서 유대학 내지 유대연구가 고대근동학에서 출발하여 문화연구와 긴장관계에 놓인 중립적인 정신과학 분야로 자리잡아가는 과정은 나치의 박해를 피해 난민으로 떠돌다 독일로 돌아온

---

13) Agata Bielik-Robson, *Jewish Cryptotheologies of Late Modernity: Philosophical Marranos*, Routledge, 2014, p.4. "그리스도교로 개종을 강요당한 뒤에도 유대교 신앙을 비밀리에 간직하는 스페인 유대인인 이 이방인이 발화할 때 들릴 수밖에 없는 공공연한 방언을 부수고 발화되지 않은 히브리어가 환하게 빛난다."

14) *Ibid.*, p.5.

유대계 지식인이 종교철학의 재정립에 기여하는 과정과도 그 궤를 같이 한다. 그 중심에 타우베스가 있다. 이러한 전환은 서서히 일고 있는 타우베스와 그의 종말론에 대한 관심과 연구 동향과 함께 간다. 최근 들어 그가 꾸준히 해온 서신교환의 아카이빙 작업의 결과물이 단행본의 형태로 연이어 나오고 있고 그간 여기저기 흩어져 있는 그가 남긴 강연문과 에세이가 『묵시와 정치』*Apokalypse und Politik*(2017)라는 제목으로 묶여 나오기도 했다. 영어권에서 그에 대한 첫 평전이 출간된다는 소식까지도 들린다. 특히 그의 서신은 생전에 여러 기라성 같은 유대계 (정치/종교)철학자들과 독일계 법학자와 벌인 반목과 불화의 역사 기록으로도 볼 수 있다. 어떤 이는 그의 말과 글에 저작권을 주장하는 형태로 그를 재현하기도 하고(요나스와 레오 스트라우스) 또 어떤 이는 제자였던 그와 메시아주의에 대한 의견 불일치를 사적인 갈등으로 축소시키기도 한다(게르숌 숄렘). 다시 프랑스어본 옮긴이의 말을 빌리면 타우베스는 아마 '벗이 쏜 화살이 가장 치명적이다'는 명제를 그 누구보다도 또렷하게 인식하고 주저함 없이 실행했던 사람이었는지도 모른다. 이렇게 그는 시대상으로는 카발라에 대한 첫 에세이를 쓴 1942년부터 사망하기 직전 바울을 강연한 1987년까지, 지리적으로는 빈과 취리히, 예루살렘과 뉴욕을 거쳐 베를린까지 지나오며 전후 독일과 유럽을 휩쓴 양극단으로 첨예하게 갈리는 사상의 이음매의 역할에 충실했다.

앞서 말한 세 가지 전환을 고려할 때 1940년대 (중립국에서) 홀로코스트를 경험한 유대계 독일인이 구상한 독특한 종말론의 서사는 그때와 어떻게 다르게 읽히고 평가될까? 유대교 전통과 단절하고 평생 독신으로 살아가야 하는 서구 유대인보다 유대교 전통을 계승한 동구 유대인에게 더 애정을 느꼈던 프란츠 카프카(막스 브로트)의 구분법을 따르거나[15], 혹은 유대인 사이의 삶과 사고방식의 차이를 '선택적 친화성'selective affinity(미카엘 뢰비)으로 파악할 때 유대교와 그리스도교 사이의 균형과 긴장을 유지했던 한 묵시가의 대서사는 어떻게 다르게 해석될 수 있을까? 더구나 타우베스 본인이 몸소 벤야민의 절친 숄렘이 계승하는 탈무드 전통을 원시그리스도교와 접목시키고 벤야민과 에른스트 블로흐가 고안해 낸 신학적 맑스주의를 루카치와 프란츠 로젠츠바이크가 대변한 헤겔의 역사철학에 연결시키면서 주저하지 않고 지적 혼종을 자처한다면 말이다. 또 자신의 묵시주의와 종말론을 '아래로부터의 혁명'에 대한 구상이라 역설하고, 구원 신학과 세속 정치 사이의 연속성을 당연시했기에 세속화와 근대의 정당성 자체에는 그다지 관심이 없는 대신 초월적 요소들이 제거된 니힐리즘 시대인 근대에 반드시 영지주의가 급진정치의 형태로 귀환할 것이라고 내다봤던 현대 예언자의 종말에 대한 서사는 두번째 천년의 휴거소동이 아무렇지 않게 지나가고 자본주의 유토피아의 자리에 '자본주의 리얼리즘'이 들어선 지금 어떻게 받아들여지게 될까?

한쪽에서는 현재 완전히 격퇴되었지만 이슬람 메시아주의를 프로파간다로 내걸었던 이슬람국가(ISIS)가 시오니즘의 유대국가(현재의 이스라엘 국가)를 벤치마킹하여 지상 위 국가 건립이 곧 현세(지금 여

---

15) 막스 브로트, 『나의 카프카: 카프카와 브로트의 위대한 우정』, 편영수 옮김, 솔, 2018, 395~412쪽.

기의 세계)에서 무슬림 해방을 가져올 것이라며 일종의 성전$^{Holy\ War}$을 선포했다. 다른 한쪽에서는 이른바 SF서사의 주요 모티프로 영지주의가 악하고 부조리한 세계 대 축소된 자아 등의 도식으로 변환되어 널리 사용되고 있다. 또 통계 실증주의로 무장한 채 멸종된 지구의 임박을 정확한 계산법(숫자 신비주의?)에 따라 알리는 묵시적 저널리즘이 연일 미디어를 장식하고 있기도 하다. 이렇게 우울과 쾌락의 양극단을 달리는 묵시적 '세계감정'은 말하자면 어느 문화연구자의 표현을 따라 '우울증적 쾌락'$^{depressive\ hedonia}$에 가까워 보인다. 혹은 잘 알려진 깊은 탄식과 체념이 담긴 명제인 '자본주의 없는 세계를 상상하는 것보다 (우리) 인간 없는 세계를 또는 세계의 종말을 상상하는 게 더 쉽다'가 현재 상황에 꼭 들어맞는다. 타우베스의 예언대로 묵시와 영지주의가 오긴 왔는데 과거처럼 유토피아 사상과 분간될 수 없을 정도로 뒤섞여 자연스럽게 정치기획으로 이어지는 형태가 아니라, '끝이자 시작'에 대한 종말론적 희망이 그 동력을 상실하고 '끝의 끝'으로 표현될 수 있는 보편적이거나 일반적이기보다는 개별적이고 파편화된 쾌락/우울의 묵시적 세계감정의 형태로 온 것이다. 달리 말해 미완의 근대성의 기획이나 계몽에 대한 계몽으로서 '사회학적 계몽주의'에 의해 초재적인 것의 힘을 빌리지 않고 내재적으로 묶어 두려던 니힐이 풀려난^{Nihil} ^{Unbound} 사태인 것은 맞다. 하지만 남은 선택지는 그리 많아 보이지는 않는다. 말년의 루소처럼 식물(도감)을 보며 자신의 옛 기억을 꽃다발처럼 한데 모으거나, 아니면 급진주의에서 결국 냉소주의로 빠졌던 당대 유대인의 일반적 경향을 거슬러 정치적 회의주의와 스토아주의를 택했던 뢰비트처럼 소소한 행복을 추구하는 것이 가장 확실하고 안전한 선택지일까?(니힐의 수동화) 이렇게 보면 지금 이 책을 읽는다는 것은 일종의 반시대적 독서가 될 것 같기도 하다. 그럼에도 전후와 냉전을 거쳐 독일이 정상국가의 길을 차근차근 밟아 가고 동유럽의 공산권 국가들에 새로운 민족주의가 발흥하면서 계속 수세의 자리로 밀려날 수밖에 없던 이 '상처 입은' 영지주의, 묵시주의, 종말론 또는 몇몇 사회과학자들이 더 선호한다고 하는 표현을 따라 천년왕국에 대한 희망과 믿음, 이 실타래처럼 한 방향이 아니라 이리저리 풀려 나오는 묵시 감정을 어찌해야 할까? 이 물음타래는 오래된 듯 보여도 이제 막 제기되었을 뿐이다.[16]

2013년 이 책의 번역 계약을 하고 시작한 작업이 우여곡절 끝에 이제 결실을 맺게 되어 감회가 남다르다. 우선 이 책의 독일어본 제2판(2007)이 바탕을 두고 있고 편집상의 오류 등을 온전히 수정했다고 평가받는 이탈리아판*Escatologia occidentale*[17]과 비교/대조하지 못한 아쉬움이 있다. 저자의 인용에 오류가 있는 경우 해당 원문과 비교하여 수정하고 동시에 그 의도성을 살리기 위해 병기하는 데 만족했다. 아쉽지만 타우베스의 박사논문과의 비교/대조도 다음 기회로 미룬다. 더불어 저자의 생각과 차용한 생각의 경계가 모호한 대목이 나올 때마다 본문 내용을 최대한 훼손하지 않는 범위에서 인용부호를 넣어 임시로 경계

---

16) 이 대목의 논의는 다음 두 책을 참고했다. 크리샨 쿠마르, 「오늘날의 묵시, 천년왕국 그리고 유토피아」, 맬컴 불 외, 『종말론』, 이운경 옮김, 문학과지성사, 2011, pp.265~287. 마크 피셔, 『자본주의 리얼리즘』, 박진철 옮김, 리시올, 2018.

17) trans. Guisi Valent, ed. Elettra Stimilli(Miian, 1997).

를 표시해 뒀다. 어떤 의미에서 이 책의 정본의 완성은 계속 진행되고 있다고 할 수 있다.

훨씬 전에 나온 타우베스의 바울 강연집의 번역자인 조효원 선생의 번역 제안을 덥석 수락하고 낯설면서도 방대한 문헌과 문자 그대로 서구의 역사를 관통하는 서사의 스케일 앞에서 부족한 실력을 탓하며 자주 좌절했다. 이 책을 기다린다는 소식을 아주 드물게 접할 때마다 애타는 심정을 붙잡고 타우베스가 참조하는 문헌을 찾아 인용부분을 일일이 직접 눈으로 확인해 보려고 했다. 번역과정에서 국내에 나온 여러 신학 관련서의 도움을 많이 받았다. 특히 영지주의 원전과 구약외경 등을 비롯한 고대근동학의 여러 기초저작을 번역해 오고 있는 한님성서연구소의 여러 평신도 연구자들에게 감사의 말을 전한다. 자칫 까다로울 수 있는 편집상의 요구를 흔쾌히 들어 주고 반영하는 데 애쓴 출판사 편집부에도 감사한다. 이 독특한 랍비 종교철학자의 책이 특히 신학계를 비롯해 일반 독자들에게 어떻게 읽히게 될지 그 반응이 무척 궁금하고 기대된다. 또 이 책이 참고한 국내에 알려지지 않은 원석 같은 여러 문헌과 더불어 이 책에 영향을 준 다른 유대 지식인들의 연구서가 국내에 관심을 촉발하고 소개될 수 있는 계기가 되길 바라 본다. 번역과 관련한 제안과 토론은 언제든 환영한다. 이제 길이자 미로인 이 책을 독서하며 느낀 괴로운 즐거움을 독자 여러분과 나누고 싶다.

광주에서

옮긴이

옮긴이 해제 참고문헌[18)]

Aschheim, Steven Z., *Culture and Catastrophe: German and Jewish Confrontation with National Socialism and Other Crisis*, NYU Press, 1996.

Bielik-Robson, Agata, *Jewish Cryptotheologies of Late Modernity: Philosophical Marranos*, Routledge, 2014.

Bielik-Robson, Agata, "Modernity: The Jewish Perspective", *New Blackfriars* Vol. 94 Issue 1050, March 2013, Wiley-Blackwell, pp.188~207.

Dressen, Wolfgang, "Wir leben noch im Advent: Jacob Taubes und der Preis des Messianismus", *Deutschlandfunk*, 22.12.2013.

Faber, Richard u. a., *Abendländische Eschatologie. Ad Jacob Taubes*, Könighausen & Neumann, 2001.

Gordon, Peter E., "Introduction: Reflections on the Fiftieth Anniversary of Hans Blumenberg's The Legitimacy of the Modern Age", *Journal of the History of Ideas*, Vol. 80, No. 1, Penn Press, 2019, pp.67~74.

Gordon, Peter E., "Jacob Taubes, Karl Löwith, and the Interpretation of Jewish History", *German-Jewish Thought Between Religion and Politics*, Ed. by Wiese, Christian/Urban, Martina, De Gruyter, 2012, pp.349~370.

Griffioen, Sjoerd, "Secularization between Faith and Reason: Reinvestigating the Löwith-Blumenberg Debate", *New German Critique* 136, vol. 46, no. 1, February, Duke UP, 2019, pp.71~101.

Lilla, Mark, "A New Political Saint Paul?" *New York Review of Books* 55, no. 16, Oct. 23, 2008.

Löwy, Michael, *Redemption and Utopia: Jewish Libertarian Thought in Central Europe. A Study in Elective Affinity*, trans. by Hope Heaney, Verso, 1992/2017.

Martin, Jamie, "Liberalism and History After The Second World War: The Case of Jacob Taubes", *Modern Intellectual History*, Cambridge UP, 2015, pp.131~152.

Schulte, Christoph, "Paulus", Faber u. a., 2001,

Steinmetz-Jenkins, Daniel, "French Laïcité and the Recent Reception of the German Secularization Debate into France", *Politics, Religion & Ideology*, Vol. 12, No. 4, December, Taylor & Francis, 2011, pp.433~447.

---

18) 이 해제의 많은 부분은 독일과 프랑스 그리고 영미에서 종래의 슈미트와의 관계라는 틀에서 벗어나 유대 지성사 등의 연구동향으로 한데 묶일 수 있는 논문과 단행본에서 가져왔다. 그 문헌들 외에도 해제에 인용된 참고문헌이 포함되어 있다.

Styfhals, Willem, "Evil in History: Karl Löwith and Jacob Taubes on Modern Eschatology", *Journal of the History of Ideas*, vol. 76, no. 2, Penn Press, 2015, pp. 191~214.

Taubes, Jacob, "Walter Benjamin: Geschichtsphilosophische Thesen", *Der Preis des Messianismus. Brief von Jacob Taubes an Gerschom Scholem und andere Materialien*, hg. von. E. Stimilli, Könighausen & Neumann, 2006.

브로트, 막스, 『나의 카프카: 카프카와 브로트의 위대한 우정』, 편영수 옮김, 솔, 2018.

전진성, 『보수혁명-독일 지식인들의 허무주의적 이상』, 책세상, 2001.

쿠마르, 크리샨, 「오늘날의 묵시, 천년왕국 그리고 유토피아」, 맬컴 불 외, 『종말론』, 이운경 옮김, 문학과지성사, 2011.

쿡, 스티븐 L., 『예언과 묵시: 포로기 이후 묵시 사상에 대한 사회학적 연구』, 이윤경 옮김, 새물결플러스, 2016[1995].

피셔, 마크, 『자본주의 리얼리즘』, 박진철 옮김, 리시올, 2018.

참고문헌

독일어본의 각주에 언급되었으나 참고문헌에는 빠져 있는 문헌들은 영역본을 참고하여 추가하고 따로 정리했다. 한국어로 번역되어 있는 문헌은 대괄호 안에 서지사항을 적어 넣었으며 이때 원제와 한국어본의 제목이 다른 경우에는 별도로 표기했다. 아울러 동일 저자의 저서들은 제목의 알파벳순으로 배열했다.

Adler, Georg, *Geschichte des Sozialismus und Kommunismus von Plato bis zur Gegenwart*, Leipzig: Hirschfeld, 1899[『플라톤에서 현재까지 사회주의와 공산주의의 역사』].

Anaximandros, "Simplicius zu Aristoteles Physik 24", Herm Alexander Diels, *Fragmente der Vorsokratiker*, vol. 3, Berlin: Weidmannsche buchhandlung, 1912[아낙시만드로스, 「심플리키오스의 아리스토텔레스의 「자연학」 주석 24」, 탈레스 외, 『소크라테스 이전 철학자들의 단편 선집』, 김재홍 외 옮김, 아카넷, 2005].

Augustinus, Aurelius, *de civitate Dei*, Leipzig, 1825[아우구스티누스, 『신국론』, 제19~22권, 성염 옮김, 분도출판사, 2004].

_____, *Die Gestalt als Gefüge*, ed. Erich Przywara, Leipzig: Hegner, 1934[『구조로서의 형상』].

Baeck, Leo, *Aus drei Jahrtausenden: Wissenschaftliche Untersuchungen und Abhandlungen zur Geschichte des jüdischen Glaubens*, Gesammelte Aufsätze, Berlin: Schocken, 1938[『삼천 년 동안: 유대신앙의 역사에 대한 학문적 탐구들과 논문들』].

Balthasar, Hans Urs von, *Apokalypse der deutschen Seele: Studien zu einer Lehre von letzten Haltungen*, 3 vols., Salzburg: Pustet, 1937-1939[『독일 영혼의 묵시록: 최후의 태도들에 관한 교설 연구』].

Baron, Salo Wittmayer, *A social and religious history of the Jews*, vol. 1, New York: Columbia UP, 1937[『유대인의 사회사와 종교사』].

Barth, Hans, *Wahrheit und Ideologie*, Zürich: Manesse Verlag, 1945[『진리와 이데올로기』].

Barth, Karl, *Kirchliche Dogmatik I*, München: Zollikon, 1932[『교회 교의학 1/2』, 신준호 옮김, 대한기독교서회, 2010].

Bauer, Bruno, *Christus und die Cäsaren, der Ursprung des Christentum aus dem römischen Griechentum*, Berlin: Eugen Grosser, 1877[『그리스도와 카이사르: 그리스 로마문화에서 유래한 그리스도교』].

_____, *Das entdeckte Christentum, eine Erinnerung an das 18. Jahrhundert und ein Beitrag zur Krisis des 19.*, Zürich/Winterthur: Verlag des literarischen Comptoirs, 1843[『그리스도교의 발견: 18세기에 대한 기억과 19세기의 위기에 대한 기여』].

_____, *Die Posaune des jüngsten Gerichts über Hegel den Atheisten und Antichristen: Ein Ultimatum*, Leipzig: Wigand, 1841[『무신론자이자 반그리스도인 헤겔에 대한 최후 심판의 나팔: 어떤 최후통첩』].

Baumgartner, Walter, "Ein Vierteljahrhundert Danielforschung", *Theologische Rundschau*, vol.11, no.2, Tübingen: Mohr Siebeck, 1939, pp.59~83[「4반세기 다니엘 연구」, 『신학 시평』].

Baur, Ferdinand Chritian, *Das Christliche des Platonismus oder Sokrates und Christus, eine religionsphilosophische Untersuchung*, Tübingen: L. F. Fues, 1837[『플라톤주의의 그리스도교적 성격 혹은 소크라테스와 그리스도: 한 종교철학적 탐구』].

_____, *Die christliche Gnosis oder die christliche Religionsphilosophie*, Tübingen: C. F. Osiander, 1835[『그리스도교 영지 혹은 그리스도교 종교철학』].

Benz, Ernst, *Ecclesia spiritualis, Kirchendiee und Geschichtstheologie der franziskanischen Reformation*, Stuttgart: W. Kohlhammer, 1934[『에클레시아 스피리 투알리스(영의 교회): 프란체스코 종교개혁의 교회이념과 역사신학』].

Berdjajew, Nikolai, *Der Sinn der Geschichte*, Darmstadt: Otto Reichl Verlag, 1925[『역사의 의미』].

Blickermann, Elia, *Die Makkabäer. eine Darstellung ihrer Geschichte von den Anfängen bis zum Untergang des Hasmonäerhauses*, Berlin: Schocken, 1935[『마카베오 가문: 하 스모니아 왕가의 시작부터 몰락까지 그 역사에 대한 기술』].

Bloch, Ernst, *Thomas Münzer als Theologe der Revolution*, München: Wolff, 1921[『혁명신 학자로서 토마스 뮌처』].

Bornkamm, Heinrich, *Mystik, Spiritualismus und die Anfänge des Pietismus im Luthertum*, Gießen, 1916[『루터교의 신비주의, 영성주의 그리고 경건주의의 발단』].

Bousset, Wilhelm, *Die jüdische Apokalyptik, ihre religionsgeschichtliche Herkunft und ihre Bedeutung für das Neue Testament*, Berlin: Reuther & Reichard, 1905[『유대 묵시 주의: 종교사적 기원과 신약적 의미』].

_____, *Die Religion des Judentums im neutestamentlichen Zeitalter*, Berlin: Reuther & Reichard, 1906[『신약시대의 유대교』].

_____, *Hauptprobleme der Gnosis*, Göttingen: Vandenhoeck & Ruprecht, 1907[『그노 시스(영지)의 핵심문제들』].

Brandt, Otto, *Thomas Münzer, sein Leben und seine Schriften*, Jena: Eugen Diederichs, 1933[『토마스 뮌처, 그의 삶과 그의 저서들』].

Brinkmann, Donald, *Mensch und Technik, Grundzüge einer Philosophie der Technik*, Bern: A. Francke, 1946 [『인간과 기술: 기술철학의 특징들』].

Buber, Martin, *Das Königtum Gottes*, Berlin: Schocken, 1932 [『신의 왕권』].

Charles, Robert Henry, *A Critical and Exegetical Commentary on the Revelation of St. John*, Edinburgh: T. & T. Clark, 1920 [『성 요한계시록의 비평적·해석적 주해』].

Dibellius, Martin, *Die urchristliche Überlieferung von Johannes dem Täufer*, Göttingen: Vandenhoeck & Ruprecht, 1911 [『세례자 요한의 원시그리스도교의 전승』].

Eicken, Heinrich von, *Geschichte und System der mittelalterlichen Weltanschauung*, Stuttgart: J. G. Cotta, 1887 [『중세 세계관의 역사와 체계』].

Eisler, Robert, *iēsous basileus ou basileusas, die messianische Unabhängigkeitsbewegung vom Auftreten Johannes des Täufers bis zum Untergang Jacobs des Gerechten*, vol. 2, Heidelberg: Biblio Verlag, 1930 [『예수스 바실레우스 혹은 바실레우사스: 세례자 요한의 등장에서 의로운 자 야곱의 몰락에 이르는 메시아 독립운동』].

Faust, August, *Der Möglichkeitsgedanke: Systemgeschichtliche Untersuchungen*, 3 vols., Heidelberg: C. Winter, 1931-1932 [『가능성의 사상: 체계사적 탐구』].

Feuerbach, Ludwig, *Briefwechsel und Nachlaß*, 2 vols., ed. Karl Grün, Heidelberg: C. F. Winter, 1874 [『서한집과 유고출판물』].

_____, *Grundsätze der Philosophie der Zukunft*, ed. Hans Ehrenberg, Stuttgart: F. Frommanns Verlag, 1922 [『미래 철학의 원칙들』].

Freund, Michael, *Thomas Münzer, Revolution als Glaube. Auswahl aus den Schriften Thomas Münzers und Martin Luthers zur religiösen Revolution und zum deutschen Bauernkrieg*, Potsdam: Alfred Protte Verlag, 1936 [『토마스 뮌처: 믿음으로서 혁명, 토마스 뮌처와 마르틴 루터의 종교혁명과 독일 농민전쟁 관련 선집』].

Freyer, Hans, *Die politische Insel, eine Geschichte der Utopien von Platio bis zur Gegenwart*, Leipzig: Bibliographisches Institut, 1936 [『정치적 섬: 플라톤에서 현재까지 유토피아의 역사』].

Frick, Robert, *Die Geschichte des Reich Gottes: Gedanken in der alten Kirche bis zu Origenes und Augustin*, Gießen: Töpelmann, 1928 [『하느님 나라의 역사: 고대 교회에서 오리게네스와 아우구스티누스에 이르는 사상』].

Fuchs, Harald, *Der geistige Widerstand gegen Rom in der antiken Welt*, Berlin: Walter de Gruyter and Co., 1938 [『고대 세계의 로마에 대한 정신적 저항』].

Gall, August von, *Basileia tou theou-eine religionsgeschichtliche Studie zur vorkirchlichen Eschatlogie*, Heidelberg: C. Winter, 1916 [『바실레이아 토우 테오우(신국): 교회 이전의 종말론에 대한 종교사 연구』].

Geffcken, Johannes, *Der Ausgang des griechisch-römischen Heidentums*, Heidelberg: C. Winter, 1920 [『그리스 로마 이교도의 출발』].

Gerlich, Fritz, *Der Kommunismus als Lehre vom tausendjährigen Reich*, München:

Bruckmann, 1920[『천년왕국설로서 공산주의』].

Goguel, Maurice, *Das Leben Jesu*, trans. Robert Binswanger, Zürich: Rascher & Cie, 1934[『예수의 생애』].

Goldschmidt, Lazarus (trans.) *Talmud der babylonische*, Berlin: Verlag Biblion, 1929[『바빌론(바빌로니아) 탈무드』].

Grundmann, Herbert, *Studien über Joachim von Floris*, Leipzig: B. G. Teubner, 1928[『피오레의 요아킴에 대한 연구』].

Gunkel, Hermann, *Schöpfung und Chaos in Urzeit und Endzeit, eine religionsgeschichtliche Abhandlung über Genesis I und Apokalypse Johannes 12*, Göttingen: Vandenhoeck & Ruprecht, 1895[『태고시대와 마지막 시대의 창조와 카오스: 창세기 1장과 요한의 묵시록 12장에 대한 종교사 논문』].

Harnack, Adolf von, *Lehrbuch der Dogmengeschichte*, Tübingen: Mohr Siebeck, 1909[『교의사 교과서』].

_____, *Marcion. das Evangelium vom fremden Gott*, Leipzig: J. G. Hinris'sche Buchhandlung, 1921[『마르키온: 이방신의 복음』].

Hegel, Georg Wilhelm Friedrich, *Enzyklopädie der philosophischen Wissenschaft im Grundrisse. Dritter Teil Die Philosophie des Geistes*, Werke VII, section 2, Vollständige Ausgabe durch einen Verein von Freunden des Verewigten, ed. Dr. Ludwig Boumann, Berlin: Duncker und Humblot, 1845[『철학적 학문의 백과사전 강요: 3부 정신의 철학』][게오르크 빌헬름 프리드리히 헤겔, 『정신철학』, 박구용 외 옮김, 울산대학교출판부, 2000].

_____, *Glauben und Wissen*, Werke I, ed. Dr. Karl Ludwig Michelet, *Ibid.*, 1832[게오르크 빌헬름 프리드리히 헤겔, 『믿음과 지식』, 황설중 옮김, 아카넷, 2003].

_____, *Grundlinien der Philosophie des Rechts, oder Naturrecht und Staatswissenschaft im Grundrisse*, Werke VIII, ed. Dr. Eduard Gans, *Ibid.*, 1833[『법철학 개요 혹은 자연권과 국가학 요강』][게오르크 빌헬름 프리드리히 헤겔, 『법철학』, 임석진 옮김, 한길사, 2008].

_____, *Phänomenologie des Geistes*, Werke II, ed. Dr. Johann Schulze, *Ibid.*, 1832[게오르크 빌헬름 프리드리히 헤겔, 『정신현상학』, 임석진 옮김, 한길사, 2005].

_____, *Theologische Jugendschriften*, ed. Herman Nohl, Tübingen: J. C. B. Mohr, 1907[게오르크 빌헬름 프리드리히 헤겔, 『청년 헤겔의 신학론집』, 정대성 옮김, 그린비, 2016].

_____, *Vorlesungen über die Geschichte der Philosophie 1*, Werke XIII, ed. D. Karl Ludwig Michelet, Berlin: Duncker und Humblot, 1833[『철학사 강의 1』][게오르크 빌헬름 프리드리히 헤겔, 『철학사 I』, 임석진 옮김, 지식산업사, 1996].

_____, *Vorlesungen über die Geschichte der Philosophie 3*, Werke XV, *Ibid.*, 1836[『철학사 강의 3』].

_____, *Vorlesungen über die Philosophie der Religion Nebst einer Schrift über die Beweise vom Daseyn Gottes 1*, Werke XI, ed. Dr. Philipp Marheineke, *Ibid.*, 1832 [『신의 현존재 증거들에 대한 저서를 비롯한 종교철학에 대한 강의들 1』].

_____, *Vorlesungen über die Philosophie der Religion Nebst einer Schrift über die Beweise vom Daseyn Gottes 2*, Werke XII, *Ibid.* [『신의 현존재 증거들에 대한 저서를 비롯한 종교철학에 대한 강의들 2』].

_____, *Wissenschaft der Logik I. Theil. Die objektive Logik I. Abtheilung. Die Lehre vom Seyn*, Werke III, ed. Dr. Leopold von Henning, *Ibid.*, 1833 [『대논리학(1): 존재론』, 임석진 옮김, 벽호, 1983].

Hehn, Johannes, *Die biblische und babylonische Gottesidee*, Berlin: J. C. Hinrichs'sche Buchhandlung, 1913 [『성경과 바빌론의 신의 이념』].

Heidegger, Martin, *Vom Wesen der Wahrheit*, Frankfurt am Mein: Klostermann, 1943 [마르틴 하이데거, 「진리의 본질에 관하여」, 『이정표 2』, 이선일 옮김, 한길사, 2005, 93~122쪽].

Hennecke, Edgar ed., *Apokryphen, Neutestamentliche*, Tübingen: J. E. B. Mohr (P. Siebeck), 1924 [『신학외경』].

Herford, Robert Travers, *Die Pharisäer*, trans. Walter Frischel, Leipzig: Gustav Engel, 1928 [『바리새인들』].

Hilgenfeld, Adolf, *Die jüdische Apokalyptik in ihrer geschichtlichen Entwicklung*, Jena: Friedrich Mauke, 1857 [『유대 묵시주의의 역사적 발전』].

Hirsch, Emanuel, *Die Reich-Gottes-Begriffe des neueren europäischen Denkens*, Göttingen: Vandenhoeck & Ruprecht, 1921 [『신의 나라라는 더 새롭고도 근대적인 유럽사상의 개념들』].

Holl, Karl, *Gesammelte Aufsätze zur Kirchengeschichte Band I: Luther*, Tübingen: J. C. B. Mohr(Paul Siebeck), 1923 [『교회사 논문 전집 1권: 루터』].

Hölsher, Gustav, "Die Entstehung des Buches Daniel", *Theologischen Studien und Kritiken*, no.92, 1919, pp.114~138 [「다니엘서의 발생」, 『신학연구와 비평』].

Horten, Max, *Die religiöse Gedankenwelt des Volkes im heutigen Islam*, Halle: M. Niemeyer, 1917 [『오늘날 이슬람교에서 민중의 종교적 사상세계』].

Irenäus, *Des heiligen Irenäus fünf Bücher gegen Häresien*, trans. Ernst Klebba, 2 vols., Kempten/München: J. Kösel, 1912 [『성인 이레나이우스의 이단들에 반대하는 다섯 권의 책들』].

Jeremias, Alfred, *Das Alte Testament im Lichte des alten Orients*, Leipzig: J. C. Hinrichs' sche Buchhandlung, 1930 [『고대 동방에 비춰 본 구약』].

Jonas, Hans, *Gnosis und spätantiker Geist*, vol.1, Göttingen: Vandenhoeck & Ruprecht, 1934 [『영지(그노시스)와 고대 후기의 정신』].

Josephus, Flavius, *Antiquitates Judaicae*, Flavii Josephi opera, vol.4, ed. Benedikt Niese,

Berlin: Weidmann, 1890[『유대 고대사』].

_____, *Bellum Judaicum*, Flavii Josephi opera, vol.6, ed. Benedikt Niese, Berlin: Weidmann, 1895[플라비우스 요세푸스, 『유대전쟁사 1-2』, 박찬웅 외 옮김, 나남출판, 2008].

_____, *Contra Apionem*, Flavii Josephi opera, vol.5, ed. Bededikt Niese, Berlin: Weidmann, 1887[플라비우스 요세푸스, 『요세푸스 4: 요세푸스 자서전과 아피온 반박문』, 김지찬 옮김, 생명의말씀사, 2007].

Jung, Carl Gustav, "Erlösungsvorstellung in der Alchemie", *Eranos-Jahrbuch 1936: Gestaltung der Erlösungsidee in Ost und West*, Zürich: Rhein-Verlag, 1936, pp. 13~111[「연금술에 나타난 구원의 표상」, 『에라노스 연감 1936: 동서의 구원이념의 형태』].

Kant, Immanuel, "Das Ende aller Dinge(1794)", *Gesamtausgabe* VI, ed. Gustav Hartenstein, Leipzig: Modes und Baumann, 1839, pp.391~408[임마누엘 칸트, 「만물의 종말」, 『칸트의 역사철학』, 이한구 옮김, 서광사, 2009].

_____, "Die Religion innerhalb der Grenzen der bloßen Vernunft(1793)", Gesamtausgabe VI, *Ibid.*, pp.159~389[「순전한 이성의 한계들 안에서의 종교」][임마누엘 칸트, 『이성의 한계 안에서의 종교』, 백종현 옮김, 아카넷, 2015].

_____, *Kritik der reinen Vernunft*, Gesamtausgabe II, *Ibid.*, 1838[임마누엘 칸트, 『순수이성비판 1』, 백종현 옮김, 아카넷, 2006].

_____, *Kritik der Urteilskraft*, Gesamtausgabe VII, *Ibid.*, 1839[임마누엘 칸트, 『판단력비판』, 백종현 옮김, 아카넷, 2009].

_____, "Zum ewigen Frieden. Ein philosophischer Entwurf(1795)", Gesamtausgabe V, *Ibid.*, 1838, pp.411~466[임마누엘 칸트, 『영구평화론—하나의 철학적 기획』, 이한구 옮김, 서광사, 2008].

Kähler, Martin, *Der sogennante historische Jesu und der geschichtlich biblische Christus*, 2nd ed., Leipzig: A Deichert, 1928[『이른바 (역)사적 예수와 역사적 성서의 그리스도』].

Kierkegaard, Sören, *Abschliessende unwissenschaftliche Nachschrift zu den Philosophischen Brocken Erster Teil*, Gesammelte Werke VI, trans. Christoph Schrempf/Wolfgang Pfleiderer, Jena: Eugen Diederichs, 1910[『철학적 조각들에 대한 마지막 비학문적 후서 1부』].

_____, *Abschliessende unwissenschaftliche Nachschrift zu den Philosophischen Brocken Zweiter Teil*, Gesammelte Werke VII, *Ibid.*, 1910[『철학적 조각들에 대한 마지막 비학문적 후서 2부』].

_____, "Beilage: 'Der Einzelne', Zwei 'Noten' betreffs meiner Wirksamkeit als Schriftsteller", *Die Schriften über sich selbst*, Werke, trans. & ed. Hermann Ulrich, Berlin: Hochweg, 1925[「부록: '단독자', 저술가로서 나의 활약에 관련된 두 개의 '메모들」, 『자기 자신에 대한 글들』].

_____, "Das Eine was not tut", trans. Hermann Ulrich, *Zeitwende*, vol.3, München: C. H. Beck'sche Verlagsbuchhandlung, 1927, pp.1~7[「긴요한 것 하나」, 『시대전환』].

_____, *Die Tagebücher*, vol.1, selected, trans. & ed. Theodor Häcker, Innsbruck: Brenner Verlag, 1923[『일기』].

_____, "Eine literarische Anzeige", *Werke*, trans. & ed. Hermann Ulrich, Berlin: Hochweg, 1925[「어떤 문학적 광고문」].

_____, *Entweder/ Oder. Ein Lebensfragment. Erster Teil*, Gesammelte Werke I, trans. & afterword Christoph Schrempf, Jena: Eugen Diederichs, 1922[『이것이냐 저것이냐: 삶의 단편 1부』][쇠얀 키르케고르, 『이것이냐 저것이냐 1』, 임춘갑 옮김, 치우, 2012].

Kittel, Gerhard, "Der geschichtliche Ort des Jakobusbriefes", *Zeitschrift für die neutestamentliche Wissenschaft*, vol.41, Berlin: De Gruyter, Jahrgang 1942, pp.71~105[「야고보 편지의 역사적 장소」, 『신약연구집』].

Koch, Hall, *Pronoia und Paideusis, Studien über Origenes und sein Verhältnis zum Platonismus*, Berlin: De Gruyter, 1932[『프로노이아(섭리)와 파이데우시스(교육): 오리게네스와 그의 플라톤주의에 대한 관계 연구』].

Koepgen, Otto, *Die Gnosis des Christentums*, Salzburg: Otto Müller, 1940[『그리스도교의 영지』].

Köhler, Walther, *Dogmengeschichte als Geschichte des christlichen Selbsbewußtseins*, Zürich/Leipzig: Niehans, 1938[『그리스도교의 자기의식의 역사로서 교의사』].

Kroner, Richard, *Von Kant bis Hegel*, 2 vols., Tübingen: Mohr Siebeck, 1921-1924[이 책 1권의 한국어본: 리하르트 크로너, 『칸트: 칸트에서 헤겔까지 1』, 연효숙 옮김, 서광사, 1998].

Landshut, Siegfried, *Karl Marx*, Lübeck: Coleman, 1932[『칼 맑스』].

Leisegang, Hans, *Die Gnosis*, Leipzig: A. Kröner, 1924[『영지』].

_____, "Gnosis", *Religion in Geschichte und Gegenwart*, vol.2, 2. überarbeitete Ausgabe, ed. Hermann Gunkel et. al., Tübingen: Mohr Siebeck, 1928[「영지」, 『역사와 현재 속의 종교』].

_____, *Denkformen*, Berlin: De Gruyter, 1928[『사유의 형태들』].

Lessing, Gotthold Ephraim, "Erziehung des Menschengeschlechts", *Theologische Schriften II*, Gesammelte Werke VII, ed. Georg Witkowski, Leipzig: Bibliographisches Institut, 1911, pp.419~450[「인류의 교육」, 『신학저서들 2』].

_____, "Leibniz von den ewigen Strafen", Ästhetische Schriften, Theologische Schriften I, Gesammelte Werke VI, *Ibid.*, pp.342~373[「영원한 형벌에 관한 라이프니츠의 견해」, 『미학 저서들, 신학 저서들 1』].

_____, "Womit ich die geoffenbarte Religion am meisten weiß, macht mir sie am gerade am verdächtigsten", *Ibid.*, pp.417~418[「내가 계시종교에 대해 대부분 알고 있는 내용이 내게는 그 종교를 바로 가장 의심스러운 것으로 만든다」, 앞의 책].

Lidzbarski, Mark, *Das Johannesbuch der Mandäder*, Gießen: Töpelmann, 1925[『만다야교 도의 요한서』].

_____, *Ginza. der Schatz oder das große Buch der Mandäer*, Göttingen: Vandenhoeck & Ruprecht, 1925[『긴자: 만다야교도의 보물 혹은 위대한 책』].

Littmann, Enno, *Zigeuner-Arabisch*, Bonn: K. Schroeder, 1920[『집시 아랍어』].

Lohmeyer, Ernst, *Christuskult und Kaiserkult*, Tübingen: Mohr Siebeck, 1919[『그리스도숭 배와 황제숭배』].

_____, *Die Offenbarung des Johannes*, Tübingen: Mohr Siebeck, 1926[『요한계시록』].

Loisy, Alfred, *L'Apocalypse de Jean*, Paris: Émile Nourry, 1923[『요한의 묵시록』].

Lommel, Herm, *Die Religion Zarathustras nach dem Awesta dargestellt*, Tübingen: Druck von H. Laupp jr., 1930[『아베스타에 따라 기술된 조로아스터교』].

Löwith, Karl *Von Hegel bis Nietzsche*, Zürich: Europa Verlag, 1941[『헤겔에서 니체까지』][칼 뢰비트, 『헤겔에서 니체로』, 강학철 옮김, 민음사, 2006].

Lucretius, Titus Carus, *De rerum natura*, latin and german of Hermann Diels, Berlin: Weidmann, 1923-1924[루크레티우스, 『사물의 본성에 관하여』, 강대진 옮김, 아카넷, 2012].

Lukács, Georg, *Geschichte und Klassenbewusstsein, Studien über marxistische Dialektik*, Berlin: Malik-Verlag, 1923[게오르그 루카치, 『역사와 계급의식: 맑스주의 변증법 연구』, 조만영/박정호 옮김, 거름, 1986/1997/1999. 죄르지 루카치, 『역사와 계급의식』, 조만영/ 박정호 옮김, 지만지, 2015].

Luther, Martin (trans.) *Die Bibel, oder die ganze heilige Schrift des Alten und Neuen Testaments nach der deutschen Übersetzung Martin Luther*, Berlin: Preußische Haupt-Bibelgesellschaft, 1925[『성경 혹은 마르틴 루터의 독일어 번역에 따른 구약성서 와 신약성서』][『공동번역성서 개정판 가톨릭용』, 대한성서공회 성경 편집팀 엮음, 대한 성서공회, 2005; 『성경전서 개역 개정판 4판』, 대한성서공회 성경 편집팀 엮음, 대한성서 공회, 2005; 『다국어성경』HolyBible, http://www.holybible.or.kr/].

_____, *Dr. Martin Luthers Hauspostille*, Deutsche Werke II, Erlangen/Frankfurt am Main: Carl Heyder/Heyder & Zimmer, 1826[『마르틴 루터 박사의 가정 설교집』].

Maimon, Salomon, *Versuch über die Transzendentalphilosophie*, Berlin: Christian Friedrich Voß & Sohn, 1790[『초월철학에 대한 시도』].

Mannheim, Karl, *Ideologie und Utopie*, Bonn: F. Cohen, 1929[칼 만하임, 『이데올로기와 유 토피아』, 임석진 옮김, 김영사, 2012].

Marx, Karl, "Brief an Vater in Trier", *Der historische Materialismus, Früher Schriften*, vol.1, ed. Siegfried Landshut, Leipzig: Afred Kroner, 1932[「트리어의 아버지에게 보내는 편 지」, 『역사적 유물론: 초기 저서들』].

_____, *Das Kapital. Kritik der politischen Ökonomie*, vol.1, ed. Karl Korsch, Berlin: Gustav Kiepenheuer Verlag, 1932[『자본: 정치경제학 비판』][칼 맑스, 『자본 I-1/I-2』,

강신준 옮김, 길, 2008. 칼 맑스, 『자본론 1-상/1-하』, 김수행 옮김, 비봉출판사, 2015].

_____, "Differenz der demokritischen und epikureischen Naturphilosophie nebst einem Anhange", *Ibid*.[칼 맑스, 『데모크리토스와 에피쿠로스 자연철학의 차이』, 고병권 옮김, 그린비, 2001].

_____, "Ökonomisch-philosophische Manuskripte", *Ibid*.[칼 맑스, 『경제학-철학 수고』, 강유원 옮김, 이론과 실천, 2006].

_____, "Thesen über Feuerbach", *Ibid*., vol.2[칼 맑스 외, 「포이에르바하에 관한 테제들」, 『칼 맑스, 프리드리히 엥겔스 저작 선집 1』, 편집부 엮음, 박종철출판사, 1997, 185~189 쪽].

_____, "Zur Judenfrage", *Ibid*., vol.1[「유태인 문제에 대하여」, 『마르크스의 초기 저작: 비판과 언론』, 전태국 외 옮김, 열음사, 1996, 332~370쪽. 『유대인 문제에 관하여』, 김현 옮김, 책세상, 2015].

_____, "Zur Kritik der Hegelschen Rechtsphilosophie", *Ibid*.[『헤겔 법철학 비판』, 강유 원 옮김, 이론과 실천, 2011].

_____, *Zur Kritik der politischen Oeconomie*, ed. Karl Kautsky, Stuttgart; J. H. W. Dietz nachfolgender, 1903[칼 맑스, 『정치경제학 비판을 위하여』, 김호균 옮김].

Marx, Karl/Engels, Friedrich, "Die heilige Familie oder Kritik der kritischen Kritik gegen Bruno Bauer und Konsorten", *Der historische Materialismus, Früher Schriften*, vol.1, ed. Siegfried Landshut, Leipzig: A. Kroner, 1932[칼 맑스 외, 「신성가족 혹은 비판적 비 판에 대한 비판─브루노 바우어와 그 일파에 반대하여」(발췌), 『칼 맑스, 프리드리히 엥 겔스 저작 선집 1』, 편집부 엮음, 박종철출판사, 1997, 93~123쪽].

_____, *Gesamtausgabe*, Frankfurt am Mein: Marx-Engels-Archiv, 1927-1935.

Meyer, Eduard, *Ursprung und Anfänge des Christentums*, Stuttgart/Berlion: J. G. Cottasche Buchhandlung Nachfolger, 1921[『그리스도교의 근원과 시초』].

Müller, David Heinrich von, *Über die Gesetze Hammurabis*, Wien: Alfred Hölder, 1903[『함무라비 법률에 대하여』].

Nietzsche, Friedrich, *Jenseits von Gut und Böse/ Genealogie der Moral*, Gesammelte Werke 15, Taschenausgaben, München: Musarion, 1925[프리드리히 니체, 『니체 전집 14권─선악의 저편/도덕의 계보』, 김정현 옮김, 책세상, 2002].

Nigg, Walter, *Das ewige Reich*, Zürich: Artemis, 1945[『영원한 나라』].

Origenes, *Commentaria in Epistolam B. Pauli ad Romanos*, Migne Patrologia Graeca, ed. Jacques-Paul Migne, vol.14, 1862[『로마인들에게 보내는 편지 주해』].

_____, *Geist und Feuer, ein Aufbau aus seinen Schriften von H. U. von Balthasar*, Salzburg: Müller, 1938[『영과 불: 한스 우어스 폰 발타자르의 오리게네스 저서의 구축』].

Otto, Rudolf, *Reich Gottes und Menschensohn*, Müchen: C. H. Beck, 1935[『신의 나라와 사 람의 아들』].

Petras, Otto, *Post Christum: Streifzüge durch die geistige Wirklichkeit*, Berlin:

Widerstands-Verlag, 1935[『그리스도 이후: 정신적 현실을 통한 만평』].

Pieper, Werner, "Der Pariastamm der Sleb", *Le monde oriental*, vol.17, Jahrgang 1923, pp.1~75[「슬레브의 하층민 혈통」, 『동방세계』].

Poehlmann, Robert, *Geschichte der sozialen Fragen des Sozialismus in der antiken Welt*, 2 vols., München: C. H. Beck, 1912[『고대세계의 사회주의의 사회적 문제사』].

Reimarus, Hermann Samuel, *Von dem Zwecke Jesu und seiner Jünger. Noch ein Fragment des Wolfenbüttelschen Ungenannten*, ed. Gotthold Ephraim Lessing, Braunschweig: Arnold Wever, 1878[『예수와 그의 제자들의 목적에 관하여: 볼펜뷔텔의 무명씨의 또 다른 단편』].

Reisner, Erwin, *Die christliche Botschaft im Wandel der Epochen*, München: C. H. Beck, 1935[『시대 변화 속의 그리스도 메시지』].

_____, *Die Geschichte als Sündenfall und Weg zum Gericht: Grundlegung einer christlichen Metaphysik der Geschichte*, Mannheim: Verlag von R. Oldenbourg, 1929[『인류의 타락의 역사와 심판의 길: 그리스도교 역사형이상학의 기초정립』].

Reitzenstein, Richard August, *Das iranische Erlösungsmysterium: religionsgeschichtliche Untersuchungen*, Bonn: Marcus & Weber, 1921[『이란의 구원신비: 종교사적 탐구』].

Rießler, Paul ed., *Apokalypse des Baruch(syrisch)*, Altjüdisches Schrifttum außerhalb der Bibel, Augsburg: Benno Filser Verlag, 1928, p.92~113[『바룩서(시리아어)』].

Ritschl, Albrecht, *Geschichte des Pietismus*, 3 vols., Bonn: Marcus, 1880-1886[『경건주의의 역사』].

Rosenzweig, Franz, *Stern der Erlösung*, 3 vols., Berlin: Schocken, 1930[『구원의 별』].

Salin, Edgar, *Civitas Dei*, Tübingen: Mohr Siebeck, 1926[『신국』].

Sannwald, Adolf, *Der Begriff der Dialektik und die Anthropologie*, München: C. Kaiser, 1911[『변증법 개념과 인간학』].

Schelling, Friedrich Wilhelm von Joseph, "Stuttgarter Privatvorlesungen(1810)", *Sämtliche Werke VII*, ed. K. F. A. Schelling, Stuttgart und Augsburg: Cotta, 1860, pp.417~484[「슈투트가르트 개인강연」].

_____, *Einleitung in die Philosophie der Mythologie*, Sämtliche Werke XI, *Ibid.*, 1856[『신화철학 입문』][『신화철학 1-2』, 김윤상 외 옮김, 나남출판, 2009].

_____, "Fernere Darstellungen aus dem System der Philosophie", *Sämtliche Werke IV*, *Ibid.*, 1859, pp.333~510[「철학체계에서 더 나아간 서술들」].

_____, *Philosophie der Offenbarung*, Sämtliche Werke III, *Ibid.*, 1858[『계시의 철학』].

Schiller, Friedrich, Über die ästhetische Erziehung des Menschen, Kleinere prosaische Schriften vol.3, Leipzig: Siegfried Lebrecht Crusius, 1801[프리드리히 실러, 『미적 편지: 인간의 미적 교육에 관한 실러의 미학 이론』, 안인희 옮김, 휴먼아트, 2012. 프리드리히 폰 실러, 『프리드리히 실러의 미적 교육론』, 윤선구 외 옮김, 대화문화아카데미, 2015].

Schürer, Emil, *Geschichte des jüdischen Volkes im Zeitalter Jesu Christi*, 2 vols., Leipzig: J. C.

Hinrichs'sche Buchhandlung, 1890[『예수 그리스도 시대의 유대 민중사』].

Schweitzer, Albert, *Die Mystik des Apostel Paulus*, Tübingen: Mohr Siebeck, 1930, [알베르트 슈바이처, 『사도 바울의 신비주의』, 조남홍 옮김, 한들출판사, 2012].

_____, *Geschichte der Leben-Jesu-Forschung*, Tübingen: Mohr Siebeck, 1926[알베르트 슈바이처, 『예수의 생애 연구사』, 허혁 옮김, 대한기독교출판사, 1986].

Scott, Walter (ed. & trans.) *Hermetica. The ancient Greek and Latin writings which contain religious or philosophical teachings ascribed to Hermes Trismegistus*, 4 vols., Oxford: Clarendon Press, 1924-1936[『헤르메티카: 헤르메스 트리스메기스투스의 종교적·철학적 가르침을 담은 고대 그리스와 라틴 저술들』, 정은주 옮김, 좋은글방, 2018].

Seneca, Lucius Annaeus, *Ad Lucilium epistulae morales*, Rom: Typis Publicae Officinae Polygraphicae, 1937[『루킬리우스에게 보내는 도덕서간』].

Spengler, Oswald, *Untergang des Abendlandes*, München: C. H. Beck, 1923[오스발트 슈펭글러, 『서구의 몰락 1-3』, 박광순 옮김, 범우사, 1995].

Sudhof, Karl, *Versuch einer Kritik der Echtheit der paracelsus Schriften*, 2 vols., Berlin: Georg Reimer, 1894-1899[『파라켈수스 저서들의 진본 비판의 시도』].

Susmann, Margarethe, "Ezechiel", *Neue Wege*, vol. 36, 1942, pp.8~23[「에제키엘」, 『새로운 길』].

Tacitus, Publius(Gaius) Cornelius, *Cornelii Taciti Historias et libros minores continens*, ed. Karl Halm, 4th ed., Leipzig: Teubner, 1887[타키투스, 『타키투스의 역사』, 김경현 외 옮김, 한길사, 2011].

Tertullian, *liber apologeticus*, ed. H. A. Woudham, Cambridge: J. Deighton, 1850[『호교서』].

Thielicke, Hellen, *Vernunft und Offenbarung. Eine Studie über die Religionsphilosophie Lessings*, Gütersloh: C Bertelsmann, 1936[『이성과 계시: 레싱의 종교철학에 대한 한 연구』].

Tilich, Paul, *Das Dämonische: Ein Beitrag zur Sinndeutung der Geschichte*, Tübingen: Mohr Siebeck, 1926[『악령적인 것: 역사의 의미해석에 대한 기여』].

_____, *Die sozialistische Entscheidung*, Potsdam: Medusa, 1933[『사회주의적 결단』].

_____, *Religiöse Verwirklichung*, Berlin: Furche, 1930[『종교적 실현』].

Troeltsch, Ernst, *Die Soziallehren der christlichen Kirchen und Gruppen*, Tübingen: Mohr Siebeck, 1912[『그리스도 교회와 집단의 사회적 교의』].

Vischer, Eberhard, *Die Offenbarung Johannis. Eine jüdische Apokalypse in christlicher Bearbeitung mit Nachwort von. A. Harnack*, Leipzig: J. C. Hinrichs'sche Buchhandlung, 1886[『요한계시록: 그리스도교적으로 가공된 어떤 유대묵시록(아돌프 폰 하르나크의 후기 첨부)』].

Volz, Paul, *Die Eschatologie der jüdischen Gemeinde im neutestamentlichen Zeitalter*, Tübingen: Mohr Siebeck, 1934[『신약시대의 유대 공동체의 종말론』].

Völker, Walther, *Das Vollkommenheitsideal des Origenes*, Tübingen: Mohr Siebeck,

1931[『오리게네스의 완전함에 대한 이상』].

Weber, Max, *Gesammelte Aufsätze zur Religionssoziologie: Das antike Judentum und Pharisäer*, vol. 3, Tübingen: Mohr Siebeck, 1921[『종교사회학 논문집: 고대 유대교와 바리새인들』][마스 베버, 『야훼의 예언자들』, 진영석 옮김, 백산출판사, 2004].

Weininger, Otto, *Über die letzten Dinge*, Wien/Leipzig: Braumüller Verlag, 1920[『최후의 것들에 대하여』].

Weiser, Arthur, *Glaube und Geschichte im alten Testament*, Stuttgart: W. Kohlhammer, 1931[『구약의 신앙과 역사』].

Weiß, Johannes, *Die Idee des Reiches Gottes in der Theologie*, Gießen: Ricker, 1901[『신학에 나타난 하느님 나라의 이념』].

Wellhausen, Julius, *Die religiös-politischen Oppositionsparteien im Alten Islam*, Berlin: Weidmann, 1894[『고대 이슬람의 종교적·정치적 대당들』]

_____, *Ein Gemeinwesen ohne Obrigkeit*, Berlin: Georg-Augusts-Universität, 1900[『지배 없는 공동체』].

_____, *Prolegomena zur Geschichte Israles*, Berlin: G. Reime, 1895[『이스라엘 역사의 서설』].

Werner, Martin, *Die Entstehung des christlichen Dogmas, problemgeschichtlich dargestellt*, Bern: P. Haupt, 1941[『문제사적으로 서술된 그리스도교 교의의 발생』].

Windisch, Hans, "Die Sprüche vom Eingehen in das Reich Gottes", *Zeitschrift für die neutestamentliche Wissenschaft(ZNW)*, vol. 27, Jahrgang 1928, pp. 163~192[「하느님 나라의 입성에 관한 잠언」, 『신약연구집』].

각주에 언급되었으나 원서 참고문헌에 없는 문헌

Boll, Franz, *Aus der Offenbarung Johannis: Hellenistische Studien zum Weltbild der Apokalypse*, Leipzig-Berlin: B. G. Teubner, 1914[『세례 요한의 계시에서: 묵시록의 세계상에 대한 헬레니즘 연구』].

Clementis Alexandrini, "Cohortatio ad gentes", *Migne Patrologia Graeca*, vol. 8, Paris, 1857, pp. 49~246[「민중들을 향한 권면」].

_____, "Quis dives salvetur", *Ibid.*, vol. 9, pp. 603~652[알렉산드리아의 클레멘스, 『어떤 부자가 구원받는가』, 하성수 옮김, 분도출판사, 2018].

_____, *Stromata*, *Ibid.*, vol. 8, book 1-4, pp. 685~1382[『양탄자』].

Eger, Hans, *Die Eschatologie Augustinus*, Greifswald Theologischer Forschung, vol. 1, Greifswald: Universitätsverlag Ratsbuchhandlung L. Bamberg, 1933[『아우구스티누스의 종말론』].

Freising, Otto Bischof von, *Chronik oder die Geschichte der zwei Staaten*, trans. Adolf

Schmidt, ed. Walther Lammers, Ausgewählte Quellen zur deutschen Geschichte des Mittelalters 16, Darmstadt: Wissenschaftl. Buchgesellschaft, 1960[『두 국가의 연대기 혹은 역사』].

Geffcken, Johannes ed., *Die Oracula Sibyllina*, Leipzig: J. C. Hinrichs'sche Buchhandlung, 1902[『시빌라의 신탁서』].

Haering, Theodor Lorenz, *Hegel: Sein Wollen und sein Werk; Eine chronologische Entwicklungsgeschichte der Gedanken und der Sprache Hegels von Dr. Theodor L. Haering*, Vol. 1, Leipzig-Berlin: B. G. Teubner, 1929[『헤겔: 그의 의지와 그의 저작: 테오도어 로렌츠 헤링 박사의 헤겔의 사상과 언어에 대한 연대기적 발전사』].

Haym, Rudolf, *Hegel und seine Zeit*, Berlin: Gaertner, 1857[『헤겔과 그의 시대』].

Kautsky, Karl, *Vorläufer des neueren Sozialismus*, 2 vols., Stuttgart: Dietz, 1898[칼 카우츠키, 『새로운 사회주의의 선구자들』, 이승무 옮김, 동연(와이미디어), 2018].

Kittel, Gerhard, "Artikel Adam", *Theologisches Wörterbuch zum Neuen Testament*, Stuttgart: Verlag von W. Kohlhammer, 1933[「항목 '아담'」, 『신약용 신학사전』].

Kohn, Hans, *Nationalismus: Über die Bedeutung des Nationalismus im Judentum und in der Gegenwart*, Vienna/Leipzig: R. Löwit, 1922[『국민주의: 유대교와 현재의 국민주의의 의미에 대하여』].

Lasson, Georg, *Hegel als Geschichtsphilosoph*, vol. 2, Leipzig: F. Meiner, 1920[『역사철학자로서 헤겔』].

Marx, Karl, "Einleitung", *Zur Kritik der politischen Ökonomie, Max Engels Werke(MEW)* 13, Berlin: Karl Dietz, 2015, pp. 615~641[「부록: 정치경제학 비판 서설」, 『정치경제학 비판을 위하여』, 김호균 옮김, 중원문화, 2007/2012/2017, 201~235쪽.「『정치경제학의 비판을 위한 기본 개요』의 서설」, 『칼 맑스, 프리드리히 엥겔스 저작 선집 제2권』, 최인호 외 옮김, 박종철 출판사, 1992, 443~473쪽].

_____, *Grundrisse der Kritik der politischen Ökonomie*, MEW 42, *Ibid.*[칼 맑스, 『정치경제학 비판 요강 1-3』, 김호균 옮김, 그린비, 2007].

Origenes, *Origenes Matthäuserklärung 2. Die lateinische Übersetzung der Commentariorum Series*, Origenes Werke 11, ed. Erich Klostermann/ Ernst Benz, Leipzig: J. C. Hinrichs'sche Buchhandlung, 1933[『오리게네스의 마태오 복음 주해: 주해 시리즈의 라틴어 번역』].

_____, *Acht Bücher gegen Celsus*, trans. Paul Koetschau, Bibliothek der Kirchenväter, 1. Reihe, vol. 52-53, München: Kösel & Pustet, 1926[오리게네스, 『켈수스를 논박함』, 임걸 옮김, 새물결, 2005].

_____, "Peri euches", Werke 2, ed. Paul Koetschau, Leipzig: J. C. Hinrichs'sche Buchhandlung, 1899, pp. 295~403[「기도에 대하여」].

_____, *De principiis*, Werke 5, ed. Paul Koetschau, Leipzig: J. C. Hinrichs'sche Buchhandlung[오리게네스, 『원리론』, 이성효 외 옮김, 아카넷, 2014].

Rosenstock-Heussy, Eugen, *Revolution als politischer Begriff in der Neuzeit*, Brelau: M. & H. Marcus, 1931 [『근대의 정치적 개념으로서 혁명』].

Volpe, Gioacchino, "Eretici e moti erecticali del. XI AL XIV secolo, nei loro motivi et riferimenti sociali", *Il Rinnovamento*, 1907, Juni, pp.633~678 [「11세기에서 14세기까지 이단들과 이단항쟁: 그들의 사회적 동기와 관계들에 관하여」, 『부흥』].

_____, "Eretici e moti erecticali del. XI AL XIV secolo, nei loro motivi et riferimenti sociali II", *Ibid.*, July-August, pp.19~86 [「11세기에서 14세기까지 이단들과 이단항쟁: 그들의 사회적 동기와 관계들에 관하여 2」].

그 밖의 참고문헌

Agamben, Giorgio, *The Kingdom and the Glory: For a Theological Genealogy of Economy and Government*, trans. Lorenzo Chiesa (with Matteo Mandarini), Standford: Standford UP, 2011 [조르조 아감벤, 『왕국과 영광: 오이코노미아와 통치의 신학적 계보학을 향하여』, 박진우 외 옮김, 새물결, 2016].

Blumenberg, Hans, *Die Legitimität der Neuzeit*, Frankfurt am Mein: Suhrkamp, 1999 [『근대의 정당성』].

Schmitt, Carl, *Politische Theologie II: Die Legende von der Erledigung jeder politischen Theologie*, Berlin: Humblodt, 1970 [『정치신학 2: 모든 정치신학이 종결되었다는 것에 관한 전설들』].

Schroeter, Manfred, *Der Streit um Spengler, Kritik seiner Kritiker*, München: C. H. Beck, 1922 [『슈펭글러 논쟁: 그 비판자들의 비판』].

니체, 프리드리히, 『안티 크리스트』, 박찬국 옮김, 아카넷, 2013.

르노, 엠마뉘엘, 『마르크스의 용어들』, 유재홍 옮김, 울력, 2012.

메구미, 사카베 외, 『칸트사전』, 이신철 옮김, 도서출판b, 2009.

메링, 프란츠, 『레싱전설』, 윤도중 옮김, 한길사, 2005 (특히 「10장: 레싱의 마지막 투쟁」, 451~490쪽 참조).

바르트, 칼, 『로마서』, 손성현 옮김, 복있는사람, 2017.

박설호, 『마르크스, 뮌처, 혹은 악마의 궁둥이』, 울력, 2012.

박영호, 『에클레시아: 에클레시아에 담긴 시민공동체의 유산과 바울의 비전』, 새물결플러스, 2018.

발리바르, 에티엔, 『정치체에 대한 권리』, 진태원 옮김, 후마니타스, 2011.

발타사르, 한스 우르스 폰, 『발타사르의 지옥 이야기』, 김관희 옮김, 바오로딸, 2017.

백종현, 『칸트 이성철학 9서 5제 — '참' 가치의 원리로서 이성』, 아카넷, 2012.

베버, 막스, 『경제와 사회 I — 공동체들 I』, 박성환 옮김, 나남출판, 2009.

_____, 『프로테스탄티즘 윤리와 자본주의 정신』, 김덕영 옮김, 길, 2010.

블로흐, 에른스트, 『저항과 반역의 기독교』, 박설호 옮김, 열린책들, 2009.

아감벤, 조르조, 『세속화 예찬』, 김상운 옮김, 난장, 2010.

아렌트, 한나, 『인간의 조건』, 이진우 외 옮김, 한길사, 1996/2017.

아슬란, 레자, 『젤롯』, 민경식 옮김, 와이즈베리, 2014.

아키히로, 마토바 외, 『맑스사전』, 이신철 옮김, 도서출판b, 2011.

에를리히, 칼, 『유대교: 유랑 민족의 지팡이』, 최창모 옮김, 유토피아, 2008.

엘리아데, 미르치아, 『세계종교사상사 2: 고타마 붓다에서부터 기독교의 승리까지』, 최종성 외 옮김, 이학사, 2005/2014.

위 디오니시오스, 『천상의 위계』, 김재현 옮김, KIATS, 2011/2013.

위탱, 세르주, 『신비의 지식, 그노시즘』, 황준성 옮김, 문학동네, 1996.

존슨, 폴, 『유대인의 역사』, 김한성 옮김, 포이에마, 2014.

칸트, 임마누엘, 『형이상학 서설』, 백종현 옮김, 아카넷, 2012.

코젤렉, 라인하르트, 「역사는 삶의 스승인가」, 『지나간 미래』, 한철 옮김, 문학동네, 1996, 43~75쪽.

타우베스, 야콥, 『바울의 정치신학』, 조효원 옮김, 그린비, 2012.

토스카노, 알베르토, 『광신』, 문강형준 옮김, 후마니타스, 2013.

틸리히, 폴, 『그리스도교 사상사: 원시교단부터 종교개혁 직후까지』, 송기득 옮김, 대한기독교서회, 2005.

프롬, 에리히, 『너희도 신처럼 되리라: 급진적 휴머니스트의 혁명적 구약 읽기』, 이종훈 옮김, 휴, 2013.

하이데거, 마르틴, 「횔덜린과 시의 본질」, 『횔덜린 시의 해명』, 신상희 옮김, 아카넷, 2009, 61~92쪽.

히사타케, 가토 외, 『헤겔사전』, 이신철 옮김, 도서출판b, 2009.

찾아보기